최종 점검 모의고사 4회 수록

이러닝 운영관리사
필기

출제기준에 맞춘 **핵심 이론** ➕ **최종 점검 모의고사** 수록

김윤호, 서희정, 우효성, 이성태, 이지은, 임상훈, 황의종 지음
(사)한국에듀테크산업협회 감수

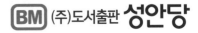

이러닝 운영관리사 필기

2023. 7. 26. 초 판 1쇄 발행
2024. 2. 28. 개정증보 1판 1쇄 발행
2025. 1. 22. 개정증보 2판 1쇄 발행

저자와의
협의하에
검인생략

지은이 | 김윤호, 서희정, 우효성, 이성태, 이지은, 임상훈, 황의종
감 수 | (사)한국에듀테크산업협회
펴낸이 | 이종춘
펴낸곳 | BM (주)도서출판 **성안당**

주소 | 04032 서울시 마포구 양화로 127 첨단빌딩 3층(출판기획 R&D 센터)
     | 10881 경기도 파주시 문발로 112 파주 출판 문화도시(제작 및 물류)
전화 | 02) 3142-0036
     | 031) 950-6300
팩스 | 031) 955-0510
등록 | 1973. 2. 1. 제406-2005-000046호
내용문의 | edu@ketia.kr
출판사 홈페이지 | www.cyber.co.kr
ISBN | 978-89-315-8672-5 (13000)
정가 | 34,000원

이 책을 만든 사람들
책임 | 최옥현
진행 | 최창동
교정·교열 | 인투
본문 디자인 | 인투
표지 디자인 | 박원석
홍보 | 김계향, 임진성, 김주승, 최정민
국제부 | 이선민, 조혜란
마케팅 | 구본철, 차정욱, 오영일, 나진호, 강호묵
마케팅 지원 | 장상범
제작 | 김유석

www.cyber.co.kr
성안당 Web 사이트

■ 도서 A/S 안내

성안당에서 발행하는 모든 도서는 저자와 출판사, 그리고 독자가 함께 만들어 나갑니다.
좋은 책을 펴내기 위해 많은 노력을 기울이고 있습니다. 혹시라도 내용상의 오류나 오탈자 등이 발견되면 "좋은 책은 나라의 보배"로서 우리 모두가 함께 만들어 간다는 마음으로 연락주시기 바랍니다. 수정 보완하여 더 나은 책이 되도록 최선을 다하겠습니다.
성안당은 늘 독자 여러분들의 소중한 의견을 기다리고 있습니다. 좋은 의견을 보내주시는 분께는 성안당 쇼핑몰의 포인트(3,000포인트)를 적립해 드립니다.
잘못 만들어진 책이나 부록 등이 파손된 경우에는 교환해 드립니다.

이러닝의 중요성과 역할

이러닝은 현대 사회에서 교육과 훈련의 패러다임을 혁신하고 발전시키는 역할을 맡고 있습니다. 이러닝은 우리에게 유연하고 맞춤형 교육을 제공하여 개인의 학습 특성과 요구에 최적화된 학습 경험을 제공합니다. 이러닝은 기업, 교육 기관, 정부 기관 등 다양한 분야에서 적극적으로 도입되어 비용 절감, 효율성 향상, 학습 결과의 개선 등 다양한 장점을 얻고 있습니다.

이러닝운영관리사 자격증의 가치와 장점

이러닝운영관리사 자격증은 이러닝 분야에서 성공을 이끌어내는 핵심 역량을 갖춘 전문가로 인정받기 위한 필수 자격증입니다. 이 자격증을 취득함으로써 이러닝 프로젝트의 성공을 위해 필요한 전문성과 역량을 갖출 수 있습니다. 또한, 이러닝운영관리사 자격증은 이러닝 분야에서의 경력 발전과 더 나은 직무 기회를 제공하며, 타인으로부터 신뢰와 존경을 받을 수 있는 열쇠로 작용합니다.

이러닝운영관리사 자격증 교재의 가치와 활용

우리 교재는 이러닝 운영관리사 자격증을 취득하고자 하는 분들을 위해 집필되었습니다. 이 교재는 이러닝 운영관리사 자격증 시험에 필요한 핵심 내용을 체계적으로 정리하여 제공하고 있습니다. 또한, 최신 동향과 사례 연구를 통해 이러닝 분야에서의 실무적인 통찰력을 제공하며, 시험 대비를 위한 적중 예상문제와 최종 점검 모의고사를 제공하여 실전 준비를 할 수 있습니다. 우리 교재를 통해 여러분은 이러닝 분야에서의 전문성을 향상하고, 미래의 성공적인 경력과 기회를 모색할 수 있길 바랍니다.

저자 일동

시험안내

1. 이러닝운영관리사

이러닝 환경에서 효과적인 교수학습을 위하여 교육과정에 대한 운영계획을 수립하고, 학습자와 교·강사의 활동을 촉진하며, 학습 콘텐츠 및 시스템의 운영을 지원하는 직무이다.

2. 시험 응시 방법

한국인력공단 홈페이지(https://www.q-net.or.kr/) 참고

3. 시험 방법 및 합격 기준

	필기 시험	실기 시험
문제 형식	객관식	필답형
문항수	100문항	–
시험시간	2시간 30분	2시간 정도
합격 기준	매과목 40점 이상 전 과목 평균 60점 이상	100점 만점에 60점 이상

4. 응시자격

자격 제한 없음

5. 자격 유효기간

유효기간 없음

6. 필기 출제 기준(2023. 1. 1.~2025. 12. 31.)

과목명	배점	주요 항목	세부 항목
이러닝 운영 계획 수립	40	1. 이러닝 산업 파악	1. 이러닝 산업 동향 이해 2. 이러닝 기술 동향 이해 3. 이러닝 법 제도 이해
		2. 이러닝콘텐츠의 파악	1. 이러닝콘텐츠 개발요소 이해 2. 이러닝콘텐츠 유형별 개발방법 이해 3. 이러닝콘텐츠 개발환경 파악
		3. 학습시스템 특성 분석	1. 학습시스템 이해 2. 학습시스템 표준 이해 3. 학습시스템 개발과정 이해 4. 학습시스템 운영과정 이해
		4. 학습시스템 기능 분석	1. 학습시스템 요구사항 분석 2. 학습시스템 이해관계자 분석 3. 학습자 기능 분석
		5. 이러닝 운영 준비	1. 운영환경 분석 2. 교육과정 개설 3. 학사일정 수립 4. 수강신청 관리
이러닝 활동 지원	30	1. 이러닝 운영 지원도구 관리	1. 운영지원도구 분석 2. 운영지원도구 선정 3. 운영지원도구 관리
		2. 이러닝 운영 학습활동 지원	1. 학습환경 지원 2. 학습활동 안내 3. 학습활동 촉진 4. 수강오류 관리
		3. 이러닝 운영 활동관리	1. 운영활동 계획 2. 운영활동 진행 3. 운영활동 결과 보고
		4. 학습평가 설계	1. 과정평가전략설계 2. 단위별 평가전략설계 3. 평가문항 작성
이러닝 운영 관리	30	1. 이러닝 운영 교육과정 관리	1. 교육과정관리 계획 2. 교육과정관리 진행 3. 교육과정관리 결과 보고
		2. 이러닝 운영 평가관리	1. 과정만족도 조사 2. 학업성취도 관리 3. 평가결과 보고
		3. 이러닝 운영 결과관리	1. 콘텐츠 운영 결과관리 2. 교·강사 운영 결과관리 3. 시스템 운영 결과관리 4. 운영결과관리보고서 작성

이 책의 특징

---

1 /// 운영환경 분석

1) 요구사항 분석

(1) 요구사항 분석 요소

그림 1-4-1 운영요구 분석 요소

운영요구 분석 요소

| 학습자 특성 분석 | 고객사 요구 사항 분석 | 교육과정 특성 분석 | 학습자 학습 환경 분석 |

(2) 학습자 특성 분석

① 이러닝 운영을 위해서는 교육과정을 학습하는 대상인 학습자의 특징을 파악해야 한다.
② 학습 대상의 분석 요소 및 상세 내용은 아래와 같다.

표 1-4-1 학습 대상 분석 요소 및 상세 설명

구분	상세
학습 스타일	학습 상황에서 학습자 개인이 정보를 인식하고 처리하는 방법
학습 동기	학습자가 학습을 시작하게 된 이유
학습 태도	학습자가 학습 내용, 학습 환경, 교·강사 등 학습 서비스 전반에 대해 대하는 태도

③ 학습 스타일은 개인의 성향에 따라 다르다.
④ David Kolb는 수렴자(converger), 분산자(diverger), 융합자(assimilator), 적응자(accommodator)로 학습 스타일을 분류하였다. 이는 정보처리 방식에 따라 능동적인 실험과 반성적인 관찰로 구분되며, 정보 인식 방식에 따라 구체적인 경험과 추상적인 개념화로 구분된다는 것을 전제로 한다.
⑤ 이를 기반으로 한 kolb의 학습 스타일은 다음과 같이 구분된다.

CHAPTER 05 이러닝 운영 준비 | 11

『E-learning Operations Manager』

학습 정리 이것만은 기억합시다

- 온라인 교육의 주체는 크게 교수자, 운영자, 시스템 담당자, 튜터로 구성된다.
- 교·강사는 '이러닝에서 과정에 대한 일반지식과 전반적인 내용에 대한 이해를 바탕으로 학습자가 학습 목표를 달성할 수 있도록 역할을 수행하는 자'이다.
- 교·강사는 내용전문가, 교수설계자, 촉진자, 안내자·관리자, 기술전문가의 역할을 담당한다.
- 이러닝 교·강사의 평가 준거는 학습 대상에 따라 구분된다. 가령, 기업 교육 이러닝 교·강사는 튜터 만족도, 과제 채점의 질, 주관식 시험 채점의 질, 학습 참여 활성화를 위한 노력, 수료율 등으로 평가 준거가 설정되기도 한다.
- 학습자는 페다고지 영역인 아동 학습자와 안드라고지 영역인 성인 학습자로 나눌 수 있다.
- 성인 학습자는 아동 학습자와 비교하였을 때 경험, 학습 준비, 학습 지향성, 지능 수준, 동기 수준, 능동성, 참여 방법, 경험 수준, 자기주도성, 공간적 조건, 과제 수행시간, 신체적 조건 등에 대해 차별점을 보인다.
- 학습 지원이란 원격교육 기관의 수준에서 학교에 재학하는 학생들의 만족도를 높이고, 중도 탈락률을 낮추며, 교육의 질적 수준을 높이기 위해 제공하는 각종 교육적, 행정적 지원 서비스를 진행하는 활동이다.
- 학습 지원 도구란 교수자가 자신의 특정 강좌를 운영하면서 교육의 질을 향상하기 위해 학습 자료를 제공하고 학습활동을 관리 및 모니터링하는 활동을 지원하는 도구이다.
- 학습 지원의 영역은 교수–학습 영역, 기술적 영역, 학사 행정적 영역, 심리상담 영역으로 구성된다.

CHAPTER 04 학습시스템 기능 분석 | 111

실력 점검 문제

01 다음 중 이러닝 유사개념에 해당하지 않는 것은?
① 컴퓨터 기반 교육(computer based education)
② 통신교육(correspondence education)
③ 온라인 교육(on-line education)
④ 원격교육(distance learning)

해설
이러닝의 유사개념으로는 컴퓨터 기반 교육(computer based education), 온라인 교육(on-line education), 원격교육(distance learning), 가상교육(virtual learning), 웹 기반 교육(web-based education), 인터넷 기반 교육(internet-based education), 사이버교육(cyber education) 등이 있다.

02 보기의 내용은 이러닝의 역사 중에서 어느 세대에 해당하는가?

> 1990년대 중반 이후 정보통신기술의 가속화 및 인터넷의 보급으로 현재 우리에게 익숙한 이러닝의 방식이 등장하였으며, 상호작용과 함께 학습자 중심의 개별화 맞춤학습이 가능하게 되었다.

① 2세대　② 3세대
③ 4세대　④ 5세대

해설
4세대 '인터넷 기반 교육'에 관한 내용이다.

03 보기의 내용은 e-learning에서의 'e'의 의미 중 어떤 개념에 해당하는가?

> 강의실과 같은 제약은 물론 학습 내용의 제한 없이 풍부하고 다양한 학습 기회를 제공받을 수 있어야 한다.

① Expansion　② Edutainment
③ Extraction　④ Engagement

해설
Expansion(학습 기회의 확대)의 'e'는 강의실과 같은 제약은 물론 학습 내용의 제한 없이 풍부하고 다양한 학습 기회를 제공받을 수 있어야 함을 의미한다.

04 다음 중 웹 2.0에 대한 설명으로 옳지 않은 것은?
① 참여와 공유 그리고 개방이라는 특징으로 대표된다.
② Facebook, Twitter, Youtube, Wiki 등과 같은 플랫폼 서비스들이 등장하였다.
③ 사용자들은 소비자임과 동시에 생산자의 역할을 함께 한다.
④ 읽기와 쓰기에 소유의 개……

해설
웹 3.0에서 웹 2.0의 핵심인 읽기와 쓰…… 이 추가되었다.

정답 : 01. ② 02. ③ 03. ① 04. ④

과목별 실력 점검 문제
각 과목별(Part) 문제를 풀면서 실력을 점검할 수 있도록 중요 문제를 자세한 해설과 함께 수록하였습니다.

4회 최종 점검 모의고사

01 이러닝산업법 제2조에서 제시하고 있는 이러닝의 정의이다. 다음 중 ( ) 안에 들어갈 단어를 순차적으로 제시한 것은 어느 것인가?

> 이러닝은 (㉠) 수단, (㉡) 및 (㉢) 기술을 활용하여 이루어지는 학습이다.

① ㉠ 통신적, ㉡ 의사소통, ㉢ 정보통신
② ㉠ 전기적, ㉡ 위성방송, ㉢ 비디오
③ ㉠ 전자적, ㉡ 정보통신, ㉢ 전파·방송
④ ㉠ 학습적, ㉡ 인터넷, ㉢ 디지털

해설
이러닝은 '전자적 수단, 정보통신 및 전파·방송 기술을 활용하여 이루어지는 학습(이러닝산업법 제2조)'

02 다음 중 OCW와 MOOC의 주요 차이점으로 올바른 것은?
① OCW는 학습자료만 제공하고, MOOC는 강의와 상호작용 요소를 포함한다.
② OCW는 모든 콘텐츠가 유료로 제공되며, MOOC는 무료로 제공된다.
③ OCW는 실시간 강의를 제공하지만, MOOC는 제공하지 않는다.
④ OCW는 개인 학습용이고, MOOC는 학위 취득을 위한 과정이다.

해설
OCW는 강의자료나 동영상 등 자료 학습에 필요한 자료를 제공하는 데 초점을 맞추는 반면, MOOC는 강의 외에도 동료 학습자와의 토론, 퀴즈, 피드백 등 상호작용 요소가 포함되어 보다 체계적인 학습 환경을 제공한다.

03 MOOC(Massive Open Online Course)의 주요 특징으로 올바르지 않은 것은?
① 전 세계 누구나 접근 가능한 대규모 온라인 강의
② 대체 무료로 제공되며, 일부 유료 인증 옵션 제공
③ 소규모 학습 그룹에서 개인 지도 방식으로 진행
④ 다양한 주제와 강의를 포함하며, 자율적 학습 방식 제공

해설
MOOC은 대규모 학습자를 대상으로 하며, 개인 지도 방식보다는 자율적이고 대규모 참여를 기반으로 한 학습 플랫폼이다. 학습자는 스스로 콘텐츠를 탐색하며 학습 일정을 조정할 수 있다.

04 다음 중 적응형 학습(adaptive learning)이 학습자에게 제공하는 주요 이점으로 올바르지 않은 것은?
① 학습자 개개인의 학습 수준에 맞춘 맞춤형 학습 경험 제공
② 학습 진행 속도를 학습자가 스스로 조절할 수 있음
③ 모든 학습자에게 동일한 콘텐츠를 제공하여 형평성을 강화
④ 실시간 피드백을 통해 학습자의 약점을 보완할 기회 제공

해설
적응형 학습은 모든 학습자에게 동일한 콘텐츠를 제공하지 않고, 학습자별로 최적화된 콘텐츠를 제공한다는 점에서 형평성……

정답 : 01. ③ 02. ① 03. ③ 04. ③

최종 점검 모의고사
시험을 대비하여 최종적으로 실력을 점검할 수 있도록 출제 가능성이 높은 4회분의 예상문제를 수록하였습니다.

이 책의 목차

PART **02** **이러닝 활동 지원**

PART **03**　**이러닝 운영관리**

PART 04 최종 점검 모의고사

PART 05 기출복원문제

학습목표

Part 1에서는 이러닝 전반에 대한 파악 및 이러닝의 핵심 요소인 콘텐츠와 학습시스템에 대해 알아보고, 이를 토대로 이러닝 운영 준비 절차에 대해 알아본다.

- 첫 번째, 이러닝 산업 전반에 대해 이해하고 기술 동향에 대해 알아본다. 산업과 기술에 대한 이해는 운영계획 수립을 위한 벤치마킹이나 이러닝 운영에 필요한 기술 이해에 도움이 될 것이다.

- 두 번째, 이러닝 운영을 계획하기 전 이러닝의 핵심 요소인 콘텐츠와 학습시스템의 개념에 대해 이해한다.

- 세 번째, 콘텐츠의 개발환경과 시스템의 구성요소를 추가로 학습함으로써 각 부분에 대해 심화한 지식을 습득할 수 있다.

- 네 번째, 이러닝 운영을 진행하기 전 전체적인 프로세스를 개괄적으로 확인할 수 있다.

Part 1의 영역을 통하여 이러닝 운영 전에 이해해야 할 기초적인 지식을 습득하고 이러닝 운영계획 수립 절차를 전반적으로 이해할 수 있을 것으로 기대한다.

PART
01

이러닝 운영계획 수립

Chapter 01 이러닝 산업 파악

학습안내

1장에서는 이러닝 산업의 특성 및 기술 동향을 이해하고, 관련 법 제도와 용어를 분석할 수 있는 능력을 함양한다.

학습목차	내용
1. 이러닝 산업 동향 이해	1) 이러닝 산업 2) 이러닝 산업 현황
2. 이러닝 기술 동향 이해	1) 이러닝 소요 기술 2) 이러닝 기술 동향 3) 미래 교육의 이슈 4) 이러닝 기술 트렌드
3. 이러닝 법제도 이해	1) 이러닝산업법 개요 2) 이러닝산업법의 변천 3) 제4차 이러닝 산업 발전 및 이러닝 활용 촉진 기본계획

학습목표 / 1장 학습 후 할 수 있는 일

1. 이러닝 산업의 특성을 파악할 수 있다.
2. 이러닝 산업의 영역별 발전 과정을 이해하고, 이러닝 산업의 주요 이해관계자(콘텐츠/시스템 공급자, 서비스 제공자, 수요자, 공공기관 등)를 식별할 수 있다.
3. 이러닝 기술의 구성 요소(콘텐츠, 플랫폼, 네트워크 등)를 구분하고 기술의 발전 과정을 설명할 수 있다.
4. 이러닝 운영에 관한 법 제도와 내용을 이해한다.

주요 용어 / 핵심 키워드

이러닝 콘텐츠, 학습관리시스템, 가상교육, 모바일 학습, 게임 기반 학습, 가상현실학습, 웹 기반 학습, 이러닝 산업 분류, 이러닝 솔루션, 이러닝 서비스, 이러닝 직종, 메타버스, 에듀테크, 이러닝산업법

1 /// 이러닝 산업 동향 이해

1) 이러닝의 개념

(1) 이러닝의 정의와 역사

① 이러닝의 개요

- 정보통신기술의 발달은 우리가 사는 사회 전반에 커다란 변화를 불러왔으며, 단순히 기술을 넘어 교육에도 패러다임 자체를 바꿔놓을 만큼 거대한 영향을 미치고 있다.
- 이러한 교육적 변화는 다수의 학습자가 물리적인 공간에 모여 집단으로 학습하는 과거의 전통적인 교육 방법을 넘어서 언제, 어디서나, 누구에게나 교육이 가능하도록 한 '이러닝(e-learning)'을 탄생시켰다.

② 이러닝의 개념

- 이러닝산업법 제2조에 의하면 이러닝(e-learning)이란 전자적 수단, 정보통신 및 전파 · 방송 기술을 활용하여 이루어지는 학습을 뜻한다.
- 이러닝 이외에도 교육에 정보통신기술을 활용하는 유사한 개념을 가진 용어들이 있는데, 교육 형태의 분류는 정보통신기술의 특징을 반영하고 그 범위는 그림과 같이 표현할 수 있다.

그림 1-1-1 원격교육의 개념 구분

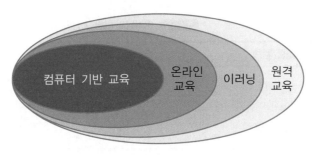

※ 출처: WR Hambrecht+Corporate E-Learning(2000) 재구성

- 이러한 용어들의 개념을 살펴보면 다음과 같다.

표 1-1-1 이러닝 유사 개념의 분류

구분	내용
컴퓨터 기반 교육 (Computer Based Education)	교육용 CD-ROM 또는 소프트웨어를 이용하는 교육으로 네트워크로 연결되지 않고 독립적인 컴퓨터 단위로 개인별 교육이 이뤄지는 형태

온라인 교육 (On-line Education)	오프라인(off-line) 교육과 상반되는 개념으로 웹을 기반으로 하는 인터넷(internet), 인트라넷(intranet), 익스트라넷(extra-net) 등을 이용한 교육
이러닝 (E-learning)	전자적 수단, 정보통신 및 전파·방송 기술을 활용하여 이루어지는 학습
원격교육 (Distance Learning)	대면 학습과 달리 학습자와 교수자가 거리상으로 분리된 상태에서 인쇄물, 방송통신, 컴퓨터와 같은 매체 등을 사용하여 행하는 교육방식

- 이러닝은 컴퓨터 기반 교육 및 온라인 교육보다 상위의 개념이며, 원격교육은 이러닝을 포함하는 더 광범위한 개념으로 분류됨을 알 수 있다.
- 정보통신기술을 활용하는 교육 형태를 지칭하는 용어로 가상교육(virtual learning), 웹 기반 교육(web-based education), 인터넷 기반 교육(internet-based education), 사이버교육(cyber education) 등이 있으나, 구분의 차이를 크게 두지 않으며 일반적으로는 거의 비슷한 의미로 사용된다.

③ 이러닝의 정의

- 앞서 살펴본 이러닝은 '전자적 수단, 정보통신 및 전파·방송 기술을 활용하여 이루어지는 학습(이러닝산업법 제2조)'으로 표현된다.
- 이러닝에 대한 정의는 이러닝을 바라보는 시각과 해석에 따라 다양하며, 학자 및 기관마다 나름의 정의를 내리고 있다.

표 1-1-2 이러닝의 다양한 정의

연구자 및 기관/업체	정의
Rosenberg(2000)	이러닝은 인터넷 기술을 이용하여 지식과 수행을 향상하기 위하여 다양한 유형과 범위의 학습 활동 및 자원을 전달하는 활동
Urdan & Wegen(2000)	인터넷, 인트라넷, 위성방송, 오디오 및 비디오테이프, CD-ROM 등 전자매체를 활용하여 학습 내용을 전달하는 모든 학습활동
Hammond(2001)	모든 종류의 학습에 테크놀로지를 활용하여 학습을 설계, 전달, 선정, 지원 및 확장하는 것
Wrhambrecht(2000)	성인 중심의 학습, 즉 작업장에서 필요한 지식과 스킬 향상을 통하여 생산적이며 고품질의 업무증진을 꾀하고, 이를 통하여 다른 조직원에게 긍정적인 영향을 주기 위한 테크놀로지가 기반이 되는 학습 경험

Berry(2000)	컴퓨터 기반 학습, 인터넷 기반 학습, 가상수업(virtual classroom)을 포함하는 개념으로 이러닝은 테크놀로지를 기반으로 하는 학습 개념과 동일함
유영만(2002)	디지털화된 정보를 매개로 학습 주체의 적극적인 정보 수집, 취사 선택, 편집 가공 및 평가 판단의 과정을 통해서 자신에게 필요한 지식으로 전환하고 이를 다른 학습자와 함께 공유하는 학습활동
Waller(1999)	컴퓨터, 특히 인터넷을 활용하여 교육정보를 제공하는 것
Khan(2004)	인터넷 자원과 디지털 테크놀로지를 사용하여 개방성(openness), 유연성(flexibility), 분산성(distributed)을 구현하는 학습환경을 제공하며, 시공간의 제약 없이 학습자 중심으로 양방향 학습을 가능케 하는 방법
조은경(2007)	인터넷을 기반으로 상호작용을 극대화함으로써 분산형의 열린 학습공간을 추구하는 교육 형태
미국 ASTD	WBT(Web-based Training), CBT(Computer-based Training), V-class(가상교실에 의한 강의), 디지털 컬래버레이션(미디어로 실시하는 참가형 교육)과 같은 애플리케이션과 프로세스를 광범위하게 조합해서 활용하는 것으로서 인터넷과 인트라넷, 엑스트라넷, 비디오, 위성방송, 양방향 TV, CD-ROM과 같은 매체로 콘텐츠를 제공하는 것을 포함하는 것
미국 정부(2000)	전자매체를 이용하여 전달되거나 활성화되는 교수 내용 혹은 학습 경험
시스코(2002)	이러닝은 교육, 정보, 커뮤니케이션, 훈련, 지식관리, 그리고 수행 관리를 포함하는 아치형의 우산과 같은 개념. 이러닝은 정보와 지식을 원하는 사람이 언제, 어디에서나 그것에 접근할 수 있도록 해주는 웹 기반 체제
한국교육학술정보원 (2008)	정보통신기술을 활용하여 언제, 어디서, 누구나 맞춤 학습을 할 수 있는 체제

※ 출처: 정인성(2002)

④ 이러닝의 역사

• 이러닝의 발전 과정은 정보통신기술의 발전을 포함한 사회적 변화, 그리고 학습 대상과 밀접한 관계를 가지고 있다. 이러닝의 폭넓은 변천 과정을 살펴보기 위해서는 보다 상위 개념인 원격교육의 역사적 발전을 살펴볼 필요가 있겠다.

• 이러닝의 세대를 5가지로 구분해 보면 다음과 같다.

표 1-1-3 **이러닝의 세대 구분**

세대	구분	내용
1세대	우편통신 기반의 원격교육	19세기 말 우편제도가 보편화되면서 실시한 통신교육으로 인쇄교재를 제공하여 성인 대상으로 한 교육의 기회를 확대
2세대	대중매체 기반의 원격교육	라디오(1920년 이후), TV(1937년 이후)와 같은 대중 전파 매체의 발전으로 대량의 정보를 다수의 학습자에게 제공함으로써 원격교육이 성장할 수 있는 계기가 되었음
3세대	컴퓨터 기반의 원격교육	1980년대 중반 이후 개인용 컴퓨터의 보급과 더불어 오프라인 환경에서 멀티미디어, CD-ROM 등을 사용하여 이뤄지던 교육의 형태
4세대	인터넷 기반의 원격교육	1990년대 중반 이후 정보통신기술의 가속화 및 인터넷의 보급으로 현재 우리에게 익숙한 이러닝 방식이 등장하였으며 상호작용과 함께 학습자 중심의 개별화 맞춤 학습이 가능해짐
5세대	에듀테크 기반의 원격교육	에듀테크(edutech)는 교육(education)과 기술(technology)의 합성어로 VR/AR, 인공지능, 빅데이터 및 메타버스 등 4차 산업혁명 기술을 교육에 접목한 형태로서 학습자 기반의 개인화된 맞춤형 교육을 지원하며 기존 세대의 교육 유형과 다른 새로운 학습경험을 제공하는 방향으로 성장하는 중임

※ 출처: http://m.wsobi.com/news/articleView.html?idxno=189504

(2) 이러닝의 의미와 특징

① 이러닝의 의미

• 이러닝에서의 'e'는 '전자(electronic)'를 의미하는 것으로 정보통신기술을 활용하는 학습이라는 점에 그 초점이 맞춰져 있다.

표 1-1-4 e-learning에서 'e'의 의미

출처	e의 의미	설명
IDC(2000)	internet –enabled	• 인터넷을 통한 상호적 교육을 의미하며, 'live'와 'self-paced'라는 특성을 지님 • 인터넷 기반의 교육 지원과 교육활동이 가능하게 하는 educational content, learning services, delivery solutions를 의미
PwC(2000)	easy	소프트웨어와 시스템 등을 통해 더 접근하기 쉬운 교육환경 마련
유영만(2001)	engagement expression encouraging edutainment experience	e는 단순히 전자적 도움이나 웹의 기술적 측면만을 지칭하는 전자적인(electronic) e가 아니라 학습자 스스로 학습활동에 적극적으로 관여하는 과정(engagement)을 지칭하며, 학습결과를 스스로 표현(expression)할 기회를 제공하고 장려(encouraging)함으로써 재미있고 유익한 에듀테인먼트(edutainment)를 추구해서 오프라인과 구분되는 독특한 학습경험(experience)을 제공하는 데 주력함을 의미

※ 출처: Oakes, 2000: Resenberg, 2000; 유영만, 2001

• 이러닝의 교육적 범위에 대해 다양한 해석이 가능하도록 Experience(경험), Extension(학습 선택권의 확장), Expansion(학습 기회의 확대)을 포함하여 그 개념을 확장하고 있다(Elliot Masie, 2000)

표 1-1-5 e-learning에서 'e'가 가지는 또 다른 의미

출처	설명
Experience(경험)로서의 'e'	학습자의 교육적 경험을 의미하는 것으로 학습자마다 기존과는 다른 경험을 제공하고 다른 학습관과 다른 학습 방법으로 설계되어야 함을 의미함
Extension(학습 선택권의 확장)의 'e'	기존의 오프라인 교육을 완전히 대체하는 것이 아니라 오프라인을 보완하고 절충할 수 있어야 하며 다채로운 학습옵션을 제공할 수 있어야 함
Expansion(학습 기회의 확대)의 'e'	강의실과 같은 제약은 물론 학습 내용의 제한 없이 풍부하고 다양한 학습 기회를 제공받을 수 있어야 함

② 이러닝의 특징

이러닝의 특징은 다음과 같이 정리될 수 있다.

• 시공간 제약이 없음: 오프라인에서 정해진 시간과 장소에 모이는 전통적 교육과 달리 인터넷을 통해 각자 원하는 시간과 장소에서 원하는 교육을 받을 수 있다는 장점이 있다.

- 상호작용성: 교수자와 학습자, 학습자와 학습자 그리고 학습자와 학습 내용 간의 다양한 상호작용이 가능하다는 점이다. 게시판을 이용한 비실시간 상호작용은 물론 채팅이나 화상회의 등을 통한 실시간 상호작용도 가능하다.
- 학습비용의 절감: 학습자 측면에서는 오프라인 교육에 비해 수업료가 저렴하고 수업을 듣기 위해 발생하는 교통비, 숙박비 등 기타 제반 비용이 줄어들게 되며, 이러닝 공급자 측면에서는 초기 도입 비용이 다소 발생하지만, 이후의 인건비, 시설비 등의 운영비용은 낮아지게 된다.
- 개인별 맞춤형 학습이 가능: 오프라인과 같은 집단적 교육은 일방적인 방식으로 진행되지만, 이러닝에서는 반복 학습은 물론 학습자 스스로 개인의 수준에 맞춰 학습 내용과 학습 순서, 학습 시간 등을 스스로 통제하는 학습자 중심의 학습을 할 수 있다.
- 교육내용의 신속성 및 유연성: 책과 같은 인쇄매체 등은 학습 내용의 변경이 발생했을 때 그 내용을 바로 수정하기가 어렵지만, 이러닝에서는 최신의 내용을 신속하게 업데이트하고 유지할 수 있다. 또한 최신 기술 트렌드를 반영할 수 있어 학습설계에 따라 다양한 멀티미디어적 요소들을 적용하는 질 높은 교육을 할 수 있다.

표 1-1-6 **이러닝의 특징**

특징	내용
저렴한 비용	적은 예산으로 더 많은 인력을 교육할 수 있음
정보자원의 역동성	정보에 대한 쉬운 접근성이 정보자원의 역동적 활용을 가능케 함
시간과 공간의 제약 탈피	기존의 교육방식을 벗어나서, 언제 어디서든지 학습자가 교육을 받을 수 있도록 함
정보 및 지식자원의 공유	지식자원의 공유를 통해서 다양한 사고의 배양과 양질의 정보를 구할 수 있음
상호작용 패턴의 변화	여러 가지 교육 도구를 통해서 교수자와 학습자의 상호작용을 쉽게 함
학습자 중심의 맞춤 학습	학습자가 교육의 중심이 되면서 개인의 특성에 맞게 제작된 교육이 가능
탈중심화	교육의 중심이 교수자로부터 학습자로 바뀌면서 의사결정권 또한 이동함
경제 사회 문화적 포용과 협력	지식의 공유를 통해 사회계층 간의 융합과 포용이 가능
인력자원의 지속적 재훈련	학습자의 반복적인 재학습 가능

※ 출처: 한국사이버교육학회. 이러닝 백서(2003)

표 1-1-7 전통적 교육과 이러닝의 특성 비교

분류	기존 전통적인 교육	이러닝
형태	집합/off-line	on-line
방식	교수자 중심	학습자 자율
장소	지정된 장소(교실, 강의실)	구애받지 않음
시간	약속된 시간	구애받지 않음
내용	학습자 공통	학습자 개개인에 따라 다름
	획일성, 일방성	다양성, 쌍방향성
학습자의 흥미/요구	무시	고려
교수자의 역할	지식 전달자	조언자, 코치

※ 출처: e-learning 산업의 현황과 활성화 방안에 관한 연구(2004)

(3) 이러닝의 진화

① 웹의 발전

- 웹(Web)의 등장은 사회 전반은 물론 교육의 패러다임을 바꿀 정도로 커다란 변화를 몰고 왔으며, 웹의 발전은 이러닝의 기술 및 서비스의 진화와 유사한 형태를 보인다.
- 이러닝의 진화를 이해하기에 앞서 웹의 발전단계에 따른 특징을 살펴보면 다음과 같다.

가. 웹 1.0

단순한 접속(access)과 빠른 검색을 중심으로 하는 인터넷 공간을 의미한다. 유저들은 정보를 소비하는 차원에 머물렀으며, 이 당시 웹에서의 소통 방식은 대부분 읽기 전용(read only)에 국한되었다.

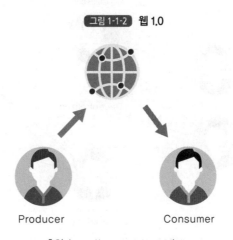

그림 1-1-2 웹 1.0

Producer   Consumer

※ 출처: https://www.samsungsds.com

나. 웹 2.0

'참여'와 '공유' 그리고 '개방'이라는 특징으로 대표되며, 사용자가 직접 정보를 생산하고 쌍방향으로 소통하는 시대를 대변한다. Facebook, Twitter, Youtube, Wiki 등과 같은 플랫폼 서비스들이 등장하면서 유저들은 소비자임과 동시에 생산자의 역할도 함께 하게 되었다. 즉, 기존의 읽기(read) 기능에 쓰기(write) 기능을 더해 소통하는 방식의 시대이다.

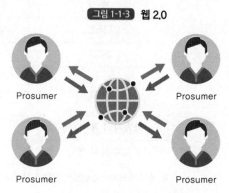

그림 1-1-3 웹 2.0

Prosumer
Prosumer
Prosumer
Prosumer

※ 출처: https://www.samsungsds.com

다. 웹 3.0

개인화, 지능화, 상황인식을 대표 키워드로 하여 자신에게 필요한 맞춤형 서비스를 제공하고 필요한 정보만을 새롭게 구성하여 정보를 만들어 내는 인공지능 웹으로 표현된다. 최근 각광받는 인공지능과 같이 사용자에게 필요한 맞춤형 정보를 제공할 뿐만 아니라 블록체인 시스템을 통해 데이터를 일부 기업이나 플랫폼이 독점하는 현상에서 벗어난 '탈중앙화'를 지향하고 실현한다. 웹 3.0에서는 웹 2.0의 핵심인 읽기와 쓰기에 '소유'의 개념이 추가되었다.

그림 1-1-4 블록체인 기반의 웹 3.0

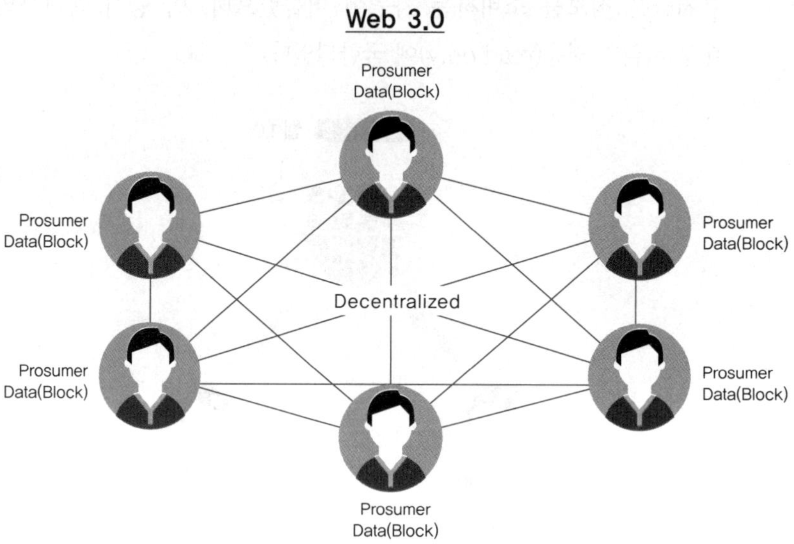

Web 3.0
Prosumer
Data(Block)
Prosumer
Data(Block)
Prosumer
Data(Block)
Decentralized
Prosumer
Data(Block)
Prosumer
Data(Block)
Prosumer
Data(Block)

※ 출처: https://www.samsungsds.com

표 1-1-8 웹 1.0, 웹 2.0, 웹 3.0 비교

구분	웹 1.0	웹 2.0	웹 3.0
상호작용	읽기	읽기, 쓰기	읽기, 쓰기, 소유
인프라	개인 컴퓨터	클라우드, 모바일	블록체인, 클라우드
운영 주체	회사	플랫폼	네트워크
지배권	중앙화	중앙화	탈중앙화

② 이러닝의 변화

앞서 살펴본 웹의 발전 양상을 이러닝의 진화에 대입하여 살펴보면 이러닝의 과거에서부터 미래에 대한 흐름을 살펴볼 수 있다.

가. 이러닝 1.0

이 시대의 이러닝은 웹의 시작인 웹 1.0을 기반으로, 콘텐츠를 웹으로 기관에서 학습자에게로 상호작용 없이 단방향으로 서비스하는 것을 주목적으로 하였다.

나. 이러닝 2.0

웹 2.0은 이러닝에도 그 영향을 미쳐 이러닝 2.0의 시대를 불러왔다. 누구나 참여해서 강사가 되어 강의를 만들 수도 있고 함께 공유할 수 있는 시대가 열리게 된 것이다. 글로벌적으로 학습 자원을 공개하고 공유하는 서비스가 등장하게 되었으며, 대표적인 서비스로는 OCW(Open Course Ware), MOOC(Massive Open Online Course)를 들 수 있다.

ⓐ OCW(Open Course Ware): OCW는 오픈된 라이선스(CCL; Creative Common License)가 적용되는 대학의 이러닝 콘텐츠를 누구나 활용할 수 있도록 무료로 공개한 온라인 강의 공개 서비스이다. 대학생, 교수자는 물론 배움을 필요로 하는 누구나 고등교육의 기회를 가질 수 있도록 대학 강의를 온라인에 공개함으로써 지식나눔문화를 확산하기 위한 공적 목적을 가진다. OCW에는 MIT, 스탠퍼드, UC버클리, 예일, UCLA, 하버드 등의 명문대학이 참여하고 있다. OCW를 국내에서 현지화한 것이 'KOCW'이며 한국교육학술정보원(KERIS)에서 주관하고 있다.

그림 1-1-5 고등교육 교수학습자료 공동활용 체제, KOCW 홈페이지

※ 출처: http://www.kocw.net

ⓑ MOOC(Massive Open Online Course): MOOC는 온라인을 기반으로 이루어지는 상호참여적, 거대 규모의 교육을 뜻하는 것으로 웹 서비스를 기반으로 언제, 어디서든 양질의 대학 강의를 들을 수 있도록 하는 새로운 형태의 고등교육 시스템이다. OCW와 마찬가지로 지식나눔의 실천이라는 목표를 가지고 있다는 측면에서 공적 가치의 실현을 지향한다고 할 수 있다. 하지만 OCW는 강의를 온라인상에 제공하고 학습자들이 단지 수강하는 것에 그치는 일방향적 온라인 강의 공개 서비스지만, MOOC는 사이버대학처럼 과제, 퀴즈 및 토론 등의 상호작용 및 학습평가를 온라인으로 수행할 수 있는 쌍방향적 온라인 강의 공개 서비스라는 점이 다르다. 또한 MOOC의 경우 일부 기관에서는 소정의 비용을 지불하고 수료증까지 받을 수 있다. 대표적인 MOOC 플랫폼으로는 Coursera, edX, Udacity 등이 있다. 한국형 MOOC로는 국가평생교육진흥원에서 2015년부터 운영하는 K-MOOC가 있다.

그림 1-1-6 해외 MOOC 플랫폼

그림 1-1-7 한국형 온라인 공개강좌, K-MOOC 홈페이지

※ 출처: http://www.kmooc.kr

그림 1-1-8 K-MOOC '위대한 수업(마이크 샌델)' 강의(K-MOOC×EBS 동시방송)

※ 출처: http://www.kmooc.kr
※ K-MOOC강좌 수(누적): ('19) 745개 → ('20) 999개 → ('21) 1,055개 → ('22) 1,255개

다. 이러닝 3.0

- 현재 우리는 웹 3.0을 향하고 있다. 웹 3.0 기반 위에서 이러닝 3.0은 학습자의 학습 이력 데이터를 기반으로 학습자의 수준과 특성에 맞춘 최적화된 적응형 학습(adaptive learning)을 제공하고 있다(이대현, 2023). 적응형 학습은 학습자의 학습 스타일과 속도에 맞게 콘텐츠를 조절하는 컴퓨터 인공지능 알고리즘을 사용한다.

- 콘텐츠에 대한 학생의 반응을 토대로 알고리즘은 학생의 고유한 요구와 능력에 따라 지시, 수정 및 개입에 대한 패턴과 반응을 실시간으로 감지하게 된다. 적응형 학습 플랫폼과 예방적 분석 및 기타 교육 기술 애플리케이션을 결합하면 학습자와 교수자 모두를 위한 학습 경험의 질을 향상할 수 있다.

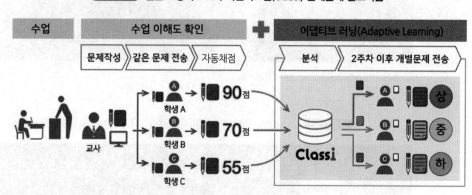

그림 1-1-9 일본 고등학교 교무지원시스템(Classi) 문제출제 알고리즘

※ 출처: Classi 홈페이지

- 최근 국내에도 인공지능(AI)과 학습관리시스템(LMS)에 인공지능(AI)을 적용한 맞춤형 온라인 학습환경 서비스 제공에 대한 연구개발이 진행되고 있다.

  - DreamBox Learning의 IAL(Intelligent Adaptive Learning) 시스템 사례: 넷플릭스(Netflix)가 투자한 미국기업 '드림러닝'사의 DreamBox Learning은 인공지능 기반 맞춤형 프로그램을 제공하는 수학 교육 소프트웨어로 비디오 게임을 즐기듯 수학을 재미있게 배우고 목적을 달성하면 코인을 얻는 방식으로 진행된다. 미국 내 실사용자가 1,500만 명 수준에 달하며 교육과정에서 학습자로부터 생성되는 다양한 학습 이력을 실시간 데이터로 구축하여 학습자 맞춤형 과정을 제시하고 교사에게 성취도, 학습량 등의 정보를 제공한다. 따라서 IAL 시스템을 통해 학습자의 진도를 결정하거나 개인별 학습자의 수준에 맞는 문제를 출제하는 등 교사의 역할을 수행할 수 있다.

그림 1-1-10 DreamBox Learning 소프트웨어

※ 출처: DreamBox Learning 홈페이지

그림 1-1-11 'DreamBox Learning'의 Intelligent Adaptive Learning 시스템

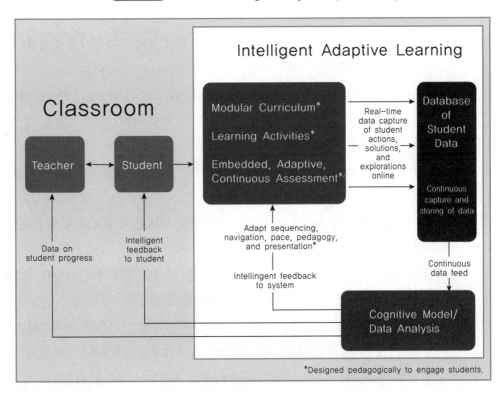

※ 출처: Lemke, 2013

2) 산업 동향

(1) 이러닝 산업

① 이러닝 산업의 정의

- 이러닝(전자학습) 산업 발전 및 이러닝 활용 촉진에 관한 법률(약칭: 이러닝산업법)에 따르면 이러닝 사업은 콘텐츠사업, 솔루션사업, 서비스사업으로 상품이나 서비스(또는 재화나 용역이라 표현됨)를 거래함으로써 형성되는 산업군을 말한다.
- 이러닝 콘텐츠 및 이러닝 콘텐츠 운용소프트웨어를 연구 · 개발 · 제작 · 수정 · 보관 · 전시 또는 유통하는 업이나 이러닝의 수행 · 평가 · 컨설팅과 관련된 서비스업, 그 밖에 이러닝을 수행하는 데 필요하다고 대통령령으로 정하는 산업을 말한다.

② 이러닝 산업의 구성 요소

- 콘텐츠 제작 업체는 이러닝 콘텐츠를 제작하는 회사이며 학습자에게 필요한 교육 자료를 만들고, 관리하며, 제공한다.
- 학습관리시스템(LMS; Learning Management System)은 학습자의 학습을 관리하기 위한 시스템이다. 이러닝 콘텐츠를 업로드하고, 학습자들의 진행 상황을 추적하며, 평가 및 피드백을 제공한다.
- 가상 교육실(Virtual Classroom)은 온라인으로 실시간 수업을 제공하는 환경으로, 강사와 학습자들이 동시에 참여할 수 있다.
- 모바일 학습(Mobile Learning)은 모바일 기기를 이용한 학습으로 이러닝 콘텐츠를 모바일 기기에 최적화하여 제공한다.
- 게임 기반 학습(Game-based Learning)은 게임을 활용하여 학습을 진행하는 방식으로 학습자들은 게임을 즐기는 동안 학습을 할 수 있다.
- 가상현실 학습(Virtual Reality Learning)은 가상현실 기술을 활용하여 학습을 제공하는 방식으로 학습자들은 가상 환경에서 실제 상황을 체험하면서 학습할 수 있다.
- 웹 기반 학습(Web-based Learning)은 웹을 이용하여 학습을 제공하는 방식으로 학습자들은 웹 브라우저를 통해 이러닝 콘텐츠에 접근할 수 있다.

③ 이러닝 산업 분류 체계

이러닝 산업 분야는 이러닝 관련 정보 · 자료를 멀티미디어 형태로 개발 · 제작 · 가공 · 유통하는 콘텐츠 분야와 이러닝 정보시스템(HW · SW · 기자재)을 개발 · 제작 ·

가공·유통하는 솔루션 분야, 이러닝 서비스(교육·훈련·학습 등) 제공, 이러닝 관련 컨설팅을 수행하는 서비스 분야, 그리고 교육 제작 및 훈련시스템용 설비 및 장비 제조업의 하드웨어 분야로 나눌 수 있다.

가. 콘텐츠 분야

- 인터넷과 디지털 기술을 이용하여 교육 및 학습을 지원하는 산업이다.
- 이러닝 콘텐츠는 온라인상에서 제공되는 교육 자료로 강의, 교재, 시험지, 과제 등 다양한 학습 자료를 포함한다.
- 이러닝 콘텐츠 산업은 최근 몇 년간 급격한 성장을 보여 왔다. 교육의 변화와 디지털 기술의 발전이 원동력이 되었는데 학교, 기업, 정부 등 다양한 분야에서 활용되며 온라인 교육 시장이 커지면서 세계 시장에서도 큰 성장을 이루고 있다.
- 이러닝 콘텐츠 산업은 학생들에게 학습을 더욱 효율적으로 지원하고, 교육 기관들에는 교육 비용 절감과 교육 서비스 향상을 가능하게 한다. 또한, 기업에서는 직원 교육 및 역량 강화, 정부에서는 교육정책 실행 등 다양한 분야에서 활용되고 있다.

표 1-1-9 이러닝 콘텐츠 산업 분류와 산업정의서

대분류	중분류	소분류	산업정의서
이러닝 콘텐츠	이러닝 콘텐츠 자체 개발, 제작업	코스웨어 (courseware) 자체 개발, 제작업	쌍방향 의사소통이 가능한 이러닝용 코스웨어(open courseware 포함)를 개발 및 제작(기획, 설계, 디자인 등)하는 산업활동 * 코스웨어(courseware): 이러닝용으로 만든 교육훈련 과정, 또는 교육훈련 과정의 일부 차시(此時)
		전자책(e-book) 자체 개발, 제작업	이러닝용 전자교과서, 전자 참고서, 전자책(e-book) 등을 개발, 제작하는 산업활동
		체감형 학습 콘텐츠 자체 개발, 제작업	가상현실, 증강현실, 3D(three dimension, 입체영상) 등의 기술이 적용된 체감형 및 상호작용형 콘텐츠를 개발, 제작하는 산업활동 * 가상현실(virtual reality): 특정 환경 또는 상황을 컴퓨터로 만들어, 사용자가 실제 주변환경 및 상황과 상호작용을 하는 것처럼 만든 인간과 컴퓨터 간 인터페이스 * 증강현실(augmented reality): 사용자가 눈으로 보는 현실 세계에 가상 물체를 겹쳐 보여주는 기술
		기타 이러닝 콘텐츠 자체 개발, 제작업	에듀테인먼트 등 기타 이러닝용 콘텐츠를 개발, 제작하는 산업활동

		코스웨어 외주 개발, 제작업	수수료 또는 계약에 의해 코스웨어를 개발, 제작하는 산업활동
이러닝 콘텐츠	이러닝 콘텐츠 외주 개발, 제작업	전자책(e-book) 외주 개발, 제작업	수수료 또는 계약에 의해 학습용 전자교과서, 전자참고서, 전자책(e-book) 등을 개발, 제작하는 산업활동
		체감형 학습 콘텐츠 외주 개발, 제작업	수수료 또는 계약에 의해 체감형 및 상호작용형 콘텐츠를 개발, 제작하는 산업활동
		기타 이러닝 콘텐츠 외주 개발, 제작업	수수료 또는 계약에 의해 에듀테인먼트 등 기타 이러닝용 콘텐츠를 개발, 제작하는 산업활동
	이러닝 콘텐츠 유통업	이러닝 콘텐츠 유통업	구입한 이러닝 콘텐츠를 판매(도매 및 소매)하거나 임대하는 산업활동

※ 출처: 통계청 통계분류포털(http://kssc.kostat.go.kr)

나. 솔루션 분야

- 학습자들이 온라인상에서 학습을 수행할 수 있는 환경을 제공하는 소프트웨어 기술로, 강의 콘텐츠, 학습 관리, 평가, 보고서 생성 등 다양한 기능을 포함한다.
- 이러닝 솔루션 산업은 학습자들에게 학습 경험을 더욱 효율적으로 제공하고, 교육 기관들에는 학습자들의 학습 데이터를 수집하고 분석하여 교육 서비스를 개선할 기회를 제공한다.

표 1-1-10 **이러닝 솔루션 산업 분류와 산업정의서**

대분류	중분류	소분류	산업정의서
이러닝 솔루션	이러닝 소프트웨어 개발업	LMS 및 LCMS 개발업	이러닝 시스템(서버)에 탑재되는 학습관리시스템(LMS), 학습 콘텐츠 관리시스템(LCMS)을 개발하는 산업활동 * LMS(Learning Management System): 이러닝 수강자의 성적, 진도, 출석 등을 관리하는 시스템 * LCMS(Learning Content Management System): 이러닝용 콘텐츠를 개발자들이 공유하고 활용할 수 있도록 지원하는 시스템
		학습 콘텐츠 저작도구 개발업	이러닝 콘텐츠 제작을 위한 저작용 소프트웨어(authoring tools)를 개발하는 산업활동

		가상교실 소프트웨어 개발업	교수학습을 구현하는 가상교실(virtual classroom) 소프트웨어를 개발하는 산업활동
이러닝 솔루션	이러닝 소프트웨어 개발업	가상훈련 시스템 소프트웨어 개발업	가상현실, 증강현실 및 이와 유사한 기술을 적용한 훈련용 시뮬레이터(simulator) 운영 소프트웨어를 개발하는 산업활동
		기타 이러닝 소프트웨어 개발업	기타 이러닝 시스템(서버) 또는 학습 기기용 소프트웨어를 개발하는 산업활동
	이러닝 시스템 구축 및 유지보수업	이러닝 시스템 구축 및 관련 컨설팅 서비스업	이러닝 시스템(가상훈련 시스템 포함)을 구축하거나 관련 컨설팅 서비스를 제공하는 산업활동
		이러닝 시스템 유지 보수 서비스업	구축된 이러닝 시스템(가상훈련 시스템 포함)의 운영, 유지, 복구 서비스 등을 제공하는 산업활동
	이러닝 소프트웨어 유통 및 자원 제공 서비스업	이러닝 소프트웨어 유통업	이러닝 시스템, 학습기기 등에 탑재되는 패키지 소프트웨어를 유통하는 산업활동
		이러닝 컴퓨팅 자원 임대 서비스업	사업자를 대상으로 이러닝을 위한 컴퓨팅 자원(서버, 스토리지, 소프트웨어 플랫폼 등)을 임대 서비스하는 산업활동 * SW platform, OS(Operating System, 운영체제), DBMS(Database Management System, 데이터베이스 관리시스템), WAS(Web Application Server) 등
		이러닝 관련 기타 자원 임대 서비스업	이러닝 솔루션 사업자를 대상으로 이러닝을 위한 기타 자원(장치 및 설비 등)을 임대 서비스하는 산업활동

다. 서비스 분야

- 인터넷과 모바일 기술의 발전으로 온라인 교육 시장이 확대되면서 성장하고 있는 산업이다.
- 온라인으로 학습자들이 교육 콘텐츠를 이용하고, 강의를 수강하며, 학습 진도를 관리하는 등의 서비스를 제공한다.
- 이러닝 서비스 산업은 대학 교육, 어학 교육, 직무교육, 학력평가 등 다양한 분야에서 활용되고 있으며, 대학교육에서는 대학의 수업 내용을 온라인으로 제공하고, 어학 교육에서는 언어 학습 콘텐츠를 제공하며, 직무교육에서는 업무 역량 강화를 위한 교육 콘텐츠를 제공한다. 또한 학력평가 분야에서도 온라인으로 수험생들이 모의고사를 보거나, 문제 해결 능력 향상을 위한 교육 콘텐츠를 제공하고 있다.

- 이러닝 서비스 산업은 학습자들에게 제공되는 편의성과 접근성 때문에 큰 인기를 얻고 있다. 또한 학습자들은 개인의 학습 속도와 수준에 맞게 학습할 수 있어 개인 맞춤형 교육이 가능하다는 장점도 있다.

표 1-1-11 이러닝 서비스 산업 분류와 산업정의서

대분류	중분류	소분류	산업정의서
이러닝 서비스	교과교육 서비스업	유아교육 서비스업	초등학교 입학 전 유아를 위한 교과교육용 이러닝 서비스를 제공하는 산업활동
		초등교육 서비스업	초등학교 학생을 위한 교과교육용 이러닝 서비스를 제공하는 산업활동
		중등교육 서비스업	중학교, 고등학교 학생을 위한 교과교육용 이러닝 서비스를 제공하는 산업활동
		고등교육 서비스업	전문대학 및 대학교(사이버대학 포함) 학생을 위한 교과교육용 이러닝 서비스를 제공하는 산업활동
		기타 교과교육 서비스업	취업 및 각종 전문 시험을 위한 일반 교과교육용 이러닝 서비스를 제공하는 산업활동
	직무훈련 서비스업	기업 직무훈련 서비스업	정부기관, 공공단체, 사업체 등에서 직원의 직업훈련을 위한 이러닝 서비스를 제공하는 산업활동
		직업훈련 서비스업	취업 또는 전업 등을 위한 기술 및 직업 분야의 전문적인 훈련을 위한 이러닝 서비스를 제공하는 산업활동
		교수자 연수 서비스업	교수자의 전문성 향상을 위한 훈련용 이러닝 서비스를 제공하는 산업활동 * 교수자: 교사, 강사, 튜터, 촉진자 등 학습자에게 도움 역할을 하는 사람
	기타 교육훈련 서비스업	기타 교육훈련 서비스업	교과교육 및 직무훈련을 제외한, 외국어교육, 사회교육, 컴퓨터교육 등 기타 교육훈련을 위한 이러닝 서비스를 제공하는 산업활동

라. 하드웨어 분야

- 이러닝 하드웨어는 온라인 교육 및 원격 학습을 위해 사용되는 모든 하드웨어를 말한다.
- 이러닝 하드웨어 산업의 주요 제품은 다음과 같다.
  - 노트북 및 컴퓨터는 학생들이 공부하고 교육자가 수업을 진행하는 데 필요한 가장 기본적인 기기이다.
  - 태블릿은 모바일하고 휴대성이 좋으며, 학생들이 수업을 따라가는 데 유용하다.

- 인터랙티브 디스플레이한 대형 디스플레이에서 학생들이 더 큰 화면에서 수업 자료를 볼 수 있다.
- 웹캠 및 마이크는 원격 학습을 위해 필수적인 장비로, 학생들이 교육자와 상호작용하고 수업에 참여할 수 있다.
- 온라인 플랫폼과 소프트웨어는 수업을 진행하고 관리하는 데 사용되는 소프트웨어와 플랫폼이다.

표 1-1-12 **이러닝 하드웨어 산업 분류와 산업정의서**

대분류	중분류	소분류	산업정의서
이러닝 하드웨어	교육 제작 및 훈련시스템용 설비 및 장비 제조업	디지털 강의장 설비 및 부속 기기 제조업	이러닝 강의를 녹화, 편집하는 디지털 강의장에 설치되는 설비 및 관련 부속 기기류(전용 부분품 등) 등을 제조하는 산업활동(전자교탁, 전자칠판, 강의녹화시스템, 실물화상기 등)
		가상훈련 시스템 장비 및 부속 기기 제조업	가상현실, 증강현실 및 이와 유사한 기술을 적용한 교육훈련용 시뮬레이터(simulator) 및 부속 기기(전용 부분품 등)를 제조하는 산업활동
		기타 교육 제작 및 훈련시스템용 설비, 장비 및 부속 기기 제조업	기타 이러닝 교육 제작 및 관련 훈련시스템용 설비 및 장비, 부속기기(전용 부분품 등)를 제조하는 산업활동
	학습용 기기 제조업	휴대형 학습 기기 제조업	이러닝 학습을 위한 전용 휴대형 기기(로봇, 전용 패드, 전자책 리더기 등)를 제조하는 산업활동
	이러닝 설비, 장비 및 기기 유통업	이러닝 설비, 장비 및 기기 유통업	이러닝을 위한 각종 설비, 장비 및 학습용 기기 등을 유통하는 산업활동

④ 이러닝 공급(사업)자

• 온라인 교육 콘텐츠를 개발하고 제공하는 회사나 기관을 말하는데, 이러닝 공급자는 다양한 형태의 디지털 콘텐츠를 만들고, 이를 학습자들이 쉽게 접근하고 활용할 수 있도록 제공한다. 또한 학습자들이 필요로 하는 강의나 교육과정을 개발하고, 이를 온라인으로 제공함으로써 학습자들이 자유롭게 학습할 수 있도록 돕는다.

• 대학이나 대학원에서는 이러닝 공급자로서 온라인 강의나 원격 교육 프로그램을 제공하는데, 기업에서도 이러닝 공급자로서 직원 교육을 위한 온라인 교육 콘텐츠를

개발하고 제공한다. 이러한 이러닝 공급자는 학습자들이 자유롭게 학습하고, 기업이나 기관에서 효율적으로 교육을 제공할 수 있도록 돕는다.

표 1-1-13 이러닝 사업체와 특징

사업체	특징
콘텐츠 사업체	이러닝에 필요한 정보와 자료를 멀티미디어 형태로 개발, 제작, 가공 유통하는 사업체
솔루션 사업체	이러닝에 필요한 교육 관련 정보시스템의 전부나 일부를 개발 제작 가공, 유통하는 사업체
서비스 사업체	온라인으로 교육 훈련 학습 등을 쌍방향으로 정보통신 네트워크를 통해 개인 사업체 및 기관에 직접 서비스를 제공하는 사업과 이러닝 교육 및 구축 등 이러닝 사업 제반에 관한 컨설팅을 수행하는 사업체
정규교육 사업체	초·중·고교 및 대학교와 연계하여 학위를 주는 사업체
사설학원 사업체	사설학원을 운영하면서 전부 또는 일부를 이러닝으로 서비스를 제공하는 사업체
일반 사업체	자가, 소유 또는 임차한 정보통신 네트워크를 통하여 사업체가 교육 훈련 학습의 서비스를 제공하는 사업체

⑤ 이러닝 인력과 직종별 정의

- 이러닝 인력이란 이러닝 사업 관련 업무를 행하는 자와 이러닝 컨설턴트, 이러닝 교수설계자, 이러닝 콘텐츠 개발자, 이러닝 시스템 개발자, 이러닝 과정 운영자를 포괄한다. 이러닝 외의 업무를 수행하더라도 이러닝 업무를 겸업으로 종사하는 경우에는 이러닝 종사자에 포함한다.

- 이러닝 직종별 정의는 다음과 같다.

표 1-1-14 이러닝 직종별 정의

이러닝 직종	직종별 정의
이러닝 컨설턴트	이러닝 사업 전체를 이해하고 이러닝 기획과 콘텐츠 설계, 개발, 시스템 개발, 과정 운영 등 이러닝 사업에 대한 제안과 문제점 진단 해결 등에 관하여 자문하며 이러닝, 직무 분야 중 하나 이상의 전문 역량과 경험을 보유한 자
이러닝 교수설계자	콘텐츠에 대한 기획력을 갖고 학습목적을 고려하여 학습 내용과 자원을 분석 학습, 목표와 교수 방법을 설정하여 학습 내용이 학습 목표를 달성하는 데 도움이 될 수 있도록 콘텐츠 개발의 전 과정을 진행 및 관리하는 업무에 종사하는 자

이러닝 콘텐츠 개발자	이러닝 콘텐츠에 대한 기획력을 갖고 교수설계, 내용을 이해하여, 멀티미디어 요소를 활용해서, 콘텐츠를 구현하는 역할을 수행하는 업무에 종사하는 자
이러닝 영상제작자	이러닝 콘텐츠 구현에 필요한 교육용 영상을 기획하고, 촬영 및 편집 등을 포함한 전반적인 영상제작 관련 업무에 종사하는 자
이러닝 시스템 개발자	온라인 학습과 관련된 다양한 시스템에 대한 기획, 프로젝트 관리를 포함하여 학습의 운영과 관리에 필요한 소프트웨어를 설계하고 개발하는 업무에 종사하는 자
이러닝 과정 운영자	학습자의 학습성과를 극대화하기 위하여 교육과정에 대한 운영계획을 수립하고 학습자와 교·강사 활동을 지원하며 학습과 관련한 불편 사항을 개선함으로써 학습 목표 달성을 지원하는 업무에 종사하는 자

※ 출처: 2021년 이러닝 산업실태조사, 42쪽 표로 재구성, 산업통상자원부, 정보통신산업진흥원, 소프트웨어정책연구소

⑥ 이러닝 산업의 주요 이해관계자

이러닝 산업의 주요 이해관계자는 다음과 같다.

표 1-1-15 이러닝의 이해관계자들

이해관계자	역할
학습자 (Learner)	이러닝 강좌를 수상하는 학습자로 이러닝 콘텐츠를 학습하고 이를 통해 지식과 기술을 습득하는 주체이다.
교수자 (Instructor)	한 강좌만 운영될 때 해당 강좌를 담당하는 교·강사, 학습 내용의 선정 및 조직, 강의 진행, 학습 안내 및 지도, 학습 촉진자이다.
내용전문가 (Content Provider)	교수자 혹은 외부 인적 자원이다.
개인 교수 (Tutor)	동일한 여러 개의 강좌가 운영될 때 한 강좌를 담당하는 교·강사, 한 강좌의 수강 인원이 많을 때 담당 교수를 지원하면 강의 운영을 담당하는 강사, 교수의 보조자로서 자율권을 가지고 학습을 지원 촉진하는 자이다,
인증 기구 (Accreditation Bodies)	이러닝 콘텐츠의 질을 평가하고 인증하는 기관이다.
고용주(Employer)	이러닝 강좌를 수강한 졸업생을 선발하는 기업이다,
교육기관 (Education Institutions)	이러닝 강좌를 제공하는 교육기관으로 콘텐츠를 개발하고 제공하는 주체로 대학, 학원, 기업 등 다양한 교육기관들이 이러닝을 활용하여 교육 서비스를 제공하고 있다.
운영자(Coordinator)	강좌 전체를 운영하는 담당자(교수, 학생 지원 담당자)이다.

이해관계자	역할
개발자	이러닝 콘텐츠를 개발하는 사람들로 프로그래머, 디자이너, 그래픽 디자이너 등 다양한 분야에서 일하며, 이러닝 콘텐츠의 제작에 필요한 기술과 도구를 사용한다.
기술 지원 담당 (Technology Provider)	강좌의 기술적 지원 담당자, 시스템과 관련하여 발생할 수 있는 기술적인 문제 해결자, LMS를 제공하는 업체이다.
콘텐츠 제공업체	이러닝 콘텐츠를 제작하고 판매하는 업체로 대표적인 예로는 Cousera, Udemy, LinkedIn Learning 등이 있다.
교육 정책 결정자	국가나 지방 정부에서 교육 정책을 결정하는 사람으로 이러닝 교육 분야에서도 교육 정책 결정에 영향을 미치는 역할을 수행하고 있다.

※ 출처: 권양이, 스마트시대의 원격 평생교육 방법론, 공동체, 2020, 228쪽(Choundhury & Pattnaik(2020), Wagner et al.(2008) 재구성

(2) 이러닝 산업 현황

• 이러닝 글로벌 시장 규모는 2019년 1,630억 달러에서 2025년 4,040억 달러로 대폭 성장할 것으로 전망되었으며, 코로나19 이후 성장세가 가속화되어 연평균 성장률은 기존 13.1%에서 16.3%로 상향 조정되었다.

그림 1-1-12 **이러닝 글로벌 시장 규모**

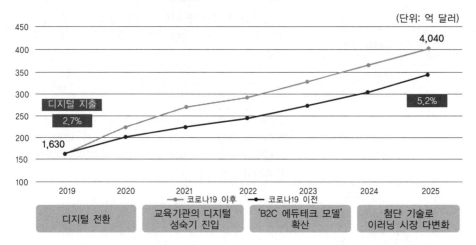

※ 출처: 디지털전환 시대의 이러닝 선도국가 실현을 위한 제4차 이러닝 산업 발전 및 이러닝 활용 촉진 기본계획 (2022~2024)

- 에듀테크 전문 시장조사업체 Holon IQ에 따르면, 2020년 코로나19 사태가 발생함에 따라 이러닝 시장은 더욱 성장하였으며, 2019~2025년 기간의 연평균 성장률(CAGR)은 코로나19 이전 기간의 13.1%에서 16.3% 상향 조정되었다. 2021년 이러닝 시장 규모는 2,680억 달러를 기록하였으며 2025년에는 4,040억 달러 규모를 기록할 것으로 전망된다.

그림 1-1-13 2019~2025년 에듀테크 시장 규모(단위: 억 달러)

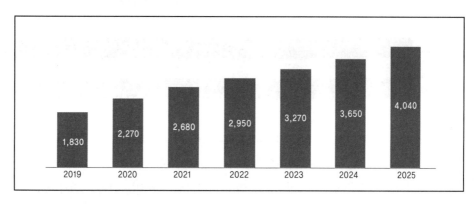

※ 출처: HolonIQ(holoniq.com)

- 국내 이러닝 산업에 대해 조망하기 위해서는 산업통상자원부, 정보통신산업진흥원, 소프트웨어정책연구소에서 발간하는 '이러닝 산업 실태조사'를 참고하는 것이 좋다.
- 2022년 이러닝 산업 성장 전망(2021년 대비)에 대해서는 성장 43.2%, 현상 유지 54.0%, 하락 3.7%로 나타나며, 콘텐츠 사업의 경우 성장 41.1%, 현상 유지 56.8%, 하락 2.1%, 사업은 성장 47.7%, 현상 유지 44.1%, 하락 8.2%로 나타났다.

그림 1-1-14 2021년 이러닝 산업 성장 전망(단위:%)

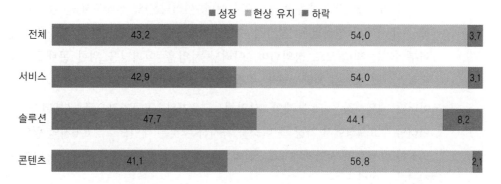

- 향후 5년간 이러닝 산업 성장 전망에 대해서는 성장 82.4%, 현상 유지 14.2%, 하락 3.4%로 긍정적으로 전망한 의견의 비율이 높게 나타났다.

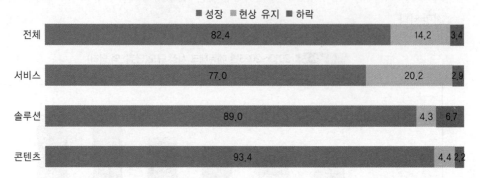

그림 1-1-15 이러닝 산업 성장 전망(향후 5년)(단위:%)

- 팬더믹 이전에는 교실 안에서 이루어진 교육만을 정규 교육으로 보는 경향이 있었으나 팬더믹 이후에는 온라인과 오프라인 중에 원하는 것을 선택하는 것, 학습자가 원하는 교육방식을 선택하여 수업을 들을 수 있도록 하면서 디지털로 전환되는 과목도 증가하고 있다. 이러한 변화는 이러닝 산업 및 에듀테크 산업에 긍정적인 영향을 미치고 있다.

3) 이해관계자 특성

(1) 이러닝 수요시장 vs 공급시장

① 이러닝 수요시장

- 산업통상자원부와 정보통신산업진흥원은 이러닝 수요자와 공급자에 관한 신뢰성 있는 정보를 제공하고, 이러닝(e-learning) 사업 육성을 위한 정책 수립·시행을 위한 산업 현황 및 동향을 파악하고자 매년 「이러닝 산업 실태조사」를 실시하고 있다. 해당 조사에서 이러닝은 '전자적 수단, 정보통신 및 전파·방송 기술을 활용하여 이루어지는 학습'으로 정의되며, 이러닝 사업은 '이러닝을 위한 콘텐츠, 솔루션, 서비스, 하드웨어를 개발·제작·유통하는 사업'을 가리킨다.
- 이러닝 수요시장은 크게 개인, 사업체, 교육기관, 공공기관으로 구분된다. 2021년 이러닝 수요시장에서 가장 큰 비중을 차지하는 것은 개인으로 2조 6천억 원의 시장을 형성하고 있으며 사업체가 1조 8천억 원, 정부 및 공공기관이 3,160억 원의 시장을 형성하고 있다.

- 수요시장의 이러닝 도입률을 보면 개인이 2017년부터 58.9%, 59%, 59.2%, 62.5%, 65.9%로 매해 증가하고 있으며, 사업체는 6.6%, 6.7%, 7.1%, 10.6%, 14%로 역시 매해 점진적으로 증가하고 있다.

② 이러닝 공급시장

- 2021년 이러닝 매출액은 5조 218억 원으로 나타났다. 2020년 이러닝 매출액 4조 6,301억 원 대비 8.5% 증가했는데, 서비스 부문 10.4%, 솔루션 부문 5.2%, 콘텐츠 부문 2.4%가 각각 증가했다. 거래 대상별 이러닝 매출액 비중은 일반 개인 33.5%, 사업체 29.1%, 교육기관 18.4% 등의 순으로 나타나 일반 개인이 가장 큰 수요시장임을 알 수 있다.

- 이러닝 공급시장은 크게 콘텐츠 사업체, 솔루션 사업체, 서비스 사업체로 구분된다. 2021년 이러닝 사업체 수는 총 2,113개로, 사업 분야별로 서비스 사업체 1,340개, 콘텐츠 사업체 459개, 솔루션 사업체 314개이며, 2020년 대비 208개 사업체가 증가한 수치를 나타내고 있다(10.9% 증가).

    ⓐ 콘텐츠 사업체: 이러닝에 필요한 정보와 자료를 멀티미디어 형태로 개발, 제작, 가공, 유통하는 사업체

    ⓑ 솔루션 사업체: 이러닝에 필요한 교육 관련 정보시스템의 전부 혹은 일부를 개발, 제작, 가공, 유통하는 사업체

    ⓒ 서비스 사업체: 온라인으로 교육, 훈련, 학습 등을 쌍방향으로 정보통신 네트워크를 통해 개인, 사업체 및 기관에게 직접 서비스를 제공하는 사업과 이러닝 교육 및 구축 등 이러닝 사업 제반에 관한 컨설팅을 수행하는 사업체

- 이러닝은 하나의 콘텐츠로 다수에게 무한하게 교육훈련 공급이 가능하다는 특징을 가지고 있어 고품질의 콘텐츠를 개발하여 여러 학습자에게 서비스를 제공하는 전략을 추구한다. 이처럼 콘텐츠를 개발하여 수요처에 콘텐츠를 공급하는 기업을 CP(Contents Provider) 사라고 하는데, 이들이 양질의 콘텐츠를 공급하는 순기능도 있으나 동일한 콘텐츠를 유통하여 차별성이 없다는 비판을 받기로 한다.

(2) 온라인 교육의 주체

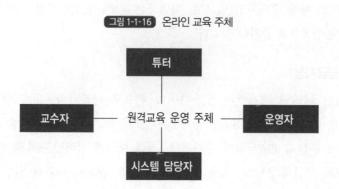

그림 1-1-16 온라인 교육 주체

※ 출처: 이수경 외(2009). 원격훈련과정 교 강사의 활용 실태 분석 및 역할 제고 방안 연구. 한국직업능력개발원

① 교 · 강사

- 교 · 강사는 이러닝에서 과정에 대한 일반지식과 전반적인 내용에 대한 이해를 바탕으로 학습자가 학습 목표를 달성할 수 있도록 역할을 수행하는 자로 교육기관의 성격, 교육의 목적, 운영 특성에 따라 교수자의 역할과 튜터의 역할을 구분하여 사용한다. 하지만 대다수의 교육기관에서는 내용에 대한 전문성과 운영의 효율성 때문에 교수자의 역할과 튜터의 역할을 함께 진행한다.
- 이러닝에서 교 · 강사의 역할은 내용전문가, 교수설계자, 촉진자, 안내자 · 관리자, 기술전문가의 역할을 수행한다. 특히 교 · 강사는 강의 내용에 대한 전문성을 갖추는 것이 필수조건이며, 내용 전문가를 SME(Subject Matter Expert)라고 부르기도 한다. 가장 이상적인 상황은 교 · 강사가 강의를 직접 설계-개발-운영-평가까지 모두 담당하는 경우이다. 따라서 교 · 강사는 강의 내용에 대한 전문지식뿐만 아니라 이러닝 운영에 대한 전문성도 요구한다. 고용노동부에서 진행하는 인터넷 원격훈련 운영을 위해서는 법에서 정하는 자격 기준을 충족해야 한다.

② 튜터

- 튜터의 역할은 내용전문가보다는 과제 채점 위주로 운영하기 때문에 이러닝 운영사에서는 튜터의 역할만 담당하는 전문가를 별도로 선발하기도 한다.
- 교 · 강사에 비해 튜터의 문턱은 낮으며, 최소한의 자격 기준을 갖춘 실무 경력자를 선호하는 편이다.

③ 운영자

- 강좌의 시작부터 마지막 종료 시점까지 교수자, 튜터, 학습자와 밀접하게 의사소통한다.
- 학습자들의 수강 신청, 강의 수강, 시험 및 성적을 관리한다.
- 수업과 관련된 다양한 문제를 해결한다.
- 강좌의 전반적인 운영을 책임지는 담당자이다.
- 운영자는 강좌 운영과 관련된 다양한 업무를 수행하기 때문에 원격교육 강좌의 결과에 많은 영향을 미친다.

④ 시스템 지원 담당

- 이러닝 학습활동을 지원하는 학습관리시스템(LMS), 학습 콘텐츠 관리시스템(LCMS), 학사관리시스템 등을 통해 학습자의 학습활동정보, 학습결과정보를 관리하고 지원한다.
- 학습과정에서 학습 지원시스템으로 인한 문제, 사용과 관련된 문제, 학습 콘텐츠와 관련된 문제 등에 대해서 학습자, 교수자와 상담하고 지원한다.
- 이러닝을 수행하는 과정에서 네트워크, 컴퓨터, 학습운영관리시스템의 기능, 학습실행프로그램의 기능, 일시적인 서버 접속 문제 등과 관련해서 제기될 수 있는 각종 질의에 신속하게 답변할 수 있는 체제를 갖추고 이를 지원하는 역할을 수행한다.

(3) 이러닝 직군

이러닝 기업 내에서는 다음과 같은 직무가 존재한다.

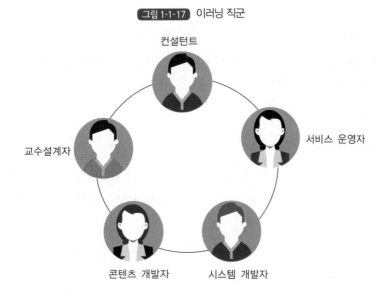

그림 1-1-17 이러닝 직군

① 교수설계자

- 교수설계 이론 및 실행에 대한 폭넓은 전문지식을 바탕으로 고객의 교육 요구에 부응하고 프로그램의 목표를 수립한다.
- 학습자와 내용을 분석하고, 자신만의 교수설계 전략을 구성하며, 콘텐츠설계의 방향과 시스템의 적합성을 고려하여 설계를 실시하고 적용 결과와 질을 평가하여 학습자에게 적절한 수준으로 학습 내용을 재구조화한다. 이를 위해 학습자, 시스템관리자, 프로그래머 및 그래픽 디자이너 등의 요구를 절충하여 교육내용 기획, 구조화, 전략 수립 등의 책임자 역할을 수행한다.

② 콘텐츠 개발자

- PM의 감독하에 교수설계자의 기획에 따라 다양한 멀티미디어 요소를 함유한 콘텐츠를 제작하는 업무를 담당한다.
- UI 기획 및 제작, 그래픽 디자인, 플래시 애니메이션 제작, 동영상 제작, 사운드 제작, 액션 스크립트 및 웹 프로그래밍 등 다양한 직무 담당자들의 협업을 통해 콘텐츠가 제작되므로, 콘텐츠 개발자란 콘텐츠 개발에 필요한 상기 직무들을 수행하여 콘텐츠 개발에 참여하는 사람들을 통칭하기도 한다.

③ 시스템 개발자

- 이러닝에 필요한 솔루션 기술과 장비에 대한 전문지식을 기반으로 이러닝 시스템을 분석하고, 설계하고, 개발하는 역할을 수행한다.
- 학습자가 이러닝 환경에서 효과적으로 학습할 수 있는 학습 환경을 분석, 예측하여 가장 효과적인 학습관리시스템(LMS)을 구축하기 위해 하드웨어 환경 및 관련 소프트웨어를 개발 및 설치하고, 학습을 관리할 수 있는 환경을 마련한다. 개발 후 시험·평가가 완료되면 학습관리시스템의 운영·관리체계를 정립한다.
- 주요 업무는 학습관리시스템(LMS), 학습콘텐츠관리시스템(LCMS)의 구축 및 관리이며, 기 개발 시스템을 새로운 학습 환경으로 변환 구축(커스터마이징)하기도 한다.

④ 서비스 운영자

- 이러닝과정이 체계적·효율적으로 운영되도록 과정운영 계획을 총괄적으로 수립하고, 교수학습 환경을 점검하며, 교수자와 학습자에 대한 체계적인 관리를 통해 교수학습 활동을 촉진하는 역할을 한다.
- 과정 운영 결과를 분석하여 피드백하는 직무를 수행한다.

⑤ 이러닝 컨설턴트

- 이러닝교육을 기획하고, 이에 대한 자문을 수행하며, 이러닝 프로젝트 운영을 관리 및 총괄하는 역할을 수행한다.
- 이러닝 컨설턴트는 다양한 경험을 토대로 한 총체적인 시각에서 이러닝사업을 기획하고, 교육 프로그램의 개발 방향을 제안하며, 프로젝트 매니저로서의 역할을 수행하며, 개발된 산출물에 대한 1차적인 책임을 진다.
- 프로젝트 PM은 프로젝트 추진 및 운영을 담당하는 한편, 이러닝 컨설턴트는 프로젝트 기획과 추진, 완료 보고 및 최종 산출물 납품에 이르기까지 프로젝트 전체 과정을 총괄하므로 직무 난이도는 높고, 직무 범위는 훨씬 넓다고 볼 수 있다.

2 /// 이러닝 기술 동향 이해

1) 이러닝 소요 기술

(1) 이러닝 운영을 위한 소프트웨어

이러닝 운영을 위한 소프트웨어는 다음과 같은 영역으로 나누어진다.

표 1-1-16 이러닝 운영을 위한 소프트웨어 영역

영역	주요 기능 내역
학습자 지원	• 학습 기능(강의 수강, 강의계획서, 공지사항, 출석관리, 학습관리, 성적 확인) • 시험평가 기능(시험 응시, 퀴즈 응시, 오답노트, 부정행위 방지 등) • 과제평가 기능(과제 제출, 확인, 첨삭지도) • 상담 기능(1:1 상담) • 커뮤니티 및 네트워크 지원 기능(학습 자료실, 토론방, 프로젝트방, 설문, 이메일, 쪽지, 채팅, 커뮤니티, 블로그 등) • 기타 기능(홈페이지 조회, 개인정보 관리, 학사 지원 기능 등)
교수자 지원	• 과목관리 기능(강의계획서, 공지사항, 강의 목록) • 학습관리 및 평가 기능(학생관리, 출석관리, 진도관리, 학습 참여 관리, 과제관리, 시험관리, 1:1 상담) • 성적관리 기능(학업성취도 종합 평가 및 성적 산출 기능) • 커뮤니티 및 네트워크 관리 기능(학습 자료실, 토론방, 프로젝트방, 설문, 이메일, 쪽지, 채팅, 커뮤니티, 블로그 등)

영역	주요 기능 내역
교수자 지원	• 콘텐츠 검색 및 관리 기능 • 콘텐츠개발관리시스템(CDMS) 기능 • 기타 기능(강의 평가 결과 조회, 조교관리, 개인정보 관리 등)
운영자 지원	• 교수자 지원, 학습자 지원 영역 전체 관리 기능 • 강의실 관리 기능 • 교육과정 관리 기능(과정 정보관리, 콘텐츠 및 교재 등록) • 학습운영 및 수강 관리 기능(학습정보관리, 수강진행관리, 권한관리 등) • 운영자 지원 기능(사용자 관리, 콘텐츠 관리, 커뮤니티 관리, 상담 관리, 학사 관리, 각종 통계 관리, 모니터링 기능)
특기 사항	• 부정행위 방지를 위한 관련 기능 및 정책 확보 • 콘텐츠 표준화를 고려한 LCMS 및 해당 기능 마련(예 콘텐츠 패키징 툴, 메타 데이터 편집 툴 등) • 학사관리시스템이 있으면 기본적인 학사 관리 기능은 학사관리시스템에서 구현 가능(단, 학습자 접근의 용이성을 고려하여 LMS에 구현)

※ 출처: 원격교육 설비 기준 고시[시행 2019.12.26.] [교육부고시 제2019-213호, 2019.12.26., 개정]

2) 이러닝 기술 동향

(1) 가상현실(Virtual Reality)과 증강현실

① 교육 분야 VR·AR은 IT 기술이 교육 및 학습 프로세스에 통합됨에 따라 학습 분야 고급 기술은 더욱 진보할 전망이며, VR 기술은 성인 교육 및 직업 훈련 분야에서 다수 사용되고 있으며 향후 해당 분야의 기술 활용은 더욱 증가할 전망이다.

② 교육업계에서 VR·AR 기술의 이점은 개인화된 학습 경험을 통해 VR·AR 학습 행동과 패턴에 따라 개인화된 학습 서비스 지원이 가능하다.

③ 고급 및 능동적 실감 나는 학습을 통해 VR 환경은 새로운 기술을 배우고 개발할 수 있는 환경 제공이 가능하다.

④ 향상된 실험 기회 몰입형을 통해 평소 접하기 힘든 해부를 포함한 과학 실험 및 인체 탐험을 할 수 있으며, 학습자 및 교육자 역량 강화 소셜미디어를 통해 학습자에 재미있고 즐거운 학습 경험을 제공하고 실감 나는 실습 현장감을 제공할 수 있다.

⑤ 가상현실(VR)과 증강현실(AR)을 이용한 이러닝 콘텐츠가 개발되고 있다. 이러한 기술을 활용하면 실제 상황과 유사한 가상 환경에서 학습 경험을 제공할 수 있어 효과적인 학습이 가능하다.

(2) 메타버스(Metaverse)

① 아바타(avatar)를 통해 실제 현실과 같은 사회, 경제, 교육, 문화, 과학기술 활동을 할 수 있는 차원 공간 플랫폼이다.

② 교육업계에서 메타버스 활용의 장점은 AR/VR/MR을 통한 재설계된 학습 공간, VR/AR 교사와 학생이 헤드셋을 착용하여 먼 곳에 현장 체험을 가거나 실습 활동을 할 수 있다.

③ 인공지능을 활용한 교육 지원으로 아바타에 인공지능(AI)과 머신러닝 기술을 결합하여 학습 습관을 분석하거나 온라인상에서 상호작용하여 교육 몰입도를 향상할 수 있다.

④ 개인화된 학습 기회를 제공할 수 있는데 AI 가상 전문가나 아바타의 감독과 지도하에 안전한 환경에서 자신의 속도로 학습하고 실험할 수 있다.

⑤ 교육 흥미 향상을 위한 게이미피케이션(gamification)을 활용할 수 있으며, Earn to Learn 메타버스 환경 자체가 온라인 게임과 비슷한 환경이며 모델을 활용하여 확실한 보상을 제공해 게임화 효과를 극대할 수 있다.

⑥ 사용자가 자신만의 게임과 세계를 만들고 다른 사람이 디자인한 세계에서 플레이할 수 있는 메타버스 플랫폼(로블록스나 스페이셜)을 활용한 교육이 확대되고 있다.

⑦ Holo-MUSEUM은 메타버스 박물관으로 역사 과학 및 예술과 같은 다양한 주제와 전 세계 곳곳의 다양한 콘텐츠를 모든 교실에 제공하고 있다.

(3) 머신러닝(Macine Learning)

① 머신러닝이란 인공지능의 연구 분야 중 하나로 인간의 학습 능력과 같은 기능을 컴퓨터에서 실현하고자 하는 기술이다.

② 딥러닝과 머신러닝 자연어 처리 등의 인공지능 기술은 교육 및 훈련 소프트웨어에 적용되어 개인 맞춤형 학습 등을 제공하여 학습 경험을 향상한다.

③ 머신러닝은 방대한 양의 학습 데이터를 빠르게 처리할 수 있도록 도와주며, 머신러닝을 통해 교육자가 원하는 방향의 교육 콘텐츠 제공이 가능하다.

④ 머신러닝 기술을 활용하여 학습자의 행동 패턴 및 학습 경로 등을 분석하고, 이를 토대로 개별 맞춤형 학습 경험을 제공하는 기술이 발전하고 있다.

⑤ 교육 분야에서의 인공지능 및 머신러닝 활용 방안의 예는 평가 자동화 객관식으로 문제뿐 아니라 주관식 에세이 작성 문제 등에 대한 채점을 자동화하여 교사가 채점하는 데 드는 시간을 줄여주며 학습자에 공평한 점수 부여가 가능하다.

⑥ AI 튜터 챗봇 등의 인공지능 기술을 활용하여 학습자의 질문에 빠르게 답할 수 있으며 학습자를 실시간으로 분석하여 속도와 수준에 맞는 학습을 제공할 수 있다. 관리 작업 단순화 출석이나 과목 관리 학업 등록 등 교육 이외에 관리가 필요한 부문을 자동화하여 교사의 연구 시간 확보가 가능하다.

⑦ 국내, 중소기업이 출원한 '온·오프라인 학습 콘텐츠와 학습도구 동시 활용 원격 라이브 강의학습 방법 및 그 제어장치' 특허는 운영체계를 포함한 시스템 소프트웨어와 멀티미디어 데이터 통신 프로토콜 소프트웨어가 내장되고 멀티미디어 데이터 스트림 처리, 멀티미디어 데이터 압축/복원 처리 기능 블록 등으로 이루어지는 중앙처리 블록과 입출력 디바이스(영상카메라, 마이크, 문서카메라, 마우스, 키보드, 모니터, 스피커)의 작동을 제어하는 감지장치 제어 기능이 상호 연동한다.

⑧ 'QR코드를 이용한 학습 시스템 및 그 방법' 특허는 학습자가 스마트폰과 같은 단말기를 이용해 교과서에 인쇄되었거나 부착된 학습자료용 QR코드를 스캔하여 메인 서버에서 제공하는 각종 교육용 콘텐츠를 제공받을 수 있도록 한다. 학습 진도에 맞추어 단원이 종료되면 단원학습 확인용 QR코드를 스캔하도록 하여 교육자가 학업성취도를 확인할 수 있도록 하는 QR코드를 이용한 학습 시스템이다.

3) 미래 교육의 이슈

(1) 에듀테크(Edutech)

① 에듀테크(Edu-Tech)란 교육(education)과 기술(technology)이 결합한 신조어로 기술을 통해 교육을 혁신하는 것을 의미한다. 인공지능(AI) 외에도 가상현실(VR), 증강현실(AR), 빅데이터, 사물인터넷(IoT), 온라인 공개수업 등 IT 기술과 교육 서비스가 융합해 새로운 교육 환경을 제공하며, 이는 4차 산업혁명 시대에 세계적으로 교육 전반에 큰 영향력을 미치고 있다.

② 이러닝이 기존의 오프라인 강의를 온라인에 옮겨놓는 형태, 소위 말하는 인터넷 강의를 말하는 것이라면, 에듀테크는 교육에 ICT 기술을 융합적으로 활용하는 하이브리드 교육으로 인공지능, 빅데이터 등의 기술을 기반으로 학습자에 대한 분석을 수행하고 정보를 종합해 교육 효과를 높이기 위한 학습과정을 제공하는 것이라고 볼 수 있다.

③ 학습자가 잘 모르는 것이 무엇인지 알아내고 학습자의 지식수준을 고려하여 난이도를 조절한 학습자 맞춤형 학습과정을 추천할 수 있다. 또한, 단순히 책 속에 담긴 수많은 공식과 글, 그림으로 이해하던 교육방식으로부터 동영상, 증강현실, 가상현실 등을 이용해 마치 실제 환경과 같은 문제 상황을 제시함으로써 시·공간을 초월하여 교육받을 수 있으며 어려운 문제도 쉽게 이해할 수 있도록 한다.

④ AI는 학습자와 교육자의 특정한 요구에 따라 교육을 맞춤화하여 효율성과 접근성을 높이고 교육의 범위도 확장할 수 있으며, 교육 서비스를 개선하거나 새로운 가치를 제공하는 데 활용되는 기술을 의미한다.

그림 1-1-18 에듀테크의 특성 및 개념

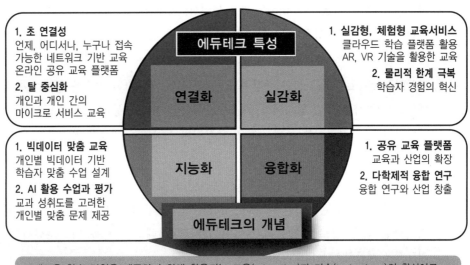

새로운 학습 경험을 제공하기 위해 활용되는 교육(education)과 기술(technology)의 합성어로, 교육 이론을 바탕으로 학습을 촉진하기 위해 VR, AR, AI와 같은 최첨단의 ICT를 활용하는 것

※ 출처: https://ip-edu.net/contents/Article/bbs/1554/29853

(2) 미래 이러닝 교육의 특징

① 인공지능(AI) 기술이 발전하면서 이러닝 콘텐츠가 학습자의 학습 경로, 학습 습관, 학습 성과 등을 분석하여 맞춤형 학습 경험을 제공할 것으로 예상된다.

② 블록체인 기술 적용으로 학습자의 학습 이력과 인증서 등을 안전하게 보관하고, 학습자의 신원 인증 등에도 적용될 것으로 예상된다.

③ 가상현실(VR)과 증강현실(AR) 기술이 더욱 보급되면서, 실제 상황과 유사한 가상 환경에서의 학습이 더욱 효과적일 것으로 예상된다.

④ 초개인화 학습 경험 제공을 통해 학습자의 개인별 특성, 성향, 학습 스타일 등을 분석하여 개인에게 최적화된 학습 경험을 제공할 것으로 예상된다.

⑤ 협력적 학습 환경 구성으로 소셜 러닝과 같은 협력적 학습 환경을 구성하여, 학습자들이 서로 소통하고 협력하여 학습을 진행할 수 있는 환경을 제공할 것으로 예상된다.

⑥ 디지털 실력 강화로 미래 사회에서는 디지털 기술이 더욱 중요해질 것으로 예상되므로, 이러닝 교육에서 디지털 실력 강화를 위한 학습 콘텐츠가 보급될 것으로 예상된다.

⑦ 개방적인 학습 환경 조성으로 이러닝 교육에서는 전 세계의 학습자들이 함께 학습하고, 지식을 공유하는 개방적인 학습 환경이 조성될 것으로 예상된다.

4) 이러닝 기술 트렌드

① 마이크로 러닝(microlearning)은 짧은 동영상, 이미지, 퀴즈 등을 활용하여 빠르고 쉽게 배울 수 있는 학습 방식이다. 모바일 기기를 통해 언제 어디서든 접근 가능하며, 짧은 시간에도 효과적인 학습이 가능하다.

② 가상현실(virtual reality)과 증강현실(augmented reality) 기술을 활용하여 실제적인 체험을 제공하는 학습 방식이다. 예를 들어, 가상현실을 통해 위험한 상황을 안전하게 체험하거나, 증강현실을 통해 제품이나 장비의 사용법을 실제로 체험하는 등의 학습이 가능하다.

③ 인공지능(AI) 기반 학습은 머신러닝, 딥러닝 등의 기술을 활용하여 학습자의 수준에 맞는 맞춤형 학습 콘텐츠를 제공하는 학습 방식이다. 학습자의 학습 패턴을 분석하여 최적화된 학습 경로를 제공하거나, 학습자의 이해도를 자동으로 분석하여 적절한 피드백을 제공하는 등의 기술이 적용된다.

④ 게임 기반 학습은 게임 요소를 활용하여 학습을 즐겁고 흥미롭게 만드는 학습 방식으로, 쉬운 단계부터 시작하여 난이도를 점차 올리며 게임을 진행하면서 학습할 수 있다.

⑤ 소셜러닝(social learning)은 학습자들 간의 커뮤니케이션을 활용하여 협력적인 학습을 촉진하는 학습 방식이다. 온라인 포럼, 그룹 학습, 실시간 채팅 등의 방법을 활용하여 학습자들이 서로 정보를 교환하고 소통하며 학습할 수 있다.

⑥ 모바일 학습(mobile learning)은 모바일 기기를 통해 언제 어디서든 학습이 가능한 학습 방식으로, 학습자의 위치나 시간에 구애받지 않고 학습이 가능하며, 간편하고 효과적인 학습이 가능하다.

1) 이러닝산업법 개요

① 이러닝산업법은 디지털 기술과 정보통신 기술을 활용하여 교육을 제공하는 이러닝 산업을 규제하는 법률이다.

② 이러닝산업법은 학생 및 교육자의 권리와 보호, 라이선스, 지식재산권, 프라이버시 보호 등 다양한 문제를 다룬다. 이러닝 산업은 기존 교육 방식과는 다르게 인터넷을 통해 이루어지기 때문에 교육 환경과 더불어 기술적인 측면에서도 많은 규제와 법적 문제가 발생할 수 있다.

③ 이러닝산업법은 이러닝 서비스 제공자의 권리와 의무, 사용자의 권리와 의무, 그리고 국가나 지자체의 이러닝 산업 지원 정책 등을 규제하고 있다. 이러닝 서비스 제공자는 이러닝 서비스의 안전성을 유지하며, 사용자의 개인정보 보호 등을 위한 기술적, 관리적 대책을 마련해야 한다. 또한, 이러닝 서비스 이용자는 자신의 개인정보 보호를 위해 안전한 비밀번호 등을 설정하고, 이러닝 서비스 이용 시 발생하는 문제에 대해 책임지게 된다.

④ 이러닝산업법은 이러닝 산업의 발전을 지원하기 위해 다양한 지원 제도를 마련하고 있는데, 이러닝 서비스 제공자들은 교육정보와 관련된 정보를 수집하고 이를 분석하여 교육서비스의 효과성을 높이는 등의 지원을 받을 수 있다. 또한, 이러닝 서비스 이용자들은 국가에서 지원하는 교육자원을 무료 또는 저렴한 가격으로 이용할 수 있다.

2) 이러닝산업법의 변천

① 이러닝(전자학습)산업 발전 및 이러닝 활용 촉진에 관한 법률은 이러닝 산업 전반에 필요한 사항을 정함으로써 이러닝을 활성화하여 국민의 삶의 질을 향상하고 국민경제의 건전한 발전에 이바지함을 목적으로 하는 법이며 2004년 7월 29일 시행되었다.

② 개정된 「이러닝(전자학습)산업 발전 및 이러닝 활용 촉진에 관한 법률(약칭: 이러닝산업법)」이 2021년 12월 16일부터 시행되었다([시행 2021. 12. 16.] [법률 제18278호, 2021. 6. 15., 일부개정]).

③ 개정에서는 제24조 제2항에서 "정부는 이러닝사업자의 국제 교류 및 국외 진출을 지원하기 위하여 국외로 이전되는 개인정보의 보호와 관련된 법령 등 국내외 개인정보 보호 법령 등에 관한 정보를 제공할 수 있다."고 규정한다.

④ 개정 이유는 이러닝산업법이 "이러닝 분야의 국제협력을 활성화하기 위하여 정부가 이러닝 관련 정보·기술·인력의 국제 교류 및 국외 진출, 이러닝의 국제표준화 활동,

국가 간 이러닝 공동 연구·개발, 이러닝 관련 국외 마케팅 및 홍보 등에 관한 사업을 지원할 수 있도록 규정"하고 있는데, "이러닝사업자의 국외 진출에 따라 이러닝사업자가 수집, 이용 또는 처리하는 국민의 개인정보가 국외로 이전될 우려가 있고, 해외에서 사업을 수행하는 이러닝사업자가 해당 국가의 개인정보 관련 법령을 숙지하지 못하고 위반함으로써 불이익을 받을 수 있다는 의견"이 있었다. 이에 따라 정부가 "이러닝사업자에게 국내외 개인정보보호 법령 등에 관한 정보를 제공할 수 있도록 하여 국제 교류 및 국외 진출을 지원"하려는 것이다.

⑤ 개정 법률은 "2020년 7월 14일 김진표 의원이 대표 발의한 「이러닝(전자학습)산업 발전 및 이러닝 활용 촉진에 관한 법률 일부개정법률안」 및 2020년 7월 17일 이장섭 의원이 대표 발의한 「이러닝(전자학습)산업 발전 및 이러닝 활용 촉진에 관한 법률 일부개정법률안」을 제382회 국회(정기회) 제4차 산업 통상 자원중소벤처기업위원회(2020. 9. 18.)에 상정하여 제안 설명과 전문위원 검토 보고를 듣고 대체토론을 거쳐 산업통상자원특허소위원회에 회부"한 일부개정 법률안(대안)(제안 산업통상자원중소벤처기업위원장, 제안일 2021. 5. 20., 의안번호 2110259)이 2021년 5월 21일에 국회 본회의에서 가결되어 2021년 6월 15일에 공포된 것이다.

[별첨] 이러닝(전자학습)산업 발전 및 이러닝 활용 촉진에 관한 법률
(약칭: 이러닝산업법)

제1조(목적) 이 법은 이러닝 산업 발전 및 이러닝의 활용 촉진에 필요한 사항을 정함으로써 이러닝을 활성화하여 국민의 삶과 교육의 질을 향상하고 국민경제의 건전한 발전에 이바지함을 목적으로 한다. 〈개정 2022. 6. 10.〉

　[전문개정 2011. 7. 25.]

제2조(정의) 이 법에서 사용하는 용어의 뜻은 다음과 같다. 〈개정 2022. 6. 10.〉
　1. "이러닝"이란 전자적 수단, 정보통신, 전파, 방송, 인공지능, 가상현실 및 증강 현실 관련 기술을 활용하여 이루어지는 학습을 말한다.
　2. "이러닝 콘텐츠"란 전자적 방식으로 처리된 부호·문자·도형·색채·음성·음향· 이미지·영상 등 이러닝과 관련된 정보나 자료를 말한다.
　3. "이러닝 산업"이란 다음 각 목의 업(業)을 말한다.
　　가. 이러닝 콘텐츠 및 이러닝 콘텐츠 운용소프트웨어를 연구·개발·제작·수정·

보관·전시 또는 유통하는 업

　　나. 이러닝의 수행·평가·컨설팅과 관련된 서비스업

　　다. 그 밖에 이러닝을 수행하는 데에 필요하다고 대통령령으로 정하는 업

4. "이러닝사업자"란 이러닝 산업과 관련된 경제활동을 하는 자로서 대통령령
　으로 정하는 자를 말한다.

5. "자유이용정보"란 「저작권법」 제7조에 따른 보호를 받지 못하는 저작물 또
　는 같은 법 제39조부터 제42조까지의 규정에 따른 보호기간이 만료된 저작
　물을 말한다.

6. "공공정보"란 공공기관이 직무상 작성하거나 취득하여 관리하는 문서·도
　면·사진·필름·테이프·슬라이드 및 컴퓨터에 의하여 처리되는 매체 등에 기
　록된 사항을 말한다.

7. "교육기관"이란 「유아교육법」 제2조 제2호에 따른 유치원, 「초·중등교육
　법」 제2조에 따른 학교, 「고등교육법」 제2조에 따른 학교 및 「평생교육법」
　제2조 제2호에 따른 평생교육기관을 말한다.

8. "공공기관"이란 국가, 지방자치단체, 「공공기관의 운영에 관한 법률」 제4조
　에 따른 공공기관, 그 밖에 대통령령으로 정하는 기관을 말한다.

[전문개정 2011. 7. 25.]

제4조(다른 법률과의 관계) 이러닝 산업의 기반 조성 및 지원, 이러닝 활용 촉진
등에 관하여 다른 법률에 특별한 규정이 있는 경우를 제외하고는 이 법에서 정하
는 바에 따른다.

[전문개정 2011. 7. 25.]

제5조(국가 등의 책무)

① 국가는 이러닝 산업 발전 및 이러닝 활용 촉진을 위한 기반 조성, 개인·기업·지
　역·교육기관 및 공공기관의 이러닝 활성화, 이러닝 관련 기술·인력 등의 국외
　진출 및 국제화 등에 필요한 시책을 마련하여야 한다. 〈개정 2017. 10. 31.〉

② 국가와 지방자치단체는 이러닝 활용 촉진을 위한 시책을 추진하는 경우 민간
　부문의 창의정신을 존중하고 시장 중심의 의사 형성이 가능하도록 노력하여야
　한다. 〈신설 2017. 10. 31.〉

[전문개정 2011. 7. 25.]

[제목개정 2017. 10. 31.]

제6조(기본계획의 수립)

① 정부는 이러닝 산업 발전 및 이러닝 활용 촉진에 관한 기본계획(이하 "기본계획"이라 한다)을 수립하여야 한다.

② 기본계획은 제8조의 이러닝진흥위원회의 심의를 거쳐 확정된다.

③ 기본계획에는 다음 각호의 사항이 포함되어야 한다.

    1. 이러닝 산업 발전 및 이러닝 활용 촉진을 위한 시책의 기본방향

    2. 이러닝 산업 발전 및 이러닝 활용 촉진을 위한 기반 조성에 관한 사항

    3. 이러닝 산업 발전 및 이러닝 활용 촉진을 위한 제도개선에 관한 사항

    4. 개인·기업·지역·교육기관 및 공공기관의 이러닝 도입 촉진 및 확산에 관한 사항

    5. 이러닝 관련 기술 개발 및 연구·조사와 표준화에 관한 사항

    6. 이러닝 분야의 전문인력 양성에 관한 사항

    7. 이러닝 분야 기술·인력 등의 국외 진출 및 국제화에 관한 사항

    8. 이러닝 관련 기술 및 산업 간 융합 촉진에 관한 사항

    9. 이러닝 관련 소비자 보호에 관한 사항

    10. 그 밖에 이러닝 산업 발전 및 이러닝 활용 촉진에 필요한 것으로서 대통령령으로 정하는 사항

[전문개정 2011. 7. 25.]

제7조(시행계획의 수립 등)

① 이러닝 산업 발전 및 이러닝의 활용과 관련된 중앙행정기관의 장은 기본계획에 따라 매년 소관별 시행계획(이하 "시행계획"이라 한다)을 수립·추진하여야 한다.

② 시행계획의 수립 방법·추진 일정 등에 관하여 필요한 사항은 대통령령으로 정한다.

[전문개정 2011. 7. 25.]

제8조(이러닝진흥위원회)

① 다음 각호의 사항을 심의·의결하기 위하여 산업통상자원부에 이러닝진흥위원

회(이하 이 조에서 "위원회"라 한다)를 둔다. 〈개정 2011. 7. 25., 2013. 3. 23.〉

1. 기본계획의 수립 및 시행계획의 수립·추진에 관한 사항

2. 이러닝 산업 발전 및 이러닝 활용 촉진 정책의 총괄·조정에 관한 사항

3. 이러닝 산업 발전 및 이러닝 활용 촉진 정책의 개발·자문에 관한 사항

4. 그 밖에 위원장이 이러닝 산업 발전 및 이러닝 활용 촉진에 필요하다고 인정하는 사항

② 위원회는 위원장 1명과 부위원장 1명을 포함하여 20명 이내의 위원으로 구성하되, 위원장은 산업통상자원부차관 중에서 산업통상자원부장관이 지정하는 사람이 되고, 부위원장은 교육부의 고위공무원단에 속하는 일반직공무원 또는 3급 공무원 중에서 교육부장관이 지명하는 사람이 되며, 그 밖의 위원은 다음 각호의 사람이 된다. 〈개정 2011. 7. 25., 2013. 3. 23., 2014. 11. 19., 2015. 1. 28., 2017. 7. 26.〉

1. 기획재정부, 과학기술정보통신부, 문화체육관광부, 산업통상자원부, 고용노동부, 중소벤처기업부 및 인사혁신처의 고위공무원단에 속하는 일반직공무원 또는 3급 공무원 중에서 해당 소속 기관의 장이 지명하는 사람 각 1명

2. 「소비자기본법」에 따른 한국소비자원이 추천하는 소비자단체 소속 전문가 2명

3. 이러닝 산업에 관한 전문지식과 경험이 풍부한 사람 중에서 위원장이 위촉하는 사람

③ 위원회에 간사위원 1명을 두며, 간사위원은 산업통상자원부 소속 위원이 된다. 〈개정 2011. 7. 25., 2013. 3. 23.〉

④ 삭제 〈2009. 4. 1.〉

⑤ 제1항부터 제3항까지 규정한 사항 외에 위원회의 구성 및 운영에 필요한 사항은 대통령령으로 정한다. 〈개정 2011. 7. 25.〉

[제목개정 2011. 7. 25.]

제9조(전문인력의 양성)

① 정부는 이러닝 산업 발전 및 이러닝 활용 촉진을 위하여 필요한 전문인력을 양성하는 데에 노력하여야 한다.

② 정부는 이러닝 산업 발전 및 이러닝 활용 촉진을 위한 전문인력을 양성하기 위하여 「고등교육법」 제2조에 따른 학교, 「평생교육법」 제33조 제3항에 따라 설립된 원격대학 형태의 평생교육시설 및 대통령령으로 정하는 이러닝 관련 연구소·

기관 또는 단체를 전문인력 양성기관으로 지정하여 교육 및 훈련을 실시하게 할 수 있으며 이에 필요한 비용을 지원할 수 있다.

[전문개정 2011. 7. 25.]

제10조(기술 개발 등의 지원)

정부는 이러닝 산업 발전 및 이러닝 활용 촉진을 위하여 다음 각호의 사업을 하는 자에게 필요한 자금의 전부 또는 일부를 지원할 수 있다.

    1. 기술 수준의 조사, 기술의 연구·개발 또는 개발된 기술의 활용

    2. 기술 협력, 기술 지도 및 기술 이전

    3. 기술정보의 원활한 유통 및 산학협력

    4. 이러닝 콘텐츠 및 교수·학습 모델의 개발

    5. 그 밖에 기술 개발 및 연구·조사와 관련하여 대통령령으로 정하는 사업

[전문개정 2011. 7. 25.]

제11조(표준화의 추진)

① 산업통상자원부장관은 이러닝 산업의 발전을 위하여 관계 중앙행정기관의 장과 협의하여 다음 각호의 사업을 추진할 수 있다. 〈개정 2013. 3. 23.〉

    1. 이러닝에 관한 「산업표준화법」 제12조에 따른 한국산업표준의 제정·개정· 폐지 및 보급

    2. 이러닝과 관련된 국내외 표준의 조사·연구 및 개발

    3. 이러닝에 관한 국내 표준의 국제화

    4. 그 밖에 이러닝의 표준화에 관하여 산업통상자원부령으로 정하는 사업

② 산업통상자원부장관은 제1항 각호의 사업을 효율적으로 추진하기 위하여 대통령령으로 정하는 이러닝 관련 연구소·기관 또는 단체로 하여금 사업을 대행하게 할 수 있다. 이 경우 산업통상자원부장관은 대통령령으로 정하는 바에 따라 사업 추진에 필요한 비용을 지원할 수 있다. 〈개정 2013. 3. 23.〉

[전문개정 2011. 7. 25.]

제12조(창업의 활성화)

① 산업통상자원부장관은 이러닝사업의 창업과 발전을 위하여 창업지원계획을 수립하여야 한다. 〈개정 2013. 3. 23.〉

② 정부는 제1항의 창업지원계획에 따라 투자하는 등 필요한 지원을 할 수 있다.

[전문개정 2011. 7. 25.]

제13조 삭제 〈2015. 1. 28.〉

제14조(이러닝 진흥 전담기관)

① 정부는 「정보통신산업 진흥법」 제26조에 따른 정보통신산업진흥원 및 「한국교육학술정보원법」에 따른 한국교육학술정보원과 그 밖에 대통령령으로 정하는 기관으로 하여금 이러닝 산업 발전 및 이러닝 활용 촉진을 효율적으로 지원하기 위한 사업을 하게 할 수 있다.

② 정부는 제1항에 따라 사업을 수행하는 기관에 대하여 사업에 필요한 경비의 전부 또는 일부를 출연 또는 보조할 수 있다.

[전문개정 2011. 7. 25.]

제15조(개인에 대한 이러닝 지원) 정부는 개인의 능력개발과 학습 능력 배양을 효과적으로 지원하기 위하여 이러닝에 관하여 필요한 시책을 마련하여야 한다.

[전문개정 2011. 7. 25.]

제16조(기업에 대한 이러닝 지원)

① 정부는 기업의 생산성 향상과 경쟁력 강화를 위하여 기업의 이러닝 도입을 지원하기 위한 시책을 마련하여야 한다.

② 산업통상자원부장관은 중소기업의 생산성과 근로자의 능력을 향상하기 위하여 이러닝의 시행에 필요한 정보처리시스템 도입, 이러닝 콘텐츠 제작, 산업인력 훈련을 위한 이러닝 서비스 제공, 이러닝 운영비용 등을 지원할 수 있다.
〈개정 2013. 3. 23.〉

③ 제2항에 따른 비용 지원 등에 필요한 사항은 산업통상자원부령으로 정한다.
〈개정 2013. 3. 23.〉

[전문개정 2011. 7. 25.]

제17조(지역에 대한 이러닝 지원)

① 정부는 지역 간 학습격차를 해소하고 균형발전을 위하여 지역의 이러닝 활성화에 필요한 지원을 하여야 한다.

② 지방자치단체는「지역중소기업 육성 및 혁신 촉진 등에 관한 법률」제2조 제1
호에 따른 지역중소기업인 이러닝사업자의 육성에 필요한 시책을 마련하여 추
진하여야 한다. 〈개정 2016. 3. 29., 2021. 7. 27.〉

③ 정부는 지방자치단체가 제1항에 따른 지역의 이러닝 활성화사업과 제2항에 따
른 지방중소기업인 이러닝사업자 육성에 필요한 자금의 지원을 요청하면 자금
을 지원할 수 있다.

[전문개정 2011. 7. 25.]

제17조의2(교육기관에 대한 이러닝 지원 등)

① 교육부장관은 교육기관에 대하여 이러닝 콘텐츠 및 교수·학습 모델의 개발·보
급·활용, 이러닝 관련 교육·컨설팅의 실시 및 이러닝 시스템의 구축 등 이러닝
활성화에 필요한 지원을 할 수 있다. 다만, 이러닝 산업 발전과 관련하여 산업
통상자원부장관의 요청을 받은 때에는 그 지원에 앞서 미리 협의하여야 한다.
〈개정 2013. 3. 23.〉

② 교육부장관과 교육기관의 장은 이러닝의 활용을 촉진함에 있어서 대통령령으
로 정하는 사회적 취약계층의 접근과 이용편익을 증진하기 위하여 노력하여야
한다. 〈개정 2013. 3. 23.〉

[본조신설 2011. 7. 25.]

제18조(공공기관의 이러닝 도입)

① 공공기관의 장은 그 공공기관이 실시하는 교육·훈련 중 대통령령으로 정하는
일정 비율의 교육·훈련을 이러닝으로 시행할 수 있다.

② 공공기관의 장은 이러닝이 교육·훈련 방법으로 정착될 수 있도록 그 정착에 필
요한 비용의 지원, 다른 교육·훈련 방법과의 차별개선 등 필요한 조치를 하여
야 한다.

③ 중앙행정기관의 장은 소관 분야의 인력양성사업을 수행하는 민간사업자를 지
원하는 경우 그 사업의 일정 부분을 이러닝 콘텐츠로 제작할 것을 권고할 수
있다.

[전문개정 2011. 7. 25.]

제19조(세제지원 등)

① 정부는 이러닝 산업의 발전 및 이러닝 활용 촉진을 위하여「조세특례제한법」,

「지방세특례제한법」, 그 밖의 조세 관련 법률에서 정하는 바에 따라 조세감면 등 필요한 조치를 할 수 있다.

② 정부는 이러닝 산업의 발전 및 이러닝 활용 촉진을 위하여 대통령령으로 정하는 바에 따라 금융상 및 행정상 필요한 지원 조치를 할 수 있다.

[전문개정 2011. 7. 25.]

제20조(이러닝센터)

① 정부는 제15조부터 제17조까지 및 제17조의2에 따른 이러닝 지원을 효율적으로 하기 위하여 이러닝센터를 지정하여 운영하게 할 수 있다.

② 이러닝센터는 다음 각호의 기능을 수행할 수 있다.

  1. 중소기업 및 교육기관의 이러닝을 지원하기 위한 교육 및 경영 컨설팅

  2. 이러닝을 통한 지역 공공서비스의 제공 대행

  3. 이러닝 전문인력의 양성과 그 밖에 대통령령으로 정하는 사항

③ 정부는 이러닝센터에 대하여 제2항 각호의 기능 수행에 필요한 경비의 일부를 지원할 수 있다.

④ 정부는 제1항에 따라 지정된 이러닝센터가 제2항에 따른 기능을 충실히 수행하지 못하거나 제5항에 따른 지정요건을 충족하지 못하는 경우에는 지정을 취소할 수 있다. 이 경우 청문을 하여야 한다.

⑤ 제1항에 따른 이러닝센터의 지정요건·지정절차·운영 방법, 제3항에 따른 경비 지원, 제4항에 따른 지정취소의 절차 등에 관하여 필요한 사항은 대통령령으로 정한다.

[전문개정 2011. 7. 25.]

제20조의2(이러닝 콘텐츠 개발사업 기술성 평가 기준)

산업통상자원부장관은 공공기관의 장이 이러닝 콘텐츠 개발사업의 계약을 체결하는 경우 활용할 수 있도록 이러닝사업자의 기술성을 평가하는 기준을 정하여 고시하고, 그 적용을 권장할 수 있다. 〈개정 2013. 3. 23.〉

[본조신설 2011. 7. 25.]

제20조의3(이러닝 콘텐츠 개발사업 제안서 보상)

① 공공기관의 장은 이러닝 콘텐츠 개발사업을 추진하는 경우 낙찰자로 결정되지

아니한 자 중 제안서 평가에서 우수한 평가를 받은 자에 대하여는 예산의 범위에서 제안서 작성비의 일부를 보상할 수 있다.

② 제1항에 따른 제안서 보상 기준 및 절차 등에 필요한 사항은 산업통상자원부장관이 정한다. 〈개정 2013. 3. 23.〉

[본조신설 2011. 7. 25.]

제20조의4(이러닝사업자의 신고)

① 산업통상자원부장관은 이러닝 산업의 발전을 위하여 이러닝사업자로 하여금 기술인력·사업수행실적 등의 관리에 필요한 사항을 산업통상자원부장관에게 신고하게 할 수 있다. 신고한 사항이 변경되는 경우에도 또한 같다. 〈개정 2013. 3. 23.〉

② 산업통상자원부장관은 제1항에 따른 신고업무를 대통령령으로 정하는 기관 또는 단체가 대행하게 할 수 있으며 이에 필요한 경비를 예산의 범위에서 지원할 수 있다. 〈개정 2013. 3. 23.〉

③ 제1항에 따른 신고사항 및 신고 절차 등에 관하여 필요한 사항은 산업통상자원부령으로 정한다. 〈개정 2013. 3. 23.〉

[본조신설 2011. 7. 25.]

제21조(지식재산권의 보호 등)

① 정부는 이러닝 산업을 촉진함에 있어서 저작권 등 지식재산권(이하 이 조에서 "지식재산권"이라 한다)을 보호하기 위하여 필요한 시책을 마련하여야 한다.

② 정부는 이러닝 콘텐츠의 원활한 관리 및 유통을 위하여 필요한 시책을 수립하고 추진하여야 한다. 이 경우 제1항에 따른 지식재산권의 보호시책을 충분히 고려하여야 한다.

③ 이러닝사업자는 타인의 지식재산권을 침해하지 아니하도록 필요한 조치를 하여야 한다.

[전문개정 2011. 7. 25.]

제22조(공공정보의 이러닝 콘텐츠화 지원)

① 정부는 공공정보의 디지털화를 촉진하여 이러닝 콘텐츠의 개발이 활성화될 수 있도록 지원하여야 한다.

② 공공기관의 장은 이러닝사업자가 공공정보를 이러닝 콘텐츠로 제작·이용하려

할 때에는 해당 기관이 보유·관리하는 정보 중 「공공기관의 정보공개에 관한 법률」 제9조에 따른 비공개대상정보를 제외한 정보를 공개하여야 한다.

③ 공공기관의 장은 공공정보를 이러닝 콘텐츠 개발 등의 방법으로 활용하기 위하여 대통령령으로 정하는 바에 따라 공공정보에 대한 이용 조건·방법 등을 정하고 이를 공개하여야 한다.

[전문개정 2011. 7. 25.]

제23조(자유이용정보의 이용 활성화)

① 정부는 이러닝의 보급 확대를 위하여 공공기관 및 기업에서 자유이용정보의 디지털화 등 이용 활성화를 위한 지원방안을 마련하여야 한다.

② 정부는 제1항에 따라 디지털화된 자유이용정보의 축적 및 이용 활성화를 위하여 자유이용정보 저장소를 설치하거나 지정할 수 있다.

③ 제1항 및 제2항에 따른 자유이용정보의 활성화를 위한 지원 방법, 자유이용정보 저장소의 설치 방법 등에 관하여 필요한 사항은 대통령령으로 정한다.

[전문개정 2011. 7. 25.]

제24조(국제협력 등)

① 정부는 이러닝 분야의 국제협력을 활성화하기 위하여 이러닝 관련 정보·기술·인력의 국제 교류 및 국외 진출, 이러닝의 국제 표준화 활동, 국가 간 이러닝 공동 연구·개발, 이러닝 관련 국외 마케팅 및 홍보 등에 관한 사업을 지원할 수 있다. 〈개정 2021. 6. 15.〉

② 정부는 이러닝사업자의 국제 교류 및 국외 진출을 지원하기 위하여 국외로 이전되는 개인정보의 보호와 관련된 법령 등 국내외 개인정보 보호 법령 등에 관한 정보를 제공할 수 있다. 〈신설 2021. 6. 15.〉

[전문개정 2011. 7. 25.]

제25조(소비자보호시책의 수립 및 공정한 거래 질서 구축)

① 정부는 「소비자기본법」, 「전자상거래 등에서의 소비자보호에 관한 법률」 등 관계 법령에 따라 이러닝과 관련되는 소비자의 기본권익을 보호하고 이러닝에 관한 소비자의 신뢰성을 확보하기 위한 시책을 수립·시행하여야 한다.

② 산업통상자원부장관은 이러닝과 관련된 부당행위가 발생하지 아니하도록 이러닝사업자 및 사업자단체(이하 이 조에서 "이러닝사업자등"이라 한다)가

지켜야 할 행동규범을 제정하여 이러닝사업자 등이 지키도록 권장할 수 있다. 〈개정 2013. 3. 23.〉

③ 산업통상자원부장관은 이러닝 산업의 공정한 거래 질서를 확립하기 위하여 공정거래위원회 위원장과 협의하여 이러닝 이용에 대한 표준약관 및 표준계약서를 제정하고 공시(公示)를 거쳐 이러닝사업자 등에게 그 시행을 권고할 수 있으며, 이러닝사업자 등을 대상으로 이용자 보호 교육의 실시 및 이용자 피해구제를 위한 방안을 마련하여 시행할 수 있다. 〈개정 2013. 3. 23., 2017. 10. 31.〉

④ 산업통상자원부장관은 이 법에 따른 재정상·행정상의 지원을 하는 데 있어 제2항 및 제3항에 따른 행동규범과 표준약관 및 표준계약서를 각각 채택하여 시행하는 이러닝사업자를 우대할 수 있다. 〈개정 2013. 3. 23., 2017. 10. 31.〉

⑤ 이러닝사업자와 이러닝사업에 관한 계약을 체결하는 자는 합리적인 이유 없이 이러닝 콘텐츠에 관한 지식재산권의 일방적인 양도 요구 등 그 지위를 이용하여 이러닝사업자에게 불공정한 계약을 강요하거나 부당한 이득을 취득해서는 아니 된다. 〈신설 2017. 10. 31.〉

⑥ 산업통상자원부장관은 제5항을 위반하는 행위를 적발한 경우에는 관계 기관의 장에게 필요한 조치를 할 것을 요청할 수 있다. 〈신설 2017. 10. 31.〉

[전문개정 2011. 7. 25.]

[제목개정 2017. 10. 31.]

제26조(소비자 피해의 예방과 구제)

① 정부는 이러닝과 관련된 소비자 피해의 발생을 예방하기 위하여 소비자에 대한 정보 제공, 교육 확대 등에 관한 시책을 마련하여 시행하여야 한다.

② 정부는 이러닝과 관련된 소비자의 불만과 피해를 신속하고 공정하게 처리할 수 있도록 필요한 조치를 하여야 한다.

③ 이러닝사업자는 소비자가 해당 이러닝에 관한 적응 여부를 계약체결 전에 판단할 수 있도록 시범 학습 기간을 두어야 하며, 시범 학습 기간을 두는 방식 등은 제25조 제3항에 따른 표준약관으로 정한다.

[전문개정 2011. 7. 25.]

제26조의2(소비자 개인정보 침해의 예방)

정부는 이러닝과 관련된 소비자의 개인정보가 침해되지 아니하도록 이러닝사업자의 개인정보 보호 실태를 점검하고, 개인정보 침해 예방을 위한 컨설팅을 지원하는 등 필요한 시책을 마련하여 시행하여야 한다.

[본조신설 2022. 6. 10.]

제27조(통계 등 실태조사)

① 산업통상자원부장관은 이러닝 산업 관련 정책의 효과적인 수립·시행을 위하여 이러닝 산업 관련 통계 등 실태조사를 할 수 있다. 이 경우 이러닝 산업 관련 통계의 작성에 관하여는「통계법」을 준용한다. 〈개정 2013. 3. 23.〉

② 정부는 제1항에 따른 실태조사를 위하여 필요한 경우에는 공공기관, 이러닝사업자 또는 이러닝 산업 관련 법인·단체에 자료 제출이나 의견 진술 등을 요구할 수 있다.

③ 제2항에 따라 자료 제출이나 의견 진술 등을 요구받은 공공기관, 이러닝사업자 또는 이러닝 산업 관련 법인·단체는 이에 협조하여야 한다.

④ 제1항에 따른 실태조사에 필요한 사항은 대통령령으로 정한다.

[전문개정 2011. 7. 25.]

3) 제4차 이러닝 산업 발전 및 이러닝 활용 촉진 기본계획

① 산업통상자원부는 관계부처 합동으로 마련한「제4차 이러닝 산업 발전 및 이러닝 활용 촉진 기본계획(2022~2024)*」을 '이러닝 진흥위원회의 심의·의결을 통해 최종 확정하였다.

② 4차 기본계획은 이러닝 산업이 코로나19가 촉발한 비대면 미래 교육시장의 새로운 환경에 대응하고 글로벌 경쟁력을 갖춘 산업으로서의 위상 제고를 뒷받침하기 위한 종합 전략의 성격을 가진다.

③ 국내 이러닝 산업('20년)은 1,905개 업체가 31,747명을 고용하고, 4.6조 원 시장(매출액 기준) 규모의 대표적 비대면 산업으로, '20년 전체 매출은 전년 대비 17.2% 증가(기존 4% 성장 수준) 하고, 고용도 12.5% 증가하는 등 높은 성장세를 시현하고 있다. 또한 인공지능, 가상현실 등 ICT 기술의 급속한 발전으로 교육 및 산업 현장의 이러닝 도입은 더욱 확대될 것으로 전망된다.

학습 정리

이것만은 기억합시다

- 이러닝의 정의(이러닝산업법 제2조): 이러닝이란 전자적 수단, 정보통신 및 전파·방송 기술을 활용하여 이루어지는 학습을 뜻한다. 이 외에도 학자 및 연구기관마다 다양한 정의가 제시되고 있다.

- 이러닝과 유사한 용어로는 컴퓨터 기반 교육(computer based education), 온라인 교육(on-line education), 원격교육(distance learning) 등이 있다.

- 이러닝의 역사는 1세대 '우편통신 기반의 원격교육', 2세대 '대중매체 기반의 원격교육', 3세대 '컴퓨터 기반의 원격교육', 4세대 '인터넷 기반의 원격교육', 5세대 '에듀테크 기반의 원격교육'의 변천 과정을 거쳐왔다.

- e-learning에서의 'e'는 전자(electronic)를 의미하지만, 교육적 범위로 개념을 확장하면 Experience(경험), Extension(학습 선택권의 확장), Expansion(학습 기회의 확대)으로 해석할 수도 있다.

- 이러닝은 웹의 등장 및 발전과 함께 이러닝 1.0, 이러닝 2.0, 그리고 이러닝 3.0에 이르기까지 진화를 거듭하였다.

- OCW는 오픈된 라이선스(CCL; Creative Common License)가 적용되는 대학의 이러닝 콘텐츠를 누구나 활용할 수 있도록 무료로 공개한 '온라인 강의 공개 서비스'이다.

- MOOC는 온라인을 기반으로 이루어지는 상호참여적, 거대 규모의 교육을 뜻하는 것으로 웹 서비스를 기반으로 언제, 어디서든 양질의 대학 강의를 들을 수 있도록 하는 새로운 형태의 고등교육 시스템이다.

- 이러닝산업법은 디지털 기술과 정보통신 기술을 활용하여 교육을 제공하는 이러닝 산업을 규제하는 법률이다. 이러닝산업법은 학생 및 교육자의 권리와 보호, 라이선스, 지식재산권, 프라이버시 보호 등 다양한 문제를 다룬다.

- 이러닝(전자학습) 산업 발전 및 이러닝 활용 촉진에 관한 법률은 이러닝 산업 전반에 필요한 사항을 정함으로써 이러닝을 활성화하여 국민의 삶의 질을 향상하고 국민경제의 건전한 발전에 이바지함을 목적으로 하는 법이며, 2004년 7월 29일 시행되었다.

- 이러닝 산업은 인공지능(AI), 빅데이터, 가상현실(VR), 증강현실(AR) 등 다양한 첨단 기술과 결합하여 학습의 질을 높이고, 학습자에게 맞춤형 학습 경험을 제공하는 방향으로 발전하고 있으며, 기술적 발전은 더욱 세분화된 교육 분야에서의 이러닝 적용을 가능케 하고 있다.

- 전 세계적으로도 이러닝 산업은 큰 관심을 받고 있으며 국내 기업들도 해외 시장으로 진출하여 글로벌 이러닝 시장에서 경쟁력을 확보하고 있다.

이것만은 기억합시다

- 이러닝 산업의 발전에는 여전히 고민해야 할 부분들이 존재하는데 예를 들어, 온라인 학습의 효과적인 평가 방법과 학습 결과의 질적 보장 등이 그중 하나이다. 이러한 문제점들을 해결하고, 이러닝을 더욱 효과적으로 발전시키기 위해서는 교육 기관, 학습자, 기업 등 다양한 이해관계자들의 노력이 필요하다.

- 인공지능(AI) 기술은 이러닝 분야에서 더욱 강력하게 활용되고 있는데, 학습자의 학습 패턴을 분석하여 개별화된 학습 경로를 제공하거나 학습자의 이해도를 측정하여 적절한 학습 자료를 추천하는 등의 기술이 개발되고 있다.

- 가상현실(VR) 및 증강현실(AR) 기술을 이용하여 학습 경험을 더욱 현실적으로 제공할 수 있게 되었는데, 학습자는 가상 공간에서 실제와 유사한 상황을 체험하며 학습할 수 있다. 이는 특히 안전 및 위험한 상황에서 학습을 필요로 하는 직업군에서 유용하게 활용될 수 있다.

- 모바일 학습은 스마트폰 및 태블릿 등 모바일 디바이스의 보급으로 모바일 학습이 크게 발전하였으며, 모바일 학습은 언제 어디서나 학습을 이어갈 수 있어서 편리하다.

- 게임화 기술의 적용은 학습자의 참여도와 학습 동기 부여에 크게 기여한다. 학습자는 게임의 캐릭터처럼 보상과 경쟁 요소를 통해 학습을 이어 나갈 수 있으며, 이는 학습자의 흥미와 참여도를 높여준다.

- 협업 학습은 학습자들이 함께 문제를 해결하고 공동으로 학습 경험을 공유하는 협업 학습이 중요하게 다뤄지고 있는데, 이러한 방식은 학습자들 간의 지식 공유와 팀워크 능력 향상에 도움이 된다.

- 이러닝산업법은 이러닝 산업의 발전을 지원하기 위해 다양한 지원 제도를 마련하고 있는데, 이러닝 서비스 제공자들은 교육정보와 관련된 정보를 수집하고 이를 분석하여 교육서비스의 효과성을 높이는 등의 지원을 받을 수 있다. 또한, 이러닝 서비스 이용자들은 국가에서 지원하는 교육자원을 무료 또는 저렴한 가격으로 이용할 수 있다.

- 이러닝산업법은 이러닝 서비스 제공자의 권리와 의무, 사용자의 권리와 의무, 그리고 국가나 지자체의 이러닝 산업 지원 정책 등을 규제하고 있다. 이러닝 서비스 제공자는 이러닝 서비스의 안전성을 유지하며, 사용자의 개인정보 보호 등을 위한 기술적, 관리적 대책을 마련해야 한다. 또한, 이러닝 서비스 이용자는 자신의 개인정보 보호를 위해 안전한 비밀번호 등을 설정하고, 이러닝 서비스 이용 시 발생하는 문제에 대해 책임지게 된다.

- 산업통상자원부는 관계부처 합동으로 마련한 「제4차 이러닝 산업 발전 및 이러닝 활용 촉진 기본계획(2022~2024)」을 '이러닝 진흥위원회의 심의·의결을 통해 최종 확정하였다. 4차 기본계획은 이러닝 산업이 코로나19가 촉발한 비대면 미래 교육시장의 새로운 환경에 대응하고 글로벌 경쟁력을 갖춘 산업으로서의 위상 제고를 뒷받침하기 위한 종합 전략의 성격을 가진다.

이러닝 콘텐츠의 파악

학습안내

2장에서는 이러닝 콘텐츠를 개발하기 위해 알아야 할 지식 중 콘텐츠 개발 요소, 개발 방법, 개발 환경에 대한 내용을 습득할 수 있다.

학습목차	내용
1. 이러닝 콘텐츠 개발 요소 이해	1) 이러닝 콘텐츠란? 2) 이러닝 콘텐츠 개발 방법 3) 이러닝 콘텐츠 개발 환경
2. 이러닝 콘텐츠 유형별 개발 방법 이해	1) 교수학습 모형 및 교수전략에 따른 분류 2) 정보 유형 및 전달 매체에 따른 분류
3. 이러닝 콘텐츠 개발 환경 파악	1) 마이크로 러닝 2) 적응학습

학습목표 / 2장 학습 후 할 수 있는 일

1. 이러닝 콘텐츠의 개념과 이러닝 콘텐츠 개발 방법에 대해 설명할 수 있다.
2. 이러닝 콘텐츠의 유형과 유형별 개발 방법에 대해 설명할 수 있다.
3. 새로운 이러닝 콘텐츠 유형에 대해 파악하고, 그에 대한 개발 환경을 파악할 수 있다.

주요 용어 / 핵심 키워드

이러닝 콘텐츠 정의, 이러닝 콘텐츠 유형, ADDIE, 콘텐츠 개발 환경, 교수전략, 마이크로 러닝, 적응학습

1) 이러닝 콘텐츠란?

(1) 이러닝 콘텐츠 정의

① 콘텐츠(contents)는 콘텐트(content)의 복수형으로 '(어떤 것의) 속에 든 것들, 내용물' 등으로 정의된다.

② 이러닝에서 활용되는 콘텐츠의 의미는 텍스트, 음성, 음향, 이미지, 영상 등을 디지털 방식으로 제작되어 인터넷을 통해 제공되는 각종 정보를 말한다.

③ 이러닝 콘텐츠는 이러닝 학습자가 효과적인 학습을 할 수 있도록 제작된 교수·학습 프로그램을 의미하며, 대부분 동영상으로 제작된다.

④ 이러닝 콘텐츠는 이러닝 시스템상에 탑재되어 이러닝 과정 운영에 의해 학습자에게 제공된다.

(2) 이러닝 콘텐츠 유형(임정훈, 2010)

① 개인교수형 이러닝 콘텐츠

모듈 형태의 구조화된 체계 내에서, 교수자가 학습자를 개별적으로 가르치는 것처럼 컴퓨터가 학습 내용을 설명, 안내하고, 피드백을 제공하는 유형이다.

② 반복 연습용 이러닝 콘텐츠

학습 내용의 숙달을 위해 학습자들에게 특정 주제에 관한 연습 및 문제 풀이의 기회를 반복적으로 제공해 주는 유형이다.

③ 영상 강의용 이러닝 콘텐츠

특정 주제에 관해 교수자의 설명 중심으로 이루어진 세분화된 동영상을 통해 학습을 수행하는 유형이다.

④ 정보 제공형 이러닝 콘텐츠

특정 목적 달성을 의도하지 않고 다양한 학습활동에 활용할 수 있도록 최신화된 학습정보를 수시로 제공하는 유형이다.

⑤ 교수 게임형 이러닝 콘텐츠

학습자들이 교수적 목적을 갖고 개발된 게임 프로그램을 통해 엔터테인먼트를 즐기는 것과 동시에 몰입을 통한 학습이 이루어지도록 하는 유형이다.

⑥ 사례 기반형 이러닝 콘텐츠

학습 주제와 관련된 특정 사례에 기초하여 해당 사례를 둘러싸고 있는 다양한 관련 요소들을 파악하고 필요한 정보를 검색 수집하며 문제 해결 활동을 수행하는 유형이다.

⑦ 스토리텔링형 이러닝 콘텐츠

다양한 디지털 정보로 제공되는 서사적인 시나리오를 기반으로 하여 이야기를 듣고 이해하며 관련 활동을 수행하는 형태로 학습이 진행되는 유형이다.

⑧ 문제 해결형 이러닝 콘텐츠

문제를 중심으로, 주어진 문제를 인식하고 가설을 설정한 뒤 관련 자료를 탐색, 수집하여 가설을 검증하고 해결안이나 결론을 내리는 형태로 학습이 진행되는 유형이다.

2) 이러닝 콘텐츠 개발 방법

이러닝 콘텐츠 개발 프로세스는 일반적으로 교수체제설계(ISD; Instructional Systems Development)에 기반을 둔 ADDIE 모형에 의해서 수행된다.

그림 1-2-1 ADDIE 모형에 기반한 이러닝 콘텐츠 개발 절차

STEP 1 콘텐츠 개발 계획 수립 및 분석 (Analysis) → STEP 2 콘텐츠 설계 (Design) → STEP 3 콘텐츠 개발 (Development) → STEP 4 검수 및 포팅 (Implementation) → STEP 5 평가 (Evaluation)

① [STEP 1] 콘텐츠 개발 계획 수립 및 분석(Analysis)

- 이러닝을 통해서 해결하고자 하는 학습목적을 달성하는 데 필요한 학습 콘텐츠를 체계적으로 계획하는 단계이다.
- 콘텐츠 개발 계획 수립 및 분석 단계 주요 활동과 활동 내용은 아래와 같다.

표 1-2-1 콘텐츠 개발 계획 수립 및 분석 단계와 주요 활동 내용

활동명	활동 내용
요구분석	거시적 관점에서 경영환경 및 교육 대상 조직의 동향, 조직의 경영상의 교육 요구 등에 대해 분석
학습자 분석	학습자의 일반적인 특성 학습 스타일, 학습에 대한 선호도, 선수학습 내용 이해 수준 등을 조사
학습 환경 분석	학습자가 활용할 수 있는 컴퓨터 하드웨어, 소프트웨어, 네트워크 및 기타 인터넷 환경, 학습공간, 학습 가능 시간 등 조사

학습 내용 분석	개발 목적에 따른 학습 주제를 선정, 각 주제 관련한 학습 영역 분류
프로젝트 목표 설정	상위 4개의 분석 결과를 종합한 구체적 학습 목표 설정

② [STEP 2] 콘텐츠 설계(Design)

- 전 단계에서 도출된 개발 목표를 달성하기 위한 설계 수행 및 구체화 작업을 진행하는 단계이다.
- 콘텐츠 설계 단계 주요 활동과 활동 내용은 아래와 같다.

표 1-2-2 콘텐츠 설계 단계 및 주요 활동 내용

활동명	활동 내용
설계 개요서 작성	콘텐츠의 설계 전략 및 개발 전략을 문서화
내용 설계	학습 목표에 맞추어 교육내용을 선정하고 전체적으로 교육내용의 구조를 작성하는 단계
교수학습전략 설계	교수자와 학습자가 실제 수업을 위해 수행할 구체적인 교육활동을 설계
학습흐름도 작성	학습의 시작부터 마무리까지의 학습 흐름 구성도를 작성
원고작성 가이드 설계	내용전문가(SME)가 과정 기획 방향 및 의도에 맞게 효과적으로 원고를 작성할 수 있도록 가이드라인 제시
스토리보드 설계	화면 구성, 화면 단위의 내용 제시 분량과 위치, 메뉴의 내용과 제시 위치, 진행 방법 등과 같은 구체적인 내용이 표시된 스토리보드를 화면 단위로 설계

③ [STEP 3] 콘텐츠 개발(Development)

- 실제 산출물인 학습 콘텐츠를 생성해 내는 단계이다.
- 콘텐츠 개발 단계별 주요 활동과 활동 내용은 아래와 같다.

표 1-2-3 콘텐츠 개발 단계 및 주요 활동 내용

활동명	활동 내용
설계안 검토	설계 개요서, 학습흐름도, 스토리보드 등에 대해 재검토
프로토타입 개발	설계 과정에서 산출된 설계서를 바탕으로 실제 개발될 학습 콘텐츠의 1차시 분량의 프로토타입 개발
개발 일정 계획 검토	개발한 콘텐츠의 유형별로 개발 일정을 구체화함
개발 수행	필요한 콘텐츠 개발
파일럿 테스트	테스트를 통하여 진행 과정과 결과물에 대한 평가를 수행함

④ [STEP 4] 검수 및 포팅(Implementation)

- 개발된 콘텐츠를 이러닝 시스템에 등록(포팅)하여 실제 운영되는 학습 환경 속에서 검수를 진행하는 단계이다.
- 검수 및 포팅 단계의 주요 활동과 활동 내역은 아래와 같다.

표 1-2-4 검수 및 포팅 단계 및 주요 활동 내용

활동명	활동 내용
검수	이러닝 학습시스템에 등록하기 전 콘텐츠 오류가 없는지 확인
포팅	개발된 이러닝 콘텐츠에 오류가 없을 경우, 오류가 수정된 최종결과물에 실행파일과 필요 스크립트를 작성하고 학습관리시스템(LMS) 또는 학습 콘텐츠 관리시스템(LCMS)에 등록함

⑤ [STEP 5] 평가(Evaluation)

- 이러닝 학습시스템에 등록된 콘텐츠에 대해 전반적으로 평가를 진행하여 운영을 위해 오류가 없는지 확인하는 단계이다.
- 평가단계의 주요 활동과 활동 내역은 아래와 같다.

표 1-2-5 평가단계 및 주요 활동 내용

활동명	활동 내용
평가 계획 작성	개발 목표 및 학습 목표를 기반으로 평가 항목 및 내용을 작성
평가 진행	평가 계획에 따른 평가를 진행한 후 콘텐츠 수정이 필요할 경우 수정 작업 진행
사용성 테스트 실시	학습자가 실제 학습하는 상황에서 내용 적합성, 메뉴 및 기능의 사용 편리성, 난이도 적합성에 대해 평가함
평가 결과 처리	평가 실시 후 결과 처리 및 보고

3) 이러닝 콘텐츠 개발환경

(1) 하드웨어 환경

이러닝 콘텐츠 개발을 위한 하드웨어 권장 환경으로 주요 개발 장비들은 다음과 같다.

표 1-2-6 이러닝 콘텐츠 개발환경(하드웨어)

장비명	상세 내용
영상 촬영 장비	방송용 디지털 캠코더(3CCD/3CMOS HD/HDV급 이상)
영상 편집 장비	HD급 이상 동영상 편집용 선형(linear) 또는 비선형(nonlinear) 편집 시스템
영상 변환 장비	인코딩 장비(웹에서 다운로딩 또는 스트리밍 가능하도록 출력물을 변환할 수 있는 장비)
음향 제작 장비	음향 조정기, 앰프, 마이크 등
그래픽 편집 장비	PC, 스캐너, 디지털카메라 등

※ 출처: 한국교육학술정보원(2012). 2012년 원격교육연수원 운영 매뉴얼. 교육자료 TM 2012-21. 21.

(2) 소프트웨어 환경

이러닝 콘텐츠 개발 관련 소프트웨어 환경으로 주요 구성은 아래와 같다.

표 1-2-7 이러닝 콘텐츠 개발환경(소프트웨어)

장비명	상세 내용
인터넷 프로그래밍 언어	HTML5, XML, ASP, PHP, JSP, Javascript 등
웹에디터 소프트웨어	Visual Studio code, Visual Studio, Notepad++ 등
그래픽 콘텐츠 제작 소프트웨어	인코딩 장비(웹에서 다운로딩 또는 스트리밍 가능하도록 출력물을 변환할 수 있는 장비)
사운드 제작 소프트웨어	사운드 포지, 쿨 에디트 등
동영상 콘텐츠 편집 소프트웨어	Adobe Premiere, Window Movie Maker 등
애니메이션 제작 프로그램	Gif Animator 등

(3) 웹 접근성 환경 및 웹 표준

① 웹 접근성이란 웹브라우저의 사용을 일반인뿐만 아니라 장애가 있는 사람, 고령자들도 편리하게 사용할 수 있도록 설정한 웹 페이지 및 콘텐츠 제작 기준이다.

② 웹 접근성 개발 원칙은 다음과 같다.

표 1-2-8 웹 접근성 개발 원칙

원칙명	상세 내용
인식의 용이성	모든 콘텐츠는 사용자가 인식할 수 있어야 함

운용의 용이성	사용자 인터페이스 구성요소는 조작할 수 있고, 내비게이션 할 수 있어야 함
이해의 용이성	사용자가 자신의 장애 여부 및 여건과 관계없이 웹 콘텐츠가 전달하는 내용을 이해할 수 있어야 함
견고성	표준을 준수한 콘텐츠는 앞으로 사용자가 이용하게 될 기술로도 오류가 발생하지 않아야 하고, 학습자가 지속해 접근 가능해야 함

※ 출처: 한국형 웹 콘텐츠 접근성 지침 2.1(Korean Web Content Accessibility Guidelines 2.1)

③ 웹 접근성 개발 지침의 경우 각 원칙은 지침으로 구성되며, 총 13개의 지침으로 구성된다.

④ 웹 접근성 개발 검사항목은 지침별로 웹 접근성 준수 여부를 확인할 수 있도록 제시한 총 24개의 검사항목으로 구성된다.

⑤ 검사항목이 적용되는 요소가 존재하지 않을 경우, 해당 검사항목은 만족한 것으로 간주한다.

⑥ 웹 표준은 웹에서 표준적으로 사용되는 기술이나 규칙이며, 어떤 운영체제나 브라우저를 사용하더라도 웹페이지가 동일하게 보이고 정상 작동해야 하는 것을 의미한다(HTML, CSS, JavaScript 기술에 의해 각각 구조, 표현, 동작을 담당함).

(4) 이러닝 콘텐츠 개발자원

① 이러닝 콘텐츠 개발자원 관리 정의: 양질의 콘텐츠를 신속하고 경제적으로 개발하기 위해서는 체계적인 자원 관리 및 자원 재사용에 기반을 둔 설계 프로세스 활용을 해야 하며, 이를 위한 이러닝 콘텐츠 개발자원을 관리하는 활동을 의미한다.

② 자원 재사용의 장점은 아래와 같다.

표 1-2-9 **자원 재사용 시 장점 및 상세 내용**

장점	상세 내용
신뢰도 증가	오랫동안 사용되었기 때문에 설계와 구현상의 결함이 충분히 검토됨
개발 과정의 위험 감소	개발 과정에서 발생하는 위험에 대해 감소시켜 주기 때문에 비용 산정에서 오류 범위를 줄여줌
고급 인력의 효과적인 이용	자원 재사용에 따른 코딩 인력을 다른 개발에 투입할 수 있음
개발 기간과 비용 감소	자원 재사용을 통하여 개발 기간을 줄여주고, 이는 개발 기간뿐만 아니라 검증 기간을 줄여줌으로 전반적 비용도 감소함
재사용에 다른 정보 공유 및 타 프로젝트 산출물 공유	자원뿐만 아니라, 재사용된 설계도 문서 및 설계 단계에서 만들어진 산출물 재사용 가능함

※ 출처: 교육부(2014), 콘텐츠 개발 환경 분석

③ 자원 재사용에 따른 단점은 아래와 같다.

표 1-2-10 자원 재사용에 따른 단점 및 상세 내용

단점	상세 내용
유지보수 비용의 증가	재사용된 자원이 사용되었던 소프트웨어 시스템이나 소스 코드를 사용할 수 없을 경우 유지보수 비용이 증가할 수 있음
NHI(Not Invented here syndrome) 증후군	개발자들은 자신이 개발하지 않은 자원이기 때문에 우수성을 인정하지 않고, 자신이나 조직에서 개발한 것만 고집하는 현상이 발생할 수 있음
컴포넌트 라이브러리의 생성과 유지	재사용 가능한 컴포넌트 라이브러리를 만드는 것은 비용이 많이 들기 때문에 품질 높은 자원 확보 획득이 어려움

※ 출처: 교육부(2014), 콘텐츠 개발 환경 분석

④ 이러닝 콘텐츠에서 개발자원 유형별 형태는 아래와 같다.

표 1-2-11 이러닝 콘텐츠 개발 자원 유형 및 특성

유형	특성
VOD	교수자+교안 합성을 통하여 동영상을 기반으로 제작하는 방식의 콘텐츠 유형
WBI	웹 기반 학습에서 보편적으로 사용되는 방식으로 하이퍼텍스트를 기반으로 링크와 노드를 통해 다차원적인 형태를 구현
텍스트	한글, MS Office, PDF, 전자책 등과 같은 글자 위주의 콘텐츠 형태로 다른 유형에 비해 인쇄물로 변환이 쉬움
혼합형	동영상, 텍스트 등을 혼합한 형식으로 동영상 강의를 기반으로 진행되며 강의 내용에 따라 텍스트가 바뀌는 형태 등 기획 의도에 따라 유형이 상이함
애니메이션	캐릭터 애니메이션, 모션, 그래픽 기반으로 전문 성우 음성을 활용하여 애니메이션을 학습 형태로 만들어 개발한 유형

※ 출처: 교육부(2014), 콘텐츠 개발 환경 분석

⑤ 자원의 재사용을 결정하기 위해서는 이미 개발된 자원의 개발 프로세스와 개발에 사용될 개발 모델의 분석을 비교하여 재사용 여부를 결정할 수 있다.

⑥ ADDIE 모형을 기준으로 한 개발자원 예시는 다음과 같다.

표 1-2-12 이러닝 콘텐츠 개발 단계별 산출물

단계 구분	세부 단계 활동	산출물(자원)
분석 (Analysis)	요구분석, 학습자 분석, 내용(직무 및 과제) 분석, 환경 분석	분석조사서
설계 (Design)	학습구조 설계, 교안 작성, 스토리보드 작성, 콘텐츠 인터페이스 설계 명세	콘텐츠 개발 계획서 (학습흐름도, 교안, 스토리보드, 설계 명세서)
개발 (Development)	교수 자료 개발, 프로토타입 제작, 사용성 검사	최종 교안, 완성된 강의 콘텐츠
실행 (Implementation)	콘텐츠 사용, 시스템 설치, 유지 및 관리	실행 결과에 대한 테스트 보고서
평가 (Evaluation)	콘텐츠 및 시스템에 대한 총괄평가	최종 평가 보고서, 프로그램

※ 출처: 교육부(2014), 콘텐츠 개발 환경 분석

※각 단계별 산출물에 대해 콘텐츠 특징에 따라 재사용 결정 가능

1) 교수학습 모형 및 교수전략에 따른 분류

이러닝 콘텐츠는 교수학습 이론이나 방법 및 주요 교수설계전략을 기반으로 콘텐츠 유형을 다음과 같이 분류할 수 있다.

표 1-2-13 **교수학습 모형 및 교수전략에 따른 이러닝 콘텐츠 유형 분류**

유형	세부 내용
개인교수형	교수자가 학습자를 개인 교수하는 것처럼 컴퓨터가 학습자와 상호작용을 하면서 학습자의 반응을 판단하고 그에 적합한 피드백과 교정 학습을 제공하는 형태
토론학습형	사이버공간에서 공동의 과제를 해결하거나 특정 주제에 대해 실시간 및 비실시간으로 상호 의사를 교환하여 상호작용 활동을 하는 유형
시뮬레이션형	어떤 상황의 실제 유사한 모형적 상황을 학습자들에게 적응하도록 설계한 시뮬레이션을 기반으로 학습이 이루어지는 유형
교육용 게임형	게임을 기반으로 학습자의 능동적인 참여를 통해 정해진 학습이 이루어지는 모형
반복연습형	학습자들이 주어진 과제를 반복적으로 연습함으로써 미리 정해진 수준의 성취도를 달성할 수 있게 되어 있는 형태
사례 기반 추론형	과거의 사례를 이용하여 특정 이치나 논리에 따라 생각하며 결론을 추론하도록 구성된 형태
스토리텔링형	텍스트, 음성, 사운드, 음악, 비디오, 애니메이션 등 다양한 정보 형태를 활용하여 이야기를 공유할 수 있도록 구성된 유형
자원 기반 학습	광범위한 자원을 효과적으로 활용하여 학습활동에 적극적으로 참여할 수 있도록 구조화된 유형
문제 기반 학습	교수자가 제시한 문제를 학습자들이 단독 또는 팀으로 해결해 나갈 수 있도록 구조화된 유형
탐구학습	어떤 문제에 대해 가설을 형성, 데이터 수집, 가설 검증, 결론 내리기 등의 순서로 문제를 해결해 나갈 수 있도록 구조화된 유형
목표 기반 시나리오	시나리오 형태로 구조화된 목표를 제시하여 의도된 지식과 기능을 달성할 수 있도록 구조화된 유형

※ 출처: 한태명 외(2005)

2) 정보 유형 및 전달 매체에 따른 분류

① 이러닝 콘텐츠 유형은 무엇(내용 또는 정보)을 전달할 것인지 그리고 어떻게(매체) 전달할 것인지에 따라 그 유형을 분류할 수도 있다. 다만, 이러한 콘텐츠 유형은 명확하게 표준화되어 있지 않고 유사하거나 다른 명칭으로 통용되기도 한다.

② 일반적으로 현재의 이러닝은 대부분 동영상의 형태를 갖추고 있음을 감안할 때 다음과 같이 분류하여 제시할 수 있다.

가. 교수자 얼굴 위주 촬영형

• 가장 보편적인 스타일로 교수자와 학습자 간 친숙한 관계를 형성하기 위해 사용된다. 주로 배경을 갖춘 스튜디오에서 촬영하며, 단조로움을 해결하기 위해 다수의 카메라 앵글을 이용하여 교수자의 모습에 변화를 줄 수 있다.

그림 1-2-2 교수자 얼굴 위주 촬영형의 예

본 교과목에서는 클라우드 기반의

※ 출처: http://www.kocw.net

나. 화면 속 화면형(Picture in Picture)

• PPT 슬라이드에 교수자의 모습을 함께 보여주는 형태로 일반적으로 교수자를 우측 하단에 상반신 또는 그 이상의 크기로 노출하는 방식이다. 필요에 따라 블루스크린과 같은 크로마키(chromakey) 배경을 사용하여 교수자를 촬영한 후 배경색을 제거하면 마치 슬라이드 앞에서 촬영한 것처럼 자연스러운 모습을 보여줄 수 있다.

• 이처럼 슬라이드와 교수자가 함께 등장하는 PIP 유형에서는 교수자의 노출 영역이 텍스트, 이미지 등 학습자에게 제공되는 정보를 가리지 않도록 해야 한다.

그림 1-2-3 화면 속 화면형의 예

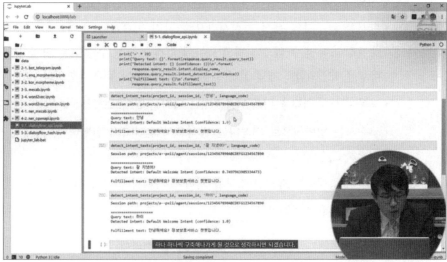

※ 출처: 서울사이버대학교

다. PPT 슬라이드와 오디오형

- PPT 슬라이드를 보여주고 오디오를 더하는(voice-over) 방식으로 정보를 강조하거나 또는 학습자의 주의를 특정 세부 사항에 집중시키기 위하여 활용된다.

- 교수자의 모습이 화면에 노출되지 않고 음성으로만 진행되므로 슬라이드 전체 영역에 정보를 보여줄 수 있다.

그림 1-2-4 PPT 슬라이드와 오디오 유형의 예

디지털 신인류

디지털 신인류의 분류 (2005년)

유형	컨버전스 (Convergence)	패스파인더 (Pathfinder)	커뮤니케이터 (Communicator)	레밍스 (Lemmings)	동지 (Comrade)	개인 (Individual)	네오젠더 (Neo-Gender)	충독/몰입 (Holic)	지식인 (Knowledgian)
특징	• 디지털 프로슈머 • 디지털 노마드 • 잡노마드 • 번지구인 • 유비쿼터스족 • 퓨전족 • 멀티족 • 모바일족 • 아나디지족	• 해커 • 디지털 이노베이터 • 얼리어답터 • 비즈니스 벤처러 • 트렌드 리더 • 테크노 인텔리전스 • 디지털 폴리티쿠스 • 디지털 아티스트	• 1인미디어족 • 패러디족 • 펌족 • 디카족 • 댓글족 • 입소문 전파자 • 디지털 스토리텔러 • 안티족	• 디지털레밍스 • 사이트 공격 동참자 • 플래시모버 • 쌍문화추종자 • 트렌드 블라인더	• 온라인 커뮤니티족 • 사이버의병 • 스커트모버 • 1촌 문화족 • P2P족 • 그리드 컴퓨팅족 • 카피레프트족	• 개인형인간 • 코쿤족 • 이랜서 • 1인 기업가 • 싱글족 • 디스플레이족	• 이질적이브 • 메트로섹슈얼 • 콘트라섹슈얼 • 논섹슈얼 • 유니섹슈얼 • 네오미초	• 사이버 페인 • 디지털 히키코모리 • 인터넷중독자 • 사이버섹스 중독자 • 사이버 관음족 • 디지털중독자 • 디지털 치매 • 아바타족 • 리셋족	• 호모날리지언 • 골드칼라 • 디제라티 • 마니아 • 노web족 • 지식상품족

※ 출처: 서울사이버대학교

라. 판서형

- 판서를 교수자의 음성과 실시간으로 맞춰 녹음하는 방식으로 교수자의 의도를 충분히 나타낼 수 있고 설명의 흐름에 맞춰 표현할 수 있다는 장점이 있다. 이러한 유형은 자연과학의 개념 설명이나 수학 문제 풀이 등에 적합하다.
- 보통 판서의 입력을 위해 태블릿이나 디지털 화이트보드와 같은 기기를 활용한다.
- 교수자는 일반적으로 대화하는 방식으로 편안하게 설명하며, 상대적으로 제작이 저렴하고 손쉽다.
- 판서 유형에서는 제시된 정보를 과하게 가리지 않아야 하며 판서를 잘 알아볼 수 있도록 작성되어야 한다.

그림 1-2-5 판서형의 예

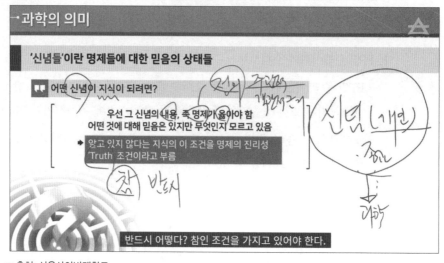

※ 출처: 서울사이버대학교

마. 시범형

- 개념이나 활동 과정 등에 대한 설명을 듣게 하는 것이 아닌 직접적인 교수자의 시범을 볼 수 있도록 하는 형태이다.
- 학습자들이 실시간 또는 직접 경험할 수 없는 작업, 실험 등을 보여주어 간접적인 체험과 접근의 기회를 제공하고 실제 상황에서 시범 내용의 상기를 통해 적용할 수 있도록 도움을 줄 수 있다.

그림 1-2-6 **시범형의 예**

※ 출처: http://www.kocw.net

바. 화면캐스트형(Screen-cast)

- PC 화면에서 실행되는 자료 또는 작업을 화면 그대로 보여주는 방식으로 보통 교수의 음성과 함께 녹화가 진행된다.
- 프로그래밍 교육이나 포토샵과 같은 컴퓨터 프로그램을 활용한 시뮬레이션 교육 등에 적합하다.
- 화면캐스트 유형은 학습자가 화면에 제시되는 단계들을 쉽게 따라갈 수 있도록 제작되어야 한다.

그림 1-2-7 스크린 캐스트형의 예

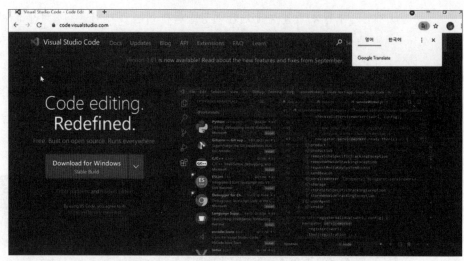

※ 출처: 서울사이버대학교

사. 애니메이션형

- 모션을 적용한 캐릭터 애니메이션과 성우의 음성 또는 말풍선과 같은 텍스트 형식의 대화를 조합하는 방식으로 내용 전개를 위한 스토리의 구성이 필수이다.
- 학습 내용 전체에 사용하기보다는 동기유발이나 사례 제시를 위해 부분적으로 사용되는 것이 일반적이다.

그림 1-2-8 애니메이션형의 예

※ 출처: http://www.kocw.net

아. 모션그래픽형

- 디자인된 텍스트, 도형, 인포그래픽 등을 다양한 효과를 가미하여 연출할 수 있는 방식으로 콘텐츠에 대한 집중도가 높고 심미적인 품질이 우수하다.
- 전달 내용을 그래픽 요소로 표현하고 여기에 역동적인 움직임과 연출효과를 적용한다.

그림 1-2-9 모션그래픽형의 예

※ 출처: http://www.kocw.net

자. 대화형

- 교수자와 게스트가 특정 주제에 대해 비격식적으로 대화하는 모습을 촬영하는 방식이다.
- 일반적으로 대본이 없고 실제의 대화를 촬영하여 몰입을 유도한다. 강좌 주제 및 토론에 대해 성찰해 보는 방법으로 이용할 수 있다.

그림 1-2-10 대화형의 예

※ 출처: http://www.kocw.net

차. 교실 강의 촬영형

- 면대면 수업 장면을 촬영하고 이를 편집하여 콘텐츠를 만드는 방식이다.
- 스튜디오와 같은 전용 공간에서 촬영하는 것이 아니기 때문에 카메라 앵글과 음질, 외부 소음, 조명 등에 대한 제약이 따른다.
- 칠판에 판서한 글씨가 잘 안 보이거나 빔프로젝터로 스크린에 투사한 내용이 뚜렷하게 보이지 않을 수 있다.

그림 1-2-11 교실 강의 촬영형의 예

※ 출처: http://www.kocw.net

3 /// 이러닝 콘텐츠 개발환경 파악

1) 마이크로 러닝

① 마이크로 러닝(micro learning)이란 '작은 단위의(small learning unit), 짧은 길이의(short-term), 한 번에 소화할 수 있는(digestible) 학습 콘텐츠 혹은 학습 활동'을 의미한다(정효정, 2019).

② 단순히 콘텐츠를 길이에 따라 일괄적으로 분절하는 것이 아니라 학습 목표를 달성할 수 있도록 작은 단위의 콘텐츠를 의미 있게 연결하는 것이다.

③ 일반적으로 마이크로 러닝은 5~7분 정도의 평균적인 길이를 가지고 있으나 절대적인 시간 분량의 기준은 없다.

- 무엇보다 학습자가 한 번에 습득할 수 있는 내용으로 구성하는 것이 중요하기 때문에 학습자가 이해할 수 있다면 3분이 될 수도 있고 15분 이상이 걸릴 수도 있다. 예를 들어, 30분 분량의 주제를 정확히 5분 단위의 영상 6개로 쪼개는 것은 마이크로 러닝이 아니다.
- 단순하거나 쉬운 주제라면 1분이 안 될 수도 있고, 복잡한 주제를 다루고 있다면 20분이 넘어가더라도 마이크로 러닝으로 볼 수 있다.

그림 1-2-12 **마이크로 러닝에서의 학습단위 구성**

동일 내용을 단순 분절한 콘텐츠 ≠ 마이크로 러닝   학습목표별 단위 분절 콘텐츠 = 마이크로 러닝

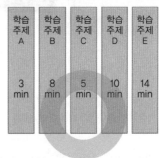

④ 마이크로 러닝이 등장하게 된 배경을 다음과 같은 사회적 변화에서 찾아볼 수 있다.
- 정보통신기술의 발달로 정보의 즉답성이 높아져 학습자가 기다리고 집중할 수 있는 시간이 짧아지고 있다.
- 바쁜 일상 속에서 필요한 지식과 문제를 해결하기 위한 정보는 증가하고 있지만, 그에 반해 필요한 학습 시간은 매우 부족하다.
- 유튜브나 틱톡과 같은 미디어 플랫폼에서 자신에게 필요한 정보만을 즉시 획득하는 것을 선호하는 MZ세대들은 정보에 대한 즉답을 요구한다.
- 학습자가 능동적으로 탐색하고 학습하며 지식을 스스로 생산하는 방식으로 학습하는 경향으로 변화되었다.

⑤ 기존의 일반적인 학습과 마이크로 러닝의 차이점은 다음과 같다.
- 기존의 학습 유형: 모든 학습자는 주어진 학습 내용을 순서대로 모두 진행해야만 한다.
- 마이크로 러닝: 학습자별로 필요한 학습 내용을 스스로 선택할 수 있기 때문에 빠르게 이해하고 유연하게 학습을 진행할 수 있다.

표 1·2·14	기존 학습 유형과 마이크로 러닝의 학습 진행
유형	**학습 여정**
기존 학습	뭔가 새로운 걸 차근차근 배워볼까? 1주차 → 1주차 → N주차 → 15주차 → 수료 1차시 / 1차시 / 1차시 / 평가 / 수료증 발급 2차시 / 2차시 / 2차시 3차시 / 3차시 / 3차시 4차시 / 4차시 / 4차시 → 각 주차별 학습 분량을 모두 소화해야 학습목표 달성
마이크로 러닝	지금 필요한 내용을 빠르게 확인하고 적용하고 싶어! 검색 → 선택 → 학습 저작권 / #저작권 보호 대상 / #유튜브 저작권 　　　 #저작권 성립성 　　　 #저작권 침해 사례 　　　 #유튜브 저작권 → 개별 콘텐츠 하나만 학습해도 일련의 학습목표 달성

※ 출처: K-MOOC 마이크로러닝강좌 개발 가이드라인(2021)

⑥ 대표적인 마이크로 러닝의 사례로 'TED'를 들 수 있다. TED는 기술, 엔터테인먼트, 디자인, 과학 분야에서 국제적인 이슈까지 다양한 분야와 관련된 강연회를 개최하고 운영하는 미국의 비영리 재단이다. TED의 강연은 보통 18분 내외로 이뤄진다. 국내의 사례로는 EBS의 '지식채널 e', CBS의 '세상을 바꾸는 시간 15분'을 들 수 있다.

그림 1-2-13 대표적인 마이크로 러닝 강의 'TED'

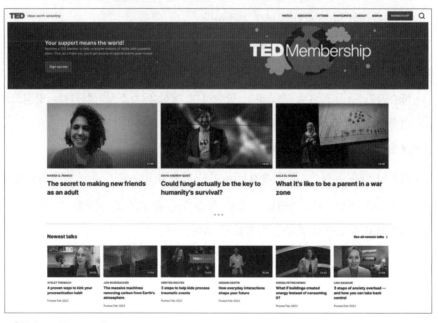

※ 출처: https://www.ted.com

⑦ 마이크로 러닝은 다음과 같은 교육적 가치를 지니고 있다.

표 1-2-15 마이크로 러닝의 교육적 가치

학습자에게 제공하는 가치	개인 맞춤형 학습의 경험	개개인의 선수지식 수준, 학습 현황, 학습양식 등에 따라 선택적으로 활용
	적시 학습	배움이 필요한 순간에 바로 학습하고 즉시 활용
	뛰어난 접근성	학습자의 적시 학습을 돕고 자율적이고 유연한 학습 환경을 제공
	효율적인 학습 시간 운용	분량이 긴 콘텐츠에 익숙하지 않은 밀레니얼 세대에게 더욱 최적화
교육제공자에게 제공하는 가치	효율성 · 경제성	콘텐츠가 제공하는 지식, 정보를 빠르게 업데이트할 수 있도록 제작
	유연하고 다양한 활용도	단일 콘텐츠로 사용되거나 여러 콘텐츠를 조합한 형태로 활용이 가능
	행동변화 촉진	현장에서 바로 적용해 볼 수 있도록 지원하여 학습자가 변화를 경험하고 유의미한 성과를 이룰 수 있도록 해야 함

※ 출처: K-MOOC 마이크로러닝강좌 개발 가이드라인(2021)

2) 적응학습

① 적응학습(adaptive learning)이란 학습자 개개인의 수준과 학습 스타일에 맞게 학습정보와 학습량, 학습 방법 등을 맞춤형으로 제공하는 학습법을 의미한다. 즉, 학생이 수업내용을 얼마나 이해하는지, 무엇을 잘하는지 등을 파악하여 맞춤형 교육을 하는 것이다.

② 예를 들어 수업시간에 교사가 학생이 수업에 대해 어느 정도 이해하고 있는지, 무엇이 우수하고 어떤 점이 부족하며 얼마나 이해하는지, 무엇을 잘하는지 등을 파악하여 맞춤형 교육을 할 수 있게 된다.

③ 기존의 전통적인 학습에서는 모든 학습자가 모든 콘텐츠를 동일하게 선형적인 경로로 접하게 된다. 전체 학습자 중 몇 명만이 우수한 성적을 거두거나 대부분의 학습자는 중요한 개념 등을 완전히 이해하지 못한 채 단순히 수강하는 정도로 학습을 마치게 될 수 있다. 반면, 적응학습에서 학습자는 개인의 수준과 학습성과 등을 감안하여 학습자에게 적합한 학습 내용만을 경험하도록 제시할 수 있다.

전통적 학습 진행(좌)과 적응형 학습 진행(우)

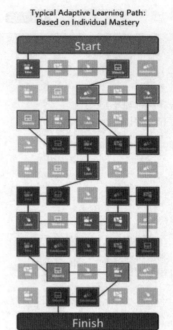

© 2017 McGraw-Hill Education.

※ 출처: McGraw-Hill Education, https://www.mheducation.com

④ 개별 학습자 중심의 학습을 현실로 만들기 위해 클라우드 서비스, 빅데이터, 인공지능 등의 정보통신기술을 사용하여 각 개인의 요구에 맞게 콘텐츠를 능동적으로 통제하게 된다.

⑤ 국내 사례로 2021년 교육부는 한국교육방송공사(EBS)와 인공지능 기술과 학습 콘텐츠를 기반으로 개인 맞춤형 학습 지원 체계를 구축하고, 디지털 기반 교육 혁신 지원을 추진하기 위한 계획을 발표한 바가 있다. 이를 통해 초·중·고등학생뿐 아니라 학교 밖의 학생들도 무상으로 언제, 어디서든 자신의 학습 수준을 진단하고, 자기 수준에 적합한 학습 콘텐츠를 추천받아 학습하도록 지원하는 자기주도적 학습 지원 체계가 구축된다(교육부, 2021a).

그림 1-2-15 자기주도 학습 지원 체계 개념도

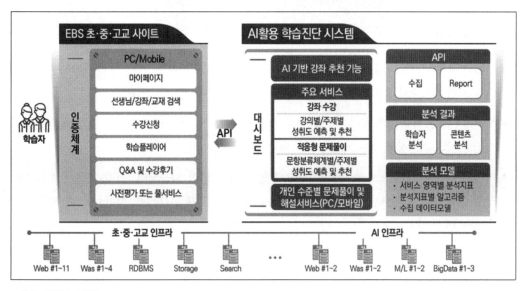

※ 출처: 교육부, 2021a

학습정리 이것만은 기억합시다

- 이러닝 콘텐츠 정의: 이러닝에서 활용되는 콘텐츠의 의미는 텍스트, 음성, 음향, 이미지, 영상 등을 디지털 방식으로 제작되어 인터넷을 통해 제공되는 각종 정보를 말한다.

- 이러닝 콘텐츠의 유형은 개인교수형, 반복 연습용, 영상 강의용, 정보 제공형, 교수 게임형, 사례 기반형, 스토리텔링형, 문제 해결형 이러닝 콘텐츠 등이 있다.

- 이러닝 콘텐츠 개발 프로세스는 ADDIE 모형이 가장 많이 사용되며, 각각 콘텐츠 개발 계획 수립 및 분석(Analysis), 콘텐츠 설계(Design), 콘텐츠 개발(Development), 검수 및 포팅(Implementation), 평가(Evaluation) 순으로 진행된다.

- 콘텐츠 개발환경에서 하드웨어 환경은 영상촬영장비, 영상편집장비, 영상변환장비, 음향제작장비, 그래픽 편집장비로 구성된다.

- 콘텐츠 개발환경에서 소프트웨어 환경은 인터넷 프로그래밍 언어, 웹에디터 소프트웨어, 그래픽 콘텐츠 제작 소프트웨어, 사운드 제작 소프트웨어, 동영상 콘텐츠 편집 소프트웨어, 애니메이션 제작 프로그램 등으로 구성된다.

- 이러닝 콘텐츠는 교육적 의도에 맞춰 교육목표를 달성하기 위해 디지털 기술을 이용하여 방법적, 내용적으로 조직된 학습 콘텐츠로, 이러닝 학습의 성패에 매우 중요한 역할을 한다.

- 이러닝 콘텐츠는 교수학습 모형 및 교수전략에 따라 개인교수형, 토론학습형, 시뮬레이션형, 교육용 게임형, 반복연습형, 사례 기반 추론형, 스토리텔링형, 자원 기반 학습, 문제 기반 학습, 탐구학습, 목표 기반 시나리오 등으로 분류할 수 있다.

- 이러닝 콘텐츠는 정보 유형 및 전달 매체에 따라 교수자 얼굴 위주 촬영형, 화면 속 화면형(picture in picture), PPT 슬라이드와 오디오형, 판서형, 시범형, 화면캐스트형(screen-cast), 애니메이션형, 모션그래픽형, 대화형, 교실 강의 촬영형 등으로 분류할 수 있다.

- 마이크로 러닝(micro learning)이란 '작은 단위의(small learning unit), 짧은 길이의(short-term), 한 번에 소화할 수 있는(digestible) 학습 콘텐츠 혹은 학습 활동'을 의미하는 것으로 단순히 콘텐츠를 길이에 따라 일괄적으로 분절하는 것이 아니라 학습 목표를 달성할 수 있도록 작은 단위의 콘텐츠를 의미 있게 연결하는 것이다.

- 적응학습(adaptive learning)이란 학습자 개개인의 수준과 학습 스타일에 맞게 학습 정보와 학습량, 학습 방법 등을 맞춤형으로 제공하는 학습법을 의미한다.

학습시스템 특성 분석

Chapter 03

학습안내

3장에서는 이러닝을 운영하기 위해 필요한 학습시스템, 학습관리시스템(LMS), 학습 콘텐츠 관리시스템(LCMS)에 대한 내용을 습득할 수 있다.

학습목차	내용
1. 학습관리시스템(LMS) 소개	1) 학습관리시스템(LMS)의 정의 2) 학습관리시스템(LMS)의 역할 3) 학습관리시스템(LMS)의 역사 4) 학습관리시스템(LMS)의 주요 활용처
2. 학습시스템의 주요 기능	1) 이러닝 학습사이트의 주요 기능 및 상세 2) 이러닝 학습관리시스템의 주요 기능 및 상세
3. 학습 콘텐츠 관리시스템 소개	1) 학습관리시스템과 학습 콘텐츠 관리시스템 비교 2) 학습 콘텐츠 관리시스템의 주요 기능
4. 학습시스템 기술 동향	1) xAPI 2) LRS

학습목표	3장 학습 후 할 수 있는 일

1. 이러닝을 제공하기 위해 필요한 시스템에 대해 이해할 수 있다.
2. 학습자들이 사용하는 학습시스템의 구성에 대해 이해할 수 있다.
3. 관리자들이 사용하는 학습관리시스템과 학습 콘텐츠 관리시스템에 대해 이해할 수 있다.
4. 학습시스템 기술 동향에 대해 이해할 수 있다.

주요 용어	핵심 키워드

이러닝 학사관리, 학습시스템, 학습관리시스템(LMS), 학습 콘텐츠 관리시스템(LCMS), Learing Object, xAPI, LRS

1 //// 학습 콘텐츠 관리시스템(LCMS) 소개

1) 학습관리시스템(LMS)의 정의

① 학습관리시스템은(LMS; Learning Management System) 교수–학습 과정에서 일어나는 다양한 활동을 교수자와 학습자가 편리하게 관리할 수 있도록 지원하는 시스템을 뜻한다.

② 학습관리시스템(LMS)은 온·오프라인상에서 진행되는 교육과정, 교육 프로그램 또는 학습 콘텐츠에 대해 등록하고 학습 내용을 학습자에게 전달하고, 학습 진행 시 학습자의 학습 현황 모니터링, 학습 결과 처리 및 문서화 등을 진행하며, 그 외 온·오프라인 상에서 진행되는 전반적인 학습활동에 대해 온라인에서 관리하는 소프트웨어 애플리케이션이다.

2) 학습관리시스템(LMS)의 역할

① 온라인 공간에서 교수자와 학습자 간의 상호작용을 지원함으로써 학습 성과에 긍정적인 역할을 한다.

② 편리성과 효과성을 바탕으로 최근에는 플립러닝, 블렌디드러닝 등의 트렌드가 형성을 지원하고 있다.

③ 온라인 교육뿐만 아니라 온라인 교육 이외의 교육에 대한 학습 성과 예측을 위한 학습분석학(Learning Analytics) 적용을 위한 중추적인 역할을 하고 있다.

3) 학습관리시스템(LMS)의 역사(전영미 외, 2016)

① 1980년대

학습자료를 전달하고 어떤 형태로든 평가하는 과정에서 컴퓨터의 사용이 두드러지게 시작된 1980년대에 더욱 발전되었다.

② 1990년대

인터넷을 통한 교육의 출현은 1990년대에 처음 보였으며, 웹을 기반으로 하는 초창기 국내 학습관리시스템(LMS)는 효과적인 이러닝 수업을 지원하기 위해 학습자 관리, 학습 과정 운영 및 평가 등과 같은 기능에 초점을 맞춘 이러닝 학사행정 개념으로 학습관리시스템(LMS)을 시작하였다.

③ 2000년대

초기 학습관리시스템(LMS) 연구는 사용자인 학생의 관점보다는 주로 시스템을 설계하는 관점에서 어떻게 하면 교육 서비스를 효율적으로 제공할 수 있는지에 관한 기능 설계와 구현에 관심을 기울였다. 미국은 2000년대 초부터 4년제 대학 80%가 학습관리시스템(LMS)을 도입했고, 학습관리시스템(LMS)을 활용한 교육적 효과에 관한 연구를 활발히 진행하였다. 2000년대 초부터는 학습관리시스템(LMS)이 단지 이러닝을 지원하는 학사행정 시스템으로만 머무는 것이 아니라 학습 촉진과 학습역량 향상에도 영향을 미칠 수 있음을 보여주었다.

④ 2010년 이후

학습관리시스템(LMS)이 단지 이러닝 수업을 지원하는 목적에 머무는 것이 아니라 자기주도학습을 촉진하는 매개 시스템 기능을 구현하였다. 학습관리시스템(LMS)을 통해 수업을 진행하는 교수자의 관점에서 필요한 학습 콘텐츠 전달, 운영, 평가 등과 같은 기능에 초점을 맞추었다. 학습자들의 자기주도적 학습역량을 향상할 수 있는 학습관리시스템(LMS) 기능들을 수업 설계 시 반영하여, 수업 참여 유도와 자기성찰의 기회 부여 및 교수자의 적절한 피드백을 제공하였다.

4) 학습관리시스템(LMS) 주요 활용처

① 학교

국내 초중고등학교의 학습 진행 시 학습 보조도구로 사용되고 있으며, 간단한 시간표 관리부터 블렌디드 학습관리 및 학습분석까지 여러 가지 형태의 학습관리시스템(LMS)을 사용 중이다. 한국교육학술정보원(KERIS) 또는 한국방송공사(EBS)에서 제공하는 학습관리시스템을 많이 활용하고 있다.

② 학원

초중고등학교 학원에서 출석 관리, 이러닝 지원, 관리 용도로 사용되고 있으며 자체 개발보다는 상용 학습관리시스템(LMS)을 SaaS(Software as a Service) 형태로 활용하고 있다.

③ 기업 및 조직

기업 및 조직에서 학습관리시스템(LMS)은 자체 직원들의 온·오프라인 학습을 관리하기 위한 시스템으로 사용하고 있으며 다음과 같은 용도로 활용하고 있다.

표 1-3-1 기업 및 조직에서 학습관리시스템 활용 용도

용도	상세
신규 직원 온보딩	신입 또는 경력사원들이 기업 및 조직에 빠르게 적응하게 하려면 온라인 콘텐츠를 통하여 학습 지원
제품 및 서비스 이해 교육	영업사원 및 기타 전문가에게 자사의 제품 또는 서비스에 대해 새로운 제품이나 서비스 출시 직후에 JIT(Just In Time) 제품 교육을 제공하고, 부가적인 자료 서비스 가능
직무 교육	• 다양한 사무실 및 지리적 위치에 있는 영업 담당자 대상으로 효과적 판매 방법 교육 • 대화 시뮬레이션 및 온라인 콘텐츠를 통해 영업 및 커뮤니케이션 스킬을 개발하고 온라인 테스트를 통해 지식 평가 가능
법정 필수 교육	소속 직원들이 매년 필수적으로 이수해야 하는 법정 필수교육, 컴플라이언스 교육 등을 학습관리시스템의 지원하에 효율적으로 학습할 수 있음
채널 파트너 교육	• 동일한 프로그램을 사용하여 전 세계 수천 명의 파트너를 교육할 수 있음 • 채널 파트너에게 제품의 마케팅, 판매 및 지원 방법에 대해 쉽게 교육할 수 있음

④ **이러닝 교육기관**

이러닝 교육기관에서 해당 기관이 보유하고 있는 온라인 콘텐츠를 B2C 또는 B2B 형태로 서비스하기 위하여 학습관리시스템을 활용한다.

⑤ **평생교육기관**

평생교육기관에서 진행하고 있는 집합교육에 대한 관리뿐만 아니라, 이러닝 전반에 대한 관리, 그리고 혼합교육에 대한 부분까지 학습관리 시스템을 활용한다.

2 /// 학습시스템 주요 기능

① 이러닝 학습시스템은 크게 두 가지 분류의 사용자가 있다. 첫째는 학습자이고, 두 번째는 관리자이다.

② 학습자 부분의 이러닝 학습시스템은 일반적으로 '이러닝 학습사이트'라고 부르지만, 관리자 부분의 학습시스템은 '학습관리시스템(LMS)'이라고 한다.

③ 이러닝 학습사이트: 이러닝 학습사이트는 학습자들이 로그인하여 학습할 과정에 대해 선택(수강 신청)하고 학습을 진행하는 곳이다. 이러닝 학습사이트의 주요 기능은 다음과 같다.

표 1-3-2 이러닝 학습사이트의 주요 기능 및 상세

분류	기능	기능 상세
학습사이트 소개	사이트 소개	학습사이트를 이용하는 기업, 조직, 교육기관 등이 본 학습사이트를 통해서 제공하려고 하는 목적과 구체적 전략들에 대해 소개
	교육체계	• 본 학습사이트를 통해 서비스하고자 하는 교육체계 • 관련 교육과정 분류, 교육 서비스 형태, 원칙 등에 대한 정보
교육과정	교육과정 리스트	• 학습자들이 교육과정 검색 • 검색된 교육과정에 대해 과정의 목적과 회차별 내용, 대상, 정원, 수료 조건 등 과정에 대한 일반적인 내용을 확인 • 교육과정 신청 기능
마이페이지	교육 이력	• 로그인 한 학습자 개인의 교육 이력 정보를 확인하는 기능 • 과거에 학습했던 교육 학습 이력 정보 확인 • 현재 학습을 진행하고 있는 교육과정 정보 확인 • 수강 신청하고 아직 수강 시작일이 도래하지 않은 교육과정에 대한 정보 확인
	과정별 학습창	• 수강 신청하는 과정에 대한 학습 창에서 학습 진행 • 진도 현황을 확인 • 과정 만족도 설문 • 과정에 대한 평가를 진행 • 학습 결과를 확인 • 과정에 관한 질문 및 답변 • 학습자들이 참여하는 과정에 대한 게시판, 토론 및 기타 과정별 학습활동 진행
	개인정보 수정	• 개인의 주소, 소속, 전화번호 등 개인의 정보를 수정 및 관리 • 개인정보에 대한 활용 동의 기능 탑재
학습 지원	공지사항	학습사이트에 대한 공지 사항을 확인할 수 있는 게시판
	FAQ	• 가장 자주 한 질문들에 대한 답변을 미리 등록해 놓은 게시판 기능 • 교육 운영의 효율성을 향상하는 기능
	Q&A	• 일반적으로 '질문 게시판'이라는 명칭 • 과정 운영뿐만 아니라 시스템 관련 문의, 교육 제도 관련 문의 등 특정한 분야의 기준 없이 자유롭게 질문 및 답변하는 게시판
	담당자 정보	• 학습시스템의 운영, 시스템, 과정정보 등에 대한 각각의 담당자 정보를 안내 • 학습자들이 필요한 정보를 직접적으로 얻게 하려고 만들어진 기능

※ 출처: 교육부(2014), 이러닝 시스템 제안

④ 이러닝 시스템의 관리자 모드(학습관리시스템)는 학습자의 학습을 지원하고 관리할 수 있는 기능들을 모아놓은 시스템이다. 학습관리 시스템의 일반적인 기능은 아래와 같다.

표 1-3-3 이러닝 학습관리시스템 주요 기능 및 상세

분류	기능	기능 상세
사용자 관리	학습자 정보	이러닝 교육에서 학습자에 대한 정보를 관리하는 기능
	관리자 정보	이러닝 교육에서 관리자에 대한 정보를 관리하는 기능
	교·강사 정보	이러닝 교육에서 교·강사에 대한 정보를 관리하는 기능
교육 기획	과정정보	이러닝 교육과정의 정보를 등록하는 곳
	이러닝 콘텐츠 관리	• 학습 주제에 따라 콘텐츠를 등록 • 등록된 콘텐츠를 쉽게 검색하고, 재사용할 수 있도록 관련 메타데이터를 등록
	설문 관리	이러닝 교육과정에서 사용할 설문 등록
	평가 관리	이러닝 교육과정에서 사용할 평가 등록
교육 준비	수강 신청	• 이러닝 교육과정에 대해 수강 신청 • 대상자를 설정 및 신청 승인, 취소 기능
	수강 승인 처리	이러닝 교육과정에서 수강 신청 승인 처리 기능
교육 운영	진도율 현황	이러닝 교육과정의 각 콘텐츠에 대한 학습 진도 현황에 대해 관리
	과정별 게시판	이러닝 교육과정 또는 회차별 사용할 게시판 관리
	수료 처리	과정의 학습자들에 대해 수료 기준을 중심으로 하여 수료 처리 여부를 결정
교육 종료	과정별 교육 결과	이러닝 과정의 회차별 수료율과 수료자 등에 대한 정보를 확인
	학습자별 교육 결과	학습자별 이러닝 학습 결과 확인
	설문 결과 확인	• 이러닝 과정에서 진행되는 설문 결과 • 정보 확인
	평가 결과 확인	• 이러닝 과정에서 진행되는 평가 결과 • 정보 확인
교육지원	공지사항 관리	학습자들이 확인할 수 있는 공지사항 관리
	Q&A 게시판 관리	• 학습자들이 확인할 수 있는 Q&A 게시판 관리 • 학습자들이 질문한 내용에 대해 관리자 권한으로 답변하기 위해서는 본 기능을 등록해야 함
	FAQ 관리	• 학습자들이 확인할 수 있는 FAQ 관리 • FAQ 기능의 질문 분류, 질문 내용과 답변을 등록 및 수정, 삭제 등의 관리를 진행
	담당자 정보	이러닝 사이트의 학습자들이 확인하는 담당자 정보를 관리하는 기능

시스템 관리	코드 관리	학습관리시스템에서 사용하는 주요 코드(剛 과정, 회차, 학습 방법 등)에 대해 관리하는 기능
	권한 관리	학습관리시스템에서 사용하는 권한(학습자, 관리자, 교·강사)에 대해 관리하는 기능
	로그 관리	학습관리시스템에서 관리되는 로그에 대해 관리
	메뉴 관리	• 학습관리시스템에서 사용되는 메뉴에 대해 관리 • 권한마다 확인할 수 있는 메뉴 관리

※ 출처: 교육부(2014), 이러닝 시스템 제안

3 ||| 학습 콘텐츠 관리시스템(LCMS) 소개

① 학습 콘텐츠 관리시스템(LCMS)은 콘텐츠를 학습 객체(learning object) 단위로 개발, 저장, 관리하여 기개발된 콘텐츠의 재사용성 및 학습자 특성에 맞는 적응적인 콘텐츠를 제공하는 시스템이다.

② 학습관리시스템(LMS)이 학습자의 학습과정을 지원, 관리하는 기능을 수행하는 데 반해, 학습 콘텐츠 관리시스템(LCMS)은 학습관리시스템(LMS)이 요청하는 내용을 전달하고 그에 따른 콘텐츠를 추출하는 전달 기능과 콘텐츠를 체계적으로 관리하는 기능을 수행하는 시스템이다.

③ 학습 콘텐츠 관리시스템(LCMS)과 학습관리시스템(LMS)을 사용자, 관리 대상, 시스템 특징, 주요 역할로 구분하여 비교하면 아래와 같다(권숙진, 2016).

표 1-3-4 학습 콘텐츠 관리시스템(LCMS)과 비교

구분	학습 콘텐츠 관리시스템(LCMS)	학습관리시스템(LMS)
주 사용자	• 콘텐츠 개발자 • 교수설계자 • 프로젝트관리자	• 학습자 • 교·강사 • 관리자
관리 대상	• 학습 콘텐츠	• 학습자
주요 기능	• 콘텐츠 파일 관리 • 콘텐츠 등록 이력 • 콘텐츠 소유 업체 관리 • 콘텐츠 연동 관리	• 교육과정 • 학습관리 이력 • 공지 • 평가 • 설문 • 학습 스케줄 이러닝 교육에서 관리자에 대한 정보를 관리하는 기능

시스템 특징	• 콘텐츠 관리의 자동화 • 콘텐츠 관리의 시스템화	교육 운영 주체의 운영 방향에 부합하도록 가변적으로 구축됨
주요 역할	• 콘텐츠 저장소 • 저작도구 • 콘텐츠 전달 인터페이스 • 콘텐츠 관리	• 학습관리 • 콘텐츠 통합(과정 기준으로) • 평가 기능 • 질의 및 응답 • 상호 간 커뮤니케이션 등

④ 사용자로 구분하여 비교하면 학습 콘텐츠 관리시스템(LCMS)은 콘텐츠 개발자, 관리자로 구분되나 학습관리시스템(LMS)은 학습자, 교·강사, 관리자로 구분할 수 있다.

⑤ 학습 콘텐츠 관리시스템(LCMS)의 기능은 크게 콘텐츠 관리, 콘텐츠 등록, 시스템 관리로 구분된다. 학습 콘텐츠 관리시스템(LCMS)의 주요 기능은 아래와 같다.

표 1-3-5 학습 콘텐츠 관리시스템(LCMS)의 주요 기능

구분	상세	내용
콘텐츠 관리	콘텐츠 목록 보기	관리되는 콘텐츠 목록 조회
	콘텐츠 미리보기	등록된 콘텐츠 미리보기
	콘텐츠 Export	콘텐츠 패키지 파일 다운로드 가능
	콘텐츠 Import	콘텐츠 업로드 기능
	콘텐츠 조회	콘텐츠 구분별 조회
	메타데이터 조회	등록된 메타데이터 정보 조회
	메타데이터 검색	• 일반검색 & 메타데이터 항목별 고급 검색 • 사용자 직관적인 인터페이스 지원 • 자유로운 검색/메타데이터 요소 추가 기능
콘텐츠 등록	콘텐츠 등록	• 웹 기반의 콘텐츠 등록 기능 • 표준 기반의 콘텐츠패키지 등록 기능 및 자동파싱 기능 • 콘텐츠 패키지 형태가 아닌 일반 압축파일(ZIP) 등록 기능 • Asset 단위의 콘텐츠 Unit 등록 기능 • Unit 콘텐츠 등록 후 메타데이터 생성 기능
	콘텐츠 목차 구성	• GUI 버튼 조작에 의한 간단한 목차 구성 기능 • 콘텐츠 업로드를 통한 자동분석 및 구성 기능 • 파일 링크 기능 • 목차 구성 시 파일 등록 기능 지원 • 등록된 파일 링크, 학습 콘텐츠 관리시스템(LCMS) 자료 검색 후 링크, 신규 파일 등록 등 자유로운 파일 등록/링크 기능 지원 • Depth에 제한 없는 위계 구성 지원

콘텐츠 등록	워크스페이스 지원	• 워크그룹 지정 및 협업 지원 • 워크그룹을 통한 접근 관리 • 자유로운 워크그룹 지정 및 이동 지원
	파일 관리	• 표준 및 비표준 콘텐츠 등록 기능 • 자유로운 파일 추가, 삭제 기능 • 학습객체 기반의 파일관리 및 메타데이터 관리
시스템 관리	사용자 관리	• 사용자 등록 및 삭제 기능 • 사용자 권한의 일시 중지 기능 • 사용자별 워크그룹에 대한 권한 지정
	카테고리 관리	• 콘텐츠 카테고리의 자유로운 구성 기능 • 제약 없는 위계 구성 지원

4 ││║ 이러닝 표준

1) 이러닝 표준화 요소와 목적

① 이러닝 표준화 요소

콘텐츠 표준화, 서비스 표준화, 솔루션 표준화

② 이러닝 표준화 목적

재사용성 향상, 접근성 향상, 상호 운용성 향상, 항구성 향상

2) 이러닝 표준화 주체

① ISO/IEC JTC1 SC36

학습, 교육 및 훈련을 위한 정보기술과 관련된 표준을 제정하기 위해 1999년 12월에 만들어진 국제 표준을 제정하는 표준화 위원회이다.

② ADL

차세대 분산학습 시스템 위원회, 교육훈련을 현대화하고 학습에 정보 통신기술을 사용하는 데 필요한 전략을 개발하기 위해 미국방부에서 1997년에 조직되었다.

③ LSTC

IEEE에 의해 설립되었으며, 현재 활발하게 표준화 활동을 하고 있는 워크그룹으로 WG1 LTSA(Architecture & Reference Model), WG4 DREL(Digital Rights Exn Language),

WG11 CMI(Computer Manstruction), WG12 LOM(Learning Object Metadata), 그리고 WG20 RCD(Competency Dens) 등이 있다.

④ IMS

과학적인 학습관리를 위해 메타데이터 태그 생성, 콘텐츠 패키지, 학습자 프로파일 관리 등 각종 규격을 체계화한 1997년에 조직된 단체이다.

3) 이러닝 표준화 모델

(1) AICC(Aviation Industry Computer-Based Training Committee)

① AICC는 가장 초기의 표준 모델로 항공 산업 컴퓨터 기반 훈련위원회가 항공사 직원들을 훈련시키는 데 사용되는 기술을 표준화하기 위해 1988년에 제정되었다.

② AICC 표준은 HTTP AICC 통신 프로토콜(HACP)을 사용하여 LMS(학습관리시스템)와 통신하는 구조를 갖고 있다. 여기서 HACP 방법론은 HTML 형식과 간단한 텍스트 문자열을 사용하여 LMS와 정보를 주고받는다.

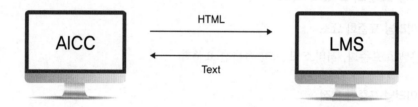

③ AICC는 현재 추가적인 업데이트가 되지 않아(2014년 해체) 사용자들이 사용하지 않고 있다.

(2) SCORM(Sharable Content Object Reference Model)

① SCORM은 미국 국방부 산하 ADL(Advanced Distributed Learning, 고급분산학습사업단)이 만든 이러닝 콘텐츠 표준이다. AICC의 문제를 해결하기 위해 출시된 표준이다.

② SCORM은 교육용 콘텐츠의 교환, 공유, 결합, 재사용을 쉽게 하려는 목적으로 만들어진 표준안이다.

③ SCORM은 이러닝 콘텐츠가 LMS와 함께 작동할 수 있는 통신 방법과 데이터 모델을 제공한다.

④ 한 과정에 대한 모든 교육자료는 특정 계층의 파일(imsmanifest.xml)을 포함하는 .zip 아카이브인 SCORM으로 패키지화 된다.

⑤ LMS를 통해 이러닝 과정을 제공하기 위해 SCORM에는 함께 작동하는 3가지 주요 구성요소가 있다.

구성요소	구성요소 설명
콘텐츠	과정을 ZIP 파일로 출력
실행시간	웹 브라우저에서 과정을 시작
시퀀싱	학습자가 과정을 탐색하는 방법을 지정

⑥ SCORM 구조

⑦ SCORM 버전

SCORM은 SCORM 1.0, SCORM 1.2, SCORM 2004의 3가지 버전이 있으며, SCORM 1.2가 가장 많이 사용되었다.

⑧ SCORM 장점

첫째, 이러닝 콘텐츠를 개발하거나 학습자들에게 서비스하기 위한 학습 객체 중심의 관리 및 접근이 가능하다.

둘째, 다양한 학습 환경에서 이러한 객체들의 상호 호환이 가능하다.

셋째, 학습자의 개인별 학업 진행 상황과 학습 성취 수준에 따라서 다양한 학습전략 제시가 가능하다.

넷째, 패키징 방식을 사용. 이미 만들어진 패키지를 가져와서(Import) 사용이 가능하다.

다섯째, 구성된 패키지를 다른 학습시스템에 사용할 수 있다. 즉 내보내기(Export) 기능을 활용함으로써 학습 콘텐츠와 교육 전략들의 이동성이 높아진다.

여섯째, 메타데이터를 이용하여 검색과 재활용의 체계화가 가능하다.

일곱째, 콘텐츠 자체 및 단위 콘텐츠에 대한 재활용성이 높아진다.

여덟째, 콘텐츠 유지보수에 대한 비용을 절감할 수 있다.

⑨ SCORM 단점

첫째, 인터넷 연결 및 웹 브라우저 없이는 작동하지 않으므로 학습자가 오프라인으로 과정을 수강할 수 없으며, 연결이 강력하지 않으면 중단 및 이탈이 발생할 수 있다.

둘째, SCORM 추적은 LMS를 통해서만 가능하므로 웹사이트나 모바일 앱을 통해 직접 배포할 계획이라면 SCORM은 도움이 되지 못한다.

셋째, SCORM 콘텐츠는 원래 플래시 기반이었고, 현재 플래시가 더 이상 사용되지 않고 모든 것이 HTML5로 변환되고 있다. 대부분의 제작도구가 HTML5로 SCORM 콘텐츠를 출력할 수 있지만, 동영상과 같은 풍부한 미디어가 강좌에 많이 있는 경우에는 네이티브 HTML5 버전에 비해 품질이 떨어질 수 있다.

넷째, SCORM은 과정 완료, 과정 총 소요시간 및 평가 점수와 같은 제한된 수만 추적할 수 있다.

다섯째, SCORM 데이터에서 작성할 수 있는 보고서가 제한적이다.

(3) xAPI

① xAPI는 SCORM 이후 제시된 이러닝 표준으로 Experience API의 약자로 2013년 4월 미국 전자 학습 표준 연구개발기관인 ADL(Advanced Distributed Learning)에서 제정하였다.

② xAPI의 또 다른 이름은 TinCan API로 온라인 및 오프라인에서 학습자가 가진 광범위한 '경험'에 대한 데이터를 수집할 수 있는 이러닝 표준이다.

③ xAPI는 이러닝 학습 환경에서 학습자 경험 데이터를 정의함으로써 서로 다른 학습시스템 간에 데이터를 상호 교환할 수 있게 해주는 표준 응용프로그램 인터페이스 역할을 한다.

④ xAPI를 통해 사람들은 개발된 콘텐츠, 다른 학습자와의 상호작용 등을 통해 학습할 수 있는데, 이러한 상호작용은 모든 학습활동에서 발생할 수 있기 때문에 그 사용 범위는 지속적으로 커지고 있다.

⑤ xAPI를 통하여 이러한 다양한 활동과 학습 경험, 학습 성과들을 문장 형식의 정보로 변환시킨 데이터 표준으로 수집 저장한다.

⑥ xAPI 구조

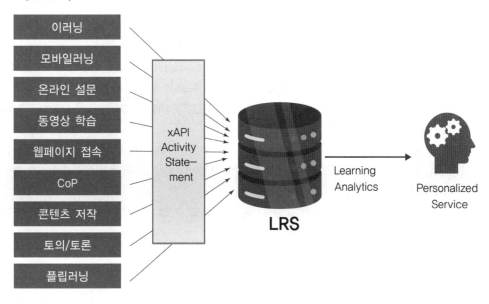

Check

xAPI Statement 구조

ACTOR	Verb	Object	ID	Store

```
{
  "actor": {
    "name": "Sally Glider",
    "mbox": "mailto:sally@example.com"
  },
  "verb": {
    "id": "http://adlnet.gov/expapi/verbs/experienced",
    "display": { "en-US": "experienced" }
  },
  "object": {
    "id": "http://example.com/activities/solo-hang-gliding",
    "definition": {
      "name": { "en-US": "Solo Hang Gliding" }
    }
  }
}
```

※ 출처: https://xapi.com/

⑦ xAPI 장점

첫째, xAPI는 '상태', 즉 명사, 동사, 객체를 사용하기 때문에 학습자들이 생각할 수 있는 거의 모든 활동을 기록할 수 있다.

둘째, xAPI를 사용하면 LRS(Learning Record Store)와 서로 대화할 수 있다. LRS는 데이터와 대본을 공유할 수 있으며, 학습자 경험은 LRS(또는 조직)에서 다른 LRS로 이어질 수 있다.

셋째, 학습자는 개인 학습 정보가 들어 있는 '개인 데이터 보관함'을 가질 수 있다. 이들은 서로 다른 조직 간에 전송될 수 있다.

넷째, 활성화된 모든 장치는 xAPI Statement(예 휴대폰, 하드웨어 시뮬레이션, 전자 게임 및 의료 기기)를 전송할 수 있다. 연결상태를 지속적으로 유지하지 않아도 되기 때문에 계속적인 네트워크 연결은 필요하지 않다.

다섯째, LMS 기능에 의해 제한되지 않고 학습 이벤트를 추적할 수 있다. 학습자가 어디에 있든 사용 중인 장치에서 추적을 시작할 수 있다.

⑧ xAPI 단점

첫째, 다양한 학습 활동을 통해 성과 측정 기준을 설정하고 개선 사항을 측정하는 것이 어렵다.

둘째, 학습자가 무언가를 했다고 보고하는 것만으로는 그 활동이 지식이나 성과에 영향을 미쳤는지 명확하게 질적 또는 양적으로 확인하기 어렵다.

셋째, xAPI와 같은 새로운 이러닝 표준의 더 넓은 가치는 데이터이지만, 그 데이터는 문맥상 의미가 없는 경우도 있다. 따라서 작업을 성능 및 전체 맥락과 연관시키는 방법에 대한 계획이 없는 한 xAPI의 가치는 훨씬 적을 수 있다.

넷째, 다양한 학습 활동을 통해 성과 측정 기준을 설정하고 개선 사항을 측정하는 것이 어렵다.

다섯째, 학습자가 무언가를 했다고 보고하는 것만으로는 그 활동이 지식이나 성과에 영향을 미쳤는지 명확하게 질적 또는 양적으로 확인하기 어렵다.

여섯째, xAPI와 같은 새로운 이러닝 표준의 더 넓은 가치는 데이터이지만, 그 데이터는 문맥상 의미가 없는 경우도 있다. 따라서 작업을 성능 및 전체 맥락과 연관시키는 방법에 대한 계획이 없는 한 xAPI의 가치는 훨씬 적을 수 있다.

(4) LRS(Learning Record Store)

① LRS 정의

- 다양한 학습 환경으로부터 실시간 학습데이터에 대한 수집 및 조회를 할 수 있는 저장 체계이다.

- 학습 중에 발생하는 실시간 학습 자료를 수집하고 연관 데이터 간 정렬 후 빅데이터 저장소에 저장된다.

② 주요 기능

- 다양한 기기 또는 매체에서 학습데이터 수집: 학습활동이 일어나는 학습 매체가 회사 PC, 개인 모바일 단말기, 사외 오프라인 등 다양한 학습 매체별 데이터 수집 인터페이스 기능을 구현한다.

- 실시간, 동시다발적으로 발생하는 학습 데이터 처리 기능: 학습 프로세스상에서 동시다발적으로 발생하는 데이터 처리가 가능하다.

- 시뮬레이션 훈련 데이터 수집: 게임 물리엔진 기반 VR/AR 시뮬레이션 구성을 통한 사용자별 가상 시뮬레이션 자료 수집, IOT 센서 및 기기와 연계하여 실시간 사용자 활동 수집 및 분석, Big Data, AI 기술을 적용하여 활동 예측 모델이나 사용자별 활동 패턴을 분석한다.

- 활동 정보에 포함된 학습자 정보 보호를 위해 강화된 보안 적용: 활동데이터 특성상 학습 주체인 사용자 정보가 포함되며, 수집 매체가 가정이나 사외인 경우가 많아 통합 인증 및 기능 강화된 보안 프로토콜을 제공한다.

③ LRS와 다른 솔루션과의 관계도

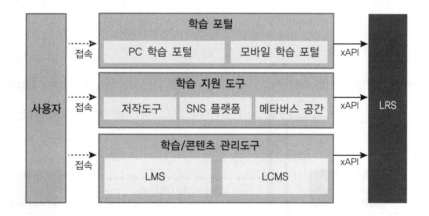

4) LTI(Learning Tools Interoperability, 학습 도구 상호 운용성)

(1) IMS Global(IMS Global Learning Consortium)에서 개발한 교육 기술 사양이며, 학습 시스템이 호출하고 외부 시스템과 통신하는 방법을 지정한다.

(2) 현재 버전의 사양인 v1.3에서는 OAuth2, OpenID Connect 및 JSON 웹 토큰을 사용하여 이 작업을 수행한다.

(3) 학습관리시스템(LMS)은 학습자에 대한 정보 및 학습자에 대한 정보를 외부 시스템과 공유한 학습 컨텍스트를 사용하여 학습자가 외부 시스템에 별도로 로그인할 필요 없이 LTI를 사용하여 웹 사이트에서 외부 시스템이 제공하는 코스 콘텐츠 및 도구를 호스팅할

수 있다. 즉 LTI는 서로 다른 시스템 간의 상호 운용성을 지원하기 위해서 IMS Global에서 개발한 사양이다.

(4) LTI 사용 예시

① 교과서 콘텐츠와 같이 학습자 응답을 요구하지 않고 단지 표시만 되는 외부 LTI 콘텐츠를 추가할 수 있다. 예를 들어 PDF 형식이 아닌 다른 형태의 교과서가 있다.

② 학습자 응답을 필요로 하는 외부 LTI 콘텐츠를 추가할 수 있다. 이때 외부 공급자는 학습자 응답을 채점할 수 있다.

③ 강좌에 LTI 구성요소를 추가할 때 학습 관리 시스템이 LTI 도구 소비자가 되며, 외부 도구나 콘텐츠가 LTI 도구 제공자가 되는 방식으로 지원할 수 있다.

④ LTI를 통하여 Canvas나 Blackboard 등의 외부 학습 관리 시스템에 강좌의 콘텐츠를 추가할 수도 있다.

(5) LTI 구조

특정 플랫폼의 Tool을 다른 플랫폼과 연계하여 사용하며, 이렇게 사용할 때 LTI를 통하여 전달받는 플랫폼은 ID나 시간, 장소, 활동 정보 등을 전달받을 수 있고, 전달해주는 플랫폼도 관련 사용정보들을 확인할 수 있다.

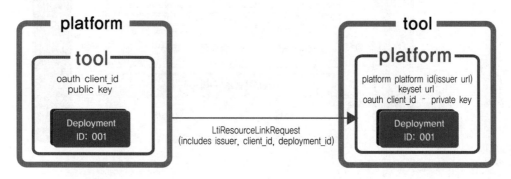

※ 출처: https://imsglobal.com/

① 학습 플랫폼을 학습도구와 연결하는 데 드는 시간과 개발 비용을 줄인다.

② 학생과 교사가 정기적으로 사용하는 학습 도구에 원활하고 안전하게 액세스할 수 있도록 한다.

③ 사용자 계정을 만들고 액세스 권한을 부여하는 간소화된 방법을 제공한다.

④ 도구가 과제와 성적을 교사의 중앙 집중식 관리시스템으로 다시 전달할 수 있는 방법을 제공하여 교사의 업무량을 줄인다.

이것만은 기억합시다

- 이러닝은 모든 학사관리가 온라인으로 관리되므로 운영 주체가 학습시스템의 특성을 이해하고 기술적 요건을 갖추는 것이 중요하다.

- 학습관리시스템은 교수–학습 과정에서 일어나는 다양한 활동을 교수자와 학습자가 편리하게 관리할 수 있도록 지원하는 시스템을 뜻한다.

- 학습관리시스템의 주요 기능은 사용자 관리, 교육 기획 분야 관리, 교육 준비 분야 관리, 교육 운영 분야 관리, 교육 종료 분야 관리, 교육 지원 분야 관리, 시스템 관리 등으로 구성된다.

- 학습관리시스템은 학교, 학원, 기업 및 조직, 이러닝 교육기관, 평생교육기관 등 이러닝을 운영하는 모든 기관에서 갖추고 있는 필수 시스템이다.

- 학습 콘텐츠 관리시스템(LCMS) 정의: 학습 콘텐츠 관리시스템은 콘텐츠를 학습 객체(learning object) 단위로 개발, 저장, 관리하여 기개발된 콘텐츠의 재사용성 및 학습자 특성에 맞는 적응적인 콘텐츠를 제공하는 시스템이다.

- 학습 콘텐츠 관리시스템(LCMS)은 콘텐츠 관리, 콘텐츠 등록, 시스템 관리 등으로 구성된다.

- xAPI란 Experience API의 약자로 전자학습 환경에서 학습자 경험 데이터를 정의하고 서로 다른 학습시스템 간에 데이터를 상호 교환하기 위한 표준 응용프로그램 인터페이스로, 2013년 4월 미국 전자학습 표준 연구개발기관인 ADL(Advanced Distributed Learning)에서 제정하였다.

- LRS(Learning Record Store)란 다양한 학습 환경으로부터 실시간 학습데이터에 대한 수집 및 조회를 할 수 있는 저장 체계를 말하는데, 개별화 및 맞춤형 학습을 위해 그 중요성이 커지고 있다.

Chapter 04

학습시스템 기능 분석

학습안내

4장에서는 학습시스템을 개발하기 위해 필요한 이해관계자인 교수자, 강사, 학습자 등에 대해 파악하고, 학습자를 위한 주요 기능에 대한 내용을 습득할 수 있다.

학습목차	내용
1. 학습시스템 이해관계자 분석	1) 교·강사 2) 학습자
2. 학습자 기능 분석	1) 원격교육에서 학습 지원의 개념 2) 원격교육에서 학습 지원의 필요성

학습목표	3장 학습 후 할 수 있는 일
	1. 학습 시스템의 주 사용자이면서, 이해관계자인 교강사와 학습자의 역할에 대해 이해할 수 있다. 2. 학습 시스템에서 학습자들이 주로 사용하는 기능에 대해 이해할 수 있다.

주요 용어	핵심 키워드
	학습시스템, 학습관리시스템, 교강사, 학습자, 페다고지, 안드라고지, 성인 학습자, 학습 지원, 학습 지원 도구

1 /// 학습시스템 이해관계자 분석

1) 교·강사

(1) 이러닝에서 교·강사 정의

① 교·강사는 '이러닝에서 과정에 대한 일반지식과 전반적인 내용에 대한 이해를 바탕으로 학습자가 학습 목표를 달성할 수 있도록 역할을 수행하는 자'로 정의한다.

② 이러닝에서 교·강사는 교육기관의 성격, 교육의 목적, 운영 특성에 따라 교수자의 역할과 튜터의 역할을 구분하여 사용한다. 하지만 대다수의 교육기관에서는 내용에 대한 전문성과 운영의 효율성 때문에 교수자의 역할과 튜터의 역할을 함께 진행한다.

(2) 이러닝에서 교·강사의 역할

이러닝에서 교·강사의 역할에 대해 구분하면 아래와 같다.

표 1-4-1 이러닝 교·강사 역할

역할	역할 소개	주요 내용
내용전문가	내용 전문성을 기초로 학습을 안내하는 역할	• 과정에서 제공하는 학습 내용의 분석 • 학습자 수준별 요구되는 자료의 제작 • 학습 과정과 관련된 사례 및 신규 자료 제공 • 평가 문제 출제 및 채점, 첨삭지도 제공
교수설계자	교수설계자가 부재 시 교육내용을 이러닝 학습 환경에 맞게 설계하는 역할(교수설계자가 있는 경우 교수설계자와 협업 진행)	• 교과목 기획서 및 수업계획서 작성 • 학습 목표 달성에 적합한 교수·학습 모형 선정 　– 학습에 필요한 관련 도구 및 자료의 준비 　– 학습 내용의 제시 전략 결정 　– 교수·학습 운영모델의 선정 　– 세부적인 교수·학습 전략의 선정
촉진자	학습활동을 수행하는 과정에서 사회적 상호작용을 기반으로 학습자들이 공동체 의식을 형성하고 이를 기반으로 학습을 촉진하는 역할	• 학습 분위기 조성: 교수·학습 도입과정에서 교수자들은 학습자들의 공동체 의식을 조성하고 학습자들과의 유대를 강화하는 등의 학습 분위기 조성 • 학습 동기 부여: 학습 동기가 부여될 수 있도록 학습자의 흥미와 관심을 이끄는 전략을 활용 • 상호작용의 촉진: 상호작용을 중심으로 한 과제 작성 지도, 질의응답 활동, 토론 등의 활동을 적극적으로 활용하여 교수자-학습자 간, 학습자-학습자 간 상호작용을 촉진

촉진자		• 학습 지원 도구의 적극적 활용: 사회적 상호작용의 활성화를 위해 메일, 메신저, 전화 등의 다양한 도구를 활용하여 학습자와 소통 촉진 • 즉각적인 피드백의 제공: 촉진자로서의 교수자는 학습자의 요청이나 도움에 즉각적인 피드백 제공
안내자 /관리자	교육과정에 필요한 정보를 안내하고 학습을 관리하는 역할	• 학습활동에 대한 사전교육 및 오리엔테이션 제공 • 교수–학습의 전체 진행 일정 및 학습 시간 안내 • 구체적인 학습 절차 및 방법에 대한 안내 등의 활동 • 수강과목의 변경 및 취소를 위한 안내 활동 • 학습활동에 참여하는 학습자들의 신상 정보, 학습 이력에 대한 정보, 학업성취도에 대한 정보 및 학습 선호도에 대한 정보를 확인하고 관리하는 등의 학습자 정보관리 활동 • 개별 학습 진도 등의 학습활동을 모니터링하고 학습자의 학습 진행 상태에 따라 학습에 적극적으로 참여하도록 독려 • 과정 운영 시 발생한 문제점 및 학습자료, 요구분석 자료 정리 • 과정 종료 후 커뮤니티 개설 및 운용 등의 학습자 사후관리
기술전문가	학습자가 이러닝을 수행하는 과정에서 발생하는 다양한 기술적인 문제를 해결할 수 있도록 도와주는 역할	• 학습에 필요한 하드웨어 및 소프트웨어를 설치 • 학습 운영 관리시스템과 학습 콘텐츠 관리시스템의 기능을 숙지 • 학습 과정에서 사용될 다양한 학습 도구의 기능을 숙지

※ 출처: 김용, 손진곤, 정영란, 한태인 (2012) 『이러닝 서비스 운영평가 및 결과관리』. (사)한국이러닝산업협회.

(3) 교·강사의 자격 조건

① 교·강사는 해당 이러닝 과정에 대한 일반적인 지식을 갖고 있어야 한다.

② 교·강사가 보유하고 있는 지식을 바탕으로 학습자가 해당 과정 개발 시 설정된 교육과정 목표를 달성할 수 있도록 학습 지원 도구를 통하여 지원하는 역량을 보유하고 있어야 한다.

③ 고용노동부에서 진행하는 인터넷 원격훈련 운영을 위한 교·강사 자격 기준에서 다음과 같이 제시하고 있다.

〈인터넷 원격훈련에서 교·강사 자격 기준〉
• 전문학사 이상의 학교를 졸업하였거나 이와 같은 수준 이상의 학력을 인정받은 후 해당 분야의 교육훈련 경력이 1년 이상인 사람
•「국가기술자격법」이나 그 밖의 법령에 따라 국가가 신설하여 관리·운영하는 해당 분야의 자격증을 취득한 사람
• 해당 분야에서 1년 이상의 실무경력이 있는 사람
• 해당 교·강사가 1개의 훈련과정에 대해 전담하는 것은 아니나, 1명의 교·강사가 동일 기간에 담당하는 수강생은 500명 최대 제한

※ 출처: 근로자직업능력 개발법 시행령 27조, 6조 관련 별표 1

④ 인터넷 원격훈련 교육기관은 이러닝 방식으로 진행하는 인터넷 원격훈련의 자격 기준에 맞게 교·강사를 모집하고 선발하게 된다.

(4) 교·강사 선발 방법 및 기준

① 교·강사 선발 방법은 현재 교·강사의 추천을 받는 경우가 가장 많으며, 외주 개발 시 외주기관을 통해 교·강사를 확보하기도 한다.

② 채용 전문기관, 관련 기업 및 업종별 단체, 홈페이지를 통해 모집을 진행한다.

③ 튜터의 역할은 내용 전문가보다는 과제 채점 위주로 운영하기 때문에 튜터의 역할만 진행한다면 최소한의 자격 기준을 맞추거나 실무 경력자를 더 선호한다.

④ 인터넷 원격훈련에서 교·강사 선발의 특징은 다음과 같다.

〈인터넷 원격훈련에서 교·선발 특징〉
• 이러닝 교육기관 규모별 교·강사 선발 특징
– 이러닝 교육기관의 규모가 크고 수도권 지역 훈련기관의 경우 자격이나 학위 보유자보다 실무 경력자를 선호한다.
– 이러닝 교육기관의 규모가 작고 원격 훈련기관 등급이 낮은 기관은 최소한의 학력 기본조건만 갖추어도 선발한다.
• 교육과정의 난이도와 단가가 높은 과정 운영 시 선발 방법 특징
– 교수학습 과정에서보다 전문적인 활동이 필요하기 때문에 교수학습 전문가의 선발이 요구된다.
– 교·강사의 경우 선발 시 내용 전문성을 갖춘 사람을 중심으로 선정된다.

(5) 교·강사의 선정 및 등록

① 이러닝 교·강사는 일반적인 이러닝 과정의 경우 학습관리시스템(LMS)에 등록한다.

② 교육기관의 경우 학습관리시스템(LMS) 등록 외 자료의 안전한 관리 측면에서 별도의 문서로 관리한다.

③ 고용보험환급 과정으로 이루어지는 교육의 경우 고용보험 교·강사 기준을 준수하여 계약서를 작성하고 교·강사 정보를 한국산업인력공단 HRD 시스템에 등록한다.

(6) 교·강사 활동 평가

교·강사의 활동 평가는 총 5가지 절차로 진행된다.

그림 1-4-1 교·강사의 활동 평가 절차

위 5가지의 평가에 대한 세부 평가는 아래와 같다.[1]

① [Step 1] 분석 및 계획 단계 평가 절차 구성

가. 교·강사의 관련 자료 분석 및 코스 개발 계획 수립에 대한 이해

나. 교·강사의 이러닝 특성을 고려한 과정 이해

다. 교·강사의 과목 선정 기준 타당성에 대한 이해

② [Step 2] 설계 및 개발 단계 평가(학습 내용)

가. 학습 내용 정확성 및 적절성 파악 여부

나. 학습 내용의 윤리성 및 인용 출처 제시, 저작권 문제 검토 여부

③ [Step 3] 설계 및 개발 단계 평가(교수설계)

가. 교수·학습 방법 선정의 적절성

나. 학습 목표 제시 여부

다. 선수학습 명시 및 확인 여부

---

1 ※ 출처: 정영란, 장은정(2004) 「이러닝 코스의 수월성 확보를 위한 질 관리 평가준거 연구」, 『교육정보미디어연구』, 10(2), pp.159~192.

라. 학습 목표, 학습 내용, 평가, 과제의 일관성

마. 내용 설계의 조직성

바. 지식의 연습 또는 적용 기회 제공

사. 보충 및 심화 자료 제공 여부

아. 동기 부여 전략의 활용

자. 상호작용성 원리 적용 여부

차. 학습자 수준별 대응

④ [Step 4] 수업 운영 단계의 평가 활동

가. 충분한 학습 안내 여부

나. 학습자 주도의 학습관리 여부

다. 토론 등 교수자 및 동료와의 교류 여부

라. 학습 기회의 공평성 적용 여부

마. 학습자 참여 독려 여부

바. 학습자 요구에 대한 즉각적인 피드백 여부

사. 학습자 학습활동 모니터링 여부

⑤ [Step 5] 평가 단계의 평가 활동

평가 단계의 5가지 부문별 평가 활동은 아래 표와 같다.

표 1-4-2 부문별 평가 단계 평가 활동

성취도 평가 부문	학습효과 평가 부문	코스 평가 부문
• 교·강사가 제시한 평가의 적절성 • 교·강사가 제시한 평가의 타당성 • 교·강사가 제시한 평가의 신뢰성	• 학습 수월성을 위한 학습 환경 확보 여부 • 교·강사의 활동이 학습자가 해당 과정 학습 내용 이해 용이성 기여 여부 • 교·강사 학습 지원의 효과성 여부	• 학습 내용 만족도 평가 여부
		교수자 평가 부문
		• 교·강사의 활동 중 교수 부분에 대한 평가

(7) 대상별 이러닝 교·강사 평가 준거

① 이러닝 교·강사의 평가 준거는 학습 대상에 따라 구분된다.

② 초중고 이러닝 교·강사의 평가 준거는 다음과 같다.

표 1-4-3 K-12 이러닝 교·강사 평가 준거

구분	평가 부분
콘텐츠	• 교·강사가 제공하는 콘텐츠 다양성 • 이러닝 수업의 적절한 활용성 • 교실 수업에서 활용성 • 콘텐츠 재사용성
수업 운영	• 교사 재량권 부여 여부 • 학습자 통제 가능 여부 • 학습자 자료 제공 여부 • 학습활동 구성도 제공 여부

③ 고등교육 분야의 이러닝 교·강사 평가 준거는 아래 표와 같다.

표 1-4-4 고등교육 이러닝 교·강사 평가 준거

구분	평가 부분
학습 내용	학습목적 성취 여부, 학습 내용 체계성, 학습 내용 최신성, 학습 수준 적절성
강의	• 수업 목표 명확성 • 수업 준비의 충실성 • 수업 내용의 전문성 • 내용 전달의 효과성 • 전달 방법(발음, 빠르기, 용어 사용, 제스처)의 효과성
수업 운영	• 수업 내용 안내의 적시성 • 토론 및 과제 피드백의 효과성 • 상호작용의 효과성 • 다양한 학습경험(특강, 토론, 팀 학습, 다양한 멀티미디어 학습자료 등) 제공 • 교수자 답변의 즉시성 • 진도나 강의 외 활동 공지에 대한 적시성 • 퀴즈 및 과제에 대한 학습 지원 여부
강의 추천 및 기타 의견	• 전문지식 습득 가능 여부 • 관심과 흥미 생성 여부 • 업무 수행 지원 여부 • 타인에게 강의 추천 여부

④ 기업 교육 이러닝 교·강사 평가 준거는 다음과 같다.

　　가. 튜터 만족도

　　나. 과제 채점의 질

　　다. 주관식 시험 채점의 질

　　라. 학습 참여 활성화를 위한 노력

　　마. 수료율

2) 학습자

원격 학습자의 특징에 대해 이해하기 위해 일반적인 교육학(페다고지)과 성인교육학(안드라고지)에 대해 살펴보자.

(1) 페다고지(Pedagogy)와 안드라고지(Andragogy)

① 교육학, 즉 '페다고지(Pedagogy)'는 오랫동안 교육현장에 이론적 준거 기준을 제공하였지만, 1920년대부터 산업화로 인하여 대두된 성인교육이 체계적으로 진행되면서, 기존의 페다고지 모델만으로는 부족하게 되었다.

② 1977년 트랩의 교육학 강좌에서 '성인(andros)'과 '지동하다(agogos)'라는 단어가 합성되어 성인교육학을 '안드라고지(Andragogy)'라고 부르게 되었다.

(2) 페다고지와 안드라고지의 주요 특징

학습자 특징을 연령대별로 구분한 페다고지와 안드라고지의 주요 특징은 아래 표와 같다.

표 1-4-5 **나이대별 학습자 특징 및 성인 학습자 학습법**

구분	페다고지	안드라고지
학습자	• 아동 학습자 • 의존적임	• 성인 학습자 • 자기주도적임
경험의 역할	• 학습자의 경험은 문제 제기 단계에서 제한적으로 사용 • 환기 단계에서도 제한적 사용	• 학습자의 경험은 역할 수행 동안 얻어진 것으로 학습의 전 과정에 유용한 자원임 • 교육 방법상에도 실험, 토의, 문제 해결, 게임 학습 등에 경험을 활용함
학습 준비	• 교육과정에 따라 학습준비가 결정됨 • 교육과정은 학력에 따라 표준화됨 • 동일 학년층은 학습준비도가 같음	• 학습준비도에 따라 교육과정이 편성됨 • 학습의 진행단계를 교육과정보다 학습자들의 학습 준비도에 맞게 정해져야 함

학습 지향성	• 성인이 되었을 때를 대비하여 학습 이 이루어짐 • 교과목 지향적	• 현재의 실행활에 활용하도록 학습 • 성과 지향적

※ 출처: 이재준(2018), 평생교육 방법론

(3) 연령대별 학습자 특징 및 성인 학습법

연령대별 학습자 특징 및 그에 따른 성인 학습자의 학습법은 아래 표와 같다.

표 1-4-6 연령대별 학습자 특징 및 성인 학습자 학습법

구분	K-12(학교) 학습자	성인 학습자	성인 학습자의 학습법
지능 수준	지능이 꾸준히 발달하고 변화함	지능조직이 안정되어 있음	훈련이나 일방적인 지식 전달 보다는 지적인 자극을 제공하는 역할을 많이 하는 것이 좋음
동기 수준	부모나 교사에 의한 동기 부여를 통해 학습 참여	• 동기 수준이 매우 높음 • 스스로 학습하려는 의지가 강함	높은 학습 동기를 통하여 학습효과를 끌어낼 가능성이 큼
능동성	주어진 정규 교육기관에서 수동적으로 학습에 임하게 됨	자신의 필요와 요구를 달성하기 위한 목적으로 자발적으로 학습에 참여함	
참여 방법	정부 지침 또는 교사 & 강사에 의해 학습활동 참여함	선택적으로 학습활동에 참여함	• 참여 기준 – 참여하고자 하는 학습활동이 현재 자신의 업무 수행에 도움이 되는지 여부 – 자신의 문제 해결에 도움이 되는지 여부 – 자신에게 필요한 교육적 요구를 충족시킬 수 있는지 여부 – 성인 학습자는 그들의 요구에 맞는 현실적이면서도 실제적인 학습 목표 및 내용을 제공하는 것이 중요
경험 수준	삶의 경험이 유사함	다양한 삶의 경험을 갖고 학습활동에 참여함	다양한 생활 경험과 직간접으로 관련된 지식과 정보를 제공해 주는 것이 좋음
자기 주도성	교사의 지도와 동기 부여에 큰 영향을 받음	자기주도적인 학습자	• 성인 학습자는 훈련받는 것이 아니라 스스로 훈련하기 위해 노력함 • 자기 자신의 목표와 경험을 갖고 수행하는 방법을 모색함

공간적 조건	공동 학습 환경에 익숙해서 공간적 영향이 성인에 비해 적음	학습 진행 시 독특한 신체적 요건	밝은 조명, 안락한 의자, 큰 글자 및 소리 요구
과제 수행 시간	학습과제 수행에 익숙하고 성인에 비해 짧은 시간 소유	특정 과제 수행 시 많은 시간 소유	개인의 학습 계획 시 적절한 시간 안배 필요
신체적 조건	시력, 청력이 성인에 비해서 좋음	시력 및 청력의 감퇴, 집중력 및 암기 능력의 저하 등으로 인해 정보를 처리하는 속도가 느림	신체적 특징들을 고려하여 학습 분량, 시간 방법 등을 조절할 필요가 있음

※ 출처: 이재준(2018), 평생교육 방법론

(4) 원격교육 성인 학습자의 주요 특성(peters, 1998)

K-12 원격교육학습자를 대비하여 성인원격교육 학습자의 주요 특성은 아래와 같다.

① 풍부한 삶의 경험을 갖고 있다.

- 학습을 각기 다르게 접근하고, 다른 태도를 가지며, 다르게 평가한다.
- 학습이 학습자 자신의 경험과 연결되거나 관련될 때 더욱 효과가 증진된다.
- 특정 영역에 있어서 학습자의 역할 뿐 아니라 교수자의 역할도 수행할 수 있다.
- 성인 학습자를 원격교육 접근 용이성 측면에서 화이트칼라와 블루칼라로 구분하기도 한다(Benson, 2004).

② 직장 경험이 학습 수행 방식에 영향을 미친다.

- 학습 내용과 자신의 전공 분야가 일치하는 경우 학습에 미치는 영향력이 커진다.
- 학습 내용과 자신의 전문적 경험이 일치하는 경우 학습에 미치는 영향력이 커진다.
- 학습을 자신의 일에 적용하고자 하는 학습 동기를 가지고 있다(Moore & Kearsley, 1996).

③ 어린 나이에 학문적인 공부를 할 기회가 없는 경우가 많다.

- 원격교육을 제2의 기회로 활용한다.
- 학업능력이나 학습에 임하는 태도가 젊은 학생과 다르다.

④ 학업 분야에 대한 전문적인 능력 보유(학위, 자격증 등)

- 학습 분야에 대한 능력은 학습에 대한 동기와 태도에 영향을 미친다.

⑤ 제도화된 의무교육에 참여하는 방식과는 다른 방식으로 학습에 임한다.

- 자신만의 학습 목표를 갖고 그것을 성취하기 위해 자기주도적으로 학습한다.
- 자신의 인생과 생애주기 설계에 맞추어 학업을 수행하려는 경향을 보인다.

2 //// 학습자 기능 분석

1) 원격교육에서 학습 지원의 개념

① 광의의 학습 지원: 원격교육기관의 수준에서 학교에 재학하는 학생들의 만족도를 높이고, 중도 탈락률을 낮추며, 교육의 질적 수준을 높이기 위해 제공하는 각종 교육적, 행정적 지원 서비스를 진행하는 활동이다.

② 협의의 학습 지원: 교수자가 자신의 특정 강좌를 운영하면서 교육의 질을 향상하기 위해 학습자료를 제공하고 학습활동을 관리 및 모니터링 하는 활동이다.

2) 원격교육에서 학습 지원의 필요성

① 학습 지원을 통해 원격학습자가 중도에 학업을 포기하지 않고 코스를 마치도록 하는 데 기여하고, 원격학습자들에게 맞춤화된 지원이 이루어질 경우 학습자들의 학습 목표 달성이 수월해지며, 학습자가 교수자, 튜터, 다른 동료 학습자와의 접촉을 통해 학습 동기 부여 효과를 발생시킨다. 결과적으로 학습 지원을 통해 학습 만족도를 높이는 데 기여한다.

② 원격교육의 학습 지원을 활동 영역별로 분류하면 아래와 같다(김재욱과 정인성, 2002).

표 1-4-7 원격교육 학습 지원의 활동 영역 및 활동 내용

활동 영역	활동 내용
교수-학습 영역	• 학습 내용 전달과 상호작용을 고려한 교수 활동 수행 • 교수자, 튜터의 학습자에 대한 피드백과 튜터링 활동 • 학습 커뮤니티의 활성화 및 지도 운영 • 수업의 효과적 운영 및 질 관리
기술적 영역	• 학습 매체 사용 시 발생하는 기술적 문제에 대한 대처 • 영상, 음성 매체 준비와 접속, 기술적 장애 해결 지원 • 컴퓨터, 인터넷 사용 방법 지도와 안내 • 각종 프로그램 및 소프트웨어 사용법 지도

학사 행정적 영역	• 코스나 프로그램 등록부터 수료까지의 활동 안내 • 학습자, 튜터의 질문에 대한 응답 • 비근무일 학습 지원체계 구축
심리상담 영역	• 학습자가 학습 과정에서 겪게 되는 문제점들을 효과적으로 해결하도록 지원 • 개인의 학습 관련 심리적 갈등, 학습 과정상 애로점, 원격교육으로 인한 고립감 등에 관해 상담 • 생활 및 직업 관련 상담 및 진로지도 상담

3) 학습 지원 도구의 유형

① 교수-학습 영역의 주요 학습 지원 도구와 그에 대한 설명은 아래와 같다.

표 1-4-8 **교수-학습 영역 주요 학습 지원 도구**

학습 지원 도구	지원 도구 설명
게시판	• 주 학습 내용은 콘텐츠를 통해 제공하지만, 학습과 관련된 학습자와의 상호작용은 게시판을 통해 이루어짐 • 게시판은 일반적으로 공지사항 게시판, 질문 게시판, 자유 게시판, 자료 게시판으로 이루어짐 • 게시판별로 담당자와 작성 권한을 상이하게 하여 효과적으로 운영하는 것이 중요함
메일	• 메일은 공지사항 게시판에 작성되는 내용들에 대해 재전달하거나, 학습자들이 게시판에 남기기 어려운 질문을 하거나 질문을 받는 용도로 사용 • 관리자는 학습 운영 시 수신된 메일에 대한 답신이 적시에 이루어지도록 운영해야 함
채팅	• 일반적으로 채팅은 이러닝 학습사이트에서 회원가입 전에 학습과정이나 절차 등을 문의할 때 많이 사용됨 • 채팅의 장점인 실시간 소통은 학습사이트 내부 채팅에서 스마트폰 SNS로 이동하여 교육과정별 단체 채팅방으로 이동하는 추세
튜터링 시스템	• 튜터링 시스템을 별도로 보유하고 있는 이러닝 사이트는 학습자의 결과물(퀴즈, 서술형 문제, 토론, 과제 등)에 대해 체계적으로 피드백할 수 있는 기능을 보유하고 있음 • 일반적으로 튜터와 학습운영자는 학습자의 학습 목표 달성을 지원하기 위해 SMS, 메일, SNS, 전화통화를 통하여 학습 지원을 진행함 • 장기교육과정의 경우 튜터는 일정 기간별 보고서를 통하여 학습자를 동기부여하는 학습 지원을 진행함
학습 커뮤니티	• 학습 커뮤니티는 동일한 과정을 학습하고 있는 학습자들이 서로 상호작용 할 수 있도록 지원하는 기능으로 교육과정별, 학습과정별 게시판을 통해 지원함 • 학습과정별 게시판은 학습자뿐만 아니라 교수자, 튜터, 학습운영자가 함께 참여하여 지원 및 모니터링 진행함

② 기술적 영역의 주요 학습 지원 도구와 그에 대한 설명은 아래와 같다.

표 1-4-9 기술적 영역 주요 학습 지원 도구

학습 지원 도구	지원 도구 설명
원격지원시스템	• 원격지원시스템은 원격으로 학습을 진행하는 학습자가 기술적인 문제로 학습을 진행하기 어려울 경우, 해당 학습자의 학습 디바이스에 원격으로 접속하여 문제를 해결하기 위한 도구 • 원격지원시스템은 일반적으로 상용소프트웨어를 사용하며, 운영자가 학습자를 지원하기 위한 학습 지원 도구
도움말(가이드)	• 원격으로 학습을 진행하기 위해 학습 방법의 유형에 따라 학습 콘텐츠 접근 시 방법이 상이할 수 있으므로 해당 학습 지원을 위한 도움말이 필요 • 학습 콘텐츠에 따라 필요한 뷰어, 소통 도구가 상이할 수 있으므로 관련 지원을 위한 게시판 또는 도움말이 필요

③ 학사 행정 영역의 주요 학습 지원 도구와 그에 대한 설명은 아래와 같다.

표 1-4-10 학사 행정 영역 주요 학습 지원 도구

학습 지원 도구	지원 도구 설명
게시판	학사 행정을 지원하기 위해 공지사항 게시판을 활용
SMS	개인적으로 학사행정을 공지하거나, 학습 진도 현황에 대한 안내, 학습 시작과 종료에 대한 안내 등을 지원하기 위해 SMS를 사용
학습관리시스템 (LMS)	• 학습자들의 학습을 지원하기 위한 도구로 학습관리시스템(LMS)을 사용 • 학습관리시스템(LMS)을 통하여 학습자가 신청한 교육과정에 대한 승인, 교육과정 공지를 등록 • 학습 시작과 종료에 대한 안내 SMS 발송, 학습 진도 현황에 대한 개인적 공지 등을 진행

④ 심리 상담 영역의 학습 지원 도구는 전화나 이메일을 통해서 진행한다.

학습
정리

이것만은 기억합시다

- 온라인 교육의 주체는 크게 교수자, 운영자, 시스템 담당자, 튜터로 구성된다.

- 교·강사는 '이러닝에서 과정에 대한 일반지식과 전반적인 내용에 대한 이해를 바탕으로 학습자 가 학습 목표를 달성할 수 있도록 역할을 수행하는 자'이다.

- 교·강사는 내용전문가, 교수설계자, 촉진자, 안내자·관리자, 기술전문가의 역할을 담당한다.

- 이러닝 교·강사의 평가 준거는 학습 대상에 따라 구분된다. 가령, 기업 교육 이러닝 교·강사는 튜터 만족도, 과제 채점의 질, 주관식 시험 채점의 질, 학습 참여 활성화를 위한 노력, 수료율 등 으로 평가 준거가 설정되기도 한다.

- 학습자는 페다고지 영역인 아동 학습자와 안드라고지 영역인 성인 학습자로 나눌 수 있다.

- 성인 학습자는 아동 학습자와 비교하였을 때 경험, 학습 준비, 학습 지향성, 지능 수준, 동기 수준, 능동성, 참여 방법, 경험 수준, 자기주도성, 공간적 조건, 과제 수행시간, 신체적 조건 등에 대해 차별점을 보인다.

- 학습 지원이란 원격교육 기관의 수준에서 학교에 재학하는 학생들의 만족도를 높이고, 중도 탈락률을 낮추며, 교육의 질적 수준을 높이기 위해 제공하는 각종 교육적, 행정적 지원 서비스를 진행하는 활동이다.

- 학습 지원 도구란 교수자가 자신의 특정 강좌를 운영하면서 교육의 질을 향상하기 위해 학습 자료를 제공하고 학습활동을 관리 및 모니터링하는 활동을 지원하는 도구이다.

- 학습 지원의 영역은 교수-학습 영역, 기술적 영역, 학사 행정적 영역, 심리상담 영역으로 구 성된다.

Chapter 05 이러닝 운영 준비

학습안내

5장에서는 이러닝 운영을 준비하기 위해 필요한 분석 요소(요구사항, 제도, 트렌드, 운영환경)에 대해 이해하고, 각 부분에 대해 분석 방법을 알아본다. 그리고 실제 운영 전에 진행해야 하는 운영계획 수립, 과정 개설, 학사일정 수립, 수강 신청 관리, 그리고 이를 진행하는 운영인력 구성에 대해 살펴본다.

학습목차	내용	
1. 운영환경 분석	1) 요구사항 분석	2) 운영제도 분석
	3) 운영 트렌드 분석	
2. 운영계획 수립	1) 운영계획 수립 요소	2) 과정 운영을 위한 운영전략 수립
	3) 과정 운영을 위한 일정계획 수립	4) 과정 운영을 위한 홍보계획 수립
	5) 과정 평가와 운영성과 평가를 위한 전략 수립	
3. 운영환경 준비	1) 학습사이트 점검	2) 학습관리시스템 점검
	3) 학습 지원 도구 점검	4) 멀티미디어 기기에서 콘텐츠 구동
	5) 과정별 콘텐츠 오류 점검	확인
4. 교육과정 개설	1) 교육과정 개설 절차	
5. 학사일정 수립	1) 학사일정 수립 프로세스	2) 연간 학사일정 수립
	3) 학사일정 관련하여 협업부서 공지	4) 학사일정 교□강사에게 공지
	5) 학사일정 학습자에게 공지	6) 관계 기관에 신고
6. 수강 신청 관리	1) 수강 신청 관리하기 프로세스	2) 수강 승인 처리
	3) 교육과정 입과 안내	4) 운영자 정보 등록
	5) 교·강사 지정	6) 사후 처리
7. 이러닝 운영 인력 구성	1) 이러닝을 운영하기 위한 기본적인 인력 구성	

학습목표   4장 학습 후 할 수 있는 일

1. 이러닝 운영 준비를 위한 운영 요구, 운영제도, 운영 트렌드를 분석할 수 있다.
2. 이러닝 운영계획 수립 요소를 설명할 수 있다.
3. 이러닝 운영환경을 분석할 수 있다.
4. 이러닝 운영 준비를 위해 교육과정을 개설하고, 학사일정을 수립하여 수강 신청을 관리할 수 있다.
5. 이러닝을 운영하기 위한 인력 구성에 대해 이해할 수 있다.

주요 용어   핵심 키워드

학습자 분석, 고객사 요구사항 분석, 학습환경 분석, 이러닝 제도, 트렌드 분석, 운영계획 수립, 운영전략 수립, 일정계획 수립, 홍보계획 수립, 운영성과 평가 전략 수립, 교육과정 개설, 학사 일정 수립, 수강 신청 관리, 이러닝 운영자 분류

1 | 운영환경 분석

1) 요구사항 분석

(1) 요구사항 분석 요소

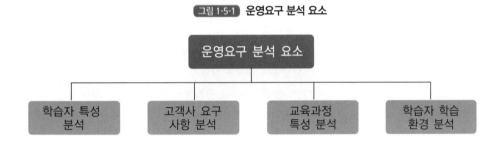

그림 1-5-1 운영요구 분석 요소

(2) 학습자 특성 분석

① 이러닝 운영을 위해서는 교육과정을 학습하는 대상인 학습자의 특징을 파악해야 한다.

② 학습 대상의 분석 요소 및 상세 내용은 아래와 같다.

표 1-5-1 학습 대상 분석 요소 및 상세 설명

구분	상세
학습 스타일	학습 상황에서 학습자 개인이 정보를 인식하고 처리하는 방법
학습 동기	학습자가 학습을 시작하게 된 이유
학습 태도	학습자가 학습 내용, 학습 환경, 교·강사 등 학습 서비스 전반에 대해 대하는 태도

③ 학습 스타일은 개인의 성향에 따라 다르다.

④ David Kolb는 발산자(Diverger), 조절자(Accommodator), 수렴자(Converger), 동화자(Assimilator)로 학습 스타일을 분류하였다. 이는 정보처리 방식에 따라 능동적인 실험과 반성적인 관찰로 구분되며, 정보 인식 방식에 따라 구체적인 경험과 추상적인 개념화로 구분된다는 것을 전제로 한다.

⑤ 이를 기반으로 한 kolb의 학습 스타일은 다음과 같이 구분된다.

표 1-5-2 Kolb의 4가지 학습 스타일 및 스타일별 특징

학습 스타일 구분	특징
발산자(Diverger)	• 구체적인 경험과 반성적인 관찰을 통해 학습하는 학습자 • 뛰어난 상상력을 가지고 있고 아이디어를 창출하고 브레인스토밍을 즐김
조절자 (Accommodator)	• 추상적인 개념화와 반성적인 관찰을 선호하는 학습자 • 이론적 모형을 창출하는 능력을 갖추고 있고 아이디어나 이론 자체의 타당성에 관심을 가짐
수렴자(Converger)	• 추상적인 개념화와 능동적인 실험을 선호하는 학습자 • 문제나 과제가 제시될 때 정답을 찾기 위해 아주 빠르게 움직이고 사람보다는 사물을 다루는 것을 선호함
동화자(Assimilator)	• 구체적인 경험과 능동적인 실험을 선호하는 학습자 • 일을 하는 것과 새로운 경험을 강조하고 실제 문제를 해결하기 위한 개념이나 원리를 활용하는 방법에 관심을 가짐

※ 출처: D.A.Kolb(1984). Experientail learning. New Jersey: Prentice Hall.256

⑥ Kolb의 4가지 학습 스타일에 대해 각 특징과의 관계는 아래와 같다.

그림 1-5-2 Kolb의 4가지 학습 스타일

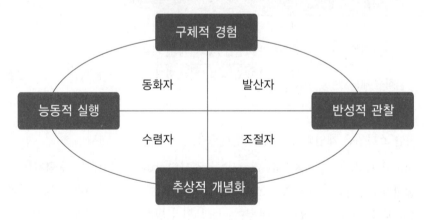

※ 출처: 박종선, 정봉영(2009). 실무책임자를 위한 사례중심의 요구분석, pp75.

(3) 고객사 요구사항 분석

① 교육 요청자가 학습자가 아닌 학습자가 속한 조직에서 요청하여 진행하는 교육일 경우 고객사 요구사항 분석이 요구된다.

② 고객사 요구사항에 대한 주요 내용과 관련 상세 내용은 다음과 같다.

표 1-5-3 고객사 요구사항 정의 및 활용과 효과

구분	상세 내용
고객사 요구사항 분석의 정의	• 이러닝 서비스에 대해 고객사가 대상 학습자에 대한 어떤 요구사항을 가졌는지를 파악 • 고객사는 학습자가 이러닝 운영을 통하여 도달하기를 바라는 목표와 연관
고객사 요구사항 분석 내용 및 활용	• 고객사의 학습들이 교육 훈련을 통해서 기대하는 개인 개발이나 경력 개발이 무엇인지 분석 • 고객사의 관리자가 교육 훈련을 통해 요구하는 성과가 어느 수준인지 분석 • 향후 분석된 자료를 통해 이러닝 운영전략 수립의 기초 자료로 사용
고객사 요구사항 분석 효과	• 조직, 관리자, 학습자 모두의 학습 만족도를 높이는 효과 확보 • 요구분석으로 도출된 학습성과 격차 해결

※ 출처: 박종선 외(2003b). e-Learning 운영표준화 가이드라인,

(4) 교육과정 특성 분석

① 모든 교육과정은 각각의 목적과 특장점을 가진다. 따라서 교육과정의 특성을 분석하는 활동은 중요하다.

② 교육과정 특성 분석 시 주요 분석 내용은 아래와 같다.

표 1-5-4 교육과정 특성 분석 정의 및 활용

구분	상세 내용
교육과정 특성 분석 정의	• 학습자의 요구를 충족시키기 위해 필요한 학습 내용이 무엇인지 파악 • 조직의 요구를 충족시키기 위해 필요한 학습 내용이 무엇인지 파악
교육과정 특성 분석 내용 및 활용	• 학습 내용의 주제에 대한 특성을 분석 • 학습 내용의 수준에 대한 분석 • 학습 내용 전달 방법에 대한 분석 • 일정 기간별 학습 내용 전달 분량에 대한 분석 • 기타 멀티미디어 요소, 상호작용 기법, 수업활동 지원 요소에 대한 분석 • 향후 분석된 자료를 통해 과정 설계 및 개발 시 기초 자료로 사용

※ 출처: 박종선 외(2003b). e-Learning 운영표준화 가이드라인

(5) 학습자 학습환경 분석

① 이러닝의 경우 전자적 방식으로 학습이 이뤄지므로 학습자가 어떤 환경에서 학습하는지를 분석하는 것이 매우 중요하다.

② 학습자의 학습환경을 분석하여 이를 콘텐츠나 시스템 개발에 반영함으로써 학습이 원활하게 이뤄질 수 있다.

③ 학습자의 학습 환경 분석의 주요 내용은 아래와 같다.

표 1-5-5 학습자 학습 환경 분석 정의 및 활용

구분	상세 내용
학습자 학습 환경 분석 정의	• 학습 콘텐츠가 서비스되기 위해서 구비되어야 하는 시스템에 대한 분석을 진행 • 학습 콘텐츠가 서비스되기 위해 필요한 교육여건 분석
학습자 학습 환경 분석 내용 및 활용	• 학습자 학습 기기 성능 분석 • 학습자 학습 기기 사용 능력 분석 • 학습자 학습 기기 접속 환경 분석 • 학습자 학습 가능 시간대 분석 • 학습자 학습 장소 환경 분석 • 조직일 경우 관리자의 학습관리시스템(LMS) 서비스 분석

※ 출처: 박종선 외(2003b). e-Learning 운영표준화 가이드라인

(6) 과정 평가를 통한 개선사항 도출

① 과정 평가란 프로그램 운영 및 활동을 분석하는 일로, 과정을 수정하거나 변경하기 위한 중요한 단서를 찾을 수 있도록 한다.

② 이러닝 운영에서도 이전 운영 과정에 대한 평가를 통해 개선사항을 도출한다.

③ 분석 항목은 다음과 같다.

- 학습자 요구분석: 학습자의 연령별, 조직적, 담당 업무 등의 특징들에 대해 분석
- 고객사 요구분석: 고객사 환경 변화에 따른 요구사항 변경 요소에 대해 분석
- 교육과정 특성 분석: 교육과정 수정 사항이 있었을 경우 변경 요소에 대해 분석
- 학습자 환경 분석: 학습자의 디바이스 환경, 학습 장소 등의 변경 요소에 대해 분석

2) 운영제도 분석

(1) 이러닝 운영에 필요한 제도 유형과 특징

① 고용노동부에서 진행하는 직업능력개발훈련 중 원격훈련 관련 제도를 이해해야 관련 사업을 진행할 수 있다.

표 1-5-6 인터넷 원격훈련 관련 제도 주요 내용

구분	상세 내용
사업주 직업 능력개발 훈련과정 지원 규정	• 사업주가 실시하는 직업능력개발훈련 과정의 인정 및 비용지원 등에 필요한 사항을 규정 • 사업주 직업능력개발훈련 지원 규정(2015.12.31. 전부개정), 고용보험법 및 동법 시행령, 근로자직업능력 개발법 및 동법 시행령 • 주요 내용: 훈련과정의 인정요건(제4조), 훈련실시신고(제7조), 지원금 지급을 위한 수료 기준(제8조), 원격훈련에 대한 지원금(제11조, 제12조)
직업능력개발 훈련 시설의 인력, 시설, 정보요건에 관한 규정	• 직업능력개발훈련시설의 설립요건 및 운영에 필요한 사항 제시 • 직업능력개발훈련시설의 인력, 시설·장비 요건 등에 관한 규정(고용노동부 고시 제2016-6호)은 "근로자직업능력개발법" 제28조, 같은 법 시행령 제24조 및 같은 법 시행규칙 제12호 • 주요 내용: 직업능력개발훈련 시설의 장소, 강의실 및 실습실 등 규모(제4조), 집체훈련 및 원격훈련의 장비 기준(제5조), 원격훈련을 실시하고자 하는 자의 인력 기준(제6조)
직업능력개발 모니터링에 관한 규정	• 직업능력개발훈련 사업의 모니터링에 필요한 사항을 규정 • 직업능력개발훈련 모니터링에 관한 규정(훈련 제126호) • 주요 내용: 모니터링의 개념(제2조), 규정의 적용 범위(제3조), 훈련 모니터링 산업인력공단 위탁(제4조), 모니터링 대상 사업 결정(제5조), 모니터링 수행 방법(제7조)

② 원격훈련에 대한 학점인정제도도 중요한 제도 중 하나이다. 학점은행제는 학교에서뿐만 아니라 학교 밖에서 이루어지는 다양한 형태의 학습과 자격을 학점으로 인정하는 제도로, 학점이 누적되어 일정 기준을 충족하면 학위취득이 가능하다. 학점인정제도 주요 내용은 다음과 같다.

표 1-5-7 원격훈련에 대한 학점인정제도 주요 내용

구분	상세 내용
학점은행제도 정의	• 학점은행제는 학교에서뿐만 아니라 학교 밖에서 이루어지는 다양한 형태의 학습과 자격을 학점으로 인정 • 학점이 누적되어 일정 기준을 충족하면 학위취득을 가능하게 함
학점은행제도 관련 법률	「학점인정 등에 관한 법률」(법률 제11690호)
학점은행제도 훈련 대상	고등학교 졸업자나 동등 이상의 학력을 가진 사람 모두 포함
학점은행제 학점 이수 대상	학점은행제 원격교육 인증기관의 학점은행제 평가인정 학습과목에 대해 신청 및 수강하고 평가인정 학습과목의 운영 및 수료 제반 사항(이수 시간, 시험, 과제 등)에 맞춰 수료

(2) 이러닝 산업 발전 및 이러닝 활용 촉진에 관한 법률

이러닝 산업 발전 및 이러닝 활용 촉진에 관한 법률의 주요 내용은 다음과 같다.

표 1-5-8 이러닝 산업 발전 및 이러닝 활용 촉진에 관한 법률 주요 내용

구분	상세 내용
이러닝과 이러닝 산업 등에 대한 정의를 마련	• 이러닝 정의 • 이러닝 콘텐츠 정의 • 이러닝 산업 정의
기본계획 수립 및 이러닝 산업 발전 위원회를 설치	• 정부는 이러닝 산업의 발전 및 활성화에 관한 기본계획 수립 • 기본계획에 따른 시행계획 수립 및 추진, 심의 의결하기 위한 국무총리 산하 이러닝 산업 발전위원회 설치
이러닝 산업의 전문인력 양성 등 기반 조성을 지원	• 전문인력 양성, 표준화, 기술개발 등을 통한 산업 기반 조성 노력 • 이러닝 제품에 대한 품질인증 지원 및 이러닝 콘텐츠 제작 활성화를 위한 지식재산권 보호 등을 수행
이러닝 지원센터의 설치 및 통계조사를 실시	• 이러닝 지원을 효율적으로 수행하기 위해 이러닝 센터 지정 및 운영 • 연구 및 진흥 활동 수행, 중소기업, 낙후지역의 이러닝 지원 등의 임무 수행을 위한 통계조사 실시
이러닝 활성화 및 타 교육 방법과의 차별을 금지	• 개인·기업의 이러닝 지원 및 세제 지원 방안 강구 • 공공부문의 이러닝 의무 시행 • 인력 양성 지원 시 이러닝 활용 등 진행
이러닝 관련 소비자 보호 등을 실시	• 이러닝에 관한 표준의 제정·개정·폐지·보급 및 국내외 표준의 조사·연구 및 개발에 관한 사업 추진 • 이러닝과 관련되는 소비자의 기본권익 보호를 위한 시책 수립 및 시행 • 이러닝에 관한 소비자의 신뢰성을 확보하고 소비자 피해 예방과 구제를 위한 시책 수립 및 시행

※ 출처: 교육부(2014), 이러닝 과정 운영 기획

(3) 교육 정보 파악

① 이러닝 운영 시 적용해야 할 제도에 따른 교육 정보를 파악해야 한다.

② 이러닝 운영계획에 포함되는 주요 내용은 다음과 같다.

- **교육과정 운영 일정**: 수강 신청 일정, 학습 진행 일정, 평가 일정, 수료 처리 일정 등
- **교육 대상의 규모 및 분반**: 차수, 분반 배정 등
- **수료 기준**: 필수 이수 시간, 평가 점수, 배점 기준 등
- **과정 운영자 배정**: 과정 교·강사, 튜터, 운영자 등
- **학습 콘텐츠 검토**
- **요구분석 결과 반영**

③ 이러닝 운영계획 수립 기준이 되는 법 제도는 다음과 같다.

- "사업주 직업능력개발훈련 지원 규정(2015.12.31 전부개정)" 적용
- 계획의 각 요소에 대한 상세 기준 등록
- 원격훈련에 대한 인정요건을 학습관리시스템(LMS)의 참여자 모듈 측면에서 훈련생, 관리자, 교·강사, 평가 및 수료 기준으로 구분하여 제시

(4) 제도에 부합하는 학습시스템 및 학습관리시스템 기능 확인 사항

① 제도에서 요구하는 요소를 충족하기 위해 확인해야 할 학습시스템 관련 내용은 아래와 같다.

표 1-5-9 학습자 학습시스템 주요 확인 사항

구분	상세 내용
정보 제공	• 훈련생학습관리시스템 초기화면에 훈련생 유의사항이 등재되어 있을 것 • 해당 훈련과정의 훈련대상자, 훈련 기간, 훈련 방법, 훈련실시기관 소개, 훈련 진행 절차(수강 신청, 학습보고서 작성·제출, 평가, 수료 기준, 1일 진도 제한, 차시별 학습 시간 등) 등에 관한 안내가 웹상에서 이루어질 것 • 훈련목표, 학습평가보고서 양식, 출결관리 등에 대한 안내가 이루어질 것 • 베낀 답안 기준 및 베낀 답안 발생 시 처리기준 등이 훈련생이 충분히 인지할 수 있도록 안내할 것
수강 신청	• 훈련생 성명, 훈련 과정명, 훈련개시일 및 종료일, 최초 및 마지막 수강일 등 수강 신청 현황이 웹상에 갖추어져 있을 것 • 수강 신청 및 변경이 웹상에서도 가능하도록 되어 있을 것
평가 및 결과 확인	시험, 과제 작성 및 평가 결과(점수, 첨삭 내용 등) 등 평가 관련 자료를 훈련생이 웹상에서 확인할 수 있도록 기능을 갖출 것
학습자 개인 이력 및 수강 이력	• 훈련생의 개인 이력(성명, 소속, 연락번호 등)과 훈련생의 학습 이력(수강 중인 훈련과정, 수강 신청일, 학습 진도(차시별 학습 시간 포함), 평가일, 평가 점수 및 평가 결과, 수료일 등)이 훈련생 개인별로 갖출 것 • 동일 ID에 대한 동시접속 방지기능을 갖출 것 • 휴대폰(입과 시 최초 1회, 본인인증 필요시) 및 일회용 비밀번호를 활용한 훈련생 신분 확인이 가능한 기능을 갖출 것 • 집체훈련(100분의 80 이하)이 포함된 경우 웹상에서 출결 및 훈련생 관리가 연동될 것 • 훈련생의 개인정보를 수집에 대한 안내를 명시할 것
질의응답	훈련내용 및 운영에 관한 사항에 대하여 질의·응답이 웹상으로 가능하도록 되어 있을 것

※ 출처: 사업주 직업능력개발훈련 지원 규정의 [별표 1] 일부

② 제도에서 요구하는 요소를 충족하기 위해 확인해야 할 학습관리시스템 관련 내용은 아래와 같다.

표 1-5-10 학습관리시스템(LMS) 주요 확인 사항

구분	상세 내용
학습 과정의 진행 상황	훈련생별 수강 신청 일자, 진도율(차시별 학습 시간 포함), 평가별 제출일 등 훈련 진행 상황이 기록되어 있을 것
과정 운영	• 사전심사에서 적합 받은 과정으로 운영할 것 • 사전심사에서 적합 받은 평가(평가 문항, 평가 시간 등)로 시행할 것 • 훈련생 개인별로 훈련과정에 대한 만족도 평가를 위한 설문조사 기능을 갖출 것
평가 관련	• 평가(시험)는 훈련생별 무작위로 출제될 수 있도록 할 것 • 평가(시험)는 평가 시간제한기능을 갖출 것 • 훈련 참여가 저조한 훈련생들에 대한 학습 독려하는 기능을 갖출 것
수료 기준	수료 기준이 학습 목표 달성 여부를 판단할 수 있도록 적정하게 설정
모니터링	• 훈련현황, 평가 결과, 첨삭지도 내용, 훈련생 IP, 차시별 학습 시간 등을 웹에서 언제든지 조회·열람할 수 있는 기능을 갖출 것 • 베낀 답안 기준을 정하고 기준에 따라 훈련생의 베낀 답안 여부를 확인할 수 있는 기능을 갖출 것 • 제2조 제15호에 따른 "원격훈련 자동모니터링시스템"을 통해 훈련생 관리 정보를 자동 수집하여 모니터링을 할 수 있도록 필요한 기능을 갖출 것

※ 출처: 사업주 직업능력개발훈련 지원 규정의 [별표 1] 일부

③ 제도에서 요구하는 요소를 충족하기 위해 아래와 같은 교·강사 모듈 기능을 확인할 수 있어야 한다.

　가. 시험 평가 및 과제 채점 기준 제시 여부

　나. 교·강사가 담당하는 시험 평가 및 과제 리스트업 여부

　다. 담당 시험 평가 및 과제에 대한 상세 확인 가능 여부

　라. 담당 시험 평가 및 과제에 대한 모사답안 처리 기능 보유 여부

　마. 시험 평가 및 과제에 대해 첨삭지도 가능 여부

　바. 교·강사가 본인의 첨삭지도 일정 확인 기능 여부

(5) 제도에 부합하는 원격 훈련시스템 장비 요건 확인

① 정부 지원을 통해 직업능력개발훈련을 제공하기 위해서는 원격 훈련시설 요건을 충족해야 한다.

② 기본적인 요건은 다음과 같다.

　가. "직업능력개발훈련시설의 인력, 시설·장비 요건 등에 관한 규정(고용노동부고시 제2016-6호)"에서 직업능력개발훈련시설의 설립 요건 및 운영에 필요한 사항 규정

　나. 원격훈련시설의 장비 요건을 하드웨어, 소프트웨어, 네트워크 영역에서 제시

　다. 자체 훈련과 위탁훈련 방식에 따라 서로 다른 기준 제시

표 1-5-11 훈련 유형에 따른 원격훈련 하드웨어 기준

기준	구분	상세 내용
자체 훈련	서버	• 안전성과 확장성을 가진 서버이어야 함 • Web 서버 • DB 서버 • 동영상 서버 • 임차 및 클라우드 서버를 임차한 경우 계약서를 첨부해야 하며, 타 훈련기관과 공동으로 사용하여서는 아니 됨 • 대용량의 콘텐츠를 안정적으로 백업할 수 있는 백업 서버 • 사양 기준: 직업능력개발훈련시설 설립·운영 등에 관한 규정
	훈련 정보 유지 기간	훈련과정에 대한 제반 정보를 최소 3년간 유지
위탁 훈련	서버	• 안전성과 확장성, 독립성을 가진 서버이어야 함 • Web 서버 • DB 서버 • 동영상 서버 • 백업서버: Disk Array(storage) • Web 서버와 동영상 서버는 분산 병렬 구성 • DB 서버는 Active-Standby 방식이나 Active-Active Cluster 방식 등을 이용하여 병렬 구성 • 서버는 훈련기관별 독립적으로 구성(타 훈련기관과 공동으로 사용하여서는 아니 됨)하고, 훈련별 데이터는 독립적으로 수집이 가능 • 콘텐츠를 안정적으로 백업할 수 있는 백업정책(서비스) 또는 시스템을 갖출 것 　- 백업방식 및 성능은 1일 단위(백업), 최소 5일 치 보관, 3시간(복원) 기준을 충족하도록 구성할 것 • 각종 해킹 등으로부터 데이터를 충분히 보호할 수 있는 보안서버를 갖추고 있을 것 • 보안서버: 100M 이상의 네트워크 처리 능력을 갖출 것 　- 3중 보안(침입방지시스템(IPS)·Web 방화벽 구축) 중 한 가지 이상을 갖추고 DB 암호화한 경우 정보보안 요건을 충족한 것으로 간주함

위탁 훈련	서버	• 30KVA이고 30분 이상 유지할 수 있는 무정전전원장치(UPS)를 갖출 것(IDC에 입주한 경우도 동일 기준 적용)
		(단, 우편원격훈련의 경우 10KVA이고 30분 이상 유지할 수 있는 무정전전원장치(UPS)를 갖출 것)
		• 훈련과정에 대한 제반 정보를 최소 3년간 유지할 방안을 제시할 것
		• 자료보존
		  – (훈련데이터) 로그인 이력 및 학습기록 등 원격훈련 모니터링 시스템에 전송되는 데이터는 훈련기관 DBMS 상에서 원본을 확인할 수 있도록 관리
		  – (웹로그) 학습관리시스템(LMS) 접속 기록 등 훈련생의 웹상 활동을 증명할 수 있는 운영기록을 보관(압축보관 가능)
		• 사양 기준: 직업능력개발훈련시설의 인력, 시설 및 장비 요건 등에 관한 규정(별표 1)

※ 출처: 사업주 직업능력개발훈련 지원 규정의 [별표 1] 일부

표 1-5-12 훈련 유형에 따른 원격훈련 소프트웨어 기준

구분	상세 내용
자체 훈련	• 사이트의 안정적인 서비스를 위하여 성능 · 보안 · 확장성 등이 적정한 웹서버 사용 • DBMS는 과부하 시에도 충분한 안정성 확보 • 각종 장애 발생 시 데이터의 큰 유실 없이 복구 가능 • 정보보안을 위해 방화벽과 보안 소프트웨어를 설치 • 기술적 · 관리적 보호조치를 마련
위탁훈련	• 사이트의 안정적인 서비스를 위하여 성능 · 보안 · 확장성 등이 적정한 웹서버 사용 • DBMS는 과부하 시에도 충분한 안정성 확보 • 각종 장애 발생 시 데이터의 큰 유실 없이 복구 • 정보보안을 위해 방화벽과 보안 소프트웨어를 설치 • 기술적 · 관리적 보호조치 보유 • DBMS에 대한 동시접속 권한을 20개 이상 확보

※ 출처: 사업주 직업능력개발훈련 지원 규정의 [별표 1] 일부

표 1-5-13 원격 훈련의 네트워크 기준

구분	상세 내용
자체 훈련	• ISP 업체를 통한 서비스 제공 등 안정성 있는 서비스 방법 확보 • 인터넷 전용선 100M 이상 보유

위탁훈련	• ISP 업체를 통한 서비스 제공 등 안정성 있는 서비스 방법 확보
	• 인터넷 전용선 100M 이상 보유
	• 자체 DNS 등록 및 환경 구축
	• 여러 종류의 교육 훈련용 콘텐츠 제공을 위한 프로토콜 지원

※ 출처: 사업주 직업능력개발훈련 지원 규정의 [별표 1] 일부

(6) 제도 변경 사항에 따른 대응 방안 마련 및 방안 내부 공유 방법

표 1-5-14 제도 변경 사항에 대한 대응 방안 상세

구분	상세 내용
자체 교육 및 자료 공유	• 이러닝 법 제도의 변경 사항은 이러닝 교육기관의 내부 관계자들에게 가장 먼저 공유됨
	• 변경된 내용에 대해 교육기관 자체적으로 해당 부서의 회의 실시 및 회의록 관리
	• 기관 차원의 직원교육 및 연수 실시를 통한 공유
	• 사내 인트라넷을 이용하여 공지사항 등록을 통한 공유
	• 이메일 전달을 통한 공유
	• 이러닝 관련 업무 매뉴얼 반영 및 지침서 제작을 통한 공유
	• 사내 학습동아리 운영을 통한 공유
학습자 공지 및 전달 방법	• 교육과정 소개에서 공지사항 필독으로 제공
	• 수강 여부를 조사하는 이메일에 세부 정보로 전달
	• 이러닝 학습자 매뉴얼에 포함하여 배부
	• 이러닝 교육과정 홍보영상에 반영
교·강사 사전교육 및 공지 방법	• 교·강사 오리엔테이션의 필수 내용으로 제공
	• 교·강사 매뉴얼 반영 및 지침서 제작
	• 교·강사 활동 평가의 세부 항목 반영
	• 교·강사 알림방 공지 및 이메일 전달을 통한 공유

※ 출처: 교육부(2014), 이러닝 과정 운영 기획

3) 운영 트렌드 분석하기

(1) 벤치마킹을 통한 트렌드 분석

① 벤치마킹이란 기업에서 경쟁력을 제고하기 위한 방법의 일환으로 자신의 프로세스에 대한 이해를 시작으로 하며, 경쟁사나 선진기업 등 대상 프로세스와 비교를 통해 자신의 취약점을 발견해 내는 방법이다.

② 벤치마킹 방법론은 다음과 같다.

표 1-5-15 벤치마킹 방법론

방법론	방법론 설명
모범사례 분석 (Best Practice Analysis)	개별 기업이 특정 분야의 최우수 기업을 비교 대상으로 삼아 자신의 경영 프로세스 및 성과를 평가한 뒤 기업 발전을 위해 혁신이 요구되는 요인들을 찾고자 하는 벤치마킹 방법
동종기업 벤치마킹 (Peer Bench- marking)	개별 기업이 동종 분야에서 사업을 수행하는 경쟁기업을 비교 대상으로 삼아 자신의 사업 경쟁력 이상 유무를 판단해 보고자 하는 벤치마킹 방법
스왓분석 (SWOT Analysis)	개별 기업이 현재 직면하고 있는 사업 환경 진단 차원에서 자신에게 강점(Strengths), 약점(Weakness), 기회(Opportunities), 위협(Threats)으로 작용할 수 있는 요인들을 도출하려는 벤치마킹 방법
공동 벤치마킹 (Collaborative Benchmarking)	협회나 연합회, 학회 등의 단체가 회원사들을 대신해 모범사례 분석을 수행하고, 그 결과를 각 회원사가 공유하도록 하는 벤치마킹 방법

③ 선진 이러닝 기관의 경우 오랫동안 다양한 학습자들의 요구사항을 반영하여 이러닝 시스템을 운영하는 경우가 많다.

④ 벤치마킹을 대상 선진 이러닝 기관의 학습자 시스템 및 관리자 시스템을 확인하고 필요한 분야에 대해 벤치마킹을 진행한다.

⑤ 벤치마킹 시 각 사이트 및 기능에 대한 현황 파악뿐만 아니라, 시사점까지 도출해야 한다. 필요한 경우 이러닝 사이트 이외 분야(특히 신기술 관련)에 대해 벤치마킹하여 현황 파악 및 시사점 도출이 가능하다.

⑥ 벤치마킹 적용 이러닝 운영 사례 분석은 다음과 같다.

표 1-5-16 벤치마킹 적용 이러닝 운영 사례 분석

적용 방법	동종기업 벤치마킹 방법
이러닝 운영사례 분석 정의	주로 운영 결과 보고서 형식으로 확보되고 교육과정별로 교육 대상, 수료율, 설문조사 결과 등에 대해 확인 및 분석 가능
이러닝 운영사례 분석 예시	• 수료율이 계획에 도달 여부 파악(미달, 초과 원인) 가능 • 수료율 미달성에 대한 조치방안 파악 가능 • 학습 만족도 분석 결과는 과정별로 차이 및 개선사항 파악 가능 • 이를 통한 시행착오나 오류 예방 가능

(2) 교수학습 방법 관련 주요 트렌드

① 자기주도 학습

- 자기주도 학습 정의: 학습자 스스로 학습 시작, 목표 설정, 교육내용 선정, 학습 평가까지 학습의 전 과정을 선택하고 결정하는 과정으로 이루어지는 학습 형태이다.
- 자기주도 학습의 방법 및 전제 조건
  - 사회교육이나 성인학습의 주요 특징적 방법으로 활용된다.
  - 학습자는 자신의 학습 요구가 무엇인지를 정확하게 파악하고 구체적으로 파악하고 있어야 한다.
  - 이러닝 교육과정의 운영계획에 따라 학습 참여 여부를 결정하고 운영 일정에 맞게 참여 시기 등을 자율적으로 결정해야 한다.
  - 이러닝 교육과정의 학습 목표를 자신의 학습 요구를 고려하여 적절한 수준으로 명확하게 선정해야 한다.
  - 이러닝 교육과정으로 제공되는 학습 콘텐츠 및 학습 방법의 선정에 있어 자신이 할 수 있는 것과 자신에게 도움이 될 만한 것을 자율적으로 선택해야 한다.
  - 개별학습을 할 것인지, 그룹 활동에 참여할 것인지를 선택하고 이에 따른 자기주도학습을 진행해야 한다.
  - 학습평가를 위해 학습자 스스로 주관적인 평가를 할 수 있어야 한다.
  - 교육기관이나 전문가에 의한 평가 결과를 활용할 수 있어야 한다.

② 블렌디드 러닝

- 블렌디드 러닝 정의: 두 가지 이상의 교육 방법, 내용, 교육매체 등이 혼합된 형태의 교육을 의미한다.
- 블렌디드 러닝 운영
  - 매 차시 학습 내용을 온라인 학습과 오프라인 활동으로 구성하는 방법이다.
  - 초반 운영은 온라인으로 진행하고 후반 운영은 오프라인으로 운영하는 방법이다.
  - 주된 학습 내용은 온라인으로 학습하면서 특정 주제나 이슈에 대해서는 오프라인 세미나, 특강, 토론 등으로 운영하는 방법이다.

③ 플립러닝(Flipped Learning)

- 플립러닝 정의: 교실 수업에 앞서 교수자가 제공하는 학습자료(온·오프라인 동영상, 읽기 자료, 강의 노트 등)를 사전에 학습하고, 오프라인 강의실에서는 사전 학습한

내용을 중심으로 토론, 과제 풀이, 프로젝트 수행 등의 활동 중심 형태의 수업을 진행하는 방식이다.

- 플립러닝의 장점
  - 플립러닝 과정에서 학습자는 사전 학습을 하게 되고, 이 과정은 본 수업에서의 자신감을 형성하는 데 도움을 준다.
  - 본 수업은 학습자 활동 중심으로 이루어지므로 지루하지 않은 강의, 즉 흥미로운 강의가 가능하다.
  - 교수자는 기본 지식의 전달이 아니라 고차원적 사고를 촉진하는 질문으로 학습을 촉진하게 되므로 본질적 학습이 가능하다.
  - 플립러닝은 실험, 탐구, 학습자 간 상호작용을 촉진해 역동적인 학습을 가능케 한다.
  - 플립러닝은 다양한 연습 과정의 반복으로 완벽한 학습이 가능하다.
  - 결과적으로 교육 패러다임의 변화를 끌어내는 힘을 가진다.

④ 혼합훈련

- 혼합훈련 정의: 집체훈련과 비대면(untact) 원격훈련(원격보조 훈련, 실시간 쌍방향 훈련)이 혼합된 형태의 훈련이다.
- 혼합훈련 훈련 대상 및 기준: 훈련 대상별 혼합훈련 편성기준은 다음과 같다.

표 1-5-17 훈련 대상별 혼합훈련 편성 기준

훈련 대상	혼합훈련 편성 기준
국기훈련	• 소정 훈련 시간이 350시간 이상 • 총훈련 시간 대비 원격보조 훈련 시간은 최소 5% 이상(최소 20시간 이상) • 쌍방향 훈련을 포함한 원격훈련은 총훈련 시간 대비 50% 이하
실업자 계좌제	• 소정 훈련 시간이 140시간 이상 • 총훈련 시간 대비 원격보조 훈련 시간이 10% 이상(최소 20시간 이상) • 쌍방향 훈련을 포함한 원격훈련은 총훈련 시간 대비 50% 이하
재직자 계좌제	• 소정 훈련 시간이 40시간 이상 • 총훈련 시간 대비 원격보조 훈련 시간이 10% 이상(최소 20시간 이상) • 쌍방향 훈련을 포함한 원격훈련은 총훈련 시간 대비 50% 이하

※ 출처: 직업능력심사평가원 홈페이지(www.ksqa.or.kr)

• 혼합훈련 심사 기준은 다음과 같다.

표 1-5-18 혼합훈련 심사 기준

구분	상세 내용
혼합훈련 전략	• 원격훈련(콘텐츠, 쌍방향 훈련) 운영 중 훈련생의 학습 수준 및 학습 환경 등에 대한 진단과 지원전략 제시 여부 • 혼합훈련에 대한 진도관리 계획 수립 여부 • 원격 보조 훈련의 재량 학습 방법 및 평가 방법 적정성 • 원격 보조 훈련에 적합한 학습관리시스템(LMS) 확보 여부
혼합훈련 연계성	• 혼합목표와 대상, 혼합훈련 실시 목적 등을 고려하였을 때 집체-원격훈련(콘텐츠) 간 연계 적정성 • 원격보조 훈련 콘텐츠의 품질 및 내용의 적정성 • 원격훈련(콘텐츠)과 집체훈련의 과도한 중복 여부 • 집체 및 원격교과 편성 비율(집체 및 원격교과 합산 직업 기초 능력 시간 10% 초과 여부 등) 적정성 • 최소 원격훈련 시간 적정성 • 전공콘텐츠 편성 여부 • 국민내일배움카드 규정에 따른 혼합훈련 요건 충족 여부

※ 출처: 직업능력심사평가원 홈페이지(www.ksqa.or.kr)

(3) 트렌드 분석 결과의 활용

① 트렌드 분석 후 학습자 맞춤 서비스 지원 및 운영 품질 관리 강화 방안을 마련한다.

② 트렌드 분석에 따른 분석 결과 적용 방안은 다음과 같다.

표 1-5-19 트렌드 분석에 따른 분석 결과 적용 방안

구분	상세 내용
운영 활동의 차별화 지원 순서	• 차별화하려는 해당 과정의 목적, 학습 대상자 특성, 교육과정의 특성 등에 따라 대상을 선정 • 요구분석 항목에 차별화를 위한 항목을 포함함 • 현장의 의견을 파악하여 차별화된 의견을 반영 • 학습자가 요구하는 운영 방법, 지원 요소를 분석하고 이에 적합한 지원 요소를 제공
운영 활동 차별화 예시	• 고객사별로 별도의 홈페이지를 구축 • 고객사 전담 담당자를 배정하고 고객사 특성을 분석한 운영 결과 보고서를 제공 • 향후 교육 훈련의 개선 방안을 맞춤 서비스로 제안

운영 품질 관리와 모니터링	• 이러닝 운영에 대한 요구가 증가하고 맞춤 서비스가 제공될수록 운영과정에 대한 만족도를 향상하기 위해 총체적인 품질 관리 활동에 대한 강화가 필요하게 됨 • 학습관리시스템(LMS) 기술 고도화에 따른 모니터링 강화가 가능해짐(통계 자료관리, 학습자별 스케줄 관리 기능 지원) • 개별화 및 맞춤화 서비스가 강화될수록 운영 품질 관리는 중요해짐

2 /// 운영계획 수립

1) 운영계획 수립 요소

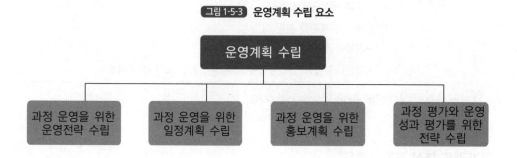

그림 1-5-3 운영계획 수립 요소

2) 과정 운영을 위한 운영전략 수립

① 운영전략 수립이란 이러닝 운영계획 수립에서 운영에 대한 구체적인 방향과 체계적인 운영 절차를 결정하는 활동이다.

② 운영전략 수립을 통해 해당 과정 운영의 특성을 살리고 학습자의 만족을 향상할 방법을 도출할 수 있다.

③ 운영전략 수립 주요 내용은 다음과 같다.

- 교육 훈련 예산 대비 교육과정 규모를 파악한다.
- 과정 운영에 대한 요구를 분석한다.
- 과정 운영과 관련된 제도 및 최신 동향을 파악한다.
- 사업 계획을 달성하기 위한 과정 운영전략을 수립한다.
- 과정 운영 매뉴얼을 작성한다.
- 직무 대상별로 과정 운영 전략에 대한 워크숍, 연수 등을 실시한다.

3) 과정 운영을 위한 일정계획 수립

① 일정계획 수립이란 운영할 과정에 대한 전반적인 운영 활동과 그에 따른 학사일정을 계획하는 것이다.

② 일정계획은 교육 운영기관이나 교육과정 특성에 따라 연간 일정계획을 수립하기도 하고 특정 과정의 운영 일정을 수립하기도 하여 교육 현장에 따라 다양하게 이루어진다.

③ 해당 과정 운영의 미시적인 운영계획 수립 관점에서 활용되고, 일반적으로 운영에 대한 구체적인 업무를 중심으로 수립된다.

④ 일정계획 수립 주요 내용은 다음과 같다.

- 연간학기 일정과 과정별 운영 차수를 분석한다.
- 연간학기 일정에 맞추어서 과정별 학사일정을 계획한다.
- 최종 학사일정표를 작성한다.

4) 과정 운영을 위한 홍보계획 수립

① 홍보계획 수립이란 운영될 과정의 특성을 분석하고 그에 적합한 마케팅(홍보) 방안을 설정한 후 적절한 제안 또는 홍보 전략을 수립하여 자료를 제작하고 온·오프라인을 통해 홍보를 전개하기 위한 과정을 계획하는 활동이다.

② 홍보계획 수립은 과정 기획자, 과정 운영자가 담당하고, 규모가 큰 과정의 경우 별도 홍보 부서 전담 인력이 계획을 수립한다.

③ 홍보계획 수립을 통해 학습자나 학습 대상자들이 과정에 대한 상세 정보 및 특장점을 이해할 수 있게 되어, 과정 선택과 개인의 학습전략 수립에 대한 지원이 가능하다.

④ 홍보계획 수립 주요 내용은 다음과 같다.

- 운영과정의 특성을 분석한다.
- 4P 분석을 통한 마케팅 포인트를 설정한다.
- 마케팅 타깃을 선정한다.
- 적절한 제안(홍보) 방법을 모색하고 전략을 수립한다.
- 제안(홍보) 자료를 제작한다.
- 온·오프라인을 통해 제안(홍보) 활동(온라인 과정 개요서, 샘플강의 제공, 메일 안내) 등을 진행한다.

5) 과정 평가와 운영성과 평가를 위한 전략 수립

① 이러닝 평가전략 수립이란 이러닝 운영의 품질 관리 측면에서 이루어지는 학습 결과 및 학습활동에 대한 평가전략을 수립하는 활동이다.

② 이러닝 평가전략 수립 시 고려사항은 다음과 같다.

표 1-5-20 이러닝 평가전략 수립 시 고려사항

구분	상세 내용
운영평가의 영역 확대	기존 운영평가 영역인 만족도, 성취도, 수료율을 넘어 현업 적용도, 성과기여도까지 평가 영역에 포함됨
과정 단위의 운영평가 탈피	과정 중심의 운영평가 정리를 넘어 이러닝 과정 전체에 대한 평가, 인적자원개발 차원에서의 평가가 포함되어 종합적인 의사결정과 향후 전략 수립에 기여
운영 결과 보고 시점의 다양화	기존 월 단위 운영 결과 보고를 형성 평가적 정보 차원에서 일상적 운영평가 보고를 포함하여 분기, 반기, 연간 등 장기적인 운영평가 보고를 실시하여 입체적 운영상황 파악에 기여
운영평가의 전문성 인식	운영평가는 전문적인 영역임을 인식하여 운영자들이 전문성을 성장하도록 노력 필요

※ 출처: 김은정 외(2009). 최고의 이러닝 운영실무, pp.135~137

③ 운영 결과 주요 항목에는 학습 성적, 학습 콘텐츠, 학습 참여 활동, 학습관리시스템(LMS) 활용 등이 포함된다.

④ 운영평가 결과는 다음의 활동에 활용할 수 있다.

• 과정 운영을 개선하고 운영의 질적 향상 수행에 활용한다.

• 운영평가 결과를 중심으로 운영에 참여한 이해관계자들이 향후 과정 운영을 위한 의견을 교류한다.

• 새로운 운영전략을 수립하는 데 활용한다.

• 경영진은 조직 차원에서 이러닝 운영에 대한 사업적 의사결정 자료로 활용한다.

⑤ 이러닝 운영평가의 중요성은 다음과 같다.

표 1-5-21 이러닝 운영평가의 중요성

구분	상세 내용
의사결정을 위한 정보 제공	• 시스템이나 운영 서비스에 대한 지속적인 불만이 학습자로부터 제기될 때 운영정보는 시스템 개편 시 경영진의 의사결정 정보로 활용 • 운영평가에 따라 운영인력의 추가 채용 및 교육에 대한 투자 필요성 등 경영진의 의사결정 정보로 활용

커뮤니케이션 활성화	다양한 운영평가의 결과를 토대로 더욱 다양하게 이러닝을 구성하는 주요 대상자(학습자, 과정개발자, 튜터, 교·강사, 교육담당자, 내용 전문가)들과 활발하게 커뮤니케이션 가능

※ 출처: 김은정 외(2009). 최고의 이러닝 운영실무, pp.135-137

⑥ 이러닝 평가를 위한 평가 모형으로 많이 활용되고 있는 KirkPatrick 4단계 교육평가 모형에 대한 상세 설명은 다음과 같다.

표 1-5-22 KirkPatrick 4단계 교육평가 모형

단계 구분	단계 설명	평가 방법
1단계 반응 평가 (Reaction)	학습자들이 프로그램에 어떻게 반응했는가를 측정하는 것으로 고객 만족도를 측정	• 설문지 • 인터뷰
2단계 학습 평가 (Learning)	프로그램 참여 결과 얻어진 태도 변화, 지식 증진, 기술 향상의 정도를 측정	• 사전/사후 검사 비교 • 통제/연수 집단 비교 • 지필평가 • checklist
3단계 행동 평가 (Behavior)	프로그램 참여 결과 얻어진 직무 행동 변화를 측정	• 설문지 • 인터뷰 실행계획 • 관찰
4단계 결과 평가 (Result)	훈련 결과가 조직의 개선에 기여한 정도를 투자회수율에 근거하여 평가	• 통제/연수 집단 비교 • 사전/사후 검사 비교 • 비용/효과

※ 출처: 김은정 외(2009). 최고의 이러닝 운영실무, p.158

3 ||| 운영환경 준비하기

1) 학습사이트 점검

(1) 학습사이트 점검의 필요성

① 이러닝을 위한 웹사이트는 사용 주체에 따라 크게 2가지로 구분한다.

② 학습자가 학습을 수행하는 학습사이트와 관리자가 학습을 관리하는 학습관리시스템(LMS)으로 구분한다.

③ 이러닝 학습사이트는 학습자들이 학습에 대해 안내받고, 안내에 따라 학습을 선택하고 학습을 진행할 수 있는 사이트이다.

④ 학습사이트의 주요 기능은 교육안내, 교육 신청, 자료실, 고객지원, 나의 강의실 등의 메뉴로 구성한다.

⑤ 학습자의 학습 환경이 이러닝 시스템이나 콘텐츠가 개발될 때의 작업 환경과 다를 경우, 학습자는 정상적으로 과정을 수강하기 어렵다. 따라서 사전에 학습사이트 점검을 통해 학습자 강의 이수에 대해 불편하면 해소가 필요하다.

(2) 학습사이트 점검항목

① 메뉴 접속 오류

- 학습사이트에 있는 메뉴를 클릭하였을 때 정상적으로 해당 페이지에 접속이 안 되는 오류이다.
- 메뉴 접속의 대표적 오류 및 해결 방법은 아래와 같다.

표 1-5-23 메뉴 접속의 대표적 오류 및 해결 방법

구분	상세 내용
수강 신청 버튼을 클릭하였을 때 수강 신청 안 됨	학습자가 교육과정 리스트에서 수강 신청 메뉴를 클릭하였을 때 '수강 신청되었습니다.'라는 메시지가 나오지 않고, 아무런 반응이 없거나, 에러 메시지가 뜰 경우
해결 방법	• 시스템 관리자에게 문제를 알림 • 문제 해결 후 재로그인 해서 에러 현상 다시 확인

※ 출처: 교육부(2014). 이러닝 운영환경 준비하기

② 동영상 재생 오류

- 동영상의 경우 특정 플레이어 또는 코덱 설치 유무에 따라 재생 오류가 발생할 수 있다.
- 동영상 재생의 대표적 오류 및 해결 방법은 아래와 같다.

표 1-5-24 동영상 재생의 대표적 오류 및 해결 방법

구분	상세 내용
미디어 플레이어 버전 오류	제작 시 버전이 학습 시 버전보다 높다면 인터넷 환경에서 동영상 재생 불가능
해결 방법	• 재생이 안 되는 플레이어 및 버전을 확인 • 해당 문제에 대해 대안이 될 수 있는 플레이어, 코덱을 자료실에 등록 • 관련 공지 사항을 공지사항 게시판이나 FAQ에 등록

※ 출처: 교육부(2014). 이러닝 운영환경 준비하기

③ 진도 체크 오류

- 학습자의 PC 상태나 접속 방식, 학습 방식에 따라 진도 체크가 안 될 경우가 있기 때문에 해당 부분에 대한 지원이 필요하다.
- 진도 체크의 대표적 오류 및 해결 방법은 아래와 같다.

표 1-5-25 진도 체크의 대표적 오류 및 해결 방법

구분	상세 내용
강의 상태 표시 오류	강의 진도가 완료되었는데도 '학습 완료'로 변경되지 않음
해결 방법	• 강의 상태 표시에 문제가 있는 조건을 확인 • 시스템 관리자에게 문제를 알려서 수정 요청 • 필요한 애플리케이션이 있으면 자료 게시판에 등록하고 공지, FAQ에 내용 등록

※ 출처: 교육부(2014). 이러닝 운영환경 준비하기

④ 웹브라우저 호환성 오류

- 웹브라우저의 종류가 많아지고 학습자마다 사용하는 웹브라우저가 다양하다 보니, 호환성 오류가 발생할 수 있다.
- 웹브라우저의 대표적 오류 및 해결 방법은 아래와 같다.

표 1-5-26 웹브라우저의 대표적 오류 및 해결 방법

구분	상세 내용
웹브라우저 호환성 오류 상태	ID/PW가 입력되지 않는 경우, 화면이 하얗게 보이는 경우, 버튼이 눌러지지 않는 경우
해결 방법	익스플로러의 경우 도구 메뉴의 호환성 보기 설정에서 해당 웹사이트 추가

※ 출처: 교육부(2014). 이러닝 운영환경 준비하기

2) 학습관리시스템 점검

① 학습관리시스템(LMS)이란 이러닝 학습에서 관리자가 학습을 관리하기 위해 사용하는 시스템이다.

② 학습자가 학습을 잘 진행할 수 있도록, 교육과정을 등록하고, 수강 관리, 진도 관리, 결과 관리 등 학습자의 학습 진행 전반에 대해 지원 및 관리하는 시스템이다.

③ 학습관리시스템(LMS) 주요 기능으로 학습자 관리, 교육과정 관리, 수강 신청 관리, 수료 관리, 학습 통계 관리, 매출 관리, 게시판 관리 등이 있다.

④ 학습관리시스템(LMS) 주요 점검항목은 다음과 같다.

표 1-5-27 학습관리시스템(LMS) 주요 점검항목 및 상세 내용

점검항목	상세 내용
사이트 기본 정보	• 중복 로그인 여부 • 결제 방식 선택 가능 여부 • 연결 도메인 추가 가능 여부 • 실명 인증 및 본인 인증 서비스 제공 여부 • 원격 지원 서비스 가능 여부
디자인 관리	• 이러닝 운영사이트 디자인 스킨 설정 • 이러닝 운영사이트 디자인 상세 설정 가능 여부 • 스타일 시트 관리 가능 여부 • 메인 팝업 관리 가능 여부 • 인트로 페이지 설정 가능 여부
교육 관리	• 과정 운영 현황 파악 가능 여부 • 과정 제작 및 계획 가능 여부 • 수강/수료 관리 가능 여부 • 교육 현황 및 결과 관리 가능 여부 • 시험 출제 및 현황 관리 가능 여부 • 수료증 관리 가능 여부 등
게시판 관리	• 게시판 관리 가능 여부 • 과정 게시판 관리 가능 여부 • 회원 작성글 확인 가능 여부 • 자주 하는 질문(FAQ) 관리 가능 여부 등
매출 관리	• 매출 진행 관리 가능 여부 • 고객 취소 요청 관리 가능 여부 • 고객 취소 기록 관리 가능 여부 • 결제 수단별 관리 가능 여부 등
회원 관리	• 사용자 관리 가능 여부 • 강사 관리 가능 여부 • 회원가입 항목 설정 가능 여부 • 회원 접속 현황 관리 가능 여부 등

※ 출처: 교육부(2014). 이러닝 운영환경 준비하기

3) 학습 지원 도구 점검

① 학습 지원 도구란 교수자가 자신의 특정 강좌를 운영하면서 교육의 질을 향상하기 위해 학습자료를 제공하고 학습활동을 관리 및 모니터링 하는 활동을 지원하는 도구이다.

② 학습 지원 도구의 주요 점검항목은 다음과 같다.

표 1-5-28 학습 지원 도구 주요 점검항목 및 상세 내용

점검항목	상세 내용
게시판	• 게시판에서 게시물 등록 후 게시판에 게시물 리스트에 등록 여부 • 게시판 게시물 수정 가능 여부 • 게시판 게시물 삭제 가능 여부 • 공지 게시물 설정 가능 여부
이메일	• 개별 메일 작성 가능 여부 • 단체 메일 작성 가능 여부 • 발송 메일 수신 여부 • 특정 학습 단계(수강 신청, 수강 취소, 수강 시작, 평가 안내, 수료 기준 안내, 학습 종료 안내, 학습 결과 정보, 수료 여부 안내, 수료증 전달 등) 별 메일 발신 여부
채팅	• 채팅 내용 전달 여부 • 채팅 내용 확인 여부 • 채팅 시 멀티미디어 파일 전달 여부(기능이 존재할 경우) • 채팅 시 이모티콘 전달 여부(기능이 존재할 경우)
튜터링 시스템	• 학습자 과제 작성 시 튜터링 시스템에 정상 등록 여부 • 학습자 토론 작성 시 튜터링 시스템에 정상 등록 여부 • 학습자 단답형 답안 작성 시 튜터링 시스템에 정상 등록 여부 • 튜터가 채점 시 채점 점수 정상 등록 여부 • 튜터가 첨삭 시 첨삭 내용 정상 등록 여부 • 튜터가 채점 점수 합산하여 최종 점수 정상 계산 여부
학습 커뮤니티	• 교육과정별 학습 커뮤니티 게시판 생성 여부 • 학습 커뮤니티 게시물 정상 등록 여부 • 학습 커뮤니티 게시물 수정 가능 여부 • 학습 커뮤니티 게시물 삭제 가능 여부
원격 지원시스템	• 원격 지원 접속 URL 등 접속 방법 정상 공지 여부 • 원격 지원 시 지원 대상자 PC 정상 접속 여부 • 원격 지원 시 지원 대상자 PC에서 정상적으로 조작 여부
도움말(가이드)	• 도움말(가이드) 정상 등록 여부 • 도움말(가이드) 정상 확인 가능 여부

SMS	• 개별 SMS 작성 가능 여부 • 단체 SMS 작성 가능 여부 • 발송 SMS 수신 여부 • 특정 학습 단계(수강 신청, 수강 취소, 수강 시작, 평가 안내, 수료 기준 안내, 학습 종료 안내, 학습 결과 정보, 수료 여부 안내, 수료증 전달 등) 별 SMS 발신 여부

4) 멀티미디어 기기에서 콘텐츠 구동 확인

(1) PC에서 콘텐츠 구동 여부 확인

① 인터넷 브라우저별 콘텐츠 구동 여부를 확인한다.

② 주요 인터넷 브라우저(Internet Explorer, Chrome, Firefox, Whale 등)에 대해서 브라우저 버전별 구동 여부를 확인한다.

③ 별도의 콘텐츠 플레이어를 사용할 경우 해당 콘텐츠 플레이어에서 콘텐츠 구동 여부를 확인한다.

(2) 태블릿에서 콘텐츠 구동 여부 확인

① 안드로이드나 iOS 태블릿별 앱 다운로드 가능 여부를 확인한다.

② 운영체제별 태블릿에서 콘텐츠 구동 여부를 확인한다.

③ 운영체제별 주요 태블릿 기기(갤럭시 탭, 아이패드) 버전별 콘텐츠 구동 여부를 확인한다.

(3) 스마트폰에서 콘텐츠 구동 여부 확인

① 안드로이드나 iOS 스마트폰별 앱 다운로드 가능 여부를 확인한다.

② 운영체제별 스마트폰에서 콘텐츠 구동 여부를 확인한다.

③ 운영체제별 주요 스마트폰(예 갤럭시 폰, 아이폰) 버전별 콘텐츠 구동 여부를 확인한다.

5) 과정별 콘텐츠 오류 점검

① 이러닝 콘텐츠는 이러닝에서 학습자에게 제공되는 학습 내용으로 텍스트, 음성, 음향, 이미지, 영상 등을 디지털 방식으로 제작되어 인터넷을 통해 제공되는 각종 정보나 내용물을 의미한다.

② 이러닝 운영 관리자는 콘텐츠를 점검해서 이러닝 학습자가 불편을 줄이고 이것을 통해 이러닝의 품질을 높인다.

③ 이러닝 콘텐츠 점검항목은 다음과 같다.

표 1-5-29 이러닝 콘텐츠 점검항목 및 상세 내용

점검항목	점검항목 상세
교육내용	• 이러닝 콘텐츠의 제작 목적과 학습 목표 부합 여부 • 학습 목표에 맞는 내용으로 콘텐츠가 구성되어 있는지 여부 • 내레이션이 학습자의 수준과 과정의 성격에 맞는지 여부 • 학습자가 반드시 알아야 할 핵심 정보가 화면상에 표현되는지 여부
화면 구성	• 자막 및 그래픽 작업에서 오탈자 여부 • 영상과 내레이션이 매끄럽게 연결되는지 여부 • 사운드나 BGM이 영상의 목적에 맞게 흐르는지 여부 • 화면이 보기에 편안한 구도로 제작되었는지 여부
제작환경	• 배우의 목소리 크기나 의상, 메이크업의 적절성 • 최종 납품 매체의 영상 포맷을 고려한 콘텐츠 여부 • 전자칠판, 크로마키 등 제작 방식에 따른 촬영 방식의 적절성 여부

※ 출처: 교육부(2014). 이러닝 운영환경 준비하기

④ 이러닝 콘텐츠 점검 후에는 다음과 같이 수정을 요청한다.

표 1-5-30 이러닝 콘텐츠 점검 후 수정 요청 방법별 상세 내용

수정 요청 구분	상세 내용
이러닝 콘텐츠 개발자에게 요청하는 경우	• 콘텐츠상의 오류는 이러닝 콘텐츠 개발자에게 수정 요청 • 교육내용, 화면 구성, 제작환경에 대해 오류가 있을 경우
이러닝 시스템 개발자에게 요청하는 경우	• 시스템상의 오류는 이러닝 시스템 개발자에게 수정 요청 • 학습 사이트상에서 콘텐츠 자체가 플레이 불가능할 경우 • 사이트에 콘텐츠가 표시되지 않을 경우

※ 출처: 교육부(2014). 이러닝 운영환경 준비하기

4 //// 교육과정 개설

1) 교육과정 개설 절차

교육과정을 개설하는 절차는 아래와 같다.

그림 1-5-4 교육과정 개설 절차

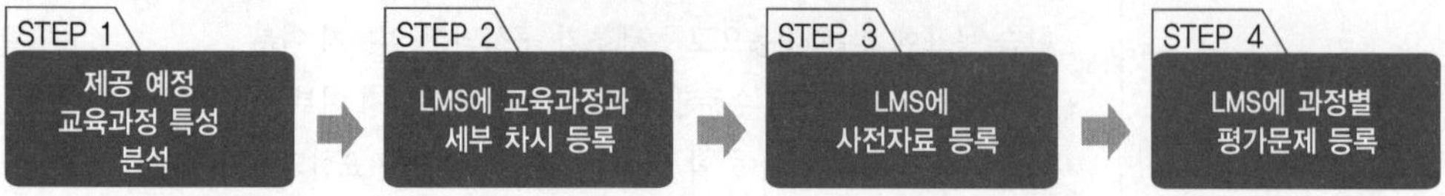

(1) 제공 예정 교육과정 특성 분석

교과마다 고유한 교육과정 특성이 있기 때문에 과정 운영자는 개설 전 교육과정의 특성을 분석할 때 교과 운영계획서의 주요 내용의 확인 활동을 진행한다.

교육과정 특성 분석의 주요 내용은 다음과 같다.

① 교과 교육과정 개요

과정 개설 시 분석되는 교과 교육과정 개요에 해당하는 부분은 아래와 같다.

표 1-5-31 교과 교육과정의 개요

구분	상세 내용
교과의 성격	교육과정이 다른 교육과정과 비교되는 주요 키워드 중심 내용
교과의 목표	교과목을 통해 학습자가 달성하고자 하는 학습 목표

② 내용 체계(단원 구성)

과정 개설 시 분석되는 교과 내용 체계 분류 및 상세 내용은 아래와 같다.

표 1-5-32 교과 내용체계 분류 및 상세 내용

구분	상세 내용
대단원	• 내용 체계의 최상위 단계로 3단계 중 가장 높은 단계 • NCS에서 대분류에 해당함
중단원	• 내용 체계의 중간 단계로 3단계 중 중간 수준 단계 • NCS의 경우 중, 소분류에 해당함
소단원	• 내용 체계의 가장 낮은 단계로 3단계 중 가장 낮은 단계 • NCS의 경우 세분류에 해당함(소단원 하위 차시 정보는 행동 지표를 통해 구분함)

③ 교수·학습 방법

과정 개설 시 분석되는 교수·학습 방법의 상세 내용은 아래와 같다.

표 1-5-33 교수 방법 및 학습 방법의 상세 내용

구분	상세 내용
교수 방법	• 학습시스템에서 학습자에게 내용을 전달하는 방법 • 강의식, 토의식, 문제 풀이식, 사례연구, 팀티칭 등
학습 방법	• 학습자가 학습 내용을 학습하는 방법 • 콘텐츠 활용 학습, 혼합형 학습, 과제 중심 학습, 시청, 실시간 쌍방향 학습

④ 평가 방법

과정 개설 시 분석되는 평가 방법의 상세 내용은 아래와 같다.

표 1-5-34 평가 방법의 상세 내용

구분	상세 내용
평가의 주안점	학습시스템에서 학습자에게 전달되는 평가전략에 대한 주요 내용
평가 항목	학습자에게 전달되는 평가 항목
평가 비율	학습자에게 전달되는 평가 항목들에 대한 비율

(2) 교육과정과 세부 차시 등록

① 교육과정은 해당 과정의 진행 시기, 방법, 강사 등 주요 내용에 따라 과정을 개설할 수 있고, 이를 차시라고 칭한다.

② 학습관리시스템(LMS)에서 교육과정과 차시를 등록하는 절차는 아래와 같다.

그림 1-5-5 교육과정과 차시 등록 절차

표 1-5-35 교육과정 및 차시 등록 절차

구분	상세 내용
과정 내용 등록	강의계획서에 작성된 내용에 대해 학습관리시스템(LMS)에 등록(과정명, 과정 학습 목표, 과정 대상자, 과정 학습 주요 내용, 강사 정보, 평가 기준 등)

교육과정 수강 신청 기간 등록	교육과정에 대해 학습자가 신청하는 시기 등록
교육과정 수강 신청 승인 기간 등록	학습자가 등록한 과정을 수강 신청했을 때 관리자 또는 과정 담당자가 수강 신청을 승인/거절하는 기간에 대한 등록
교육과정 수강 기간 등록	학습자가 학습을 진행하는 기간에 대한 등록
교육과정 이수 처리 기간 등록	학습자가 진행한 학습 과정의 이수 처리 기간에 대한 등록
차시별 콘텐츠 등록	차시별 이러닝 콘텐츠를 직접 등록하거나 서버상의 콘텐츠와 차시 정보를 연결하여 등록

(3) LMS에 사전자료 등록

① 학습관리시스템(LMS)에 공지사항, 강의계획서, 학습 관련 자료, 설문, 과제, 퀴즈 등을 포함한 사전자료를 등록한다.

② 사전자료는 강의 중 도움을 받을 수 있도록 필요한 자료를 직접 다운로드하거나 링크 형태로 접근할 수 있도록 한다.

③ 학습자가 학습 전에 활용하기 위해 학습관리시스템(LMS)에 등록되는 자료는 아래와 같다.

표 1-5-36 **학습 전 활용되는 자료 및 상세 설명**

구분	상세 내용
공지사항	오류 시 대처 방법, 학습 기간에 대한 설명, 수료(이수)하기 위한 필수 조건, 학습 시 주의사항 등 학습자가 학습 전에 꼭 알아야 할 사항 공지
강의계획서	학습 목표, 학습 개요, 주별 학습 내용, 평가 방법, 수료 조건 등 학습에 대한 주요 정보

④ 학습자가 학습 후 활용하기 위해 학습관리시스템(LMS)에 등록되는 자료는 아래와 같다.

표 1-5-37 **학습 후 학습관리시스템(LMS)에 등록되는 자료 및 상세 설명**

구분	상세 내용
평가 또는 과제	• 학습 내용에 대한 이해도를 확인하기 위한 방법으로 사용됨
설문조사	• 학습자가 과정에 대한 소비자 만족도 평가를 진행할 수 있도록 조사를 실시함 • 강의에 대한 만족도뿐만 아니라 시스템이나 콘텐츠 만족도도 질문함

(4) 학습관리시스템(LMS)에 교육과정별 평가 문항 등록

① 학습관리시스템(LMS)에 등록되는 평가는 크게 진단평가, 형성평가, 총괄평가로 구분된다.

표 1-5-38 **학습관리시스템(LMS)에 등록되는 평가 구분**

구분	상세 내용
진단평가	기초능력(선수학습 능력, 사전 학습 능력) 전반을 진단하는 평가로 강의 진행 전에 진행됨
형성평가	강의에서 원하는 학습 목표를 제대로 달성했는지 확인하는 평가로 해당 차시가 종료된 후 진행됨
총괄평가	학습자의 수준을 종합적으로 확인할 수 있는 평가이며, 성적을 결정하고 학습자 집단의 특성을 분석할 수 있으며 강의가 종료된 후 진행됨

② 평가 문항 타입은 진위형, 단답형, 택일형, 선다형, 서술형 등으로 구분되며, 평가 문항과 함께 정답에 대한 해설을 제공한다. 문항별 배점을 입력한다.

5 /// 학사일정 수립

1) 학사일정 수립 프로세스

그림 1-5-6 **학사일정 수립 프로세스**

STEP 1 연간 학사일정 기준으로 학사일정 수립 → STEP 2 학사일정 관련하여 협업부서에 공지 → STEP 3 학사일정을 교·강사에게 공지 → STEP 4 학사일정을 학습자에게 공지 → STEP 5 교육과정 관련 서식/일정을 준수하여 관계기관 신고

2) 연간 학사일정 수립

① 연간 학사 일정이란 교육기관에서 행해지는 1년간의 다양한 행사를 기록한 일정으로, 일반적으로 표나 달력에 표현한다.

② 당해 연도의 학사 일정 계획은 전년도 연말에 수립되는 것이 일반적이다.

③ 학교에서는 학기별로 학사 일정이 수립 및 운영된다.

④ 일반 교육기관에서는 연간 학사일정을 수립하고 기수별 개별 교육과정의 일정을 수립한다.

⑤ 수립된 학사 일정에 대해 과정별 차시로 구분하여 학습관리시스템(LMS)에 등록한다.

⑥ 학사 일정 주요 내용으로는 과정명, 과정 신청일, 과정 시작일, 종료일, 평가일, 학점 등이 있다.

⑦ 수립된 학사 일정은 이러닝 학습사이트의 별도 공간에 연간 일정을 공지한다. 공지된 일정에 맞추어 학습자가 해당 과정들을 수강 신청할 수 있도록 관리자가 지원한다. 전체 일정에 대해 유관부서(홍보, 운영, 시스템 관리 부서 등)에 공유하여 학습 진행 시 적절한 지원이 이루어질 수 있도록 한다.

3) 학사일정 관련하여 협업부서 공지

① 학사일정 진행 시 진행의 효율성을 높이기 위해서는 관련 부서의 협조가 필수이며, 공유 했을 때 과정의 품질을 높일 수 있기 때문에 학사일정과 관련하여 협업부서에 공지한다.

② 학사일정 공유 방법은 다음과 같다.

표 1-5-39 학사일정 공유 방법

구분	상세 내용
전산 통신망 활용하기	• 교육기관 내부에서 사용하는 통신망(사내 전화, 인트라넷, 메신저 등)을 활용하여 내부 조직에 공지 • 주요 학사일정에 대해서는 조율을 먼저 한 후 협업부서에 공지
공문서 활용하기	• 내부 조직 간 주요 연락도 공문서를 활용하고 내부 결재 진행을 통해 공유 • 내부 결재를 통해 프로세스별, 담당자별로 지정하고 문서 공유함

※ 출처: 교육부(2014). 이러닝 운영환경 준비하기

4) 학사일정을 교·강사에게 공지

① 사전에 녹화된 과정에 대해서는 학사일정에 영향을 받지 않지만, 아직 녹화되지 않은 과정에 대해서는 학습 시작 전 과정 개발 기간이 소요되기 때문에 학사일정 공지가 중요하다.

② 실시간 강의의 경우 교·강사가 강의를 충실히 준비해야 하므로 학사일정 공지가 필요하다.

③ 튜터의 경우 학습자의 학습 지원이 이루어져야 하므로 일정 공지가 필요하다.

④ 학사일정 공지 방법은 다음과 같다.

- 이메일을 통해 학사일정을 공지한다.
- SNS, SMS를 통해 학사일정을 공지한다.
- 교·강사 페이지 팝업 메시지 및 공지사항을 통해 학사일정을 공지한다.

5) 학사일정을 학습자에게 공지

① 학습자는 학사일정을 공지 받아야 사전 정보를 얻고 학습을 준비할 수 있기 때문에 학습자에게 학사일정을 공지한다.

② 학습자는 교육과정 신청 시 학사일정을 확인할 수 있다.

③ 교육과정 신청을 위한 웹페이지에서 확인하기 어려울 경우 학사일정 화면에서 별도 확인이 가능하다.

④ 학습자에게 학사일정을 공지하는 방법에는 SMS, 메일, 팝업 메시지 등이 있다.

6) 교육과정 관련 서식과 일정을 준수하여 관계기관에 신고

① 교육과정 관련 서식과 일정을 준수하여 관계기관에 신고한다.

② 관계기관에 신고하는 이유는 재직자 훈련, 실업자 훈련 등의 교육과정을 사전 신고해야 하는 과정을 진행할 경우 관련 서식에 맞게 일정 등록이 필요하기 때문이다.

③ 관계기관 신고 시 유의사항은 다음과 같다.

• 운영기관마다 표현되는 교육과정의 서식은 다르다.

• 보통 연간 학사 일정이 달력 형식에 표현되는데 웹에서 구현될 경우 각 교육과정을 클릭하면 링크되어 해당 교육과정으로 연결되는 구조가 많이 사용된다.

6 ||| 수강 신청 관리

1) 수강 신청 관리하기 프로세스

그림 1-5-7 수강 신청 관리 프로세스

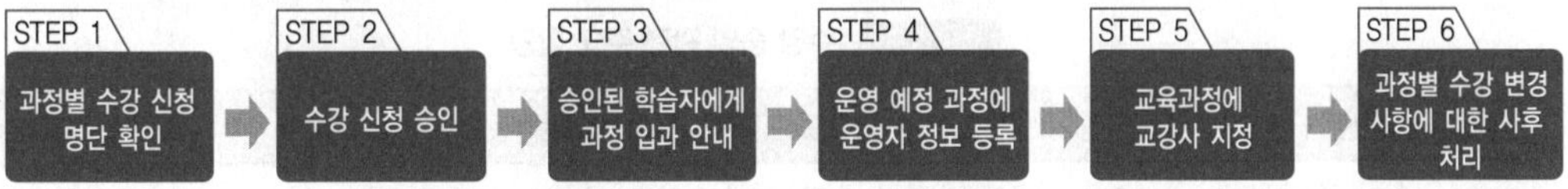

STEP 1	STEP 2	STEP 3	STEP 4	STEP 5	STEP 6
과정별 수강 신청 명단 확인	수강 신청 승인	승인된 학습자에게 과정 입과 안내	운영 예정 과정에 운영자 정보 등록	교육과정에 교강사 지정	과정별 수강 변경 사항에 대한 사후 처리

2) 수강 승인 처리

① 관리자가 학사일정에 맞추어 교육과정 및 차시를 등록할 경우 학습자가 해당 일정 도래 시 수강 신청 가능하다.

② 과정별 수강 신청 명단 확인 및 수강 승인 처리 활동이 이뤄진다.

③ 학습자가 필요한 과정을 수강 신청하면 과정 담당 관리자에게 수강 신청 내용이 전달된다.

④ 수강 신청 현황 확인 방법은 다음과 같다.

　　가. 수강 신청이 이루어지면 학습관리시스템(LMS)의 수강 현황을 관리하는 화면에 수강 신청 목록이 나타난다.

　　나. 수강 신청 순서에 따라서 목록이 누적되며, 수강 신청한 과정명과 신청인 정보가 목록에 나타난다.

⑤ 수강 신청 승인 방법은 다음과 같다.

표 1-5-40 수강 신청 승인 방법 및 상세 내용

구분	상세 내용
자동 수강 신청의 경우	과정의 수강 신청 방법이 수강 승인 절차 없이 진행될 경우 수강 신청 승인 절차 없음
수동 수강 신청의 경우	• 수강 신청 목록에 있는 학습자들의 신청 항목에 대해 승인 • 일반적으로 수강 승인을 위해서는 수강 승인할 수강 신청 목록을 체크한 후 승인 진행 • 수강 신청 취소 기능 필요 • 신청된 내역에 대해서 동기부여 관리 필요

※ 출처: 교육부(2014). 이러닝 운영환경 준비하기

3) 교육과정 입과 안내

① 수강 승인된 학습자에게 교육과정 입과 안내가 이뤄진다.

② 수강 승인이란 학습자가 신청한 수강 신청 내역에 대해 관리자나 과정 담당자가 수강 여부를 결정하는 활동이다.

③ 승인 주체와 절차는 다음과 같다.

표 1-5-41 수강 승인 관련 주요 활동

구분	상세 내용
승인 주체	교육기관의 관리자나 해당 과정의 담당자
승인 절차	학습자의 정보 확인 후 적합한 학습자에 대해 학습 승인 진행

※ 출처: 교육부(2014). 이러닝 운영환경 준비하기

④ 다음의 사항을 중심으로 교육과정 입과를 안내한다.

　가. 입과 처리(수강 승인 처리)가 되었을 때 자동으로 입과 안내 이메일이나 문자가 발송되게 해야 한다.

　나. 만약 학습자의 수강 참여가 특별히 요구되는 과정의 경우에는 학습자 정보를 확인하여 운영자가 직접 전화로 입과 안내 후 학습 진행 절차 안내가 가능하다.

　다. 필요에 따라 학습자가 활용할 수 있는 별도의 사용 매뉴얼, 학습 안내 교육자료 등을 첨부한다.

4) 운영자 정보 등록

운영 예정 과정에 대한 운영자 정보를 등록한다.

표 1-5-42 이러닝 과정 운영자 관련 주요 내용

구분	상세 내용
이러닝 과정 운영자	• 이러닝 학습시스템에서 학습이 진행되는 과정에 대해 별도의 이러닝 과정 운영자를 설정하여 운영 진행 • 이러닝 과정 운영자가 학습관리시스템(LMS)에 접속하면 자신이 관리하는 과정만 진행현황 확인 가능
운영자 정보 등록	• 운영의 효율성과 학습자의 학습 만족도를 높이기 위해 운영자를 사전에 등록하여 관리 • 운영자를 사전에 등록하려면 운영자 정보를 학습관리시스템(LMS)에 먼저 등록 • 운영자 정보를 등록하고, 접속 계정을 부여한 후 수강 신청별로 운영자 배치

※ 출처: 교육부(2014). 이러닝 운영환경 준비하기

5) 교·강사 지정

① 튜터링을 위해서 별도의 관리자 화면에 접속할 수 있도록 교·강사 등록이 필요하다.

② 교·강사 정보를 입수 받고 학습관리시스템(LMS)에 입력한 후 튜터링이 가능한 권한을 부여한다.

③ 교·강사 정보를 등록하고, 접속 계정을 부여한 후 수강 신청 건별로 교·강사 배치가 가능하다.

④ 일반적으로 교·강사의 배치는 과정당 담당할 학습자 수를 지정한 후 자동 배정이 가능하다.

6) 사후 처리

① 과정별 수강 변경 사항에 대한 사후 처리를 진행한다.

② 학습자가 수강 신청한 과정에 대해 발생할 수 있는 변경 사항은 아래와 같다.

표 1-5-43 주요 수강 변경 사항 및 상세 설명

구분	상세 내용
수강 신청 취소	학습자가 수강 승인 전후 본인이 신청하는 과정을 취소함
다른 차시 이동	학습자가 수강 신청한 차시가 아닌 동일 과정의 다른 차시를 수강하고자 함
학습 도중 학습 포기	학습자가 학습 도중 개인의 의지로 학습을 포기함
운영자 변경	과정 운영자의 변경
교·강사 변경	학습 과정 교·강사의 변경
수강 승인 취소	관리자가 자신이 승인하는 과정에 대해 취소함

※ 출처: 교육부(2014). 이러닝 운영환경 준비하기

③ 수강 변경 사항에 대한 사후 처리 활동은 다음과 같다.

• 수강 변경 사항 발생 시 즉각 시스템에 반영한다.

• 시스템에 반영 후 관련하여 수강에 영향을 받는 모든 관련자에게 이메일, SMS, SNS, 통화를 통해 전달한다.

• 과정의 주요 이슈의 경우 교육과정별 게시판에 변경 사항을 공지한다.

7 ||| 이러닝 운영 인력

① 이러닝 운영을 준비하려고 할 때 이러닝 운영에 따른 인력을 함께 준비하여야 한다. 이러닝 운영을 위한 주요 인력은 아래와 같이 구성된다.

표 1-5-44 이러닝 운영인력

인력 구성 및 역할		상세 내용
교·강사	강사	새로운 내용을 전달하고, 확인하며 동기를 부여하고, 평가하는 역할
	내용전문가	• 학습 내용 개발을 위한 학습 내용전문가로 이러닝 원고를 집필하고 관련 자료를 제공하고 스토리보드의 내용 적합성을 검수하는 역할 • 강사와 내용전문가가 동일 인물인 경우도 많지만, 콘텐츠 표현 방법과 강사의 성향에 따라 강사와 내용전문가가 분리되는 경우도 있음

교·강사	튜터	• 학습 활동을 지원하고 동기를 부여하는 등의 촉진자 역할 • 교육 과정의 목표를 정확히 인식하고 교수자와 협력하여 학습과정에 필요한 기술과 방법을 제시하여 학습자가 효과적으로 학습 목표를 성취할 수 있도록 돕는 역할 • 교육 진행 동안 교수자, 학습자, 학습 내용 간 상호작용이 활발히 일어날 수 있도록 피드백과 가이드를 제공하고, 학습 환경을 조절하고 개선하는 역할 • 교육과정 진행 중 발생하는 학습 관련 질문이나, 요청사항에 대해 대응해 주고 단답형, 서술형 질문에 대해 채점 및 피드백하는 역할
운영자	과정 운영자	교수–학습 과정의 효과적이고 효율적인 진행을 위하여 진행 일정, 절차, 규정 등에 대한 활동을 포함하는 것으로 튜터/교수자를 보조하여 과정을 전체적으로 관리하는 역할
	기술지원자	시스템 사용에서 발생하는 기술적인 문제를 해결하고 학습과정에 필요한 정보통신 기술을 편리하게 활용할 수 있도록 지원하는 역할
시스템 관리자	시스템 운영자	• 관리자의 권한과 운영하는 과정의 특성에 따라서 본인에게 할당된 과정을 학습관리시스템으로 관리 운영하는 시스템 운영자의 역할 • 과정 운영자가 해당 역할의 중복을 담당하는 경우가 많음
	슈퍼운영자	• 모든 과정의 시스템 관리 운영을 담당하는 LMS의 슈퍼운영자 역할 • 소규모 교육기관의 경우 학습 시스템 관련 하드웨어와 소프트웨어 전체를 담당함

※ 출처: 직업능력개발원(2014). 이러닝 운영 표준화 가이드

② 전반적인 이러닝 운영 프로세스에 따른 운영 인력 구성은 아래와 같다.

표 1-5-45 운영 프로세스별 주요 활동 및 인력 구성

구분	주요 활동	인력 구성
운영 기획	요구분석 / 운영계획	과정 기획자, 교육 담당자
운영 준비	과정 개설 / 일정 수립 / 사전정보 제공 / 수강 신청 / 수강 승인 / 운영자 선정 / 교·강사 선정 / 시스템 점검	과정 운영자, 시스템 운영자
운영 실시	안내활동 / 학습활동 / 교·강사 활동 / 평가활동 / 고객 지원	과정 운영자, 시스템 운영자, 교·강사(강사, 튜터)
운영 관리	평가 결과 / 관리활동 / 운영 결과 관리활동	과정 운영자, 시스템 운영자
운영 유지	심화학습 / 안내활동 / 업무연계 활동	과정 운영자, 시스템 운영자

※ 출처: 직업능력개발원(2014). 이러닝 운영 표준화 가이드

이것만은 기억합시다

- 학습자 분석은 교육과정을 학습하는 대상의 특징에 대해 파악하는 것이다.

- Kolb에 따르면 학습 스타일은 발산자, 조절자, 수렴자, 동화자로 구분될 수 있다.

- 고객사 요구사항분석은 이러닝 서비스에 대해 고객사가 대상 학습자에 대한 어떤 요구사항을 가졌는지를 파악하는 것이다.

- 교육과정 특성 분석은 학습자나 조직의 요구를 충족시키기 위해 필요한 학습 내용이 무엇인지 파악하는 것이다.

- 학습자 학습환경 분석은 학습 콘텐츠가 서비스되기 위해서 구비되어야 하는 시스템에 대한 분석을 진행하는 것이다.

- 이러닝 운영에 필요한 제도 유형을 확인하기 위해서는 인터넷 원격훈련 관련 제도와 이러닝 산업 발전 및 이러닝 활용 촉진에 관한 법률 등을 파악하고 해당 내용을 이러닝 운영계획과 LMS에 반영해야 한다.

- 트렌드를 분석하는 방법 중 벤치마킹 방법에는 모범사례 분석, 동종기업 벤치마킹, 스왓분석, 공동 벤치마킹 등이 있다.

- 자기주도학습, 블렌디드 러닝, 플립러닝, 혼합훈련 등 다양한 방식이 존재한다.

- 운영계획 수립은 운영전략 수립 활동, 일정계획 수립 활동, 홍보계획 수립 활동, 운영성과 평가 전략 수립 활동으로 구성된다.

- 운영계획 수립 시 운영전략 수립 활동은 이러닝 운영계획 수립에서 운영에 대한 구체적인 방향과 체계적인 운영 절차를 결정하는 활동이다.

- 운영계획 수립 시 일정계획 수립 활동은 운영할 과정에 대한 전반적인 운영 활동과 그에 따른 학사일정을 계획하는 것이다.

- 운영계획 수립 시 홍보계획 수립 활동은 운영될 과정의 특성을 분석하고 그에 적합한 마케팅(홍보) 방안을 설정한 후 적절한 제안 또는 홍보 전략을 수립하여 자료를 제작하고 온·오프라인을 통해 홍보를 전개하기 위한 과정을 계획하는 활동이다.

- 운영계획 수립 시 운영성과 평가 전략 수립 활동은 이러닝 운영의 품질 관리 측면에서 이루어지는 학습 결과 및 학습활동에 대한 평가전략을 수립하는 활동이다.

- 운영환경 점검 대상은 학습 사이트, 학습관리시스템(LMS), 학습 지원 도구, 멀티미디어 기기에서 콘텐츠 구동 여부, 과정별 콘텐츠 오류 등이다.

학습
정리

이것만은 기억합시다

- 교육과정 개설 절차는 제공 예정 교육과정 특성 분석, LMS에 교육과정과 세부 차시 등록, LMS에 사전자료 등록, LMS에 과정별 평가문제 등록순으로 진행된다.

- 학사 일정 수립하기 절차는 연간 학사일정 기준으로 학사일정 수립, 학사일정 관련하여 협업부서에 공지, 학사일정을 교·강사에게 공지, 학사일정을 학습자에게 공지, 필요시 교육과정 관련 서식과 일정을 준수하여 관계기관에 신고 순으로 진행된다.

- 수강 신청 관리하기 절차는 과정별 수강 신청 명단 확인 및 수강 승인 처리, 수강 승인된 학습자에게 교육과정 입과 안내, 운영 예정 과정에 대한 운영자 정보 등록, 교육과정에 교·강사 지정, 과정별 수강 변경 사항에 대한 사후 처리, 수강 변경 사항에 대한 사후 처리 순으로 진행된다.

- 이러닝 운영자는 3가지 부분으로 나눌 수 있다. 첫째는 교·강사인데, 교·강사는 강사, 내용전문가, 튜터로 구성된다. 그리고 두 번째 운영자는 과정 운영자와 기술지원자로 나눌 수 있다. 그리고 마지막으로 시스템 관리자는 과정 중심으로 시스템을 운영하는 시스템 운영자, 학습 시스템과 학습관리시스템 모두를 관리하는 슈퍼운영자로 구성된다.

실력 점검 문제

01 다음 중 이러닝 유사개념에 해당하지 않는 것은?

① 컴퓨터 기반 교육(computer based education)

② 통신교육(correspondence education)

③ 온라인 교육(on-line education)

④ 원격교육(distance learning)

해설

이러닝의 유사개념으로는 컴퓨터 기반 교육(computer based education), 온라인 교육(on-line education), 원격교육(distance learning), 가상교육(virtual learning), 웹 기반 교육(web-based education), 인터넷 기반 교육(internet-based education), 사이버교육(cyber education) 등이 있다.

02 보기의 내용은 이러닝의 역사 중에서 어느 세대에 해당하는가?

> 1990년대 중반 이후 정보통신기술의 가속화 및 인터넷의 보급으로 현재 우리에게 익숙한 이러닝의 방식이 등장하였으며, 상호작용과 함께 학습자 중심의 개별화 맞춤학습이 가능하게 되었다.

① 2세대　　　　② 3세대

③ 4세대　　　　④ 5세대

해설

4세대 '인터넷 기반 교육'에 관한 내용이다.

03 보기의 내용은 e-learning에서의 'e'의 의미 중 어떤 개념에 해당하는가?

> 강의실과 같은 제약은 물론 학습 내용의 제한 없이 풍부하고 다양한 학습 기회를 제공받을 수 있어야 한다.

① Expansion　　　② Edutainment

③ Extraction　　　④ Engagement

해설

Expansion(학습 기회의 확대)의 'e'는 강의실과 같은 제약은 물론 학습 내용의 제한 없이 풍부하고 다양한 학습 기회를 제공받을 수 있어야 함을 의미한다.

04 다음 중 웹 2.0에 대한 설명으로 옳지 않은 것은?

① 참여와 공유 그리고 개방이라는 특징으로 대표된다.

② Facebook, Twitter, Youtube, Wiki 등과 같은 플랫폼 서비스들이 등장하였다.

③ 사용자들은 소비자임과 동시에 생산자의 역할도 함께 한다.

④ 읽기와 쓰기에 소유의 개념이 추가되었다.

해설

웹 3.0에서 웹 2.0의 핵심인 읽기와 쓰기에 소유의 개념이 추가되었다.

05 다음 중 MOOC 플랫폼에 해당하지 않는 것은?

① KOCW　　　　② Coursera

③ edX　　　　　④ Udacity

정답 : **01.** ② **02.** ③ **03.** ① **04.** ④ **05.** ①

06 다음 중 이러닝 특징에 대한 설명으로 옳은 것은?

① 기존의 교육방식을 유지한 채, 언제 어디서든지 학습자가 교육을 받을 수 있도록 한다.

② 적은 예산으로 더 많은 인력을 교육할 수 있다.

③ 전문가나 교수자가 교육의 중심이 되면서, 개인의 특성에 맞게 제작된 교육이 가능하다.

④ 통일된 단일 교육 도구를 통해서 교수자와 학습자의 상호작용을 쉽게 한다.

07 다음 중 KOCW(Korea Open Course Ware)와 K-MOOC(Korean Massive Open On-line Course)를 주관 및 운영하는 기관으로 옳은 것은?

① 한국교육과정평가원, 한국대학교육협의회

② 한국교육학술정보원, 국가평생교육진흥원

③ 한국교육개발원, 한국교육방송공사

④ 한국평생교육학회, 한국대학교육협의회

08 정보 유형 및 전달 매체에 따른 분류에 따른 이러닝 콘텐츠 유형에 해당하지 않는 것은?

① 시범형 ② 교육용 게임형

③ 판서형 ④ 모션그래픽형

09 다음 중 자연과학의 개념 설명, 수학의 문제 풀이 등에 적합한 이러닝 콘텐츠 유형은 무엇인가?

① PPT 슬라이드와 오디오형

② 교실 강의 촬영형

③ 판서형

④ 사례 기반 추론형

10 다음 중 짧은 길이를 가진 작은 단위의 강의로 한 번에 소화할 수 있는 학습 콘텐츠 혹은 학습활동을 뜻하는 것은 무엇인가?

① Macro learning

② Pop-up learning

③ Micro learning

④ One-time learning

정답 06. ② 07. ② 08. ② 09. ③ 10. ③

11 마이크로 러닝의 등장 배경에 대한 설명 중 틀린 것은?

① 필요한 지식과 문제 해결을 위한 정보에 비해 학습시간이 여유로워 학습자가 원하는 학습을 선택하기 쉽기 때문이다.

② 정보의 빠른 즉답성에 익숙한 학습자들이 집중할 수 있는 시간은 점차 짧아지고 있다.

③ 자신에게 필요한 정보만을 즉시 획득하는 것을 선호하는 MZ 세대들은 정보에 대한 즉답을 요구한다.

④ 학습자가 능동적으로 탐색하고 학습하며 지식을 스스로 생산하는 방식으로 학습하는 경향으로 변화되었다.

> **해설**
> 바쁜 일상 속에서 필요한 지식과 문제를 해결하기 위한 정보는 증가하고 있지만, 그에 반해 필요한 학습시간은 매우 부족하다.

12 마이크로 러닝의 교육적 가치 중 학습자에게 제공하는 가치에 해당하지 않는 것은?

① 효율성 · 경제성

② 적시 학습

③ 뛰어난 접근성

④ 효율적인 학습시간 운용

> **해설**
> 효율성 · 경제성은 교육제공자에게 제공하는 가치에 해당한다.

13 다음 중 마이크로 러닝의 학습 길이(분량)로 가장 적절한 것은?

① 3~5분

② 5~7분

③ 10분 내외

④ 절대적인 시간 분량의 기준은 없다.

> **해설**
> 일반적으로 마이크로 러닝은 5~7분 정도의 평균적인 길이를 가지고 있으나 절대적인 시간 분량의 기준은 없다. 또한, 무엇보다 학습자가 한 번에 습득할 수 있는 내용으로 구성하는 것이 중요하기 때문에 학습자가 이해할 수 있다면 3분이 될 수도 있고 15분 이상이 걸릴 수도 있다.

14 다음의 이러닝 산업의 구성요소에 대한 설명으로 옳지 않은 것은?

① 학습관리시스템(LMS; Learning Management System)은 이러닝 콘텐츠를 제작하는 회사이며 학습자에게 필요한 교육 자료를 만들고, 관리하며, 제공한다.

② 웹 기반 학습(web-based learning)은 웹을 이용하여 학습을 제공하는 방식으로 학습자들은 웹브라우저를 통해 이러닝 콘텐츠에 접근할 수 있다.

③ 가상 교육실(virtual classroom)은 온라인으로 실시간 수업을 제공하는 환경으로 강사와 학습자들이 동시에 참여할 수 있다.

④ 모바일 학습(mobile learning)은 모바일 디바이스를 이용한 학습으로 이러닝 콘텐츠를 모바일 기기에 최적화하여 제공한다.

> **해설**
> ①번 학습관리시스템(LMS; Learning Management System)은 학습자들의 학습을 관리하기 위한 시스템이다. 이러닝 콘텐츠를 올리고, 학습자들의 진행 상황을 추적하며, 평가 및 피드백을 제공한다.

15 다음 중 마이크로 러닝의 사례로 적합한 것은 무엇인가?

① Webinar ② TED

③ OTT ④ Drill

정답 **11.** ① **12.** ① **13.** ④ **14.** ① **15.** ②

- 해외에서는 TED, 국내의 사례로는 CBS의 '세상을 바꾸는 시간 15분' 등을 들 수 있다.
- Webinar는 웹(web)과 세미나(seminar)의 합성어로 온라인에서 진행되는 세미나를 의미한다.
- OTT(Over The Top)는 인터넷을 통해 볼 수 있는 TV 서비스로, 대표적으로 Netflix, Disney+, Apple TV Plus, Coupang Play 등이 있다.
- Drill은 학습자의 능력을 향상시키기 위한 반복적인 연습을 말한다.

16 이러닝 콘텐츠 산업을 분류할 때, 이러닝 콘텐츠 자체 개발, 제작업의 중분류에 속하지 않는 소분류 내용은 무엇인가?

① 코스웨어 자체 개발, 제작업
② 체감형 학습 콘텐츠 외주 개발, 제작업
③ 전자책(e-book) 자체 개발, 제작업
④ 체감형 학습 콘텐츠 자체 개발, 제작업

해설

②번 체감형 학습 콘텐츠 외주 개발, 제작업은 이러닝 콘텐츠 외주 개발, 제작업 중분류에 속하는 소분류 내용이다.

17 이러닝 하드웨어 산업을 분류할 때, 이러닝 교육 제작 및 훈련시스템용 설비, 장비 제조업의 중분류에 속하지 않는 소분류 내용은 무엇인가?

① 디지털 강의장 설비 및 부속 기기 제조업
② 가상훈련시스템 장비 및 부속 기기 제조업
③ 휴대형 학습 기기 제조업
④ 기타 교육 제작 및 훈련시스템용 설비, 장비 및 부속기기 제조업

해설

휴대형 학습 기기 제조업은 학습용 기기 제조업 중분류에 속하는 소분류 내용이다.

18 보기의 내용은 어떤 이러닝 인력과 직종에 대한 설명인가?

콘텐츠에 대한 기획력을 갖고 학습 목적을 고려하여 학습 내용과 자원을 분석 학습, 목표와 교수 방법을 설정하여 학습 내용이 학습 목표를 달성하는 데 도움이 될 수 있도록 콘텐츠 개발의 전 과정을 진행 및 관리하는 업무에 종사하는 자

① 이러닝 컨설턴트
② 이러닝 교수설계자
③ 이러닝 영상제작자
④ 이러닝 과정운영자

해설

이러닝 교수설계자는 콘텐츠에 대한 기획력을 갖고 학습 목적을 고려하여 학습 내용과 자원을 분석 학습, 목표와 교수 방법을 설정하여 학습 내용이 학습 목표를 달성하는 데 도움이 될 수 있도록 콘텐츠 개발의 전 과정을 진행 및 관리하는 업무에 종사하는 자

19 다음의 설명은 이러닝 운영을 위한 소프트웨어에 대한 설명이다. 어떤 영역에 해당하는가?

1. 학습 기능(강의 수강, 강의계획서, 공지사항, 출석관리, 학습관리, 성적 확인)
2. 시험평가 기능(시험 응시, 퀴즈 응시, 오답노트, 부정행위 방지 등)
3. 과제평가 기능(과제 제출, 확인, 첨삭지도)
4. 상담 기능(1:1 상담)
5. 커뮤니티 및 네트워크 지원 기능(학습 자료실, 토론방, 프로젝트방, 설문, 이메일, 쪽지, 채팅, 커뮤니티, 블로그 등)
6. 기타 기능(홈페이지 조회, 개인정보 관리, 학사 지원 기능 등)

① 운영자 지원　② 학습자 지원
③ 시스템 지원　④ 교수자 지원

정답: 16. ②　17. ③　18. ②　19. ②

학습자 지원은 이러닝 학습의 대상이 되는 학습자들에게
필요한 기능을 제공하는 소프트웨어이다.

20 보기의 내용은 어떤 산업에 대한 설명인가?

> 교육에 ICT 기술을 접목해 기존 서비스를 개
> 선하거나 새로운 서비스를 제공하는 것

① 이러닝   ② 모바일 러닝

③ 에듀테크   ④ 스마트 러닝

에듀테크 산업은 교육에 ICT 기술을 접목해 기존 서비스
를 개선하거나 새로운 서비스를 제공하는 것이다.

21 다음의 설명은 이러닝 기술 동향 중 어느 영역에 해당하는가?

> 고급 및 능동적 실감 있는 학습을 통해 VR 환경
> 은 새로운 기술을 배우고 개발할 수 있는 환경
> 제공이 가능하다.

① 메타버스

② 에듀테크

③ 가상현실과 증강현실

④ 머신러닝

가상현실(VR)과 증강현실(AR)은 IT 기술이 교육 및 학습
프로세스에 통합됨에 따라 학습 분야 고급 기술은 더욱 진
보할 전망이다. 특히 가상현실(VR) 기술은 성인 교육 및
직업 훈련 분야에서 다수 사용되고 있으며 향후 기술 활용
은 더욱 증가할 전망이다.

22 다음의 설명은 이러닝 기술 동향에 대한 설명이다. 어떤 기술 영역에 해당하는가?

> AI 튜터 챗봇 등의 인공지능 기술을 활용하여
> 학습자의 질문에 빠르게 답할 수 있으며, 학습
> 자를 실시간으로 분석하여 속도와 수준에 맞
> 는 학습을 제공할 수 있다. 관리 작업 단순화
> 출석이나 과목관리 학업 등록 등 교육 이외에
> 관리가 필요한 부문을 자동화하여 교사의 연
> 구 시간 확보가 가능하다.

① 메타버스(metaverse)

② 머신러닝(machine learning)

③ 가상현실(virtual reality)

④ 증강현실(augmented reality)

머신러닝은 인공지능의 연구 분야 중 하나로 인간의 학
습 능력과 같은 기능을 컴퓨터에서 실현하고자 하는 기
술이다.

23 다음은 에듀테크의 특성에 대한 설명이다. 어떤 특성에 대한 개념인가?

> 1. 실감형, 체험형 교육 서비스를 위해 클라
>   우드 학습 플랫폼 활용, AR/VR 기술을 활
>   용한 교육
> 2. 물리적 한계 극복을 통한 학습자 경험의
>   혁신

① 연결화   ② 지능화

③ 실감화   ④ 융합화

실감화는 실감형, 체험형 교육 서비스와 물리적 한계 극복
을 위한 에듀테크 개념이다.

정답 : **20.** ③   **21.** ③   **22.** ②   **23.** ③

24 다음은 에듀테크의 특성에 대한 설명이다. 어떤 특성에 대한 개념인가?

> 1. 빅데이터 맞춤 교육으로 개인별 빅데이터 기반 학습자 맞춤 수업 설계
> 2. AI 활용 수업과 평가로 교과 성취도를 고려한 개인 맞춤 문제 제공

① 융합화   ② 지능화
③ 실감화   ④ 연결화

해설

지능화는 빅데이터 맞춤 교육과 AI 활용 수업과 평가의 특성을 갖는 에듀테크 개념이다.

25 미래 이러닝 교육의 특징을 잘못 설명한 것은?

① AI 기술 활용으로 인공지능(AI) 기술이 더욱 발전하면서, 이러닝 콘텐츠가 학습자의 학습 경로, 학습 습관, 학습 성과 등을 분석하여 맞춤형 학습 경험을 제공하는 데 더욱 효과적일 것으로 예상된다.

② 가상현실(VR)과 증강현실(AR) 기술이 더욱 보급되면서 실제 상황과 유사한 가상환경에서의 학습이 더욱 효과적일 것으로 예상된다.

③ 메타버스 기술 적용으로 학습자의 학습 이력과 인증서 등을 안전하게 보관하고, 학습자의 신원 인증 등에도 적용될 것으로 예상된다.

④ 협력적 학습환경 구성으로 소셜 러닝과 같은 협력적 학습환경을 구성하여 학습자들이 서로 소통하고 협력하여 학습을 진행할 수 있는 환경을 제공할 것으로 예상된다.

해설

블록체인 기술 적용으로 학습자의 학습 이력과 인증서 등을 안전하게 보관하고, 학습자의 신원 인증 등에도 적용될 것으로 예상된다.

26 제4차 이러닝 산업 발전 및 이러닝 활용 촉진 기본계획 수립 과정에 해당하지 않는 것은?

① 산업통상자원부(이하 '산업부')는 관계부처 합동으로 마련한 「제4차 이러닝 산업 발전 및 이러닝 활용 촉진 기본계획 (2022~2024)*」을 이러닝 진흥위원회의 심의·의결을 통해 최종 확정하였다.

② 4차 기본계획은 이러닝 산업이 코로나19가 촉발한 비대면 미래 교육시장의 새로운 환경에 대응하고 글로벌 경쟁력을 갖춘 산업으로서의 위상 제고를 뒷받침하기 위한 종합 전략의 성격을 가진다.

③ 국내 이러닝 산업('20년)은 1,905개 업체가 31,747명을 고용하고, 4.6조 원 시장(매출액 기준) 규모의 대표적 비대면 산업으로, '20년 전체 매출은 전년 대비 17.2% 증가(기존 4% 성장 수준)하고, 고용도 12.5% 증가하는 등 높은 성상세를 나타내고 있다. 또한, 인공지능, 가상현실 등 ICT 기술의 급속한 발전으로 교육 및 산업현장의 이러닝 도입은 더욱 확대될 것으로 전망된다.

④ 비대면화 및 디지털 전환으로 소외되는 고령층, 저소득층, 장애인 등 취약계층을 위한 이러닝 기반 디지털 포용 기술 개발을 지원한다.

해설

'비대면화 및 디지털 전환으로 소외되는 고령층, 저소득층, 장애인 등 취약계층을 위한 이러닝 기반 디지털 포용 기술개발을 지원한다'는 이러닝 산업의 경쟁력 제고 및 시장 창출에 대한 내용이다.

정답 24. ②   25. ③   26. ④

27 이러닝진흥위원회의 역할에 해당하지 않는 것은?

① 이러닝 산업 발전 및 이러닝 활용 촉진 정책의 총괄·조정에 관한 사항

② 이러닝 산업 발전 및 이러닝 활용 촉진 정책의 개발·자문에 관한 사항

③ 이러닝에 관한 「산업표준화법」 제12조에 따른 한국산업표준의 제정·개정·폐지 및 보급

④ 기본계획의 수립 및 시행계획의 수립·추진에 관한 사항

> **해설**
>
> 이러닝에 관한 「산업표준화법」 제12조에 따른 한국산업표준의 제정·개정·폐지 및 보급은 산업통상자원부장관이 이러닝 산업의 발전을 위하여 관계 중앙행정기관의 장과 협의하여 추진할 수 있는 사업을 말한다.

28 이러닝 기술 학습에 대한 설명으로 틀린 것은?

① 메타버스 기술은 이러닝 분야에서 더욱 강력하게 활용되고 있는데 학습자의 학습 패턴을 분석하여 개별화된 학습 경로를 제공하거나, 학습자의 이해도를 측정하여 적절한 학습자료를 추천하는 등의 기술이 개발되고 있다.

② 모바일 학습은 스마트폰이나 태블릿 등 모바일 디바이스의 보급으로 모바일 학습이 크게 발전하였으며, 모바일 학습은 언제 어디서나 학습을 이어갈 수 있어서 편리하다.

③ 협업 학습은 학습자들이 함께 문제를 해결하고 공동으로 학습 경험을 공유하는 협업 학습이 중요하게 다뤄지고 있는데, 이러한 방식은 학습자들 간의 지식 공유와 팀워크 능력 향상에 도움이 된다.

④ 게임화 기술의 적용은 학습자의 참여도와 학습 동기 부여에 크게 기여한다. 학습자는 게임의 캐릭터처럼 보상과 경쟁 요소를 통해 학습을 이어나갈 수 있으며, 이는 학습자의 흥미와 참여도를 높여준다.

> **해설**
>
> AI 및 기계 학습 기술은 이러닝 분야에서 더욱 강력하게 활용되고 있는데 학습자의 학습 패턴을 분석하여 개별화된 학습 경로를 제공하거나, 학습자의 이해도를 측정하여 적절한 학습자료를 추천하는 등의 기술이 개발되고 있다.

29 이러닝의 교·강사를 선발한 후 교·강사 정보를 등록하는 시스템은 무엇인가?

① 이러닝 학습시스템

② 학습관리시스템

③ 콘텐츠 관리시스템

④ 콘텐츠 개발관리 시스템

> **해설**
>
> 이러닝 교·강사는 일반적인 이러닝 과정의 경우 학습관리시스템(LMS)에 등록한다.

30 아래 내용은 평가 단계의 평가 활동 중 한 영역의 평가 내용이다. 보기 중 어떤 영역의 평가 내용인가?

• 평가의 적절성	• 평가의 타당성
• 평가의 신뢰성	

① 성취도 평가

② 학습효과 평가

③ 코스 평가

④ 교수자 평가

> **해설**
>
> 성취도 평가는 평가의 적절성, 타당성, 신뢰성에 대한 부분을 평가한다.

31 다음 중 기업 교육에서 이러닝 교 · 강사 평가의 준거로 보기 어려운 것은?

① 과제 채점의 질

② 튜터 만족도

③ 연수/워크숍 기회 지원

④ 학습참여 활성화를 위한 노력

> **해설**
>
> 기업 교육에서 이러닝 교 · 강사 평가 준거는 튜터 만족도, 과제 채점의 질, 주관식 시험 채점의 질, 학습 참여 활성화를 위한 노력, 수료율이다. 연수/워크숍 기회 지원은 K-12에 해당하는 평가 준거이다.

32 다음은 이러닝 콘텐츠 중 어떤 유형의 콘텐츠 유형인가?

> 다양한 디지털 정보로 제공되는 서사적인 시나리오를 기반으로 하여 이야기를 듣고 이해하며 관련 활동을 수행하는 형태로 학습이 진행되는 유형이다.

① 반복 연습용 이러닝 콘텐츠

② 스토리텔링형 이러닝 콘텐츠

③ 사례 기반형 이러닝 콘텐츠

④ 문제해결형 이러닝 콘텐츠

> **해설**
>
> 보기에 제시된 콘텐츠 유형은 스토리텔링형 이러닝 콘텐츠이다.

33 다음 중 원격 성인 학습자의 주요 특징이 아닌 것은?

① 직장 경험이 학습 수행 방식에 영향을 미친다.

② 학업 분야에 대한 전문적인 능력 보유(학위, 자격증 등)

③ 자신만의 학습 목표를 갖고 그것을 성취하는 데 수동적으로 학습한다.

④ 자신의 인생과 생애주기 설계에 맞추어 학업을 수행하려는 경향을 보인다.

> **해설**
>
> 자신만의 학습 목표를 갖고 그것을 성취하는 데 자기주도적으로 학습한다.

34 다음은 무엇에 대한 설명인가?

> 웹브라우저의 사용을 일반인뿐만 아니라 장애가 있는 사람, 고령자들도 편리하게 사용할 수 있도록 설정한 웹 페이지 및 콘텐츠 제작 기준이다.

① 웹 표준   ② 웹 접근성

③ 웹브라우저   ④ 웹 크롤링

> **해설**
>
> 웹 표준은 디바이스와 브라우저 특성과 관련 없이 표준화된 콘텐츠 확인을 위한 기준이고, 웹 접근성은 사용자의 특징과 상관없이 콘텐츠를 확인할 수 있게 하는 기준이다.

35 이러닝 콘텐츠 개발 자원의 유형별 형태에 대한 설명으로 맞지 않는 것은?

① VOD : 교수자+교안 합성을 통하여 동영상을 기반으로 제작하는 방식의 콘텐츠 유형

② 혼합형 : 한글, MS Office, PDF, 전자책 등과 같은 글자 위주의 콘텐츠 형태로 다른 유형에 비해 인쇄물로 변환이 쉽다.

③ WBI : 웹 기반 학습에서 보편적으로 사용되는 방식으로, 하이퍼텍스트를 기반으로 링크와 노드를 통해 다차원적인 형태를 구현

④ 애니메이션 : 캐릭터 애니메이션, 모션, 그래픽 기반으로 전문 성우 음성을 활용하여 애니메이션을 학습 형태로 만들어 개발한 유형

정답 31. ③   32. ②   33. ③   34. ②   35. ②

36 이러닝 콘텐츠 유형에 대한 설명이 바르게 작성된 것은?

① 스토리텔링형 이러닝 콘텐츠: 모듈 형태의 구조화된 체계 내에서 교수자가 학습자를 개별적으로 가르치는 것처럼 컴퓨터가 학습 내용을 설명, 안내하고, 피드백을 제공하는 유형

② 교수 게임형 이러닝 콘텐츠: 특정 주제에 관해 교수자의 설명 중심으로 이루어진 세분화된 동영상을 통해 학습을 수행하는 유형

③ 반복 연습용 이러닝 콘텐츠: 학습자들이 교수적 목적을 갖고 개발된 게임 프로그램을 통해 엔터테인먼트를 즐기는 것과 동시에 몰입을 통한 학습이 이루어지도록 하는 유형

④ 문제해결형 이러닝 콘텐츠: 문제를 중심으로, 주어진 문제를 인식하고 가설을 설정한 뒤 관련 자료를 탐색, 수집하여 가설을 검증하고 해결안이나 결론을 내리는 형태로 학습이 진행되는 유형

37 다음 중 학습대상 분석 시 분석 요소가 아닌 것은?

① 학습 스타일　　② 학습 동기
③ 학습시스템　　④ 학습 태도

38 다음에 들어갈 알맞은 말은 무엇인가?

> 학습자 분석은 교육과정을 학습하는 (　　　)의 특징에 대해 파악하는 것이다.

① 기기　　　　　② 대상
③ 시스템　　　　④ 교 · 강사

39 교 · 강사의 활동평가 중 설계 및 개발 단계 평가 중 학습 내용 부분에 해당하지 않는 활동은?

① 학습 내용 정확성 및 적절성
② 학습 분량의 적절성
③ 과목 선정 기준 타당성
④ 학습과제, 토론 주제의 적절성

40 요구사항 분석 시 고객사 요구사항 분석을 했을 때 효과로 볼 수 없는 것은?

① 조직 측면의 학습만족도 상승
② 관리자 측면의 학습만족도 상승
③ 학습자 측면의 학습만족도 상승
④ 학습 성과 격차 발생

정답 : **36.** ④　**37.** ③　**38.** ②　**39.** ③　**40.** ④

41 요구사항 분석 시 교육과정 특성 분석 내용으로 볼 수 없는 것은?

① 학습 내용 주제에 대한 특성 분석

② 멀티미디어 내용 요소 분석

③ 학습 내용 수준에 대한 분석

④ 학습 기기 사용 능력 분석

> **해설**
>
> 학습자의 학습기기 사용 능력 분석은 학습자 학습환경 분석 내용이다.

42 요구사항 분석 시 학습자 환경분석 내용으로 볼 수 없는 것은?

① 멀티미디어 내용 요소 분석

② 학습 기기 접속환경 분석

③ 학습자 학습 가능 시간대 분석

④ 학습자 학습 장소 환경 분석

> **해설**
>
> 멀티미디어 내용 요소 분석은 교육과정 특성 분석 내용이다.

43 학습자들이 사용하는 이러닝학습시스템의 주요 기능 중 수강 이력 확인에 대한 설명으로 올바른 것은?

① 시험, 과제 작성 안내 자료 확인

② 학습 내용 및 운영에 관한 사항에 대하여 질의응답 지원

③ 학습자 성명, 학습과정명, 학습개시일 및 종료일, 최초 및 마지막 수강일 등 수강 신청 현황 제시

④ 학습자의 개인 프로필과 학습 이력을 학습자 개인별로 갖출 것

> **해설**
>
> ① 평가 확인에 대한 설명 ② 질의응답에 대한 설명
> ③ 수강 신청에 대한 설명 ④ 수강 이력 확인에 대한 설명

44 고용노동부에서 진행하는 직업능력개발훈련 중 온라인을 통해서만 진행하는 학습은 무엇인가?

① 우편원격훈련

② 인터넷 원격훈련

③ 집체교육훈련

④ 혼합교육훈련

> **해설**
>
> 인터넷 원격훈련은 고용부에서 진행하는 직업능력개발훈련 중 인터넷으로 진행하는 학습이다.

45 다음 중 원격 훈련시스템 장비 요건 중 하드웨어에 포함되지 않은 것은?

① WEB SERVER ② DBMS

③ DB SERVER ④ Disk Array

> **해설**
>
> DBMS는 DB를 관리하는 도구로 소프트웨어이다.

46 학습 지원 도구 중 원격 지원시스템의 주요 점검 항목에 대한 설명으로 올바르지 않은 것은?

① 원격 지원 접속 URL 등 접속 방법 정상 공지 여부

② 원격 지원 시 지원 대상자 개인정보 확인 여부

③ 원격 지원 시 지원 대상자 PC 정상 접속 여부

④ 원격 지원 시 지원 대상자 PC에서 정상적으로 조작 여부

> **해설**
>
> 원격 지원 시 지원 대상자와 동의되지 않은 개인정보가 보이면 안 된다. 또한, 원격 지원 시 개인정보 확인은 점검항목에 포함되지 않는다.

정답 : 41. ④ 42. ① 43. ④ 44. ② 45. ② 46. ②

47 과정별 이러닝 콘텐츠 오류 여부 점검 시, 아래 항목들을 점검하는 항목은 다음 중 어느 항목에 대한 점검인가?

> • 배우의 목소리 크기나 의상, 메이크업의 적절성
> • 최종 납품 매체의 영상 포맷을 고려한 콘텐츠 여부
> • 전자칠판, 크로마키 등 제작 방식에 따른 촬영 방식의 적절성 여부

① 교육내용　　　　② 제작환경
③ 콘텐츠 품질　　　④ 화면 구성

해설

해당 설명은 제작환경에 관한 내용이다.

48 수강 신청 관리 활동에서 수동 수강 신청 승인인 경우 관리 내용이 아닌 것은?

① 수강 승인을 위해서는 수강 승인할 수강 신청 목록을 체크한 후 승인 진행
② 신청된 내역에 대해 학습 동기부여 관리
③ 수강 신청을 취소 기능을 통한 취소 관리
④ 자동 수강처리 또는 수동 수강처리 여부 등록

해설

자동 수강처리 또는 수동 수강처리 여부 등록은 교육과정 등록 또는 차수 등록 시 설정한다.

49 요구분석의 장점으로 옳지 않은 것은?

① 공급자 중심의 맞춤형 이러닝 서비스를 제공하기 위한 해결 방안을 모색할 수 있다.
② 이러닝 과정 수강 후에 학습자들이 할 수 있는 것에 대한 방향을 도출할 수 있다.
③ 자본, 인력, 시설 등의 자원을 가장 적절하게 배치할 수 있도록 우선순위를 제공한다.

④ 이러닝 교육훈련의 성과 달성과 수요자 만족도 제고를 위한 중요한 역할을 한다.

해설

요구분석은 수요자 중심의 이러닝 과정 제공과 운영을 하기 위해 수행한다.

50 다음 문장에 공통으로 들어갈 말은?

> • 운영의 효율성과 학습 대상의 학습 만족도를 높이기 위해 (　　　)을(를) 사전에 등록하여 관리
> • (　　　)을(를) 사전에 등록하려면 (　　) 정보를 학습관리시스템에 먼저 등록
> • (　　　) 정보를 등록하고, 접속 계정을 부여한 후 수강 신청별로 운영자 배치

① 교 · 강사　　　　② 운영자
③ 학습자　　　　　④ 관리자

해설

설명 내용은 운영 예정과정에 대해 운영자 등록에 관한 내용이다.

51 다음 중 요구분석의 단계와 세부 방법의 연결이 옳지 않은 것은?

	단계	방법
①	요구분석의 목적 결정	요구분석을 통해 찾아내고자 하는 정보가 무엇인지 결정하였다.
②	정보의 출처 확인	가장 정확한 정보를 얻을 수 있는 조사 대상을 선정하였다.
③	요구분석 도구 선정	설문조사, 면담 등의 요구분석 도구를 활용해서 자료를 수집하였다.
④	요구분석 계획	요구분석 계획서를 작성하여 구체화시켰다.

정답 : 47. ②　48. ④　49. ①　50. ②　51. ③

③번은 요구분석 실행 단계에 해당한다.

52 요구분석의 절차에서 해결 방안과 우선순위를 제시하여 의사결정에 활용할 수 있는 구체적 실행 지침을 제공하는 단계는 무엇인가?

① 요구분석 계획   ② 결과 분석 및 보고

③ 요구분석 실행   ④ 요구분석 도구 선정

요구분석 가장 마지막 절차에서 교육기관의 정책 수립 및 의사결정을 위해 분석결과를 보고하고 대안을 마련하는 과정이 필요하다.

53 다음 중 요구분석이 필요한 상황으로 옳지 않은 것은?

① 재직자들의 업무 수행에서 발생한 문제를 교육을 통해 해결할 때

② 신입사원 교육, 직급별 승진 교육, 임원 교육 등 습관적, 고정적 교육을 개선할 때

③ 이러닝 과정 운영계획서가 완성되었을 때

④ 신기술 관련 교육과정을 개설할 때

이러닝 과정 운영계획서를 작성하기 전에 요구분석의 실행과 결과 분석이 완료되어야 한다.

54 요구분석의 도구 중, 5~10명의 사람과 회의를 통해서 관련된 정보를 얻는 활동으로 최적의 상태를 결정하고 우선순위를 선정하는 데 유용한 방법은 무엇인가?

① 관찰

② 면담

③ 설문조사

④ 포커스그룹인터뷰(FGI)

소그룹의 인원이 동시에 회의에 참여하여 제품 개선을 위한 정보를 교류하는 활동은 포커스그룹인터뷰(FGI) 방법에 해당한다.

55 다음 중 고객의 요구분석에 대한 설명으로 옳지 않은 것은?

① 교육대상자가 속해 있는 기관과 조직 및 관리자들의 요구를 분석하는 활동이다.

② 조직의 핵심 가치, 비전, 인재상 등은 검토 대상에서 제외한다.

③ 교육대상자의 직무역량, 경력개발 관련 요구사항을 분석한다.

④ 설문조사 혹은 면담, 기존에 작성된 현존 자료를 활용할 수 있다.

고객사에 소속된 직원들의 직무역량 향상을 위한 과정 개설을 위해 해당 기업과 조직에 대한 충분한 이해가 필요하므로 검토 대상에 포함하는 것이 좋다.

56 다음 중 교육과정 요구분석에 대한 설명으로 옳지 않은 것은?

① 학습 콘텐츠 모니터링 과정에 참여한 경험이 있는 수강생은 제외한다.

② 학습자, 기관 및 조직의 교육목적에 부합하기 위해 학습 내용을 분석하는 것이다.

③ 이러닝 수강 경험이 많은 학생들의 의견을 수렴하면 시사점을 얻을 수 있다.

④ 유형, 분량, 난이도, 멀티미디어 요소, 상호작용 방법 등이 포함된다.

학습 콘텐츠 모니터링 과정에 참여한 수강생을 통해 교육과정 개선과 보완을 위한 중요한 정보를 습득할 수 있으므로 대상에 포함한다.

정답 52. ② 53. ③ 54 ④ 55. ② 56. ①

57 학습자들이 수업 전에 동영상 학습으로 예습하고, 강의실 수업에서는 다른 학습자들과 협력적인 환경에서 다양한 학습활동을 수행하는 교수학습 방법은 무엇인가?

① 토론식 수업　　② 플립드러닝

③ 프로젝트학습　　④ 디자인씽킹

> **해설**
>
> 해당 내용은 플립드러닝에 해당한다.

58 수요자 중심의 이러닝 서비스 기획이 필요한 이유로 적절하지 않은 것은?

① PC 기반의 학습 외에도 모바일, 태블릿PC 등을 활용한 학습이 증가하고 있다.

② 디지털·신기술 분야의 취업을 희망하는 대학생과 직장인이 증가하고 있다.

③ 정부에서 국민내일배움카드와 고용보험 환급금의 예산을 축소하는 추세이다.

④ 새롭게 추가되는 국가공인자격증과 미래 유망 민간자격증이 증가하고 있다.

> **해설**
>
> 정부에서는 우리 국민의 평생교육을 장려하고 직업훈련을 위한 예산을 더욱 늘리고 있는 추세이다.

59 기업경영 기법의 하나로 효과적인 이러닝 운영을 위해서 유사한 우수 사례를 조사하고 그 대상과 비교분석을 통해 장점을 배우는 활동은 무엇인가?

① 마케팅(marketing)

② 벤치마킹(benchmarking)

③ 식스시그마(six sigma)

④ 품질관리(quality management)

> **해설**
>
> 벤치마킹 활동을 통해 타 교육기관의 운영 우수 사례를 탐색하고 적용할 수 있다.

60 이러닝 콘텐츠(e-Learning Contents)에 대한 설명으로 옳지 않은 것은?

① LMS나 LCMS에 탑재되어 이러닝 과정 운영으로 학습자에게 제공된다.

② 이러닝 학습자가 효과적인 학습을 할 수 있도록 제작된 교수·학습 프로그램을 의미하며, 동영상 형태로만 제작된다.

③ 'Adobe Flash'로 개발된 콘텐츠는 'Adobe Flash Player'를 설치해야만 콘텐츠 구동이 가능하다.

④ 멀티미디어 기기는 이러닝 콘텐츠의 입력 정보를 받아 이미지와 영상, 음성으로 출력하여 학습자에게 제공한다.

> **해설**
>
> 이러닝 콘텐츠는 인터넷을 통해 온라인으로 제공되는 콘텐츠로 텍스트, 그래픽, 오디오, 비디오, 애니메이션, 시뮬레이션, 게임, 인터랙티브 퀴즈 등 다양한 형태를 가질 수 있다.

61 이러닝 콘텐츠(e-Learning Contents)의 교육적 요소에 대한 점검 사항이 아닌 것은?

① 명확한 학습 목표를 가졌는지 점검한다.

② 학습자와 콘텐츠 간 상호작용이 적절한지 점검한다.

③ 크기, 색상 대비, 키보드로 탐색 가능, 음성 출력 등을 점검한다.

④ 이러닝 콘텐츠에 평가와 피드백 기능이 포함되었는지 확인한다.

> **해설**
>
> 이러닝 콘텐츠(e-Learning Contents)의 디자인 요소 점검 사항이다.

정답 57. ②　58. ③　59. ②　60. ②　61. ③

62 이러닝 콘텐츠(e-Learning Contents)의 언어적 요소에 대한 점검 사항이 아닌 것은?

① 명확하고 이해하기 쉬운 언어를 사용하는지 점검한다.

② 문장 구조나 맞춤법 등도 일관성 있게 유지되었는지 점검한다.

③ 학습자들의 문화적 배경을 고려하여 표현되었는지 점검한다.

④ 사용자 경험 요소인 콘텐츠의 적합성, 기능성, 직관성, 효율성, 만족도 등을 고려하였는지 점검한다.

63 이러닝 콘텐츠(e-Learning Contents)의 디자인 요소에 대한 점검 사항이 아닌 것은?

① 이러닝 콘텐츠의 디자인 요소인 글꼴, 색상, 이미지, 그래픽은 학습을 방해하지 않고, 매력적이고 사용자 경험을 고려하여 디자인되었는지 점검한다.

② 이러닝 콘텐츠의 레이아웃이 학습자가 콘텐츠를 쉽게 읽고 이해할 수 있도록 구성되었는지 점검한다.

③ 학습자의 학습 수준, 배경, 관심사 및 필요에 따라 콘텐츠를 맞춤형으로 개발되었는지 점검한다.

④ 이러닝 콘텐츠가 사용자 경험 요소인 콘텐츠의 적합성, 기능성, 직관성, 효율성, 만족도 등을 고려하였는지 점검한다.

해설

이러닝 콘텐츠(e-Learning Contents)의 교육적 요소 점검 사항이다.

64 이러닝 콘텐츠(e-Learning Contents)의 저작권과 법적 요소의 점검 사항을 설명한 것이다. 잘못된 설명은?

① 저작권이 보호되는 콘텐츠를 사용할 때는 그 제한적 이용에 관한 법령에 따라 사용했는지 점검한다.

② 다른 자료를 참고하거나 인용했을 경우, 출처를 명확히 밝히고 인용 부분을 따옴표로 감쌌는지 확인한다.

③ 이러닝 콘텐츠에 사용된 리소스 중 폰트를 제외한 이미지와 음원이 저작권 및 지적 재산권을 준수했는지 확인한다.

④ 장애인과 같은 다양한 사용자 그룹이 이용할 수 있도록 접근성 요구사항을 충족시켰는지 점검한다.

해설

이러닝 콘텐츠에 사용된 모든 이미지, 텍스트, 음악, 동영상 등이 저작권 및 지적 재산권을 준수했는지 확인해야 한다.

65 다음의 내용은 무엇에 대한 설명인가?

- 이러닝 콘텐츠 원고 및 자료 작성
- 이러닝 콘텐츠 동영상 강의 촬영
- 이러닝 콘텐츠 개발 완료물 검수 및 보완
- 이러닝 운영 평가문항, 과제, 토론 등 개발

① 이러닝 내용전문가
② 이러닝 운영강사 혹은 이러닝 튜터
③ 이러닝 운영담당자
④ 이러닝 관리자

해설

과정의 내용에 대한 전문성이 필수적으로 요구되는 이러닝 내용전문가에 대한 내용이다.

66 다음의 자격요건에 부합하는 모집 대상으로 적절한 것은?

> □ 신청자격: 다음 각 호의 신청 자격 중 하나 를 반드시 갖춘 자
>
> ○ 모집분야 관련 박사학위 취득자
> ○ 모집분야 관련 석사학위 취득자로서 해당 모집과정의 실무경력 또는 강의경력이 3년 이상인 자
> ○ 모집분야 관련 학사학위 취득자로서 해당 모집과정의 실무경력 또는 강의경력이 5년 이상인 자
> ○ 대한민국 명장, 산업현장교수, 우수숙련기 술자 등 정부기관으로부터 인정받은 자
> ○ 기타 위와 동등 이상의 자격을 가진 자

① 이러닝 내용전문가
② 이러닝 운영강사 혹은 이러닝 튜터
③ 이러닝 운영담당자
④ 이러닝 관리자

해설

박사학위 혹은 관련 실무경력 및 강의경력 등 자격 조건이 까다로운 것으로 보아 이러닝 내용전문가를 채용하는 공 고임을 알 수 있다.

67 이러닝 교 · 강사의 콘텐츠 제작과 관련된 불 편사항이 아닌 것은?

① 강의 교안에 발생한 오타
② 학습 콘텐츠의 설명 오류
③ LMS 시스템에서 콘텐츠 재생 오류
④ 음성 및 영상의 품질 저하

해설

③번은 학습관리시스템(LMS) 시스템 오류에 해당한다

68 이러닝 튜터의 역량에 대한 설명 중 옳지 않은 것은?

① 전문적 학습지도보다는 일반적인 관리와 안내 역량이 더욱 강조된다.
② 전공 분야에 관한 내용 전문성 역량이 요 구된다.
③ 학습자와의 온라인 커뮤니케이션 역량이 요구된다.
④ 학습관리시스템(LMS) 사용 및 관리 역량 이 요구된다.

해설

최근에는 단순히 학습관리를 하는 차원에서 나아가 전문 적 학습지도 역량이 요구된다.

69 다음 중 성인학습의 특성으로 맞지 않는 것 은?

① 개인차를 고려하여 연령, 학습 스타일, 시 간, 장소, 학습 속도를 고려하여야 한다.
② 교사는 성인 학습자와 동반자적 역할을 한다.
③ 삶의 현장보다는 교과목이 중요하다.
④ 성인 학습자의 경험은 중요한 학습 자원이 다.

해설

성인학습에서 보다 중요한 것은 현장이다.

70 다음 중 학습자의 입장을 설명하는 것은?

① 강좌의 목적과 이해를 동반해야 한다.
② 성장을 인지할 수 있어야 한다.
③ 학습 분위기를 편안하게 유지한다.
④ 경험과 관련된 내용을 활용한다.

해설

①번을 제외한 내용은 교수자의 입장이다.

정답 **66.** ① **67.** ③ **68.** ① **69.** ③ **70.** ①

71 다음 중 교육자의 입장을 설명한 것은?

① 신체적으로 안락해야 한다.

② 경험과 관련되어야 한다.

③ 자신이 담당해야 할 주제에 대해 열정적이어야 한다.

④ 학습하고자 하는 욕구가 있어야 한다.

해설

③번을 제외한 내용은 학습자 입장이다.

72 교육 콘텐츠 개발과 관련하여 적절하지 않은 설명은?

① 설계 및 개발에 관한 전문성이 요구된다.

② 학습자 주의집중과 참여의 폭을 넓힐 수 있도록 설계한다.

③ 멀티미디어에 대한 이해가 요구된다.

④ 시의성과 계절성을 담도록 콘텐츠를 제작한다.

해설

학습자가 콘텐츠를 학습하는 시점은 각기 다르므로 시의성과 계절성을 담지 않도록 제작하는 것이 바람직하다.

73 교육 솔루션에 대한 설명으로 맞지 않는 것은?

① 사이버교육을 가능하게 하기 위한 행정적 시스템

② 관리에 필요한 물리적 컴퓨터 환경

③ 학습을 지원하는 부분

④ 학습관리시스템(LMS)과 콘텐츠관리시스템(LCMS)

해설

교육 솔루션은 행정적 시스템이 아닌 공학적 시스템이다.

74 행정 및 운영체제에 대한 설명으로 맞는 것은?

① 이러닝이 가능한 시스템 환경

② 코스를 관리하는 행정적 측면

③ 이러닝을 효율적으로 지원하기 위한 운영 시스템

④ 학습과정을 관리하는 프로그램의 부분

해설

①, ④번은 학습 전달 시스템, ②번은 지원체제에 해당한다.

75 다음 중 이러닝 운영자의 역할 중 교수자의 역할과 이어진 세부 역할이 올바르지 않은 것은?

① 사회적 역할=상호작용의 역할

② 기술적 역할=온라인 환경에서 학습자가 어려움 없이 사용하도록 도와주는 역할

③ 관리적 역할=학습 동반자로서의 역할

④ 교수적 역할=지적 활동의 역할

해설

학습 지도자로서의 역할이다.

76 교수자의 교수적 역할 규명 및 활용 예시로 적합하지 않은 것은?

① 지도 – 활동 예시 – 과제 평가 및 지도

② 지도 – 역할 규명 – 교수 학습을 지도

③ 안내 – 역할 규명 – 과제 평가 및 지도

④ 설계 – 활동 예시 – 학습할 내용에 대한 준비

해설

안내의 사항이 아닌 지도의 사항이다.

정답 : 71. ③ 72. ④ 73. ① 74. ③ 75. ③ 76. ③

77 대학 이러닝에서 교수자의 역할이 아닌 것은?

① 교수-학습을 통해 수업을 운영

② 교과목과 수업을 기획

③ 질의응답, 시험성적에 대한 보조적 역할

④ 교수적 역할, 관리적 역할, 사회적 역할, 기술적 역할

해설

보조적 역할이 아닌 주도적 역할이다.

78 다음의 내용이 설명하고 있는 것은?

학사관리 전반에 걸친 사항을 관리해 주는 시스템으로 학습을 위한 온라인 교육용 플랫폼이다.

① CDMS   ② LMS

③ KMS   ④ LCMS

해설

LMS는 온라인 교육용 플랫폼이다.

79 인프라 구축 시 기본 설비용량을 적용받는 인원수는 몇 명까지인가?

① 99명   ② 499명

③ 999명   ④ 1999명

해설

100명 이상부터는 다음 단계의 설비용량을 적용받는다.

80 다음 중 콘텐츠 운영·품질관리에 필요한 하드웨어 구성 요소가 아닌 것은?

① 영상촬영장비

② 영상중계장비

③ 영상변환장비

④ 영상저장장비

해설

영상중계장비는 해당되지 않는다.

memo

학습목표

Part 02에서는 이러닝 활동 지원을 위한 핵심 요소들에 대해서 살펴본다.

- 첫 번째, 이러닝 운영 기획 단계이며, 수요자 맞춤형 이러닝 과정을 기획하고 전반적인 운영계획을 세우는 활동에 대한 내용을 학습한다.

- 두 번째, 이러닝 학습환경 점검 단계이며, 이러닝 과정의 운영 사이트를 점검하고 과정을 등록하며, 학사일정계획에 따른 사전 준비 항목을 점검하고 수강 신청을 관리하는 활동에 대한 내용을 학습한다.

- 세 번째, 이러닝 운영을 위한 운영 지원 도구(학습관리시스템, 원격제어시스템, 메신저시스템)에 대한 이해 및 운영 방안에 대해 학습한다.

- 네 번째, 이러닝 운영 활동관리 단계이며, 학습자와 교ㆍ강사에게 학습에 필요한 사항을 안내하고, 고객사를 효율적으로 관리하고 요구사항을 지원하는 활동에 대한 내용을 학습한다.

- 다섯 번째, 학습자 지원활동으로, 이러닝 운영 담당자가 과정 운영 측면에서의 지원활동을 하는 것과 이러닝 튜터(교ㆍ강사)가 학습을 촉진하고 상호작용을 지원하는 활동에 대한 내용을 학습한다.

- 여섯 번째, 학습평가를 설계하는 활동으로, 이러닝에서 평가에 대해 이해하고, 평가 방법 및 과정 평가 타당성 검토 방법에 대한 내용을 학습한다.

PART
02

이러닝 활동 지원

Chapter 01 이러닝 운영 기획

1장에서는 이러닝 운영 담당자로서 가장 먼저 해야 할 일에 대해서 알아본다.

이러닝 과정 운영의 기획과 준비를 위한 운영 요구 분석의 개념과 방법을 학습하고, 요구조사 보고서 예시를 통해서 적용 방법을 살펴본다. 또한, 이러닝 운영계획 수립과 관련된 운영전략, 학사일정계획, 홍보계획, 평가전략 수립에 대해 구체적으로 살펴보고 이러닝 운영계획서 작성 방법을 살펴본다.

학습목차	내용
1. 이러닝 운영 기획 및 준비	1) 이러닝 운영 기획의 배경
	2) 이러닝 운영 기획 및 준비의 필요성
2. 이러닝 운영 요구분석	1) 운영 요구 분석
	2) 학습자, 고객, 교육과정, 학습관리시스템 관련 요구분석
	3) 이러닝 요구분석 시 고려할 요소
	4) 이러닝 운영 기획을 위한 요구분석 결과의 적용 방법
3. 이러닝 운영계획 수립	1) 이러닝 운영계획 수립의 세부 요소
	2) 이러닝 운영계획서 작성

학습목표   1장 학습 후 할 수 있는 일

1. 이러닝 운영 기획과 준비의 필요성에 대해 설명할 수 있다.
2. 이러닝 운영 요구 분석의 개념과 주요 내용, 절차와 방법에 대해 설명할 수 있다.
3. 학습자, 고객, 교육과정, 학습관리시스템과 관련된 요구분석의 세부 요소를 설명할 수 있다.
4. 이러닝 운영을 위한 최신 교육 트렌드를 파악하고 타 교육기관 사례를 벤치마킹하여 운영전략 수립에 반영할 수 있다.
5. 이러닝 운영계획 요소를 파악하여 운영전략과 학사일정계획, 홍보계획, 평가전략을 수립할 수 있다.
6. 이러닝 운영계획서 세부 요소를 바탕으로 운영계획서를 작성할 수 있다.

주요 용어   핵심 키워드

이러닝 요구분석, 학습자 분석, 고객 분석, 교육과정 분석, 학습관리시스템 점검, 수요자 중심 과정 기획, 이러닝 벤치마킹, 이러닝 운영계획, 이러닝 운영전략, 이러닝 학사일정계획, 이러닝 홍보계획, 이러닝 평가전략, 이러닝 과정 운영계획서

1) 이러닝 운영 기획의 배경

① 온·오프라인의 경계가 점점 희미해지고 교실에서의 전통적인 교육보다는 온라인에서 이러닝을 활용한 다양한 교육이 확대되고 있다.

② 첨단 기술의 급격한 발달로 산업 수요에 부응할 수 있는 다양한 기술교육이 확대되면서, 스마트혼합훈련과 같이 집체훈련에 원격보조훈련(이러닝 콘텐츠 학습)이 결합한 형태의 교육이 증가하고 있다.

③ 기업 재직자들의 직무역량 향상을 위한 맞춤형 직무교육과 이직·취업 지원을 위한 재교육과 향상 교육 형태의 교육 수요가 증가하였다.

④ 팬데믹 시대 이후에 온라인 교육이 더 보편화되면서 대학에서도 온라인 교과목 개설 및 인정 학점이 확대되고 일반대학원에도 온라인 과정이 개설되고 있다.

2) 이러닝 운영 기획 및 준비의 필요성

① 이러닝 운영 기획은 과정 운영에 필요한 전반적인 사항을 분석하고 그 결과를 기반으로 운영계획을 세우는 활동이며, 운영 준비는 과정 운영을 위한 구체적인 준비 활동을 수행하는 것이다.

② 기업의 재직자와 대학 및 초·중·고 학생까지 이러닝 교육의 수요자층이 확대되고 있어, 다양한 학습자가 이러닝을 잘 수행할 수 있도록 체계적인 운영 기획이 필요하다.

③ 이러닝 운영 전에 개설하고자 하는 교육과정에 대한 요구분석과 학습자의 특성, 학습자들에게 필요한 교육내용, 학습자에게 제공되어야 하는 이러닝 운영 요소, 과정 운영의 세부 프로세스와 방법 등의 운영계획을 수립하고 사전에 철저한 준비를 할 필요가 있다.

④ 이러닝 운영을 위한 학습환경 점검과 수강 신청 관리를 위한 시스템 점검 활동을 통해 혹시 모를 시스템 오류나 시행착오에 대비할 수 있다.

⑤ 이러닝 운영 기획과 준비 요소는 다음과 같다.

표 2-1-1 이러닝 운영 기획과 준비 요소

연구자	세부 내용
박종선 외 (2003a)	• 기획 과정: 이러닝 과정 운영에 필요한 각종 요소를 분석하고 계획하는 과정 • 준비 과정: 과정 및 교과목 개설, 학습정보 게시, 수강 신청 및 등록, 수강 인원 배정 및 튜터 선정, 사전교육(오리엔테이션) 등의 운영 준비 활동

장명희 외 (2004)	• 기획 지원: 교육요구 분석, 교육계획 수립, 과정 운영전략 수립, 마케팅 및 홍보, 사업성과 분석 • 과정 운영 계획: 과정별 운영전략 수립, 시스템 점검, 학사일정 관리, 수강 신청 관리, 학습자 환경 점검, 학사 안내
권성연 (2004)	운영계획 수립, 과정 및 회차 개설 준비, 운영 및 학습 방법 안내 활동
노동부와 산업인력공단 (2009)	• 운영을 위한 분석: 서비스 운영 관련 요구사항 분석, 벤치마킹, 학습자, 학습 환경 분석, 서비스 운영 목표 및 방향 도출 • 운영을 위한 설계: 서비스 운영전략 수립, 구체적인 운영계획 수립, 세부 운영 전략 수립

※ 출처: 박종선, 유일한(2012). 이러닝 서비스 운영 프로세스 스킬. (사)한국이러닝산업협회.

참고!

※ 기관 종류에 따른 이러닝 운영 기획과 계획 시점
 – 자체교육훈련기관: 연간 교육훈련을 계획하는 과정에서 검토
 – 위탁교육훈련기관: 교육훈련 과정을 도입 혹은 개발하는 과정에서 검토

※ 운영 목적에 따른 이러닝 과정 운영 기획
 – 기업 내부에서 특수한 목적 달성을 위한 이슈화 된 과정의 운영 기획
 – 고용노동부 인터넷 원격훈련을 위한 일반화된 과정의 운영 기획

2 /// 이러닝 운영 요구 분석

1) 운영 요구 분석

(1) 요구분석 개요

① 이러닝 운영 기획을 위해 가장 첫 번째로 수행해야 하는 필수 활동으로, 이러닝 과정을 개설하고 효율적으로 운영하기 위해 요구되는 각종 필요사항을 파악하고 적용하는 것이 목적이다.

② 요구(needs)는 현재의 상태(what it is)와 바람직한 상태(what should be) 간의 격차(gap)이며, 요구분석은 현재의 상태(what it is)와 바람직한 상태(what should be) 간의 격차(gap)가 무엇인지 정확하게 확인하고 최적의 해결 방안을 모색하는 활동이다.

③ 이러닝 운영 기획 과정에서의 요구분석은 과정 종료 후에 학생들이 가지게 될 바람직한 수준(목표)과 현재의 수준(목표)의 차이, 즉 요구(needs)를 규명하는 것이다.

더 나아가 요구분석은 수요자 중심의 이러닝 과정 개설과 운영을 위해 학습자 및 고객의 요구를 다각도로 분석하고 종합하여 이러닝 운영 방향과 특성을 결정하기 위한 활동이다.

④ 요구분석의 세부 요소로는 학습 대상, 고객의 요구, 교육과정(학습 내용) 및 학습환경의 특성 분석 등이 있다. 즉, 교육 대상을 선정하고 학습자의 소속기관 혹은 조직에서 기대하는 수준을 파악하며, 그들의 기대 수준과 교육목적을 충족시킬 수 있는 교육과정을 검토하고, 이러닝 서비스 환경이 어떠한지 분석하는 것이다.

⑤ 요구분석의 결과에 근거하여 이러닝 과정의 대상 집단을 검토하고, 운영할 시기와 참여 인원수를 결정하므로, 정보의 신뢰성과 타당성을 위해 최소한의 참여 인원을 확보하는 것이 바람직하다.

(2) 요구분석의 장점

① 요구분석을 통해 이러닝을 운영하는 기관이 학습자 맞춤형 서비스를 위해 갖추어야 할 여건과 세부 내용을 파악하고 해결 방안을 모색할 수 있다.

② 이러닝 교육기획자와 관리자들이 합리적 의사결정을 통해 자본, 인력, 시설 등의 자원을 가장 적절하게 배치할 수 있도록 우선순위를 제공한다.

③ 요구분석 결과는 이러닝을 통한 교육훈련의 성과 달성과 수요자 만족도 제고를 위한 최선의 방안을 고안하고 효율적 운영을 위한 이러닝 운영계획서 작성의 기초 자료로 활용된다.

(3) 요구분석의 절차와 방법

표 2-1-2 요구분석의 절차와 방법

단계	구분	방법
1단계	요구분석의 상황 분석	요구분석이 필요한 상황을 이해하고, 요구분석에서 필요한 정보를 분석하는 것
2단계	요구분석의 목적 결정	요구분석을 통해 찾아내고자 하는 정보가 무엇인지 결정
3단계	정보의 출처 확인	요구분석의 수행을 위해 필요한 정보 출처, 즉 가장 정확한 정보를 얻을 수 있는 조사 대상 선정

4단계	요구분석 도구 선정	요구분석의 목적 달성을 위해 어떤 조사 방법을 활용할 것인지 분석도구 선정

↓

5단계	요구분석 계획	요구분석에 대한 구체적인 실행계획 수립 – 요구분석 계획서를 작성하여 구체화시킴 – 요구분석의 목적, 도구, 절차, 팀 소개, 역할분담, 실행 일정

↓

6단계	요구분석 실행	계획된 일정과 요구분석 단계에 따라 자료를 수집하는 단계 – 양적자료(설문조사)와 질적자료(면담, 관찰, 포커스그룹 인터뷰 등)의 방법을 활용할 수 있음

↓

7단계	결과 분석 및 보고	수집한 요구분석 자료를 체계적으로 분석 – 기관 및 조직, 학습자들과 관련된 다양한 정보, 현재의 상태와 미래 계획 등에 대해 분석 – 분석된 요구를 토대로 해결 방안에 대한 대안과 우선순위를 제시하여 의사결정에 활용할 수 있는 구체적인 실행 지침 제공

※ 출처: 오인경, 최정임(2012). 교육 프로그램 개발 방법론. 서울:학지사

(4) 요구분석이 필요한 상황

표 2-1-3 요구분석이 필요한 상황

재직자의 업무 수행에 대한 문제를 교육을 통해서 해결해야 하는 상황	매번 습관적 혹은 고정적으로 진행되는 교육 상황	첨단 기술과 장비가 도입되어 교육 필요성이 발생함에 따라 교육수요를 발굴해야 하는 상황
예 교육훈련 후에도 효과가 나타나지 않을 때, 고객서비스에 불만이 많을 때	예 서비스 교육, 신입사원 교육, 직급별 승진교육, 임원 교육 등	예 4차 산업혁명 이후 ICBM* 기술이 급속도로 발전하면서 재직자를 위한 재교육(reskilling), 향상 교육(upskilling) 수요가 확대되었음. 이처럼 업무역량 향상을 위한 새로운 교육수요를 발굴하고 파악해야 할 때 운영 요구분석 활동이 필요함

※ ICBM: 사물인터넷(IoT), 클라우드(Cloud), 빅데이터(Big Data), 모바일 기기 서비스(Mobile) 영역

(5) 요구분석의 도구

이러닝 과정의 신규 개설 혹은 기존과정 개선의 목적에 따라, 현존자료 분석, 설문조사, 면담, 관찰, 포커스그룹인터뷰(FGI) 등의 방법 중에 적합한 것을 활용한다.

① 현존자료

• 이러닝 운영과 관련된 각종 현존 자료를 수집하여 분석하는 것이다.

• 기관 및 조직 내부의 자료: 기존에 운영한 교육과정 현황, 조직의 운영 성과, 행정적 요구 관련 자료, 학습자·교수자·튜터의 요구를 모두 수집하여 분석에 활용한다.

• 정부기관이나 기업 발간 자료: 이러닝실태조사(산업통상자원부), 교육정보화백서 (한국교육학술정보원), 대기업의 이슈페이퍼 외에도 국가평생교육진흥원과 한국교육개발원 등에서 발간한 연구보고서와 공식적인 통계자료를 통해 유용한 통계 결과를 확인할 수 있다.

※ 출처: 산업통상자원부, 정보통신산업진흥원, 소프트웨어정책연구소(2022). 2021년 이러닝 산업실태조사. 산업통상자원부, 정보통신산업진흥원, 소프트웨어정책연구소.
https://stat.spri.kr/posts/view/23430?code=stat_sw_reports

※ 출처: 한국교육정보학술연구원(2021). 교육정보화백서. 한국교육정보학술연구원.
https://www.keris.or.kr/main/na/ntt/selectNttInfo.do?mi=1244&nttSn=38410&bbsId=1104#none

② 설문조사

설문지를 통해 다수의 의견을 수집할 수 있으며, 참여자 정보를 무기명으로 수집하면 솔직한 응답 결과를 확보할 수 있다. 반면 설문 참여자들의 전반적인 경향 파악은 수월하지만, 질문 문항의 내용이 한정적이므로 직접적인 요구를 파악하기는 다소 어려울 수 있다.

③ 면담

교육 대상자와 직접적으로 만나거나 전화를 활용하여 교육 요구에 대해 질문한다. 관련 분야의 전문가 면담을 통해 교육 수요에 대해 관련 자문을 받을 수 있다.

④ 관찰

실제 업무 장소를 방문하여 업무와 업무환경을 관찰한다. 현업에서 수행하는 직무 특성에 대한 이해를 통해, 교육내용으로 선정할 핵심 지식과 개인의 수행 역량 관련 정보 수집이 용이하다.

⑤ 포커스그룹인터뷰(FGI; Focus Group Interview)

5~10명의 소규모 인원과 회의를 통해서 관련된 정보를 얻는 활동이다. 얻고자 하는 정보와 도움을 쉽게 얻을 수 있어 비용 효과적이다. 인터뷰 참여자들 간의 공감대가 형성되어 최적의 상태를 결정하고 우선순위를 선정하는 데 유용하다.

(6) 이러닝 과정 기획과 요구분석을 위한 실무 포인트

① 다음과 같은 실무포인트 점검을 통해 이러닝 요구분석 과정에서 중점을 두고 준비해야 하는 항목이 무엇인지 살펴보자.

> - 사회의 변화와 교육과정 개설의 필요성
> - 에듀테크 시장의 요구 및 시장 경쟁력
> - 유사 교육과정에 대한 현황 분석
> - 학습자 요구분석
> - 교수자 요구분석
> - 튜터 요구분석
> - 기관(기업/학교 등)의 요구분석
> - 직무분석 자료
> - 이러닝 운영 결과에 대한 성과분석
> - 업무분장 및 담당자(운영자, 보조자) 지정
> - 고용보험, 내일배움카드 등의 환급과 비환급 과정 개설

② 이러닝 과정의 운영 요구분석을 위해, 혹시 준비가 부족한 부분은 없는지 체크해 보자.

| 요구분석의 목적 |

· 요구분석의 목적은 무엇인가?

　□ 신규 과정의 개발　　　　□ 기존 과정의 유지보수　　　　□ 현장 의견 조사

| 필수 점검사항 |

· 교육요구 조사는 주기적으로 이루어지는가?

· 학습자에 대한 요구분석은 수행할 예정인가?

· 교수자에 대한 요구분석은 수행할 예정인가?

· 튜터에 대한 요구분석은 수행할 예정인가?

· 학습 내용(콘텐츠)에 대한 요구분석은 수행할 예정인가?

· 학습환경에 대한 요구분석은 수행할 예정인가?

· 고용보험 환급과 비환급 과정에 대해 검토할 예정인가?

| 권장 점검사항 |

· 교육훈련 결과에 대한 성과분석은 수행할 예정인가?

· 사업주 및 훈련기관에 대한 요구분석은 수행할 예정인가?

· 운영제도 및 운영전략에 대한 분석은 수행할 예정인가?

· 관리자에 대한 요구분석은 수행할 예정인가?

· 교육 운영 담당자에 대한 요구분석은 수행할 예정인가?

· 연간 교육계획 수립 시 경영진의 요구, 사회 및 시장의 요구, 시장 경쟁력, 성과분석 결과는 반영할 예정인가?

· 학습 내용의 유형과 특성을 기반으로 운영과정의 구체적인 방향과 특성을 결정하는가?

· 이러닝 시장에 대한 분석은 수행할 예정인가?

※ 출처: 박종선 외(2003b). e-Learning 운영표준화 가이드라인. p.11. 재수정

2) 학습자, 고객, 교육과정, 학습관리시스템 관련 요구분석

(1) 학습자 분석

① 이러닝 과정을 수강할 학습자들에 대한 특성을 파악하는 활동이다.

② 설문조사나 인터뷰를 통해 '인구통계학적 정보, 학습경험, 학습 만족도, 학습 선호도, 학습 동기, 학습 스타일, 학습 태도, 집단 특성' 중에 과정 운영에 필요한 내용을 조사한다.

③ 설문조사를 통해 도출된 분석 결과는 신규 과정 개설 혹은 기존 과정의 개선에 반영한다.

표 2-1-4 **학습자 요구분석의 조사항목 예시**

구분	조사항목
학습 선호도	• 가장 적당하다고 생각하는 학습 분량은 얼마입니까? • 가장 적당하다고 생각하는 학습 기간은 얼마입니까? • 어떤 교육 형태(이러닝, 이러닝+집체교육, 집체교육)를 가장 선호하십니까? • 가장 선호하는 콘텐츠 유형(동영상, 애니메이션형, 게임/시뮬레이션형/튜토리얼형 등)은 무엇입니까?
학습 경험	• 이러닝 교육과정을 수강해 본 적이 있습니까? • 이러닝 교육과정을 수강해 본 적이 있다면 어디에서(○○○ 평생교육원 등의 구체적 명칭) 수강하였습니까? • 이러닝 과정 선택 시 가장 중요하다고 생각하는 것(콘텐츠 내용, 난이도, 콘텐츠 분량, 운영방식, 행정 지원, 학습플랫폼)은 무엇입니까? • 이러닝 교육의 장점은 무엇이라고 생각하십니까? • 이러닝 교육의 단점은 무엇이라고 생각하십니까? • 이전에 이러닝 교육을 수강하다가 이수하지 못했다면, 그 이유는 무엇입니까?
학습 만족도	• 이러닝의 불편 사항이나 문제점은 무엇이라고 생각하십니까? • 이러닝의 가장 큰 학습효과는 무엇이라고 생각하십니까? • 이러닝에서 보완할 요소는 무엇이라고 생각하십니까?
학습자 정보	• 귀하는 현재 어떤 직업에 종사하고 있습니까? • 해당 직업에 종사한 지 얼마나 되었습니까? • 귀하의 최종학력은 무엇입니까? • 귀하의 성별은 무엇입니까?

(2) 고객의 요구분석

① 교육 대상자가 속해 있는 기관과 조직 및 관리자들의 요구를 분석하는 활동이다.

② 이러닝 과정을 통해 기대하는 **교육 대상자의 직무역량, 경력개발 관련 요구사항**을 분석한다.

③ 조직 및 관리자가 기대하는 이러닝 과정의 학습 목표, 성과 수준, 개선사항을 분석한다.

④ 설문조사 혹은 면담, 기존에 작성된 현존자료를 활용할 수 있으며, 이러닝 교육과정의 참여 목적, 동기, 기대효과 외에도 조직의 핵심 가치, 비전, 인재상을 반영하는 것이 효과적이다.

표 2-1-5 고객의 요구분석 조사항목 예시

구분	조사항목
조직	• 이러닝 교육훈련을 실시하는 목적은 무엇인가? • 조직의 비전과 이러닝 교육훈련 참여의 연관성은 무엇인가? • 조직의 인재상 측면에서 이러닝 교육훈련을 통해 기대하는 성과는 무엇인가? • 조직개발 차원에서 이러닝 교육훈련을 통해 개선되기를 바라는 것은 무엇인가?
관리자	• 학습자의 교육훈련 목적은 무엇인가? • 학습자의 학습 목표는 무엇인가? • 이러닝 교육훈련을 통해 기대하는 성과 수준은 어느 정도인가? • 이러닝 운영에서 필요한 지원 요소는 무엇인가? • 이러닝 운영 참여를 통해 개선되기를 바라는 것은 무엇인가?

※ 출처: 박종선, 박형주, 서준호, 이용관, 최미나(2016). [NCS학습모듈] 이러닝 과정 운영 기획. 한국직업능력개발원, 한국이러닝산업협회, 교육부. p.10 재인용

(3) 교육과정에 대한 요구분석

① 교육 대상자와 기관 및 조직의 교육목적에 부합하기 위해, 학습 콘텐츠(학습 내용)의 유형, 분량, 난이도, 멀티미디어 요소, 상호작용 방법, 시스템 사용 지원, 수업활동 지원 등을 분석하여 지원 방안을 모색하는 활동이다.

② 이러닝 과정을 수강한 경험이 많거나, 학습 콘텐츠 개발 및 모니터링 과정에 참여한 경험이 있는 수강생을 대상으로 의견을 수렴하면 유사한 이러닝 과정을 기획하고 운영하는 데 시사점을 얻을 수 있다.

표 2-1-6 교육과정의 요구분석 조사항목 예시

구분	조사항목
학습 콘텐츠	• 학습 콘텐츠는 학습자의 요구를 반영하고 있는가? • 학습 콘텐츠는 조직, 관리자 등 고객의 요구에 부합하고 있는가? • 학습 콘텐츠 구성(유형, 난이도, 분량, 멀티미디어 요소 등)의 특징은 무엇인가? • 학습 콘텐츠에서 오탈자, 페이지 링크, 그림/동영상 실행 등의 오류가 있는가? • 학습 콘텐츠 진행에 요구되는 상호작용은 무엇인가?

학습관리 시스템 지원	• 학습 콘텐츠 진행에 필요한 학습관리시스템 기능이 연동되어 있는가? • 학습 콘텐츠 진행에 필요한 공지사항 및 안내가 제시되어 있는가? • 학습 콘텐츠의 업로드와 실행 과정에 오류는 없는가? • 과제, 평가 등의 활동이 학습 콘텐츠와 연계되어 있는가? • 상호작용을 위한 학습관리시스템의 기능이 제공되고 있는가?

※ 출처: 박종선, 박형주, 서준호, 이용관, 최미나(2016). [NCS학습모듈] 이러닝 과정 운영 기획. 한국직업능력개발원, 한국이러닝산업협회, 교육부. p.11 재인용

(4) 학습관리시스템 점검을 통한 요구분석

① 이러닝 과정 운영을 위한 학습관리시스템(LMS)의 학습환경, 즉 주차 개설 및 학습 콘텐츠 등록, 과제 등록, 토론 주제 등록, 평가 일정 및 평가 응시 방법 등록, 평가 문항 등록, 공지사항 등록 등에 대한 점검을 의미한다.

② 위의 항목들이 학습관리시스템(LMS)에서 원활하게 작동하는지 점검하고, 메뉴의 사용에 문제가 있거나 개선이 필요한 기능은 과정의 시작 전에 보완작업이 이루어져야 한다.

(5) 원격대학 학습자 대상 강의 수요조사 예시

이러닝 과정 혹은 대학의 교육과정에 따라 요구조사 양식은 자유롭게 구성할 수 있다. 아래의 강의 수요조사 예시를 통해 어떤 항목에 대한 요구분석이 필요한지 살펴보자.

강의 개선과 운영을 위한 수요조사

안녕하세요. 수강생 여러분,

저는 이 수업의 교수(이러닝 튜터) ○○○입니다. 수업을 시작하기 전에 수강생 여러분의 현재 상황과 요구를 파악하여 수업 운영에 반영하기 위한 목적으로 강의 수요조사를 실시하게 되었습니다. 각 문항에는 옳고 그른 답이 없으며, 자신의 생각과 가장 일치하는 보기를 선택하시면 됩니다. 이 설문조사는 수업 개선을 위한 목적으로만 사용되며 다른 목적으로는 사용되지 않습니다.

솔직하게 답변해주시면 감사하겠습니다.

— ○○○ 교수(이러닝 튜터) 드림 —

※ 해당 항목에 체크해주시기 바랍니다.
1.   이전에 상담 관련 교과목을 수강한 경험이 있습니까?   ①있다 ②없다
2.   이전에 상담심리학과에서 수강한 과목을 선택해주세요. (해당되는 것을 모두 골라주세요)

	① 없다　② 상담의 기초　③ 심리학개론　　④ 발달심리학　⑤ 심리통계
	⑥ 상담과정과 기법　　⑦ 청소년이해론　⑧ 가족상담
	⑨ 기타:
3.	상담심리학과를 진학하게 된 동기는 무엇입니까?(순위별로 나열해 주세요)
	① 전공의 학문적 심화를 위해　② 자격증 취득을 위해　③ 승진 및 경력 관리상 학위가 필요해서
4.	본 수업을 통해서 어떠한 역량을 향상시키기를 바라십니까?
	① 학문적 기초　② 실무영역에서의 상담이론　③ 실무영역에서의 상담기법
5.	본 수업에서 기대하는 수업방법은 무엇입니까?
	① 이론강의 중심　② 학생 참여(토론, 발표)　③ 사례 슈퍼비전　④ 세 가지 방법을 골고루 혼합
6.	본 수업에서 오프라인 특강을 실시한다면, 참여할 의향이 있습니까?
	① 있다　② 없다
7.	본 수업에서 슈퍼비전을 통해서 여러분의 사례를 상담해 드린다면 학습에 도움이 될것이라고 생각하십니까?
	① 전혀 그렇지 않다　② 그렇지 않다　③ 보통이다　④ 그렇다　⑤ 매우그렇다
8.	본 수업에 기대하는 점이나 교수자에게 요청하고 싶은 내용을 적어주세요.

※ 응답자 개인정보에 대한 질문 문항입니다	
1.	귀하의 입학년도를 써주십시오. (　　　　　　　　)
2.	귀하는 현재 어떤 직업에 종사하고 있습니까?
	① 군인　② 회사원(사무직)　③ 주부　④ 상담가　⑤ 회사 관리자　⑥ 학원강사　⑦ 일반공무원
	⑧ 정치인　⑨ 단순노무직근로자　⑩ 서비스업근로자　⑪ 교사　⑫ 기타: (　　　　　　)
3.	해당 직업에 종사한 지는 얼마나 되었습니까?
	① 1~2년　② 2~3년 이상　③ 3~4년 이상　④ 5~7년 이상　⑤ 7년 이상
4.	귀하의 성별은 무엇입니까?
	① 남　② 여
5.	귀하의 최종학력은 무엇입니까?
	① 고졸　　　　　　　　　② 2년제 전문대 중퇴　　　　③ 2년제 전문대 졸업
	④ 3년제 전문대 중퇴　　⑤ 3년제 전문대 졸업　　　　⑥ 방송대 중퇴
	⑦ 방송대 졸업　　　　　⑧ 일반 4년제 대학교 중퇴　⑨ 일반 4년제 대학교 졸업
	⑩ 사이버 원격대학 중퇴　⑪ 사이버대학 졸업　　　　⑫ 학점은행 및 독학사
	⑬ 석사학위 소지자　　　⑭ 박사학위 소지자
	성명 (　　　　　　　　)
	전공 (　　　　　　　　)
	학년 (　　　　　　　　)

3) 이러닝 요구분석 시 고려할 요소

(1) 이러닝 운영 트렌드의 다변화

① 이러닝 과정 운영에 대한 최신 트렌드를 분석하여 새로운 학습자층과 다양한 교육 수요가 발생하고 있음을 파악하는 것은 중요하다. 사회와 산업현장의 변화는 교육 내용과 교육 방법, 교육 환경에도 많은 영향을 미치기 때문이다.

② 이를 잘 보여주는 단적인 예로, 코로나19로 인해 디지털 전환이 더욱 가속화되면서 비대면 에듀테크 중심의 미래 교육시장은 지속적으로 확대되고 있다. 인공지능, 블록체인과 같은 새로운 첨단 기술 관련 교육내용의 추가와 함께, XR(확장현실)을 활용한 직업훈련의 등장과 이러닝 콘텐츠를 서비스하는 학습관리시스템(LMS) 플랫폼도 기능적으로 많은 발전이 이루어졌으며, 원격훈련과 집체훈련이 혼합된 스마트혼합훈련 과정이 운영되었다.

③ 미래 환경과 산업현장의 변화 및 교육 수요자들의 요구에 따라 이러닝 교육은 계속해서 진화하고 있으며, 이러닝 운영자는 이러한 흐름에 부합하는 이러닝 과정을 기획하고 운영계획 수립에 반영할 필요가 있다.

[그림 2-1-1] **이러닝 교육훈련 운영 트렌드의 다변화**

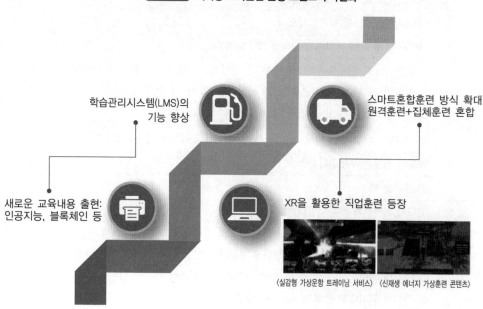

학습관리시스템(LMS)의 기능 향상

스마트혼합훈련 방식 확대 원격훈련+집체훈련 혼합

새로운 교육내용 출현: 인공지능, 블록체인 등

XR을 활용한 직업훈련 등장

〈실감형 가상운항 트레이닝 서비스〉 〈신재생 에너지 가상훈련 콘텐츠〉

※ 출처: 관계부처합동(2021). 제4차 이러닝 산업 발전 및 이러닝 활용 촉진 기본계획(2022~2024). 관계부처합동. p.9.

(2) 이러닝 교수학습 방법의 다양화

① 블렌디드러닝 형태의 스마트혼합훈련

- 스마트혼합훈련은 블렌디드러닝 형태로 운영되는 혼합교육이며, 집체훈련과 비대면 원격훈련(원격보조훈련, 쌍방향훈련) 중에 두 종류 이상의 훈련방식을 병행하여 실시하는 직업능력개발훈련을 의미한다.
- 전통적인 집체훈련 방식에서 벗어나 유연하고 창의적인 직업훈련을 목적으로 온 · 오프라인이 혼합된 형태로 운영한다.

표 2-1-7 스마트혼합훈련의 4가지 장점

구분	설명
다양한 학습자원 및 학습경험과 연계	원격훈련을 통하여 현장감 있는 학습 콘텐츠를 제공하고 훈련생의 간접체험 및 심화학습을 지원함. 직무 현장의 이야기와 현장 전문가의 조언을 제공하여 학습한 내용을 현업과 연계하는 기회를 제공함
반복 및 재학습 가능	온라인 사전학습 혹은 사후학습을 통해 반복 및 재학습이 가능함 ※ 단, 자기주도학습 역량이 낮은 훈련생들은 학습결손이 발생하거나 훈련 성과가 떨어질 수 있어 운영자의 철저한 사전 안내 및 적극적인 훈련생 관리가 요구됨
사회적 상호작용 및 학습 지원 강화	학습관리시스템(LMS)의 게시판 혹은 커뮤니티를 통해 질의응답 활동이 진행되며, 교수자-훈련생, 훈련생-훈련생 간 상호작용을 촉진하고 훈련생의 학습 고립감을 해소
교육의 효율성 및 효과성 강화	온라인 학습자원을 제공하고 오프라인 훈련을 함께 수행하면 한 종류의 교육훈련을 하는 것보다 훈련 성과가 더욱 높아짐

- 스마트혼합훈련은 선수지식 수준과 학습경험이 다양한 훈련생들을 위해, 집체훈련 참여 전에 이론과 기초적인 학습 내용에 대한 원격훈련을 실시하며, 추가적인 보충 · 심화 학습이 가능하여 훈련생들의 이해도 향상에 더욱 도움이 된다.
- 이러닝 운영 과정에서 스마트혼합훈련과 같은 블렌디드러닝을 활용한다면 교육의 초반에는 온라인으로 진행하고 후반에는 오프라인 세미나, 특강, 실습 등으로 운영할 수 있으며, 교육내용에 따라 오프라인 실습교육이 필요한 경우가 많아 최근에 교육기관에서 선호하는 교육 방법에 해당한다.

② 플립러닝(Flipped Learning)

- 플립러닝은 기존의 전통적인 교육방식을 완전히 뒤집는 방식으로, 교수자의 강의를 동영상 또는 읽기 자료로 제작하여 학습자들이 수업 전에 가정에서 학습하도록 안내하고, 강의실 수업에서는 사전에 학습한 내용을 바탕으로 다른 학습자들과 협력적인 환경에서 학습활동을 수행하는 교수학습 방법이다(Bergmann & Sams, 2012).

• 학생들은 오프라인 강의실에서 토의 및 토론, 문제 풀이, 실험실습, 프로젝트 수행 등의 학습활동에 주로 참여한다.

표 2-1-8 플립러닝의 4가지 장점(이종연 외 2014; 임정훈, 2016)

구분	설명
수동적 학습자에서 능동적인 학습자로 변화	강의식 수업에서 수동적이었던 학습자가 플립러닝 수업에서는 능동적인 학습자로 수업의 주체가 됨. 수업 전에 학습 동영상으로 예습하고, 수업 중에는 학습자 중심의 학습활동에 자발적으로 참여하기 때문임
사회적 상호작용과 커뮤니케이션 증가	소그룹 활동, 짝 토론 등의 학습활동을 하는 과정에서 학습자 간에 많은 대화를 나누게 되며, 교수자의 개별지도와 피드백 횟수가 증가하여 전반적으로 상호작용이 증가함
온·오프라인 학습활동	온·오프라인 학습활동을 바탕으로 수업 내용에 대한 반복 학습이 가능하고 심화·보충활동으로 연결되며, 개개인에 따라 학습 속도를 조정할 수 있어서 학습에 효과적임
자기주도학습 역량 향상	미리 사전학습을 해야 하므로 자신의 학습스케줄을 잘 관리하고 조정해야 하며, 강의실에서도 수동적으로 교수자의 강의를 듣는 것이 아니라 스스로 학습활동에 참여

• 다양한 테크놀로지가 발달하면서 이러닝 형태의 온라인 학습을 활용한 플립러닝은 더욱 확대되었다. 블렌디드러닝과 유사한 점은 있지만, 수업 전에 온라인 방식의 이론 학습이 요구되며 오프라인 학습활동(토론, 협력학습)이 필수적으로 결합되는 것이 두 교수법의 차이이다.

• 교육의 효과성 향상을 위해 이러닝 운영방식과 오프라인 집합교육의 연계 운영이 적합한 교육 분야를 선정하고 플립러닝 기반의 이러닝을 운영 확대할 필요가 있다.

그림 2-1-2 전통적 수업과 플립러닝의 수업 전/중/후 비교

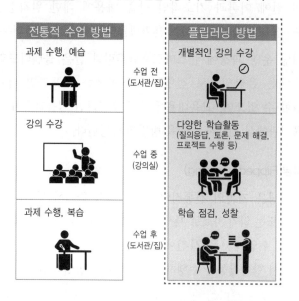

(3) 수요자 중심의 이러닝 서비스 기획

① 이러닝은 시간과 공간의 제약을 받지 않고 언제 어디에서나 학습할 수 있는 접근성과 교육과정의 다양성이라는 장점을 토대로 꾸준히 성장해왔다. 특히, 디지털기기의 발달과 BYOD(Bring Your Own Device) 현상이 확산되며, PC 기반의 학습 외에도 모바일, 태블릿PC 등을 활용한 학습이 증가하고 있다. 이러한 이러닝의 보편화 현상을 바탕으로, 개개인의 학습 목적에 맞는 교육 콘텐츠를 제공하고 운영하는 수요자 중심의 맞춤형 서비스가 더욱 증가하는 추세이다.

② 학습 대상과 교육목적에 따른 맞춤형 교육

디지털·신기술 분야의 취업을 희망하는 대학생, 승진·이직 등의 경력 개발을 위해 학습하는 직장인, 제2의 인생을 시작하는 은퇴자 등 대상별 수요조사의 결과를 반영하여 교육과정 개발, 운영 방법 선정 등 지원 요소를 결정한다.

> 예 K-디지털 트레이닝: 디지털·신기술 분야의 산업현장에서 기업이 원하는 핵심 실무인재를 육성하기 위한 프로젝트 중심의 훈련이 수행되며, 국민내일배움카드 발급자를 대상으로 국가에서 훈련비 전액을 지원한다.

③ 이러닝 과정의 다양화 및 신규 개발

미래 대응 역량 향상을 위해 새롭게 추가되는 국가공인자격증과 미래 유망 민간자격증 분야, 직무 공통 및 직무 전문 분야, 4차 산업의 첨단 기술 분야, 외국어 학습 분야, 인문 소양 역량 및 디지털 리터러시 역량 배양 등 최근의 교육 트렌드와 수요를 반영해야 한다.

> 예 민간자격증: 독서지도사, 방과후지도사, 학습코칭지도사, 노인심리상담사 등
> 예 국가공인자격증: 공인중개사, 주택관리사, 직업상담사, 한자능력검정, 한국사능력검정

④ 마이크로 러닝 콘텐츠로 교육 전달력 강화

이러닝 학습 시간을 확보하기 힘들거나 50분 이상의 콘텐츠로 집중력이 떨어지는 학생들을 위해, 유튜브처럼 한 영상에 핵심 메시지를 담아 10분 내외로 제공하는 마이크로 러닝 도입을 고려하여야 한다. 짧은 영상 중심의 콘텐츠는 이동 중이나 자투리 시간에도 부담 없이 반복 학습할 수 있어 학습효과가 더욱 극대화될 수 있다.

> 예 15차시, 7~8시간 분량 → 10차시 내외, 차시당 10~15분 내외로 조정

⑤ 교수자와 학습자 간의 상호작용 및 참여 강화

이러닝을 통한 학습은 학습자와 교·강사가 친밀감을 느끼기 어렵고 다른 학습자들과 상호작용할 기회가 부족하다는 단점을 갖고 있다. 교수자와 학습자, 학습자와 학습자

간의 상호작용을 확대할 수 있는 체험형 교육의 확대와 토론과 질의응답 등의 실시간 커뮤니케이션이 가능한 학습관리시스템(LMS)을 운영할 필요가 있다.

예 고비용, 고위험 직업훈련을 대체하는 몰입형 가상훈련 콘텐츠 활용

표 2-1-9 **XR 교육훈련 콘텐츠의 유형별 특징 및 사례**

개발 유형	유형별 특징	주요 사례
장비실습	장비 조작에 따라 다양한 결과물을 낼 수 있는 실습환경을 제공하며, 사용자의 요구에 따라 실습 항목 변경 가능	• CNC 교육훈련 • 낙하산 교육훈련 • 항공정비 교육훈련 • 선박엔진 정비 교육훈련
체험실습	가상의 공간 안에서 장비 및 시스템을 체험하며, 가상공간에 배치된 장비 및 시스템에 대한 협업 실습이 가능한 형태	• 공항보안 교육훈련 • 소방관 교육훈련 • 방사능 방재 교육훈련 • 화학사고
시뮬레이터	산업체에 사용되는 장비(HW) 대체 및 유사환경 제공	• 전투기 조종 교육훈련 • 선박 운항 교육훈련 • 지게차/굴삭기 운전 교육훈련 • 크레인 운전 교육훈련

※ 출처: 문정원, 강효진(2020). 가상·증강현실(XR)을 활용한 교육·훈련 분야 용도 분석(이슈리포트 2020-제19호). 정보통신산업진흥원. p.3 재인용

그림 2-1-3 **XR 교육훈련 콘텐츠의 사례**

자동차모델 조립 훈련 (MS홀로렌즈, TOYOTA) 	지게차훈련 	화재진압 교육훈련 

※ 출처: 문정원, 강효진(2020). 가상·증강현실(XR)을 활용한 교육·훈련 분야 용도 분석(이슈리포트 2020-제19호). 정보통신산업진흥원. p.9, p.13, p.15 재인용 https://www.microsoft.com/en-us/hololens/industry-manufacturing

예 학습자와 학습자 간 소통에 중점을 둔 학습관리시스템(LMS) 활용

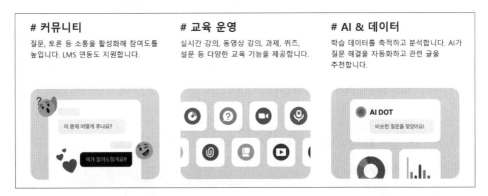

그림 2-1-4 클라썸(classum) 학습관리시스템의 기능과 예시

 # 커뮤니티
질문, 토론 등 소통을 활성화해 참여도를 높입니다. LMS 연동도 지원합니다.

 # 교육 운영
실시간 강의, 동영상 강의, 과제, 퀴즈, 설문 등 다양한 교육 기능을 제공합니다.

 # AI & 데이터
학습 데이터를 축적하고 분석합니다. AI가 질문 해결을 자동화하고 관련 글을 추천합니다.

※ 출처: https://www.classum.com/ko/

⑥ 이러닝 과정에 대한 품질 관리와 모니터링

학습자들의 교육 만족도 제고를 위해 이러닝 운영 과정에 대한 지속적인 품질 관리와 모니터링은 필수적이다. 학습관리시스템(LMS)의 문의게시판과 운영 담당자 메일 등을 통해 학습자의 의견과 불편 사항을 접수하고 처리하는 모니터링 활동을 할 필요가 있다. 강의 진도율과 공지사항 확인, 과제 제출 등의 교육 참여도를 통해 이러닝 기획과 운영에 문제점은 없는지, 학생들이 어려움을 겪고 있지는 않은지 모니터링한다. 학습자들의 참여도나 낮거나 콘텐츠의 난이도가 높다면 과정의 유지보수 시에 개선이 요구된다.

예 이러닝 학습 모니터링: 학습 모니터링을 통해 학습자의 문의 사항에 즉각적으로 답변하고 꾸준히 수강 독려를 실시한다.

그림 2-1-5 학습자의 질문에 대한 응답 예시

〈수강생 질문〉

학습스타일 검사와 관련하여 문의드립니다

작성자: 김 ○ ○ | 작성일: 4월 29일 오전 10:52
조회수: 29

교수님 안녕하세요

김 ○ ○ 입니다. 과제 제출 관련하여 궁금한 점이 있어 문의드립니다.

6차시 과제인 학습스타일 검사에서

〈엑셀 파일의 '학습스타일검사' 시트에 체크를 하면, '결과' 시트에서 자동으로 결과를 볼 수 있습니다.
라는 문구가 있습니다.

결과를 잘 모르겠습니다. 결과를 어떻게 확인할 수 있을까요?

> **〈교수자 답변 내용〉**
>
> 작성자: 이 ○ ○ | 4월 29일 오후 2:41
>
> 안녕하세요 김 ○ ○ 학우님
>
> 엑셀 파일에 두 개의 시트가 있습니다. 첫 번째가 검사 문항이 있는 시트이고, 두 번째가 결과가 출력되어 나오는 시트입니다.
>
> 두 번째 시트를 확인하시면 자신의 검사 결과를 알 수 있습니다.
> 다시 한번 확인해 보시고 잘 안 될 경우, 다시 문의주시기 바랍니다.
>
> 김 ○ ○ 교수 드림

예 온·오프라인 혼합교육: 혼합훈련 내용에 대한 간단한 양식의 학습수행계획서 및 결과 보고서를 제출하게 하여 학습자의 이해 정도를 모니터링하고 보충자료를 제공하며 필요한 경우 상담을 통해 어려움을 해결한다.

(4) 이러닝 운영 사례 벤치마킹

① 효과적인 이러닝 운영을 위해서 해당 과정과 유사한 우수 사례를 조사하고 그 특성들을 분석하여 과정에 도입하고 적용하는 활동이 필요하다.

② 벤치마킹(benchmarking)은 기업 경영 분야에서 **비교 대상을 선정하고 그 대상과 비교 분석을 통해 장점을 배우는 방법**으로, 관련 경쟁사나 일류기업의 제품 및 조직의 특장점을 파악하여 적용하기 위한 경영전략에 해당한다.

③ 이러닝 운영에서도 과정 운영에 탁월한 성과를 보이는 교육기관의 사례와 운영 기법을 벤치마킹하여 자신이 소속된 교육기관에 적용할 필요가 있다.

예 플립러닝 과정이나 온·오프라인 블렌디드러닝 과정의 운영 성공 사례, 인공지능이나 블록체인, 메타버스와 같은 디지털·신기술 교육과정의 도입 성공 사례, 정부 지원의 고용보험 환급과정과 K-디지털 기초역량훈련 과정 등의 운영 사례와 구체적 방법 등에 대해 벤치마킹하여 교육기관의 경쟁력을 제고할 수 있다.

(5) 이러닝 과정 기획 시, 주요 교수학습 방법 선정 노하우

① 이러닝 과정을 기획할 때, **교육내용(콘텐츠)과 교육목적에 따라서 다양한 교수학습 방법을 활용할 수 있으며, 과정의 특성에 적합한 방법을 선정하여 적용할 필요가 있다.**

② 이러닝 콘텐츠 100% 과정, 블렌디드러닝 과정 또는 플립러닝 과정이 검토 대상이라면, 다음의 항목을 검토하여 가장 적합한 교수학습 방법을 선정하고 이에 대한 운영 방안을 생각해 보자. 이외에 더 적합한 방법이 있다면 그 방법을 활용하면 된다.

- 이러닝, 블렌디드러닝, 플립러닝에 대한 다양한 보고서, 논문 등의 자료를 수집하여 적합성을 검토하고, 타 기관의 운영 사례를 벤치마킹하여 우리 기관에 도입할 수 있는 요소를 도출한다.

표 2-1-10 **교수학습 방법 선정 및 적용 방법**

검토사항	분석 의견	적용 방법
어떠한 교수학습 방법이 가장 적합할 것인가?	100% 이러닝으로 운영	10차시로 구성하고, 각 영상은 20분 이내로 핵심 내용만을 추출하여 제작
이 교수학습 방법을 적용하였을 때 가장 효과적인 부분은 무엇인가?	학습할 시간이 없는 교육생들이 이러닝만으로도 관련 지식과 기술을 습득할 수 있음	콘텐츠의 구성과 세부 흐름에서 도입-전개-결말의 각 단계에 따라 알맞은 요소를 도입. 학습자들의 동기를 유발하고 이해를 촉진하는 풍부한 최신 예시를 사용
이 교수학습 방법을 도입하여 성공한 사례(타 기관, 연구 결과)가 있는가?	○○○ 교육기관에 ○○○ 교육과정을 운영하였고 최근 수강생 수가 급증하였음	○○○ 기관의 운영방식에서 고객 유치 요소를 벤치마킹하여 우리 기관에도 도입
우리 기관에서는 어떤 지원 요소가 필요한가?	운영자 외에 업무를 보조할 인력이 필요	수강 인원에 따라 업무를 보조할 수 있는 추가 인력의 배정을 검토
이 교수학습 방법 도입 시 어려움이 예상되는 부분은 무엇인가?	학습자들이 스스로 학습계획을 세우고 목표를 달성하는 데 어려움을 겪어 수료율이 떨어질 가능성이 있음	학습자들이 학습 고립감을 느끼지 않도록 운영자가 지속해 콘텐츠 수강을 독려하고, 교·강사나 이러닝 튜터의 학습지도가 수행될 수 있는 학습활동의 포함을 검토

4) 이러닝 운영 기획을 위한 요구분석 결과의 적용 방법

(1) 요구조사 실시 및 과정 개설을 위한 기초 자료로 활용

① 교육기관 내부의 설문조사 시스템 혹은 구글 설문조사 시스템을 활용하여 과정 개설을 위한 수요조사를 실시한다.

② 설문조사 결과를 면밀히 검토하여 교육과정 개설을 위한 자료로 활용하고 경영진에게 보고하여 정책 결정에 활용한다.

③ 수요조사를 위한 설문 주제는 다음 표를 참고하여 개설 과정에 따라 적합한 항목을 선택한다.

표 2-1-11 이러닝 운영 기획을 위한 설문조사 항목 예시

- 이러닝에 대한 인식도: 수강 경험 여부, 수강 경험이 없다면 그 이유, 이러닝 과정 수강 시 가장 중요한 항목, 이러닝 과정 수강 시 최우선 고려사항
- 이러닝 만족도: 콘텐츠, 과정 운영, 시스템 측면의 만족도
- 개설 희망과정: 해당 교육기관에서 개설하고자 하는 교육과정 분야 제시
- 선호 학습 유형: 활용 기기(PC 기반 또는 모바일), 동영상 유형(강사 설명 동영상 유형, 애니메이션 혹은 캐릭터 활용 유형, 아나운서 음성 활용 유형, 학습자 클릭 상호작용 유형), 학습 분량(15차시 7~8시간, 10차시 미만 등)

(2) 요구조사 결과 분석을 통한 보완사항 도출

요구조사 결과 보고서 자료를 통해 이러닝 과정의 기획과 운영에 필요한 필수 정보를 수집하고 보완사항을 도출한다. 다음의 요구조사 결과 보고서 예시를 통해 내가 운영자라면 어떤 점을 보완할지 생각해 보자.

이러닝 콘텐츠 과정 개설을 위한 재직자 대상 수요조사 결과 보고

1. 조사 개요
- 설문기간: 2023. 01.01~01.15(2주간), 온라인설문시스템 활용
- 설문내용: 이러닝 인식도, 선호 학습 유형, 개설 희망과정 등 17개 문항
- 참여인원: 재직자 30명 응답(총 200명의 설문 대상 15% 참여)
- 결과활용: 2023년 이러닝 연간 교육계획 수립에 반영

1. ○○○○○평생교육원의 이러닝 과정을 수강해본 경험이 있습니까?
① 수강해보았다 (94%)
② 수강해보지 않았다 (6%)

2. ○○○○○평생교육원의 이러닝 과정을 수강하는 이유는 무엇입니까?
① 자격증 취득 등의 자기계발 (19%)
② 인문 소양 함양 (10%)
③ 이직 및 승진을 위한 재교육 (44%)
④ 집합교육 참여의 어려움 (11%)
⑤ 온라인으로 업무 수행 관련 내용에 대해 즉시 학습 가능 (16%)

3. ○○○○○평생교육원의 이러닝 과정을 미수강하는 이유는 무엇입니까?
① 다른 기관의 이러닝 과정을 수강하고 있음 (14%)
② 이직 혹은 승진을 위한 요건 충족 필요가 없음 (14%)
③ 업무로 인해 시간을 내기 힘듦 (34%)
④ 내가 원하는 과정이 없음 (28%)
⑤ 수강 신청 방법을 잘 모름 (10%)

4. ○○○○○평생교육원의 신청 과목을 미수료했다면, 그 이유는 무엇입니까?

① 강의내용이나 수준 등이 업무에 도움되지 않음 (28%)

② 업무 과다와 출장 (40%)

③ 평가 점수 미달 (24%)

④ 수료 기준을 잘못 알고 있었음 (6%)

⑤ 수강 신청하고 잊고 있었음 (2%)

5. ○○○○○평생교육원의 과정 선택 시 가장 중요하다고 생각하는 것은 무엇입니까?

① 콘텐츠 내용(난이도 등) (27%)

② 콘텐츠 분량 (20%)

③ 운영 방식(수강안내, 학습 독려 등) (21%)

④ 행정 지원(수강 신청, 수료증 발급 등) (18%)

⑤ 학습플랫폼의 시스템 안정성 (14%)

6. ○○○○○평생교육원 이러닝의 불편 사항이나 문제점은 무엇이라고 생각하십니까?

① 집합교육 대비 교육효과 미흡 (33%)

② 수강하고자 하는 콘텐츠 부족 (29%)

③ 교수자와 학습자 간 상호작용 부족 (8%)

④ 질의응답 방식 (10%)

⑤ 학습 집중력 저하 (20%)

7. ○○○○○평생교육원에서 직무 전문성 향상을 위해 개설 희망 분야는 무엇입니까?

① 자격증 분야 (26%)

② IT 분야(정보기술, 정보활용 등) (25%)

③ 글로벌 분야(국제교류, 외국어 등) (18%)

④ 리더십 분야 (10%)

⑤ 직무 관련 프로젝트 성과관리 (11%)

8. PC 기반 이러닝과 모바일러닝 중 선호하는 방식은 무엇입니까?

① 이러닝 (65%)

② 모바일러닝 (30%)

③ 기타 (예: 상관없다) (5%)

9. 선호하는 이러닝 콘텐츠 유형은 무엇입니까?

① 동영상 중심 (25%)

② 게임과 시뮬레이션의 참여형 (15%)

③ 애니메이션형 (11%)

④ 대담형 (26%)

⑤ 튜토리얼형 (23%)

10. 현재 학습차시 분량(평균 15차시, 7~8시간 분량)은 적절하다고 생각하십니까?

① 적절하다 (20%)   ② 많다 (65%)   ③ 적다 (15%)

11.	15차시 분량이 많다고 응답하였다면, 적당하다고 생각하는 차시 분량은 무엇입니까?
	① 10차시 미만 (85%)
	③ 10차시 내외 (12%)
	④ 12차시 내외 (3%)

※ 응답자 개인정보	
1.	귀하는 현재 어떤 직업에 종사하고 있습니까?
	① 군인 ② 회사원(사무직) ③ 주부 ④ 상담가 ⑤회사 관리자 ⑥ 학원강사
	⑦ 일반공무원 ⑧ 정치인 ⑨ 단순노무직근로자 ⑩ 서비스업근로자 ⑪ 교사
	⑫ 기타: ( )
2.	해당 직업에 종사한 지는 얼마나 되었습니까?
	① 1~2년 ② 2~3년 이상 ③ 3~4년 이상 ④ 5~7년 이상 ⑤ 7년 이상일 경우 :( )
3.	귀하는 어디에 해당합니까?
	① 신입사원 ② 경력사원
4.	귀하의 성별은 무엇입니까?
	① 남 ② 여
5.	귀하의 최종학력은 무엇입니까?
	① 고졸 ② 2년제 전문대 중퇴 ③ 2년제 전문대 졸업
	④ 3년제 전문대 중퇴 ⑤ 3년제 전문대 졸업 ⑥ 방송대 중퇴
	⑦ 방송대 졸업 ⑧ 일반 4년제 대학교 중퇴 ⑨ 일반 4년제 대학교 졸업
	⑩ 사이버 원격대학 중퇴 ⑪ 사이버대학 졸업 ⑫ 학점은행 및 독학사
	⑬ 석사학위 소지자 ⑭ 박사학위 소지자
6.	성명 ( )

2. 수요조사 총평

○ 이러닝 수요조사 참여자의 대부분이 '이러닝 과정을 수강해 본 경험이 있으며'(94%), '수강 이유는 주로 이직 및 승진을 위한 재교육'(44%), '자격증 취득 등'의 자기계발(19%), '온라인으로 업무 수행 관련 내용에 대해 즉시 학습 가능'(16%) 때문이라고 응답함

  – 반면 미수강 사유로는 '업무로 인해 시간을 내기 힘들고'(34%), '내가 원하는 과정이 없음'(28%), '다른 기관의 이러닝 과정을 수강하고 있음'(14%) 순으로 응답함

○ 이러닝 과정 선택 시 중요하다고 생각하는 것은 '콘텐츠 내용(난이도 등)'(27%), '운영 방식(수강 안내, 학습 독려 등)'(21%) 등으로 나타남

○ 직무 전문성 향상을 위해 개설 희망 분야는 '자격증'(26%), 'IT(정보기술, 정보활용 등)'(25%), '프로젝트 성과관리'(11%), '글로벌'(18%), '리더십 분야'(10%) 순으로 응답함

○ 선호하는 이러닝 콘텐츠 유형은 '대담형'(26%), '동영상 중심'(25%), '튜토리얼형'(23%) 순으로 응답하였으며, 학습 차시 분량으로는 '약 10차시 내외'(4~5시간 분량)에 대한 선호도가 높았음(55%)

> Q. 이러닝 과정 개설 요구조사 보고서를 바탕으로 과정 개설에 어떤 보완방안을 적용할 것인가?
>
> A. 이러닝 과정을 수강하는 이유가 가장 높게 나온 설문조사 문항 내용에 보다 초점을 맞추어 교육을 개설하거나 과정의 콘텐츠를 보완하는 것이 바람직하다.
>
> A. 우리 기관의 이러닝 과정을 수강하지 않는 이유로 '희망 교육내용의 미개설'과 '타 교육기관의 과정 수강'이라는 응답이 많았다면, 근본적인 대책 수립과 해결 방안 모색이 필요하다.
>
> A. 이러닝 과정 선택 시 중요하게 여기는 항목(콘텐츠 내용, 난이도)과 선호하는 콘텐츠 유형(대담형)과 같은 분석 결과를 콘텐츠 개발에 적극적으로 활용하여 과정 수강을 유도하기 위한 참고 자료로 활용한다.

(3) 이러닝 운영 결과 보고서를 통한 보완사항 도출

① 요구조사를 대체 혹은 보완하는 자료로 이러닝 과정이 종료된 후 교육 운영의 세부 결과와 성과를 정리한 이러닝 운영 결과 보고서를 활용할 수 있으며, 다음 과정 운영을 위한 기초 자료로 활용되어 유사 과정을 개설할 때 참고하면 효과적이다.

② 과정별 운영 결과 보고서에는 교육신청 인원, 수료 및 미수료 인원, 수료율(%) 등의 신청 및 수료 현황과 학습 만족도와 콘텐츠 내용 평가, 운영에 대한 평가, 전반적인 만족도 등의 결과를 포함한다.

교육명	일잘러의 완벽한 소통 스킬	
교육 내용	직장에서 소통과 인간관계에 어려움을 겪는 사람들을 위한 10가지 소통 스킬	
교육 대상	기업 재직자	
교육 형태	온라인 사전학습(20일) + 오프라인 실전특강(1일)	
교육일시 및 장소	온라인 사전학습: 2023년 3월 1일~2023년 3월 20일 오프라인 실전특강: 2023년 3월 23일 금요일 09시~18시 (대학로 혜화캠퍼스)	
환급 유형	☐ 고용보험환급 ☐ 내일배움카드 ☐ 비환급	
교육비	230,000원 (국비지원금: 162,390원, 실교육비: 67,610원) (※ 환급 유형 및 참여 대상에 따라 달라질 수 있음)	
운영 방법	○○○○○평생교육원 자체 운영	
교육 결과	교육신청 인원: 50명 = 수료 인원: 48명 + 미수료 인원: 2명 수료율: 96%	
수료 현황	수료 기준	온라인교육(70%): 진도율 40% 이상, 시험 30% 오프라인교육(30%): 교육 필참, 실습과제 30%

	차시명		온라인교육(70%)		오프라인교육(30%)		계(%)
			진도율	시험	교육참여	과제	
수료 현황	1. 세대 차이 이해를 통한 소통법		40	30	v	30	100
	2. 동료의 성격 파악을 통한 소통법		40	30	v	30	100
	3. 경청과 공감을 통한 소통법		35	20	v	30	85
	4. 서로 win-win하는 소통법		35	20	v	30	85
	5. 최고의 팀워크를 발휘하는 소통법		30	20	v	30	80
만족도 설문결과	학습 참여도	4.1	운영 평가(정보 제공)			4.2	
	학습 콘텐츠 평가	4.3	운영 평가(신속응대)			4.1	
	학습 만족도	4.2	화면 인터페이스			4.2	
	만족도 평균	4.2					
별첨자료	1. 차시별 세부 수료율 2. 만족도 설문 문항 및 세부 결과 3. 학습자 성적						

③ 다음의 이러닝 운영 결과 보고서 예시를 통해, 수강생들의 전반적인 만족도와 과정의 운영 결과를 분석하여 내가 운영자라면 어떤 점을 보완할지 생각해 보자.

Q. 이러닝 과정 운영 결과 보고서를 검토하여 발견한 운영상의 보완사항은 무엇인가?

A. 교육을 운영하면서 예상했던 수료율과 일치하는지 혹시 수료율이 낮다면 그 이유는 무엇인지 분석하여, 다음 차수 운영 시에 수료율 향상을 위한 학습자 독려 횟수를 늘린다.

A. 만족도 설문 결과에서 평가가 다소 낮게 나온 '신속 응대'에 대한 항목에 대해서는 고객 응대 정책과 매뉴얼을 다시 한번 점검하여 운영 업무를 개선한다.

A. 운영 결과 보고서 분석 과정은 학습자들의 요구를 반영하는 과정 중의 하나로 보완사항과 만족도가 높은 항목을 모두 참고하여 과정을 더욱 효율적으로 운영하기 위한 경영전략 및 정책 수립에 활용한다.

3 /// 이러닝 운영계획 수립하기

1) 이러닝 운영계획 수립의 세부 요소

(1) 운영계획 수립

① 운영계획 수립은 이러닝 과정을 개설하고 운영하기 위해 운영 전, 운영 중, 운영 후의 단계로 구분하여 전반적인 운영계획을 수립하는 활동이다.

② 운영계획을 수립하기 전에 과정 개설을 위한 학습자, 고객(조직 및 관리자), 교육내용(콘텐츠), 학습환경에 대한 요구분석을 실시하고 이 결과를 반영하는 것이 효과적이다.

③ 운영계획의 가장 중요한 목표는 성과 중심의 기업 교육훈련 목표를 달성하는 것으로, 이러닝 과정 운영자들은 운영 관련 제반 요소를 분석하여 계획을 수립할 필요가 있다(박종선 외, 2003b).

④ **이러닝 운영계획의 주요 활동**으로는 이러닝 서비스 기획을 위한 요구분석 결과를 반영한 **'운영전략 수립'**, 운영 일정에 대한 **'학사일정계획 수립'**, 과정 안내와 교육생 모집을 위한 **'홍보계획 수립'**, 전반적인 운영 품질 개선을 위한 **'평가전략 수립'** 등 다양한 활동이 필요하다. 이러한 활동들은 이러닝 과정을 효과적으로 운영하기 위한 필수요소로 볼 수 있다.

그림 2-1-6 **이러닝 운영계획 수립의 주요 활동**

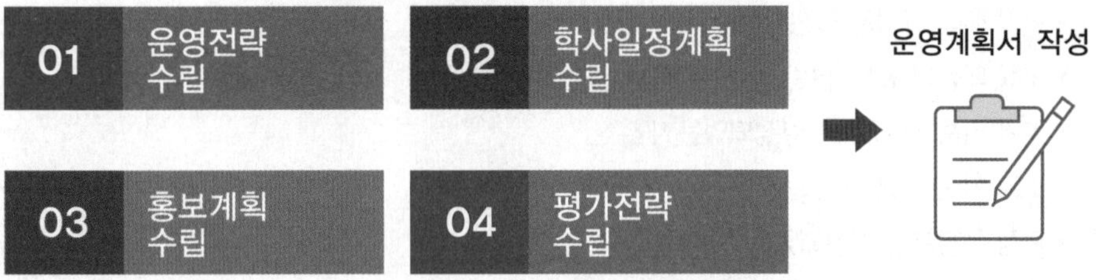

01 운영전략 수립	02 학사일정계획 수립	운영계획서 작성
03 홍보계획 수립	04 평가전략 수립	

⑤ 체계적인 운영계획 수립을 통해서 과정 운영 전에 필요한 준비사항과 지원 요소를 파악하고, 실제 운영 중에 발생할 수 있는 시행착오를 방지하고 사전에 교정할 수 있다.

⑥ 이러닝 운영계획 수립 시 고려사항

이러닝 과정의 운영계획을 세울 때 〈표 2-1-12〉의 항목을 중심으로 무엇을 해야 할지 검토한다.

| 표 2-1-12 | 이러닝 과정 운영계획 수립 시 고려사항 |

세부 내용
• 교육과정 운영 일정
• 수강 신청 일정
• 교육 대상의 규모 및 분반, 차수 등의 결정
• 평가 기준 및 배점
• 수료 기준
• 과정 운영자 배정
• 과정 튜터 배정
• 학습 콘텐츠에 대한 검토
• 요구분석 대상(학습자, 운영자, 튜터)에 대한 분석 결과 반영

※ 출처: 박종선 외(2003b). e-Learning 운영표준화 가이드라인. 한국직업능력개발원, (사)한국이러닝기업연합회. p.13 재인용

⑦ 이러닝 운영계획 수립을 위한 체크포인트

이러닝 과정의 운영계획을 세울 때 고려해야 할 항목들이 잘 반영되었는지 아래의 체크포인트를 통해 확인하고, 필수사항은 잊지 말고 꼭 점검한다.

Check

| 필수 점검사항 |

• 교육운영 일정은 결정되었는가?
• 수강 신청 일정은 결정되었는가?
• 교육 대상의 규모, 분반 및 차수 등은 결정되었는가?
• 평가 기준 및 배점은 결정되었는가?
• 수료 기준은 결정되었는가?
• 과정 운영자는 결정되었는가?
• 과정 튜터는 결정되었는가?
• 고용보험 적용과 비적용에 대한 고려는 되었는가?
• 학습 콘텐츠에 대한 검토는 이루어졌는가?

| 권장 점검사항 |

• 교육 수요에 대한 분석 결과는 확인되었는가?
• 비용-효과에 대한 분석 결과는 반영되었는가?
• 요구분석대상(학습자, 운영자, 교육담당자, 교수자, 튜터)에 대한 분석 결과는 반영되었는가?

※ 출처: 박종선 외(2003b). e-Learning 운영표준화 가이드라인. 한국직업능력개발원,(사)한국이러닝기업연합회. p.13 재수정

---

(2) 운영전략 수립

① 운영전략 수립은 **구체적인 운영 방법과 방향성을 결정하는 활동**으로, 이러닝 운영
기관의 효율적인 과정 운영과 교육 수강생들의 성공적인 과정 수료를 위해 매우
중요하다.

② 먼저, **연간교육계획을 수립**하여 운영할 교육과정의 규모를 결정하고, 수요조사 결과와
최신 교육 트렌드를 반영하여 **과정의 운영전략과 절차가 담긴 매뉴얼을 제작**한다.

③ 신규 과정과 기존 훈련과정의 절반 혹은 $1/3$ 정도의 수정 여부에 따라서 과정 운영자가
해야 할 역할이 달라지며, 특히 기존 훈련과정 중 모집이 어렵거나 수료율이 저조한
과정에 대해서는 그 원인을 파악하여 개선해야 할 필요가 있다.

④ 기존에 운영했던 과정의 운영 결과 보고서 자료와 학습관리시스템(LMS)의 교육과정별
(법정교육, 리더십교육, 직무 전문교육, 외국어교육 등), 차수별(1차~3차 등), 교수자별
교육 운영 결과를 참고하면 더 효과적이다.

⑤ 운영전략 수립 시, 이러닝 과정 운영자는 다음 〈표 2-1-13〉과 같은 업무를 수행하며,
이와 관련된 지식과 기술을 함께 갖추는 것이 바람직하다.

표 2-1-13 운영전략 수립을 위한 이러닝 운영자의 역할과 필요 역량

구분	세부 내용	
작업 요소	• 교육 훈련 예산 대비 교육과정 규모 파악 • 과정 운영에 대한 요구 분석 • 과정 운영과 관련된 제도 및 최신 동향 파악 • 사업 계획을 달성하기 위한 과정 운영 전략 수립 • 과정 운영 매뉴얼 작성 • 직무 대상별로 과정 운영 전략에 대한 워크숍, 연수 등 실시	
지식	• 요구분석 방법 및 도구에 대한 지식 • 자료조사 방법에 대한 지식 • 이러닝 과정 운영 프로세스에 대한 이해 • 과정 운영 매뉴얼에 대한 지식 • 워크숍, 연수 기획 및 운영 방법에 대한 지식 • 과정 운영전략 및 방법의 최신 동향에 대한 지식 • 통계 분석 방법에 대한 지식	
기술	• 요구분석 도구(설문지, 면담, 포커스그룹 인터뷰)의 내용 작성 기술 • 기획력 • 면접 진행 기술 • 자료 분석 기법 • 프레젠테이션 기법	• 포커스그룹 인터뷰 진행 기술 • 문서(매뉴얼 등) 작성 기술 • 대인관계 형성 기술

※ 출처: 장명희 외(2004). 기업 e-Learning 인력 연수 프로그램 개발 및 운영. p.320-321 재인용

(3) 학사일정계획 수립

① 학사일정계획 수립은 이러닝 과정의 운영을 위해 연간 운영 일정 또는 월별, 과정별 학사일정을 수립하고 그에 따른 세부 활동 계획을 수립하는 활동이다.

② 이러닝 운영 기관이나 기업, 대학 등에 따라서 학사일정 혹은 운영 일정이라는 용어를 함께 사용한다.

③ 연간 일정 계획은 거시적 관점에서 개설 과정이 1년 동안 운영될 차수, 학기 구분 등에 따라 연간 학사일정표를 작성하는 것이다.

④ 특정 과정의 운영 일정 계획은 미시적 관점에서 과정의 시작부터 종료까지 운영 전·중·후에 따라 수행해야 하는 업무를 중심으로 구체적인 일정을 계획하는 것이다. 즉, 운영 전에는 모집과 수강 신청 일정이 포함되고, 운영 중에는 운영자의 학습 진도관리와 이러닝 튜터 및 교수자가 학습 촉진 활동을 수행할 시기와 횟수, 평가 일정 등, 운영 후에는 성적처리 및 수료증 발급, 운영 결과 분석 등의 일정을 수립하는 것이다.

⑤ 학사일정계획 수립 시, 이러닝 과정 운영자는 〈표 2-1-14〉와 같은 업무를 수행하며 이와 관련된 지식과 기술을 함께 갖추는 것이 바람직하다.

표2-1-14 학사일정계획 수립을 위한 이러닝 운영자의 역할과 필요 역량

구분	세부 내용
작업 요소	• 연간 학기 일정과 과정별 운영 차수 분석 • 연간 학기 일정에 맞추어서 과정별 학사일정 계획 • 최종 학사일정표 작성
지식	• 이러닝 운영 프로세스에 대한 이해 • LMS의 종류와 기능에 대한 지식 • 학사 운영의 최신 동향에 대한 지식 • 과정 운영 전략 및 방법의 최신 동향
기술	• 기획력 • 분석력 • 운영 일정 관리 능력 • 학사일정표 작성 능력

※ 출처: 장명희 외(2004). 기업 e-Learning 인력 연수 프로그램 개발 및 운영. p.320-321 재인용

(4) 홍보계획 수립

① 홍보계획 수립은 이러닝 과정의 특징과 장점을 잘 분석하고 이를 마케팅 포인트로 채택하여 구체적인 홍보전략을 수립하는 활동이다. 이렇게 수립된 홍보전략을 바탕으로 포스터, 브로슈어 등을 제작하고, 온·오프라인 홍보를 수행하기 위한 세부 활동을 계획한다.

② 다른 기관과 차별화된 교육 콘텐츠와 운영전략을 적용하여 이러닝 과정 운영 계획을 세우더라도, 교육생 모집이 적은 경우에는 원활한 운영이 보장되지 않기 때문에 홍보계획 수립이 필요하다.

③ 특정 기업이나 기관의 교육훈련을 수행할 때도 해당 기관의 업무 진행 일정과 업무의 특징을 철저히 파악하여 수강생이 많이 신청할 방법을 모색한다.

④ 홍보계획 수립 시, 이러닝 과정 운영자는 〈표 2-1-15〉와 같은 업무를 수행하며, 이와 관련된 지식과 기술을 함께 갖추는 것이 바람직하다.

표 2-1-15 학사일정계획 수립을 위한 이러닝 운영자의 역할과 필요 역량

구분	세부 내용
작업 요소	• 운영과정의 특성 분석 • 4P 분석을 통해 마케팅 포인트 설정 • 홍보 대상 선정 • 과정 및 운영 특성에 적절한 홍보 방법(리플릿, 플래카드, 전화, 지인 추천, 인터넷 포털 광고, 유튜브, 인스타, 페이스북 등 SNS)을 모색하고 전략 수립 • 홍보 자료 제작 • 온·오프라인을 통해 홍보 활동(온라인 과정개요서, 샘플 강의 제공, 메일 안내, 홈페이지 광고) 등을 전개 • 홍보 이벤트 전략 수립(사전등록 할인, 연계 강좌 또는 두 강좌 이상 추천 등록 할인, 단체 등록 할인 등)
지식	• 개발한 과정의 학습 내용에 대한 지식 • 마케팅(홍보)에 대한 지식 • 서비스 업종 4P 분석 방법에 대한 지식
기술	• 프레젠테이션 기법 • 기획력 • 세일즈 기법 • 분석력 • 문서작성 스킬

※ 출처: 장명희 외(2004). 기업 e-Learning 인력 연수 프로그램 개발 및 운영. p.320-321 재수정

(5) 평가전략 수립

① 교육 프로그램의 운영 후에 어떤 성과를 도출하였는지를 측정하는 평가는 개인 또는 조직 차원에서 교육에 대한 효과성과 개선사항을 확인할 수 있어, 이러닝 훈련과정의 품질 관리를 위해 매우 중요한 요소이다.

② 이러닝 과정 운영에서 평가전략은 시험을 통한 학생 개개인의 학습성과 측정에 머물기보다는, **학습자가 이러닝 과정에서 수행한 학습활동과 운영과정을 포함하여 종합적으로 평가**한다.

③ 이러닝 운영 평가를 통해서 **학습 내용, 학습활동, 학습관리시스템(LMS) 활용도, 학습 성향, 학업성취도, 운영 지원활동 관련 만족도 및 요구사항** 등의 세세한 정보를 수집할 수 있다.

④ 이러닝 과정 운영에 대한 평가 자료는 과정의 개선과 질적 향상, 경영진의 의사결정, 고객사의 교육생에 대한 의견을 교환하고 새로운 운영 방안을 제안하는 목적으로 활용한다.

⑤ 이러닝 운영 평가를 통해 얻을 수 있는 장점은 두 가지이다. 학습자들이 이러닝 서비스에 대해서 지속해 불편 사항을 제안할 경우, 문제점을 정확히 파악하고 운영전략 개선을 위한 정책 수립과 의사결정 근거로 활용할 수 있다. 교·강사, 이러닝 튜터 등 이러닝 과정 운영과 관련된 관계자들과 의견 교류가 수월해지면서 과정을 개선하고 교육 품질을 제고할 수 있는 계기가 된다.

표 2-1-16 사례를 통해 살펴본 이러닝 운영 평가의 장점

구분	내용 및 장점
경영상의 의사 결정을 위한 근거로 활용	• 수강생의 만족도 설문조사 의견 수강생 A: "시스템에서 동영상이 재생되는 속도가 느립니다." 수강생 B: "동영상 플레이가 자주 끊기기도 하고요." 수강생 C: "재생 기록이 다시 리셋되어 두 번이나 없어졌습니다." → 이것은 학습관리시스템이 노후되어 나타날 수 있는 문제이며, 시스템 교체 및 성능 업그레이드에 대한 정책 결정의 근거로 활용이 가능하다.
이러닝 과정 운영 관련자들과 의견 교류의 활성화	• 교수자와 교육담당자의 대화 ▷ 교육담당자 K: 교수님, 이번 이러닝 과정을 운영하실 때 힘든 점은 없으셨나요? 학습관리시스템에 오류가 발생했거나, 수강생을 관리하실 때 어려움이 있지는 않으셨어요? ▶ 교수자 P: 지난 차수에 비해서 교육생들이 유난히 강의 수강에 부담을 느끼는 것 같습니다. 차시별 수강률도 낮은 편이고 학생 한 분은 쪽지를 통해 내용이 과도하게 많다고 하더라고요.

이러닝 과정 운영 관련자들 과 의견 교류의 활성화	▷ 교육담당자 K: 아 그러셨군요. 저도 이번 과정 운영에 대한 설문조사 결과 를 확인했더니 콘텐츠의 내용이 조금 많았다는 의견이 있었습니다. ▶ 교수자 P: 다른 이러닝 과정들의 분량도 제 강의와 비슷하지 않나요? ▷ 교육담당자 K: 그런 강의들도 있지만, 요즘에는 유튜브처럼 짧고 임팩 트 있는 내용을 담아 마이크로 러닝으로 짧게 영상을 제작하고, 다른 활 동이나 퀴즈, 보충자료를 넣기도 합니다. ▶ 교수자 P: 저도 다음에 과정 유지보수 개발을 할 때는 참고해야겠군요. 좋은 의견 감사합니다.
	→ 학습자 외에도 교수자, 튜터, 운영 담당자, 과정개발자 혹은 내용전문가 등 과 이러닝 운영 평가 결과에 대해서 의견 교류가 더욱 활발하게 진행될 수 있음 → 예를 들어, 과정 운영에 대한 '과정 수료율, 시스템 활용성, 과정 개설 시기의 조정' 측면과 학습자에 대한 '학업성취도, 학습 만족도, 학습 콘텐츠 내용 및 분량, 과제 및 시험' 등에 대해 조금 더 자세한 논의가 진행될 수 있음

⑥ 이러닝 운영평가를 위한 고려사항(김은정 외, 2009)

이러닝 운영평가가 효과적으로 수행되기 위해서는 다음의 네 가지를 고려해야 한다.

표 2-1-17 **효과적인 이러닝 운영 평가를 위한 고려사항**

구분	세부 내용
운영평가의 영역 확대	기존 운영평가 영역인 만족도, 성취도, 수료율 외에도 현업 적용도, 성과 기여도까지 포함하는 것이 바람직함
과정 단위의 운영평가 탈피	개별 과정의 운영평가에 중점을 두기보다는, 이러닝으로 운영한 전체 과정 에 대한 종합적 평가와 HRD 차원에서의 평가를 포함하여 종합적인 의사결 정과 향후 전략 수립에 반영해야 함
운영 결과 보고 시점의 다양화	기존 월 단위의 운영 결과 보고 형태를 다양화하여 과정 운영의 점검과 개 선을 위한 일상적 운영평가 보고를 포함하고, 분기, 반기, 연간 등 장기적 인 운영평가 보고를 추가해야 함
운영평가의 전문성 인식	운영자들이 운영평가 영역의 전문성을 인식하고 전문성 신장을 위해 노력 하도록 독려

※ 출처: 김은정 외(2009). 최고의 이러닝 운영실무. (사)이러닝 산업협회.

2) 이러닝 운영계획서 작성

(1) 이러닝 운영계획서의 작성 방법

① 이러닝 운영계획 수립의 마지막 단계는 운영계획서를 작성하는 것이다.

② 이러닝 과정을 효과적으로 운영하기 위해 사전에 작성한 운영전략과 학사일정계획, 홍보계획, 평가전략의 세부 내용을 기반으로 실제 운영할 이러닝 과정의 운영계획서를 작성한다.

③ 운영계획서의 세부 요소 및 내용

표 2-1-18 이러닝 운영계획서의 세부 요소 및 내용

세부 요소	세부 내용
교육기관 정보	• 운영기관명(수행기관명 혹은 연수기관명) • 교육훈련 종류(우편, 인터넷 및 모바일, 혼합훈련 등) • 운영 담당자, 기관 연락처 • 과정 홍보계획 등
교육과정 정보	• 교육과정명, 훈련 직종, 교육 영역(직무 공통 등) • 운영 일정 및 기간, 총 학습시간, 교육 인원 • 교육 목표, 교육 난이도 • 교육과정 차시별 정보(차시명, 주요 내용, 주요 학습활동, 학습 시간 등) • 교재 정보(교재명, 출판사, 저자명, 출판 연도 등) 등
학습관리시스템 정보	• 접속 경로(URL 등) • 시스템 사용 최소 사양 정보 • 응용 소프트웨어 정보 • 학습 환경 설정 가이드 등
운영활동 정보	• 수료 기준 및 진도관리 기준 • 담당 튜터 배정 • 평가 및 피드백(방법, 시기, 횟수 등) • 상호작용에 대한 방법(토론, 커뮤니티 등), 시기, 횟수 등 • 학습 촉진 및 독려에 대한 방법(상담, 원격 지원 등) • 운영전략 및 추진 방향
평가전략 정보	• 평가전략 수준(반응도 평가, 학업성취도 평가, 현업 적용도 평가, 성과기여도 평가 등) • 평가전략의 실시 방법, 시기, 분석 방법, 결과 활용 방안 등

※ 출처: 박종선, 박형주, 서준호, 이용관, 최미나(2016). [NCS학습모듈] 이러닝 과정 운영 기획. 한국직업능력개발원, 한국이러닝산업협회, 교육부.

(2) 이러닝 운영계획서 작성 예시

앞서 살펴본 운영계획 수립의 다양한 요소를 바탕으로 작성한 운영계획서의 예시를 살펴보자. 교육기관 내부 운영계획서 양식을 바탕으로 내용을 작성하고, 필요하다면 항목과 내용은 추가 혹은 변경이 가능하다.

표 2-1-19 ○○○○○ **평생교육원 빅데이터 분석 마스터 '입문' 과정 운영계획서**

과정명	빅데이터 분석 마스터: '입문'					
구분	분야	형태	교육 시간	교육난이도: 초급		
	미래기술	이러닝	20시간			
교육목적	R을 활용한 빅데이터 분석 역량을 갖춰 실제 현업에 적용한다.					
교육대상	1. R 프로그램을 활용해서 데이터를 관리 및 분석하고자 하는 예비 데이터 분석 전문가 2. R 프로그램을 활용해서 데이터 분석 역량을 갖추어 현업에 적용하고 싶은 직장인					
교육인원	총 120명 (기당 30명)			교육 횟수		4회
교육 일정 및 신청 기간	1기: 2023.1.1.~1.31 (~2022.12.25까지 신청) 2기: 2023.3.1.~3.31 (~2023.02.25까지 신청) 3기: 2023.5.1.~5.31 (~2023.04.25까지 신청) 4기: 2023.7.1.~7.31 (~2023.06.25까지 신청)					
학습목표	1. R 프로그램의 특징과 필수 문법을 이해하고, 정형 데이터와 비정형데이터를 추출하고 분석할 수 있다. 2. R 프로그램의 다양한 시각화 패키지를 습득하고, 실제 현업 데이터를 활용해 데이터 시각화를 수행할 수 있다.					
교재	김○○(2023). 나도 이제는 빅데이터 전문가. ○○○○출판사.					

교육내용	주요 내용	담당 튜터	교육 시간 및 방법			
			소계	온라인 강의 (시간)	현장 교육	기타
			20	20	0	0
	1. 빅데이터와 R 프로그램 개요 – 빅데이터의 개념, 유형, 특징 – R, R 스튜디오, Java 설치 – R패키지 설치와 디렉터리 활용	이○○	4	4	0	0
	2. R의 필수 문법과 고급 문법 – 변수의 이해와 데이터 가공 – 사용자 정의 함수와 조건문 활용 – 반복문 활용하기 – 정규식과 다양한 함수 활용	김○○	4	4	0	0
	3. R을 활용한 시각화 기법 – R 시각화: 기본 패키지 활용 – R 시각화: ggplot2 패키지 활용 – R GIS 기능 활용하기	김○○	6	6	0	0

4. R을 활용한 텍스트 마이닝
  – 한글 텍스트 분석의 기초(전처리, 정제, 분석)
  – 워드클라우드 그리기
  – 텍스트 네트워크 분석과 시각화
	김○○	6	6	0	0

교육 방법	■ 학습 콘텐츠 수강 ■ 실습과제 □ 온라인 토론 □ 기타
교육평가	• 진도율과 과제에 대한 평가를 진행하며, 과제 제출 기한은 4차시 수업이 끝나고 1주일의 시간을 더 부여한다. • 수료 기준은 80점 이상으로 정한다.

항목	진도율	과제	수료 기준
평가 비율	80%	20%	80점 이상
수료 기준	80%	Pass	

관련 과정	• 빅데이터 분석 마스터 '심화' 과정
수강 방법	• 수강 경로: http ://○○○○○○○.com에 접속하여 온라인 학습 수행 (모바일 수강 가능) • 3차시와 4차시 실습과제를 수행하여 제출 • 오프라인 교육과 온라인 토론은 진행하지 않음

상호작용 방법	• 이러닝 튜터 2명 배치
	  –과정 진도율 관리 –과제 참여 독려
	  –R, R스튜디오, JAVA 설치 관련 지원 –R 실습 과제 수행에 대한 질의사항 응답 지원

강의 준비물	• R, R스튜디오, JAVA 설치
환급 유형	□ 고용보험환급 ☑ 내일배움카드 □ 비환급

구분	훈련비	정부지원금	수강생부담금
재직자 일반	193,050원	106,170원	86,880원
국민취업지원제도 I	193,050원	193,050원	0원
국민취업지원제도 II	193,050원	106,170원	86,880원

(※ 제시된 내용은 참고용 예시이며, 추후 실제 이러닝 운영과정에서 훈련비를 산정하고 정부지원제도에 따라 수강생부담금을 산출한다.)

운영 방법	• 과정 오픈 전날 이러닝 튜터에게 안내 내용 발송
홍보계획	• 내일배움카드 과정의 수강이 가능한 본 원의 회원 대상으로 이메일과 문자메시지 발송 • ○○○○○ 원격평생교육원의 페이스북과 인스타그램, 홈페이지 홍보 진행
수강생 평가	• 학습자 만족도 평가 실시 : 교수자 및 이러닝 튜터, 콘텐츠 품질, 시스템 품질, 운영 서비스, 과정에 대한 전반적인 만족도 관련 문항 혹은 고객사에서 제공하는 평가 문항으로 실시 예정
운영 담당자	• ○○○팀 ○○○ 대리

이것만은 기억합시다

- 이러닝 운영 기획 및 준비: 이러닝 운영 기획은 과정 운영에 필요한 전반적인 사항을 분석하고 그 결과를 기반으로 운영계획을 세우는 활동이며, 운영 준비는 과정 운영을 위한 구체적인 준비를 하는 활동을 의미한다.

- 요구분석: 과정 종료 후에 후 학생들이 가지게 될 바람직한 수준과 현재의 수준 차이, 즉 요구(needs)를 규명하는 것이다.

- 이러닝에서의 요구분석: 수요자 중심의 이러닝 과정 개설과 운영을 위해 학습자(고객)들의 요구를 다각도로 분석하고 종합하여 이러닝 운영 방향을 결정하기 위한 활동

- 학습자 분석: 이러닝 과정을 수강할 학습자의 특성을 파악하는 활동

- 고객 분석: 교육 대상자가 속해 있는 기관과 조직 및 관리자들의 요구를 분석하는 활동

- 교육과정 분석: 학습자, 기관 및 조직에서 교육이 필요한 학습 내용을 분석하는 활동

- 학습관리시스템 점검: 이러닝 과정 운영을 위한 학습관리시스템의 학습환경을 점검하는 활동

- 수요자중심 과정 기획: 학습 대상과 목적에 따른 맞춤형 교육을 기획하고 신규 과정을 발굴하는 것으로, 마이크로 러닝 콘텐츠 도입과 XR 콘텐츠 직업훈련 및 상호작용이 강화된 학습플랫폼 도입 등이 이에 해당한다.

- 이러닝 벤치마킹: 과정 운영에 탁월한 성과를 보이는 기관의 사례와 운영 기법을 조사하고 도입하는 활동

- 이러닝 운영계획: 이러닝 과정을 개설하고 운영하기 위해 전반적인 운영계획을 수립하는 활동

- 이러닝 운영전략: 과정의 구체적인 운영 방법과 방향성을 결정하는 활동으로, 연간교육계획을 수립하거나 운영전략과 절차가 담긴 매뉴얼을 개발하는 활동 등이 포함된다.

- 이러닝 학사일정계획: 이러닝으로 운영할 과정에 대해서 연간 운영 일정 또는 월별, 과정별 학사일정을 수립하고 관련 세부 활동 계획을 수립하는 활동

- 이러닝 홍보계획: 이러닝 과정에 대한 마케팅 포인트를 채택하여 포스터, 브로슈어 등을 만들어 홍보하는 활동

- 이러닝 평가전략: 수강생 개개인의 학습성과 측정과 함께 수행한 학습활동과 운영과정에 대해서 종합적으로 평가하는 활동

- 이러닝 과정 운영계획서: 요구분석을 통해 수립한 운영전략과 학사일정계획, 홍보계획, 평가전략의 세부 내용을 토대로 실제 운영할 이러닝 과정의 운영계획을 문서화하는 활동

Chapter 02 이러닝 운영 지원도구 관리

학습안내

2장에서는 이러닝 운영 지원 도구에 대해서 살펴본다.

이러닝 운영 지원 도구란 이러닝 운영 주체로서 과정 운영자가 이러닝의 전(全) 과정에서 학습관리시스템(LMS)을 통해 학습자가 원만히 학습을 진행하도록 돕고, 학사관리 전반에 대한 관리업무 수행을 돕는 도구나 수단을 의미한다. 이러닝 과정 운영자는 학습자의 원활한 학습을 지원하기 위해 운영 활동에 필요한 각종 지원 도구의 종류와 특성을 분석한 후 적당한 지원 도구를 선정하여 활용한 다음, 개선점을 도출하여 다음 운영에 반영할 수 있어야 한다.

학습목차	내용
1. 이러닝 운영 지원 도구	1) 이러닝 운영 지원 도구의 개요
	2) 이러닝 운영 지원 도구의 종류
2. 학습환경 구성을 위한 도구	1) 학습환경 구성을 위한 운영 지원 도구의 개요
	2) 대표적인 학습관리시스템(LMS)의 종류와 특징
3. 학습 콘텐츠 개발을 위한 도구	1) 학습 콘텐츠 개발을 위한 운영 지원 도구의 개요
	2) 학습 콘텐츠 개발을 위한 운영 지원 도구의 종류
4. 학습자 지원을 위한 도구	1) 학습자 지원을 위한 운영 지원 도구의 개요
	2) 이러닝 운영 지원 도구의 도입 및 관리 방안

학습목표 | 2장 학습 후 할 수 있는 일

1. 이러닝 과정 운영에 필요한 운영 지원 도구의 종류를 파악할 수 있다.
2. 학습환경 구성을 위한 운영 지원 도구인 학습관리시스템(LMS)의 종류와 특징을 설명할 수 있다.
3. 학습 콘텐츠 개발을 위한 운영 지원 도구인 저작도구의 종류와 특징을 설명할 수 있다.
4. 학습자 지원을 위한 운영 지원 도구의 종류와 특징을 설명할 수 있다.

주요 용어 | 핵심 키워드

이러닝 운영 지원 도구, 플랫폼, 저작도구, 학습관리시스템(LMS), 학습 콘텐츠 관리시스템(LCMS), 콘텐츠 관리시스템(CMS), 챗봇(Chatbot), FAQ(Frequently asked questions), 원격지원 도구, Canvas LMS, Moodle LMS, Open edx

1 /// 이러닝 운영 지원 도구

1) 이러닝 운영 지원 도구의 개요

(1) 이러닝 운영 지원 도구의 개념

① 이러닝 운영 지원 도구란 이러닝 운영 주체로서 과정 운영자가 이러닝의 전(全) 과정에서 학습관리시스템(LMS)을 통해 학습자가 원만히 학습을 진행하도록 돕고, 학사관리 전반에 대한 관리업무의 수행을 돕는 도구나 수단을 의미한다.

② 이러닝 운영 지원은 이러닝의 전(全) 과정을 지원하는 단계 중 특히 '운영 중'의 시기에 수행하는 과정 운영자의 학습관리를 지원한다.

(2) 이러닝 운영 지원 도구의 역할

① 이러닝 운영 지원 도구는 온라인교육의 효율성과 효과성을 높이는 역할을 한다.

② 학습 진행을 위한 안내 역할, 학습 진행 독려 역할, 질문 및 문제 발생에 대한 대응 역할을 보조하기 때문에 상황에 적절한 운영 지원 도구가 요구된다.

(3) 이러닝 운영 지원 도구의 장점과 효용

① 이러닝 운영 지원 도구를 사용하면 학습자들의 학습 과정을 관리할 수 있다. 강의 계획 수립, 강의자료 관리, 학습자 평가 등 학습관리에 필요한 기능들을 제공하여 학습자들의 학습 효율성을 높일 수 있다.

② 이러닝 운영 지원 도구를 사용하면 학습자 간 소통과 협력이 가능하다. 이를 통해 학습자들은 적극적으로 학습에 참여하며, 서로 도움을 주고받을 수 있다.

③ 이러닝 운영 지원 도구를 사용하면 시간과 장소의 제약 없이 학습할 수 있다. 학습자들은 자신의 일정에 맞게 강의를 듣고, 학습자료를 확인할 수 있으며, 필요할 때 언제든지 다시 복습할 수 있다.

④ 이러닝 운영 지원 도구를 사용하면 강의 제작, 운영, 평가 등에 필요한 비용을 줄일 수 있다.

⑤ 이러닝 운영 지원 도구를 사용하면 학습자들의 학습 결과를 분석할 수 있다. 학습자들의 학습 상황을 파악하여 개인 맞춤형 학습을 제공하고, 교육효과를 평가할 수 있다.

2) 이러닝 운영 지원 도구의 종류

이러닝 운영 지원 도구는 학습환경을 구성하고 콘텐츠를 개발하며, 학습자를 지원하기 위한 다양한 목적으로 구분된다.

표 2-2-1 이러닝 운영 지원 도구의 목적별 구분

구분	종류 및 내용
학습환경 구성을 위한 도구	• 학습관리시스템(LMS)은 학습자들에게 콘텐츠를 제공하고, 학습 과정을 관리하기 위한 도구 • 학습 콘텐츠 관리시스템(LCMS)은 콘텐츠 제작과 관리를 위한 도구 • 콘텐츠 관리시스템(CMS)은 웹사이트나 블로그, 포럼, 이커머스 사이트 등 다양한 종류의 웹사이트를 생성하고 관리하는 도구
학습 콘텐츠 개발을 위한 도구	• 저작도구(authoring tool)는 멀티미디어 요소와 상호작용, 각종 학습자료를 제작할 수 있도록 지원하는 소프트웨어 • 녹화 도구(recording tool)는 화면 녹화, 웹캠 녹화, 음성 녹음 등을 통해 다양한 학습 콘텐츠를 개발하기 위한 도구
학습자 지원을 위한 도구	• 커뮤니케이션 도구(communication tool)는 학습자-교수자, 학습자-운영자, 학습자-학습자 간의 소통 및 협력을 지원하는 도구 • 평가 도구(evaluation tool)는 학습자의 학습성과를 평가하고, 피드백을 제공하기 위한 도구
그 밖의 도구	• 화상 강의 도구(video conferencing tool)는 비대면 원격 강의나 원격 회의를 지원하는 도구 • 가상 현실 학습 도구(virtual reality learning tool)는 간접체험을 극대화할 수 있는 가상의 수업환경을 조성할 수 있는 도구

2 /// 학습환경 구성을 위한 도구

1) 학습환경 구성을 위한 운영 지원 도구의 개요

① 과거 학습관리시스템(LMS)은 교수자와 학습자를 지원하는 기능의 강화 측면에 초점을 맞춰 발전해 왔으나 현재는 상호작용과 학습/운영의 편의성, 개인화를 중시하며 새로운 온라인교육 생태계를 주도하는 "플랫폼"으로 진화하고 있다.

② "플랫폼"은 다양한 소프트웨어를 운용하고, 서비스를 확장할 수 있는 공간을 제공하는 소프트웨어의 일종이다. 학습관리시스템(LMS)이 플랫폼화되고 있다는 말은 '학습의 효과성과 운영의 효율성을 돕기 위해 외부의 교육 애플리케이션을 활용하거나 지원하는 데 초점을 맞추어 발전하고 있다'는 의미이다.

③ 현재 많은 사용자를 보유한 학습관리시스템(LMS)들은 3rd party[6] 애플리케이션을 운용할 수 있도록 설계되어 있다.

④ 학습자들은 학습관리시스템(LMS)에서 제공하지 않는 기능을 위하여, 혹은 학습관리시스템(LMS)이 제공하는 기능보다 좀 더 나은 기능을 위하여 특정 애플리케이션을 설치하여 사용할 수 있다.

⑤ 학습관리시스템(LMS)은 교육 대상과 기업/기관이 영위하는 서비스 성격에 따라 구분된다. 일반적으로 **기업교육형**, **대학교육형**, **학원교육형**, **교원연수형**, **서비스 모델형** 등으로 구분할 수 있다.

표 2-2-2 서비스 성격에 따른 학습관리시스템(LMS)의 분류

구분	서비스 명
기업교육형	• SLIC(https://www.slic.kr/slic/goStoryShow) • STEP(https://www.step.or.kr/main.do) • Talent LMS(https://www.performars.com/ko/digital-marketing-building-block/marketing-technology/talentlms) • ALEKS(https://www.aleks.com) • SAM(https://hrd.hunet.co.kr/Contents/Lms) • eduPort e-HRD™(http://www.nexgens.com/main.jsp) • 러닝매트릭스 TM(http://www.thermp.co.kr/) • 아이펠(https://aiffel.io/)
대학교육형	• Blackboard(https://www.blackboard.com/) • Moodle-Coursemos LMS(https://support.coursemos.kr/ko) • Canvas LMS(https://www.instructure.com/canvas) • openedx(http://www.kmooc.kr/)
학원·교원 연수형	• Google Classroom(https://classroom.google.com/) • 클래스팅 AI 러닝(https://www.classting.ai/school) • Adobe Captivate Prime LMS(https://business.adobe.com/products/learning-manager/adobe-learning-manager.html) • Joomla(https://www.joomshaper.com/joomla-extensions/sp-lms) • 띵커벨(https://www.askedtech.com/product/499769)
서비스 모델형	• 클라썸(https://classum.com/) • 위두랑(https://rang.edunet.net/main.do) • 아이엠스쿨(https://school.iamservice.net/) • edwith(https://www.edwith.org/)

---

6 3rd party(서드파티): 원천기술과 호환되는 상품을 출시하거나 해당 기술을 이용한 파생상품을 생산하는 회사를 의미한다. 하드웨어 생산자가 직접 소프트웨어를 개발하면 1st party, 하드웨어 생산자와 직접적인 관계없이 소프트웨어를 개발하는 회사는 3rd party이다.

2) 대표적인 학습관리시스템(LMS)의 종류와 특징

(1) Canvas LMS

① 개요

- Canvas LMS는 유타주 솔트레이크시티(Salt Lake City)에 본사를 둔 에듀테크 기업의 학습관리시스템(LMS)이다.
- Canvas는 신뢰할 수 있는 공개 SW 학습관리시스템(LMS)으로, 교육방식을 혁신하며 강좌를 만들고 관리하는 모든 패키지를 용이하게 한다.
- Canvas LMS는 사용자 정의의 유연성이 높은 알림 시스템, 좋아하는 기기 및 소셜 플랫폼과의 통합, 상호작용성, 그리고 사용 편의성이 우수한 제품이다. 특히 모바일 환경에서의 학습에 특화된 제품으로 코스 구성, 리소스 관리, 학생 지도, 개인화된 학습을 지원하고, 교사들이 학습 내용, 학습활동, 평가 등을 체계화 및 배열하고 학습 전달을 간소화할 수 있도록 기능을 제공한다.
- Canvas LMS의 장점 중 하나는 **줌(ZOOM), 구글 미트(Meet), 마이크로소프트의 팀즈(Teams)와 호환**이 된다는 점이다. 비대면 수업에서 위의 3가지 도구 중 하나를 많이 사용하기 때문에 잘만 활용한다면 매우 성공적인 비대면 수업환경을 구성할 수 있다.
- London South Bank University, Florida State University 등이 Canvas를 이용 중이다.

그림 2-2-1 Canvas LMS 강좌(Course) 구성 화면

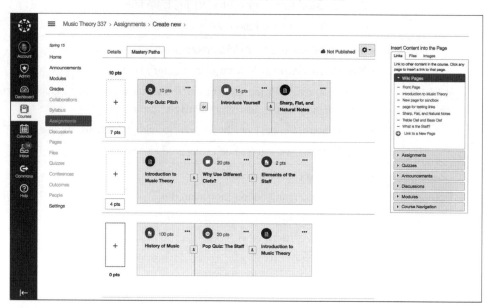

② 주요 기능 및 특징

- 큐레이션 방식의 자유로운 주차 학습 설계가 가능하다.

- Zoom 등을 활용하여 비대면 수업환경을 구성할 수 있다.

- Learning analytics 기반 직관적인 대시보드(dashboard)를 제공한다.

- 토론, 퀴즈 등의 기능과 루브릭 평가 등 통합적인 학습 분석 및 관리가 가능하여 강의 운영의 효율성을 높일 수 있다.

- 학생별 조기경보, 자동 학습 개입, 자동 학습관리, 맞춤형 학습을 지원한다.

- 유연한 모듈화 시스템이 적용돼 있어 개별 대학교들의 다양한 환경과 요구에 맞는 모듈 및 데이터들을 효율적으로 맞춤 제작(customizing)할 수 있다.

- PC와 모바일이 완벽 호환되어 다양한 디바이스로 어디서나 학습하고 출석 기록이 반영된다.

- 통합 캘린더를 통한 교수·학습 일정 관리가 쉽다.

- 교수자−학생 간 원활한 소통을 지원한다.

③ Canvas LMS의 이러닝 운영 지원 도구

가. 대시보드(Dashboard)

- 접속한 계정별로 모든 과목 리스트와 할 일, 최근 변경 사항 등이 표시된다. 운영기관에 따라 대시보드를 '과목 카드 보기' 또는 '최근 활동'의 두 가지 보기 중 하나를 기본값으로 설정할 수 있다.

  − 과목 카드 보기: 즐겨 찾는 모든 과목에 빠르게 접근할 수 있도록 과목 카드를 표시

  − 최근 활동: 모든 과목에 대한 모든 최근 활동을 표시

- 대시보드 우측에는 모든 과목의 '할 일 목록'과 '예정 목록'이 표시된다. '할 일/예정 목록'은 특정 과목과 연결되어 있으며, 운영 기간 처리해야 할 학사관리 업무이다.

- '할 일/예정 목록'은 모든 과목에서 채점해야 할 항목 및 마감 예정 항목을 관리하는 데 도움이 되며, 교수자나 학습자의 최근 활동을 한 눈에 모니터링 할 수 있어 즉각적인 응대와 학습 독려에 편리하다.

그림 2-2-2 대시보드 화면

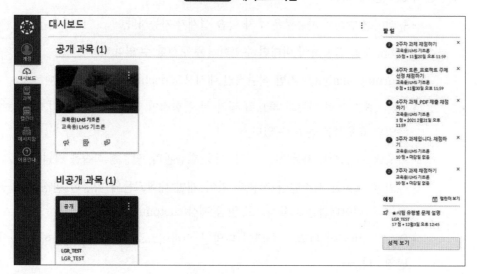

나. 캘린더(Calendar)

- 모든 과목에서 수행해야 하는 모든 학습 및 일정을 한 곳에서 확인/관리할 수 있는 운영 지원 도구이다.

- 일, 주, 월 단위 또는 일정 목록별로 캘린더 이벤트를 볼 수 있다.

- 과정 운영자에게 캘린더는 특정 마감일이 있는 평가 대상 과제를 학습자에게 상기시키는 데 활용되고, 학습자는 캘린더를 사용하여 예정된 과목 이벤트 및 해야 할 과제를 확인할 수 있다.

그림 2-2-3 캘린더 화면

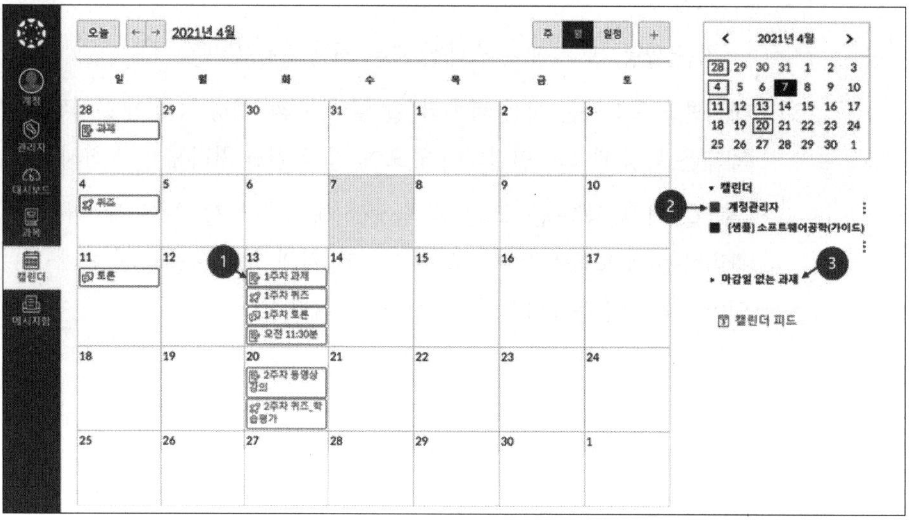

다. 메시지 함

- 이메일 대신 과목, 그룹(팀), 교수자 및 학습자와 소통하는 데 사용되는 메시징 도구로, 과정 운영 간 다음과 같이 활용할 수 있다.
  - 과목 또는 그룹의 구성원에게 메시지 보내기
  - 교수자 또는 튜터에게 메시지 보내기
  - 과제 제출 코멘트 보기 및 답장

그림 2-2-4 메시지 함 화면

라. 알림 설정

- 알림 설정은 학습자/교수자의 수강 매체에 직접 전송하는 메시지로, 학습자나 교수자에게 주요 학사일정을 안내하여 학습 사이트로의 접속을 유도함으로써 학습활동을 지속하게 하기 위함이다.
- 푸시(Push) 알림은 학습자의 연락처를 알 필요 없이 메시지를 전송할 수 있어 SMS와 차이가 있다. 또한 학습 사이트에 로그인해야만 확인할 수 있는 메시지와 달리 잠금 화면에서 나타나고 모바일 기기의 알림 목록에 추가되므로 정보 접근성이 높다.
- 이러닝 과정 운영자는 과목별 알림 설정으로 수업 활동과 관련된 모든 항목에 알림을 설정할 수 있으며, 알림의 유형도 '즉시 알림', '일일 요약', '주간 요약'으로 구분하여 설정할 수 있다.

그림 2-2-5 과목 알림 설정 화면

과목 알림 설정

> ⓘ 과목 알림은 계정 〉 알림 설정상의 설정에 따릅니다. 이 과목의 알림을 조정하면 계정에서 알림을 설정하셨더라도 알림이 비활성화 처리됩니다. ✕

🔘 [샘플] 소프트웨어공학(가이드)에 대한 알림 활성화

현재 이 과목에 대한 알림을 받고 있습니다. 과목 알림을 비활성화하려면 위의 토글을 비활성화해주세요.

수업 활동	Email jpark@xinics.com	Email smaster@nomail.com	푸시 알림 모든 기기
마감	📅	📅	🔔
평가 정책	📅	📅	🚫
과목 콘텐츠	🔕	🔕	🔔
파일	🔕	🔕	🚫
공지	🔔	🔔	🔔
자신이 작성한 공지	🔕	🔕	🔔
평가	🔔	🔔	🔔
초대	🔔	🔔	🔔
모든 제출용	🔕	🔕	🔔
지연된 평가	🕐	🕐	🚫

마. 게시판

- 주요 전달 및 안내 사항은 공지사항 게시판을 이용하여 학습자에게 알릴 수 있다. 학습자는 LMS 접속 후 대시보드의 최근 활동에 게시된 공지사항을 확인할 수 있으며, 강의실 과목 홈에서 공지사항을 확인하고 활동을 이어갈 수 있다.

그림 2-2-6 공지사항 게시판 화면

- Canvas LMS는 2가지 유형의 게시판을 제공한다. '열린 게시판'은 자유로운 자료 공유나 의견 교환을 위해 활용하고, '문의 게시판'은 과목 운영이나 학습 내용에 대한 질의응답을 위한 게시판으로 활용한다.

- 문의 게시판은 게시글/답글을 이용해 질의응답을 하는 기본적인 게시판 기능이 있으며, '비밀글' 기능 등 1:1 질문 답변을 하는 기능은 없다. 비밀글 기능을 원하는 경우, 메시지 함을 이용할 수 있다.

[그림 2-2-7] 게시판 목록 확인 및 글 등록 화면

소프트웨어공학 01분반 〉 ★[DEMO] 소프트웨어공학 01분반

	제목/작성자	검색		❻ + 글쓰기
홈				
공지	❶ 문의게시판에는 학습 중 궁금한 점이 있거나, 강의 운영에 대한 다양한 질문을 올려주시기 바랍니다.			
수업계획서	이교수			4월 7일 ◉0 ◕0
문의게시판	질문이 있습니다.			
열린게시판	❷ 김호석			4월 7일 ◉0 ◕0
강의자료실	오늘 휴강하나요?			❸ ❹ ❺
강의콘텐츠	정수민			4월 7일 ◉0 ◕0
과제 및 평가	1주차 학습 영상에 대한 문의			
시험 및 설문	학생01			4월 7일 ◉0 ◕0
토론	문의합니다.			
출결/학습 현황	학생01			4월 7일 ◉0 ◕0
성적				
사용자 및 그룹	⏮ ◀ 1 ▶ ⏭			
성과				
페이지				

바. 설문 기능

- 설문조사는 이러닝 과정 운영 전반의 만족도를 파악하여 품질을 높이기 위한 활동이다.

- 설문은 2가지 유형으로, 평가용 설문과 미평가 설문으로 만들 수 있다. 평가용 설문은 설문을 완료할 때 점수를 부여할 수 있게 하지만, 올바른 답이나 잘못된 답을 구분하여 점수를 매기는 퀴즈 방식과는 달리 제출 여부만 평가한다. 평가용 설문은 익명으로 제출할 수 있으며, 제출 결과도 확인할 수 있다.

- 미평가 설문은 학습자들로부터 의견이나 기타 정보를 얻고자 할 때 이용할 수 있으며, 학습자의 답변 여부에 따라 점수를 부여하지 않는다.

[그림 2-2-8] 설문 유형 선택 화면

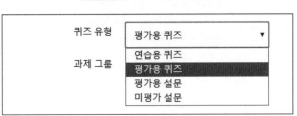

퀴즈 유형	평가용 퀴즈 ▼
과제 그룹	연습용 퀴즈
	평가용 퀴즈
	평가용 설문
	미평가 설문

사. 기타

출결/학습현황 관리를 위한 통합 조회 기능, 과목/학생별 분석 통계기능을 제공하여 과목의 개별 구성 요소를 측정/진단하고 학습자의 성과를 평가할 수 있다.

(2) Moodle LMS

① 개요

- Moodle은 세계에서 가장 널리 퍼진 LMS 플랫폼 중 하나로 수많은 대학과 학교에서 선택하고 있다. 그 구조는 구성주의 학습 접근법을 기반으로 한다.

- Moodle은 **오픈소스 학습관리시스템인 Moodle을 기반으로 설치와 운영을 체계화하고 사용자 위주로 UI(User Interface)를 최적화하여 안정적인 서비스를 가능**하게 하는 학습관리시스템(LMS)이다.

- 오픈소스(Open Source)를 기반으로 제공되어 보안 및 정합성에 대한 안정성과 다양한 테마 적용을 통해 손쉬운 커스터마이징이 가능하다.

- 국내에서는 기존 Moodle의 UI/UX를 대폭 개선하고, 추가적인 결합 솔루션을 개발하여 더 편리하며 직관적이며 효과적인 교수학습을 지원하는 통합 학습플랫폼인 코스모스(Coursemos) LMS가 있다.

그림 2-2-9 Moodle(Coursemos) 강의실 홈 화면

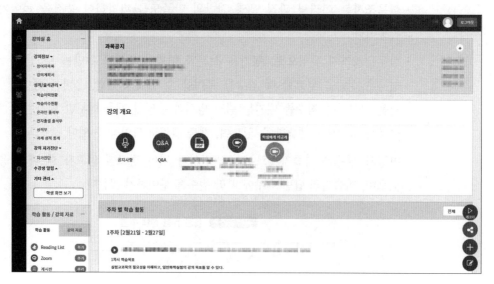

② 주요 기능 및 특징

- 오픈소스(Open Source)로 커스터마이징이 용이하다.

- 타임라인 기반의 강의실을 구성하여 학습 순서에 따라 학습자료를 배치할 수 있다.

- 동영상, 문서 등의 강의자료 및 학습자가 직접 참여할 수 있는 학습활동을 다양한 모듈을 통해 제공한다.

- Zoom, Webex 등의 화상회의를 개설하여 실시간으로 온라인 수업을 진행할 수 있다.

- 학습자들이 학습을 더욱 효율적으로 할 수 있도록 다양한 학습 지원 도구 플러그인을 제공한다.

- 온라인 출석부, 오프라인 출석부, 성적부를 통해 학생들의 학습현황을 모니터링 할 수 있다.

③ Moodle LMS의 이러닝 운영 지원 도구

가. 채팅방

- 채팅방은 모둠 과제를 수행할 때 구성원 간 토론의 기회를 제공하기 위한 학습 지원 성격이 크다. 하지만 대화방을 이용하여 실시간으로 학습자의 애로사항을 처리하기 위해 운영할 수도 있다.

- 채팅방을 설정하기 위해서는 주차/토픽을 선택한 다음, 기본정보와 채팅방의 운영조건을 설정한다.

그림 2-2-10 채팅방 추가 화면

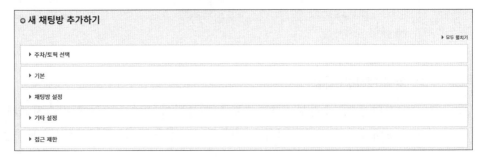

나. 게시판

- 게시판은 자료실, 또는 과제 대신 과제를 취합하는 용도 등 다양하게 활용할 수 있다.

- 게시판을 등록할 주차/토픽을 선택하고, 운영 성격에 맞는 게시판 정보를 입력하고, 저장한다.

- 일반 게시판: 모든 사용자가 글을 쓰고 읽을 수 있는 게시판이다. 옵션을 선택하여 '답글', '비밀글', '공지' 기능 등을 활성화할 수 있다.
- 공지 게시판: 강의실의 교수자, 조교가 글을 작성할 수 있는 게시판이다. 학습자는 글을 읽을 수 있다. 한 방향 정보 전달에 적합하다.
- Q&A 게시판: 참여자 간의 질의응답을 위해 운영하는 게시판으로 비밀글을 작성할 수 있다. 비밀글은 작성자와 교·강사 및 조교만 읽기가 가능하다.
- 그룹 게시판: 팀(그룹) 활동을 위한 개방/폐쇄형 게시판을 생성할 때 사용한다.
- 1:1 게시판: 각 학습자와 개별 의사소통을 위해 사용하는 게시판이다.
- 익명 게시판: 모든 참여자가 글을 작성할 때 '닉네임'을 입력하여 글을 쓸 수 있다.

그림 2-2-11 **공지사항 게시판 화면**

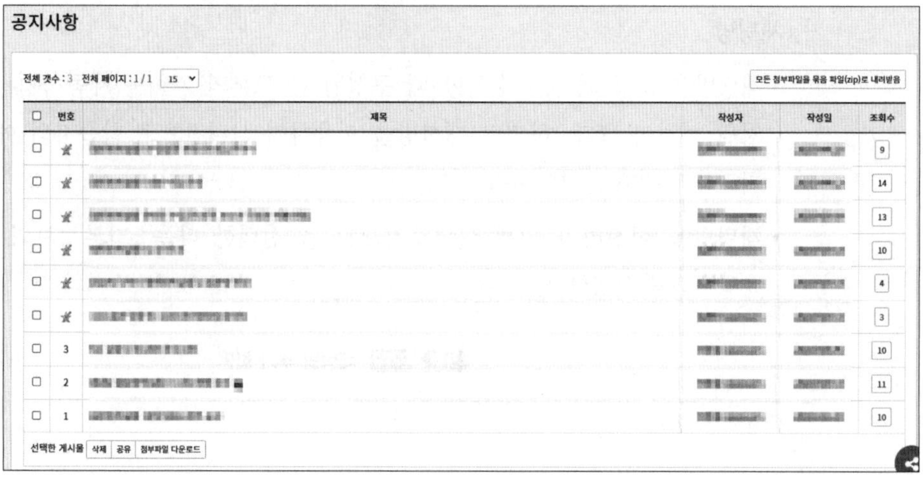

다. 알림(메시징) 기능

- 강의실 내 수강생 알림 메뉴를 이용하여 학습 중 전체 학습자에게 공지를 보내거나, 특정 학습자와의 면담 등 상호작용이 가능하다. 메시지 도구는 다음과 같다.
  - 쪽지 보내기
  - 이메일 보내기
  - SMS 보내기
  - 조기 경고 발송

그림 2·2·12 수강생 알림 메뉴 – 쪽지 보내기 화면

라. 대시보드

- 효율적인 학사관리 및 운영 지원을 위해 성적/출석 관리 현황을 대시보드로 제공한다.
- 성적/출석 관리 메뉴에는 학습 이력 현황, 학습 이수 현황, 온라인 출석부, 오프라인 출석부, 평가 결과(성적)에 대한 통계정보를 제공하며, 학습현황 정보를 통해 학습 부진자에게 독려 메시지(쪽지, 이메일, SMS)를 보낼 수 있다.

그림 2·2·13 학습 현황 화면

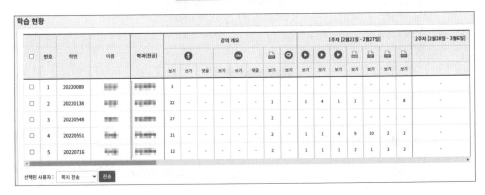

마. 화상 강의

- Moodle LMS는 Add on 형태의 화상 강의를 지원한다.
- 'Webex'와 'Zoom'으로 비대면 강의뿐만 아니라, 과정 운영자는 교수자와 조교에게 과정 운영에 필요한 사전교육, 오리엔테이션을 진행할 수 있다.

그림 2-2-14 Zoom 개설 화면

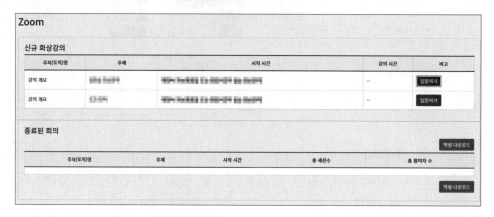

그림 2-2-15 Webex Meeting 개설 화면

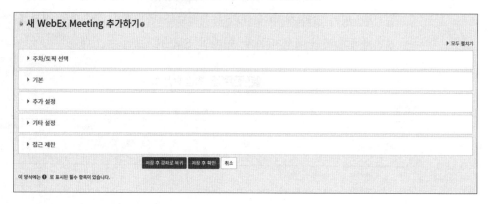

바. 학습 지원 플러그인

Moodle LMS는 학습자들이 학습을 더욱 효율적으로 할 수 있도록 다양한 학습 지원 도구 플러그인을 제공한다.

표 2-2-3 학습 지원 플러그인 종류

구분	기능
H5P	• HTML5 기반 학습 콘텐츠를 만드는 데 사용되는 툴 • 상호작용적인 학습경험을 제공하며, 다양한 콘텐츠 유형을 지원

Lesson	• 선형 학습경로를 만드는 데 사용 • 학습자들은 각 항목의 내용을 읽고 이해한 후, 다음 항목으로 진행할 수 있음
Questionnaire	• 설문조사를 생성하고 관리하는 데 사용 • 학습자들의 의견이나 피드백을 수집할 수 있으며, 이를 바탕으로 개선점을 파악할 수 있음
Scheduler	• 강사나 조교들이 학습자들과의 면담이나 회의 일정을 조정하고 예약할 수 있는 도구 • 학습자들은 시간표에서 자신에게 편리한 일정을 선택하여 예약할 수 있음
Forum	• 학습자들이 토론하고, 질문하고, 답변하며, 정보를 공유하는 데 사용 • 학습자들은 서로의 의견을 듣고, 공동체의 지식을 구축할 수 있음
Glossary	• 용어집을 생성하고 관리하는 데 사용 • 어려운 용어나 개념을 쉽게 이해할 수 있도록, 용어에 대한 설명이나 예시를 확인할 수 있음
Attendance	• 학습자들의 출석 상태를 기록하고 관리하는 데 사용 • 교 · 강사나 조교들은 학습자들이 수업에 참여하고 있는지 확인할 수 있음
Book	• 긴 문서를 만드는 데 사용 • 챕터별로 문서를 읽을 수 있으며, 다른 책이나 링크와 연결하여 추가 정보를 얻을 수 있음

(3) Open edx LMS(K-MOOC)

① 개요

- edx는 Harvard, MIT 및 관련 국제기구와 컨소시엄을 통해 창립된 비영리 온라인 주도권 운동 단체로 **국제 유수 대학 및 관련 기관에서 운영되는 온라인 강좌와 온라인 공개 수업**(MOOC; Massive Open Online Course) **환경을 제공**한다.
- Open edx는 edx 교육과정을 운영하는 공개 SW 플랫폼으로 AGPL 및 Apache 라이선스를 사용하여 커뮤니티에서 자유롭게 사용할 수 있다.
- 교육기관 및 교육자는 Open edx를 통해 개별 목적에 맞는 교육환경 구성이 가능하고, 개발자들은 관련 플랫폼 개발과 개선에 자유롭게 기여가 가능하다.

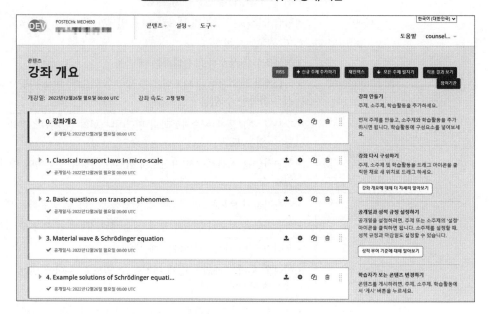

그림 2-2-16 | K-MOOC Studio(주차 등록) 화면

② 주요 기능 및 특징

- 교육과정의 운영 주체에 따라 다양한 교육과정 구성 및 콘텐츠 구성 환경을 제공한다.
- 온라인 교육시스템 및 관련 자원을 효율적이고 체계적으로 관리할 수 있다.
- Web 기반 사용자 환경을 제공하여 사용자의 OS 환경에 따른 간섭을 최소화한다.
- Cross Browsing 지원 및 모바일 환경에 대한 개발 환경을 지원한다.
- 다양한 규모의 온라인 교육시스템 구성 및 탄력적 운용에 유용하다.

③ Open edx LMS의 이러닝 운영 지원 도구

가. (교육과정) 게시판

- 학습자와 과정 운영자는 문제 해결 방법과 의견을 공유하고, 다른 관점을 살펴보고, 질문하기 위해 사용할 수 있다.
- 과정 운영자와 학습자는 게시판에 글을 남기고, 답글을 작성하고, 댓글을 달 수 있으며, 다른 학습자가 남긴 글과 답글, 댓글을 볼 수 있다.
- 과정 운영자와 학습자 모두 게시판의 운영이나 관리 권한을 부여받을 수 있다. 게시판에 남긴 글, 답글, 댓글로 이루어진 대화를 스레드(thread)로 부르며, 게시판 스레드는 강의 기록의 일부로써 저장된다.

그림 2-2-17 게시판 생성 화면

나. 위키

- 위키는 과정 운영자 및 학습자들이 과정에서 다루는 정보에 대해 접근, 공유 및 수정할 수 있도록 해준다.

- 모든 강좌에는 위키가 있으며 강좌에 맞게 설정할 수 있다. 위키 '초안 작성해 두기'를 시작으로, 학습자 및 강좌 운영팀이 어떻게 위키를 사용할 것인지 정하면 된다.

- 과정 운영자는 위키를 이용하여 다음과 같은 운영 지원 활동을 할 수 있다.

  - 강좌에서 자주 묻는 질문(FAQ)에 대한 답변을 공유하고 새로운 자주 묻는 질문들을 취합한다.

  - 강좌를 위해 필요한 소프트웨어 다운로드 및 설치 방법 등과 같은 정보를 공유 한다.

  - 학습자가 만든 자료에 대한 접근권을 공유한다.

  - 강좌의 오류를 공유한다.

  - 강좌의 후속 운영에 대한 의견을 취합한다.

그림 2-2-18 위키 설정 화면

그림 2-2-18 위키 설정 화면

다. 표절 검사 기능

- Open edx LMS는 학습자들이 제출한 답안의 표절 여부를 백분율 단위로 표현한 데이터를 제공한다.

- 표절 검사 대상 및 시기는 자기평가 종료일 이후, 채점이 완료된 문항에 대해서만 수행하며, 표절 검사 항목은 학습자 간의 표절(기존에 등록된 학습자 간 답안 내 수행)과 인터넷 표절 검사(인터넷에 공개된 문서를 대상으로 수행)이다.

그림 2-2-19 표절 검사 CSV 파일 양식

	문항3	상세링크	문항5	상세링크
id1	0	http://www.kmooc.kr/courses/course-v1:EwhaK+EW11151K+2015-02/info	0	http://www.kmooc.kr/courses/course-v1:EwhaK+EW11151K+2015-02/info
id2	0	http://www.kmooc.kr/courses/course-v1:EwhaK+EW11151K+2015-02/info	0	http://www.kmooc.kr/courses/course-v1:EwhaK+EW11151K+2015-02/info
id3	50	http://www.kmooc.kr/courses/course-v1:EwhaK+EW11151K+2015-02/info	0	http://www.kmooc.kr/courses/course-v1:EwhaK+EW11151K+2015-02/info
id4	0	http://www.kmooc.kr/courses/course-v1:EwhaK+EW11151K+2015-02/info	100	http://www.kmooc.kr/courses/course-v1:EwhaK+EW11151K+2015-02/info
id5	100	http://www.kmooc.kr/courses/course-v1:EwhaK+EW11151K+2015-02/info	0	http://www.kmooc.kr/courses/course-v1:EwhaK+EW11151K+2015-02/info
id6	0	http://www.kmooc.kr/courses/course-v1:EwhaK+EW11151K+2015-02/info	0	http://www.kmooc.kr/courses/course-v1:EwhaK+EW11151K+2015-02/info

(4) 구글 클래스룸(Google Classroom)

① 개요

- 구글이 학교를 위해 개발한 무료 웹 서비스로, 종이 없이 과제를 만들고, 배포하고, 점수를 매기는 것을 단순화하는 것을 목표로 한다.

- 구글 클래스룸의 주요 목적은 교사와 학생 사이의 파일 공유를 간소화하는 것이다.

- 구글 클래스룸은 할당 생성 및 배포를 위해 구글 드라이브, 문서 작성을 위해 Google Docs, Google Sheet, Google Slide, 통신을 위해 지메일(Gmail), 일정 관리를 위해 Google Calendar를 결합한다.
- 학생들은 개인 코드를 통해 수업에 참여하도록 초청되거나, 학교 도메인을 통해 자동으로 참여한다. 화상 회의는 Google Meet로 진행할 수 있다.
- 수많은 학교가 코로나19 기간 중 원격 교육으로 이전하면서 구글 클래스룸의 이용률은 증가하였다.

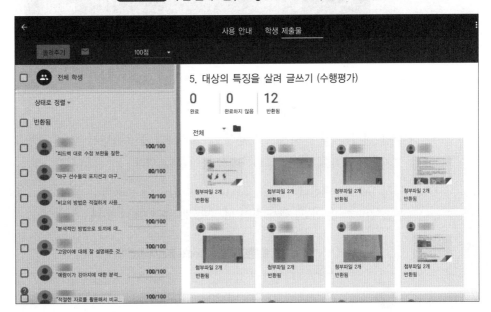

그림 2-2-20 구글 클래스룸(Google Classroom) 활용 수업 장면

② 주요 기능 및 특징

- 관련 학습 도구들을 한 곳에서 활용하면서 수업을 관리할 수 있다.
- Google Docs, Google Meet 등을 이용해 학습 전체가 공동 작업이 가능하다.
- 사용자 친화적 특성이 있어 사용이 편리하고, 교사가 학습경험을 관리/측정/강화하는 데 도움을 줄 수 있다.
- 구글 클래스룸은 교수자와 과정 운영자의 역할이 구분되어 있지 않다.
- 교실 수업을 온라인으로 전환해 놓은 것으로 학습 지원 도구가 곧 운영 지원 도구의 역할을 한다고 볼 수 있다.
- 대표적으로 Kahoot은 퀴즈 기반의 학생 반응 서비스로 퀴즈 기능보다 역동적이고 실시간 학생들의 참여를 유도할 수 있다.

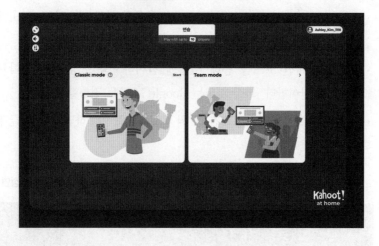

그림 2-2-21 Kahoot 퀴즈 화면

③ 구글 클래스룸(Google Classroom)의 이러닝 운영 지원 도구

가. Google Calendar

- 수업 일정을 공개 일정으로 만들어 학부모와 공유하면서 수업 내용을 일일이 공지하지 않아도 학부모 캘린더에서 확인할 수 있다.
- 특히 Google 캘린더의 Rich Text(다양한 입력)를 이용하면 공지사항, 양식, 문서 등을 전달할 수 있고, 행사 참석 여부도 바로 확인할 수 있다.

그림 2-2-22 Google 캘린더 화면

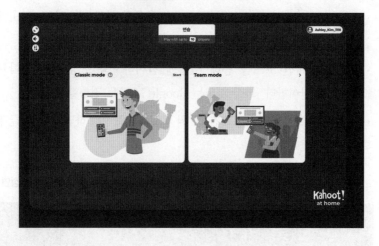

나. Google Form

- Google Form으로 설문지를 만들 수 있다. 수업을 듣는 학생이나 학부모 등 다양한 사람에게 의견을 수렴할 때 간편하게 사용할 수 있다.

- 스마트폰에서도 이용할 수 있고 제작이 간편하다. 별도의 정리 작업 없이 Google Spread Sheet로 결과를 정리할 수 있고 필요한 그래프도 자동으로 생성된다.

- 최근 Google 설문지를 이용한 퀴즈 기능을 제공하면서 인공지능을 이용한 자동 답변 기능을 제시하였다. AI가 문제를 이해하고 정답과 함께 적절한 답을 제공하는 형태이다. 선생님으로서는 정답 및 오답을 만드는 수고를 덜 수 있다.

그림 2-2-23 Google 설문 결과 화면

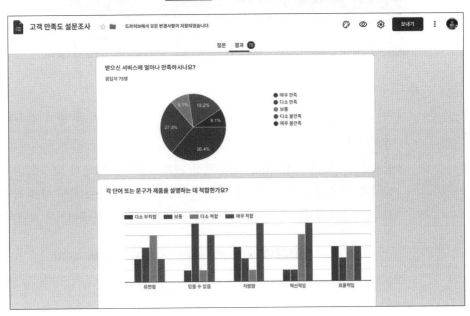

다. 화면 녹화 기능(Screencastify)

- Screencastify는 화면 녹화기능으로 학습 간 발생한 문제 상황이나 오류에 대해 재현할 수 없는 경우, 또는 글이나 말로 설명해야 하나 쉽지 않을 때 화면을 녹화하여 보여줄 수 있다.

- 별도의 화면 녹화 프로그램을 사용하는 대신 Google Chrome 확장 프로그램을 사용하여 간편하게 녹화할 수 있다.

그림 2-2-24 Screencastify를 이용한 화면 녹화 예

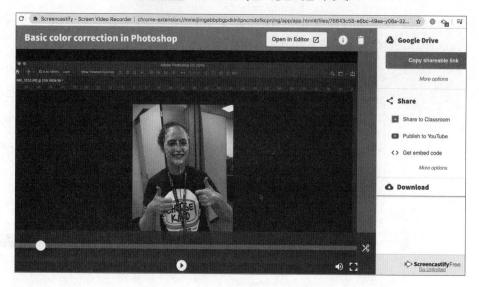

라. 공유하기

- 사이트(문서) 강제 팝업으로 수업 내용이나 특정 사이트를 함께 접속해야 할 때 유용하다.

- 공유하기 기능도 Chrome 웹의 확장 프로그램으로 학생과 교사 모두 설치하고 교사가 '학생에게 보내기'를 이용하여 '현재 페이지를 내보내기' 하면 학생 PC에서 모두 보낸 페이지가 팝업된다. 물론 학생이 교사에게도 웹페이지를 보낼 수 있다.

그림 2-2-25 클래스룸에 공유하기 확장 프로그램 설치 페이지

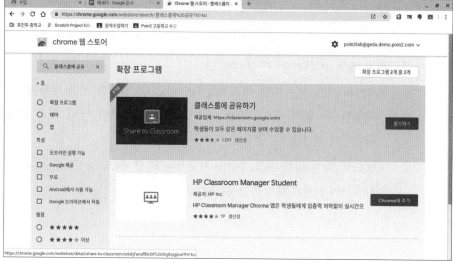

(5) 클라썸(Classum)

① 개요

- 클라썸은 강의별 소통 도구로써 가상의 강의실을 만들어 교육 장소를 제공하고, 학습자, 교수자, 운영자를 초대해 메신저의 방식을 통해 소통할 수 있는 서비스이다.

- Zoom을 이용해 실시간 화상 강의를 하거나, 온라인 VOD 스트리밍 서비스를 이용하여 비대면(untact) 강의, 언택트(untact) 러닝, 블렌디드(blended) 러닝, 플립드(flipped) 러닝 등 다양한 형태의 온·오프라인 강의 운영이 가능하다.

- 교육에 있어서 소통을 강조하며 학생들에게 익숙한 방법으로 소통할 수 있도록 문자메시지, 설문조사, 반응, 이미지, 익명 게시, 비디오, GIF 등을 통해 상호작용과 질문이 가능하다. 이러한 과정에서 모이는 자료를 수집 후 참여도, 해결률, 답변율과 같이 강의와 구성원을 분석해 엑셀과 PDF로 제공해 학생들의 요구를 이해하고 어려움을 겪는 학생들을 챙길 수 있도록 한다.

- 안드로이드/iOS App과 Web 모두를 지원하며, 수업관리자에게 추가로 제공되는 클래스별 통계기능과 관리자 대시보드를 통해 교육 운영상의 객관적인 데이터와 인사이트를 활용할 수 있도록 한다.

그림 2-2-26 클라썸 인터페이스

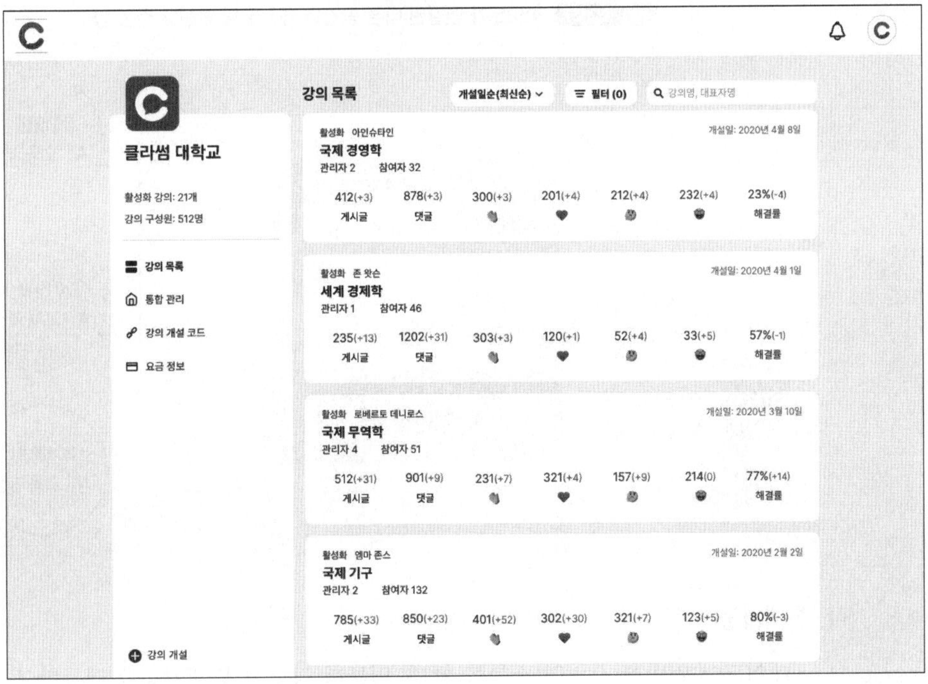

② 주요 기능 및 특징

- 실시간 화상 강의 요소가 강화된 학습관리시스템(LMS)이다.
- 라이브 강의는 '반응' 기능을 통해 생각을 표현할 수 있어 참여가 활발한 교육환경을 조성할 수 있다.
- 동영상 강의 자료를 올려 자기주도 학습이 가능하며 마이크로 러닝도 지원한다.
- 영상 확인율(구성원의 강의 시청 여부 확인 기능)과 유튜브 등 OTT 플랫폼의 동영상을 임베드(embeded)하여 강의를 할 수 있다.
- 강의나 구성원별 통계 데이터 분석과 맞춤 설정이 가능하다.

③ 클라썸(Classum)의 이러닝 운영 지원 도구

가. 인공지능(AI) 도트 기능

- 클라썸의 AI는 자연어 처리(NLP) 기술을 바탕으로 실시간 Q&A에 기반한 유사 질문/답변을 추천해 준다.
- AI도트가 연결된 모든 공간의 글을 분석하고 그중에서 유사한 글을 찾아서 추천하는 방식인데, 추천의 정확도를 높이기 위해 과정 운영자가 AI 도트가 추천한 글이 원 질문 글과 유사한지, 아닌지 직접 피드백할 수 있다.

그림 2-2-27 AI도트가 연결된 다른 공간의 게시글을 추천해 주는 방식

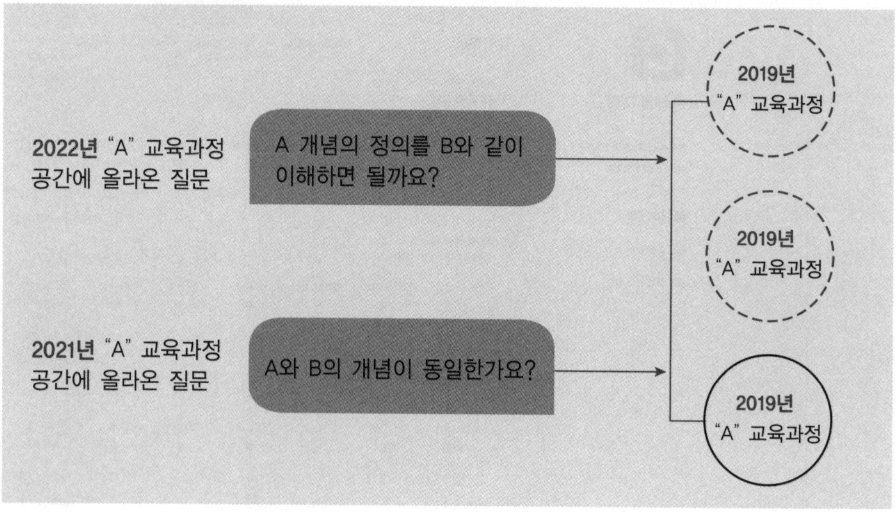

나. 통계기능

- 데이터에 기반한 강의와 소통을 할 수 있도록 강력한 통계기능을 제공한다.

- 공간별로, 참여자별로 축적되는 데이터를 간편하게 확인하고, 더 나은 강의를 준비할 수 있도록 지원한다.
- 각 구성원의 커뮤니티 활동 현황과 참여도, 콘텐츠 활동 현황과 영상 강의 수강률 등을 간편하게 확인할 수 있다.

그림 2-2-28 클라썸 통계 메뉴

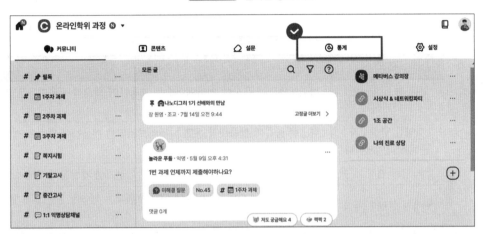

3 ||| 학습 콘텐츠 개발을 위한 도구

1) 학습 콘텐츠 개발을 위한 운영 지원 도구의 개요

학습 콘텐츠 개발을 위한 운영 지원 도구란, 교·강사나 개발자가 교육 콘텐츠를 개발하고 관리하는 데 사용하는 소프트웨어를 의미한다. 이러한 도구는 교육 콘텐츠의 효율적인 제작 및 관리를 지원하며, 학습자의 학습경험을 더욱 효과적으로 끌어내도록 돕는다.

(1) 콘텐츠 제작 도구

① 교육 콘텐츠를 제작하는 데 사용되는 도구이다.

② 이러한 도구는 텍스트, 이미지, 오디오, 비디오 등 다양한 형식의 미디어를 쉽게 통합할 수 있도록 지원한다. 예를 들어, Articulate 360, Adobe Captivate, Articulate Storyline, Lectora, iSpring Suite 등이 있다.

2) 학습 콘텐츠 개발을 위한 운영 지원 도구의 종류

(1) Articulate 360

① 파워포인트를 기반으로 한 이러닝 콘텐츠 개발 도구이다.

② 사용자 친화적인 인터페이스와 다양한 템플릿, 콘텐츠 라이브러리, 스크립트 편집 기능 등을 제공하여 쉽고 빠르게 이러닝 콘텐츠를 개발할 수 있다.

표 2-2-4 Articulate 360의 특징

특징	내용
사용자 친화적인 인터페이스	파워포인트와 유사한 인터페이스를 제공하여 익숙한 사용자들은 더욱 쉽게 이용할 수 있음
다양한 템플릿과 콘텐츠 라이브러리	다양한 종류의 템플릿과 콘텐츠 라이브러리를 이용하여 빠르고 쉽게 이러닝 콘텐츠를 개발할 수 있음
스크립트 편집 기능	스크립트 편집 기능으로 나만의 고유한 콘텐츠를 개발할 수 있음
반응형 콘텐츠 제작	모바일 기기 등 다양한 디바이스에서 호환되는 반응형 콘텐츠를 개발할 수 있음
상호작용 제작 기능	드래그 앤 드롭, 퀴즈, 시뮬레이션 등 다양한 상호작용을 쉽게 만들 수 있음
스크린 레코딩 기능	제작자는 자신의 컴퓨터 스크린을 녹화하고, 그동안 어떤 작업을 수행했는 지를 쉽게 캡처할 수 있음

그림 2-2-29 Articulate 360의 인터페이스

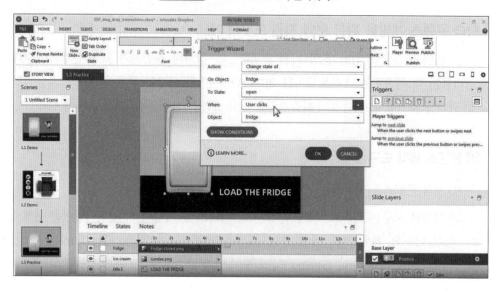

(2) Adobe Captivate

① Adobe사의 디지털 학습 솔루션의 하나로 다양한 종류의 이러닝 콘텐츠를 개발할 수 있다.

② 시뮬레이션, 시나리오 기반 콘텐츠, 게임 등 다양한 형태의 콘텐츠를 개발할 수 있으며, 다양한 기기에서 사용할 수 있는 반응형 콘텐츠도 제작할 수 있다.

표 2-2-5 Adobe Captivate의 특징

특징	내용
블랭크 슬라이드 기능	콘텐츠에 집중할 수 있도록 전문가 설명이나 음성 녹음이 포함된 간단한 블랭크 슬라이드를 만들 수 있음
다양한 템플릿	다양한 템플릿이 포함되어 있어 제작자는 프로젝트를 쉽게 시작할 수 있음
대화형 콘텐츠	시뮬레이션, 시나리오 및 게임 등 다양한 유형의 대화형 콘텐츠를 생성할 수 있음
다양한 출판 옵션	HTML5, SCORM, xAPI 등 다양한 포맷으로 내보내기를 할 수 있음
시뮬레이션 기능	• 웹, 소프트웨어 및 기타 응용 프로그램을 시뮬레이션할 수 있는 기능이 있음 • 이를 통해 학습자는 실제 작업 환경에서 어떻게 작업해야 하는지 더 잘 이해할 수 있음
캡티브랩트 기능	프로젝트에서 음성 녹음, 화면 녹화 및 비디오를 쉽게 편집할 수 있음
멀티스크린 기능	다양한 크기의 화면에 적합한 콘텐츠를 생성할 수 있는 멀티스크린 기능으로 학습자는 모바일 기기에서 콘텐츠를 쉽게 열람할 수 있음
스마트 캡션 기능	콘텐츠에서 음성을 텍스트로 변환할 수 있어, 장애인이나 스마트폰 사용자 등 다양한 사용자가 콘텐츠를 더 쉽게 이해할 수 있음

그림 2-2-30 Adobe Captivate의 인터페이스

(3) Lectora

① 사용자 친화적인 인터페이스와 다양한 기능을 가진 인기 있는 이러닝 저작도구 중 하나이다.

② HTML5 및 SCORM 규격에 기반한 이러닝 콘텐츠를 만들 수 있는 도구로 다양한 상호작용 및 시나리오 기반 콘텐츠를 제작할 수 있으며, 다양한 기기에서 호환된다.

표 2-2-6 Lectora의 특징

특징	내용
WYSIWYG 편집기	What-You-See-Is-What-You-Get 편집기로 제공되어 학습자에게 표시될 최종 결과물과 동일한 레이아웃을 편집 중인 화면에서 바로 확인할 수 있게 해줌
다양한 템플릿	• 다양한 템플릿을 제공하여 디자인 시간을 단축 • 각 템플릿은 다양한 기기에서 작동하는 반응형 레이아웃을 제공
대화형 콘텐츠	클릭, 드래그 앤드 드롭, 선택, 듣기, 읽기 등 다양한 상호작용을 추가할 수 있음
자동화된 평가	사용자는 평가 문제를 생성하고, Lectora는 해당 문제에 대한 정확한 해답과 피드백을 자동으로 제공함
SCORM 및 xAPI 호환성	SCORM 및 xAPI 호환성을 제공하여 강의를 LMS에 쉽게 배포하고 관리할 수 있음
콘텐츠 변환	파워포인트 및 다른 이러닝 저작도구에서 생성된 콘텐츠를 가져와 Lectora 프로젝트로 변환할 수 있음
시뮬레이션 기능	학습자가 실제 작업 환경에서 경험하는 것과 같은 시뮬레이션을 생성할 수 있음
스토리보드 기능	스토리보드 기능을 제공하여 콘텐츠 제작 과정을 단순화하고, 각 페이지의 레이아웃, 상호작용 및 콘텐츠 유형을 사전에 계획할 수 있도록 도와줌

그림 2-2-31 Adobe Captivate의 인터페이스

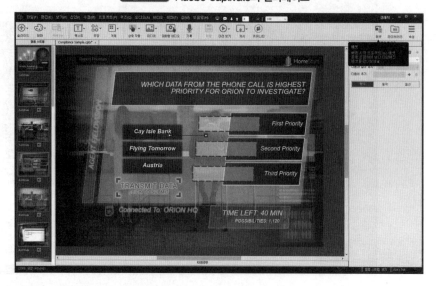

(4) iSpring Suite

① iSpring Suite는 파워포인트를 기반으로 한 이러닝 콘텐츠 개발 도구이다.

② 사용하기 쉬운 인터페이스와 다양한 기능을 제공하여 스크린 레코딩, 시나리오 기반 콘텐츠, 게임 등 다양한 형태의 콘텐츠를 개발할 수 있다.

표 2-2-7 Lectora의 특징

특징	내용
파워포인트 기반	• 파워포인트를 기반으로 하며, 이러닝 콘텐츠를 더욱 쉽게 작성할 수 있음 • 파워포인트 환경에서 사용자는 이미 익숙한 인터페이스에서 iSpring의 기능을 사용할 수 있음
반응형 디자인	반응형 디자인을 지원하여 모바일 기기, 태블릿, 데스크톱과 같은 다양한 기기에서 최적의 사용자 경험을 제공
인터액티브한 콘텐츠	드래그 앤드 드롭, 선택, 매칭, 퍼즐 등 다양한 상호작용을 추가할 수 있으며, 사용자의 참여도를 높일 수 있음
스크린 녹화 기능	• 화면녹화기능을 제공하여 사용자가 데스크톱에서 실행되는 작업을 기록할 수 있음 • 이 기능을 통해 시뮬레이션, 데모 및 튜토리얼을 쉽게 만들 수 있음
퀴즈 및 평가	• 간단한 퀴즈에서 복잡한 평가까지 다양한 평가를 만들 수 있음 • 다양한 유형의 문제를 만들 수 있으며, 사용자의 응답과 정확도를 추적할 수 있음
캐릭터 및 템플릿	• 다양한 캐릭터와 템플릿을 제공하여 콘텐츠 제작 과정을 단순화함 • 사용자는 간단한 드래그 앤드 드롭 기능을 사용하여 이러닝 콘텐츠를 빠르게 구성할 수 있음
HTML5 출력	• HTML5 출력을 지원하여 콘텐츠를 다양한 기기에서 볼 수 있음

4 /// 학습자 지원을 위한 도구

1) 학습자 지원을 위한 운영 지원 도구의 개요

학습자 지원을 위한 도구에는 웹 기반 게시판, 소셜 미디어, 온라인/화상 채팅, 챗봇(Chatbot), 자주 묻는 질문(FAQ) 등이 있다.

(1) 웹 기반 게시판

① 학습자들이 강사나 다른 학습자들과 토론하거나 질문을 하고 답변을 받을 수 있는 공간이다.

② 게시판은 학습자들이 강의내용을 더 깊이 이해하도록 도와주며, 학습자 간의 상호작용을 촉진한다.

③ 게시판은 공개 게시판과 비공개 게시판으로 나누어 운영되며, 비공개 게시판의 경우 제목은 사용자 모두 볼 수 있지만, 내용은 글쓴이와 과정 운영자만 볼 수 있다.

④ 게시판은 학습자가 답변을 요청하는 글을 올리면 과정 운영자가 답변해 준다는 형식적인 면에서 이메일 상담과 비슷하지만, 공개 게시판의 내용은 모든 이용자가 볼 수 있다는 점에서 차이가 있다.

> **참고!**
>
> ※ **게시판 응대 이행 표준**
> 고객(학습자)이 게시판을 통해 문의하는 경우, 24시간 내 답변한다. 답변할 때 반드시 답변 첫머리에 담당자의 소속과 성명을 밝힌다. 문의 내용에 대한 답변 담당자가 자신이 아닌 경우 담당자에게 문의가 왔음을 알려 즉시 확인 후 답변할 수 있도록 하고, 그 외 부서 간의 협의와 확인이 필요한 사항은 3일 이내에 그 진행 여부 또는 처리결과를 답변한다.

(2) 소셜 미디어

① 소셜 미디어는 학습자들이 상호작용하고 공유할 수 있는 플랫폼이다.

② 학습자들이 콘텐츠를 논의하고 의견을 공유할 수 있는 플랫폼으로 상호작용을 통해 더욱 효과적인 학습을 끌어낸다.

> **참고!**
>
> ※ **소셜 미디어를 활용한 상담 요령 및 주의사항**
> - 개인정보 보호: 소셜 미디어를 활용한 상담에서는 내담자의 개인정보를 보호해야 한다. 상담 시 내담자의 개인정보는 요구하지 않는다.
> - 빠른 응답: 소셜 미디어는 실시간 소통이 가능한 채널이다. 상담을 요청한 학습자에게는 빠르게 응답하고, 필요한 경우 다른 전문가에게 연결해 줘야 한다.
> - 명확한 의사소통: 상담에서는 학습자가 이해하기 쉽도록 명확하고 간결한 답변을 제공해야 한다. 복잡하거나 어려운 용어는 피하는 것이 좋다.
> - 적극적인 대응: 상담을 요청한 학습자가 어떤 문제를 겪고 있는지에 따라 적극적으로 대응해야 한다. 문제를 해결하고 학습에 집중할 수 있도록 도와줘야 한다.
> - 긍정적인 태도: 학습자는 상담받으며 자신의 문제나 고민을 나누는 것이므로, 긍정적인 태도로 상담을 진행해야 한다.

(3) 온라인 채팅

① 실제 공간에서 이루어지는 방식을 온라인 매체에 그대로 옮기려는 시도에서 나온 방법이 채팅이다.

② 실시간으로 진행되는 면대면 상담과 비슷하나 상담받는 고객의 음성, 표정, 몸동작 등과의 비언어적인 단서를 확보할 수 없다는 한계가 존재한다.

③ 문자 중심으로만 상담이 이루어지므로 제한적인 의사소통이 이루어질 수 있다. **상담받는 고객에 대한 전체적인 내용이나 심층적인 이해, 내담자 진술의 현실성 여부 등을 판단하는 데 어려움이 따를 수 있음을 염두하여야 한다.**

(4) 화상채팅(Webex, Zoom)

① 실시간 채팅 상담의 기능에 컴퓨터 화면을 통해 상대방의 모습을 보면서 음성 메시지를 나눌 수 있는 기능이 첨가된 상담 방법으로 대면상담과 가장 흡사하다.

② 화상채팅 상담은 학습자가 글이나 말로 설명하기 어려운 상황이나 문제에 처했을 때 주로 활용된다.

(5) 챗봇(Chatbot)

① 인공지능 기술을 이용하여 자동으로 대화를 처리하는 프로그램으로, 최근 학습 지원 분야에서도 활용되고 있다.

② 챗봇 상담은 **학습자가 학습과 관련된 질문이나 문제를 쉽고 빠르게 해결할 수 있도록 도와주는 방법**의 하나다.

참고!

※ **챗봇(Chatbot) 상담의 장점**
- 24시간 이용 가능: 챗봇 상담은 인공지능 기술을 이용하므로 언제든지 24시간 이용할 수 있다.
- 즉각적인 대응: 챗봇은 실시간으로 대화를 처리하기 때문에, 학습자가 질문하면 즉각적으로 답변을 제공할 수 있다. 이를 통해 학습에 집중하면서도 문제를 쉽게 해결할 수 있다.
- 개인화된 서비스: 챗봇은 학습자가 물어보는 질문에 따라 맞춤형 답변을 제공할 수 있다. 학습자의 학습 수준이나 관심사에 맞게 답변을 제공하므로 개인화된 서비스를 제공할 수 있다.
- 다양한 서비스: 챗봇은 학습과 관련된 다양한 서비스를 제공할 수 있다. 예를 들어, 문제 해결을 도와주는 서비스뿐만 아니라, 시험 준비나 공부 계획 수립 등의 서비스도 제공할 수 있다.

(6) 자주 묻는 질문(FAQ; Frequently Asked Questions)

① FAQ는 **학습 관련 빈번한 질의와 답변을 모아놓은 것**이다.

② FAQ는 학습자들이 학습사이트나 수강 관련 정보를 쉽게 찾을 수 있도록 돕는다. 이를 통해 학습자들은 **빠르게 필요한 정보를 얻을 수 있고**, 과정 운영자는 고객지원 부담을 줄일 수 있다

> **참고!**
>
> ※ **FAQ 작성 및 관리요령**
>
> – 자주 묻는 질문을 정리하기 위해서는 고객센터, 이메일, 채팅 등을 통해 사용자들이 자주 묻는 질문을 파악한 뒤, 가장 빈번하게 묻는 질문들을 선별하여 FAQ 문서에 포함한다.
>
> – 선별한 질문에 대한 답변을 작성할 때는 간결하고 명확하게 작성해야 한다. 또한, 사용자들이 이해하기 쉬운 언어를 사용해야 한다. 불친절하거나 혼란스러운 답변은 오히려 사용자들의 불만을 증폭시킬 수 있으므로 주의해야 한다.
>
> – 작성한 질문과 답변을 FAQ 문서에 정리한다. 이때, 각 질문에 대한 답변을 분류하여 카테고리를 만드는 것이 좋다. 예를 들어, 결제, 수강 문의, 콘텐츠 등의 주제로 분류하여 문서를 작성하면 사용자들이 원하는 정보를 빠르게 찾을 수 있다.
>
> – FAQ 문서는 사용자들이 자주 묻는 질문에 대한 답변을 제공하는 문서이므로, 서비스나 정책(제도)이 변경될 때 문서도 업데이트해야 한다. 또한, 새로운 질문이나 답변이 추가될 때도 적극적으로 업데이트해야 한다. 이를 위해 담당자나 팀을 지정하여 FAQ 문서의 업데이트와 관리를 담당하도록 한다.
>
> – FAQ 문서는 사용자들이 쉽게 접근할 수 있도록 서비스의 메뉴나 고객센터 등에 링크를 제공해야 한다. 또한, 검색엔진 최적화(SEO)를 고려하여 FAQ 문서에 적절한 키워드를 사용하여 작성하면 검색 결과에 노출되어 사용자들이 빠르게 찾을 수 있다.

(7) 원격지원 도구

원격지원 도구란, **인터넷이나 네트워크를 통해 다른 컴퓨터나 기기를 원격으로 제어하거나 지원하는 소프트웨어 도구**를 말한다. 학습자의 기기에 원격으로 접속하여 마치 운영자가 직접 기기를 사용하는 것과 같이 조작하면서 문제를 해결할 수 있으므로 이러닝 운영에 있어서 원격지원은 없어서는 안 되는 꼭 필요한 지원 방법이라고 할 수 있다. 원격지원은 크게 유료와 무료 프로그램으로 구분하여 설명할 수 있는데, 무료 원격지원 도구는 대부분 기본적인 원격제어 기능을 제공하며, 다양한 기능을 사용하고자 할 때는 유료 요금이 부과되는 경우가 많다. 반면, 유료 원격지원 도구는 더 많은 기능과 보안성을 제공하며, 기업에서 사용하면 더욱 안전한 서비스를 제공할 수 있다.

① **무료 원격지원 도구**

가. 네이트온 원격제어(NATEON Remote Control)

- SK텔레콤에서 제공하는 원격제어 솔루션으로 무료로 제공된다.

- 원격제어 세션 중에는 화면, 파일 전송, 채팅 등의 기능을 사용할 수 있다. 더불어 대상 PC에서 프로그램 설치 및 업데이트 등의 작업도 가능하다.

- 무료로 제공되며, 원격지원 프로그램을 사용하기 위해서는 SK텔레콤에서 제공하는 네이트온 메신저를 설치해야 한다.

- 다른 무료 솔루션들과 마찬가지로 보안 문제에 노출될 가능성이 있다. 따라서, 무료 솔루션을 사용할 때는 보안 취약점을 최대한 감소시키는 것이 중요하다.

그림 2-2-32 네이트온 원격제어 화면

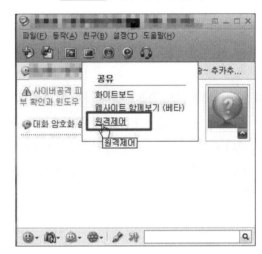

- 소규모 이러닝 서비스 업체에서는 유용하게 사용하는 원격지원 프로그램이나, 규모가 있는 기업, 공공기관, 대학 등에서는 설치에 제한이 있어 조직의 특성과 업무 상황에 맞게 선택하여 활용해야 한다.

나. 팀뷰어(TeamViewer)

- 팀뷰어(TeamViewer)는 독일의 회사에서 개발한 원격제어 소프트웨어로, 전 세계적으로 많이 사용되고 있는 솔루션 중 하나이다.

그림 2-2-33 **팀뷰어 접속 화면**

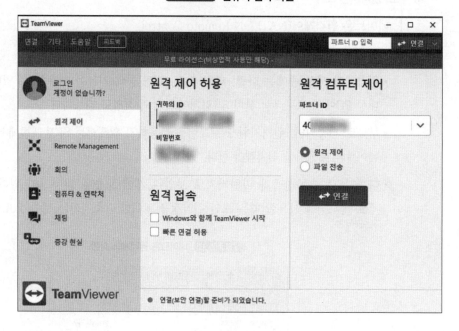

- 팀뷰어를 이용해서 다른 컴퓨터를 원격으로 제어하기 위해서는 상대 컴퓨터의 ID가 필요하다. 예를 들면, 학습자 컴퓨터에서 팀뷰어를 켜면 '귀하의 ID' 부분에 적힌 코드를 이러닝 과정 운영자에게 불러준다. 그러면 이러닝 과정 운영자는 학습자의 PC를 원격으로 제어하기 위해서 본인의 컴퓨터에서 팀뷰어를 실행하고, '파트너 ID' 부분에 학습자가 불러주는 코드를 받아 적으면 된다. 이때 띄어쓰기는 입력하지 않아도 된다.

- 아이디를 입력하고 나면, 학습자의 PC에 원격으로 접속하려 하는 이러닝 과정 운영자의 PC에서 비밀번호를 입력하라고 나타난다. 학습자의 PC에서 확인할 수 있는 비밀번호를 불러주고 연결 버튼을 클릭하면 원격지원이 가능하다.

- 팀뷰어는 사용하기 간단하고, 빠른 성능을 제공한다. 또한, 보안 기능도 뛰어나며, 암호화된 연결을 통해 데이터를 안전하게 전송할 수 있다. 이를 통해, 민감한 정보를 다른 사람과 공유해야 할 때도 안전하게 제어할 수 있다.

- 팀뷰어는 무료 버전에서도 많은 기능을 제공하기 때문에 개인 사용자나 소규모 팀에서는 이를 이용해도 충분하지만, 대규모 기업이나 보안이 중요한 기관에서는 유료 버전을 이용하는 것이 좋다.

다. 크롬 원격데스크톱 앱(Chrome Remote Desktop)

- 구글에서 제공하는 무료 원격제어 솔루션으로 크롬 웹브라우저를 이용한다. Windows, macOS, Linux 운영체제에서 모두 사용이 가능하다.
- 크롬 원격데스크톱 앱을 사용하기 위해서는, 우선 크롬 웹 스토어에서 앱을 다운로드하고 설치해야 한다. 설치가 완료되면 원격으로 제어할 PC에 크롬 웹브라우저를 설치하고, 앱을 실행하여 원격 제어를 시작할 수 있다.
- 사용하기 간편하고, 다른 원격제어 솔루션과 달리 별도의 설치가 필요하지 않다. 더불어 크롬 웹브라우저에서 동작하기 때문에, 다른 웹브라우저나 운영체제를 사용할 때도 크롬 원격데스크톱 앱을 이용할 수 있다.
- 다른 원격제어 솔루션보다 보안성이 낮을 수 있으므로, 보안에 민감한 기관에서는 사용하기 어렵다. 하지만, 개인 사용자나 소규모 팀에서는 사용하기 간편하고 무료로 제공되기 때문에 좋은 선택지가 될 수 있다.

그림 2-2-34 크롬 원격데스크톱 화면 제어 설정 창

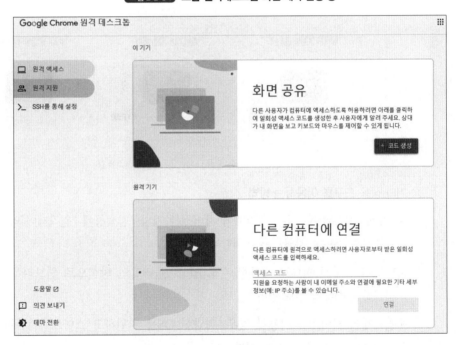

② 유료 원격지원 도구

가. 리모트뷰(RemoteView)

- 네이버 클라우드 플랫폼에서 제공하는 원격제어 도구이다.

- 다양한 운영체제에서 사용할 수 있으며, 안정적인 성능과 강력한 보안 기능을 제공한다. 또한, 사용자들이 쉽게 접근할 수 있는 인터페이스와 다양한 기능들을 제공하여 사용자들에게 편리함을 제공한다.

- 유료 서비스이며, 기업용 원격제어 솔루션으로 많이 사용된다.

- 일괄 설정 및 실행기능으로 모든 기기를 효율적으로 관리할 수 있으며, 시스템 종료 · 재시작 · 소프트웨어 다운로드도 일괄 실행이나 설정도 가능하다.

그림 2-2-35 리모트뷰 제어화면

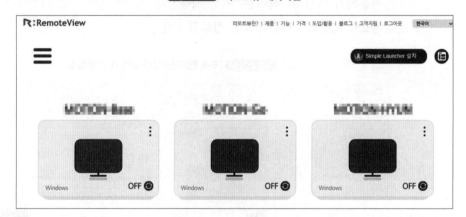

③ 기타 상용 도구를 이용하는 방법

- 유료로 사용할 수 있는 원격제어 서비스는 많다. 검색창에 "원격제어"라고 입력하고 검색하면 다양한 서비스를 검색할 수 있다.

- 별도의 솔루션 형태로 구매할 수도 있고, 플러그인 방식으로 웹브라우저에서 바로 설치하여 이용할 수도 있다.

- 원격제어 서비스를 이용할 경우, 다양한 OS를 지원하고 스마트기기까지 제어할 수 있는 솔루션을 선택하여야 한다.

※ 원격지원 안내 및 상담 요령

– 일반적으로 원격지원을 위해 웹 사이트의 '고객센터', '학습 지원센터' 등의 메뉴를 만들어 관련 정보를 공개하는 경우가 많다. 이곳에 원격지원을 위한 절차와 방법을 설명해 놓는 경우가 많은데, 컴퓨터활용능력이 부족한 학습자의 경우 이 메뉴를 찾는 것부터 어려움이 있을 수 있다. 이런 경우를 대비하여 대응 매뉴얼을 만들어 친절하게 학습자에게 안내할 필요가 있으며, 웹 사이트에 원격지원을 할 수 있는 안내를 눈에 잘 띄는 곳에 배치한다.

– 원격지원에 사용되는 소프트웨어의 경우 학습자와 운영자가 같은 시간에 동시에 소프트웨어를 사용해야 한다. 학습자가 원격제어를 위한 소프트웨어를 우선 설치하고, 접속을 위한 비밀번호 등을 소프트웨어에 입력함으로 이루어지는 경우가 많다. 원격제어 소프트웨어 자체를 설치하지 못하는 경우와 비밀번호를 잘못 입력하였을 때 등이 있을 수 있으니 전화 등과 같은 별도의 의사소통 방법을 병행해서 사용하는 것이 필요하다.

그림 2-2-36 이러닝 원격지원 서비스 안내 화면

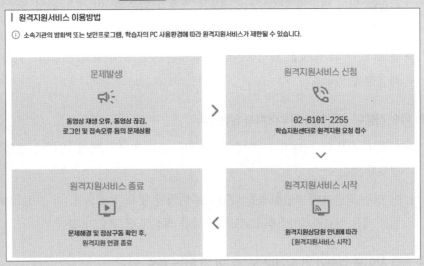

(8) 이러닝 과정 운영 간 원격지원이 요구되는 상황과 해결책

① 동영상 과정을 수강할 수 없는 경우

• 이러닝 수강에서 어려움을 겪는 문제의 상당수가 동영상을 제대로 확인할 수 없는 것이다. 동영상 재생에 문제가 발생하는 경우는 동영상을 제공하는 서버에 사용자가 많이 몰려 서비스가 지연되는 경우, 동영상 수강을 위한 소프트웨어가 설치되어 있지 않은 경우, 동영상 파일이 손상되거나 삭제된 경우, 동영상 재생을 위한 코덱이 없는 경우 등 다양하다.

- 이러닝 서비스를 공급하는 곳에서 다양한 학습환경에 최적화되도록 동영상을 제공하는 경우라면 대부분의 학습자 컴퓨터에 의한 문제 상황은 코덱 문제와 관련 소프트웨어가 제대로 설치되지 않는 경우가 많을 것이다. 과거에는 윈도 전용 동영상 코덱을 사용하는 경우가 많았지만, 최근에는 웹 표준 중심으로 기술이 평준화되고 있으므로 동영상 코덱 문제로 서비스가 안 되는 경우는 많이 줄고 있다.
- 동영상 서버에 사용자가 많이 몰려 동영상 재생에 문제가 발생한 것이라면 서버 관련 부서에 확인 요청을 하고, 동영상의 링크 주소나 파일에 손상이 있다면 콘텐츠 관련 부서에 확인 요청한다.

② 학습 창이 자동으로 닫히는 경우

- 학습을 위해 별도의 학습 창을 띄우는 경우가 있는데, 이 경우 팝업 창 차단 옵션이 활성화 되어 있거나, 다른 플러그인 등과 학습 창이 충돌되는 경우가 있다.
- 웹브라우저의 속성을 변경하거나 충돌되는 것으로 추정되는 플러그인을 삭제하여 해결할 수 있다.

③ 학습 진행이 원활하게 이루어지지 않는 경우

- 인터넷 속도가 느리거나, 학습을 진행한 결과가 시스템에 제대로 반영되지 않는 경우가 있다.
- 이 경우 학습자의 학습환경을 다각도로 파악할 필요가 있으며, 학습 진도가 반영되지 않을 때는 학습관리시스템(LMS)의 오류를 의심해 볼 필요가 있다.

④ 학습 사이트 접속이 안 되거나 로그인이 안 되는 경우

- 학습 사이트 접속 오류의 원인은 도메인이 만료되거나, 트래픽이 과도하게 몰려 웹사이트를 운영하는 서버가 셧 다운되는 경우 등 다양하다.
- 로그인 오류는 학습 사이트의 호환성 문제이거나 보안인증서가 만료됐을 경우이다. 이 경우 원격지원을 통해 문제를 해결할 수 있다.

⑤ 학습을 진행했는데 관련 정보가 시스템에 업데이트 안 되는 경우

- 학습관리시스템(LMS)에 문제가 있는 경우 학습 진행 상황이 제대로 업데이트 안 될 수 있다. 이때 학습자의 실수인지, 시스템의 오류인지 판단하는 것이 중요하다.
- 원격지원을 통해 확인해 본 결과 학습자의 실수가 아니라고 판단되면 기술 지원팀과 협의하여 학습관리시스템(LMS)의 오류를 수정해야 한다.

2) 이러닝 운영 지원 도구의 도입 및 관리 방안

(1) 이러닝 운영 지원 도구의 선정/도입

이러닝 운영 지원 도구를 선정할 때 고려해야 할 사항은 다음과 같다.

표 2-2-8 이러닝 운영 지원 도구 선정 시 고려사항

구분	내용
목표 및 요구사항 분석	• 이러닝 운영 지원 도구를 도입하는 목적을 분석하고, 필요한 기능과 요구사항을 파악 • 교육 대상자, 교육내용, 학습 방식 등에 대한 분석이 필요
기능 및 성능 검토	각각의 기능을 분석하고, 필요한 기능들을 선정
보안 검토	데이터 보호, 개인 정보 보호, 접근 권한 등의 보안 측면을 고려
사용자 편의성 검토	사용자 인터페이스, 사용자 학습 경로, 학습 방식 등을 분석
기술 지원	기술 지원 업체의 지원 방식, 기술 지원 수준 등을 파악
가격 비교	• 이러닝 운영 지원 도구의 가격을 비교하고, 예산에 맞는 도구를 선정 • 라이선스 비용, 유지보수 비용, 업그레이드 비용 등을 고려
시스템 구축	• 이러닝 운영 지원 도구를 시스템에 구축할 수 있는지 검토 • 운영체제, 네트워크 구성, 서버 구성 등의 기술적인 측면을 고려
교육 및 지원	이러닝 운영 지원 도구를 사용하는 사용자들에게 교육과 지원을 제공할 수 있는지 검토(교육과 지원 방법, 교육과 지원 비용 등)

(2) 이러닝 운영 지원 도구의 관리 방안

① 이러닝 운영 지원 도구의 효율적인 운영으로 교육효과를 극대화하려면 관리가 필수적이다. 이러닝 운영 지원 도구를 효율적으로 활용하면 수업의 질을 높이고, 학습효과를 높일 수 있다. **이러닝 운영 지원 도구의 효율적 운영을 위해서는 학습자들의 학습 진도를 체계적으로 파악하고, 이를 기반으로 학습활동을 설계하고 운영해야 한다.**

② 이러닝 운영 지원 도구는 학습자들의 개인정보를 포함한 다양한 정보를 다루기 때문에, 정보보안 등 학습환경의 안정성을 유지하는 것은 매우 중요하다. 이를 위해서는 이러닝 운영 지원 도구를 체계적으로 관리하고, 학습자들의 정보보안을 보호할 수 있는 대응책을 마련해야 한다.

표 2-2-9 이러닝 운영 지원 도구의 관리 방안

구분	내용
계획 수립	이러닝 운영 지원 도구를 도입하기 전에 목표와 필요성을 분석하고, 도입 후의 운영 방법과 업무 분담을 계획
도입 및 구축	이러닝 운영 지원 도구를 구매하고, 시스템 구축을 진행. 이때 시스템 구축에 대한 정책과 가이드라인을 작성하고, 보안 측면에서 안정적인 운영을 위한 절차를 수립
운영 및 유지보수	이러닝 운영 지원 도구를 운영하며, 업데이트나 보안 이슈 등에 대한 대응을 신속하게 진행. 또한, 사용자들의 이슈나 문제를 해결하기 위한 지원을 제공
평가 및 개선	이러닝 운영 지원 도구의 성능 및 효과를 평가하고, 이를 바탕으로 개선 방안을 마련

그림 2-2-37 이러닝 운영 지원 도구의 개선 체계

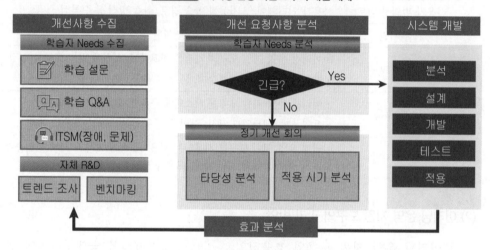

이것만은 기억합시다

- 이러닝 운영 지원 도구란 이러닝 운영 주체로서 과정 운영자가 이러닝의 전(全) 과정에서 학습관리시스템(LMS)을 통해 학습자가 원만히 학습을 진행하도록 돕고, 학사관리 전반에 대한 관리업무의 수행을 돕는 도구나 수단을 의미한다.

- 이러닝 운영 지원 도구를 사용하면 학습자들의 학습 과정을 관리할 수 있다. 강의 계획 수립, 강의자료 관리, 수강생 평가 등 학습관리에 필요한 기능들을 제공하여 학습자들의 학습 효율성을 높일 수 있다.

- 이러닝 운영 지원 도구는 학습환경 구성을 위한 도구, 학습 콘텐츠 개발을 위한 도구, 학습자 지원을 위한 도구로 구분할 수 있다.

- 학습환경 구성을 위한 도구에는 교수학습 과정에서 일어나는 학습활동을 교수자와 학습자가 편리하게 관리할 수 있도록 지원하는 학습관리시스템(LMS)이 대표적이다.

- 학습관리시스템(LMS)은 서비스의 성격에 따라 기업교육형, 대학교육형, 학원교육형, 교원연수형, 서비스 모델형 등으로 구분할 수 있다.

- 학습 콘텐츠 개발을 위한 운영 지원 도구란, 교·강사나 개발자가 교육 콘텐츠를 개발하고 관리하는 데 사용하는 소프트웨어나 저작도구를 의미한다.

- 학습 콘텐츠 개발을 위한 운영 지원 도구에는 Articulate 360, Adobe Captivate, Lectora, iSpring Suite 등이 있다.

- 학습자 지원을 위한 도구는 웹 기반 게시판, 소셜 미디어, 온라인 채팅, 화상채팅, 챗봇, FAQ, 원격지원 도구 등이 있다.

- 이러닝 과정 운영 간 원격지원이 요구되는 상황과 해결책은 다음과 같다.
  - 동영상 과정을 수강할 수 없는 경우: 동영상 서버에 사용자가 몰려 발생한 오류인지, 동영상 주소나 파일에 문제는 없는지 확인하고, 관련 부서에 협조 요청한다.
  - 학습 창이 자동으로 닫히는 경우: 웹브라우저의 속성을 변경하거나 충돌되는 것으로 추정되는 플러그인을 삭제하여 해결할 수 있다.
  - 학습 진행이 원활하게 이루어지지 않는 경우: 학습자의 학습환경을 다각도로 파악할 필요가 있으며, 학습 진도가 반영되지 않을 때는 학습관리시스템(LMS)의 오류를 의심해 볼 필요가 있다.
  - 학습 사이트 접속이 안 되거나 로그인이 안 되는 경우: 로그인이 안 되는 경우는 학습 사이트 호환성 오류이거나 보안인증서가 만료된 경우로 원격지원을 통해 해결할 수 있다.
  - 학습을 진행했는데 관련 정보가 시스템에 업데이트 안 되는 경우: 기술 지원팀과 협의하여 학습관리시스템(LMS)의 오류를 수정해야 한다.

- 이러닝 운영 지원 도구를 선정할 때는 목표 및 요구사항 분석, 기능 및 성능 검토, 보안 검토, 사용자 편의성 검토, 기술 지원, 가격 비교, 시스템 구축, 교육 및 지원 등을 고려하여야 한다.

Chapter 03 이러닝 운영 학습활동 지원

학습안내

3장에서는 과정 운영 전, 점검해야 할 업무에 대해서 살펴본다. 이러닝 학습환경 점검은 안정적인 이러닝 과정 운영을 위한 사전 활동으로 기술적인 문제를 식별하고 이를 조치할 수 있는 방법을 찾아내는 것이다. 이러닝 학습환경 점검은 학습자들이 학습을 좀 더 효과적으로 진행할 수 있는 환경을 제공하는 것을 목표로 한다.

학습목차	내용
1. 이러닝 운영 플랫폼	1) 이러닝 운영 플랫폼의 개념 2) 이러닝 운영 플랫폼의 구성
2. 학습 사이트 점검	1) 학습 사이트 점검 2) 학습 사이트 점검 간 오류 발견 시 조치 방안
3. 학습관리시스템 (Learning Management System)	1) 학습관리시스템(LMS) 점검 2) 학습관리시스템(LMS) 점검 항목
4. 학습 콘텐츠 관리시스템 (Learning Content Management System)	1) 학습 콘텐츠 관리시스템(LCMS) 점검 2) 학습 콘텐츠 관리시스템(LCMS) 점검 항목
5. 이러닝 콘텐츠 (e-Learning Contents)	1) 이러닝 콘텐츠 점검 2) 이러닝 콘텐츠 점검 항목 3) 수정 요청

학습목표 / 3장 학습 후 할 수 있는 일

1. 이러닝 운영 플랫폼의 개념과 구성 요소에 대해 확인할 수 있다.
2. 학습자들이 학습에 대한 안내와 학습 내용을 확인할 수 있는 학습 사이트에 대한 점검 사항들을 확인할 수 있다.
3. 학습관리시스템과 학습 콘텐츠 관리시스템의 점검 방법과 점검 항목들에 대해 이해하여, 학습이 진행되기 전에 안정된 학습을 진행할 수 있는 환경을 만들 수 있는 방법에 대해 확인할 수 있다.
4. 학습자들의 주요 학습 대상인 학습 콘텐츠에 대한 점검 방법에 대해 이해할 수 있다.

주요 용어 / 핵심 키워드

학습 사이트, 학습관리시스템(LMS), 학습 콘텐츠 관리시스템(LCMS), 이러닝 콘텐츠, 교육과정

1) 이러닝 운영 플랫폼의 개념

① 이러닝 운영 플랫폼이란 온라인상에서 학습하는 데 필요한 자원 및 지원 도구의 집합체로 이러닝 콘텐츠를 제공하고, 이러닝 학습에 필요한 다양한 기능을 제공하는 플랫폼이다.

② 이러닝 운영 플랫폼은 학습자들이 자신의 학습계획을 수립하고, 수강 과목에 대한 정보를 얻을 수 있으며, 학습자들이 강의자료를 다운로드하거나 온라인으로 시청하고, 과제를 제출하고 피드백을 받을 수 있는 기능을 제공한다.

2) 이러닝 운영 플랫폼의 구성

① 이러닝 운영 플랫폼은 학습자가 학습을 수행하는 학습 사이트와 이러닝 과정 운영자가 학사관리를 위한 학습관리시스템(LMS), 콘텐츠로 구성된다. 콘텐츠의 효율적인 운영과 관리를 위한 학습 콘텐츠 관리시스템(LCMS) 또는 콘텐츠 관리시스템(CMS)도 넓은 범위에서 이러닝 운영 플랫폼에 포함하기도 한다.

그림 2-3-1 **이러닝 운영 플랫폼의 구조도**

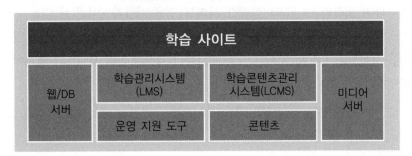

② 학습 사이트는 학습자에게 제공할 지식과 정보를 비롯하여 원활한 학습을 지원하기 위해 서비스를 제공하기 위한 목적으로 구축된 웹 사이트이다. 학습 사이트는 다양한 종류가 있으며, 공인 교육기관이 운영하는 온라인 학습 사이트, 전문교육 회사가 운영하는 사이트, 온라인 강의를 판매하는 사이트, 무료로 제공되는 오픈 콘텐츠 사이트 등이 있다.

③ 학습관리시스템(LMS; Learning Management System)은 교수-학습 과정에서 일어나는 다양한 활동을 교수자와 학습자가 편리하게 관리할 수 있도록 지원하는 시스템을 뜻한다.

④ 학습 콘텐츠 관리시스템(LCMS; Learning Content Management System)은 학습자들에게 제공되는 학습 콘텐츠를 관리하고 배포하는 시스템으로, 학습자들이 수강하는 강좌나 교육 프로그램의 자료, 시험, 퀴즈, 과제 등을 관리하며, 학습자들에게 제공된 콘텐츠의 이용, 통계, 평가 등의 정보를 관리하는 시스템을 뜻한다.

⑤ 이러닝 콘텐츠(E-learning Content)란[2], 전자 기술을 이용하여 개발, 배포, 이용되는 교육 자료를 말한다. 이러닝 콘텐츠는 교육, 훈련, 정보, 자료, 지식 및 역량 개발을 위해 이용된다. 이러닝 콘텐츠는 동영상 강의, 오디오 강의, 전자책, 웹 기반 강의, 시뮬레이션, 게임 등 다양한 형태로 제공되는데, 이러한 콘텐츠들은 학습자가 원하는 장소와 시간에 접근하여 학습을 진행할 수 있도록 하며, 학습자의 학습성과를 향상하기 위한 다양한 학습 방법과 전략을 적용하여 구성된다.

⑥ 학습자들끼리 협업하거나 강사와 소통하기 위한 시스템인 협업 및 커뮤니케이션 시스템과 학습자들의 개인정보와 학습자료를 보호하는 보안 시스템, 학습자들의 학습활동을 분석하고 학습자의 성취도나 부족한 부분을 파악하는 학습자 분석 시스템, 결제 시스템을 포함한다.

2 /// 학습 사이트 점검

1) 학습 사이트의 점검

① 학습 사이트는 인터넷 웹브라우저의 주소창에 학습 사이트의 도메인(URL)을 직접 입력하여 접속할 수 있으며, 학습 사이트 전용 애플리케이션(application)을 통해서도 접속할 수 있다. 학습 사이트 전용 애플리케이션에는 모바일 앱과 PC용 웹앱이 있다. 학습 사이트로 접속할 수 있는 모든 경로를 점검하여 학습 사이트의 접속에 문제가 없는지 확인한다.

② 학습 사이트에 문제가 없다면 학습 사이트를 구성하는 메뉴들이 정상적으로 작동하는지 확인한다. 학습 사이트의 구성 메뉴는 사이트마다 상이할 수 있지만, 일반적으로 다음과 같은 구성 메뉴를 가지고 있다.

표 2-3-1 학습 사이트 구성 메뉴

메뉴	설명
홈	학습 사이트의 주 페이지로, 다양한 학습 콘텐츠, 학습자들의 후기, 새로운 이벤트나 뉴스 등을 게시
교육과정	학습 사이트에서 제공하는 교육과정(목록)을 확인할 수 있으며, 과정별로 상세 정보를 확인

---

2 〈※ 출처: IEEE Standards Association, "IEEE 1484.12.1–2011 Standard for Learning Technology--Learning Content Packaging," 2011.〉

커뮤니티 (게시판)	• 학습자들 간의 소통과 정보 공유를 위한 게시판이나 포럼을 제공 • 학습에 관한 질문이나 답변을 요청하거나, 학습에 대한 경험을 공유
마이페이지 (나의 강의실)	학습자의 개인정보, 수강 중인 강의, 학습기록, 채점 결과, 수료증 등을 확인할 수 있으며, 개인 설정 등도 변경 가능
검색	키워드를 입력하여 교육과정을 비롯하여 학습 콘텐츠를 검색할 수 있는 기능
고객센터 (학습 지원센터)	학습 사이트와 관련한 문의 사항이나 기술 지원, 환불, 결제 등을 처리할 수 있는 기능
로그인/회원가입	학습 사이트에 회원으로 가입하거나 로그인하는 기능

그림 2-3-2 이러닝 학습 사이트

※ 출처: https://daumjob.com/main/

③ 일반적으로 학습 사이트는 로그인 전과 로그인 후의 기능 차이가 존재한다. 로그인 후 기능 점검을 위해 테스트 계정을 생성한다. 테스트 계정은 관리자나 운영자가 생성하고, 이 테스트 계정을 사용하여 학습 사이트에 접근하여 다양한 기능을 점검하면서 시스템에 존재하는 문제나 버그를 찾아낸다. 특히 이 단계에서는 수료와 관계된 항목을 점검하는 것이 핵심이다. 대표적으로 콘텐츠 재생이나 진도 체크 유무 등을 중점적으로 점검한다.

④ 이러닝은 여러 가지 프로그래밍 언어가 연결된 시스템과 다양한 멀티미디어 저작도구로 제작된 콘텐츠로 학습한다. 그래서 학습자의 수강환경이 학습 사이트가 권장하는 수강환경을 충족하지 못하거나 이러닝 콘텐츠가 개발될 당시의 제작환경과 다르다면 원활한 학습이 어렵다. 그래서 과정 운영자는 입과 예정자를 대상으로 학습에 필요한 권장

사양을 안내하여 학습자가 이러닝을 학습하는 데 문제가 발생하지 않도록 사전에 조치해야 한다.

표 2-3-2 이러닝 수강 환경(PC 권장 사양)

CPU	Corei3 9세대 이상
메모리(RAM)	8GB 이상
비디오 메모리	2GB 이상
하드디스크 여유 용량	20G 이상
모니터 해상도	1920×1080 이상
운영체제	Window 10 이상/Mac OSX 10, 15(Catalina) 이상
웹브라우저	크롬, 엣지, 웨일
DirextX 버전	DirextX 11.0

표 2-3-3 모바일 수강 환경(Android/iOS)

구분	안드로이드(Android)		아이폰/아이패드(iOS)	
프로세서	최소	권장	최소	권장
메모리	듀얼 1.5GHz	쿼드 2.0GHz 이상	듀얼 1.5GHz	쿼드 2.0GHz 이상
스토리지	1GB	4GB 이상	512MB	2GB 이상
운영체제	6.0 이상	7.0 이상	11	최신 버전

⑤ 이러닝 수강환경은 학습 사이트의 FAQ나 게시판 등을 이용하여 공지한다.

⑥ 콘텐츠 역시 개발될 당시의 제작환경과 학습자의 수강환경이 다르다면 원활한 학습이 어렵다. 필요한 경우, 콘텐츠 구동에 필요한 플러그인의 설치 등을 안내해야 한다.

⑦ 학습을 위한 전용 플레이어, 실시간 비대면 교육을 위한 프로그램, 웹브라우저, 문서 뷰어 프로그램 등이 대표적이다.

참고!

※ '학습을 위한 전용 플레이어'와 학습 창/뷰어(viewer)의 구분

- '학습을 위한 전용 플레이어'는 일반적으로 교육 콘텐츠를 재생하기 위한 전용 소프트웨어이다. 교육 콘텐츠를 보다 안정적으로 재생할 수 있도록 도와주며, 대개 PC용 데스크톱 소프트웨어로 제공된다. 비디오 플레이어나 음악 플레이어와 유사한 인터페이스를 가지고 있다.
- '뷰어(viewer)'는 보통 웹 기반으로 동작하며, 학습을 진행하고, 제어하는 등 콘텐츠와 상호작용이 가능한 인터페이스이다. 플레이어와의 가장 큰 차이는 상호작용의 유무라고도 볼 수 있다. 뷰어(viewer)는 학습자들이 학습자료를 쉽게 찾아보고 읽을 수 있도록 하는 인터페이스로, 콘텐츠의 공유나 유통을 방지하는 DRM(Digital Rights Management) 보호 기능이 없거나 미흡하다. 반대로 전용 플레이어는 더 나은 동영상 재생 경험을 위해 전용 기능을 제공하고, DRM 보호를 제공하기도 한다.

⑧ 학습을 지원하는 프로그램들은 내·외부 링크를 통해 제공되는데, 외부 링크로 제공되는 프로그램 대부분은 무료 서비스가 많다. 이러한 무료 프로그램은 사용자의 동의나 사전 안내 없이 과금 체계로 변경하거나 서비스를 중단하는 등 사용상 제한이 있을 수 있으므로 정기적으로 방문/점검하여 이상 유무를 확인하여야 한다.

표 2-3-4 학습 사이트 주요 점검 항목

구분	점검 내용
접속 장애	• 학습 사이트는 정상적으로 접속되는가? • '보안인증서 오류' 등의 메시지가 출력되지는 않는가? • 학습 사이트가 접속되지 않는 특정 장소/지역은 없는가?
웹브라우저 호환성 오류	• 학습 사이트의 레이아웃과 인터페이스는 학습에 방해되지 않는가? (화면이 비대하게 커졌거나 레이아웃이 파괴되는 현상) • 학습 사이트를 구성하는 웹페이지는 정상적으로 작동하는가? • 테스트용 아이디와 비밀번호는 정상적으로 로그인이 되는가? • 학습 사이트 내 페이지 이동(링크)에는 문제가 없는가?
동영상 재생 오류	• 동영상 재생에는 문제가 없는가? • 동영상은 끊김이 없이 재생되는가? • 동영상 재생 간 에러 코드(error code)가 발생하는가?
진도 체크 오류	• 진도(율)는 정상적으로 반영되는가? • 이어보기는 정상적으로 작동하는가?

2) 학습 사이트 점검 간 오류발견 시 조치 방안

① 학습 사이트 점검 시 학습 사이트에 접속되지 않거나, 레이아웃이 틀어지고, 기능 버튼이 작동하지 않는 호환성 오류가 발견될 수 있다.

② 이러닝 콘텐츠의 재생이 원활하지 않고 끊어지는 경우나 학습을 진행했음에도 불구하고 진도가 반영되지 않는 오류를 확인할 수 있다.

(1) 접속 장애의 원인과 조치 방안

① 가장 일반적인 원인은 네트워크 연결 문제이다. 예를 들어, 운영기관의 서버가 다운되었거나 업데이트 과정에서 문제가 발생할 수도 있다.

② 접속 오류가 발생했을 때 화면에 출력되는 내용은 오류의 종류와 원인에 따라 달라진다. 오류 메시지에는 오류 코드와 함께 해당 오류에 대한 설명이 포함되어 있어 문제 해결에 도움을 받을 수 있다.

③ 접속 장애 발생 시 가장 먼저 '인터넷 연결 상태'를 확인해 본다. 인터넷 연결 상태를 확인하는 가장 쉬운 방법의 하나는 웹브라우저를 '새로고침' 해보는 것이다. '새로고침' 했음에도 접속이 되지 않는다면, 웹브라우저에서 포털 등 다른 웹 사이트에 접속하거나 스마트폰 등 다른 기기에서 인터넷의 사용 가능 여부를 확인해 본다.

④ 만약 인터넷 접속이 되지 않는다면, 모뎀이나 라우터의 전원을 껐다 다시 켜, 다시 한번 인터넷 연결을 확인한다. 여러 차례 시도 후에도 접속 장애가 해결되지 않는다면, 인터넷 서비스 제공업체에 문의하여 조치를 받도록 안내한다.

⑤ 또 다른 해결 방법으로 웹브라우저의 '캐시(Cache)'[3]와 '쿠키(Cookies)'[4]를 삭제하는 것이다. 때로는 캐시 또는 쿠키가 문제를 일으키는 경우가 있어, 이를 삭제하면 문제가 해결될 수 있다.

ⓐ 구글 크롬 브라우저(Google Chrome Browser) 캐시(Cache)와 쿠키(Cookes) 삭제 방법은 다음과 같다.

첫째, Chrome Browser를 실행한 다음, 브라우저의 오른쪽 상단 [더 보기(⋮ 모양의 아이콘)] 〉 [설정]을 클릭한다.

둘째, 왼쪽 메뉴에서 [개인정보 및 보안]을 클릭한다.

셋째, [쿠키 및 기타 사이트 데이터]를 클릭한다.

넷째, [모든 사이트 데이터 및 권한 보기]를 클릭한다.

다섯째, [모든 데이터 삭제]를 클릭한다.

여섯째, [삭제] 버튼을 클릭하여 확인한다.

ⓑ 모질라 파이어폭스 브라우저(Mozilla Firefox Browser) 캐시와 쿠키 삭제 방법은 다음과 같다.

첫째, Firefox Browser를 실행한 다음, 브라우저의 오른쪽 상단 [더 보기(⋮ 모양의 아이콘)] 〉 [설정]을 클릭한다.

둘째, 왼쪽 메뉴에서 [개인정보 및 보안]을 클릭한다.

셋째, [쿠키 및 사이트 데이터] 항목에서 [데이터 지우기] 버튼을 클릭한다.

넷째, [쿠키 및 사이트 데이터]와 [캐시된 콘텐츠]를 선택하고 [지우기] 버튼을 클릭한다.

---

3 캐시(Cache): 이전에 방문한 웹페이지의 일부 또는 전체를 저장하고, 이후에 같은 페이지에 다시 접속할 때 로딩 시간을 단축해 주는 역할을 한다.
4 쿠키(Cookies): 웹페이지에서 사용자 정보를 저장하는 데 사용된다.

ⓒ 마이크로소프트 엣지 브라우저(Microsoft Edge Browser) 캐시와 쿠키 삭제 방법은 다음과 같다.

첫째, Edge Browser를 실행한 다음, 브라우저의 오른쪽 상단 [더 보기(⋮ 모양의 아이콘)] 〉 [설정]을 클릭한다.

둘째, 왼쪽 메뉴에서 [쿠키 및 사이트 권한]을 클릭한다.

셋째, [모든 쿠키 및 사이트 데이터 보기]를 클릭한다.

넷째, [모두 제거]를 클릭한다.

ⓓ 애플 사파리 브라우저(Apple Safari Browser) 캐시와 쿠키 삭제 방법은 다음과 같다.

첫째, Safari Browser를 실행한 다음, 브라우저의 메뉴에서 [환경설정]을 클릭한다.

둘째, 개인 정보 보호 메뉴에서 [쿠키 및 웹 사이트 데이터] 〉 [웹 사이트 데이터 관리..] 버튼을 클릭한다.

셋째, [모두 제거]를 클릭한다.

넷째, [지금 제거] 버튼을 클릭한다.

⑥ "사이트에 연결할 수 없음" 오류는 이러닝 학습 사이트와 사용자 컴퓨터 사이에 연결할 수 없는 문제가 있음을 의미하므로 웹브라우저의 설정을 초기화하면 문제 해결에 도움이 된다.

ⓐ 구글 크롬 브라우저(Google Chrome Browser) 초기화 방법은 다음과 같다.

첫째, Google Chrome 브라우저를 연다.
둘째, 브라우저 오른쪽 위쪽에 있는 '메뉴' 아이콘(⋮ 모양의 아이콘)을 클릭한다.
셋째, 메뉴에서 [설정]을 클릭한다.
넷째, [고급] 옵션을 클릭한다.
다섯째, [초기화 및 복원] 섹션에서 [초기화]를 클릭하여 초기화를 확인한다.

ⓑ 모질라 파이어폭스 브라우저(Mozilla Firefox Browser) 초기화 방법은 다음과 같다.

첫째, Mozilla Firefox 브라우저를 연다.
둘째, 브라우저 오른쪽 위쪽에 있는 '메뉴' 아이콘(≡ 모양의 아이콘)을 클릭한다.
셋째, 메뉴에서 [도움말]을 클릭한다.
넷째, [문제 해결 정보]를 선택한다.
다섯째, [Firefox 초기화] 버튼을 클릭하여 초기화를 확인한다.

ⓒ 마이크로소프트 엣지 브라우저(Microsoft Edge Browser) 초기화 방법은 다음과 같다.

첫째, Microsoft Edge 브라우저를 연다.

둘째, 브라우저 오른쪽 위쪽에 있는 '메뉴' 아이콘(⋯ 모양의 아이콘)을 클릭한다.

셋째, 메뉴에서 [설정]을 클릭한다.

넷째, 왼쪽 패널에서 [초기화, 복원 및 최적화]를 클릭한다.

다섯째, [다시 시작] 버튼을 클릭하여 초기화를 확인한다.

⑦ 웹브라우저별 캐시와 쿠키 삭제 및 초기화 방법은 업데이트 등으로 인해 메뉴명이나 메뉴의 위치에 차이가 있을 수 있으므로, 해당 웹브라우저의 도움말 또는 공식 웹 사이트에서 자세한 정보를 확인하도록 한다.

⑧ 참고로 공급자인 운영기관 장비의 교체나 점검으로 인해 접속 장애가 발생할 수도 있으며, 특정 시간에 동시접속자가 과도하게 몰려 접속 장애가 발생하기도 한다.

⑨ 서버 점검 및 장비 교체 등 유지보수 작업은 예방적인 조치가 필요한 경우이므로, 미리 계획하고, 일정을 충분히 고려하여 진행하는 것이 일반적이다. 이러닝 과정 운영자는 학습자에게 미리 점검 및 교체 일정을 사전에 공지하여 불편을 최소화할 수 있도록 안내한다. 학습 사이트의 접속이 불가능한 일정과 그 기간을 알리고, 학습자들이 해당 기간에도 학습 내용에 접근할 수 있도록 강의자료 등을 제공한다. 특히 기간 수강의 경우, 접속할 수 없는 기간만큼 추가로 수강 기간을 연장하여 수료에 문제가 없도록 조치한다.

⑩ 또한 학습자의 문의 사항은 이메일이나 기타 온라인 채널을 통해 받아서, 되도록 이른 시일 내에 답변을 해주는 등 학습자들이 불편을 느끼지 않도록 해야 한다.

⑪ 동시접속자의 증가로 인한 장애 역시 학습자가 불편을 느끼지 않도록 사이트의 접속 가능 시간을 공지하거나 서비스 이용자를 분산시키기 위한 일정 조정 등을 안내하는 것이 바람직하다.

⑫ 특정 시설이나 장소에서 학습 사이트에 접속이 되지 않는 일도 있는데, 이 경우 내부 보안을 이유로 설치·운영하는 방화벽(firewall)[5]이 원인이다. 방화벽으로 인해 인가받지 않은 학습 사이트의 접근이 차단될 수 있으므로, 이 경우 학습자 소속기관의 IT 부서나 시스템 담당자에게 학습 사이트의 도메인을 등록하여 접속 차단 문제를 해결하도록 한다.

---

5 방화벽이란 인터넷 등 컴퓨터 통신망에서 통신 내용이 도용되거나 외부로부터 컴퓨터가 침범당하는 것을 막기 위하여 기업이나 조직 내부의 네트워크와 인터넷 간에 전송되는 정보를 선별하여 수용·거부·수정하는 능력을 갖춘 보완 시스템이다. (※ 출처: 네이버 백과사전)

(2) 웹브라우저 호환성 오류의 원인과 조치 방안

① 웹브라우저 호환성 오류란 웹페이지가 다양한 브라우저, 운영체제 및 기기에서 제대로 작동하지 않거나 보이지 않는 문제로 웹페이지를 만드는 데 사용된 웹 기술의 구현이 다른 브라우저에서 다르게 동작하기 때문에 발생한다. 이러한 호환성 오류는 과거 웹브라우저를 대표하는 인터넷 익스플로러(IE; Internet Explorer)의 다양한 버전과 최신 웹브라우저 기술을 지원하지 않아 문제가 발생하는 경우가 많았는데, 최근 이러한 호환성 문제는 웹 표준을 준수하려는 노력으로 상당히 개선되었다.

> **참고!**
>
> ※ IE를 사용하지 않으면 '웹브라우저 호환성 오류'는 발생하지 않나요?
> – 웹 브라우저 기술의 지속적인 발전과 업데이트로 인해 새로운 버전의 브라우저가 출시되고, 이전 버전의 브라우저와 호환되지 않는 경우는 앞으로도 계속될 것이기에 호환성 오류는 지속해서 발생할 수 있다.
> – 다양한 브라우저에서 웹페이지가 잘 동작하는지 확인하기 위해 구현단계에서 브라우저 호환성 테스트를 수행해야 한다. 이를 통해 어떤 브라우저에서 웹페이지가 제대로 동작하지 않는지 식별하고, 이를 수정하여 모든 브라우저에서 웹페이지가 잘 동작하도록 할 수 있다.

② 인터넷 연결에도 문제가 없고, 다른 웹 사이트는 모두 접속이 되는데, 학습 사이트만 접속이 안 되는 경우 사용자 PC의 설정 문제일 가능성이 크다. 사이트 접속 장애는 다음과 같은 경고 메시지가 화면에 출력된다.

> – "이 웹 사이트의 보안인증서에 문제가 있습니다."
> – "이 웹 사이트에 안전하게 연결하는 동안 문제가 발생했습니다."
> – "이 사이트는 안전하지 않습니다."
> – "연결이 비공개로 설정되어 있지 않습니다."

③ 항상 이용하는 사이트가 갑자기 접속되지 않을 때 각 브라우저는 이 같은 인증서 오류 메시지를 보여준다. 참고로 각 경고 메시지 유형별 해결 방법이 명확히 정해져 있는 것은 아니다. 그러므로 이 같은 오류 발생 시 학습자의 컴퓨터를 자세하게 분석하여 조치하도록 한다.

④ 인증서 오류의 해결 방법은 여러 가지이다. 한 번에 모든 설정을 적용하는 것이 아니고 하나를 설정했으면 컴퓨터를 재부팅하고 사이트가 접속되는지 확인해 보고, 접속이 되지 않으면 다음 설정을 적용하는 순서로 진행하는 것이 바람직하다.

ⓐ 인터넷 시간 동기화이다. 인터넷 회선이 갑자기 끊어지거나 컴퓨터를 일시 정지하게 되면 인터넷 시간과 맞지 않아 오류가 발생하기도 한다.

첫째, 바탕화면에서 시작 버튼을 클릭하여 날짜 및 시간 입력 메뉴를 클릭한다.

둘째, '제어판' 〉 '시계 및 국가' 항목을 선택한다.

셋째, 날짜 및 시간 목록의 카테고리 중 '시간 및 날짜 설정'을 클릭한다.

넷째, 인터넷 시간을 표준 시간대에 맞게 설정한다. [인터넷 시간] 탭 메뉴를 선택하면 데이터를 동기화하는 동안 오류가 발생했다는 메시지를 확인할 수 있다. 이 메시지가 뜨면 '인터넷 시간 서버와 동기화'를 통해 대부분 해결된다.

다섯째, [설정 변경] 버튼을 클릭한다.

여섯째, 인터넷 시간 설정 창의 인터넷 시간 서버와 동기화 박스에 체크한다.

일곱째, 인터넷 시간 서버를 점검한다. 기본적으로 서버는 'time.windows.com'으로 설정되어 있다. 이 부분을 'time.nist.gov'와 번갈아 설정하고 '지금 업데이트'를 누른다.

ⓑ 보안인증서를 업데이트한다. 인증서가 과거 날짜로 되어 있으면 인증서 오류가 발생하므로 웹 사이트 콘텐츠가 제대로 보이지 않는다. 따라서 루트 인증서를 강제로 업데이트하도록 설정하면 웹 사이트의 콘텐츠가 제대로 보이게 된다. 먼저 보안인증서를 업데이트하기 전에 자주 이용하는 사이트에 접속하여 인증서 만료 날짜를 확인한다. 주소창의 '자물쇠' 모양을 클릭하면, 웹 사이트의 인증서 정보를 확인할 수 있다. 현재 접속한 사이트에서 사용 중인 인증서의 유효기간을 확인할 수 있으며, 만약 인증서 오류가 발생한다면 유효기간이 현재 날짜보다 과거 날짜로 되어 있다.

첫째, 명령 프롬프트를 실행한다.

둘째, 실행 창을 열어, 'regedit'를 입력하여 레지스트리 편집기를 실행한다.

셋째, 아래 경로로 이동한다.

'HKEY_LOCAL_MACHINE\SOFTWARE\Policies\Microsoft\SystemCertificates\AuthRoot'

넷째, 'DisableRootAutoUpdate' 값을 '0'으로 변경한다.

ⓒ 윈도(Windows)를 업데이트한다.

첫째, 설정 창으로 이동한다.

둘째, [업데이트 및 보안] 메뉴를 클릭한다.

셋째, Windows 업데이트 목록을 확인하고, 모두 설치한다.

⑤ 학습 사이트 로그인이 되지 않거나 학습 사이트의 버튼이 클릭되지 않거나 클릭해도 아무런 변화가 일어나지 않는다면, 이 역시 웹브라우저 호환성 오류를 의심해 봐야 한다.

(3) 동영상 재생 오류의 원인과 조치 방안

① '인터넷 연결 오류'가 원인일 수 있으므로 인터넷 연결 상태를 점검한다.

② '메모리 등 컴퓨터의 낮은 사양'이 원인으로 온라인 학습을 위한 일정 수준 이상의 사양이 갖추어져 있는지 확인한다.

③ '파일 손상 및 코덱(codec) 오류'가 원인이다. 동영상 파일 손상 시 해당 파일을 교체하는 것이 가장 빠른 조치이며, 코덱(codec)을 업데이트하거나 코덱(codec) 팩을 설치하여 문제를 해결할 수 있다.

④ '웹브라우저의 설정' 문제이다. 이 경우 웹브라우저 호환성 오류 시 조치 방안에 따라 웹브라우저를 초기화하여 해결할 수 있다.

⑤ 화면 녹화 또는 캡처 프로그램이 감지되어 종료되는 일도 있다. 재택근무용으로 화상미팅 솔루션을 설치하는 사례가 많다. 화상 미팅 솔루션에는 대부분 화면 공유 기능이 포함되어 있는데, 화면 공유는 스크린 캡처와 같은 기능을 구현할 수 있어, 보안 프로그램이 캡처 프로그램으로 인식하여 에러 코드를 팝업하거나 동영상 재생을 중지할 수 있다.

그림 2-3-3 캡처 프로그램 차단 메시지

(4) 진도 체크 오류의 원인과 조치 방안

① 일반적으로 진도 체크는 '학습 전 또는 학습 대기', '학습 중', '학습 완료'로 표시하며, '학습 중' 상태에서는 진도값을 퍼센트로 보여주기도 한다.

② 진도 체크와 관련된 오류의 유형은 다음과 같다.

첫째, 수강을 완료했음에도 '학습 완료'로 바뀌지 않는 경우,

둘째, 해당 학습 내용의 ⅔ 이상을 시청했음에도 진도 상태나 진도율의 변화가 없는 경우

셋째, 이전에 학습한 내용을 이어 수강하고자 하나 '이어보기'가 되지 않고 처음부터 다시 수강해야 하는 경우

넷째, 학습을 완료하고 다음 학습 내용으로 넘어가려고 하나 진행이 되지 않는 경우 등이다.

③ 진도 체크 오류가 발생하는 원인별 조치 방안은 다음과 같다.

첫째, 콘텐츠 제공기관의 물리적인 장비나 장치의 오류로 발생한다. 온라인 콘텐츠를 제공하는 플랫폼이나 소프트웨어의 문제로 발생한 장애는 과정 운영자의 사전 점검으로 충분히 예방할 수 있다.

둘째, 학습자가 학습 방법을 제대로 숙지하지 않아 발생한다. 예를 들어 동영상을 끝까지 시청하지 않고, 재생 바의 슬라이더를 강제로 이동시킨다거나, 페이지 순서대로 진행하지 않고, 건너뛰는 등 잘못된 학습행동으로 진도 체크가 되지 않는 경우이다. 과정 운영자는 학습자의 학습기록(로그 정보)을 토대로 정확한 학습 방법을 안내한다.

셋째, 인터넷 연결이 불안정한 경우다. 특히, 모바일 학습 시 진도 체크 오류가 잦은 편이다. 모바일 기기는 이동 중 Wi-Fi나 셀룰러 데이터를 사용하여 학습을 진행하는데, Wi-Fi 신호나 셀룰러 데이터 신호가 불안정할 경우 학습 시 중단되거나, 학습 데이터가 정확하게 전송되지 않을 수 있다.

넷째, 기관에서 배포한 모바일 앱의 버전이 모바일 운영체제와 달라 오류가 발생하기도 하는데, 모바일 운영체제나 앱을 업데이트하여 해결할 수 있다.

3 //// 학습관리시스템(Learning Management System)

1) 학습관리시스템(LMS) 점검

① 학습관리시스템(LMS)은 교육, 교육훈련, 학습관리 등을 위한 소프트웨어 플랫폼으로 온라인 공간에서 학습 진행을 위해서는 교육과정을 개설하고, 수강 신청을 하는 등 준비과정이 필요하다. 준비과정이 끝난 후 실제 학습이 이루어지는 과정에서는 학습자의 학습과정을 추적하고, 학습 이력을 관리하여 학습자 개인에 대한 맞춤형 학습을 제공한다.

② 학습관리시스템(LMS)은 학습자들이 학습하는 데 있어서 중요한 역할을 하므로 안정적인 운영을 위한 사전 점검이 요구된다.

③ 학습관리시스템(LMS)의 사전 점검 항목으로는 기능성, 안정성, 보안성 등이 있다.

④ 학습관리시스템(LMS)의 기능성 측면은 온라인 학습에서 필요한 과정 개설 및 기수 편성 기능, 회원 및 평가관리 기능, 출결 관리 기능, 게시판 기능 등을 의미한다.

⑤ 학습관리시스템(LMS)의 안정성 측면은 시스템 안정성, 데이터 보호, 시스템 업데이트, 네트워크 안정성, 기능 안정성 등을 의미한다.

⑥ 학습관리시스템(LMS)의 보안성 측면은 인증 및 권한 관리, 데이터 암호화, 방화벽, 취약점 분석 백업 등을 의미한다.

⑦ 학습관리시스템(LMS) 점검을 위해서는 학습 사이트와 마찬가지로 테스트 계정을 생성해야 한다.

⑧ 학습관리시스템(LMS)의 사전 점검이 중요해지고 있는 이유는 학습관리시스템(LMS)의 기능이 고도화되면서 맞춤형 학습환경의 구성이 가능해졌기 때문이다. 예를 들어 학습자의 학습 수준, 관심사, 학습 속도 등을 파악하여 그에 맞는 학습환경을 구성할 수 있으며, 학습자의 학습 목표, 진도율, 학습 방식 등을 고려하여 맞춤형 학습 계획을 수립하고 그에 따른 자료 및 평가를 제공할 수도 있다. 이러한 기능의 핵심은 학습 효율을 높이기 위함이다. 즉 학습관리시스템(LMS)은 학습자들의 개인정보와 학습 데이터를 다루므로, 운영하는 동안 개인정보가 유출되는 등 보안 문제가 발생하지 않도록 사전에 철저한 점검이 필요하다.

⑨ 이러닝 과정 운영자는 주로 학습관리시스템(LMS)의 기능 측면을 중점적으로 점검한다. 다시 말하면 시스템을 구성하는 메뉴들이 정상적으로 작동하는지 여부를 점검하는 것이다.

⑩ 운영기관별 학습관리시스템(LMS)의 구성 메뉴는 상이하나 일반적으로 대시보드 (dashboard), 사용자(회원) 관리, 교육과정 관리, 수강 관리, 성적/수료 관리, 게시판 관리, 결제/정산 관리, 통계 관리, 시스템 관리 등으로 구성되어 있다.

표 2-3-5 학습관리시스템(LMS)의 구성 메뉴와 기능

메뉴	기능 설명
대시보드 (Dashboard)	학습자의 학습 진도, 성적, 출결 등 학습 관련 정보를 한눈에 볼 수 있는 대시보드가 제공됨
사용자(회원) 관리	학습 사이트에서 회원 가입한 학습자 관리, 교·강사, 운영자를 신규로 등록하거나 운영자별 권한을 부여·삭제할 수 있는 운영자 관리, 학습자와의 상담내역 및 주문결제정보 등을 조회할 수 있는 CRM 기능이 있음
교육과정 관리	운영과정의 현황 및 상태, 정보를 수정할 수 있는 과정 관리, 운영과정별 평가 문항 관리, 교재관리, 운영과정의 회차·기수 현황 및 정보수정이 가능한 기수 관리 기능이 있음
수강 관리	회원의 수강 신청 현황과 수료 여부 등을 조회할 수 있는 기능과 학습자의 접속 기록과 본인인증 현황을 조회할 수 있는 수강 이력과 인증현황, 시험 출제 및 응시 현황 관리를 할 수 있음
성적/수료 관리	운영과정의 수료 기준에 따른 평가 항목별 응시 현황, 평가점수 등을 조회할 수 있으며, 수료 기준에 따른 수료 처리 및 수료증 발급 여부를 결정할 수 있음

게시판 관리	공지사항, 학습 자료실, 자주 묻는 질문, 1:1 문의, 학습 후기 등 학습자와 소통 창구로 사용되는 게시판을 관리하는 기능을 제공
결제/정산 관리	• 회원의 수강료 결제금액, 결제수단, 신청일, 결제일 등을 확인하고, 취소내역 과 그에 따른 처리여부 및 환불방법, 환불조건 등을 조회할 수 있음 • 콘텐츠를 외부로부터 임대하여 사용하는 경우, 매월 일정 금액을 수수료로 지급하게 되는데, 정산 관리 메뉴를 통해 CP(Contents Provider)사 현황과 도입과정, 정산 비율 등을 조회하고 관리할 수 있음 • 교·강사로 활동하는 회원의 강의료(튜터비)도 해당 메뉴에서 조회 및 정산할 수 있음
통계 관리	• 회원통계와 매출통계를 일·주·월·년으로 검색하여 엑셀로 다운로드할 수 있음 • 회원통계는 가입통계, 탈퇴통계, 접속통계로 구분되며, 매출통계는 과정별 매출통계, 환불통계로 구분하여 조회 및 관리가 가능
시스템 관리	팝업·배너·캐러셀 관리, SMS·메일·쪽지 발송관리, 각종 행정서식과 매뉴얼, 학습 사이트의 메뉴나 디자인 스킨 설정 등을 할 수 있음

⑪ 이 외에도 학습자들의 프로필 관리, 쪽지/메일 발송, 공지사항 등의 기능도 제공된다. 이러한 기능들은 학습자들의 학습을 더욱 효율적으로 관리하고, 교육자들이 학습자들의 학습 상황을 더 정확하게 파악할 수 있도록 돕는다.

2) 학습관리시스템(LMS) 점검 항목

① 학습관리시스템(LMS) 점검 시에는 운영과정의 개설에서부터 수료 처리까지 학사 운영의 전(全) 단계를 순차적으로 점검하여 이상 유무를 파악해야 한다.

첫째, 이러닝 과정 운영자는 LMS 운영자 권한으로 로그인하여, 운영 테스트를 위한 학습자 계정을 생성한다. 이후 테스트 과정(운영 예정인 과정)을 개설하고, 목차에 맞게 차시를 등록한다.

둘째, 콘텐츠가 제대로 연결되었는지 클릭하여 확인하고, 재생 오류는 없는지 점검한다.

셋째, 수료 기준에 의거 평가 항목과 문항, 배점을 입력하고, 평가 시기를 설정한다.

넷째, 과정의 기수를 생성하고, 해당 과정을 '개강' 처리하면 테스트 준비가 완료된다.

다섯째, 테스트용 학습자 계정으로 학습 사이트에 로그인한다.

여섯째, 직접 회원가입을 한 경우가 아니라면 최초 로그인 시 본인인증 여부를 확인하게 되는데, 문자메시지나 아이핀으로 본인인증이 제대로 작동하는지 점검한다.

일곱째, 과정을 검색하여 수강 신청한다. 만약 이미 수강 신청이 되어 있는 경우, 신청과정이 올바른지 점검한다. 수강 신청 버튼을 클릭하여 LMS에 수강 신청 내역을 확인한다.

여덟째, '승인 처리' 후 학습을 진행한다.

아홉째, 부정 훈련 및 신청을 방지하기 위한 중복 로그인 방지 기능이 작동하는지 확인한다.

열 번째, 입과 시 1일 1회 본인인증이 정상적으로 처리되는지 점검하고, '나의 강의실−수강 중인 과정−학습하기' 버튼을 눌러 학습을 시작한다.

열한 번째, 콘텐츠 재생 여부와 더불어 이어보기와 배속 기능을 점검하고, 진도 체크는 문제없는지 확인한다. 과정 게시판을 확인하여 이전 과정 운영 간 발생했던 오류나 장애가 있었다면 해결되었는지 점검하고, 학습자료가 제대로 등록되어 있는지 확인한다.

열두 번째, 평가 응시 페이지로 이동하여 '진행평가', '시험', '과제'에 응시하여 평가 문항은 제대로 등록됐는지, 평가 응시 시간 60분으로 설정되어 있는지, '시험 중간 저장' 기능은 작동하는지 등을 점검한다.

열세 번째, 평가 응시 후 제출 버튼을 눌러 LMS의 성적/수료 관리 메뉴에 응시 결과가 반영되었는지 확인한다.

열네 번째, 모든 학습을 마치면 평가 결과를 확인하고 수료증을 발급해 본다.

② 운영자가 이와 같은 역할을 잘 수행하기 위해서는 LMS에 대한 이해와 이를 기반으로 시스템을 실제로 작동시키고 기능을 활용할 수 있는 역량이 요구된다.

③ 〈표 2-3-6〉은 기업에서 임직원 교육을 위한 이러닝 학습환경을 준비하는 과정에서 점검해야 할 학습관리시스템(LMS) 체크리스트이다.

표 2-3-6 **인터넷 원격훈련을 위해 학습관리시스템(LMS) 기능 점검을 위한 체크리스트**

체크리스트		시행 여부	
		예	아니오
훈련생 모듈	[정보 제공] • 훈련생 모듈 초기화면에 훈련생 유의사항 및 지방노동관서로부터 인정받는 학급당 정원이 등재되어 있는가? • 해당 훈련과정의 훈련대상자, 훈련 기간, 훈련 방법, 훈련실시기관 소개, 훈련 진행 절차(수강 신청, 학습보고서 작성−제출, 평가, 수료 기준 등) 등에 관한 안내가 웹상에서 이루어지고 있는가? • 모사답안 기준 및 모사답안 발생 시 처리기준 등이 훈련생이 충분히 인지할 수 있게 되어 있는가?		

체크리스트		시행 여부	
		예	아니오
훈련생 모듈	[수강 신청 및 변경] • 훈련생 성명, 훈련과정명, 훈련개시일 및 종료일, 최초 및 마지막 수강일 등 수강 신청 현황이 웹상에 갖추어져 있는가? • 수강 신청 및 변경이 웹상에서도 가능한가?		
	[평가 및 결과 확인] • 시험, 과제 작성 및 평가 결과(점수, 첨삭 내용 등) 등 평가 관련 자료를 훈련생이 웹상에서 조회할 수 있는가?		
	[훈련생 개인 이력 및 수강 이력] • 훈련생의 개인 이력(성명, 소속, 연락번호 등)과 훈련생의 학습 이력(수강 중인 훈련과정, 수강 신청일, 학습 진도, 평가일, 평가점수 및 평가 결과, 수료일 등)이 훈련생 개인별로 갖추어져 있는가?		
	[Q&A] • 훈련내용 및 운영에 관한 사항에 대하여 질의응답이 웹상으로 가능한가?		
관리자 모듈	[훈련과정의 진행상황] • 훈련생별 수강 신청 일자, 진도율, 평가별 제출일 등 훈련 진행 상황이 기록되어 있는가? [과정 운영 등] • 평가를 위한 시험문항 또는 과제가 훈련생별 무작위로 출제되는가? • 훈련생 개인별로 훈련과정에 대한 만족도 평가를 위한 설문조사 기능을 갖추고 있는가? [모니터링] • 훈련현황, 평가 결과, 첨삭지도 내용, 훈련생 IP 주소 등이 웹상에서 확인되는가? • 평가 결과, 첨삭지도 내용, 훈련생 IP 주소 등은 언제든지 열람할 수 있는가? • 모사답안 기준을 정하고 기준에 따라 훈련생의 모사답안 여부를 확인할 수 있는 기능을 갖추고 있는가?		
교·강사 모듈	[교·강사 활동 등] • 시험 평가 및 과제에 대한 첨삭지도가 웹상에서 가능한가? • 첨삭지도 일정이 웹상으로 조회되는가?		

※ 출처: 사업주에 대한 직업능력개발 지원 규정(노동부 고시 제2009-34호) 별표 1

1) 학습 콘텐츠 관리시스템(LCMS) 점검

① 학습 콘텐츠 관리시스템(LCMS)은 이러닝 시스템에서 학습 콘텐츠를 생성, 관리, 배포하는 데 사용되는 소프트웨어 툴이다. 이러닝 교육과정에서 사용되는 교재나 퀴즈, 동영상, 시뮬레이션, 게임 등 다양한 학습 콘텐츠를 관리하고 배포하는 것을 도와준다.

② 학습관리시스템(LMS)은 이미 제작된 콘텐츠를 관리하고 제공하는 데 초점을 맞추고 있으며, 학습 콘텐츠 관리시스템(LCMS)은 콘텐츠를 생성, 수정, 관리하는 콘텐츠의 품질 관리에 초점을 맞추고 있다는 차이가 있다.

표 2-3-7 **학습 콘텐츠 관리시스템(LCMS)의 구성 메뉴와 기능**

메뉴	기능 설명
콘텐츠 제작	• 저작도구를 제공하여 사용자가 HTML, 동영상, 오디오, 스크립트 등 다양한 형식의 학습 콘텐츠를 만들 수 있음 • 다양한 편집 도구와 미디어 관리 기능을 제공
콘텐츠 관리	• 사용자가 만든 학습 콘텐츠를 관리할 수 있음 • 콘텐츠 버전 관리, 콘텐츠 라이브러리 관리 등을 포함
콘텐츠 재사용	• 기존의 학습 콘텐츠를 재사용할 수 있음 • 콘텐츠의 조합, 복사 및 붙여넣기, 템플릿 사용 등을 포함
협업	• 여러 사용자가 함께 작업할 수 있도록 협업 기능을 제공 • 다수의 저작자가 같은 프로젝트에서 작업할 수 있음
배포	• 제작된 학습 콘텐츠를 배포할 수 있음 • 다양한 형식의 콘텐츠를 각각의 기기나 플랫폼에 맞추어 배포하는 것을 포함
보안	• 학습 콘텐츠를 보호하기 위한 보안 기능을 제공 • 접근 제어, 데이터 보호 등을 포함
분석	• 학습 콘텐츠 사용자의 데이터를 수집하고 분석하여 더 효과적인 학습경험을 제공할 수 있도록 함 • 사용자의 학습 데이터를 분석하여 학습 패턴, 진행 상황 등을 파악

2) 학습 콘텐츠 관리시스템(LCMS) 점검 항목

① 학습 콘텐츠 관리시스템(LCMS)의 콘텐츠 생성, 수정, 삭제, 백업, 복구 등의 기능을 테스트하며 정상적으로 작동하는지 확인한다.

② 다양한 디바이스와 플랫폼에서 콘텐츠를 배포하고 이용하는 기능을 테스트하며 정상적으로 작동하는지 확인한다.

③ 다수의 저작자가 같은 프로젝트에서 작업할 수 있는지 확인하며, 프로젝트 공유, 협업, 버전 관리 등의 기능을 점검한다.

④ 로그인, 접근 권한 설정, 암호화, 백업 및 복구 등의 기능을 점검하며, 콘텐츠를 안전하게 보관할 수 있는지 확인한다.

⑤ 학습자의 학습 데이터를 수집하고 분석하여 학습 패턴, 진행 상황 등을 파악하며, 효과적인 학습 경험을 제공할 수 있는지 확인한다.

⑥ 학습 콘텐츠 관리시스템(LCMS)의 기술 지원 및 업데이트 기능이 원활하게 작동하며, 최신 기술 및 보안 업데이트가 제공되는지 확인한다.

5 //// 이러닝 콘텐츠(e-Learning Contents)

1) 이러닝 콘텐츠 점검

① 이러닝 콘텐츠는 「이러닝(전자학습) 산업 발전법」 제2조 제2호에 따른 전자적 방식으로 처리된 부호·문자·도형·색채·음성·음향·이미지·영상 등의 이러닝과 관련된 정보나 자료를 말한다.

② 이러닝 콘텐츠는 이러닝 학습자가 효과적인 학습을 할 수 있도록 제작된 교수·학습 프로그램으로 다양한 형태를 띤다.

③ 학습관리시스템(LMS)이나 학습 콘텐츠 관리시스템(LCMS)에 탑재되어 학습자에게 제공된다.

④ 대부분의 멀티미디어 기기에서 구동된다. 대표적인 멀티미디어 기기로는 데스크톱, 노트북, 태블릿, 스마트폰 등이 있다. 멀티미디어 기기는 유무선 네트워크에 연결되어 있고, 인터넷 접속을 위한 웹브라우저가 내장되어 있다. 멀티미디어 기기는 이러닝 콘텐츠의 입력정보를 받아 이미지와 영상, 음성으로 출력하여 학습자에게 제공한다.

⑤ 이러닝 콘텐츠는 개발 환경에 따라 각기 다른 구동 조건을 갖는다. 예를 들어 과거 'Adobe Flash'로 개발된 콘텐츠는 'Adobe Flash Player'를 설치해야만 콘텐츠 구동이 가능하다.

> **참고!**
>
> Adobe Flash는 다양한 기능을 제공하면서도 상대적으로 가볍고 처리 속도가 빨랐기 때문에 과거에는 Adobe Flash 가 이러닝 콘텐츠 개발에서 많이 사용되었다. 그러나 이러닝 콘텐츠를 개발할 때 Adobe Flash를 사용하면 구동 환경 에 따라 각기 다른 조건을 갖게 된다. Flash 기술은 웹브라우저에서 작동할 수 있도록 Adobe Flash Player 플러그인을 사용해야만 한다. 이 플러그인은 사용자의 운영체제와 웹브라우저 버전 등 구동 환경에 따라 다르게 설치되어야 한다. 따라서 이러닝 콘텐츠 개발자는 각각의 구동 환경에서 Adobe Flash Player를 지원하는지 확인해야 한다. 또한, Flash 는 보안에 취약한 기술이라는 문제가 있었다. 최근 웹브라우저에서 Flash Player 지원을 중단하면서 Flash를 사용한 이러닝 콘텐츠도 점점 줄어들고 있다. 대신 HTML5, JavaScript, CSS 등 웹 표준 기술을 사용하여 이러닝 콘텐츠를 개 발하면, 웹브라우저에서 추가적인 설치 없이 구동이 가능하며 보안에 대한 우려도 줄일 수 있다.

⑥ 학습자가 보유한 멀티미디어 기기가 이러닝 콘텐츠 구동을 지원하지 않을 경우, 구동에 필요한 필수 프로그램을 학습 사이트에서 내려받을 수 있도록 아웃링크를 제공해야 한다.

⑦ 최근에는 HTML5 비디오 플레이어나 자체 개발한 플레이어 등 다양한 영상 플레이어를 사용하여 이러닝 콘텐츠를 재생한다.

2) 이러닝 콘텐츠 점검 항목

이러닝 과정 운영자는 이러닝 콘텐츠의 품질을 보장하기 위해 다양한 요소를 점검해야 하며, 이러닝 콘텐츠의 점검 요소는 크게 다음과 같이 분류할 수 있다.

(1) 기술적 요소

기술적 요소는 콘텐츠가 원활하게 실행되는지 확인하는 것이다. 기술적 요소의 점검 사항으로는 호환성, 접근성, 보안성, 성능, 상호작용, 유지보수성 등이 있다.

표 2-3-8 이러닝 콘텐츠의 기술적 요소 점검 사항

구분	내용
호환성	• 이러닝 콘텐츠가 다양한 기기와 운영체제에서 잘 작동하는지 확인해야 함 • 이러닝 콘텐츠를 이용하는 대상이 PC, 스마트폰, 태블릿 등 다양한 기기를 사용할 수 있기 때문이다. 또한, 콘텐츠가 웹브라우저의 다양한 버전에서 잘 작동하는지도 확인해야 함
접근성	• 이러닝 콘텐츠가 장애가 있는 사람들에게도 접근할 수 있어야 함 • 콘텐츠의 텍스트, 이미지, 오디오 및 비디오 등의 모든 요소가 접근성 지침을 따르고 있는지 점검해야 함
보안성	이러닝 콘텐츠에서는 개인정보나 기밀 정보가 다루어질 수 있으므로 보안성을 고려했는지 점검해야 함
성능	• 이러닝 콘텐츠는 사용자 경험을 개선하기 위해 빠르게 로딩되어야 함 • 콘텐츠가 느리게 로딩되거나 오류가 발생하면 학습자들이 집중력을 잃을 수 있으므로 성능 테스트를 통해 확인해야 함
상호작용	• 이러닝 콘텐츠에서는 사용자와 콘텐츠 간의 상호작용이 중요함 • 콘텐츠의 디자인과 UI를 신경 써서 개발해야 하며, 다양한 상호작용 기능이 제대로 작동하는지 점검해야 함
유지보수성	이러닝 콘텐츠는 시간이 지남에 따라 내용이 수정, 보완, 업데이트될 수 있어서 학습 내용이 최신 정보를 유지하고 있는지 확인해야 함

(2) 교육적 요소

교육적 요소는 콘텐츠의 학습 효과를 보장하기 위한 것이다. 교육적 요소의 점검 사항으로는 학습 목표, 교육방식, 내용 적합성, 학습자 중심, 상호작용, 평가와 피드백 등이 있다.

표 2-3-9 이러닝 콘텐츠의 교육적 요소 점검 사항

구분	내용
학습 목표	• 명확한 학습 목표를 가졌는지 점검 • 목표는 학습자가 어떤 지식과 기술을 습득해야 하는지를 정의하며, 목표가 명확하지 않으면 학습자는 콘텐츠를 이해하거나 적용하기 어려움
교육 방식	학습자가 무엇을 배울 것인지, 어떻게 배울 것인지, 그리고 학습을 평가하는 방법은 무엇인지를 고려하여 교육방식이 결정되었는지 점검
내용 적합성	• 학습자가 습득해야 하는 내용과 목표에 맞게 구성되었는지 확인 • 콘텐츠에는 필요한 정보만 포함되어야 하며, 내용은 학습자가 이해하기 쉬운 방식으로 제시되었는지 점검
학습자 중심	학습자의 학습 수준, 배경, 관심사 및 필요에 따라 콘텐츠를 맞춤형으로 개발되었는지 점검
상호작용	학습자와 콘텐츠 간 상호작용이 적절한지 점검
평가와 피드백	• 이러닝 콘텐츠에 평가와 피드백 기능이 포함되었는지 확인 • 학습자가 학습을 얼마나 이해했는지를 평가하며, 학습자에게 어떤 내용을 잘 이해했고 어떤 부분이 부족한지 알려주는 피드백 역할이 제대로 구현/작동하는지 점검

(3) 디자인 요소

디자인 요소는 콘텐츠의 시각적인 품질을 보장하기 위한 것이다. 디자인 요소의 점검 사항으로는 레이아웃, 색상, 글꼴, 이미지 및 비디오 사용 등이 있다.

표 2-3-10 이러닝 콘텐츠의 디자인 요소 점검 사항

구분	내용
시각적 디자인	이러닝 콘텐츠의 디자인 요소인 글꼴, 색상, 이미지, 그래픽은 학습을 방해하지 않고, 매력적이고 사용자 경험을 고려하여 디자인되었는지 점검
레이아웃	이러닝 콘텐츠의 레이아웃(텍스트와 이미지의 배치, 콘텐츠의 구성)이 학습자가 콘텐츠를 쉽게 읽고 이해할 수 있도록 구성되었는지 점검
접근성	• 이러닝 콘텐츠가 모든 사용자에게 쉽게 접근할 수 있도록 디자인되었는지 점검 • 크기, 색상 대비, 키보드로 탐색 가능, 음성 출력 등을 점검
다양한 기기의 호환성	이러닝 콘텐츠가 다양한 화면 크기와 해상도에서 문제없이 작동하는지 점검
멀티미디어 요소	텍스트, 이미지, 비디오, 오디오 등 다양한 형식의 멀티미디어 요소를 적극적으로 활용하여 콘텐츠를 더욱 효과적으로 전달하고 있는지 점검
사용자 경험	이러닝 콘텐츠가 사용자 경험 요소인 콘텐츠의 적합성, 기능성, 직관성, 효율성, 만족도 등을 고려하였는지 점검

(4) 저작권 요소

저작권 요소는 콘텐츠의 저작권 문제를 점검하는 것이다. 저작권 요소의 점검 사항으로는 이미지, 비디오, 음악, 텍스트 등의 출처 및 사용 권한 등이 있다.

표 2-3-11 **이러닝 콘텐츠의 저작권 요소 점검 사항**

구분	내용
저작권 보호	저작권이 보호되는 콘텐츠를 사용할 때는 그 제한적 이용에 관한 법령에 따라 사용했는지 점검
라이선스 확인	자유롭게 사용할 수 있는 라이선스를 가진 자료일지라도 라이선스의 조건을 준수했는지 확인
표절 방지	다른 자료를 참고하거나 인용했을 경우 출처를 명확히 밝히고 인용 부분을 따옴표로 감쌌는지 확인

(5) 법적 요소

법적 요소는 콘텐츠의 법적인 문제를 점검하는 것이다. 법적 요소의 점검 사항으로는 개인정보 보호, 저작권, 저작물 이용 동의서, 웹 접근성 등이 있다.

표 2-3-12 **이러닝 콘텐츠의 법적 요소 점검 사항**

구분	내용
저작권 및 지식재산권	이러닝 콘텐츠에 사용된 모든 이미지, 텍스트, 음악, 동영상 등이 저작권 및 지식재산권을 준수했는지 확인
개인정보 보호	이러닝 콘텐츠에 개인정보가 포함됐을 경우 이러한 정보를 수집, 보관, 처리 및 공유할 때 개인정보 보호법에 따라 합법적으로 처리하는지 점검
접근성 요구사항	장애인과 같은 다양한 사용자 그룹이 이용할 수 있도록 접근성 요구사항을 충족시켰는지 점검
형식 및 배포 방법	모바일 앱으로 배포할 때는 앱 스토어의 정책과 규정을 준수하였는지 점검

(6) 언어 요소

① 언어 요소는 콘텐츠의 언어 사용에 대한 점검이다. 언어 요소의 점검 사항으로는 번역, 언어 사용의 명확성, 일관성 등이 있다.

표 2-3-13 **이러닝 콘텐츠의 언어 요소 점검 사항**

구분	내용
언어의 명확성	• 명확하고 이해하기 쉬운 언어를 사용하는지 점검 • 예를 들어 복잡한 용어나 어려운 구문을 사용하지 않고, 가능한 한 쉽게 이해할 수 있는 언어를 사용하는지 점검

언어의 일관성	같은 용어가 같은 의미로 사용되어야 하며, 문장 구조나 맞춤법 등도 일관성 있게 유지되었는지 점검
언어의 문법과 맞춤법	이러닝 콘텐츠에서 사용되는 언어는 문법적으로 정확해야 하며, 맞춤법도 올바르게 사용되었는지 점검
언어의 문화 적합성	문화적인 차이로 인해 이해하기 어려운 내용이나 예민한 문제에 대해서는 학습자들의 문화적 배경을 고려하여 표현하고, 적절한 문화 교육을 제공하는지 점검
번역의 질	• 번역은 문맥과 언어적인 뉘앙스를 고려하여 정확하고 명확하게 이루어져야 하며, 번역된 콘텐츠의 일관성과 품질을 유지하는지 점검 • 번역된 콘텐츠는 원본 콘텐츠의 의도를 충실히 전달하는지 점검

② 그밖에 이러닝 콘텐츠의 질 관리를 위한 점검 활동으로 제작환경을 들 수 있다. 강의촬영 시 강사 또는 아나운서의 의상이나 메이크업 유무, 목소리의 톤은 적절한지, 피사체와 카메라의 위치는 적절하고, 기획과 설계 의도에 따라 배치가 되었는지, 조명의 세기는 적당한지, 가 편집된 영상의 색 보정은 알맞은지, 배경의 유무(크로마키 또는 화이트 호라이즌)에 따라 조명의 세기는 적당한지, 납품하고자 하는 매체 또는 포팅하고자 하는 시스템의 해상도를 고려하여 제작하였는지를 점검한다.

③ 제작환경에 대한 점검 활동은 학습자에게 운영 서비스의 만족도를 높일 뿐만 아니라, 향후 과정 개발 시 개선사항을 안내함으로써 콘텐츠의 질적 향상의 기회가 된다.

3) 수정 요청

이러닝 콘텐츠 점검 시 오류를 발견하였다면 오류의 종류에 따라 해당 부서에 수정을 요청하고, 시스템(LMS, LCMS)에 오류 내용과 조치 결과를 기록한다.

(1) 콘텐츠 개발자에게 수정 요청

① 학습 내용, 화면 구성과 인터페이스상 오류는 이러닝 콘텐츠 개발자에게 수정을 요청한다.

② 검수서 양식에 맞춰 구체적으로 작성하고, 콘텐츠가 수정되면 학습관리시스템(LMS)이나 학습 콘텐츠 관리시스템(LCMS)에 포팅한 후, 최종적으로 확인하도록 한다.

(2) 시스템 개발자에게 수정 요청

콘텐츠는 개발 가이드를 토대로 정상적으로 제작되었으나 학습 사이트에서 구동되지 않거나, 표시되지 않으면 시스템 개발자에게 수정을 요청한다.

1) 켈러(Keller)의 ARCS 동기 이론

이 이론의 기본 전제는 ARCS 4가지 요소가 동기를 증가시키고, 동기가 증가하면 노력이 증가하고, 노력이 증가하면 성취가 증가한다는 것이다. 따라서 동기는 성취에 간접적으로 영향을 미치는 요소이지 직접적으로 영향을 미치는 요소가 아니다.

Attention (주의집중)	지각적 주의 환기	• 시청각 효과 사용 • 비일상적인 방법으로 제시
	탐구적 주의 환기	• 능동적 반응 유도 • 신비감 제공
	다양성	• 교수자료의 다양성 추구 • 다양한 교수형태 추구
Relevance (관련성)	친밀성	학습자와 친밀한 인물, 주제 활용
	목적 지향성	• 실용성에 중점을 둔 목적 • 목적의 선택 가능성 부여
	필요나 동기와의 부합 강조	• 다양한 수준의 목적 제시 • 비경쟁적 학습 상황 선택 가능 • 협동적 학습 상황 제시
Confidence (자신감)	학습의 필요조건 제시	• 평가 기준을 명확히 제시 • 시험의 조건 확인
	성공 기회 제시	• 쉬운 것에서 어려운 것으로 제시 • 적절한 난이도 유지 • 다양한 수준의 난이도 제시
	개인적 조절감 증대	• 학습의 끝, 속도를 조절할 수 있는 기회 제시 • 선택 가능하고 다양한 난이도 제시
Satisfaction (만족감)	자연적 결과 강조	연습문제, 후속 상황, 모의 상황 등으로 적용 기회 제공
	긍정적 결과 강조	• 적절한 강화 계획 활용 • 정답에 대한 보상 강조 • 외적 보상의 적절한 사용
	공정성 강조	• 수업 목표와 배운 내용의 일치 • 연습과 시험 내용의 일치

학습 정리 | 이것만은 기억합시다

- 이러닝 운영 플랫폼은 학습자가 학습을 수행하는 학습 사이트와 이러닝 과정 운영자가 학사관리를 위한 학습관리시스템(LMS), 콘텐츠로 구성된다. 콘텐츠의 효율적인 운영과 관리를 위한 학습 콘텐츠 관리시스템(LCMS) 또는 콘텐츠 관리시스템(CMS)도 넓은 범위에서 이러닝 운영 플랫폼에 포함하기도 한다.

- 학습 사이트 접속 오류 시 조치 방안
  - 웹브라우저를 '새로고침' 하거나 다시 시작
  - 인터넷 연결 상태를 확인
  - 웹브라우저의 캐시(cache)와 쿠키(cookies)를 삭제
  - 웹브라우저를 업데이트하거나 초기화
  - 방화벽과 보안 프로그램을 비활성화

- 웹브라우저 호환성 오류 시 조치 방안
  - 인터넷 시간을 동기화
  - 보안인증서를 업데이트
  - 윈도(windows) 업데이트

- 동영상 재생 오류 시 조치 방안
  - 인터넷 연결 상태를 점검
  - 일정 수준 이상의 사양이 갖추어져 있는지 확인
  - 파일 손상 및 코덱(codec) 오류를 확인
  - 웹브라우저 호환성 오류 시 조치 방안에 따라 웹브라우저를 초기화
  - 화면녹화 또는 캡처 프로그램을 삭제하거나 사용을 정지시킨다.

- 진도 체크 오류 시 조치 방안
  - 학습자의 학습기록(로그 정보)을 토대로 정확한 학습 방법을 안내
  - 인터넷 연결 상태를 확인
  - 모바일 운영체제나 앱을 업데이트해 본다.

- 학습관리시스템(LMS)의 주요 점검 항목
  - 훈련생, 교·강사, 관리자 모듈의 기능을 점검

- 학습 콘텐츠 관리시스템(LCMS)의 주요 점검 항목
  - 콘텐츠 제작·관리·재사용, 협업, 배포, 보안, 분석 기능의 정상 작동 여부 확인

- 이러닝 콘텐츠의 주요 점검 항목
  - 기술적 요소, 교육적 요소, 디자인 요소, 저작권 요소, 법적 요소, 언어 요소

Chapter 04 이러닝 운영 활동관리

이러닝 운영 담당자는 학습자와 교·강사, 고객사가 교육서비스에 만족을 느낄 수 있도록 세심한 지원 활동을 수행해야 한다. 4장에서는 첫째, 학습자 정보의 관리, 성적 처리와 과정 수료증 발급에 대해 살펴본다. 둘째, 교·강사의 선정에서부터 이러닝 운영을 위한 학습관리시스템(LMS) 및 해야 할 역할에 대한 안내, 불편 사항 처리 방법을 알아본다. 셋째, 고객사 관리를 위한 고객 유형 분석과 서비스 채널 관리하기, 운영과정에서 고객 요구사항 지원하기에 대한 내용을 살펴본다.

학습목차	내용	
1. 학습자 운영관리	1) 학습자 관리하기 3) 수료 관리하기	2) 성적 처리하기
2. 교·강사 운영관리	1) 교·강사 선정 관리하기 3) 교·강사 불편 사항 지원하기	2) 교·강사 활동 안내하기
3. 고객사 운영관리	1) 고객 유형 분석하기 3) 게시판 관리하기	2) 고객서비스 채널 관리하기 4) 고객 요구사항 지원하기

학습목표	4장 학습 후 할 수 있는 일

1. 학습자 정보를 확인하고 체계적으로 관리할 수 있다.
2. 평가 기준에 따른 평가 항목과 평가 비율을 확인하고 성적처리를 할 수 있다.
3. 이러닝 과정의 수료 처리를 통해 수료증을 발급할 수 있다.
4. 이러닝 과정 운영에 적합한 교·강사를 선정할 수 있다.
5. 교·강사에게 이러닝 과정 운영을 위한 학사일정과 학습환경을 안내할 수 있다.
6. 교·강사의 불편 사항을 접수하고 문제를 처리할 수 있다.
7. 고객의 유형과 서비스 채널에 따라 고객 만족을 위한 상황별 응대를 할 수 있다.
8. 게시판에 올라오는 내용을 분류하고 불편 사항을 처리할 수 있다.
9. 고객의 요구사항에 대해서 적절하게 처리할 수 있다.

주요 용어	핵심 키워드

학습자 관리, 평가 기준과 평가 항목, 성적 이의신청, 수료증 발급, 교·강사 질 관리, 교·강사 운영활동 안내, 교·강사 불편 사항 지원, 고객 컴플레인 관리, 고객서비스 채널 활용 전략, 게시판 모니터링, 고객 응대

① 이러닝 교육에서의 학습자 분류는 다음과 같다.

표 2-4-1 **이러닝 교육에서 학습자 분류**

기업 재직자	자격증 취득 희망자	재교육 희망자	자기계발 혼공족
특정 기업의 인재교육원에서 교육 시간과 승진 요건 충족을 위해 직무 및 리더십 등의 교육을 이수하는 재직자 (예 마케팅 및 기획, 엑셀·워드·PPT, 리더십, 어학, 회계 및 사무)	원격평생교육원에서 다양한 자격증 취득을 준비하는 학습자 (예 금융 관련 자격증, 전산세무회계, 물류관리사, 국제무역사, 공인중개사 등)	재취업, 이직, 승진을 위해 디지털·신기술을 학습하는 구직자 및 재직자 (예 인공지능, 블록체인과 암호화폐, 메타버스, 디지털금융 등)	자신의 관심사와 취미, 재테크를 더욱 전문적으로 학습하는 혼공족 (예 운동, 요리 및 음료, 미술 및 공예, 음악, 베이킹, 영상, 운세, 주식, 부동산 등)
일반대학 및 원격대학 대학생	**초·중·고 학생**	**교원**	**공무원**
4년제 대학, 전문대학, 한국방송통신대학교, 사이버대학에서 온라인 학습을 통해서 교과목을 이수하는 대학생	EBS 혹은 사교육 기관을 통해 교육받는 초·중·고 학생	초·중·고 교원 대상 직무 연수	정부, 지방자치단체, 정부산하기관 공무원

② 이러닝 학습자는 개인의 교육목표 달성을 위해 **학습관리시스템(LMS)에서 스스로 학습 콘텐츠를 수강하고 다양한 학습활동에 참여하여 교육을 수료하는 학생**을 의미한다.

③ 팬데믹 이후에는 언택트 기반의 이러닝 교육이 더욱 확산하면서 거의 모든 교육 분야에 이러닝이 도입되었다. 이러닝 학습자는 초·중·고 학생 및 대학생, 기업 재직자 및 구직자, 자격증 취득 희망자, 취미와 재테크를 위한 혼공족 등 다양한 유형으로 구분할 수 있다.

④ 이러닝 운영 담당자는 수강생들이 성공적으로 과정을 이수하고 자격증 취득, 직무역량 향상, 새로운 기술을 습득할 수 있도록 학습자들을 밀착 관리하고 학습에 어려움을 겪는 부분이 있다면 해결할 수 있도록 지원해야 한다.

1) 학습자 관리하기

(1) 학습자 정보 관리

① 회원가입

학습자는 이러닝 과정의 수강 신청을 하기 전에, 먼저 해당 교육기관의 회원가입 과정을 거친다. 회원가입 단계에서 학습자가 입력하는 회원정보는 과정 운영을 위해 필수적으로 필요한 **기본정보**와 운영관리를 위해 추가로 필요한 **추가정보**로 구분할 수 있으며, 교육기관에 따라 요청하는 항목이 다르다.

② 개인정보 보호법 준수

개인정보의 수집과 이용이 강화됨에 따라 이러닝 과정의 운영 목적에 필요한 **최소한의 개인정보를 수집해야** 하며, **이러닝 학습자인 정보 주체에게 동의받아야** 한다. 각 이러닝 교육기관의 개인정보 관리자 및 과정의 운영 담당자는 **개인정보를 철저히 관리해야** 하며, 개인정보를 불법적인 목적으로 사용하지 말아야 한다.

③ 학습자 기본정보

- 기본정보: 개인에 대한 기초정보, 즉 아이디, 이름, 이메일주소, 휴대폰번호(혹은 전화번호), 생년월일, 성별 등과 같은 정보가 포함된다.
- ID(학번): 기존에 사용했던 ID 또는 다른 사람의 ID와 중복되면 관리상에 어려움이 발생할 수 있어 회원가입 시 중복 체크를 하도록 설정한다.
- 이메일 및 문자 수신 동의: 이러닝 운영 기관에서 발송하는 안내, 과정 개설 혹은 이벤트 참여 관련 이메일과 문자 수신 여부를 함께 체크하도록 설정한다.
- **개인정보 수집 및 이용 동의**: 학습자가 입력하는 개인정보 항목에 대한 동의 여부를 필수적으로 **체크하도록 안내해야** 한다.

그림 2-4-1 학습자의 기본정보 항목 예시

기본정보 ※ 과정 수강을 위해 필수적으로 입력해야 하는 정보		
아이디		
이름		
이메일주소		
휴대폰번호		
전화번호		
생년월일		
성별	○ 남　　○ 여	
이메일/SMS 수신 여부	〈이메일〉 ○ 예　　○ 아니오 〈SMS〉 ○ 예　　○ 아니오	〈교육과정 정보 안내〉 * 수신 동의 시 이벤트, 무료교육, 쿠폰 발급 등의 유익한 정보를 받아보실 수 있습니다. * 회원가입, 주문배송, 학습 안내 관련 등의 이메일은 수신 동의와 상관없이 모든 회원에게 발송됩니다.

<개인정보 수집 및 이용 동의>

1. 수집하는 항목

기본정보	전화번호, 생년월일, 성별
추가정보	주소, 직업, 회사명, 학력, 관심 분야

2. 수집하는 목적: 교육 서비스 제공

3. 수집하는 기간: 이용 목적 달성 시 즉시 파기

　　　　　　(단, 관련 법률에 의거하여 보관이 필요한 경우 제외)

※ 이용자는 개인정보 수집 및 이용 동의에 거부할 권리가 있습니다.

　　단, 거부할 경우 맞춤형 교육 추천 및 환급 제공이 불가합니다.

☞ 위와 같이 개인정보를 수집·이용하는 데 동의하십니까?　　□ 동의　　　　□ 미동의

④ **학습자 추가정보**

- 운영상의 관리를 위해 개인의 추가정보가 필요할 경우 추가정보 입력을 요청한다.
- 교재 배송을 위한 배송주소, 직업, 회사명, 학력, 관심 분야에 대한 항목을 입력하도록 요청할 수 있다.

그림 2-4-2 **학습자의 추가정보 항목 예시**

추가정보 ※ 추가로 입력이 가능한 정보		
배송주소	○ 집　　　○ 회사	
	(상세 주소 입력)	
직업	○ 직장인　○ 취업준비생　○ 주부　○ 학생　○ 공무원　○ 교사　○ 자영업 ○ 의료 종사자(의사, 간호사, 물리치료사 등)　　○ 법조인	
소속 및 직급	회사명	직급
학력	최종학력	전공
관심 분야	일반	○ 내일배움카드　○ 고용보험환급　○ 기타(무료 강의)
	자격증	○ IT자격 민간자격증　○ 기사/산업기사　○ 사회복지사 ○ 직업상담사　○ 공인중개사　○ 금융/세무/회계자격 ○ 물류/유통관리
	기업교육	○ 법정교육　○ 직급(계층)교육　○ 직무교육
가입경로	온라인	○ 이메일　○ 블로그/카페　○ 페이스북/트위터　○ 배너광고 ○ 유튜브
	오프라인	○ 신문/잡지광고　　○ 전단지/홍보물　○ 현수막 ○ 버스/지하철 광고　○ 라디오광고　　○ 설명회/특강
	기타	○ 사내교육　○ 지인추천

(2) 학습관리시스템(LMS)에서 학습자 관리

① 학습관리시스템(LMS)의 특징

- 학습관리시스템(LMS)은 이러닝 환경에서 학습자의 학습을 지원하고 관리하는 시스템이며, 온라인 학습에 대한 출석과 결석, 진도율과 성적 등 학사 전반에 대한 관리가 가능하다.
- 학습관리시스템(LMS)은 이러닝과 오프라인 수업 모두를 지원하는 소프트웨어이며, 대학교육, 기업교육, 평생교육 분야에서 디지털 학습 지원 도구로 널리 활용되고 있다.
- 강의 콘텐츠와 학습자료 탑재, 공지사항 전달, 온라인 토론이나 실시간 강의 등의 상호작용 지원, 학습현황의 자동 기록을 통한 학습 참여 현황 관리 등 교수학습의 전체 과정을 통합적으로 운영·관리할 수 있는 시스템이다.

② 학습자 관리를 위한 학습관리시스템(LMS)의 메뉴

- 학습관리시스템(LMS)은 다양한 메뉴와 기능을 제공하며, 학사관리와 관련된 항목은 다음의 〈표 2-4-2〉와 같다.

표 2-4-2 **학습자 관리를 위한 학습관리시스템(LMS) 메뉴 항목**

메뉴 명칭	기능
수강생 관리 혹은 사용자 및 그룹	수강생의 ID(학번)와 성명, 소속(학과) 등의 기초정보 확인 가능
수강생 모니터링 혹은 수업 참여 현황	• 해당 과정에서 요구하는 온라인 토론, 과제 제출 등의 학습활동 참여도와 학업성취도 정보를 관리하고 확인하는 메뉴 • 특히, 개별 학습자의 진도율과 학습현황을 한눈에 확인할 수 있어 과정을 미이수한 학생들에게 쪽지, 문자 등의 알림을 통해서 학습 독려가 가능

※ 메뉴의 명칭은 각 교육기관의 학습관리시스템(LMS)에 따라 다르다는 것에 유의한다.

- 대부분의 학습관리시스템(LMS)에서 이러닝 과정의 전체 수강생 정보와 학습활동에 대한 참여 현황 통계의 확인이 가능하다. (그림 2-4-3 참고)

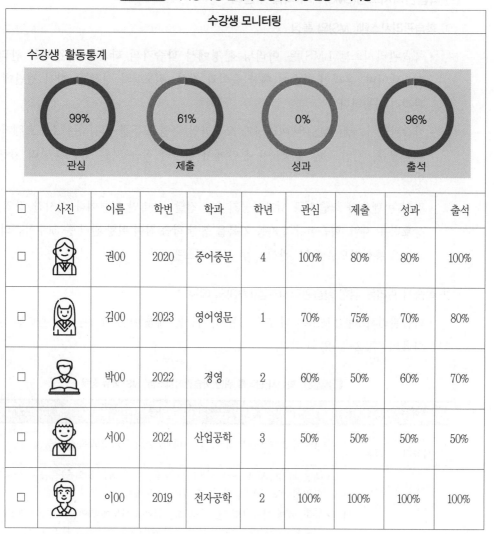

그림 2-4-3 이러닝 과정 전체 수강생 및 수강 현황 모니터링

수강생 모니터링

수강생 활동통계

| | 99% | | 61% | | 0% | | 96% | |
| 관심 | | 제출 | | 성과 | | 출석 | |

☐	사진	이름	학번	학과	학년	관심	제출	성과	출석
☐		권OO	2020	중어중문	4	100%	80%	80%	100%
☐		김OO	2023	영어영문	1	70%	75%	70%	80%
☐		박OO	2022	경영	2	60%	50%	60%	70%
☐		서OO	2021	산업공학	3	50%	50%	50%	50%
☐		이OO	2019	전자공학	2	100%	100%	100%	100%

- 전체 및 개별 학습자의 온라인 강의 수강 진도율 통계도 확인이 가능하다. (그림 2-4-4 참고)

그림 2-4-4 온라인 강의 수강 진도율 통계

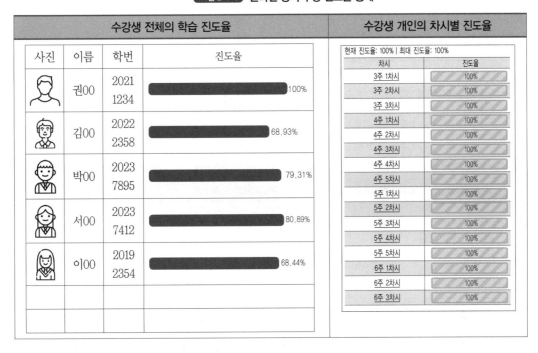

수강생 전체의 학습 진도율				수강생 개인의 차시별 진도율	

수강생 전체의 학습 진도율

사진	이름	학번	진도율
👤	권OO	2021 1234	100%
👤	김OO	2022 2358	68.93%
👤	박OO	2023 7895	79.31%
👤	서OO	2023 7412	80.89%
👤	이OO	2019 2354	68.44%

수강생 개인의 차시별 진도율

현재 진도율: 100% | 최대 진도율: 100%

차시	진도율
3주 1차시	100%
3주 2차시	100%
3주 3차시	100%
4주 1차시	100%
4주 2차시	100%
4주 3차시	100%
4주 4차시	100%
4주 5차시	100%
5주 1차시	100%
5주 2차시	100%
5주 3차시	100%
5주 4차시	100%
5주 5차시	100%
6주 1차시	100%
6주 2차시	100%
6주 3차시	100%

③ 학습관리시스템(LMS)에서 수강생 통계정보 확인하기

개별 학습자의 학습 참여 현황에 대한 기초 통계도 확인할 수 있다. 이러닝 과정 운영자는 수강생들의 학습활동 참여도와 참여가 저조한 학생들을 모니터링하여 수강생들이 중도탈락 하지 않도록 주기적으로 학습 독려 활동을 실시할 필요가 있다.

그림 2-4-5 학습관리시스템(LMS)에서 수강생 통계정보

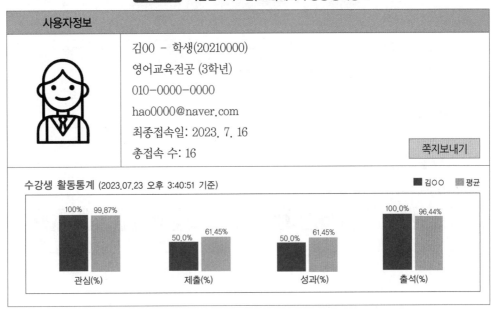

사용자정보

김OO - 학생(20210000)
영어교육전공 (3학년)
010-0000-0000
hao0000@naver.com
최종접속일: 2023. 7. 16
총접속 수: 16

쪽지보내기

수강생 활동통계 (2023.07.23 오후 3:40:51 기준)   ■ 김OO ■ 평균

	관심(%)	제출(%)	성과(%)	출석(%)
김OO	100%	50.0%	50.0%	100.0%
평균	99.87%	61.45%	61.45%	96.44%

그림 2-4-6 이러닝 과정 개별 수강생의 수강 현황 모니터링

수강생 학습 관심도

공지사항	온라인강의	강의자료	과제	팀프로젝트	시험	토론	투표	설문
100%	100%	100%	100%	100%	0%	0%	0%	0%

구분	제목	조회	최초 조회시간	최근 조회시간	횟수
강의자료	11주차 강의자료		2023.05.16. 오후 8:51	2023.06.07. 오후 11:15	3
강의자료	10주차 강의자료		2023.05.10. 오후 10:04	2023.05.10. 오후 10:04	1
강의자료	7주차 강의자료		2023.04.18. 오후 9:05	2023.06.07. 오후 11:16	2
강의자료	6주차 강의자료		2023.04.11. 오후 5:25	2023.04.11. 오후 5:25	1

수강생 제출 현황

과제	팀프로젝트	토론	시험	설문	투표
66.66%	0%	0%	0%	0%	0%

구분	제목	제출일	마감일
과제	4차 산업과 팬데믹시대 이후의 바람직한 교사상	2023.04.18. 오후 9:05:54	2023.04.24. 오후 11:59
과제	기말과제 성찰일지 제출	2023.06.07. 오후 11:31:45	2023.06.12. 오후 11:59
팀프로젝트	팀프로젝트 결과물 제출	미제출	2023.06.29 오후 11:59

수강생 학습 성과

과제	팀프로젝트	시험	토론
66.66%	0%	0%	0%

구분	제목	배점	점수
과제	4차 산업과 팬데믹시대 이후의 바람직한 교사상	25	25
과제	기말과제 성찰일지 제출	25	25
팀프로젝트	팀프로젝트 결과물 제출	40	0

수강생 출석 현황

출석점수는 차시 단위로 계산됩니다.

총 차시	출석	지각	결석
17	17	0	0

주차	차시
3주	1. 출석(100%)　2. 출석(100%)
4주	1. 출석(100%)　2. 출석(100%)
5주	1. 출석(100%)　2. 출석(100%)
6주	1. 출석(100%)　2. 출석(100%)　3. 출석(100%)

(3) 수강 신청 관련 오류 안내

① 과정 중복신청 오류

이러닝 과정에 대한 수강 신청을 할 때 과거에 이수한 이력이 있거나 현재 과정이 진행 중일 때에는 '과거에 수강한 이력이 있습니다' 혹은 '이미 수강 중인 과정입니다'와 같은 팝업 메시지를 안내한다.

② 교육 대상자 오류

재직자 대상의 과정에 구직자가 신청하거나, 학년이나 직급에 맞지 않는 과정에 신청할 때 수강생들이 혼란을 겪지 않도록 팝업 창으로 '신청 대상에 해당하지 않습니다'와 같이 신청 대상에 대해서 간단하게 안내한다.

③ 신청 기간 오류

수강 신청 기간이 아닐 때는 '신청' 메뉴가 비활성화되어 있어 과정을 신청할 수 없으므로 '지금은 신청 기간이 아닙니다', '2023년 3월 1일부터 신청 가능합니다'와 같은 팝업 메시지를 안내한다.

(4) 감독기관에 학습자 명단 신고하기

① 이러닝 교육훈련에서 감독기관은 다음과 같다.
- 대학은 교육부
- 재직자 및 구직자 대상 환급과정은 고용노동부
- 학점은행제 관련 사업은 국가평생교육진흥원

② 각 해당 기관에 학습자 명단을 보고할 때는 공문서의 기안 절차에 따라 문서를 작성하고 한글이나 엑셀 파일 형식의 교육 참가자 명단을 추가한다.

③ 학습자 현황을 신고하는 공문은 [그림 2-4-7]을 참고하여 작성한다. 가상의 기관인 (사)한국이러닝연수원에서 (사)한국이러닝산업협회로 발송한다고 가정한다.

그림 2-4-7 공문서 예시와 작성방법

(사)한국이러닝연수원

주소 서울 강남구   /전화 :   /전송 :   담당 :

문서번호 이러닝에듀16-0078 시행일자 2016.06.09. 수신 : (사)한국이러닝산업협회 참조 : 연수업무 담당자	선결			지시		
	접수	일자 시간		결재 · 공람		
		번호				
	처 리 과					
	담 당 자					

제목 : 2016 제1기 이러닝과정 연수생 명단 제출

---

1. 관련 : 이러닝에듀16-0063(2016.05.01.)
2. 귀 기관의 무궁한 발전을 기원합니다.
3. 2016년 7월에 실시될 2016 제1기 이러닝과정 연수생 명단을 붙임과 같이 제출합니다.

붙임 2016 제1기 이러닝과정 연수생 명단 1부. 끝.

(사)한국이러닝연수원장 ００

- 신고받는 기관: (사)한국이러닝산업협회
- 문서 번호: 공문 발송 기관명과 번호를 결합하여 '이러닝에듀16-0077'로 작성한다.
- 시행 일자: 문서의 기안 일자를 기입한다.
- 문서 주제: 2016년 7월에 실시 예정인 '2016 제1기 이러닝 과정연수' 학습자 명단 신고 관련 내용이다.
- 관련 문서: '이러닝 과정 연수'를 안내한 공문은 2016년 5월 1일에 시행되었으며 문서 번호는 '이러닝에듀 16-0063'이다.

※ 출처: 박종선, 박형주, 서준호, 이용관, 최미나(2016). [NCS학습모듈] 이러닝 과정 운영 기획. 한국직업능력개발원, 한국이러닝산업협회, 교육부. p.32

2) 성적 처리하기

(1) 이러닝에서 평가, 평가 기준 및 평가 항목

① 교육에서의 평가란 교육목표의 달성 여부를 판단하는 행위이며, **학습자가 참여한 다양한 학습활동의 성과와 학습과정을 평가 기준에 의해 판단하는 것**을 의미한다.

② **평가 방법**

평가에는 **상대평가와 절대평가** 방법이 있으며, 상대평가와 절대평가의 개념과 특징은 〈표 2-4-3〉과 같다.

표 2-4-3 상대평가와 절대평가의 개념과 특징

구분	특징
상대평가	• 학습자 개인이 얻은 점수에 대해 **상대적인 서열이나 순위를 매기는 방식** • 대표적인 예는 대학수학능력시험(국어, 수학, 탐구영역) • 개인차에 대해 변별이 가능하지만 학습 목표에 도달했는지의 여부보다는 누가 더 잘했는지의 측정이 더 중요하므로, 교육적으로 부정적인 측면이 더욱 강조됨
절대평가	• **집단 내에서의 순위보다는 개별 학습자의 학습 성취도 달성이 중요**하며 정해진 성취도 기준만 충족하면 됨 • 대표적인 예는 운전면허 시험, 검정고시, 자격증 시험 등 • 학습자들의 협력학습을 유도하고 학습 자체에 흥미를 느끼는 내재적 학습 동기를 유발하기는 쉽지만, 개인차 변별이 어려움

③ **평가 기준**

• 교·강사는 해당 과정의 학습 목표를 효과적으로 달성했는지 판단하기 위해 **공정하고 객관적인 평가 기준과 평가 항목**을 마련한다. 과정을 담당하는 이러닝 운영자도 평가 기준을 확인할 필요가 있다.

• 이러닝에서의 평가 결과는 과정에서 정해진 수료 기준 점수(**예** 70점 이상)에 도달하면 점수를 부여하는 절대평가 방식이며, '**수료**', '**A등급**', '**통과**' 등으로 처리된다.

④ **평가 항목**

• 이러닝 과정의 평가 항목에는 '**출석**', '**시험**', '**과제 제출**' 등이 있으며, 여러 개의 항목을 종합적으로 판단하여 최종 성적을 부여한다.

표 2-4-4 이러닝 과정의 평가 항목

구분	세부 내용
출석	• 이러닝 과정의 차시별 강의를 수강하면 출석 인정 • 수강 기록이 남기 때문에, 학습 동영상 '시작' 버튼을 클릭하고 강의 종료 화면까지 확인해야 정상적으로 출석 체크가 완료됨 • 교육기관에 따라서 출석 인정 기준에는 다소 차이가 있으며, 정해진 시간 이상 수강할 경우 출석이 인정되기도 함
과제	• 강의 수강 후, 실제로 수행한 결과물을 보고서 형식으로 제출하는 과제가 부여되기도 함 • 일반적으로 제출 기간이 정해져 있으므로, 이러닝 과정 운영자는 학습자들이 기간 내에 제출할 수 있도록 독려하고, 기간 연장이 필요할 때는 교수자와 학습자 사이에서 일정을 조정해야 함
시험	• 시험은 형성평가 혹은 총괄평가를 시행함 • 형성평가: 차시별 강의에서 퀴즈 형태로 제시되며 학습 내용에 대한 이해도를 평가하고, 부족한 부분에 대해 피드백하는 역할 • 총괄평가: 이러닝 과정 수강에 대한 전체적인 학습성과를 산출하여 성적으로 부여하는 역할

⑤ 평가 비율

• 각 평가 항목에 따라 평가 비율이 결정된다. 예를 들어, 출석(60%), 시험(20%), 과제(20%)로 평가한다면 세 항목 모두 일정한 점수를 취득해야 최종적으로 과정을 수료할 수 있다. 평가 기준에 따라서 점수가 모자라거나 0점 처리되면 과정 이수가 되지 않는 경우도 있다. 즉, 각 평가 항목 '출석', '시험', '과제'가 100점 만점이더라도, 최종 성적을 산출할 때는 각 항목에 평가 비율이 곱해지는 방식이다. 이러닝 운영 담당자는 항목별 평가 비율이 100점이 되는지 확인해야 한다.

• 성적처리를 할 때는 교·강사가 작성한 운영계획서와 학습관리시스템(LMS)에 입력된 평가 항목과 평가 비율을 비교하여 일치하는지 확인할 필요가 있다.

(2) 성적처리

① 이러닝 과정에서의 성적 이의신청

• 성적 이의신청은 교·강사가 평가한 성적이 부당하다고 느낄 때 학습자가 취소 혹은 변경 신청하는 것을 의미한다.

• 이러닝 과정의 강의 수강, 시험, 과제 제출 과정의 종료 후에 교·강사가 최종 성적을 확정하면 학습자는 성적을 확인한다. 시험에 응시하고 과제를 제출하였지만, 간혹

점수 산출에서 누락되는 경우가 발생하며, 학습자들은 성적이 잘못 산출된 부분이 있거나 자신이 기대했던 것과 다를 때 성적에 대한 이의신청을 한다.

- 이의신청은 해당 과정의 문의 게시판이나 **전화상담**을 통해 제기되며, 이러닝 과정 운영자는 문의 내용을 확인한 뒤에 신속하게 해결책을 마련하고 처리해야 한다.
- 이러닝 운영 담당자가 해결할 수 있는 **단순한 누락**이나 시스템의 **오류 문제**는 즉시 처리하고, 교·강사의 **성적처리 과정**에서 발생한 문제는 교·강사와 상의하여 처리한다.

② 이러닝 과정에서 최종 성적 확정

성적에 대한 이의신청이 없거나 이의신청 내용이 모두 해결되면 이러닝 과정 운영자는 최종 성적을 산출하고 이수증을 발급하기 위한 절차를 준비한다.

③ 성적 이의신청을 한 수강생과 커뮤니케이션 노하우

수강생들이 성적처리에 문제가 있거나 미수료로 인해 민원전화를 할 때는 운영자들에게 감정적인 태도로 대할 수 있어 커뮤니케이션 노하우를 알아둘 필요가 있다.

ⓐ 학습자의 이의신청 사항을 경청한다.

전화상담은 억울함을 호소하거나 감정적인 말을 할 수 있는데, 불편 사항을 경청하고 호응해 주면 감정적인 반응을 자제한다.

ⓑ 학습자가 이의신청한 이유를 분석한다.

학습자의 착오에 의해 발생한 것인지의 여부를 먼저 파악하고, 정당한 이유라면 시스템 오류인지, 교·강사의 데이터 누락 혹은 평가 절차상 착오가 있었는지 검토한다. 즉각적인 해결이 어려울 수 있으니 학습자에게 해결과정을 설명한 뒤 시간적인 여유를 확보하고 해결책을 모색한다.

ⓒ 학습자에게 해결 시점을 잘 설명한다.

각각의 문제 상황에 따라 문제 해결에 소요되는 시간을 검토하여 해결 시점을 안내하고 신속히 처리한다.

ⓓ 학습자에게 해결 방안을 전달한다.

신속하게 해결책을 마련하여 학습자에게 친절한 태도로 설명한다.

ⓔ 개선사항을 반영한다.

성적 이의신청 결과를 검토하여 유사한 문제로 성적 이의신청이 발생하지 않도록 개선사항을 반영한다.

3) 수료 관리하기

(1) 수료 관리

① 수료 처리

이러닝 과정 운영자는 최종 성적처리가 완료된 후에, 과정의 운영계획서 혹은 학습관리시스템(LMS)에서 제시된 수료 기준과 미수료 기준을 확인하여 수료 처리를 진행한다. 수료자와 미수료자는 다음과 같이 구분한다.

표 2-4-5 수료자와 미수료자 구분

수료자	미수료자
이러닝 과정에 포함된 교수 학습활동에 참여하여 정상적으로 과정을 이수한 학습자	이러닝 과정에 포함된 교수 학습활동을 완료하지 못한 학습자

② 미수료 사유에 따른 운영자의 역할

대표적인 미수료 사유는 출석 기준 미달, 시험 점수 미달, 과제 미제출 등이며, 미수료가 발생하기 전에 미리 사전에 과정을 수료할 수 있도록 학습 독려 활동을 수행해야 한다.

표 2-4-6 미수료 사유와 이러닝 과정 운영자의 역할

출석 미달로 인한 미수료	시험 점수 미달 및 과제 미제출로 인한 미수료
• 일정 기간과 정해진 횟수의 강의를 수강하지 않으면 시험 점수가 높더라도 미수료 처리될 수 있음	• 학습자가 과제를 미제출하거나 시험에 참여하지 않으면 미수료 처리될 수 있음
• 이러닝 과정 운영자의 역할 – 출석률과 진도율이 저조한 수강생에게 문자, 이메일의 안내를 통해서 미수료 방지를 위한 학생 관리 실시 – 공결 사유(공적인 업무 수행, 업무 중 사고, 자연재해, 경조사 등)일 경우 불이익을 받지 않도록 처리	• 이러닝 과정 운영자의 역할 – 수강생에게 문자, 이메일 안내를 통해서 과제 마감일, 시험 일시 등에 대해 안내하여 참여 유도

③ 미수료 안내 방법과 예시

• 미수료 안내는 1:1 전화상담보다는 문자메시지와 이메일 안내를 활용한다.

표 2-4-7 문자메시지 혹은 이메일을 활용한 미수료 안내 방법

문자메시지 안내	이메일 안내
• 핵심 문구만 표현하며, '간단한 인사, 미수료 사유, 유감 표현, 민원 대표 번호' 등을 안내 • 단체 문자메시지 발송 서비스를 이용하며, 개인의 휴대전화 사용은 지양	• 메일에서는 미수료에 대한 이유를 SMS보다 조금 더 자세히 설명 • 기관의 대표 이메일을 사용하며, 운영자의 개인 이메일 사용은 지양

• 미수료자 대상 안내 문자메시지 발송 예시는 다음과 같다. 수강생들이 문자메시지의 핵심 내용을 잘 파악할 수 있도록 발송 내용을 사전에 준비한다.

표 2-4-8 미수료 안내 메시지 예시

지침	• 시작 인사: 간단한 인사말을 작성한다. • 본론: 과정을 미수료한 사실과 이유(출석 혹은 성적 미달)를 설명하고, 확인할 수 있는 웹링크 주소를 포함한다. • 상담번호 안내: 대표 상담번호를 안내한다. • 마무리 인사: 학습자가 지속해 학습할 수 있도록 격려한다.
발송 예시	안녕하세요. ○○○○○평생교육원 운영관리팀입니다. 다소 불편한 소식을 전해드려 대단히 죄송합니다만, ○○○○ 과정 수료 기준(총점 60점 이상)을 통과하지 못하셨음을 알려드립니다. 자세한 사항은 ○○○평생교육원의 http://○○○○○○.com 나의정보에서 확인하실 수 있으며, 문의 사항이 있으실 경우 대표번호 1600-0000를 이용하여 주시기를 바랍니다. 앞으로 다른 이러닝 과정에서 함께 만날 기회가 있기를 바라며, 지속적인 학습을 통해 좋은 결과를 얻으시길 응원하겠습니다. 감사합니다.

(2) 수료 결과 처리

① 수료증

• 수료는 이러닝 과정에 참여하여 **교육 이수를 완료한 상태**이며, 수료 여부에 대해 '수료증(Certificate)' 혹은 '연수 이수증'이라는 문서를 통해 증명한다.

• 수료증의 주요항목: 학습자 성명, 생년월일, 과정명, 과정 운영 기간, 수료한 내용, 수료 기관명 및 직인 등을 포함하며, 기관에 따라 포함되는 요소에는 차이가 있다.

② 수료증 제작 및 발급

• 온·오프라인 혼합교육에서는 교육이 종료된 후 **현장에서 수료증을 배부**하는 경우가

많으며, 이수 여부를 확인하여 **우편 혹은 이메일을 통해 발송**하기도 한다. (그림 2-4-8 참고)

- 평가 기준을 충족하면 학습관리시스템(LMS)에서 자동으로 수료증이 생성되어, 온라인 자동 발급이 가능하도록 하는 것이 수강생과 이러닝 운영자 모두에게 편리하다.

- 이러닝 과정 운영자는 학습자들에게 수료증의 발급 시점과 발급 가능 기간을 안내해 줄 필요가 있다.

그림 2-4-8 수료증 세부 항목과 예시

증서번호(제2000-00호)

수료증

과정명:

교육기간: 0000년 00월 00일~ 0000년 00월 00일

교육 시간: 총 00 시간

성명 :

위 사람은 해당과정을 수료하였으므로
이 증서를 수여한다.

0000년 00월 00일

0000원격교육연수원장(직인)

제2022-   호

수 료 증

KOREA

과 정 명 : 인공지능 기반 맞춤형 교육서비스 기획

교육기간 : 2022년 12월 8일 ~ 2022년 12월 23일

성 (제)

위 사람은 해당 과정을 수료하였으므로
이 증서를 수여합니다.

2022년 12월 23일

(사)한국에듀테크산업협회 회장

※ 출처: (사)한국에듀테크산업협회 교육 수료증 양식

2 /// 교·강사 운영관리

① 이러닝 과정에서 교·강사의 역할은 무엇일까? 기업 및 평생교육·직업훈련 분야와 대학 및 초·중·고 분야에서 이러닝 교·강사의 역할은 다소 차이가 있다.

표 2-4-9 이러닝 교육 영역별 교·강사의 역할

기업 및 평생교육 · 직업훈련 분야	대학 및 초 · 중 · 고 분야
이러닝 교수자는 내용전문가(콘텐츠 원고 집필 및 촬영)와 운영강사 혹은 이러닝 튜터(학습활동 운영)로 각각 역할을 구분하여 운영함	• 내용전문가와 운영강사의 역할을 동시에 수행 • 콘텐츠 내용 기획 및 개발, 교수 학습활동 운영, 성적처리의 모든 과정을 담당

② 이러닝 내용전문가와 운영강사의 역할을 살펴보면 〈표 2-4-10〉과 같다.

표 2-4-10 이러닝 내용전문가와 운영강사의 역할

역할	세부 내용
내용전문가	• 이러닝 콘텐츠 개발 내용전문가 사전교육 참석 • 이러닝 콘텐츠 강의계획서 작성 • 이러닝 콘텐츠 원고 및 자료 작성 　－ 원고: 학습 내용(자료), 내레이션, 평가 문항 작성 포함 • 이러닝 콘텐츠 스토리보드 검수 및 보완 • 이러닝 콘텐츠 동영상 강의 촬영 • 이러닝 콘텐츠 개발 결과(완료물) 검수 및 보완 • 이러닝 운영 평가 문항(평가문제, 과제, 토론 등) 개발
운영강사 혹은 이러닝 튜터	• 학습자 질의 답변(질의글 등록 후 48시간 이내) • 학습자료 등록(3회 이상) • 학습자 독려(5회 이상) • 시험성적 처리 • 실시간 세미나 진행 • 평가 문항 출제 및 검토 • 콘텐츠 오류 검수 및 수정안 제시

1) 교·강사 선정 및 관리하기

(1) 교·강사 선정

① 이러닝 과정의 교·강사는 보통 교육기관의 내부 혹은 외부에서 해당 분야의 전문성과 자격 기준을 갖춘 전문가를 대상으로 선정하는 것이 바람직하다.

② 교·강사의 선발 방법

• 기관 내부 추천: 대학 혹은 기업 등 교육기관 내부의 교·강사가 적합한 후보를 추천하거나 외주 이러닝 개발사를 통해 확보하기도 한다.

- **공개 채용**: 적합한 교·강사를 확보하기 힘든 경우에는 교육기관의 홈페이지 혹은 채용 전문 사이트 등을 통해 공개 채용으로 진행한다.
- **인적자원리스트 활용**: 인적자원 구축 포털시스템을 활용하여 관련 전문가를 탐색한다.

③ 교·강사의 선정 기준

- 교육기관 혹은 교육 분야에 따라 교·강사의 선정 기준은 다소 차이가 있다. 즉, 기업 및 평생교육·직업훈련 분야와 대학 및 초·중·고의 이러닝 교육목적과 운영 특성, 교·강사의 역할이 다르기 때문이다.
- 이러닝 내용전문가 교수자와 운영강사 모집공고의 자격요건 예시는 다음 〈표 2-4-11〉 과 같다.

표 2-4-11 이러닝 내용전문가 모집의 자격요건 예시

□ 신청자격: 다음 각호의 신청 자격 중 하나를 반드시 갖춘 자
  ○ 모집분야 관련 박사학위 소지자
  ○ 모집분야 관련 석사학위 취득자로서 해당 모집과정의 실무경력 또는
     강의경력이 3년 이상인 자
  ○ 모집분야 관련 학사학위 취득자로서 해당 모집과정의 실무경력 또는
     강의경력이 5년 이상인 자
  ○ 대한민국 명장, 산업현장교수, 우수숙련기술자 등 정부기관으로부터 인정받은 자
  ○ 기타 위와 동등 이상의 자격을 가진 자
  ※ 내용전문가 선정 후 증빙서류 미제출 또는 제출된 신청서 내용이 허위로 확인되는 경우 선정이
     취소될 수 있음

※ 출처: 한국기술교육대학교 온라인평생교육원(2023). 고객센터 공지사항: 2023년도 이러닝 콘텐츠 개발 내용전문가 모집 공고문. https://www.step.or.kr/usrs/bbs/usrsBbsPstDtlForm.do?p_bbs_id=1&p_pst_id=135&p_bbs_type=02&p_fxd_noti_useyn=Y&p_fxd_noti_cnt=6&p_use_grp_cd=ALL&p_pageno=1&p_listscale=10&p_notice_type=Y&p_sortorder=PST_GRP+DESC%2C+SORTORD+ASC%2C+REG_DT+DESC&p_dvc_nm=PC&p_srch_type=p_srch_all&p_srch_text=&mkey=11285

표 2-4-12 이러닝 운영강사 모집의 자격요건 예시

1. 해당 직무 분야 석사학위 이상 취득자
2. 해당 직무 분야 학사학위 소지자로 실무경력 2년 이상인 자

- **이러닝 내용전문가 역할의 교·강사 선발 시**에는 해당 교육내용에 대한 전문성이 확보 되어야 하므로 **박사학위 이상의 학력과 관련 경력**이 요구되며, **운영강사**는 학습 독려와 과제 채점 등의 제한된 역할을 주로 담당하기 때문에 **최소한의 자격요건**을 요구하는 경우가 많다.

- 반면, 최근에는 블렌디드 형식의 온·오프라인의 혼합 훈련과 플립러닝을 적용한 재직자 대상의 교육이 점점 더 확대되고 있다. 이러닝을 통해 먼저 충분히 학습하고 집체교육을 통해 실습하거나 체험해 보는 학습활동이 추가되고 있으므로 오프라인 현장 교육에서 학생들을 지도하는 운영강사 선발 시에도 학습 과정을 지도하고 촉진할 수 있는 전문성이 요구된다(고용노동부, 직업능력심사평가원, 2022).

(2) 신규 교·강사 선발 과정 및 절차

① 신규 교·강사 선발 절차

이러닝 과정을 운영할 신규 교·강사를 채용하는 실무 과정에서 운영자가 해야 할 업무와 주의사항은 다음과 같다. 아래의 예시를 통해서 자세히 살펴보자.

표 2-4-13 **신규 교·강사 채용 시 운영자의 업무 및 주의사항**

1. 과정에 적합한 교·강사를 조사한다.

○ 학습 내용에 대해 강의 경험이 풍부하며 전문성을 보유하여 이러닝 과정 운영 시에 다수의 신청자를 확보할 수 있는 교·강사 후보군을 탐색한다.
- 기관 내부의 교·강사에게 후보자 추천 요청
- 각 사이버대(디지털대)의 강의 중에 개설하고자 하는 이러닝 과정과 유사한 과목 조사
- 타 평생교육기관의 이러닝 과정 조사 및 후보자 탐색
- 개설 과정과 관련된 분야의 서적이나 논문자료 조사 및 후보자 탐색
- 개설 과정에 재직 중인 전문가에게 추천 요청

2. 후보군 교·강사 리스트가 확정되면 교·강사와 과정 개발에 대해 의논한다.

○ (1차) 이메일 발송
- 신규 이러닝 과정 개설 계획과 교·강사의 역할(원고 집필, 강의 촬영 및 검수)에 대해 간략히 안내하고, 과정 개발의 가능 여부에 대해 회신을 요청한다.
- 이력서를 요청하여 교·강사 후보자의 이력을 확인한다.

○ (2차) 전화 혹은 대면 회의
- 전화나 대면 미팅을 통해서 이러닝 과정의 학습 내용에 대한 원고 집필과 콘텐츠 개발 일정 및 방법, 강의 촬영 및 검수, 평가 문항 출제 등 교·강사의 필수 역할에 대해 대략적인 논의를 진행한다.
- 교·강사가 이러닝 과정 개발에 참여할 의사를 보이면 시범 강의(약 10분)를 요청한다.
- 이때, 시범 강의 촬영 일시와 장소를 안내하고 강의자료 샘플도 요청한다.

3. 교·강사의 시범 강의를 진행한다.

○ 시범 강의 진행을 위한 사전 준비사항
- 시범 강의 진행이 확정되면 먼저 스튜디오에 촬영을 예약한다.

- 교·강사로부터 수령한 강의 교안을 시범 강의 당일에 스튜디오의 촬영팀에 전달하여 준비해놓는다.
- 시범 강의 직전에 교·강사가 촬영을 진행할 스튜디오에서 강의 교안을 넘겨보거나, 간단한 인사말 등의 카메라 테스트를 수행한다.

4. 최종적으로 교·강사를 선정한다.

○ 강의 평가의 기준에 따라 교·강사 후보자의 시범 강의에 대해서 종합적으로 평가한다. 2~3명의 관리자 혹은 운영자들의 평가 결과를 취합하고 항목별 평균 및 전체 평균, 기타 의견을 참고하여 교·강사를 최종 선정한다.

② 교·강사 시범 강의 평가 기준

평가 전에 시범 강의의 평가 기준을 마련하여 해당 교육기관과 과정의 특성에 부합하는 전문인력을 채용한다.

표 2-4-14 교·강사 시범 강의 평가표

성명		
과정명		
평가 항목(점수)	세부 내용	점수
강의 구성(35)	수업 내용의 전개가 논리적이며 체계적으로 진행되는가?	
전달력(25)	학습 내용에 대한 풍부한 지식을 가지고 명료하게 설명하고 있는가?	
태도(10)	시선의 배분과 자세, 태도, 표정이 자연스럽고 적절한가?	
목소리(10)	발음이 명확하고 말의 속도, 목소리 크기는 적절한가?	
몸동작(10)	몸동작이 의도적이고 적절한가?	
판서(10)	판서 글씨가 명확하고 알아보기 쉬운가?	
기타 의견		

③ 교·강사 공모 및 채용 절차

교·강사를 공개 채용할 경우, [그림 2-4-9]의 절차에 따라 채용 업무를 수행한다.

그림 2-4-9 교·강사 공모 및 채용 절차

교·강사 공모계획	→	공고문 게시 및 홍보	→	지원서 접수 및 면접	→	최종 합격자 채용
• 공모계획 수립 • 자격요건 확인 • 공고문 작성		• 공고문 게시 • 채용사이트 및 인근 기관에 홍보		• 서류 접수 및 심사 • 심사위원회 개최 • 면접심사 및 선정		• 면접 결과 안내 • 신원조회 • 채용

1. 교·강사 공모계획을 수립한다.

○ 공모 일정과 세부 내용(해당 분야, 과정명, 과정 운영 일정, 자격조건, 제출서류, 강사료, 강사 위촉에 따른 제반 사항)을 포함하여 작성한다.

○ 제출서류는 강의계획서, 자기소개서, 경력증명서, 자격증 내역, 교육 내역, 입상 내역, 논문 및 저서 내역 등의 관련 서류이다.

2. 공고문을 게시하고 홍보한다.

○ 우리 기관의 홈페이지, 강사 채용 사이트, 구직사이트, 인근 기관, 지자체 등의 다양한 채널을 통해서 적극적으로 홍보한다.

3. 지원서 접수 및 심사를 진행한다.

○ 지원서가 접수되면 서류를 검토하고, 1차 서류심사에서 2~3배수의 후보 인원을 선발한다.

○ 서류와 면접평가 실시를 위한 심사위원회를 조직하고, 내부 및 외부 심사위원을 위촉한다.

○ 1차 서류심사에서 2~3배수의 후보 인원을 선발하고, 면접 대상자에게 면접을 안내한다.

○ 후보자에 대한 면접을 실시하고, 심사위원회를 개최하여 평가 결과를 종합하여 점수가 가장 높은 후보자를 선정한다.

4. 최종 합격자를 채용한다.

○ 최종 선정된 교·강사 명단을 홈페이지에 게시한다. 합격한 교·강사에게 전화와 이메일로 개별 연락을 취하고 강사 성범죄 경력조회서와 위촉 및 계약서 작성에 관한 사항을 자세히 안내한다.

(3) 교·강사 질 관리

① 이러닝 과정의 품질 관리를 위해서 교·강사들의 과정 개발 및 단계별 운영에 대해 지속적인 평가를 하는 활동을 의미한다.

② 평가 방법은 이러닝 학습에 참여한 학습자들의 강의평가 결과와 교육기관 내부 평가위원회의 평가 결과를 참고하는 방법이 있다.

③ 강의 평가를 통한 질 관리

• 강의 평가 문항은 보통 5점 척도를 활용한 객관식 10문항 이내로 구성하고 주관식 문항을 통해서 학습자들의 자세한 의견을 수렴하는 것이 좋다.

그림 2-4-10 강의 평가 실시 절차

강의 평가 계획 수립 ▶ 강의 평가 설문조사 문항 확정 ▶ 강의 평가 시행 공지 ▶ 강의 평가 결과 분석 ▶ 교·강사 결과 전달

• 강의 평가 결과를 통해 이러닝 과정과 교·강사에 대한 학습자들의 만족도를 분석할 수 있으므로, 학습자들이 성적을 확인하기 전에 꼭 참여하도록 안내해야 한다.

④ 내부 교·강사 평가위원회를 실시하여 교·강사의 강의 운영과 활동에 대해 평가한다.

⑤ 평가 결과에 따른 후속 조치

• 이러닝 과정의 종료 후에 교육 신청 인원과 수료 인원, 강의 평가 평점, 학생의 질의에 응답한 횟수 등에 대해 종합적인 교·강사 평가를 시행한다.

• 평가 결과에 따라 우수 교·강사 혹은 평가 하위 그룹 교·강사로 구분하여 후속 조치를 실시한다.

표 2-4-15 교·강사 평가 결과에 따른 조치사항

우수 교·강사	평가 하위 그룹 교·강사
〈인센티브 부여〉 • 장려금 등의 인센티브 지급 • 다음 차수의 강의 자격 부여 • 신규 과정의 개설 기회 부여	〈강의 개선의 기회 부여〉 • 강의 개선 계획서 작성 • 전문가의 강의 컨설팅 혹은 보충 교육 필수 이수 ※ 2~3회 연속으로 하위 그룹에 속하거나, 평가 결과가 심각한 수준일 경우에는 계약 종료 검토

2) 교·강사 활동 안내하기

(1) 학사일정 안내

① 이러닝 과정이 시작되기 전에 교·강사에게 이메일이나 오리엔테이션을 통해서 전체 학사일정에 따라 진행되는 세부 업무를 이메일로 안내한다.

② 주로 교·강사가 과정 운영을 위해 확인해야 하는 '과정의 시작과 종료 시점(과정 운영 기간)', '주차별 학습 일정', '중간고사 및 기말고사 일정', '성적 입력 및 최종 확정' 등이며, 항목별 혹은 날짜별로 정리하여 안내한다.

표 2-4-16 교·강사 대상 학사일정 안내 항목

• 강의 개강 전에 개강 인사 작성 및 평가 항목 안내
• 중간고사 시험 및 채점 기간 / 중간고사 결과에 대한 이의신청 답변 기간
• 과제, 토론, 퀴즈 등의 실시 / 채점 완료 기간
• 기말고사 시험 및 채점 기간 / 기말고사 결과에 대한 이의신청 답변 기간
• 최종 성적 입력 및 확인 기간 / 최종 성적에 대한 이의신청 답변 기간

③ 교·강사 대상 학사일정 안내 이메일 발송 예시

이러닝 운영 교·강사에게 학사일정과 세부 업무를 안내하는 이메일 안내 예시를 살펴보자.

그림 2-4-11 학사일정 안내 이메일 발송 예시

안녕하세요. 교수님

○○대학 교양학부 조교 ○○○입니다.

이번 학기에도 우리 대학의 수업을 맡아주셔서 대단히 감사합니다.

이번 학기 시작 전 안내 사항 몇 가지를 전달하고자 메일을 드립니다.

2022-2학기 과정 시작일(개강)은 8월 31일(월)입니다.

1. 운영과목 준비 일정은 아래와 같습니다.

과목	분반	준비사항	일정	비고
이러닝학업디자인	02	강의실 점검 및 운영 주요사항 등록	8월 25일(수) ~ 8월 29일(일)	간편 매뉴얼 첨부

2. 2022-2학기 주요 학사일정, 주차별 수업일정, 시험운영 일정도 함께 전달드리오니, 운영에 참고하시길 바랍니다.

□ 주요 학사일정

구분	기간	비고
개강일	8. 31(월) 10시	※ 학습관리시스템에 개강 인사 등록
수강 기간	8. 31(월) 10시~12.13(일)	※ 출석인정 마감일 : 12.13(일) 24시
수강 정정	9. 7(월)~9. 9(수)	※ 수강 정정 이후 분반 및 수강생 최종 확정
중간고사	10. 17(토) 15시~10. 26(월) 23시	
중간고사 시험채점 기간	~11. 8(일)까지	
기말고사	12. 05(토) 15시~12. 14(월) 23시	
기말고사 시험채점 기간	~12. 20(일)까지	
학습활동 실시 및 채점 (과제/토론/퀴즈)	8. 31(월) 10시~12. 20(일)까지	※학생과의 질의응답 활동은 수시로 진행
종합성적 산출 입력	12. 15(화) 10시~12. 21(월) 17시	
[학생] 성적 이의신청 기간	12. 22(화) 10시~12. 24(목) 17시	
[교수]성적 이의신청 검토 및 성적 정정	12. 22(화) 10시~12. 28(월) 12시	
[교수] 최종 성적 확정	~12. 28(월) 12시	
[학생] 최종 성적 이의신청 기간	~12. 31(목) 12시	

□ 주차별 수업일정

주차	기간	비고
1	08. 31(월) ~09. 20(일)	10시 개강
2	09. 07(월) ~09. 20(일)	
3	09. 14(월) ~09. 27(일)	
4	09. 21(월)~10.04(일)	
5	09. 28(월)~10.11(일)	
6	10. 05(월)~10.18(일)	
7	10. 12(월)~10.25(일)	
8	10. 19(월)~11.01(일)	중간고사
9	10. 26(월)~11.08(일)	
10	11. 02(월)~11.15(일)	
11	11. 09(월)~11.22(일)	
12	11. 16(월)~11.29(일)	
13	11. 23(월)~12.06(일)	
14	11. 30(월)~12.13(일)	
15	12. 07(월)~12.13(일)	기말고사

중간 및 기말시험, 성적 입력 및 이의신청 기간 등의 중요 일정이 다가오기 전에 다시 한번 리마인드 메일 드리겠습니다.

관련하여 문의가 있으실 경우 언제든지 연락주시기 바랍니다.

감사합니다.

교양학부 수업 조교 ○○○ 드림

전화: 02-2300-0000, 이메일: 0000000@edu.ac.kr

(2) 과정 운영환경 안내

① 학습관리시스템(LMS)의 사용법 안내하기

- 학습관리시스템(LMS)의 사용법에 대한 매뉴얼 혹은 영상 클립을 만들어서 제공한다.
- 접속 방법과 로그인 정보를 안내하고, 강의 활동 관련 각 메뉴와 기능에 대한 사용법을 자세히 안내하여 교·강사가 시스템을 원활하게 사용할 수 있도록 해야 한다.

표 2-4-17 교·강사 대상 학습관리시스템(LMS) 안내 항목

1. 학습관리시스템(LMS)의 기본환경
   • 교육기관 홈페이지에서 학습관리시스템(LMS)의 접속 경로
   • 아이디 및 패스워드 등의 로그인 정보, 수정 방법
   • 학습관리시스템(LMS)의 메인 페이지와 주요 메뉴, 메시지함, 캘린더 등

2. 과정 운영을 위한 교수 학습활동 관련 메뉴
   • 해당 교·강사가 담당하는 교과목의 확인 방법
   • 공지사항 등록 및 확인 방법
   • 강의 수강 진도율 확인 방법
   • 문의게시판의 질문 확인 및 답변 작성 방법
   • 온라인 토론 등록 및 피드백 방법 등 방법

   ※ 교·강사 매뉴얼 외에도 학생 매뉴얼을 안내하여 학습활동 수행을 촉진하고 운영 모니터링을 하는 데 활용할 수 있게 한다.

   ※ 또한, 교·강사 및 이러닝 튜터, 과정 운영자가 볼 수 있는 LMS 기능은 학생과 차이가 있으므로 학생들의 LMS 화면을 확인할 방법을 제공하는 것도 효율적이다.

② 학습관리시스템(LMS)의 주요 메뉴와 특징

• 이러닝 과정 운영을 위해 알아두어야 할 주요 메뉴는 공지사항, 수업계획서, 강의 콘텐츠, 학습자료실, 퀴즈 및 설문 등이 있다.

• 각 교육기관의 학습관리시스템(LMS)의 구성에 따라서 주요 메뉴의 명칭은 다소 차이가 있지만, 기능은 유사하므로 다음의 〈표 2-4-18〉을 참고하여 주요 메뉴와 특징을 살펴보자.

표 2-4-18 학습관리시스템(LMS)의 주요 메뉴와 특징

메뉴	특징
홈	과정(교과목) 메인 페이지이며, 최근 공지사항과 각종 알림, 할 일, 제출할 과제, 채점할 과제 등 예정 사항이 표시됨
공지사항	공지사항 게시판으로, 새로운 공지를 등록하면 과정(교과목) 홈 알림 영역에 'N'으로 표시되며, 모바일 앱을 통해 푸시 알림 전송 가능
수업계획서	과정(교과목) 안내 페이지 혹은 학사정보시스템에 입력된 수업계획서를 열람 가능
강의 콘텐츠	주차별 학습 목차로 구성되어 있으며, 동영상 강의를 시청하는 메뉴
학습자료실	강의 교안과 보충·심화 학습자료로 제공하는 각종 자료의 첨부파일 업로드 가능(pdf, hwp, word, ppt 등). 동영상, 소셜미디어, 웹링크 게시 가능

퀴즈 및 설문	퀴즈를 출제하거나, 설문조사를 작성할 수 있는 기능으로 퀴즈, 설문조사, 문제은행을 종합 관리할 수 있는 메뉴
토론	개별 토론과 그룹 토론 등을 생성하고, 성적에 반영 및 관리할 수 있는 메뉴
문의게시판	과정(교과목) 수강생이 신규 문의 사항을 게시하면, 교·강사와 이러닝 튜터 및 운영자(운영조교) 등의 사용자가 답변이나 댓글을 게시할 수 있는 메뉴
출결/학습현황	과정(교과목) 수강생들의 주차별 진도율, 퀴즈/과제/토론 등의 학습기록을 확인하는 메뉴. 교·강사(이러닝 튜터) 및 운영자가 주로 활용하며, 수강생은 본인의 학습기록만 확인 가능
사용자(수강생)	수강 중인 학생, 교수, 이러닝 튜터, 운영자(운영조교) 등 사용자의 소속, 학번 등의 기본정보를 조회할 수 있는 메뉴
과제 및 평가	과제를 생성하고 과제에 대해 평가하는 등의 관리를 하는 메뉴. 각각의 과제에 대해 평가 비중을 백분율로 설정할 수 있음
실시간 시험	학생들이 실시간 시험(중간고사/기말고사)을 응시할 수 있는 메뉴
파일	과정(교과목)에 업로드한 강의 교안과 기타 모든 첨부파일 자료를 한눈에 확인할 수 있는 아카이브
성적	* 교·강사(이러닝 튜터) 및 운영자만 사용 가능한 메뉴 모든 학습활동 항목에 대한 수강생의 참여 상태와 종합성적을 산출함. 과제 제출 여부의 확인과 퀴즈·과제·토론 등의 항목별 채점 성적의 입력이 가능하며, '과제 및 평가'에서 설정한 평가 비중에 따라 산출된 종합성적을 확인할 수 있음

③ 모바일러닝(app/web) 환경의 사용법 안내하기

- 모바일 앱(app)과 웹(web) 사용법의 매뉴얼 혹은 영상 클립을 만들어서 제공한다.
- 모바일 앱 설치 방법에 대해 안내한다.
- 모바일 학습환경도 학습관리시스템(LMS)과 동일한 메뉴와 기능을 갖추고 있으며, 교·강사의 담당 교과목에서 공지사항 등록 및 확인, 문의게시판 확인 및 답변, 퀴즈·과제·토론 등록 및 참여 등을 안내하여 모바일을 활용한 과정 운영과 관리에 장애가 발생하지 않도록 지원한다.

3) 교·강사 불편 사항 지원하기

(1) 이러닝 교·강사의 불편 사항 유형

불편 사항의 유형은 강의 콘텐츠, 학습관리시스템(LMS), 학습활동 관리 및 운영, 교·강사 관리 정책의 4가지로 구분해볼 수 있다.

표 2-4-19 이러닝 교·강사의 불편 사항 유형

구분	상세 내용
강의 콘텐츠	• 강의 콘텐츠 내용의 오류 수정 • 강의 영상의 화질 및 음질, 자막 불량 수정 • 디자인을 비롯한 제작방식의 노후화 및 최신화 요청
학습관리시스템(LMS)	로그인 오류, 진도율 오류, 사이트 접속 오류
학습활동 관리 및 운영	학사일정, 과제 채점, 학습자와 질의응답, SMS 및 이메일 문의
교·강사 관리 정책	학습관리 활동 평가 지침, 교·강사 인센티브 및 패널티 제도

(2) 불편 사항의 조사 방법

면담과 설문조사 중에 교육기관의 시행 여건에 따라 적합한 방법을 선택한다.

① 면담

- 교·강사와 운영자가 직접 대면으로 만나거나 전화 질의응답을 통해 의견을 나누는 것이다. 특히, 직접 대면하는 면담은 자세나 몸짓과 같은 태도와 목소리, 억양 등을 통해서 상황에 대해 더 잘 이해하고, 의견을 나눌 수 있으며 문제 해결을 위한 대화가 가능해진다.
- 면담 기법은 계획된 정도에 따라 구조화 면담, 비구조화 면담으로 구분할 수 있다. 구조화 면담은 사전에 철저히 계획된 질문 문항과 순서에 따라 진행되며, 비구조화 면담은 구조화 면담에 비해 조금 더 자유로운 형식이며 핵심 질문을 통해 응답자의 솔직한 답변을 유도할 수 있다.
- 면담자인 운영자는 응답자인 교·강사와 면담할 때 내용을 기록해 두었다가 불편 사항을 분석하여 업무 개선에 활용한다.

② 설문조사

- 설문조사 방법은 면담에 비해 시간과 비용을 절약하면서 많은 사람을 대상으로 응답의 다양성을 확보할 수 있어 많이 활용되고 있다.
- 운영자는 교·강사를 대상으로 이러닝 운영 과정의 불편 사항이 발생할 수 있는 각 항목에 대해 리커트 척도(5점 척도) 기반의 설문지를 제작하여 설문조사를 실시하고 그 결과를 통계자료로 정리한다.

(3) 불편 사항의 처리 방법

운영 담당자가 해결할 수 있는 부분은 자체 해결하며, 해결이 불가능한 문제는 실무부서에 전달하여 함께 처리하고 문제 해결 결과를 확인하여 교·강사에게 전달해야 한다.

표 2-4-12 **이러닝 교·강사의 불편 사항 처리 방법**

구분	상세 내용
콘텐츠 제작 관련	강의 교안 및 학습 콘텐츠의 오타와 잘못된 설명으로 인한 콘텐츠 수정 및 보완 요구가 있다면 콘텐츠를 재촬영하고 수정할 수 있도록 조처
학습관리 시스템 (LMS)	• 채점 기능, 즉 채점 절차 및 화면 구성, 출결 확인, 퀴즈 출제 기능 등에 불편 사항이 있다면 관련 부서와 개선 가능 여부를 논의 • 과정 운영 중이나 학기 중에 즉시 해결하는 것이 불가능하다면 다음에 학습관리시스템(LMS) 기능을 개편할 때 개선할 수 있도록 건의
교·강사 관리 정책	교·강사 활동비 지급과 같이 이미 내부 지급 정책 규정이 있는 불편 사항에 대해서는 교·강사 활동비용의 산정 근거 또는 타 교육기관의 기준 등을 조사하여 타당한 근거를 제시하고 충분히 설명

---

3 //// 고객사 운영관리

1) 고객 유형 분석하기

① 이러닝 교육환경에서 고객사는 기업의 인재개발원이나 초·중·고 교원연수, 직업훈련, 사이버대학의 산업체 특별 전형 등으로 다양하게 형성되어 있다.

② 기업이나 학교는 각 기관 고유의 문화와 특성이 있어, 고객의 유형에 따라 적합한 세일즈 전략을 수립하고 수요자 맞춤형 서비스를 할 필요가 있다.

(1) B2B 시장과 고객의 유형

① B2B 시장

- B2C 사업이 불특정 다수의 개인 고객을 상대로 하는 것과 다르게, B2B 사업은 소수의 기업 고객이 대상이다.
- B2B 고객은 또 다른 고객이나 최종소비자, 즉 자사 직원들의 재교육을 위해 이러닝 교육서비스를 구매하며, 자신이 소비하기 위해 교육서비스를 구매하는 B2C 고객과 다르다.
- B2B 시장의 구매 주체는 기업이나 교육기관이며, 내부에 소속된 교육 전문가들이 구매에 관여하는 경우가 많다.

- B2B 고객의 구매에 가장 큰 영향을 미치는 요인은 가격보다는 기술력과 제품의 품질이며, 서비스 수준과 기술 지원, 납기 준수 등도 종합적인 영향 요인에 속한다.

② 고객의 유형과 특성

- 고객과의 관계는 시간이 지남에 따라 변화하며, 잠재 고객에서 신규 고객, 기존 고객, 핵심 고객, 이탈 고객 등으로 진화 과정을 거친다.
- 관계의 진화 과정에 따른 고객 분류

표 2-4-21 고객 분류에 따른 개념과 특징

구분	특징
잠재 고객	• 제품을 구매한 적은 없지만 관련 정보나 SNS 등을 통해 서비스를 접하면서 제품과 서비스에 관심을 두게 되어 향후 고객이 될 수 있는 잠재력을 가진 집단 • 기업 및 소비자가 제품과 서비스를 지속해 구매하게 하기 위해서는 탁월한 서비스와 우수한 제품을 제공해야 함
신규 고객	• 잠재 고객 중에 처음으로 회사와 거래를 시작한 고객 • 신규 고객은 1차 구매 후에 이탈 고객이 되는 경우가 많으므로, 기대 수준을 충족시키기 위해서 지속적인 관리가 필요함
기존 고객	• 신규 고객 중에 2회 이상의 구매 실적을 가지게 되어 어느 정도 안정화 단계에 진입한 고객층 • 기존 고객이 제품의 우수성을 체험하고 구매에 확신을 갖게 되면 구매 금액도 점차 높아짐
핵심 고객	• 제품을 이용하는 기존 고객들의 가치와 기대 수준을 충족시키면, 지속적이고 반복적인 구매를 하는 핵심 고객으로 전환됨 • 핵심 고객은 제품에 대한 입소문을 내면서 긍정적인 홍보 작용을 하므로 신규 고객을 유입하는 것도 중요하지만, 오늘날의 선도기업들은 기존의 핵심 고객 유지에 더 중점을 두고 있음
이탈 고객	• 기존 고객 중에 제품이나 서비스 이용을 중단한 고객 • 이탈 고객의 재유치는 중요하기 때문에 철저하게 원인을 분석하고 파악하여 고객 유치를 위한 노력을 수행해야 함

(2) 고객 만족과 고객 응대 방법

① 고객 만족(Customer Satisfaction)

- 고객이 요구하는 바를 성취하거나 기대 수준까지 충족하는 것을 의미한다.
- 고객사, 즉 이러닝 교육 프로그램의 구매와 서비스를 희망하는 기관을 위해 다양한 교육 프로그램과 고품질, 최신성 등을 갖추고 기대하는 수준보다 더 많은 가치를 제공하는 것이 고객 만족이라고 할 수 있다.

② 고객과 만나는 접점(MOT; Moment of Truth) 이해

- MOT는 고객 접점을 의미하며, '고객이 우리를 느끼는 순간'이다. 고객이 조직의 어떤 부분과 접촉하는 접점이며, 서비스를 제공하는 조직과 품질에 대해 어떤 인상을 받는 결정적 순간을 의미한다.

- 스페인의 투우 용어에서 유래되었으며, 투우사가 소의 급소를 찌르는 순간, 즉 '실패가 허용되지 않는 매우 중요한 순간'을 가리키며, 마케팅의 서비스 품질 관리 영역에서 처음으로 사용되었다.

- 이러닝 운영자, 관리자, 관련 지원들이 고객과 마주치는 모든 환경(사무실 정리 상태, 분위기, 직원의 태도나 말투 등)이 바로 고객 '접점'이다.

- 고객 만족을 위해서 **상황별 혹은 고객의 유형과 성격에 따라** 다양한 서비스 응대 전략을 모색할 필요가 있다.

③ 상황별 고객 응대 방법

표 2-4-22 상황별 고객 응대 방법

구분	응대 방법
방문 고객	• 고객의 의견을 귀담아들음 • 정중한 자세와 밝은 미소로 고객을 맞이함 • 고객에게 무관심한 태도를 보이거나 기다리게 하지 않음 • 고객의 불편 사항을 신속하게 처리하기 위해 노력 • 내가 우리 조직의 대표라는 정신으로 자부심을 가지고 응대
전화 고객	• PC의 메모장, 전화상담일지 파일에 고객의 요구사항 메모하기(전화기 근처에 메모 용지와 필기도구 배치) • PC를 활용하여 요구사항 혹은 불편 사항을 즉시 찾아보고 해결 방법을 안내
이메일 혹은 게시판	• 문의 내용에 대해서 최소한 하루 안에 답변 • 매일 일정한 시간을 정해두고 하루 2회 이상 체크하여 답변 • 메일 회신 제목은 내용을 명확하게 나타낼 수 있는 구절로 표현 • 메일 회신 내용의 첫머리에 담당자의 소속과 성명을 포함 • 상대방이 읽기 쉽도록 짧고 간결하게 작성 • 이모티콘 사용은 자제하며 단어 표현과 문구에 주의를 기울임

(3) 고객 불편 사항과 대응책

고객이 느끼는 상황별 불편 사항을 분류하고 대응책을 마련한다.

① 수강 인원 관련 불편 사항 처리 방법

표 2-4-23 수강 인원 관련 문제 및 대응책

구분	세부 내용
문제	• 이러닝 과정의 수강 신청은 고객사에서 신청을 받고 인원을 일괄 취합하여 교육기관에 전달하는 방법과 수강생 개인이 교육기관에 직접 신청하는 방법이 있음 • 고객사에서 이러닝 과정을 단체 구매하더라도, 수강생들이 개별적으로 수강 신청을 할 경우에 신청 절차를 잘 모르거나 신청 일정을 놓치게 되면 수강 신청을 못 하게 될 수도 있음 • 이때, 수강 신청이 끝난 후에 고객사에서 전달한 수강 신청 인원과 일치하지 않는 경우가 발생
대응책	• 운영자는 수강 신청 절차를 자세하게 안내한 다음, 수강 신청 완료 여부를 모니터링해야 함 • 수강 신청이 끝난 후 누락 인원에 대해서는 다시 신청할 수 있도록 안내

② 학습이 진행되는 과정 중에 발생하는 불편 사항 처리 방법

표 2-4-24 학습과정 관련 문제 및 대응책

구분	세부 내용
문제	• 이러닝 과정의 학습이 진행되는 과정에서 다양한 문제가 발생할 수 있음 • 학습자의 대부분은 발생 문제에 대해 운영자에게 직접 연락하고 해결
대응책	• 학습관리시스템의 콘텐츠 수강, 학습활동 참여 등에서 문제가 발생하지 않는지 주기적으로 모니터링해야 함 • 학습자의 문제가 이미 발생한 적이 있는 자주 반복되는 문제라면, 재발하지 않도록 원인을 철저히 조사하고 개선을 위한 조처를 해야 함

③ 운영 결과 보고서 관련 불편 사항 처리 방법

표 2-4-25 운영 결과 보고서 관련 문제 및 대응책

구분	세부 내용
문제	• 고객사의 요청에 의한 이러닝 과정을 운영하고 종료한 후에는 과정 운영 결과 보고서를 정리하여 발송해야 함 • 과정 운영 결과 보고서는 보통 이러닝 교육기관의 자체 양식을 활용하여 작성하는데, 간혹 고객사에서 다른 조사항목을 추가 혹은 수정을 요청하는 경우가 있음
대응책	• 과정이 시작되기 전에 고객사와 운영 결과 보고서에 포함될 항목을 논의해야 함 • 고객사에서 원하는 항목에 따라 달라질 수 있으며, 가령 수강생 대상의 만족도 설문조사 문항의 수정과 학습관리시스템에서 추출한 데이터(예 학습활동 참여 데이터, 수강 시간대 등) 분석 내용이 운영 결과에 포함되어야 한다면 미리 준비하여 최종 운영 결과 보고서에 결과를 포함하여 전달

④ 교육비 정산 관련 불편 사항 처리 방법

표 2-4-26 **교육비 정산 관련 문제 및 대응책**

구분	세부 내용
문제	비용과 관련된 정산 문제는 비교적 민감한 사항 중의 하나이며, 문제가 발생할 소지가 있음
대응책	• 과정이 시작되기 전에, 고객사와 수강 비용과 정산 방법 등에 대해서 명확히 논의해야 함 • 과정이 종료된 후에는 입과 인원과 수료 인원을 비교하여 정산 내역을 정리하고, 정산 서류를 준비하여 발송

(4) 고객 응대 시뮬레이션 – '전화 응대'와 '직접 방문' 상황

① 고객과의 대면 상황에서 당황하지 않기 위해 상황별 혹은 고객 유형별로 어떻게 응대할지 동료들과 연습해 보자.

② 고객 1명, 운영자 1명, 관찰자 1명으로 구성하여 전화와 방문상황을 아래의 대화 내용과 같이 시뮬레이션해 본다.

그림 2-4-13 **상황별 고객 응대**

〈고객 응대 시뮬레이션 – 전화 응대 매뉴얼〉

• 첫인사 및 용무 확인
  - 전화벨이 3회 이상 울리기 전에 수화기를 든다.
  - 고객에게 인사한 후, 소속과 성명을 소개한다.
  - '안녕하십니까? ㅇㅇㅇ교육원 ㅇㅇㅇ입니다'
  - 고객에게 전화 용무를 물어본다.
  (※주의) 상대방이 잘 알아들을 수 있도록 천천히 또박또박 말한다.

• 상담 및 전화 연결
  - 상대방의 말을 경청하고 끝까지 들으며, 공감을 표시하고 적절한 답변을 한다.
  - 중요한 핵심 내용이나 잊어버리기 쉬운 내용은 메모한다.
  - 어려운 용어나 신청 절차와 같은 것들은 이해하기 쉽게 설명한다.
  (※주의) 상대방의 말을 경청하고 답변해야 한다.

• 상담 종료 및 마무리 인사
  - 추가로 더 궁금한 점은 없는지 확인한다.
  - '요청하신 내용 외에 더 도와드릴 사항은 없으십니까?'
  - '감사합니다' 등 정중하게 인사한 후에 수화기를 내려놓는다.
  (※주의) 고객의 전화가 끊기기 전에 전화를 끊지 않도록 주의한다.

〈상황별 고객 응대 시뮬레이션 – 직접 방문 매뉴얼〉

• 첫인사 및 방문목적 확인
  – 고객과 가볍게 눈을 맞추며, 정중하게 인사한다.
  – 고객의 방문목적을 확인한다.
  (※주의) 주의) 바쁘더라도 방문객에 주의를 기울이며 무관심한 태도로 일관하지 않는다.
 	
• 고객 상담 및 마무리 인사
  – 상담에서 도출된 핵심 내용은 메모해 둔다.
  – 상대방의 말을 경청하고 끝까지 들으며, 고개를 끄덕이거나 공감을 표시한다.
  (※주의) 주의) 고객을 상담하며 컴퓨터로 업무를 보는 등 무성의한 태도를 보이지 않는다.

2) 고객서비스 채널 관리하기

(1) 고객서비스 채널의 유형과 특징

① 이러닝 교육 분야에서는 고객 유형에 따라 SMS, 쪽지, 메일, 게시판, 웹진, 전화, SNS 등의 채널을 활용하여 고객서비스를 하고 있다.

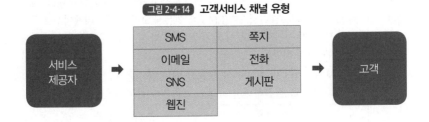

그림 2-4-14 고객서비스 채널 유형

② 이러한 채널은 적은 비용으로도 효율성 높은 고객서비스를 제공하며, 고객의 입장에서는 인터넷과 핸드폰만 있으면 시공간에 구애받지 않고 필요한 정보를 신속하고 편리하게 확인할 수 있다는 면에서 정보 접근성이 뛰어나다.

표 2-4-27 고객서비스 채널의 유형과 특징

구분	특징
이메일	• 기업과 고객이 소통하는 가장 기본적이고 대표적인 커뮤니케이션 수단 • 이메일은 전화나 우편보다 저렴한 비용으로 대량의 메시지를 동시에 전송할 수 있음 • 대다수의 인구가 이메일 계정을 보유하고 있어 언제 어디서든 활용할 수 있으며, 고객과의 이메일 메시지 내용의 분류와 관리가 쉽다는 장점을 보유하고 있음 • 반면, 최근에는 지나치게 많은 스팸 메일과 광고 메일로 인해서 고객(학습자)들이 메일 확인을 잘 하지 않는 경우가 빈번히 발생하고 있음 • 고객의 이메일 확인율을 높이고 발송 내용에 대해 긍정적인 인상을 받게 하기 위해서는 '메일의 제목, 내용, 발송 시간 및 주기' 등을 종합적으로 고려하여 메일 발송 전략을 수립하는 것이 중요함. 또한, 메일을 발송할 시 수신자의 동의를 받는 것이 필수적임

SMS	• SMS(Short Message Service)는 휴대폰에서 **단문 문자 메시지를 전송하는 서비스**로, 일반적으로 문자메시지를 의미함. SMS는 영문 90~80자, 국문 40~45자까지 사용할 수 있음 • LMS(Long Message Service)는 장문 문자메시지 서비스이며, 더 긴 문자 메시지를 보낼 때 사용한다. 영문은 2,000자, 국문은 1,000자까지 사용 가능하므로, **기업 이벤트 및 홍보 목적으로 URL 주소를 포함하여 활용하는 경우가 많음** • MMS(Multimedia Message System)는 멀티미디어 메시지 서비스로 사진, 소리, 사진, 동영상 등을 첨부하여 긴 메시지 서비스를 보낼 때 사용함 • 문자메시지도 이메일과 마찬가지로 대량의 메시지를 동시에 보낼 수 있지만, 비용 측면을 고려해야 하며, 대부분의 기업이나 교육기관에 대량 문자 발송 시스템이 구축되어 있지만, 단체 문자 발송에는 큰 비용이 소요됨 • 문자를 보낼 때 **내용은 짧고 간결하게 핵심만 담아서 발송해야 하며**, 문자 내용에 따라 SMS, LMS, MMS 중에 알맞은 것을 선택 • 회원가입 시 SMS 수신에 동의한 회원에 한해서만 발송할 수 있으며, 광고 문자일 경우에 문자는 '(광고), (전송자의 명칭), 광고 내용, (무료수신거부번호)'의 형식을 준수해야 함
쪽지	• 교육기관의 학습관리시스템(LMS)은 다양한 정보 교환 및 제공을 위해 쪽지 기능을 포함하고 있음. 특히, 진도율이 낮은 학습자에게 학습 독려 알림을 보내는 등의 용도로 활용이 가능하며, **교·강사, 이러닝 튜터, 운영자 간의 시스템 사용 관련 질문 및 학습자 간의 의견 교환을 위해서도 자유롭게 쪽지를 활용할 수 있음** • 최근에는 학습관리시스템(LMS)에 연동된 모바일 애플리케이션을 통해 운영자, 교·강사, 학습자 모두가 푸시 알림을 통해 학습 진행 상황을 확인하고, 적절한 대응을 할 수 있게 되었음 • 문자메시지의 발송 비용이 부담될 때는 쪽지를 대안으로 활용할 수 있으며, 이를 통해 비용을 절감하면서도 정보 교환을 원활하게 할 수 있음
게시판	• 게시판은 모든 사용자가 게시물을 등록, 조회, 수정할 수 있는 공간으로, 공지사항과 FAQ, 문의게시판, 자료실 등 이러닝 과정의 운영 특성과 고객의 유형 및 성향에 따라 다양하게 활용이 가능함 • 이러닝 교육기관에서는 공지사항을 통해 공식적인 일정을 게시하거나 관련 소식을 안내하며, 학습자들은 문의게시판과 FAQ를 통해서 궁금한 점과 불편 사항 등을 질문하는 통로로 사용함 • 게시판은 중요 소식을 전달하는 공식적인 채널로서 고객서비스 채널 중에 활용도가 높은 편이지만, 사용자들이 게시판에 등록된 정보를 제때 확인하지 않는 단점을 보유하고 있음
전화	• 다양한 SNS가 발달한 이 시대에도 전화는 강력한 고객서비스 채널에 해당 • 이메일이나 문자메시지를 활용하면 내용이 축약되어 전달되지만, 전화를 활용하면 고객 맞춤형으로 자세히 설명할 수 있으며 복잡한 문제를 신속하게 해결하는 데에 효과적임 • 반면, 전화 지원은 다른 서비스 채널에 비해 많은 시간을 할애하거나 고객과 직접 접촉하면서 이루어지기 때문에 전화 예절을 비롯하여 대화법, 목소리, 톤에 대해서 사전교육이 필요함

전화	• 전화를 통해서 잘못된 고객상담이 이루어지지 않도록 고객 응대 전화 매뉴얼을 구비하여 활용하는 것이 바람직함 • 학생 수가 많은 대규모 평생교육원 및 대학, 사이버대학, 원격대학 같은 기관에서는 전문 콜센터를 운영하면서 고객관리를 하고 있음
SNS	• SNS(Social Network Service)는 온라인 사회관계망으로, 인터넷에 접속하는 곳이면 개인이나 가족, 친구, 동료, 기업 등 누구나 양방향의 커뮤니케이션을 통해 정보를 공유할 수 있는 서비스 채널에 해당함 • 대표적인 SNS: 페이스북, 인스타그램, 네이버 블로그, 카카오톡, 트위터 등 • 페이스북은 생성된 콘텐츠의 공유 가치가 크면 클수록 강력한 확산력을 발휘하며, 인스타그램은 최근 영상과 이미지 중심의 마케팅이 이루어지면서 많은 브랜드와 기업에서 집중하는 채널로 자리 잡음 • 카카오톡은 개인의 커뮤니케이션 채널에서 더 나아가 기업과 대학 등에서 비즈니스 채널로 활용되고 있어 활용도가 매우 높아지고 있음 • SNS는 전 세계적으로 많은 사람이 이용하고 있으며, SNS 서비스 채널을 활용한 고객관리와 제품의 홍보는 제품 판매의 핵심 전략으로 작용함 • 이러닝 운영자는 고객관리를 위해 SNS의 특성과 마케팅 전략을 이해하고 이러닝 업무에 활용할 수 있어야 함
웹진	• 웹진(Webzine)은 웹(Web)과 매거진(Magazine)의 합성어로 인터넷을 통해 보급되는 온라인 잡지. 책자 형태가 아닌 다양한 멀티 콘텐츠를 제공하여 쌍방향 커뮤니케이션을 가능케 하며, 인터넷과 모바일을 기반으로 서비스함 • 웹진은 텍스트 중심에서 벗어나 영상과 카드뉴스, 웹툰, 인포그래픽 등의 다양한 콘텐츠를 활용하여 다양한 주제와 내용을 담을 수 있는 장점이 있음 • 반면에, SNS가 빠르게 확산하지만 쉽게 잊히는 특성이 있음. 웹진은 다양한 정보를 담을 수 있어 교육기관이나 기업의 임직원들에게 이러닝 교육과정을 안내하는 홍보 수단으로 활용할 수 있음

(2) 고객서비스 채널의 선택과 활용 방법

① 고객서비스 채널을 고객 관리와 과정 운영에 효율적으로 활용하면 고객(학습자, 고객사)의 만족도와 충성도를 높일 수 있다. 반면, 서비스 제공에 실패하면 고객과의 관계가 악화하고 기업 이미지를 회복하는 데 간접적인 비용이 소요될 수 있다.

② 고객서비스 채널의 선택은 고객 유형과 우선순위에 따라 결정되며, 고객이 선호하는 채널과 채널별 운영 효율성, 교육기관의 예산 및 인력 등을 고려하여 적절한 서비스 채널을 선택하고 운영해야 한다.

③ 고객서비스 채널은 이메일, SMS, 쪽지, 게시판, 전화서비스, SNS 등의 다양한 방법으로 제공될 수 있다.

표 2-4-28 서비스 채널별 고객 응대자료 활용 방법

구분	방법
이메일	• 학사일정과 과정 운영의 전, 중, 후의 시기에 따라 안내해야 할 내용이 정해져 있으므로, 이메일을 매번 작성하기보다는 양식을 만들어 놓고 일부 정보만 수정해서 사용하는 것이 효율적임 • 이메일의 작성법과 이메일 발송 후 수신 확인 및 재발송, 이메일 작성 시 유의사항에 대해서 매뉴얼을 만들어 활용하고, 이메일 발송 결과에 대해서 점검하는 것이 바람직함

SMS	• 고객 대상으로 SMS를 잘 활용하기 위해서 주제별, 기간별에 따른 발송 메시지를 작성하고 분류하여 SMS 고객서비스 매뉴얼로 만들어서 활용
	• SMS 고객서비스 매뉴얼에 포함되어야 하는 내용
	  – 첫 회원가입 후 가입 축하 문자
	  – 신규 과정 등록 후 등록 완료 문자
	  – 수강비 결제 내역 및 완료 문자
	  – 과정 수강 중에 진도율이 낮을 경우, 수강 독려 문자
	  – 과정 수강 중에 학습활동에 참여하지 않을 경우, 참여 독려 문자
	  – 과정 종료 전에 수료 조건 충족을 위한 학습 참여 안내 문자

쪽지	• 과정 운영 중에는 쪽지가 활발하게 사용되며, 모바일 앱을 운영하고 있다면 SMS 대신 앱 Push 기능과 연동하여 활용할 수 있음 • 쪽지를 통해 개인적인 소통이 가능해지므로 수강생들 간의 커뮤니케이션이 더 활발해질 수 있으며, 공지사항, 과제, 오프라인 특강 등의 운영 정보를 전달하기에도 용이함 • 쪽지를 활용한 고객서비스 매뉴얼을 제작하여 활용하도록 함
게시판	• 게시판은 공지사항과 FAQ, 문의게시판, 자료실 등 이러닝 과정의 운영 특성과 고객의 유형 및 성향에 따라 다양하게 활용이 가능함 • 수강생들은 문의게시판을 통해 공지사항 내용 관련 질문, 강의 수강 중에 발생한 콘텐츠 재생 오류, 시스템 오류 등에 대해 문의함 • 운영자는 기존에 발생했던 유형별, 상황별 사례를 정리하여 서비스 장애 대응 매뉴얼을 마련하고 문제 상황에 대처할 수 있도록 체계적인 관리 계획을 수립해야 함
전화	• 전화 응대는 고객과 대면하는 가장 보편적 수단 중 하나로, 운영자에게 요구되는 가장 기본적인 업무 수행 역량에 해당함 • 해당 교육기관의 고객서비스 원칙에 따라 전화 응대 매뉴얼을 마련하여 응대 전략을 수립해야 함. 매뉴얼은 전화 수신 시에 기본적으로 사용할 인사말과, 통화 중에 필요한 메모 작성, 경청과 공감 등의 응대 기법, 종료 인사말 등을 포함하여 구성함

SNS	• 아래의 그림에서 볼 수 있듯이 연령에 따라 선호하는 SNS 방식에는 차이가 있으며, 이용 목적과 방법에 따라서도 다를 수 있음 • 연령대에 따라 선호하는 순위대로 나열하면, 10대는 페이스북과 인스타그램, 20대는 인스타그램과 페이스북, 30대는 인스타그램과 페이스북, 40대는 페이스북과 인스타그램, 50대는 카카오스토리와 네이버 밴드, 60대 이상은 카카오스토리와 네이버밴드를 주로 선호하는 것으로 나타남 • 교육기관은 고객의 연령대와 성별에 맞는 SNS 채널을 선정하고, 해당 채널의 특성을 잘 활용하여 고객과의 응대 전략을 수립하고 자료 제작을 하는 것이 필요함 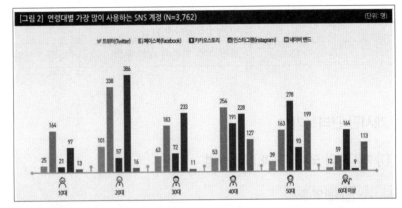 ※ 출처: 김주완(2021.11.07.). 20대가 가장 선호하는 SNS는 인스타그램…40·50대는 달랐다 [김주완의 어쩌다IT]. 한국경제신문. Retrieved from https://www.hankyung.com/it/article/202111050200i
웹진	• 온라인 형태로 발행되는 웹진을 통해서는 SNS보다 많은 디지털 자료를 담아 고객 응대 및 홍보 자료로 활용이 가능함 • 웹진은 보통 일정한 주기를 가지고 분기당 1회, 월 1회 등의 형태로 발행되는데, 어느 정도의 주기로 어떤 주제와 내용을 포함할 것인지 검토하여 서비스를 결정해야 함

(3) 전화 상담 서비스 업무 전략

① 전화상담 서비스는 문의사항의 신속하고 정확한 해결을 희망하는 고객에게 유용하다. 운영자는 정확한 업무 지식과 성의 있는 답변을 제공하여 고객에게 신뢰를 줄 수 있다.

② 전화 응대 매뉴얼에 따라 문의 내용을 체계적으로 분류하고, 유형별 문제 해결 전담 부서를 지정하여 전문적인 전화 민원 처리를 하는 것이 바람직하다.

표 2-4-29 영역별 전화 응대

영역	문의 내용	처리 결과
과정 운영	이러닝 과정의 운영 서비스 관련	과정 운영자 직접 해결
콘텐츠	강의 콘텐츠 내용 및 서비스 오류	콘텐츠개발팀 협조
시스템	학습관리시스템 사용 오류	정보지원팀 협조

③ 전화상담 시 상담일지를 활용하여 고객의 요청사항과 운영자의 문제 처리 결과를 함께 기록한다. 이를 통해 운영 서비스에서 개선할 점을 모색하고 동일한 요청사항에 대해서는 반복적인 문제가 발생하지 않도록 개선한다.

표 2-4-30 상담일자별 전화 응대

일시	상담 내용	처리 결과
1월 12일 10시	동영상 수강 기록이 지워짐	관련 부서에 확인 요청
1월 12일 14시	수강 중인 과정의 동영상 재생 버튼이 작동하지 않음	동영상 플레이어 재설치 안내 완료
1월 12일 15시	과정 이수 기준에 대한 문의	과정 운영자가 안내 완료

3) 게시판 관리하기

(1) 게시판의 모니터링과 답변 방법

① 게시판의 종류

그림 2-4-15 게시판의 종류

공지사항	1:1 게시판	학습 Q&A	자유게시판	자주 묻는 질문(FAQ)

- 게시판은 교육기관의 시스템과 사용 정책에 따라 다양한 형태를 활용한다. 대표적으로 활용되는 게시판에는 공지사항, 1:1 게시판, 학습 Q&A, 자유게시판, 자주 묻는 질문 (FAQ) 등이 있다.

- 너무 많은 게시판을 운영하면 수강생이 운영자와의 커뮤니케이션에 더욱 혼란을 줄 수 있기 때문에, 이러닝 과정 운영을 위해 꼭 필요한 게시판을 선택하여 사용한다.

- 자주 묻는 질문(FAQ): 수강생들이 운영자에게 자주 묻는 기본적인 질문에 대해 Q&A 형식으로 정리한 것이다. 교육기관에 따라 필수적인 질문과 항목을 분류하여 '회원정보', '과정 신청 및 결재', '학습장애', '고용보험환급', '내일배움카드' 등의 주제로 제시하기도 한다. 수강생들은 1:1 게시판을 통해서 질문을 남기기 전에, FAQ를 통해 문의 사항을 확인할 수 있는 장점이 있다.

그림 2-4-16　자주하는 질문 게시판

자주하는 질문

| 공통 | 장기교육과정 | 단기교육과정 | 글로벌 교육 | 나라배움터 |

교육/평가

구분	질문/답변
Q	국가공무원인재개발원에서 어떤 교육을 운영하고 있나요?
Q	교육교재를 구입할 수 있는 방법이 있는지 궁금합니다.
Q	교육과정 수료 후, 상시학습시간 등록을 해야 하는데 교육수료 확인은 어떻게 하나요?
Q	교육생에 대한 교육 평가는 어떠한 방식으로 이루어지나요?
Q	교육수료 기준이 궁금합니다.

※ 출처: 인사혁신처 국가공무원인재개발원 https://www.nhi.go.kr/sharing/faq/List.htm

② 게시판의 문의 내용 분류

- 게시판의 문의 내용은 이러닝 과정의 신청과 관련된 회원가입과 수강 신청 영역, 학습활동과 관련된 학습, 평가 및 이수 영역, 운영 서비스와 학습장애 영역 등으로 분류할 수 있다.
- 운영자가 처리할 수 없는 문의 사항은 담당 부서와의 긴밀한 협조를 통해 해결한다.

표 2-4-31　게시판의 문의 내용 분류

회원정보	수강 신청	학습/평가	학습장애	운영서비스
• 회원가입 • 아이디 찾기 • 비밀번호 변경 • 회원정보 수정 • 공인인증서	• 수강 신청 • 취소 및 환불 • 교재 배송 • 국비교육 (고용보험환급, 내일배움카드 환급)	• 진도율 • 과제 제출 • 퀴즈 점수 • 시험 점수 • 이수 조건 • 특강 참여	• 동영상 오류 • 음성 오류 • 네트워크 오류 • 시스템 오류	• 모바일 수강 • 단체수강 할인 • 복습을 위한 재수강 • 포인트 사용

③ 게시판 모니터링과 문의 사항 답변 방법

• 〈예시〉 문의 사항 게시판의 질문내용

그림 2-4-17 게시판 문의 내용 예시

작성자	박○○		작성일시	2023. 3. 20
제목	수강 신청 기간이 마감된 과정을 수강하고 싶습니다.			
문의 내용	안녕하세요? ○○○과정을 수강하려고 했는데, 오늘 사이트에 들어가서 확인해 보니 수강 신청 기간이 지나서 신청 버튼이 비활성화되어 있습니다. 아직 과정 오픈 전인데 수강 신청을 할 수 있도록 열어 주실 수 있을까요? 제가 수강 신청을 하려면 어떻게 해야 할까요?			
첨부 파일	없음			
수신 연락처	000-0000-0000, 000000@naver.com			

• 문의 내용 답변 작성 방법: 교육기관을 대표하여 공식적인 답변을 하는 것이므로 정확한 내용을 바탕으로 간결하고 핵심적인 내용을 작성한다.

• 문의 내용 답변 작성 방법: 답변 내용에는 먼저, 간단한 인사말과 작성자를 소개하고, 문의 사항에 대한 처리결과를 안내한다. 핵심 내용을 중심으로 작성하되, 고객의 입장에서 필요한 정보와 안내 사항이 있다면 짧게 덧붙이는 것이 좋다. 작성한 답변을 게시하기 전에 오탈자나 문장, 표현상의 오류가 있는지 다시 확인해야 한다. 게시판 하단에는 고객 만족도 체크 문항을 통해 고객 대상의 서비스 수준을 모니터링하고 업무 개선을 위한 자료로 활용한다.

• 〈예시〉 문의 사항 게시판의 질문내용에 대한 운영자의 답변

그림 2-4-18 게시판 답변 내용 예시

작성자	김○○	작성일시	2022. 12. 20
제 목	Re: 수강 신청 기간이 마감된 과정을 수강하고 싶습니다.		
문의 내용	안녕하세요 ○○○○○평생교육원 담당자 ○○○입니다. 문의하신 과정은 운영 준비로 인해서 마감하였지만, 수강을 희망하신다고 하여 수강 신청 하실 수 있도록 신청 버튼을 활성화하였습니다. 내일까지 꼭 수강 신청과 함께 결제를 진행해주시기 바랍니다. 과정 운영과 관련된 학사일정과 세부 안내 사항은 등록 이후에 발송해드릴 예정입니다. 감사합니다.		
고객 서비스 만족도	고객서비스 품질 점검을 위해서 만족도를 평가해 주시면 감사하겠습니다. ☐ 매우만족 ☐ 만족 ☐ 보통 ☐ 불만족 ☐ 매우불만족		

④ 고객의 문의 사항 유형 및 내용

- 고객의 문의 사항은 보통 행정 운영 영역과 관련된 단순한 것들이 많으며, 고객 유형에 따른 문의 사항 예시는 다음과 같다.

표 2-4-32 고객의 문의 사항 유형 및 내용

기관 및 교육과정	문의 내용
평생교육기관	학점은행제 관련 제도와 학점취득 관련 문의
고용보험환급 및 내일 배움카드 활용 과정	재직자 및 실직자가 참여할 수 있는 교육 프로그램, 교육비 지원 내용, 한도금액, 이수 조건, 수료증 발급 등
교원연수기관	교육 프로그램과 학점 및 이수 조건, 연수지명번호, 나이스 번호 등

- 교육기관의 운영자 및 관리자는 해당 기관의 수강생들에 대한 고용보험환급과 내일배움카드 관련, 법정교육 관련, 학점은행제의 학점 취득 관련, 교원연수 관련 내용에 대해 확인하고, 자주 묻는 질문(FAQ)에 대해서 미리 파악해 둘 필요가 있다.

⑤ 고객의 문의 사항 처리 전략

- 교육기관에 문의 사항 응대 매뉴얼이 마련되어 있는 경우가 많지만, 운영제도나 정책이 변경되면서 내용상에 변화가 발생하기도 한다. 따라서, 관련 정보에 대해서 평소에 자주 모니터링하고 변화된 부분에 대해서는 정리해 둔다.

- 고용보험, 학점은행제, 교원연수 등을 관리하는 기관의 홈페이지에서 정보를 탐색하고 자주 묻는 질문(FAQ)이나 관련 게시판에서 최신 정보를 습득할 수 있다.
- 학점은행제 관련 내용: 국가평생교육진흥원 학점은행제(https://www.cb.or.kr)의 자주 묻는 질문(FAQ)에서 관련 정보를 습득할 수 있다.

표 2-4-33 학점은행제의 자주 묻는 질문(FAQ)

1	**Q 학습자 등록을 해야만 수강 신청이 가능합니까?** A 학습자 등록을 하지 않은 상태에서도 평가인정학습과정 또는 시간제 수업을 수강할 수 있습니다. 예를 들어, 2020년 2월 전문대학을 졸업하는 학습자는 3월 이후 평가인정학습과정 또는 시간제 수업을 이수할 수 있습니다. 졸업 이후인 2020년 2분기(4월) 신청 기간부터 학습자 등록 및 학점인정 신청을 할 수 있지만, 학습자가 희망한다면 학습자 등록 이전에도 평가인정학습과정 또는 시간제 등록을 통해 2020년 1학기 학습과목을 이수할 수 있습니다.
2	**Q 학점은행제를 통해 학위를 취득하면 정규 대학 졸업자와 동등한 학력으로 인정받습니까?** A 학점은행제로 취득한 학위는 「학점인정 등에 관한 법률」 제8조 제1항에 의거하여 대학 또는 전문대학 졸업자와 동등한 학력을 인정받습니다.
3	**Q 학습자 등록 이후 학위 취득까지의 기간이 정해져 있습니까?** A 학점은행제는 학습자등록 이후 학위취득 시까지 몇 년 내에 학위취득을 해야 한다는 등의 연한 제한이 없습니다. 이는 평생교육의 차원에서 운영되는 제도이므로, 개별 학습자의 상황에 따라 학점을 취득한 후 요건 충족 시 학위취득이 이루어지며, 한 번 등록하면 학습자의 필요에 의해 취소하지 않는 한 등록학점은 영구 보존됩니다
4	**Q 학점은행제에서 복수전공으로 학위를 취득할 수 있습니까?** A 학점은행제에서는 하나의 학위과정 및 전공으로만 진행 가능합니다. 대학의 복수전공과 같이 동시에 2개 이상의 전공에 대한 학위 취득은 불가능하며, 다른 전공의 학위 취득을 희망할 경우는 먼저 전공 하나에 대한 학위 요건을 충족하여 학위 취득 이후 "타전공 학위 수여" 요건을 충족하여 다른 전공의 학위를 추가 취득할 수 있습니다. "타전공 학위 수여" 시에는 학위 취득한 후에 새롭게 이수한 학점에 대해서만 인정됩니다. 따라서 타전공 학위 수여 요건에 필요한 교과목 등을 미리 이수하여도 타전공 학위과정에서는 인정되지 않으므로 주의하셔야 합니다. 예 학점은행제 사회복지학 학사과정 진행 중인 학습자가 사회복지학 학사과정 중 [보육학개론]을 이수하였음. 사회복지학 학사학위 취득 이후 아동학 타전공 학위과정을 진행할 경우 사회복지학 전공 과정에서 이수한 [보육학개론]은 인정되지 않음.
5	**Q [매뉴얼 포함] 학위 신청은 어떻게 하나요?** A [교육부장관 명의 학위 신청] 학점은행제의 학위는 필요한 학점을 취득하였다고 해서 자동으로 수여하는 것이 아닙니다. 학위 취득을 원하는 학습자는 반드시 정해진 기간 동안 【학위 신청】을 해야 합니다. 학점을 모두 취득하여 인정받았더라도 해당 기간에 학위 신청을 하지 않으면 학위 수여가 불가능합니다.

	학위 신청은 학위 신청 기간 중에 【홈페이지】-【학위 신청】 배너를 통해 인터넷으로 신청할 수 있습니다. 일반적인 학위 신청 기간은 다음과 같으며, 공휴일 등에 따라 신청기간이 달라질 수 있습니다. 자세한 신청 방법은 첨부파일을 참고하시기 바랍니다. – 전기학위 신청(2월 학위 수여): 12월 15일~다음 해 1월 15일 – 후기학위 신청(8월 학위 수여): 6월 15일~7월 15일 학위 신청 시에는 본인 확인을 위해 공인인증서 확인절차를 거치므로, 공인인증서를 미리 발급받아야 합니다. 일반적으로 학위 신청 기간 이후 해당 신청자를 바탕으로 하여 학위사정을 거쳐 최종적인 학위 수여대상자 명단을 확정하고 있습니다. ※ 단, 학점은행제 홈페이지에서의 학위 신청은 교육부장관 명의 학위 수여자에 한하며, 대학의 장에 의한 학위 수여자는 해당 대학으로 신청해야 합니다.

※ 출처: 국가평생교육진흥원 학점은행제 https://www.cb.or.kr/creditbank/stuHelp/nStuHelp3_1.do?m_szTopChk=CHK

- 내일배움카드 및 고용보험 환급 관련 내용: 직업훈련포털 HRD-Net(https://www.hrd.go.kr) 홈페이지의 각종 정보 및 매뉴얼과 자주 묻는 질문(FAQ)에서 관련 정보를 습득할 수 있다.

표 2·4·34 직업훈련포털 HRD-Net의 자주 묻는 질문(FAQ)

1	**Q 근로자는 근로자과정만, 구직자는 구직자 과정만 수강 가능한가요?** A 근로자도 구직자과정을, 구직자도 근로자과정을 수강할 수 있습니다. 다만, 인터넷 원격과정(온라인과정), 법정직무 과정, 외국어 과정의 경우 근로자는 근로자 과정만, 구직자는 구직자 과정에 한해 수강 가능합니다. ※ 카드 발급 이후 고용 형태가 변경된 분들은 지원 대상이 변경되지 않아 인터넷 원격과정(온라인과정)의 수강 신청이 안 될 수 있으니 관할 고용센터에 문의하시어 변경 요청 해주시기 바랍니다.
2	**Q 국민내일배움카드 유효기간이 만료되었는데 어떻게 하나요?** A 실물카드 유효기간은 일반적인 신용·체크 카드의 유효기간과 동일한 개념으로 해당 카드로 결제를 할 수 있는 유효기간을 의미합니다. 따라서 자비부담액이 있는 과정의 수강을 원하시는 경우, HRD-NET 상의 국민내일배움카드 유효기간과 소지하고 계신 실물 카드의 유효기간이 모두 만료 전이어야 수강 신청 및 등록이 가능합니다. 1. 소지하고 계신 실물카드의 유효기간이 만료된 경우, 발급받으신 카드사에 문의하여 재발급받으시면 됩니다. 일반적인 신용, 체크카드의 재발급과 동일한 방법으로 진행해 주시면 됩니다. 2. HRD-NET 상에 나오는 국민내일배움카드의 유효기간이 만료된 것이라면 HRD-NET 상에서 국민내일배움카드 발급 신청을 해주시면 됩니다. 기존 발급받으신 카드와 연동해서 사용을 원하시면 기존 카드 재사용으로 해주시면 됩니다. 신규 발급으로 선택 시에는 새로운 카드번호가 부여되며 카드를 다시 발급받게 되고 HRD-NET 상의 유효기간과 한도도 새롭게 갱신됩니다. 단, 발급 신청을 통한 유효기간 및 한도 갱신은 유효기간이 남아있거나, 발급 대상이 아닌 분은 불가합니다.

3	**Q 근로장려금 수급대상자 등의 첨부서류 등록 방법**
	A HRD–NET 홈페이지상에 수강 신청 버튼 클릭 후 (수강하시려는 과정이 140시간 이상인 경우, 진단상담 완료 후 마지막 페이지에서 활성화됩니다.) 해당 버튼 눌렀을 때 나오는 팝업 화면에서 지원 유형을 근로장려금 수급자로 선택하면 첨부 서류를 입력하는 란이 생성되며 그곳에 증명서 등록해 주시면 됩니다.

※ 출처: 직업훈련포털 HRD-Net 자주 묻는 질문 https://www.hrd.go.kr/hrdp/ct/pctdo/PCTDO0100L.do

- 사이버대학 관련 내용: 사이버대학 관련 내용은 사이버대학 종합정보(http://cuinfo. net)와 한국원격대학교육협의회(http://www.kcou.org/)에서 확인할 수 있으며, 각 대학의 입학 요강에도 잘 설명되어 있다.

표 2-4-35 사이버대 관련 자주 묻는 질문(FAQ)

1	A	**Q 사이버대 신입학 및 편입학 지원 자격은 어떻게 되나요?** (아래는 A 내용)

Q 사이버대 신입학 및 편입학 지원 자격은 어떻게 되나요?

A
[1학년 신입학]
- 고등학교 졸업(예정)자
- 고등학교 검정고시 합격자 또는 교육법에 의하여 동등한 학력이 있다고 인정된 자

[2학년 편입학]
- 전문대학 졸업 및 법령에 의하여 이와 동등한 학력이 있는 자
- 정규 4년제 대학교에서 1학년(2개 학기) 이상을 수료하고, 35학점을 이수한 자
- 평생교육진흥원 학점은행 학습자의 경우 35학점 이상을 취득한 자

[3학년 편입학]
- 전문대학교 졸업 및 법령에 의하여 이와 동등한 학력이 있는 자
- 정규 4년제 대학교에서 2학년(4개 학기) 이상 수료하고, 70학점을 이수한 자
- 평생교육진흥원 학점은행 학습자의 경우 70학점 이상을 취득한 자

Q 2학년 또는 3학년 편입 후 이수해야 하는 학점은 몇 학점인가요?

A 편입하는 경우에는 입학 이전에 취득한 학점을 인정받게 되며, 인정 학점을 제외한 학점을 이수하면 됩니다.

구분	졸업학점	인정학점	입학 후 이수학점
2학년 편입	140학점	35학점	105학점
3학년 편입	140학점	70학점	70학점

Q 졸업학점은 몇 학점을 이수해야 하나요?

A 총 취득학점 140학점 이상을 이수해야 합니다.

4	**Q 조기졸업이 가능한가요?**
	A 신입생은 1년(2개 학기), 편입생은 1개 학기를 단축하여 조기 졸업할 수 있습니다.
5	**Q 지방 또는 해외 거주자도 입학 가능한가요?**
	A 온라인으로 수업이 진행되기 때문에 인터넷만 사용할 수 있다면 입학이 가능합니다.
6	**Q 편입 시 복수전공을 할 수 있나요?**
	A 학우님께서 희망하시는 복수전공 신청이 가능합니다.
7	**Q 장학금 혜택은 무엇이 있나요?**
	A 장학금에는 교내장학금과 교외장학금(국가장학금)으로 구분하여 지급하며, 장학 종류 유형별로 자격요건이 다르므로 '등록금 시뮬레이션' 메뉴에서 자신에게 맞는 장학 유형을 검색해 보시기 바랍니다.
8	**Q 시간제 수업은 어떻게 진행되며 등록금은 얼마인가요?**
	A 매 학기 모집 기간에 시간제로 등록하실 수 있고, 정규학생들과 함께 학습하고 평가 받습니다. 등록금은 1학점당 8만 원이며, 한 학기 동안 최대 12학점까지 신청할 수 있습니다. 예를 들어, 1과목(3학점)을 수강하면 24만 원의 수업료를 납부하면 됩니다.
9	**Q 산업체 위탁전형은 무엇인가요?**
	A 우리 대학과 위탁교육 협약을 체결한 산업체, 단체 등의 재직자가 신편입학할 수 있는 제도로, 위탁 협약이 되어 있어 등록금 감면 혜택을 받을 수 있습니다.
10	**Q 군위탁 전형은 무엇인가요?**
	A 군인으로서 각 군 참모총장 및 교육부장관의 추천을 받은 자에 대해 지원이 가능하며, 전형료 면제 등의 위탁장학 혜택이 있습니다.

⑥ 모니터링 결과 처리되지 않은 게시판 내용의 해결 방법

콘텐츠, 시스템, 과정 운영 오류에 따라 해결 방법을 모색한다.

표 2-4-36 **모니터링 결과 처리되지 않은 게시판 내용의 해결 방법**

구분	해결 방법
콘텐츠 오류	• 콘텐츠와 강의 교안의 내용이 다르거나, 자막 및 음성 오류, 오타 등이 있을 때 콘텐츠개발팀의 협조를 통해 수정 • 영상과 음성 기반의 강의 콘텐츠는 관련 부서 및 담당 교·강사와 수정 관련 논의를 거쳐야 하므로 시간이 걸릴 수 있다는 내용을 고객에게 미리 안내
시스템 오류	동영상 플레이어 설정 문제: 동영상 플레이어가 재생이 안 될 때, 학습환경의 미디어 플레이어 설치 관련 웹페이지를 안내하고, 기존의 플레이어를 삭제하고 재설치하도록 안내
	네트워크 오류: 대규모의 수강인원을 대상으로 고화질의 콘텐츠를 서비스할 때, 1G 이상의 네트워크를 사용하거나 CDN 서비스를 도입하고, 네트워크 트래픽이 걸리지 않는지 모니터링을 통해 관리

시스템 오류	서버 용량의 한계: 이러닝 콘텐츠를 서비스할 때 문제가 발생하지 않도록 서버 성능 상태(CPU, 메모리)를 점검해야 함
	브라우저 버전과 캐시의 문제: 간혹 이러닝 콘텐츠와 콘텐츠가 재생되는 기본 브라우저(크롬, 엣지 등) 버전이 맞지 않으면 재생이 되지 않기 때문에 호환성 보기 설정을 통해서 확인해야 하며, 브라우저 캐시 및 쿠키를 삭제하여 해결해야 하는 경우도 있음
운영 오류	운영자 선에서 즉시 해결할 수 없으며 교·강사가 해결해야 하는 문제는 교·강사에게 연락을 취하여 해결하도록 한다. 운영 정책상의 문제에 대해서도 관계자들과 충분히 논의를 거쳐 해결

4) 고객 요구사항 지원하기

과정을 수강하는 학습자와 기업 혹은 교육기관의 요구사항을 철저히 파악하여 지원한다.

(1) 고객센터를 통한 지원

① 대부분의 이러닝 교육기관에서는 다양한 채널을 통해 고객센터를 운영하여 문의 사항에 대응하고 있다.

② 고객센터: 학습자가 자체적으로 문제를 해결할 수 있도록 공지사항과 **자주 묻는 질문(FAQ) 게시판**을 비롯한 다양한 정보를 제공하며, 개별적인 문의 사항에 대해서는 1:1 **문의게시판**이나 **이메일 상담**을 통해 답변을 제공하고 있다.

③ 원격지원서비스: 학습을 수행하는 도중에 컴퓨터에 문제가 생겼을 때 **담당자가 학습자의 컴퓨터에 접속**하여 학습자의 화면을 함께 보면서 문제를 해결하는 서비스이다.

④ 학습장애 서비스: **접속환경**에 대한 부분으로 브라우저 캐시 삭제의 절차, 인터넷 옵션 설정 절차 등에 안내하여 원활하게 이용할 수 있도록 지원한다.

⑤ **전화상담**: 콜센터를 통해 제공되며, 최근에는 **전화상담 예약제도**를 도입하여 상담 희망 일시, 연락처, 상담 내용, 첨부파일, 전화번호를 남기면 운영자가 전화로 상담을 진행하고 있다.

⑥ 챗봇 및 카카오톡 상담: 최근에는 **챗봇과 카카오톡을 활용**하여 빠른 문의 사항 처리와 고객 만족도 향상을 위한 서비스를 도입하는 대학이나 평생교육원이 늘어나고 있다.

그림 2-4-19 고객센터 메뉴

(2) 고객 문의 사항 처리 전략

① 고객센터의 각 담당 영역별로 대응 매뉴얼을 만들어 고객의 문의 사항에 응대하고, 고객 맞춤형 지원을 통해 고객 만족도를 향상해야 한다.

② 고객센터의 담당자가 **고객 친화성과 유연한 대인관계 능력 및 소통 능력을 보유**할 때 고객의 불편 사항을 원만히 해결할 수 있다.

③ **고객상담일지 혹은 접수대장을 작성하고 관리한다.** 상담 내용을 기록해 두면 다음에 동일한 상황이 발생할 때도 참고할 수 있으며 문제를 해결하는 데 도움이 된다. 상담 일지에 상담 내용과 함께 처리결과 혹은 업무 개선 방향을 작성하면, 동일한 컴플레인에 효율적으로 대처할 수 있으며 업무 프로세스 개선을 통해 문제 상황이 발생하는 것을 줄일 수 있다.

표 2-4-37 고객 상담일지 예시

번호	상담 일자	고객명	상담 내용	관련 부서	처리 결과	고객 피드백 여부
1	1월 12일	박○○	콘텐츠 음성 불량	콘텐츠개발팀	관련 부서에 수정 요청	완료
2	1월 13일	김○○	이수증 발급 불가	과정 운영팀	시스템 점검 후 발급	완료
3	1월 15일	서○○	학습 진도 기록 사라짐	시스템 운영팀	시스템 점검 요청	추후 진행
4	1월 15일	이○○	시험 응시 불가	과정 운영팀	시험 응시방법 재 안내	완료
5	1월 17일	안○○	결제영수증 발급 요청	과정 운영팀	발급 후 출력 안내	완료

④ 실무부서의 협조를 얻어 문의 사항을 해결해야 하는 경우, 문제 처리 후에 고객에게 다시 연락하여 안내할 필요가 있다.

이것만은 기억합시다

- 학습자 관리: 이러닝 운영자가 학습자 정보(ID 및 비밀번호, 성명, 생년월일, 이메일, 휴대전화) 및 학습관리시스템(LMS)에서 출석과 진도율, 성적, 학습활동 참여 현황 등 학사 전반에 대해 관리 활동을 하는 것

- 평가 기준과 평가 항목: '출석', '시험(퀴즈)', '과제' 등의 평가 항목에 대해 평가 비율을 종합적으로 판단하여 최종 성적을 부여하는 것

- 성적 이의신청: 교수자가 평가한 성적이 부당하다고 느낄 때 학습자가 취소 혹은 변경 신청하는 제도

- 수료증 발급: 이러닝 과정을 이수한 학생에게 수료했다는 증명 문서를 발급하는 활동

- 교·강사 질 관리: 이러닝 과정의 품질 관리를 위해서 교·강사들의 과정 개발 및 단계별 운영에 대해 지속적인 평가를 하는 활동. 예 학습자 대상 강의 평가와 기관 내부 평가위원회의 평가 활동

- 교·강사 운영활동 안내: 이러닝 과정 시작 전에 해당 과정의 학사일정과 학습관리시스템의 사용법 등을 안내하는 활동

- 교·강사 불편 사항 지원: 교·강사가 느끼는 불편 사항을 해결하기 위한 활동. 예 강의 콘텐츠, 학습관리시스템(LMS), 학습활동 관리 및 운영, 교·강사 관리 정책 등

- 고객 컴플레인 관리: 고객사가 의뢰한 이러닝 과정을 진행할 때 수강 인원, 학습관리시스템, 운영 결과 보고서 등 문제 발생 시 대응책을 마련하여 해결하는 활동

- 고객서비스의 채널 활용 전략: 이메일, SMS, 쪽지, 게시판, 전화서비스, SNS 등의 고객서비스 채널을 활용하여 고객서비스 전략을 수립하는 활동

- 게시판 모니터링: 게시판(공지사항, 1:1 게시판, 학습 Q&A, 자유게시판, 자주 묻는 질문(FAQ) 등)의 내용을 모니터링하여 문의 사항을 해결하는 활동

- 고객 응대: 고객의 불편 사항과 문의 사항에 대해 신속하고 정확하게 응대하여 문제를 해결하는 활동

Chapter 05 학습자 지원활동

학습안내

5장에서는 이러닝 과정 수강생들에 대한 지원활동에 대해서 살펴본다.

먼저, 이러닝 운영 담당자 측면에서 과정 입과와 수료 기준에 대한 안내, 이러닝 과정 운영자의 학습 지원 활동인 운영 관리 업무, 콘텐츠 관리 업무, 커뮤니케이션 업무, 학습자 지원 업무에 대해 살펴본다. 그다음으로 이러닝 튜터(혹은 교·강사)의 학습 촉진 활동 방법과 운영 담당자가 이러닝 튜터의 활동을 지원하는 방안에 대해 소개한다.

학습목차	내용
1. 운영 담당자의 지원활동	1) 운영 담당자의 학습자 지원활동의 개념
	2) 운영 담당자의 학습자 지원활동의 종류
2. 이러닝 튜터의 지원활동	1) 이러닝에서의 학습 촉진 방법
	2) 이러닝에서의 상호작용 방법
	3) 이러닝 튜터의 학습 촉진 활동
	4) 이러닝 튜터 활동 지원하기

학습목표 / 5장 학습 후 할 수 있는 일

1. 이러닝 운영 담당자의 학습자 지원활동 개념을 설명할 수 있다.
2. 이러닝 과정 운영자의 학습 지원활동을 나열할 수 있다.
3. 이러닝 학습을 위한 6가지 학습 촉진 전략을 열거할 수 있다.
4. 이러닝 교육환경에서 4가지 상호작용의 개념과 특징을 구분할 수 있다.
5. 이러닝 튜터의 역할, 역량에 대해서 이해하고 이러닝 운영자로서 지원활동을 할 수 있다.
6. 이러닝 튜터 교육과 평가 방법에 대해서 이해하고 실무에 활용할 수 있다.
7. 이러닝 튜터 활동 지원을 위한 이러닝 운영자의 활동 지침을 설명할 수 있다.

주요 용어 / 핵심 키워드

이러닝 학습 촉진 전략, 이러닝 상호작용 방법, 이러닝 튜터 역할, 이러닝 튜터 역량, 이러닝 튜터 교육, 이러닝 튜터 평가, 이러닝 튜터 지원 지침

1) 운영 담당자의 학습자 지원활동의 개념

① 운영 담당자의 학습자 지원활동은 학습자들이 학습 과정에서 발생할 수 있는 문제를 해결하고, 학습효과를 극대화하기 위한 활동을 말한다.

② 이러한 활동은 학습자들이 학습 과정에서 어려움을 겪을 때 해결책을 제시하거나, 학습자들의 진도 및 학습 내용을 체크하고 피드백을 제공하는 것을 포함한다.

③ 학습자들의 학습 동기 부여, 학습 목표 설정 및 성취도 평가 등 학습의 전반적인 관리와 지원을 담당한다.

④ 운영 담당자의 학습자 지원활동은 학습자들의 학습성과와 만족도를 높이는 데 중요한 역할을 한다. 이를 위해서는 학습자들의 학습 능력 및 학습 스타일을 파악하고, 이에 맞는 맞춤형 지원을 제공하는 것이 필요하다.

⑤ 학습자들과 원활한 소통을 유지하며, 학습환경 개선 등의 다양한 조처를 하여 학습자들의 학습효과를 극대화할 수 있도록 노력해야 한다.

⑥ 이러한 업무들은 학습환경의 원활한 운영을 위해 적극적으로 수행되어야 하므로 운영 담당자는 학습자와 튜터, 콘텐츠 제작자와 관리자 등 다양한 역할을 수행하면서, 체계적이고 효율적인 운영관리 및 지원을 위해 노력해야 한다.

2) 운영 담당자의 학습자 지원활동의 종류

운영 담당자의 학습자 지원활동은 크게 운영 관리, 콘텐츠 관리, 커뮤니케이션 관리의 3가지 업무로 구분할 수 있다.

표 2-5-1 운영자의 학습자 지원 활동

구분	내용
운영 관리 업무	수강 신청부터 수료까지, 학습자들의 진도, 평가 수행 등 학습과정 전반을 관리한다. 학습 일정을 관리하여 효율적인 학습 진행을 지원
콘텐츠 관리 업무	• 기존 학습 콘텐츠의 내용이나 형식을 업데이트하여 최신 정보를 제공하거나 학습 경험을 개선할 수 있도록 지원 • 학습 콘텐츠가 학습자들에게 적절한 수준의 집중도와 난이도를 제공하는지 확인하고, 내용 오류 발견 시 이를 수정하여 품질을 개선
커뮤니케이션 업무	• 학습자들이 문제를 겪거나 질문하면 해결책 제시 • 학습자들이 소속된 커뮤니티(온라인 포럼, 그룹 채팅 등)를 관리하고 지원

(1) 운영 관리 업무

① 수강 신청 안내

- 수강 신청 안내 업무는 **학습자들이 이러닝 과정 수강을 위한 첫 번째 단계**이다. 수강 신청 절차가 원활하게 이루어지지 않으면 과정 수강에 어려움이 있을 수 있다. 따라서 운영 관리자는 수강 신청 절차를 분명하게 안내하여 학습자들이 수강 신청을 쉽게 할 수 있도록 해야 한다.

  첫째, 학습자는 웹브라우저 주소창에 학습 사이트의 도메인을 직접 입력하거나, 저장된 즐겨찾기, 포털 사이트 검색을 통해 학습 사이트를 방문한다.

  둘째, 학습 사이트에서 수강하고자 하는 과정을 검색한다.

  셋째, 과정명을 클릭하여 상세 정보를 확인한다. 과정의 상세 정보에는 과정명, 학습 기간, 수강료, 강사명, 관련 도서명, 학습 목표, 학습 목차, 수강 후기, 기타 과정 관련 정보 등이 기재되어 있다.

  넷째, 수강 신청을 위해서는 로그인해야 하며, 로그인 전에 회원가입을 완료해야 한다. 회원가입 시 본인인증을 요구하는 등 운영기관별 인증 절차가 상이하므로 사전에 해당 운영기관의 회원가입 및 수강 정책을 확인해야 한다.

  다섯째, 로그인 후 수강 신청을 할 수 있으며, 신청 결과는 '마이페이지' – '결제내역' 또는 '수강 신청내역'에서 확인할 수 있다. 과정 수강 여부는 과정 운영 일정에 따라 다른데, 수강 신청 즉시 수강할 수 있는 수시수강도 있고, 특정 시간에 열리고 닫히는 등의 기간 수강도 있다. 어떤 경우에는 수강 신청을 위한 별도의 조건을 요구하는 경우가 있으니 이러한 정책도 사전에 파악해 놓아야 한다.

  여섯째, 수강할 수 있는 일자가 도래하면 학습을 진행한다.

② 학습 진행

- 수강 신청이 완료되면 '나의 강의실'에서 수강 신청한 과정을 확인할 수 있다. 본격적인 학습에 임하기 전 강의실 내 학습 안내와 학습 지원 관련 정보를 꼼꼼하게 확인한다.

  첫째, 학습을 진행하려면 강의(차시) 목록에서 '학습하기' 버튼을 클릭한다.

  둘째, 차시로 구성된 커리큘럼에 따라서 학습을 진행하면 되는데, 학습 진행을 순차적으로 진행해야 하는지, 랜덤하게 수강해도 되는지 확인하는 것이 좋다.

  셋째, 콘텐츠 재생에는 문제가 없는지, 학습 지원 도구는 제대로 동작하는지 확인한다.

③ 과제 수행 방법

- 학습자는 성적에 민감할 수밖에 없으므로 과제에 신경을 많이 쓰는 편이다. 과제의 경우 수시로 제출할 수 있는 과제가 있고, 특정 기간에만 제출할 수 있는 과제가 있으니 과정별 평가 정책을 확인할 필요가 있다.
- 과제를 제출하면 튜터(혹은 교·강사)에 의해 채점 및 첨삭이 이루어진다.
- 튜터링이 필요한 과제의 경우에는 학습관리시스템(LMS)에서 튜터 권한으로 접속할 수 있는 별도 도메인이 있어야 하고, 과제가 제출되면 해당 과제를 첨삭할 튜터에게 알림을 전송할 수 있도록 장치가 마련되어야 한다.
- 과제의 점수에 따라서 성적이 달라지고, 성적에 따라서 수료 여부가 결정되므로 과제 평가 후에는 이의신청 기능이 있어야 한다. 또한 이의신청 접수 시 처리방안도 마련해 놓아야 한다.
- 객관적인 과제 채점을 위해 모사답안 검증을 위한 별도의 시스템을 활용한다.

참고!

※ 성적과 관련되지 않은 과제
- 성적과 관련되지 않은 과제라고 할지라도 학습자에게 관심을 유발하거나, 학습에 큰 도움이 될 때는 참여도가 높을 수 있다.
- 아무리 성적과 관련 없다고 할지라도 과제 제출을 요구한다는 것 자체가 학습자의 시간과 노력을 요구하는 것이 므로 체계적이고 객관적인 운영이 필요하다.
- 과제 첨삭 여부에 따라서 튜터링 인력을 사전에 구성할 필요가 있다.
- 최근 해외 MOOC 등에서는 과제 채점을 인공지능 시스템이 하는 경우, 동료 학습자들이 함께 채점하는 경우 등 다양한 시도가 나오고 있다.

④ 평가 안내

성적에 반영되는 요소는 일반적으로 진도율, 시험, 과제가 있다.

가. 진도율

- 진도율은 전체 수강 범위 중 학습자가 어느 정도 학습을 진행했는지 계산하여 제시하는 수치이다.
- 학습관리시스템(LMS)에서 자동으로 계산하여 강의실 화면에서 확인할 수 있다.
- 일반적으로 학습을 구성하는 페이지별로 접속 여부를 체크하여 진도를 처리하는데, 예외적으로 페이지 내에 포함된 학습활동 수행 여부를 진도에 반영하는 경우도 있다. 특히 동영상 강좌를 수강해야 하는 페이지의 경우 해당 페이지를 접속하기만

해도 진도가 체크되는 경우도 있고, 동영상의 길이, 즉 동영상 재생 시간만큼 학습을 해야만 진도 처리가 이루어지는 경우도 있다.

- 진도율은 일정 수치 이상 달성해야만 평가와 과제를 진행할 수 있는 등의 전제 조건으로 사용되는 경우가 많다.

나. 시험

- 평가는 차시 중간에 나오는 형성평가와 수료 조건 도달 시 나오는 총괄평가로 구분된다. 형성평가의 경우 성적에 반영되지 않는 경우가 많다.
- 학습관리시스템(LMS)에는 성적 반영 요소와 요소별 배점 기준을 설정하게 되어 있다.
- 총괄평가의 경우 문제은행 방식으로 부정행위에 대한 장치가 마련되어 있다.
- 총괄평가는 응시시간에 제한을 두며, 부정을 방지하기 위해서 별도의 시스템적인 제약을 걸어 놓는 경우도 있다.
- 평가 응시 간 학습 사이트의 접속장애로 평가 응시를 못하거나 응시 중 중단되는 경우가 발생할 수 있다. 총괄평가의 특성상 마감일자에 임박해 평가에 응시하는 경우가 많다. 갑작스러운 사용자의 증가로 시스템 장애가 발생하지 않도록 대비책도 마련해 두어야 한다. 예를 들어 총괄평가 후 성적표시 시간을 따로 두고 이의 신청을 받는 등 과정별 운영정책을 세워두는 것이 바람직하다.

다. 과제

- 과제는 과제 답안 제출 후, 튜터의 첨삭 이후 점수가 반영된다.
- 이를 위해 튜터(혹은 교·강사)를 별도로 관리하며, 첨삭을 위해 별도의 시스템을 마련하기도 한다.
- 학습자가 과제를 제출하면 튜터에게 과제 제출 여부를 알려주고, 과제가 채점되면 학습자에게 채점 여부를 알려주는 등의 상호작용이 필요하다.

※ 튜터링(첨삭) 관리업무

– 튜터링 프로그램 운영: 학습자들의 요구에 맞게 튜터링 프로그램을 운영한다. 이를 위해 프로그램 목표, 계획표, 강의 교재, 평가 등을 정하고 관리한다.

– 튜터링 팀 관리: 튜터링 팀을 구성하고 관리한다. 팀원의 역할과 책임, 일정 조정 등을 관리한다. 또한, 팀원들의 교육과 피드백을 제공하여 튜터링 질을 향상한다.

– 튜터링 활동 감독: 튜터링 활동을 감독하여 학습자들이 목표를 달성할 수 있도록 돕는다. 튜터링 세션에서 일어난 문제를 해결하고, 학습자의 진행 상황을 추적하며, 그 결과에 대한 피드백을 제공한다.

– 학습자 지원: 학습자들의 요구를 파악하고 지원한다. 이를 위해 튜터링 세션 이외에도 개인 상담을 통해 학습자들의 문제를 해결하고, 학습 계획을 세우는 등 지원한다.

– 튜터링 활동 평가: 튜터링 활동을 평가하고 개선한다. 이를 위해 학습자들과 튜터링 팀원들의 피드백을 수집하고 분석하여 프로그램을 개선한다.

⑤ 학습 촉진 활동

• 학습자 지원 업무 중 가장 중요한 활동은 학습자의 수료를 위한 학습 촉진 활동일 것이다.

• 학습 촉진 활동은 학습자들이 학습에 적극적으로 참여하고 학습 동기를 유지할 수 있도록 지원하는 활동으로, 학습자들의 학습성과를 극대화하는 데에 큰 역할을 한다. 따라서 과정 운영자들은 학습 촉진 활동을 지속적으로 실시하여 학습자들의 학습 경험을 향상하는 데 노력해야 한다.

가. 학습 진도 관리

• 학습 진도는 학습자의 학습 진행률을 수치로 표현한 것이다. 일반적으로 학습 내용을 구성하고 있는 전체 페이지를 기준 삼아서 몇 퍼센트 정도를 진행하고 있는지 표현한다.

• 전체 페이지 수분의 1을 하나의 단위로 생각하고, 페이지를 진행할 때마다 진도율을 올리는 방식으로 구성된다.

• 학습 진도는 학습관리시스템(LMS)의 학습현황 정보에서 과정별로 진도 현황을 체크할 수 있다.

• 진도율을 통해 학습 독려 여부를 판단할 수 있다.

그림 2-5-1 **학습 진도 확인 화면**

번호	ID 이름	과정명 수강기간	진도율	중간평가 최종평가 과제	학습시작	0% 미만	30% 미만	50% 미만	79% 미만	최종 독려	수강 종료	결과 확인
16943			80%	중간평가 / 90 과제 / 0	선택하기 내용보기	선택하기 내용보기	선택하기 내용보기	선택하기 내용보기	선택하기 내용보기	선택하기 내용보기	선택하기 내용보기	선택하기 내용보기
16942			81%	중간평가 / 0 과제 / 10	선택하기 내용보기	선택하기 내용보기	선택하기 내용보기	선택하기 내용보기	선택하기 내용보기	선택하기 내용보기	선택하기 내용보기	선택하기 내용보기

• 진도율에 따라서 수료와 미수료가 결정되는데, 이러한 수료 조건은 과정 개설 시 설정값을 변경하여 운영할 수 있다.

나. 학습 진도 독려 방법

진도율이 미진한 학습자에게는 다양한 방법을 활용하여 독려해야 한다. 독려 방법에는 시스템에서 자동으로 독려하는 방법과 운영자가 수동으로 독려하는 방법이 있다.

표 2-5-2 독려 수단

구분	내용
문자(SMS) 또는 카카오톡 메시지	• 이러닝에서 전통적으로 많이 사용하고 있는 독려 수단 • 문자메시지는 개인별로 발송할 수 있으므로 학습자들이 더욱 집중하여 읽고 이해할 수 있어 학습 동기 부여에 큰 도움이 됨 • 학습자들의 휴대폰에 저장되기 때문에 나중에 다시 읽거나 참고할 수 있음 • 카카오톡은 실시간 채팅이 가능해 학습자와 빠르게 소통할 수 있음. 이를 통해 진도율 관리나 과제 수행 상황 등을 빠르게 파악하고, 적시에 피드백을 제공할 수 있음 • 카카오톡은 학습자들과의 소통에서 친근한 분위기를 조성할 수 있어 학습자들의 학습 동기 부여를 높일 수 있음
이메일(E-mail)	• 문자와 마찬가지의 용도로 많이 활용하는 대표적인 독려 수단 • 이메일을 통해 학습자들에게 학습 진도와 관련한 상세한 안내를 제공할 수 있음. 예를 들어, 학습자들에게 어떤 학습 콘텐츠를 더욱 집중해서 학습해야 하는지, 시험 기간이 얼마 남지 않았다는 등의 정보를 제공하여 학습자들이 진도를 따라가도록 할 수 있음 • 이메일은 개별적으로 학습자에게 발송되기 때문에 학습자 개인의 진도와 상황에 따라 맞춤형 안내를 제공할 수 있음 • 독려를 위한 이메일에 진도에 대한 세부적인 내용과 학습자에게 도움이 될 만한 통계자료 등도 함께 제공할 수도 있음
푸시(Push) 알림 메시지	• 이러닝 서비스를 위한 자체 모바일 앱을 보유하고 있는 경우 푸시(Push) 알림을 보낼 수 있음 • 푸시(Push) 알림은 문자와 유사한 효과를 얻을 수 있으며, 알림을 보내는 비용이 무료에 가까워 경제적 효용이 높음 • 최근에는 자체 앱 이외에 카카오톡 등과 같은 모바일 서비스와 연동하여 푸시(Push) 알림을 보내는 경우도 있음
전화	• 문자, 이메일, 푸시(Push) 알림 등의 독려로도 진도를 나가지 않는 경우 마지막 수단으로 전화로 직접 독려하는 경우가 있음 • 실시간으로 대화할 수 있으므로 학습자가 문제를 겪거나 도움이 필요할 때 즉각적인 피드백과 지원을 제공할 수 있음 • 전화는 양방향 대화가 가능하므로 학습자와의 상호작용을 촉진할 수 있다. 학습자와의 대화를 통해 학습자의 이해도를 파악하고, 학습 방향을 조정하거나 보완하는 등 개별적인 지도를 제공할 수 있음

다. 독려 시 고려사항

- 너무 자주 독려하지 않도록 한다.

- 독려 문자, 독려 이메일이 효과를 발휘하기 위해서는 귀찮은 알림으로 인식되지 않는 것이 중요하다. 독려 정책은 꼭 필요한 경우로 설정해서 독려 자체 때문에 피곤함을 느끼지 않도록 해야 한다.

- 관리 자체가 목적이 아니라 학습을 다시 할 수 있도록 함이 목적임을 기억한다. 독려 행위는 학습자의 학습을 도와주는 행위라는 사실을 잊으면 안 된다.

- 독려 후 반응을 측정해야 한다. 독려하고 끝나는 것은 목적 달성을 위한 행동이 아니다. 독려했다면 언제 했고, 학습자가 어떤 반응을 보였는지 기록해 놓았다가, 다시 학습으로 복귀했는지 반드시 체크해야 한다. 독려 메시지에 따라서 어떤 반응들이 있는지 테스트하면서 학습자 유형별, 과정별 최적의 독려 메시지를 설계할 필요가 있다. 기계적으로 비슷한 메시지를 학습자에게 전달하기보다는 독려 후 반응에 대한 데이터를 기반으로 최적화된 맞춤형 메시지 설계로 학습자의 마음을 사로잡을 필요가 있다.

- 독려 비용효과성을 측정해야 한다. 독려를 자동화해서 진행하는 것도 자원을 사용하는 것이고, 운영자가 직접 전화 또는 수동으로 독려를 진행하는 것 모두 비용을 쓰는 업무이다. 따라서 독려 방법에 따른 최대 효과를 볼 수 있는 방법을 고민하여 비용효과성을 따져가면서 독려를 진행할 필요가 있다. 적은 수의 학습자면 큰 차이가 나지 않더라도 대량의 학습자 집단을 대상으로 하게 된다면, 작은 차이가 큰 비용의 차이로 나타날 수 있으므로 최적화는 필요하다.

(2) 콘텐츠 관리 업무

① 콘텐츠 관리 업무는 **학습자들이 학습에 활용할 수 있는 다양한 콘텐츠를 관리하고 유지보수하는 역할이다.** 콘텐츠 관리 업무는 학습자들이 필요로 하는 콘텐츠를 효율적으로 활용할 수 있도록 하기 위한 중요한 역할을 한다. 따라서 콘텐츠의 질과 양을 유지하고, 정확한 정보를 제공하며, 학습자들의 피드백을 수용해야 한다.

② 새로운 학습 콘텐츠 업로드

새로운 학습 콘텐츠를 학습 플랫폼에 업로드하여 학습자들이 새로운 지식과 기술을 습득할 수 있도록 지원한다.

③ 콘텐츠 수집 및 분류

학습에 필요한 다양한 콘텐츠를 수집하고, 키워드나 주제 등의 기준에 따라 분류한다. 예를 들어, 특정 주제에 대한 온라인 강의, 교재, 논문, 뉴스 기사, 이미지, 동영상 등을 수집하고 이를 주제별로 분류한다.

④ 콘텐츠 수정 및 업데이트

기존 콘텐츠를 수정하여 학습에 더욱 적합하게 만든다. 예를 들어, 기존 교재를 기반으로 요약 정리를 작성하거나, 이미지나 동영상에 부가 설명을 추가하는 작업 등이 있다.

⑤ 콘텐츠 유지보수

콘텐츠를 정기적으로 검토하고, 오류나 부적절한 내용을 수정하며, 최신 정보나 트렌드에 맞게 업데이트한다. 또한, 저작권 등 법적 문제를 예방하기 위해 콘텐츠의 출처와 사용 규약 등을 검토하고, 필요한 조처를 한다.

⑥ 콘텐츠 제공 및 운영

학습자들이 필요로 하는 콘텐츠를 적절한 방식으로 제공하고 운영한다. 예를 들어, 학습 플랫폼에 콘텐츠를 업로드하고, 검색할 수 있게 만들거나, 수강자들의 피드백을 반영하여 콘텐츠를 개선하는 작업 등이 있다.

⑦ 학습 콘텐츠 사용자 인터페이스(UI) 개선

학습자들이 학습 콘텐츠를 더욱 쉽게 이해하고 활용할 수 있도록 인터페이스를 개선한다. 예를 들어, 메뉴 구조를 단순화하거나, 사용자 편의성을 높이기 위해 기능을 추가할 수 있다.

⑧ 학습 콘텐츠 통계 및 분석

학습자들이 학습 콘텐츠를 얼마나 활용하고 있는지, 어떤 학습 콘텐츠가 인기가 많은지 등의 정보를 수집하고 분석한다. 이를 통해 학습 콘텐츠 개선 및 향상을 위한 방안을 도출하여 효과적인 학습을 지원한다.

(3) 커뮤니케이션 업무

① 커뮤니케이션 업무는 학습자들 간의 소통을 원활하게 하고, 교 · 강사와 학습자 간의 소통을 돕는 활동이다.

표 2-5-3 과정 운영자의 커뮤니케이션 업무

구분	내용
이메일 및 메신저 상담	이메일이나 메신저를 통해 학습자의 질문에 답변하거나, 공지사항 등을 전달하는 업무로 이메일이나 메신저로 학습자와 소통할 때는 학습자의 개인정보 보호에 유의하여야 하며, 빠른 대응과 성실한 답변이 필요함
화상회의 및 온라인 채팅	• 화상회의나 온라인 채팅을 통해 학습자와 실시간으로 대화하면서 문제를 해결하거나 질문에 답변하는 업무 • 화상회의나 채팅을 통해 학습자와 상호작용하면서, 학습자의 불안이나 애로사항을 해결해 주고, 원활한 학습환경을 제공해야 함
공지사항 작성 및 전달	• 학습자들에게 중요한 정보나 공지사항을 전달하는 업무 • 공지사항은 이메일, 메신저, 학습관리시스템(LMS) 게시판 등을 통해 전달될 수 있으며, 학습자들이 학습에 집중할 수 있도록 정확하고 시기적절한 정보 전달이 필요함
토론 및 질의 응답 활동 지원	• 학습자들이 토론이나 질문을 올릴 수 있는 게시판을 운영하면서, 학습자들의 질문에 답변을 제공하거나, 다른 학습자들과 함께 토론을 이끌어가는 업무 • 이러한 업무를 수행할 때는 학습자들의 이해도를 높이기 위해 적극적으로 참여하고, 학습자들의 의견을 수렴하여 개선점을 찾아내는 능력이 필요함
학습자 만족도 조사 및 피드백 관리	학습자 만족도 조사 및 피드백 관리를 통해 학습자들의 의견을 수렴하고, 이러한 의견을 반영하여 학습환경을 개선해야 함

② 또한, 과정 운영자는 학습에 필요한 상호작용 방법을 학습자에게 안내할 수 있어야한다. 상호작용은 일반적으로 학습자-학습자 상호작용, 학습자-교·강사 상호작용, 학습자-시스템/콘텐츠 상호작용, 학습자-운영자 상호작용 등으로 구분할 수 있다.

표 2-5-4 상호작용의 종류 및 특징

구분	내용
학습자-학습자	• 학습자가 동료 학습자와 상호작용하는 것을 의미 • 학습자들이 서로를 이해하고 공감하는 데에 큰 도움을 주며, 협력적인 태도와 팀워크를 강화하여 효과적인 학습을 끌어내는 데에 이바지함 • 대표적으로 온라인 토론, 공동 작업, 토의 및 피드백 등이 있음
학습자-교·강사	• 첨삭과 평가 등을 통해 이루어지는 경우가 많고, 학습 진행상의 질문과 답변을 통해서 이루어지기도 함 • 학습자들이 학습에 대해 지속해서 피드백을 받을 수 있고, 교·강사들은 학습자들의 학습 상황을 적극적으로 파악하여 개별 맞춤형 지도를 제공하는 데에 중요한 역할을 함 • 대표적으로 강의 및 설명, 온라인 상담, 과제 및 피드백 등이 있음

학습자-시스템/ 콘텐츠	• 이러닝은 학습자가 학습관리시스템(학습 사이트)에 접속하여 콘텐츠를 활용하여 배우기 때문에 시스템과 콘텐츠와의 상호작용이 가장 빈번하게 일어남 • 학습자가 로그인하여 학습 플랫폼에 접속하면 학습 플랫폼은 학습자의 프로필, 학습 이력 등을 확인하여 맞춤형 학습경로를 제시 • 학습자가 학습 과정에서 질문을 하거나 피드백을 제공하면, 학습 플랫폼은 이를 자동으로 분류하고, 그에 따라 적절한 답변을 제공하거나 필요한 조치를 함 • 학습자가 강의 동영상을 시청하면, 비디오 플레이어에서 제공하는 기능을 통해 재생 속도, 음량 조절, 자막 등을 조정할 수 있음 • 학습자가 퀴즈를 풀면, 적절한 피드백과 함께 정답을 제공하여 학습자가 실력을 향상하도록 도움을 줌
학습자-운영자	• 학습자들이 학습 시스템을 이용하면서 발생하는 문제점이나 요구사항을 운영자들이 지속해서 파악하고 해결해 나가는 과정 • 학습자들이 학습 시스템을 더욱 효율적으로 이용할 수 있도록 지원하고, 학습자들의 피드백을 수용하여 학습 시스템을 개선하는 데에 큰 도움을 줌 • 대표적으로 기술 지원, 피드백 및 개선 제안, 안내 및 도움말 제공 등이 있음

2 ||| 이러닝 튜터의 지원활동

① 튜터와 이러닝 튜터의 개념

- '튜터'는 개별적인 교수(teaching) 활동과 안내를 제공하는 개인교사, 가정교수를 의미하며, 학습자들의 학습 내용 이해와 학습활동 수행을 촉진하는 역할을 한다.
- '이러닝 튜터'는 교·강사와 운영 담당자 외에 별도로 배치되어 학습자들의 학습을 촉진하고 지원하는 역할을 한다.

② 이러닝 튜터의 중요성

- 이러닝 과정에서는 면대면 학습환경과 달리 교·강사와의 사회적·정서적 교류가 어렵기 때문에, 학습자가 정해진 학습량과 학습 목표 달성을 위해 스스로 자기주도학습을 할 수 있도록 학습을 촉진하는 활동이 중요하다.
- 이러닝 튜터는 학습자들이 성공적으로 과정을 이수할 수 있도록 돕는 조력자이며, 학업에 대한 보충지도, 조언, 심리적 지지와 같은 다양한 지원을 한다. 또한, 학습자와 긴밀한

접촉을 통해 개별 지도를 실시하고 학습활동 참여를 촉진하는 역할을 하므로, 교수자의 과중한 강의 운영 부담을 감소시키는 긍정적인 작용을 한다.

- 이러닝 교수학습 환경에서 대규모로 운영하는 과정일수록 이러닝 튜터의 학습 촉진 활동은 필수 불가결한 요소이다.

③ 이러닝 튜터의 배치와 역할

- 기업교육, 평생교육, 대학 등 교육기관 성격과 교육의 규모에 따라 달라진다.
- 기업 및 원격평생교육 훈련기관과 한국방송통신대학교, 사이버대학과 같은 원격교육 분야는 운영의 효율성을 위해 이러닝 튜터 혹은 수업 조교가 배정되어 교·강사의 과정 운영을 보조한다. 반면, 일반대학 및 초·중·고 분야에서는 일반적으로 교·강사가 이러닝 튜터의 역할을 동시에 수행한다.

표 2-5-5 이러닝 영역별 교수자와 튜터의 역할

기업 및 평생교육 · 직업훈련 분야	대학 및 초 · 중 · 고 분야
• 내용전문가(콘텐츠 원고 집필 및 촬영)와 운영강사/이러닝 튜터(학습활동 촉진과 운영 지원)를 별도로 배치하여 운영	• 내용전문가와 운영강사/이러닝 튜터의 역할을 동시에 수행 • 콘텐츠 내용 기획 및 개발, 교수 학습활동 운영, 성적처리의 모든 과정을 담당

1) 이러닝에서의 학습 촉진 방법

(1) 이러닝에서 학습 촉진의 중요성

① 이러닝 학습자들은 직업적 성취, 새로운 기술 습득, 자격증 취득 등의 실용적 목적을 가지고 교육에 참여하며 학습 목표를 성취하고자 하는 학습 의욕이 강하다.

② 반면, 직업을 가지고 있는 일·병행 학습자들의 비율이 높은 편이며, 직장 업무나 가사일 등으로 시간이 부족하고 공부가 우선순위에서 제외될 수 있기 때문에 학습을 더욱 촉진하여 과정을 이수할 수 있도록 지원할 필요가 있다.

(2) 성공적인 이러닝 학습을 위한 6가지 촉진 전략 (김정화, 강명희, 2011)

① 학습자 중심의 다양한 학습 지원과 적극적인 참여 촉진

이러닝 학습의 주체인 학습자가 자기주도적이며 능동적인 학습과 학습 동기를 유지하여 지속적인 학습을 수행하도록 촉진하는 것은 중요하다. 이를 위해 학습자가 적극적으로 인지활동을 수행하고 학습 내용에 대한 이해의 수준이 향상될 수 있도록 **다양한 형태의 학습 도구와 학습 참여 기회를 제공하여 학습을 촉진**해야 한다.

② 교수자는 촉진자 역할 수행

이러닝 환경에서 교수자는 주로 내용전문가와 학습자료 제공자의 역할을 담당해 왔으나, 학습 촉진과 운영 관리자의 역할, 즉 학습 피드백 제공, 학습평가, 학습 컨설턴트 등의 역할 수행이 더 강조되는 추세이다. 가령, 교수자는 **지적 촉진 활동**을 통해 학생들이 학습 목표에 도달하도록 돕고, **사회적 촉진 활동**을 통해 우호적이면 서로 좋은 관계 속에서 학습이 발생하도록 지원한다. **관리적 촉진 활동**을 통해 학습 커뮤니티 활동을 조직하고 운영하며, **기술적 촉진 활동**을 통해 학습자가 하드웨어나 소프트웨어를 원활히 사용할 수 있도록 지원하는 역할을 담당해야 한다.

③ 학습과정에 대한 지속적인 모니터링

이러닝 과정의 성공적 운영이라는 목표 달성을 위해, 교수자는 교육 운영과정 중에 수행하는 학습자의 학습활동에 대해 파악하고 지속적으로 모니터링해야 한다. 이를 통해 학습자는 자신의 학습 과정의 장단점, 참여 결과 등에 대해 되돌아보고 성찰하는 기회를 얻게 되어, 학업을 지속하고 과정을 성공적으로 이수하는 데 긍정적인 역할을 한다.

④ 다양한 상호작용 활동 배치

이러닝 과정에서 다양한 상호작용 활동을 배치하여 학습을 촉진한다. 학습자와 학습자 간, 교수자와 학습자 간의 상호작용 활동을 모두 권장하며, **온라인 토론 혹은 질의응답 활동과 같은 적극적인 게시물 등록과 댓글 피드백** 등 학습자들의 학습을 촉진하고 학술적 교류를 증가시키기 위한 다양한 활동을 배치하는 것이 바람직하다.

⑤ 학습자의 정의적 영역을 고려한 긍정적인 학습환경 조성

학습자의 동기, 흥미, 태도, 감정 측면을 고려하여 긍정적인 감정을 가지게 되는 학습환경을 조성하여 학습을 촉진한다. 학습자가 학습 중에 스스로 혹은 교수자, 동료 학습자로부터 얻은 긍정적인 격려나 학습 성공 경험, 이에 대한 자신감은 정의적 영역에 **해당하는 학습 동기와 학습 태도에 영향을 미치며, 결과적으로 학습 참여율을 높이는 요소로 작용한다.** 편안하고 격려하는 분위기의 긍정적인 학습환경을 조성하는 것이 효과적이다.

⑥ 학습자들 간의 사회적 관계 형성의 기회 제공

이러닝 학습의 촉진을 위해 동료 학습자나 교수자와 유대감을 형성할 수 있는 활동,

가령 학습공동체 환경을 조성할 필요가 있다. 이러한 활동을 통해서 서로 친밀감이 생기고 공동체 의식이 조성되면 교수자나 동료 학습자에게 도움이나 조언을 요청하기가 쉬워지며 동료 교수가 더욱 활발해진다. 학습활동 외에도 개인적 정보 교환이나 조언 등이 활발하게 일어나며 궁극적으로 이러닝 학습 과정을 성공적으로 이수할 수 있도록 도와준다.

2) 이러닝에서의 상호작용 방법

(1) 이러닝에서 상호작용의 중요성

① 상호작용은 교수자, 학습자, 콘텐츠 혹은 시스템 간에 서로 영향을 주고받으며, 온라인 학습을 더욱 효과적으로 할 수 있도록 하는 요소로 작용한다.

② 이러닝 교육환경에서 상호작용은 크게 4종류로 구분할 수 있으며, 교수자–학습자, 학습자–학습자, 학습자–콘텐츠(시스템), 학습자–운영자 간의 상호작용으로 분류된다.

(2) 이러닝 교육환경에서 4가지 상호작용

① 학습자–학습자 상호작용

표 2-5-6 학습자–학습자 상호작용

역할	세부 내용
개념	학습자 간의 상호작용은 학습 게시판에 자료를 등록하거나 동료 학습자와 학습과정을 공유함으로써 이루어짐
활동 방법	온라인 토론게시판, 질의응답 게시판, 쪽지 활용
특징	• 소셜러닝(Social Learning)의 개념 적용 　– 소셜러닝은 자신과 동료 학습자의 학습과정 및 수행결과(토론 내용, 프로젝트 산출물 등)를 함께 논의하고 질문하며 공유함으로써 사회적 학습을 하는 것 　– 이를 위해 페이스북이나 트위터, 카카오톡, 네이버밴드, 블로그 등의 소셜미디어 방식을 활용함 • 다른 학습자들과의 상호작용은 수업에서의 존재감과 소속감을 느끼게 하며, 동료 학습자와 비교 및 관찰을 통해 자신의 학습을 성찰하게 되는 장점이 있음
이러닝 튜터 역할	• 이러닝 튜터(교·강사)는 활발한 상호작용이 일어날 수 있는 교수 학습활동을 설계하고 운영해야 함 예 온라인 토론 활동: 동료 학습자들이 올린 토론 의견을 읽고 이해하며 댓글 토론을 하는 활동 예 온라인 공개 게시판을 통한 프로젝트 산출물 평가: 동료 학습자들에 대한 교수자 및 동료들의 평가를 통해서 자신의 역량을 점검할 수 있음

② 학습자-교수자(튜터) 상호작용

표 2-5-7 학습자-교수자(튜터) 상호작용

역할	세부 내용
개념	교수자가 학습자에게 안내와 피드백을 제공하는 과정에서 발생하는 것으로, 과제 첨삭, 평가, 질의응답을 통한 학습자와 교·강사 간의 상호작용
활동 방법	과제 제출 게시판, 질의응답 게시판, 쪽지 활용
특징	학습자와 교·강사 간의 상호작용은 학습자의 학습 동기를 향상하며, 자기주도학습을 촉진하는 중요한 원동력으로 작용함 예 과제 피드백 결과를 바탕으로 잘못된 내용을 수정하고 보충학습을 함 예 학습자가 이해하지 못하는 내용에 대해 질문하고, 교·강사가 이에 대해 재설명하거나 보충자료를 제공하면 학습자의 이해도를 높일 수 있음 예 상호작용을 통해 학습자와 교·강사 간의 친밀감과 유대감이 형성되면, 학습자는 학습에 더욱 열심히 참여하게 되며, 학습능률과 성취도가 더욱 향상됨
이러닝 튜터 역할	학습자와 교·강사의 상호작용은 학습자들이 수강을 지속하게 하는 중요한 요인으로 작용하므로, 이러닝 튜터는 다양한 상호작용 방안을 마련하여 적절히 활용해야 하며 학습관리시스템(LMS)상의 기능도 함께 구현되어 있어야 함

③ 학습자-콘텐츠(학습 내용) 상호작용

표 2-5-8 학습자-콘텐츠(학습 내용) 상호작용

역할	세부 내용
개념	학습자가 이러닝 학습관리시스템(LMS)에 접속하여 강의 콘텐츠를 학습하는 과정에서 발생하는 상호작용
활동 방법	학습관리시스템에 로그인해서 강의 콘텐츠와 학습자료로 학습
특징	• 학습자와 콘텐츠 간의 상호작용은 강의 콘텐츠, 오디오 파일(MP3), 강의 교안(word, pdf, ppt 형태), 심화보충자료를 통해서 이루어짐 • 학습자와 콘텐츠 간의 상호작용은 이러닝 교육환경의 학습 내용 전달에서 있어 가장 기초적이고 중요한 요소로 작용함 • MOOC 강의 수강을 완료한 학습자와 중도 포기한 학습자의 차이는 강의 콘텐츠에 흥미를 갖고 상호작용하는 경향이 있는 것으로 나타나(Wang & Baker, 2015), 강의 콘텐츠를 제작할 때 학습 내용의 특성에 따라 가장 잘 구현할 수 있는 개발 유형을 적용할 필요가 있음 예 강의 콘텐츠에 컴퓨터그래픽을 활용하여 시각적 흥미를 유발하거나 통계와 같이 어려운 과목에 화려한 디자인으로 학습 내용에 대한 거부감 해소 예 모든 학습 영상의 마지막 부분에 해당 차시에 학습한 내용을 간단히 정리해서 보여줌
이러닝 튜터 역할	이러닝 튜터는 강의 콘텐츠 외에 보충학습 자료 제공을 통해서 학습자와 콘텐츠 간의 상호작용을 촉진하도록 해야 함

④ 학습자-운영자 상호작용

표 2-5-9 학습자-운영자 상호작용

역할	세부 내용
개념	강의 수강 등의 학습 중에 학습장애가 발생했을 때 고객센터의 1:1질문하기 기능을 통해 문의하면서 상호작용이 발생함
활동 방법	• 고객센터의 1:1 질문하기(교육기관 홈페이지 혹은 학습관리시스템 내부 기능) • 전화, 홈페이지 챗봇을 활용한 챗팅
특징	• 학습이 주로 이러닝 학습관리시스템과 강의 콘텐츠를 통해 이루어지기 때문에 **관리자는 신속하게 학습장애 현상을 해결하여 학습자의 학습을 촉진하고 학습 의지를 지속시킬 수 있도록 해야 함** • 과정이 진행되는 동안 일정한 간격을 두고, 불편 사항에 대해 문자나 이메일을 통해 모니터링하고 개선하는 것이 필요함
이러닝 튜터 역할	오프라인 환경과 같이 면대면으로 문의하고 해결하는 것이 어려우므로 학습자의 불편 사항이나 문의 사항에 대해 **각별히 주의를 기울일 필요가 있음**

이러닝 튜터는 네 영역의 상호작용을 촉진하기 위해 학습자들이 교수학습 활동에 적극적으로 참여하도록 독려하고 참여 현황을 모니터링해야 한다. 학습자 독려 활동은 강의실의 공지사항이나 이메일, 쪽지, 카카오톡 채팅방을 활용할 수 있다.

3) 이러닝 튜터의 학습 촉진 활동

(1) 이러닝 튜터의 역할

① 이러닝 과정에서 이러닝 튜터는 수강생들이 원하는 학습성과, 즉 **최종적인 학습 목표를** 달성할 수 있도록 전문적인 학습관리 및 지원활동을 수행하는 역할을 한다.

② 이러닝 환경에서 이러닝 튜터의 일반적인 역할: '교수-학습활동 조력자, (준) 내용 전문가, 상호작용 촉진자, 사회적 관계 조직자, 학습관리자'의 5가지로 분류한다.

표 2-5-10 이러닝 환경에서 이러닝 튜터의 일반적인 역할

역할	세부 내용
교수-학습활동 조력자	교육목표에 대한 정확한 인식을 바탕으로 교수자와 협력하여 **이러닝 과정의 학습활동 수행에 필요한 방법과 기술을 제시하고** 학습자가 효과적으로 학습 목표에 도달할 수 있도록 지원하는 역할
(준) 내용전문가	특정 교육내용에 대한 지속적인 학습과 이해를 통해 **전문지식을 갖추고,** 학습 내용을 체계적으로 조직하여 전달하는 능력을 바탕으로 **학습자들의 질문에 적절히 답변하고 요구에 응대하는 역할**

상호작용 촉진자	교수자와 학습자, 학습자와 학습자 간 의사소통과 학습정보 교류 등의 활발한 참여와 상호작용이 일어날 수 있도록 활동 가이드와 피드백을 제공하고, 학습환경을 모니터링하고 개선하는 역할
사회적 관계 조직자	학습자 간의 정서적 활동을 강조하여 학문적 유대감 형성을 위한 학습 커뮤니티 혹은 학습공동체를 조직하고 유지할 수 있도록 지원하며, 집단 내 구성원들이 함께 협력적인 관계를 맺도록 돕는 역할
학습관리자	계획된 학사 일정에 따라 이러닝 과정 참여에 어려움이 없도록 과정 진행 일정과 절차, 학습 규칙 등을 안내하여 교수자와 운영자를 보조하는 역할

※ 출처: 박종선, 유일한(2012). 이러닝 서비스 운영 프로세스 스킬. (사)한국이러닝산업협회. p.137 및 주영주, 김지연 (2003)의 내용 재수정

③ 이러닝 환경에서 이러닝 튜터의 실제 수행 역할

표 2-5-11 이러닝 환경에서 이러닝 튜터의 수행 역할

역할	세부 내용
공지사항 작성	• 입과 환영 인사 게시 • 과제, 퀴즈 혹은 시험 등의 학습 일정 전달 • 자료실의 학습자료가 등록되었음을 공지사항에 안내
학습자의 질문에 답변	• 질문에 특정 시간(48시간) 이내에 명확한 답변 제시 • 질문과 관련된 학습 지식을 포함하여 설명 • 우수 질문은 모든 학습자가 학습에 참여할 수 있도록 공유
학습 주제 토론에 대한 참여	• 토론의 주제 제시 • 토론의 그룹 구성 • 토론 방식과 절차(매뉴얼) 안내 • 토론 내용에 대한 의견 및 피드백 제시 • 토론 내용에 대한 요약 및 정리
과제 채점 및 첨삭	• 학습자가 제출한 과제 채점 • 과제물 표절에 대한 검토(turn it in, 카피킬러 활용) • 과제 내용에 대한 교정 및 피드백 전달
학습 독려 메일 발송	1개월 과정 기준 주 1회(총 4회) 학습 관련 메일 발송
학습자료 제공	학습 내용 관련 예제 및 추천 자료 제공 (자료실 활용)

※ 출처: 박종선, 유일한(2012). 이러닝 서비스 운영 프로세스 스킬. (사)한국이러닝산업협회. p.137 재수정

(2) 이러닝 튜터의 역량

① 이러닝 튜터는 학습활동에 대한 일반적인 안내보다는 학습자들의 학업성취도 향상을 위한 학습지도의 측면이 더욱 강조된다.

② 학습지도의 역할 수행을 위해 요구되는 이러닝 튜터의 역량은 전공 분야에 관한 내용 전문성과 교수학습이론 및 방법, 온라인 학습 절차, 이러닝 튜터의 수행 역할에 대한 지식 등이다. 또한, 교수학습 과정에서 학습자와의 온라인 커뮤니케이션, 일정관리, 학습관리시스템(LMS) 사용에 대해서도 이해할 필요가 있다.

③ 이러닝 튜터가 갖추어야 할 8가지 역량: 이러닝 튜터의 역량은 학술적(전문적) 지원, 교육적 지원, 방법적 지원, 그룹 활동·협력·의사소통 활성화, 동기 및 사회정서적 지원, 기술적 지원, 수업환경 내 관련자 연결 지원, 초인지적 지원으로 분류할 수 있다(AUF, 2008-2010).

표 2-5-12 이러닝 튜터의 역할에 따른 8가지 역량

역할	튜터의 역량
학술적(전문적) 지원	전문적이고 교육적인 지식을 가지고 수업 내용에 대해 명확히 설명하고 의사소통할 수 있는 역량
교육적 지원	교과목 정보(교육 목표, 수업 구성, 학습활동 진행 일정 등)를 제공하고, 학습 진행에 대해 종합할 수 있는 역량
방법적 지원	학습활동을 지도, 학습 진행에 대한 상담, 학습에 필요한 자원 제공 및 접근을 도울 수 있는 역량
그룹 활동·협력·의사소통 활성화	그룹 활동과 교류를 조직, 활성화, 촉진할 수 있는 역량
동기 및 사회정서적 지원	교육에서 동기의 중요성과 중도 탈락 현상을 인식하며, 심리적, 사회적 차원에서 개별적인 관계를 맺어 학습자의 의견을 청취하고 지원할 수 있는 역량
기술적 지원	시스템 및 도구의 기능을 숙지하고 효과적으로 사용할 수 있으며, 발생한 문제점을 파악하여 해결할 수 있는 역량
초인지적 지원	교육 심리적, 교육 사회적 차원에서 학습자들의 자기주도적 학습을 지원할 수 있는 역량
수업환경 내 관련자 연결 지원	기관의 행정적 서비스와 절차에 대해 숙지하고, 교육팀 및 기술팀과 원활히 교류할 수 있는 역량

※ 출처: 구양미, 김영인, 김용, 정영숙, 정미강(2016). 프라임칼리지 일-학습 병행 학습자의 학습 지원을 위한 튜터 가이드라인 개발. 한국방송통신대학교 원격교육연구소. p.28 재인용

④ 튜터의 4가지 역할 분류(Berge, 1995), 즉 교수적(Pedagogical), 사회적(Social), 관리적(Managerial), 기술적(Technical) 분류에 근거하여 이러닝 튜터가 갖추어야 할 세부 역량은 다음과 같다.

표 2-5-13 이러닝 환경에서 튜터의 역할에 따른 세부 역량

구분	튜터의 세부 역량
교수적 (Pedagogical)	• 준 내용 전문성 • 인지적/정의적 전략에 대한 전문성 • 교과목 정보(목표, 수업 구성, 학습활동 진행 일정)에 대한 지식 • 학사 운영에 대한 지식 • 이러닝에 대한 이해 • 학습자 요구분석 능력 • 온라인 학습평가 능력 • 정보활용 능력 • 의사소통 능력 • 책임감
사회적 (Social)	• 학습자 요구분석 능력 • CMC(Computer−Mediated Communication) 활용 능력 • 상담(조언, 지도, 정보 제공 등) 능력 • 사회적 관계 형성 능력 • 상호작용 촉진 능력 • 대인관계 능력 • 의사소통 능력 • 기획력 • 공감 능력
관리적 (Managerial)	• 학사 운영에 대한 지식 • 이러닝에 대한 이해 • 과정 관리 능력 • 시간관리 능력 • 의사소통 능력 • 문제 해결력
기술적 (Technical)	• 정보통신기술 활용 능력 • 학습관리시스템(LMS) 사용 및 관리 능력 • 문제 해결 능력

※ 출처: 구양미, 김영인, 김용, 정영숙, 정미강(2016). 프라임칼리지 일-학습 병행 학습자의 학습 지원을 위한 튜터 가이드 라인 개발. 한국방송통신대학교 원격교육연구소 p.28-29 재인용

(3) 원격대학 이러닝 튜터의 역할과 역량

① 원격대학 이러닝 튜터의 수행 업무

〈표 2-5-14〉의 내용은 원격대학의 교과목 튜터가 하는 역할에 해당한다. 실습이 교수학습 과정에 포함될 경우는 교과목과 연계된 사이버랩(cyber lab)에서 실습을 하게 되며, 튜터는 온라인 실습으로 부족한 부분을 오프라인 특강과 오프라인 실습지도를 통해 보완하기도 한다.

표 2-5-14 **원격대학 교과목 튜터의 역할**

구분		튜터의 역할	
교수적 역할	학습 내용 지도	• 학습 내용 관련 질문에 대한 응답 • 이해하기 어려운 학습 내용에 대한 설명 • 수업 내용과 관련된 참고 자료 제공 • 퀴즈나 과제에 대한 해설 및 피드백 • 수업 내용 관련 토의/토론 등의 학습활동 지도 • 오프라인 특강 • 오프라인 실습 지도	• 내용-전문가(Expert) • 참여자(Participant) • 해결자(Firefighter)
	학습 방법 지도	• 수강교과목의 효과적인 학습 방법 및 학습 전략 안내 • 수업 진행 방법에 대한 안내 • 사이버랩(lab) 사용 방법 안내 • 시험 준비에 대한 안내 및 개별 지도 • 과제물 작성 방법 및 미제출자에 대한 개별 지도	
사회적 역할		• 교수님과의 의사소통 및 정보교류 촉진 • 오프라인 스터디그룹 형성 및 지원 • 재직자라는 특성 이해 및 공감 • 학업에 대한 고민 상담	• 수업증진자 (Promoter) • 촉진자(Facilitoator) • 상담자(Helper)
관리적 역할		• 학습 진도에 대한 개별적인 관리 • 학습 참여 독려(이메일, 문자, SNS, 전화) • 학사 안내(학사일정에 따른 수강 신청과 변경, 등록, 주차별 일정, 과제물과 시험 일정 등	• 행정가 (Administrator) • 감독자(Filter) • 마케터(Marketer) • 편집자(Editor)
기술적 역할		• 교과목 수강에 필요한 기술적 지원(학습관리시스템 사용, 사이버랩 사용, 기타 소프트웨어 설치 등) • 동영상 강의 오류 문의에 대한 적절한 대처	

※ 출처: 구양미, 김영인, 김용, 정영숙, 정미강(2016). 프라임칼리지 일-학습 병행 학습자의 학습 지원을 위한 튜터 가이드라인 개발. 한국방송통신대학교 원격교육연구소.

② 원격대학 이러닝 튜터에게 요구되는 역량

원격대학이나 평생교육기관에서 이러닝 튜터로 활동할 때 필요한 역량은 다음과 같다.

Check

| 지식 |

- 전공과목에 대한 전문성
- 교과목 정보(목표, 수업 구성, 일정 등)에 대한 지식
- 재직 학습자 특성에 대한 지식
- 원격 학습자 특성에 대한 지식
- 학습 동기유발 방법에 대한 지식
- 학습지도 방법에 대한 지식
- 학습 모니터링에 대한 지식
- 평가 방법에 대한 지식
- 피드백 방법에 대한 지식
- 원격교육 운영 방법에 대한 지식
- 학습관리시스템 사용 방법에 대한 지식
- 학사 운영에 대한 지식
- 튜터 업무에 대한 지식

| 기술 |

- 과정관리 능력
- 상호작용 촉진 능력
- 예측치 못한 상황에 대한 대처 능력
- 상담(조언, 지도, 정보 제공 등) 능력
- 공감 능력

- 시간관리 능력
- 사회적 관계 형성 능력
- 정보통신기술 활용 능력
- 학습자 요구 파악 능력

| 태도 |

- 책임감
- 신속성
- 친절

- 적극성
- 협력

※ 출처: 구양미, 김영인, 김용, 정영숙, 정미강(2016). 프라임칼리지 일-학습 병행 학습자의 학습 지원을 위한 튜터 가이드라인 개발. 한국방송통신대학교 원격교육연구소 p.30-31 재인용

(4) 이러닝 튜터 교육

① 이러닝 튜터는 학생들의 학습활동에 직접 관여하여 교육의 질과 학습성과를 좌우하기 때문에 튜터 교육을 통한 질 관리 활동이 중요하다.

② 튜터 교육의 목적은 이러닝 튜터의 직무(역할과 활동)를 전달하여 원활한 학생지도와 교육서비스를 제공하기 위한 것이다.

③ 이러닝 튜터 교육을 위해 튜터 워크숍과 튜터 간담회 실시, 튜터 가이드북과 튜터 가이드 영상 제공 등의 방법을 활용할 수 있다. 그 밖에도 튜터들의 온라인 커뮤니티 활동을 통해 활동의 어려움을 해소하고 정보를 공유하도록 장려할 수 있으며, 튜터 역량 향상을 위한 전문가 특강을 개최하여 이러닝 교육과 성인 학습자의 특성 및 학습지도에 관한 전문지식과 역량을 습득할 기회를 부여하는 것이 좋다.

그림 2-5-2 이러닝 튜터 교육의 종류

❶ 이러닝 튜터 워크숍 실시

○ 진행 시기: 과정 혹은 학기 운영 전
○ 실시 횟수: 1~2회 정도
○ 참여 대상: 신임 튜터는 튜터 훈련을 의무적으로 받도록 함
  (이미 활동하고 있는 튜터들도 참여하여 튜터링 노하우를 함께 공유하는 것이 효과적)
○ 주요 내용
  - 평생교육기관 혹은 대학 및 학교에 대한 기초 정보
  - 이러닝 과정(교과목) 운영 가이드 및 과정별 튜터링 방향
  - 튜터의 직무 및 튜터링 전략
  - 과제물 컴퓨터 채점 및 피드백 방법
  - 이러닝에서 상호작용 및 학습 촉진 전략
  - 학생과의 커뮤니케이션 전략
  - 튜터 지도사이트 혹은 튜터 커뮤니티 활용 방법
  - 우수 튜터링 사례
  - 행정적 지원 등(이러닝 튜터링에 대한 지원 키트 등)

❷ 이러닝 튜터 간담회 실시

○ 진행 시기: 과정 혹은 학기 운영 중

(과정 혹은 전공별로 유사한 과정들은 함께 간담회를 진행하여 튜터들이 서로 운영 상황을 공유
하면서 노하우를 주고받을 수 있도록 함)

○ 실시 횟수: 1~2회 정도

○ 참여 대상: 현재 활동하는 모든 튜터 대상

(과정 혹은 전공별로 유사한 과정들을 묶어서 함께 진행하는 것이 좋음)

○ 주요 내용

   – 성인 학습자의 특성 및 학습지도에 관한 전문지식 공유

   – 우수 튜터링 사례

   – 튜터들의 직무 수행 점검

   – 튜터들의 고충 점검 및 해결 방안 모색

---

❸ 이러닝 튜터링 가이드북 혹은 가이드 영상 배포

○ 이러닝 튜터 업무 수행 시 참고할 수 있는 매뉴얼 혹은 가이드 영상을 배포한다.

○ 신임 튜터와 기존의 활동하고 있는 튜터 모두에게 배포하여 온라인에서 학습자들의 학습활동을
적극적으로 촉진하도록 장려하는 것이 좋다.

○ 주요 내용

   – 평생교육기관 혹은 대학 및 학교에 대한 기초정보

   – 이러닝 과정(교과목) 운영 가이드 및 과정별 튜터링 방향

   – 튜터의 직무 및 튜터링 전략

   – 과제물 컴퓨터 채점 및 피드백 방법

   – 이러닝에서 상호작용 및 학습 촉진 전략

   – 학생과의 커뮤니케이션 전략

   – 튜터 지도사이트 혹은 튜터 커뮤니티 활용 방법

   – 우수 튜터링 사례

   – 행정적 지원 등(이러닝 튜터링에 대한 지원 키트 등)

---

❹ 이러닝 튜터 상호 간의 의견 교류 권장

○ 이러닝 튜터들이 학습 촉진 활동을 하면서 느끼는 어려움과 고충은 단체카톡방, 네이버밴드,
인스타그램 등 SNS를 활용하여 서로 의견과 정보를 교환하고 소통하는 것이 효과적이다.

(5) 이러닝 튜터 평가

학습자 대상 튜터 만족도 조사를 통해 이러닝 튜터를 평가할 수 있으며, 온라인활동 실적 평가,
직무 시간 충족 여부, 시험 응시율, 담당 교·강사 평가 등 다양한 방법으로 실시할 수 있다.

표 2-5-15 이러닝 튜터의 만족도 조사 문항 예시

평가 영역	문항 내용	5	4	3	2	1
튜터 역량	• 이러닝 튜터는 과정(교과목)에 대해 전문성을 보유하고 있는가? • 컴퓨터나 학습관리시스템과 관련한 충분한 기술을 갖추고 있는가?					
학생관리 및 학습지도	• 학생들의 학습관리 및 지도를 충실히 수행하였는가? • 학사일정이나 수업 진행에 대해 적절히 안내하였는가? • 학생의 질문에 대해 신속한 답변을 제공하였는가? • 학습 내용과 관련하여 보충심화자료나 학습 방법에 대해 잘 안내하였는가? • 학습활동에 대해 적절한 피드백을 제공하였는가? • 강의 관련 오류 문의에 대해 적절하게 대처하였는가?					
전반적인 만족도	이러닝 튜터의 활동에 대해 전반적으로 만족하는가?					

※ 출처: 구양미, 김영인, 김용, 정영숙, 정미강(2016). 프라임칼리지 일-학습 병행 학습자의 학습 지원을 위한 튜터 가이드라인 개발. 한국방송통신대학교 원격교육연구소. p.55 재인용

4) 이러닝 튜터 활동 지원하기

이러닝 과정 운영자는 이러닝 튜터(교·강사)가 이러닝 교수학습 과정에서 튜터링 활동을 잘 수행할 수 있도록 지원하고 독려해야 한다. 즉, 튜터의 수행 활동을 모니터링하여 이러닝 튜터(교·강사) 활동에 필요한 지원을 해야 한다.

(1) 학습 내용 관련 질문에 신속하게 답변할 수 있는 지침 제공

① 문의게시판을 통해 학습 내용 관련 질문이 게시될 경우, 보통 24시간 혹은 48시간 이내로 신속하고 정확한 답변을 해야 한다. 학습자들이 학습과정에서 이해가 되지 않거나 질문이 발생하면 학습의 흐름에 방해가 되므로 학습자들에게 즉각적인 답변과 피드백을 제공할 필요가 있다.

② 이러닝 튜터(교·강사)는 주기적으로 질문 게시판을 검토해야 하지만, 실시간으로 질문에 응답하는 것이 쉽지 않다.

③ 이러닝 운영자는 이러닝 튜터(교·강사)의 활동을 모니터링하여 질의응답 활동을 촉진해야 하며, 학습자들의 질의응답에 충실히 답변할 수 있도록 다음의 예시를 참고해서 독려한다.

표 2-5-16 질의응답 지침

이러닝 튜터(교·강사)의 질의응답 지침
• 매일 오후 8시에 Q&A게시판을 확인한다. • 학습 관련 질문은 24시간 혹은 48시간 이내에 처리하고, 자료조사 및 내용 확인 등으로 질문에 즉각적인 답변이 불가능할 경우는 답변 제시 기한과 이유를 수강생에게 설명한다. • 질문 중 다른 수강생들에게도 도움이 되는 핵심 질문은 모든 수강생들이 볼 수 있도록 공지사항에 게시하거나 이메일을 통해서 보충자료로 게시한다.

그림 2-5-3 질의응답 작성 양식

이러닝 튜터(교·강사)의 질의응답 작성 양식 제공	
• 이러닝 튜터가 신속하게 답변할 수 있도록 기본적인 작성 양식과 작성 TIP을 제공하여 시간을 단축하고 수강생들에게 꼭 필요한 정보만 제공할 수 있게 한다.	
인사말	○○○ 학우님, 안녕하세요. 인공지능 이해하기 과정의 튜터 ○○○입니다.
질문의 핵심 내용 제시	○○○ 학우님께서 질문해 주신 내용은 '_____' 관련 내용으로 요약됩니다. 강의 콘텐츠에서는 시간적인 제약으로 인해 내용이 다소 축약되어 다루어진 것으로 파악됩니다.
질문의 답변 내용 제시	질문하신 내용처럼 학우님이 이해하시는 내용이 맞는 것으로 확인되며, 더 자세한 이해를 돕기 위해 관련 자료와 웹 링크를 보내드리오니 학습에 참고하시기 바랍니다. 자료1: 자료2 : 자료3: 오늘 이 질문 내용은 다른 학우님들에게도 도움이 될 것 같아서 학습자료를 공유하고자 합니다.
마무리 인사	앞으로도 학습 중에 궁금한 내용이 있다면 언제든지 Q&A 게시판을 활용해주세요. 튜터 ○○○ 드림

(2) 과제물 채점 및 피드백 지침 제공

① 학습과제에 대한 첨삭지도와 채점 활동은 이러닝 튜터가 수행하는 고유의 업무이며, 이러닝 튜터(교·강사)가 내용 전문성을 기반으로 학습자들이 작성한 과제물에 대해 검토하고 채점을 수행하는 과정이다.

② 과제물 피드백은 맞춤형 피드백을 기본으로 하며, 학습자들이 작성한 내용에 따라 달라져야 한다. 과제 작성 기준에 따라 핵심 내용과 필수 포함 요소가 잘 갖춰진 부분은 칭찬하고, 틀린 부분은 교정적 피드백을 제공한다.

③ 이러닝 과정 운영자는 이러닝 튜터(교·강사)가 공정하고 객관적인 채점을 수행하고 학생 개인별 맞춤형 피드백을 할 것을 독려해야 하며, 내용상의 표절 여부를 확인하도록 권장해야 한다.

표 2-5-17 과제물 채점 및 피드백 지침

이러닝 튜터(교·강사)의 과제물 채점 및 피드백 지침
• 과제 제출의 마감 기한과 분량, 제출 양식, 수행 방법 등을 문서로 정리하여 정확하게 제시하고, 동영상 설명자료를 만들어서 제시한다. • 과제를 등록하고 공지사항, 이메일, 쪽지, SNS를 통해서 안내한다. • 과제 제출 마감일 전에, 최소 2번 정도의 알림을 보내어 과제 제출을 리마인드 한다. • 학습자들이 과제를 기한 내에 제출하는지 모니터링한다. • 미제출자에게는 메일을 발송하여 과제를 제출하도록 독려한다. • 과제 제출 마감 후에는 일정 기간 내에 채점을 완료한다. • 과제물은 미리 준비한 평가 기준에 맞게 공정하고 객관적으로 평가하여 점수를 부여한다. • 과제물에 대한 의견을 간략히 작성하고 작성이 잘된 부분과 보완해야 할 점을 담아 맞춤형 피드백을 제시한다.

그림 2-5-4 과제물 제출 독려 이메일 예시

이러닝 튜터(교·강사)의 과제물 제출 독려 이메일 예시 제공	

• 이러닝 튜터(교·강사)가 과제물에 대해 평가하고 최종 성적을 입력하기 전에 마지막으로 과제물 미제출자에게 이메일을 보내어 제출을 독려할 수 있는 이메일 예시를 제공한다.

표 2-5-19 과제물 독려 이메일 예시

인사말	제목: 이러닝학업디자인 과정의 이러닝 튜터(교·강사) ○○○입니다. 안녕하십니까? ○○○○○대학교 〈이러닝학업디자인〉 과정의 이러닝 튜터(교·강사) ○○○입니다.
과제물 제출 안내	○○○○○대학교에서 새롭게 시작하신 대학생활의 첫 번째 학기를 잘 보내셨는지요? 이제 한 학기의 학업을 마무리하고 그 성과를 확인할 시간이 다가오고 있습니다. 시작이 중요하다는 말도 있지만, 그동안 수행한 것들의 결실을 잘 맺기 위해서는 마무리를 잘하는 것이 무엇보다도 중요할 것이다. 그동안 미처 수강하지 못한 강의 콘텐츠는 없는지, 제출하지 못한 과제(3개, '과제 및 평가' 메뉴 확인)는 없는지 다시 한번 확인해주시기 바랍니다. 정해진 기한을 지켜서 강의를 수강하고 과제를 수행하는 것도 중요하지만, 그 기한이 지났더라도 해당 활동들을 직접 수행하는 것이 결국 학업의 성과를 자신의 것으로 만드는 가장 중요한 방법입니다. 혹시 놓친 것들은 없는지 확인해 주시고 얼마 남지 않은 기간이지만 잘 마무리해 주시길 부탁드립니다. 코로나 감염병 확산과 함께 많은 분이 어려움을 겪고 있지만, 부디 잘 이겨내실 수 있길 바랍니다. 그리고 ○○○○○대학교에서 새롭게 시작한 여러분들이 학업을 꼭 완수하실 수 있길 응원합니다. ○○○○○대학교 〈이러닝학업디자인〉 이러닝 튜터 ○○○ 드림

(3) 보조 학습자료 등록 지침 제공

① 이러닝 튜터는 학생들이 학습에 흥미를 느끼고 보충 심화학습을 할 수 있도록 학습 주제와 관련된 다양한 자료를 자료실 게시판에 주기적으로 등록하고 학습자들에게 안내해야 한다.

② 학습자료는 학습자들의 이해를 촉진하고 더 폭넓은 학습을 수행하는 데 도움을 줄 수 있다.

③ 운영자는 이러닝 튜터(교·강사)가 학습 관련 자료, 즉 참고 사이트, 요약자료, 읽기자료, 카드뉴스 등을 찾고 학생들에게 주기적으로 제공하도록 독려한다.

표 2-5-18 보조 학습자료 등록 및 관리 지침

보조 학습자료 등록 및 관리 지침
• 학습 주제 관련 보충심화자료를 게시한다.
• 학습 주제 관련 최신 뉴스나 업계의 주요 동향을 게시한다.
• 학습에 도움이 되는 웹사이트와 추천 도서를 정리하여 제공한다.
• 학습에 필요한 SW 프로그램, 데이터 소스 및 예시 자료를 파일로 첨부하고, 다운로드 및 설치 방법을 안내한다.
• 자료는 매주 월요일 오전 9시와 같이 일정한 주기를 정해서 업데이트한다.

그림 2-5-5 과제물 제출 독려 이메일 예시

이러닝 튜터(교·강사)의 과제물 제출 독려 이메일 예시 제공
• 이러닝 튜터(교·강사)가 학생들에게 보충 심화학습을 할 수 있는 보조 학습자료를 제공하도록 예시를 제공한다.
• 심화보충자료 제시 방법: 카드 뉴스나 유튜브 영상 링크 활용

❶ (카드뉴스) 학습 내용을 정리하고 다른 사례를 안내하기 위한 목적으로 제시할 수 있으며, 학습 관리시스템(LMS) 강의실에 링크를 걸어 참고하도록 제시한다.

연합뉴스: 정신과 상담이 부끄러운가요?
(※ 출처: https://www.yna.co.kr/view/AKR20161104103400797)

한국 청소년 상담복지개발원: 스마트폰 사용조절 가이드
(※ 출처: https://www.kyci.or.kr/userSite/sub05_cardnews.asp)

❷ (유튜브의 영상) 유튜브에서 검색한 다양한 학습 주제 관련 영상을 LMS 강의실에 링크하여 참고하도록 할 수 있다.

온라인강의
11주

1차시 이러닝과 학교교육   출석: 2020.05.25 (월)
학습인정기간: 2023.04.20 오후 6:00~2020.05.26 오후 11:59

2차시 학교밖온라인교육/플립러닝/미래학교   출석: 2020.05.25. (월)
학습인정기간: 2023.03.20 오후 6:00~2020.05.26 오후 11:59

3차시 (보충심화학습) 미네르바 스쿨
학습인정기간: 2023.04.20 오후 6:00~2020.05.26 오후 11:59

(4) 이러닝 튜터(교·강사)와 학습자 간의 상호작용 지침 제공

① 이러닝 학습에서는 학습자와 학습자 간의 상호작용, 학습자와 교수자 간의 상호작용, 학습 콘텐츠 내용(시스템)과 학습자 간의 상호작용을 통해 온라인 동영상 학습만으로 부족한 다양한 교수 학습활동에 참여하게 된다.

② 가장 활발히 이루어지는 상호작용은 학습자와 이러닝 튜터(교·강사) 간의 질의응답 활동이며, 온라인 토론과정에서 교수자와 학습자들의 댓글 피드백을 통해서도 상호작용이 일어난다. 또한, 학습한 내용을 반복하여 잊어버리지 않도록 내용을 요약하여 주기적으로 발송하는 방법도 활용할 수 있다.

③ 운영자는 이러닝 튜터(교·강사)와 학습자 간의 상호작용을 촉진할 수 있는 지침을 제공하여 상호작용을 활성화해야 한다.

표 2-5-19 이러닝 튜터(교·강사)와 학습자 간의 상호작용을 독려하는 지침

이러닝 튜터(교 · 강사)와 학습자 간의 상호작용을 독려하는 지침
• 이러닝 튜터(교·강사)는 해당 주차의 학습 내용 중에서 핵심 키워드를 선정하거나 혹은 핵심 내용을 요약 정리하여 이메일 혹은 페이스북, 네이버 밴드, 단톡방 등의 SNS로 발송한다. • 에빙하우스의 망각 곡선에 의하면 학습 후 1일이 지나면 67%를 망각하는 것으로 알려져 있다. 학습에 있어 복습은 매우 중요한 요소이며 학습자들이 계속 반복 학습을 할 수 있도록 학습한 뒤 1일 혹은 3일 혹은 일주일이 지나면 시스템에서 자동으로 핵심 키워드와 내용이 전달되도록 예약 발송을 설정해 둔다.

표 2-5-20 | 이러닝 튜터(교·강사)의 상호작용 독려 예시 제공

이러닝 튜터(교·강사)의 상호작용 독려 예시 제공
• 이러닝 튜터(교·강사)가 핵심 키워드와 핵심 내용을 정리하여 학생들에게 제공할 수 있도록 예시를 제공한다.

2차시 요약 정리

※ 학습 내용을 잊어버리기 전에 다시 한번 복습해 보세요!

○ 조사 설계와 통계 분석

• 학습 관련 경향치나 특이점을 파악하기 위해서는 조사 활동과 분석이 요구됨. 특히 어떤 현상을 구체적으로 분석하기 위해 통계를 활용할 수 있음
• 통계는 크게 기술통계와 추론통계가 있는데, 기술통계가 방대한 자료를 일목요연하게 표현하고 자료의 특성을 수치로 요약하는 활동이라면, 추론통계는 표본의 결과로부터 모집단의 특성을 추측하고 이를 일반화하는 활동에 해당함
• 조사를 기반으로 데이터를 얻기 위해서는 설문조사나 탐색조사, 면접법을 이용할 수 있음

○ 문제 정의와 분석

• 학습데이터를 분석하는 이유는 학습 현황을 파악하고 문제점 및 문제의 원인을 확인하기 위함이며, 이를 위해 가설이나 문제를 정의해야 함. 이는 우리가 알고 싶은 것을 구체적으로 정의해야 적합한 분석 방법을 정할 수 있기 때문임
• 가설 및 문제에 따라 기술통계 분석, 예측 분석, 추론 분석, 순차패턴분석 등 다양한 방법을 선택적으로 사용할 수 있으며, 정확한 분석과 논리적 해석이 핵심임

※ 출처: 이지은, 정의석, 조희석, 홍정민(2020). 에듀테크 학습데이터 분석. (사)한국에듀테크산업협회 p.31

이것만은 기억합시다

- 이러닝 학습 지원 활동은 학습자가 원활하게 학습을 진행할 수 있도록 지원하는 활동으로, 학습 콘텐츠의 질과 효과를 높이는 데에도 중요한 역할을 한다.

- 운영 담당자의 학습 지원 활동은 크게 운영 관리, 콘텐츠 관리, 커뮤니케이션, 학습자 지원의 4가지 업무로 구분할 수 있다.

- 운영 관리에서 가장 중요한 업무는 교육과정별 학습 절차를 확인하고 이를 학습자에게 안내하는 것. 학습 절차는 운영계획서와 학습 사이트에서 확인할 수 있다.

- 콘텐츠 관리 업무는 학습자들이 학습에 활용할 수 있는 다양한 콘텐츠를 관리하고 유지보수하는 역할이다.

- 커뮤니케이션 업무는 학습자들 간의 소통을 원활하게 하고, 강사와 학습자 간의 소통을 돕는 활동. 또한 이러닝 과정 운영자는 학습에 필요한 상호작용 방법을 학습자에게 안내할 수 있어야 한다.

- 일반적으로 학습자 – 학습자 상호작용, 학습자 – 교·강사 상호작용, 학습자 – 시스템/콘텐츠 상호작용, 학습자 – 운영자 상호작용 등으로 구분할 수 있다.

- 학습자 지원 업무 중 가장 중요한 활동은 학습자의 수료를 위한 학습 촉진 활동이다.

- 이러닝 학습 촉진 전략: 총 6가지이며, 학습자 중심의 다양한 학습 지원을 통해 적극적인 참여 촉진, 교수자의 촉진자 역할 강조, 학습자들의 학습과정 모니터링, 다양한 상호작용 활동과 긍정적인 학습환경 조성, 학습자들 간의 사회적 관계 형성 기회를 제공하는 내용이 포함된다.

- 이러닝 상호작용 방법: 4종류로 구분할 수 있으며, 교수자 – 학습자, 학습자 – 학습자, 학습자 – 콘텐츠(시스템), 학습자 – 운영자 간의 상호작용으로 분류된다.

- 이러닝 튜터 역할: 학습자들이 최종적인 학습성과를 달성할 수 있도록 전문적인 학습관리 및 지원 활동을 수행하는 것이다.

- 이러닝 튜터 역량: 학습지도의 측면, 전공 분야에 관한 내용 전문성과 교수학습이론 및 방법, 온라인 학습 절차, 이러닝 튜터의 수행 역할에 대한 지식, 학습자와의 온라인 커뮤니케이션 방법, 일정 관리, 학습관리시스템(LMS) 사용법 등의 역량이 요구된다.

- 이러닝 튜터 교육: 이러닝 튜터의 직무를 전달하여 원활한 학생지도와 교육서비스를 제공하기 위한 목적으로 실시한다. 예 튜터 워크숍과 튜터 간담회 실시, 튜터 가이드북과 튜터 가이드 영상 제공 등

- 이러닝 튜터 평가: 학습자 대상 튜터 만족도 조사, 튜터의 온라인활동 실적 평가, 직무 시간 충족 여부, 시험 응시율, 담당 교수자 평가 등 다양한 방법을 활용한다.

- 이러닝 튜터 지원 지침: 과정 운영자는 이러닝 튜터(교·강사)가 이러닝 교수학습 과정에서 튜터링 활동을 잘 수행할 수 있도록 질의응답 지침, 과제물 채점 및 피드백 지침, 보조 학습자료 등록 지침, 학습자와의 상호작용 지침을 제시하여 튜터 활동을 독려한다.

Chapter 06 학습평가 설계

학습안내

6장에서는 이러닝에 대한 평가 전반에 대해 학습을 진행한다. 평가 관점에서 운영의 구성요소에 대해 확인하고, 교육과정 평가 모형과 이러닝에 대한 평가 적용, 그리고 해당 평가의 타당성을 검토하는 방법에 대해 알아본다.

학습목차	내용
1. 이러닝 평가의 기본	1) 이러닝의 특성 2) 평가의 관점에서 이러닝 운영의 구성요소
2. 평가 모형의 이론적 토대 　(Kirkpatrick 4단계 평가 모형)	1) Kirkpatrick 4단계 평가 모형의 이해 2) 이러닝 평가에서 Kirkpatrick 4단계 평가 모형 적용
3. 과정 평가 타당성 검토	1) 과정 평가의 이해 2) 과정 평가 수행 파악 방법 3) 과정 평가 적절성 검토

학습목표	5장 학습 후 할 수 있는 일

1. 이러닝 콘텐츠와 이러닝 학습자의 특성에 따른 평가 척도를 도출할 수 있다.
2. 이러닝 평가 모형에 대해 이해하고 평가 모형을 적용하여 이러닝을 평가할 수 있는 방법들을 이해할 수 있다.
3. 과정 평가에 대한 중요성을 이해하고 과정 평가의 종류와 과정 평가 분류 기준에 대해서 확인할 수 있다.
4. 과정 평가 수행 방법을 파악하기 위해 과정 운영계획 시부터 실제 평가할 때까지의 활동을 확인할 수 있다.

주요 용어	핵심 키워드

학습평가, Kirkpatrick 4단계 평가 모형, 학업 성취도 평가, 평가 도구, 평가계획 수립, 과정 평가 적절성

1) 이러닝의 특성

① 이러닝 콘텐츠의 특성

- 이러닝 콘텐츠는 멀티미디어와 인터넷 네트워크를 활용하여 교수 학습활동을 목적으로 하는 학습 내용 및 자원을 제시하는 것을 총칭한다.
- 이러닝의 등장으로 인해 온라인 교육을 제공하는 다양한 형태의 기관 및 학교가 등장했는데, 코로나19 이후로는 이러한 구분 없이 대부분의 교육기관에서 이러닝을 활용하여 교육하고 있다.
- 이러닝의 요소는 다양하게 제시될 수 있지만 가장 중요한 것은 학습의 내용, 즉 콘텐츠다.
- 이러닝을 통해 어떤 콘텐츠가 제공되느냐에 따라 학습의 형태, 질, 양 등 다양한 것이 영향을 받을 수 있다.
- 플립러닝이나 블렌디드러닝과 같은 온·오프라인 혼합 형태의 교수학습 방법에서도 이러닝 콘텐츠는 가장 중요한 요소 중 하나로 꼽히며, 어떻게 하면 양질의 이러닝 콘텐츠를 제공할 수 있을지 논의가 활발히 이루어진다.

② 우수한 이러닝 콘텐츠의 조건

가. 명확한 학습 목표

이러닝 콘텐츠에는 구체적이고, 측정 가능하고, 달성 가능하고, 적절하고, 시간 제한이 있는 명확하게 정의된 학습 목표가 있어야 한다. 이는 학습자가 무엇을 배우고 어떻게 평가받을 것인지 이해하는 데 도움이 된다.

나. 대화형 구조를 통한 참여 유도

이러닝 콘텐츠는 학습자의 주의를 끌 수 있도록 대화형 구조를 바탕으로 학습자의 참여를 유도할 수 있어야 한다. 이를 위해 비디오, 오디오, 이미지, 애니메이션과 같은 다양한 멀티미디어와 퀴즈, 시뮬레이션, 게임과 같은 인터랙티브 요소를 포함한다.

다. 한입 크기로 분절 가능한 길이

이러닝 콘텐츠는 각각 특정 주제나 개념을 다루는 작은 한입 크기의 구분으로 나누어야 한다. 이를 통해 학습자는 정보를 더욱 쉽게 소화하고 인지 과부하를 줄일 수 있다.

라. 개인화

이러닝 콘텐츠는 학습자의 필요와 학습 스타일에 맞게 개인화되어야 한다. 이는 학습자의 성과에 따라 학습 내용과 속도를 조정하는 적응형 학습 기술을 통해 달성할 수 있다.

마. 보편적 접근 가능성

이러닝 콘텐츠는 장애가 있는 학습자가 접근할 수 있어야 한다. 즉, 웹 콘텐츠 접근성 지침(WCAG)과 같은 접근성 표준을 준수해야 하며 캡션, 기록 및 대체 텍스트와 같은 기능을 포함해야 한다.

바. 최신 정보의 반영

이러닝 콘텐츠는 최신 정보와 모범 사례를 기반으로 최신 상태를 유지할 수 있어야 한다. 이를 위해서는 관련성과 정확성을 유지하기 위해 콘텐츠를 정기적으로 검토하고 업데이트해야 한다.

사. 모바일 친화성

- 점점 더 많은 학습자가 스마트폰과 태블릿에서 콘텐츠에 액세스함에 따라 이러닝 콘텐츠는 모바일에서 원활하게 구동될 수 있도록 설계 및 개발되어야 한다.
- 작은 화면과 느린 인터넷 연결에 최적화되어야 한다. 이를 위해 최근에는 이러닝 콘텐츠가 재생 조건 조절이 용이한 동영상 형태로 많이 개발되고 있는 추세이다.

아. 협업

이러닝 콘텐츠는 학습자 간의 협업을 장려해야 한다. 이는 학습자가 상호 작용하고 지식과 경험을 공유할 수 있는 소셜 학습 플랫폼 및 도구를 통해 달성할 수 있다.

자. 피드백 및 평가

이러닝 콘텐츠는 학습자에게 피드백 및 평가를 제공해야 한다. 이는 학습자가 자신의 학습을 평가하고 강사 및 동료로부터 피드백을 받을 수 있는 퀴즈, 테스트 및 과제를 통해 달성할 수 있다.

차. 지속적 학습

이러닝 콘텐츠는 지속적인 학습과 개발을 지원해야 한다. 이는 학습자가 자신의 기술과 지식을 더욱 발전시키고 학습한 내용을 실제 상황에 적용할 기회를 제공해야 함을 의미한다.

③ 이러닝 학습자의 특성

가. 학습에 대한 동기 보유

이러닝 학습자는 학습을 위해 스스로 동기를 부여하며, 지식과 기술의 수준을 배우고 향상하려는 욕구가 있다. 따라서 대개 자신의 개인적 또는 직업적 목표에 따라 움직인다.

나. 독립적인 학습의 선호

- 이러닝 학습자는 자기 스스로 학습의 과정을 설계 및 개발하고자 시도하는 경우가 많다.
- 자신의 속도로 작업할 수 있으며 스스로 배우는 것을 선호한다.

다. 온라인 커뮤니케이션에 대한 친밀감 보유

- 이러닝 학습자는 이메일, 채팅 및 화상 회의와 같은 온라인 커뮤니케이션 도구에 익숙한 경우가 많다.
- 가상 환경에서 교·강사 및 동료들과 효과적으로 소통 가능하다.

라. 평생학습 차원의 관심 보유

이러닝 학습자는 평생학습에 대한 관심을 두고 학습을 통해 자신의 지식과 기술을 지속해 향상하고자 노력한다.

마. 다양한 학습 스타일 보유

- 이러닝 학습자는 다양한 학습 스타일을 가지고 있으며 시각, 청각 또는 운동 감각과 같은 다양한 학습 형태를 선호할 수 있다.
- 다양한 멀티미디어를 포함하는 이러닝 콘텐츠는 다양한 학습 스타일을 수용할 수 있다는 점에서 이러한 학습자들이 선호한다.

바. 풍부한 경험 보유

- 기업교육에서 이러닝 학습자는 대부분 성인으로 풍부한 삶의 경험과 직장 경력을 가지고 학업을 병행하는 경우가 많다. 이에 학습할 때 자신의 경험과 연계하여 접근하려는 경향이 강하다.
- 대부분은 대학뿐 아니라 직업 영역에서도 성취를 추구하고 있어, 이러한 태도는 학습에 대한 동기에도 영향을 미친다.

2) 평가의 관점에서 이러닝 운영의 구성요소

① 이러닝 운영인력의 직무

NCS에서 제시된 이러닝 운영인력의 정의에 따르면 이러닝 운영인력의 직무는 크게 여섯 가지로 정의된다.

표 2-6-1 이러닝 운영인력의 직무

방법	내용
이러닝 과정 운영 기획관리	이러닝 운영 기획관리란 이러닝 운영에 필요한 제도, 운영 요구, 트렌드를 분석하고 이를 토대로 운영계획을 수립하는 능력
이러닝 운영 학사관리	학습자의 정보를 확인하고 성적처리를 수행한 후 수료 기준에 따라 처리할 수 있는 능력
이러닝 운영 교·강사 관리	이러닝 운영 교·강사 지원이란 일련의 절차를 통해 교·강사를 선정하고, 사전 교육을 실시한 후 교·강사가 수행해야 할 활동들을 안내하고 독려하며 교·강사의 각종 활동사항에 대한 개선사항을 관리할 수 있는 능력
이러닝 운영 학습활동 지원	이러닝 운영 환경을 최적화하고, 수강 오류를 신속하게 처리하며, 학습 활동이 촉진되도록 학습자를 지원하는 능력
이러닝 운영 평가관리	과정 운영 종료 후 학습자 만족도와 학업성취도를 확인하고 과정 평가를 보고할 수 있는 능력
이러닝 운영 결과관리	과정 운영에 필요한 콘텐츠, 교·강사, 시스템, 운영 활동의 성과를 분석하고 개선사항을 관리하여 그 결과를 최종 평가보고서 형태로 작성하는 능력

② 이러닝 운영을 위한 LMS의 기능과 구성

학습관리시스템(LMS; Learning Management System)은 온라인 과정 및 교육 프로그램을 관리하고 제공하는 데 사용되는 소프트웨어 애플리케이션이다.

가. LMS의 주요 기능

- 과정 관리: 교·강사는 LMS를 사용하여 과정 콘텐츠 업로드, 퀴즈 및 평가 생성, 기한 설정 등 온라인 과정을 만들고 관리할 수 있다.
- 학습자 관리: 학습자 프로필, 등록, 진행 상황 추적 및 커뮤니케이션을 관리하는 도구를 제공한다.
- 콘텐츠 관리: 비디오, 문서 및 프레젠테이션과 같은 코스 콘텐츠를 저장하고 관리하기 위한 저장 공간을 제공한다.
- 커뮤니케이션 및 협업: 토론 포럼, 채팅방 및 이메일과 같이 강사와 학습자 간의 커뮤니케이션 및 협업을 위한 도구를 제공한다.

- 평가: 퀴즈, 과제 및 설문 조사와 같은 학습자의 성과를 평가하고, 평가하는 도구를 제공한다.

나. LMS의 주요 구성

- 사용자 인터페이스: 강사와 학습자가 쉽게 LMS를 탐색하고 사용할 수 있는 직관적인 사용자 인터페이스를 가진다.
- 코스 생성 도구: 멀티미디어 콘텐츠 및 평가를 포함하여 코스 콘텐츠를 생성하고 편집하는 도구를 포함한다.
- 학습 관리 도구: 학습자 등록, 진행 상황 추적 및 커뮤니케이션을 관리하는 도구를 포함한다.
- 평가 및 평가 도구: 평가를 생성 및 관리하고 학습자의 성과를 평가하는 도구를 포함한다.
- 보고 및 분석 도구: 학습자의 성과 및 코스 효율성을 추적하고 분석하는 도구를 포함한다.
- 통합 기능: 인증 시스템, 콘텐츠 전송 네트워크 및 분석 플랫폼과 같은 다른 시스템과 통합할 수 있는 기능을 포함한다.

③ 이러닝의 학습평가 및 수료 기준

- 이러닝 학습평가 및 수료 기준은 과정의 특성이나 관련된 법 제도에 따라 평가 항목과 기준이 제시되기도 하며, 운영 기관의 특성에 따라 자율적으로 결정되기도 한다.
- 학습평가 및 수료 기준의 제시를 통해 학습이 이루어졌다는 것에 대한 명확하고 구체적인 기준을 제공함으로써 학습자에게 동기를 부여하고 순조롭게 학습이 진행되도록 돕는다.

가. 학습평가

- 학습자의 성과와 지식 습득을 평가하고 측정하는 데 사용되는 방법을 말한다.
- 이러닝에서 평가는 퀴즈, 시험, 과제 및 프로젝트를 포함하여 다양한 형태를 취할 수 있다.
- 평가의 목적은 학습자가 학습 목표를 충족했는지를 결정하는 것이다.
- 평가는 과정 중에 피드백을 제공하고 개선 영역을 식별하기 위해 사용되는 형성적 평가, 학습자의 성과를 평가하기 위해 과정이 끝날 때 사용되는 총괄적 평가가 있을 수 있다.

나. 수료 기준

- 학습자가 성공적으로 학습을 완료하기 위해 충족해야 하는 요구사항을 나타낸다.
- 수료 기준에는 평가에서 최소 점수 달성, 특정 수의 과제 완료 또는 온라인 토론 참여가 포함될 수 있다.
- 수료 기준의 목적은 학습자가 과정의 학습 목표를 충족하고 필요한 지식과 기술을 습득했는지 확인하는 것이다.
- 경우에 따라 수료 기준을 사용하여 인증 또는 인증을 제공할 수도 있다.

2 //// 평가 모형의 이론적 토대(Kirkpatrick 4단계 평가 모형)

1) Kirkpatrick 4단계 평가 모형의 이해

이 평가 모형은 1959년 'Training & Development'지에 발표된 이후 우리나라는 물론 전 세계적으로 다양한 분야에 적용되고 있다. 이 평가 모형은 성과를 중점으로 한 평가 모형이며, 결과 중심의 평가 모형이라 할 수 있고, 교육훈련을 반응(Reaction)-학습(Learning)-행동(Behavior)-결과(Results)의 4단계로 평가한다.

① Kirkpatrick 4단계 평가 모형의 개념

- 반응(Reaction) 평가는 교육 참가자의 교육 프로그램에 대한 반응이나 만족도를 측정한다.
- 학습(Learning) 평가는 교육의 결과를 의미하며, 교육 참가자의 기술 향상, 지식 증진, 태도 변화의 정도를 측정한다.
- 행동(Behavior) 평가는 교육을 통해 교육 참가자의 현업에서의 행동이 변화되고, 학습된 기능이 전이되는 정도를 측정한다.
- 결과(Results) 평가는 교육 참가자가 교육을 통하여 발생시키는 조직에 기여하는 정도를 측정한다.

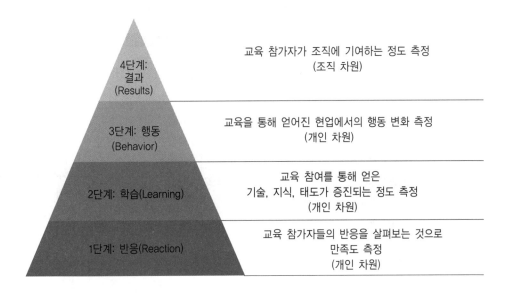

그림 2-6-1 Kirkpatrick 4단계 평가 모형 주요 개념

4단계:
결과
(Results)

교육 참가자가 조직에 기여하는 정도 측정
(조직 차원)

3단계: 행동
(Behavior)

교육을 통해 얻어진 현업에서의 행동 변화 측정
(개인 차원)

2단계: 학습(Learning)

교육 참여를 통해 얻은
기술, 지식, 태도가 증진되는 정도 측정
(개인 차원)

1단계: 반응(Reaction)

교육 참가자들의 반응을 살펴보는 것으로
만족도 측정
(개인 차원)

② Kirkpatrick 4단계 평가 모형의 목적

- 교육 프로그램의 질을 향상하기 위한 가장 보편적인 목적이 있다.
- 교육 프로그램을 지속할 것인지 결정하는 데 도움을 줄 수 있다.
- 교육 프로그램을 담당하는 기관과 예산의 존재를 정당화하는 데 도움을 줄 수 있다.

③ Kirkpatrick 4단계 평가 모형의 특성

- 이 평가 모형은 학습자의 긍정적인 반응이 학습 효과에 영향을 미치며, 학습된 내용은 교육 참가자의 행동을 변화시켜 최종적으로 조직에 기여할 것이라는 단계별 순차적 위계성을 가정한다.
- 교육 참가자의 만족도로부터 학업성취도, 업무 적용도, 조직 기여도에 이르기까지 개인적 차원에서 시작하여 조직적 차원으로 이어지는 연속적인 과정이다.
- 각각의 단계는 상호 관련이 있어 전 단계의 결과는 다음 단계에 영향을 미친다.
- 1단계인 반응평가에서 4단계인 결과평가로 단계가 높아질수록 평가과정은 더 어려워지고, 시간이 많이 소요된다. 하지만 평가를 통해 얻을 수 있는 정보의 가치는 더욱 중요해진다.

표 2-6-2 Kirkpatrick 평가 모형 4단계

구분	1단계: 반응 (Reaction)	2단계: 학습 (Learning)	3단계: 행동 (Behavior)	4단계: 결과 (Results)
평가 목적	• 학습자 반응 평가 • 프로그램 개선	• 목적 달성도 • 효과성 판단	• 현업 적용도 • 학습 전이도	• 조직 기여도 • 교육 투자 가치 확보
평가 내용	• 교수자 • 학습자 • 교육 진행자 • 교육 내용 • 교육 주제 • 지도 방법 • 교육 환경 • 교육 시설 • 교육 일정 등 교육 전반 • 교육 프로그램	• 학습자의 지식, 기능, 태도 습득 정도 • 교육 목표 달성도	• 학습한 내용의 전이 • 학습한 내용의 현장 적용도	• 조직에 교육이 기여한 정도 • 비재무적 결과와 재무적 결과가 모두 포함
평가 방법	• 설문지(주로 사용) • 인터뷰 • 관찰	• 지식영역: 지필검사, 사례연구 • 태도 영역: 지필검사, 사례연구, 역할연기, 시뮬레이션, 상호평가 • 기능 영역: 실습, 역할 연기, 시뮬레이션 • 성인의 경우 상대평가보다는 자기평가와 동료평가가 적합함	• 설문지 • 인터뷰 • 관찰 • 업무 결과물 검토	• 설문지 • 인터뷰 • 표적집단면접(focus group interview)
평가 시기	• 교육 중 • (주로) 교육 직후	• (주로) 교육 시행 전·후 • 교육 중 • 교육 직후 • 교육 종료 후 일정 기간의 시간 경과 후	• 교육 시행 전·후 • 교육 종료 후(교육 후 약 3~6개월 정도의 기간이 지난 후 실시하는 것이 적절)	교육 종료 후 3~12개월 정도의 기간이 지난 후 실시

고려 사항	• 평가 목적 결정 • 반응 수량화가 가능하도록 양식 작성 • 정성적 평가 포함 • 교육이 끝난 직후 평가하는 것이 가장 좋음 • 교육 참가자 반응 점수에 대한 기준을 설정하고 확인해야 함	• 교육 참가자의 지식, 기술, 태도의 전후를 측정할 수 있도록 평가 양식을 만들고, 작성할 필요가 있음 • 교육 프로그램 사전/사후 검사 실시 • 100% 응답을 회수하는 것이 좋음	• 통제 그룹 사용하면 좋음 • 교육 참여자의 행동 변화가 발생할 시간을 두어야 함 • 프로그램 사전/사후 검사 시행 • 교육 참여자의 행동 변화를 알고 있는 사람 대상 조사 및 인터뷰 시행 • 모두의 반응 확보 및 표본조사 실시 • 필요한 만큼 반복 평가 • 혜택 대비 비용 고려	• 프로그램 사전/사후 평가 시행 • 결과가 나올 때까지 6개월~1년 정도의 시간이 걸림을 인식 • 실험집단(교육 참가자)와 통제집단(교육 미참가자) 비교 • 언제, 어떻게, 얼마나 자주 반복 측정할 것인지 결정 및 비용 대비 이익 고려

2) 이러닝 평가에서 Kirkpatrick 4단계 평가 모형 적용

Kirkpatrick 4단계 평가 모형은 총 4단계의 평가를 진행하지만, 이러닝에서는 이것을 모두 진행하기란 어렵다. 이에 통상적으로 1단계 수준인 만족도 평가를 진행하며, 더 나아가 2단계 학습평가까지 진행하기도 한다. 또한 4단계 모두 다루기보다는 1단계와 2단계까지만 제시하고자 한다.

① 1단계 반응평가(만족도 평가)

가. 반응평가의 특징

- 1단계 반응평가에서는 이러닝 과정에 대한 교육 참가자들의 반응을 평가하는 단계로 교육 참가자의 만족도를 측정한다.
- 1단계에서는 교육 참가자의 의견, 건의사항 등을 파악하여 교육과정, 운영에서의 문제점을 수정·보완함으로써 이러닝 과정을 개선하기 위한 목적으로 사용된다. 그렇기 때문에 총괄적인 측면보다는 형성적 측면에 가깝다(정재삼, 2004).
- 교육 과정의 종류에 상관없이 평가 유형과 항목이 비슷하고(강이철, 2014), 자료를 수집·분석하는 과정이 다른 단계에 비해 비교적 쉽다는 특징을 가진다(김선희 외, 2004).

나. 반응평가가 중요한 이유

- 이러닝 과정 개선 및 평가가 가능하도록 피드백을 제공한다.

- 이러닝 운영인력이 교육 프로그램의 효과성에 대한 피드백을 필요로 한다는 사실을 참가자에게 알려줄 수 있다.
- 이러닝 과정의 관리자와 관련된 사람들에게 양적인 정보를 제공한다.
- 미래의 이러닝 과정을 위한 기준을 설정하는 데 있어 양적인 근거를 제공한다.

다. 반응평가의 내용

- 이러닝 학습자가 시스템, 학습 내용, 주제(유용성, 흥미 등), 교수학습 방법, 교수자(의사소통 능력, 주제에 대한 지식 등) 등에 얼마나 만족스러웠는지를 평가한다.
- 단순히 반응을 얻는 것보다는 긍정적인 반응을 얻는 것이 중요하다. 그 이유는 긍정적인 반응이 학습을 반드시 증진시키지는 않지만, 부정적인 반응은 학습이 발생될 가능성을 반감시킨다는 것은 확실하고, 긍정적인 반응은 프로그램의 지속 여부를 결정하는 기준이 되기 때문이다(한인섭 외, 2011).

라. 반응평가의 시기

- 이러닝 과정 시행 중, 시행 후에 평가를 실시할 수 있지만, 보편적으로 교육 종료 시 평가를 실시한다(오인경, 2000).
- 평가 시기를 구분하는 이유는 평가 시기에 따라 평가의 초점이 달라지기 때문이다.
- 이러닝 과정 중에 실시하는 평가는 교수학습 활동을 개선하는 목적으로 사용, 프로그램 종료 후에 실시하는 평가는 다음 프로그램 진행 참고 목적으로 시행된다(김선희 외, 2004).

마. 반응평가의 고려사항

- 반응평가를 통해 알고자 하는 사항이 무엇인지 결정해야 한다.
- 반응을 수량화할 수 있도록 양식을 작성해야 한다.
- 가장 일반적인 형태는 5점 척도(예 매우 좋음, 좋음, 보통, 나쁨, 매우 나쁨)로 구성하는 것이며, 최단 시간에 참가자들에게 많은 정보를 얻을 수 있다.
- 서술식 제안과 의견과 같은 정성적 평가도 포함되어야 한다.
- 이러닝 과정이 끝난 직후 100%의 즉각적이고 솔직한 답변을 얻어야 한다.
- 학습자의 반응에 대한 기준을 설정하고, 해당 기준의 달성 혹은 초과 여부를 확인해야 한다.
- 항목별 설정한 점수에 따라 그에 맞는 적절한 조치를 취해야 한다.

② 2단계 학습평가(학업성취도 평가)

　가. 학습평가의 특징

- 2단계 학습평가에서는 이러닝 과정에 대한 학업성취도를 평가하는 것으로, 교육의 결과를 측정한다고 할 수 있다.
- 이 단계에서는 학습자의 기술 향상, 지식의 증진, 태도의 변화 정도를 측정하게 된다.
- 이러닝 과정의 목적 달성도와 효과성을 판단하기 위한 목적으로 진행된다.
- 평가 문항은 학습 목표의 종류와 난이도에 따라 다양하게 구성되어야 한다.
- 학습평가를 성공적으로 이행하기 위해서는 구체적인 평가 목적과 평가 도구를 설정하는 것이 중요하다.

　나. 학습평가가 중요한 이유

- 학습평가를 통해 학습자의 지식 증가, 태도 변화를 측정하여 이러닝 과정의 효과성을 측정한다.
- 학습이 이루어지지 않으면 목표한 지식 증가·행동 변화가 일어나지 않기 때문이다.
- 이러닝 운영인력은 학습평가를 통해 실패하고 있는 부분을 파악하여 성공적인 학습으로 이끌 수 있고, 학습자와의 신뢰 형성에도 기여한다(전주성, 김소영, 2011).

　다. 학습평가의 내용

- 이러닝 학습자의 기술 향상, 지식 증진, 태도 변화의 정도를 측정하며, 학습 목표의 달성도를 측정한다.

　라. 학습평가의 시기

- 이러닝 과정의 전·중·후에 모두 진행될 수 있지만 가장 많이 사용되는 방법은 이러닝 과정 후 진행한다.
- 학습 목표 달성도를 측정한다는 측면에서 이러닝 과정 전·후에 평가를 진행하고 그 차이를 측정할 수도 있다.

　마. 학습평가의 고려사항

- 학습자의 지식, 기술, 태도의 변화를 측정해야 한다. 특히 학습 이후 변화된 수준을 평가할 수 있다면 가장 좋다.
- 가능하면 사전·사후 측정을 통해 향상된 학습 수준을 평가할 수 있다.
- 가능하면 100% 응답을 회수하는 것이 바람직하다.

3 //// 과정 평가 타당성 검토

1) 과정 평가의 이해

(1) 과정 평가의 개념

① 이러닝 과정 평가는 이러닝 교육 환경에서 실시된 교육훈련이 교육훈련의 목적 및 계획에 따라 운영된 후 나타난 성과 및 결과를 파악하는 활동이다.

② 이러닝 과정 평가는 이러닝 과정에 대한 지속적인 개선을 통해 질적인 향상을 도모하고 이를 기반으로 이러닝 교육 과정의 경쟁력 제고를 기대할 수 있다.

③ 이러닝 과정 평가는 이러닝 교육훈련의 전반적인 과정 운영 전체 프로세스에 대한 양적인 평가와 질적인 평가를 의미한다(김용 외, 2012).

④ 이러닝 과정 평가는 양적 평가의 방법으로 만족도 평가의 설문조사, 학업성취도 평가의 시험, 과제 수행 등이 사용될 수 있고, 질적 평가 방법으로 의견에 대한 피드백, 개선사항 수렴, 전문가 자문 등이 사용될 수 있다.

(2) 과정 평가의 필요성

이러닝 과정 평가는 이러닝 과정의 운영 전반에 대한 측정 및 관찰을 통해 자료를 수집하고 목적에 따라 분석 및 해석하는 총체적 활동이다. 이에 이러닝 과정에서 평가란 공급자인 교육기관, 교·강사, 운영자는 물론 수요자인 학습자, 고객사 등의 입장에서 모두 중요하다.

① 공급자 측면(교육기관, 교·강사, 운영자 등)

가. 품질 보증

- 이러닝 과정 평가는 교육 기관과 강사가 과정의 품질을 평가하고 학습자의 요구를 충족하는지 확인할 수 있는 메커니즘을 제공한다.
- 이를 통해 높은 수준의 교육을 유지하고 학습자가 최상의 학습 경험을 받을 수 있도록 한다.

나. 지속적인 개선

- 이러닝 과정 평가는 과정 설계 및 제공에서 개선이 필요한 영역을 식별하는 데 사용할 수 있는 중요한 피드백을 제공한다.
- 이 피드백은 과정 내용, 교육 방법 및 평가 전략을 개선하는 데 사용할 수 있어 학습자를 위한 더 나은 학습경험으로 이어질 수 있도록 한다.

다. 인증

- 이러닝 과정 평가를 사용하여 과정이 인증 및 인증 표준을 충족하는지 입증할 수 있다.
- 인증 상태를 유지하려는 교육 기관 및 강사에게 중요한 요소가 될 수 있다.

라. 시장 경쟁력 증명

- 경쟁이 치열한 이러닝 시장에서 제공되는 과정의 품질은 주요 차별화 요소가 될 수 있다.
- 이러닝 과정 평가는 교육 기관과 강사가 자신의 과정을 다른 과정과 차별화하고 시장 위치를 개선하는 데 도움이 될 수 있다.

② 수요자 측면(학습자, 고객사 등)

가. 학습 결과 확인

- 이러닝 과정 평가는 학습자에게 학습 결과에 대한 객관적인 측정을 제공한다.
- 이를 통해 학습자는 자신의 진행 상황을 평가하고 개선할 영역을 확인하며 향후 학습 목표를 설정할 수 있다.

나. 품질 보증

- 이러닝 과정 평가는 수강생이 수강하는 과정이 고품질이며 인정된 표준을 충족한다는 확신을 학습자에게 제공한다.
- 이는 이러닝 과정을 제공한 기관에 대한 신뢰를 구축하고 학습자의 만족도를 높이는 데 도움이 될 수 있다.

다. 비용 대비 가치 구현

- 이러닝 과정 평가는 학습자가 수강 중인 과정의 비용 대비 가치를 평가하는 데 도움이 될 수 있다.
- 이것은 이러닝 과정의 비용을 지불하는 학습자에게 중요한 요소가 될 수 있다.

(3) 과정 평가의 종류

① 양적 평가

- 이러닝 과정 평가에서 양적 평가는 이러닝 과정의 효과를 측정하기 위해 수치 데이터 및 통계 분석을 사용하는 것을 말한다. 이러한 유형의 평가에는 일반적으로 설문조사, 평가 및 기타 데이터 수집 방법을 사용하여 이러닝 과정의 다양한 측면에 대한 양적 데이터를 수집하는 것이 포함된다.

- 이러닝 과정 평가에서 양적 평가의 목표는 과정의 효율성에 대한 객관적이고 실증적인 척도를 제공하는 것이다. 이러한 유형의 평가는 잘 작동하는 과정 영역과 개선이 필요한 영역을 식별하는 데 도움이 될 수 있으며, 학습자의 요구를 더 잘 충족하도록 과정을 최적화하는 방법에 대한 결정을 알리는 데 도움이 될 수 있다.

② **질적 평가**

- 질적 평가는 양적 평가와 대비되는 개념으로 주관적인 판단이나 의견으로 표현되는 평가 방법이다.
- 이러닝 과정 평가에서 질적 평가는 과정에 대한 학습자의 경험, 인식 및 태도를 이해하기 위한 비수치적 데이터의 수집 및 분석을 포함한다.
- 질적 데이터는 양적 데이터로는 포착할 수 없는 학습자의 경험에 대한 심층적인 통찰력을 제공할 수 있다.
- 이러닝 과정 평가에서 질적 평가는 양적 평가 단독보다 학습자의 과정 경험에 대한 보다 상세한 이해를 제공할 수 있다.
- 질적 데이터는 과정 내용이 불분명하거나 이해하기 어려운 등 개선이 필요할 수 있는 과정 영역을 식별하는 데 도움이 될 수 있으며, 학습자의 요구를 더 잘 충족하기 위해 과정을 최적화할 방법에 대한 통찰력을 제공할 수 있다.
- 질적 평가는 양적 데이터에 대한 중요한 컨텍스트를 제공하여 학습자가 설문조사나 평가에 특정 방식으로 응답한 이유를 설명하는 데 도움이 된다.
- 질적 데이터는 양적 데이터를 보완하는 데 사용할 수 있으므로 과정의 효율성에 보다 완전한 그림을 제공한다.

(4) 과정 평가의 분류

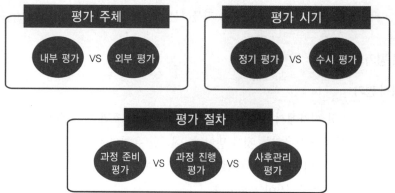

그림 2-6-2 **이러닝 과정 평가의 분류 (박종선 외, 2016)**

평가 주체
내부 평가 VS 외부 평가

평가 시기
정기 평가 VS 수시 평가

평가 절차
과정 준비 평가 VS 과정 진행 평가 VS 사후관리 평가

① 평가 주체에 따른 분류

- 평가 대상에 따른 이러닝 과정 평가의 분류는 크게 내부 평가와 외부 평가로 나눌 수 있다.
- 내부 및 외부 평가 모두 이러닝 과정의 품질을 보장하는 데 중요하다.
- 내부 평가는 과정의 지속적인 개선 및 개선을 위한 메커니즘을 제공하는 반면, 외부 평가는 과정의 품질과 학습자 및 더 넓은 커뮤니티 요구의 관련성에 대한 객관적인 척도를 제공한다.
- 내부 및 외부 평가를 모두 수행함으로써 교육기관과 교·강사는 코스가 높은 품질 기준을 충족하고 학습자에게 필요한 학습경험을 제공하는지 확인할 수 있다.

가. 내부 평가

- 내부 평가는 과정의 개발 및 제공에 직접 관련된 교육기관이 자체적으로 이러닝 과정의 평가하는 것을 말한다. 여기에는 교·강사, 이러닝 과정 개발자, 이러닝 콘텐츠 설계자 등 다양한 구성원이 포함될 수 있으며, 필요에 따라 외부 전문가도 참여할 수 있다.
- 내부 평가는 초기 설계 단계부터 구현 및 지속적인 검토에 이르기까지 이러닝 개발 프로세스 전반에 걸쳐 수행되는 경우가 많다. 이를 위해 자체적으로 수립한 평가 기준이나 외부 전문기관에서 제공한 평가 기준에 따라 점검활동을 실시한다.

나. 외부 평가

- 외부 평가는 이러닝 과정 개발 및 운영에 직접 관여하지 않는 관리 및 감독 기관으로부터 규정한 평가 기준 및 절차를 준수했는지 평가받는 것이다. 이를 위해 인증 기관, 산업 협회, 규제 기관 및 기타 외부 평가자 등이 평가자로 포함될 수 있다.
- 이러닝 운영교육 기관이 대외적으로 어떤 수준인지를 판단해 보는 활동으로 평가 결과에 따라 등급 또는 점수로 제시된다.
- 교육기관의 인지도 향상 및 홍보에 활용할 수 있으나 낮은 등급 또는 점수로 인해 교육기관 운영의 존폐 또는 손실을 줄 수도 있다.

② 평가 시기에 따른 분류

가. 정기 평가

- 정기 평가는 미리 정해진 간격 또는 정기적으로 수행되는 이러닝 과정에 대한 지속적인 평가를 말한다.
- 정기 평가의 목적은 시간이 지남에 따라 이러닝 과정의 효과를 평가하고, 개선이 필요한 영역을 확인하고, 이러닝 과정이 학습자의 요구와 관련이 있는지 확인하는 것이다.

- 정기 평가는 형성평가, 총괄평가, 진단평가 등 다양한 평가 방법을 포함할 수 있다.
- 평가 결과는 이러닝 과정의 설계, 내용, 전달 및 평가 전략을 결정하는 데 사용할 수 있다.
- 정기 평가는 이러닝 과정이 과정 개발자 또는 교육기관의 목표를 충족하는지 확인하고 시간이 지남에 따라 과정의 품질을 유지하는 데 도움이 될 수 있다.

나. 수시 평가

- 수시 평가는 정기 평가 외에 특별히 수행하는 평가를 말하는데, 이러닝 과정 운영과 관련하여 특별한 사안이 발생했을 때 실시한다. 예를 들어 이러닝 과정을 운영하는 중에 심각한 시스템 오류가 발생하여 긴급 점검이 필요하거나 외부 기관에서 긴급하게 평가를 요청하는 경우 등이 해당한다.
- 수시 평가는 평가 요청에 신속하게 대응하는 것이 가장 중요하다.

③ 평가 절차에 따른 분류

- 과정 준비 평가는 이러닝 과정 운영에 필요한 제반 사항들이 과정 운영 전에 잘 준비되고 있는지를 평가하는 것이다.
- 운영하고자 하는 이러닝 과정의 목적에 따라 과정 계획 수립, 학습자 선발, 교육자료 확보, 과정 운영 환경 설정 등을 포함한다.

가. 과정 진행 평가

- 과정 진행 평가는 이러닝 과정 운영이 계획대로 적절하게 진행되고 있는지를 평가한다.
- 이러닝 콘텐츠, 교·강사 활동, 상호작용 활동, 학습자 지원 요소, LMS 운영상황, 이러닝 과정의 학습자 평가 활동 등이 포함된다.

나. 사후관리 평가

- 사후관리 평가 이러닝 과정 운영이 모두 종료된 후 이루어지는 사후관리가 적절한지 여부를 평가하는 것이다.
- 이러닝 과정의 운영에는 과정 운영 전이나 과정 운영 중에 해야 할 일들도 많지만, 과정을 운영한 이후에 해야 할 행정지원 요소들도 많다. 예를 들어 학습자 평가 결과 제공, 수료증 발급 지원, 연관 교육과정 안내, 보충심화자료 제공 등의 후속 조치가 포함된다.
- 이러닝 과정 운영에 대한 학습자, 교·강사, 운영자 등의 의견을 수렴하여 개선활동에 반영하는 사후 질 관리 과정도 포함된다.

2) 과정 평가 수행 파악 방법

(1) 과정 운영계획서 파악하기

① 과정 운영계획서 평가 계획 수립

가. 평가 계획 항목 선정

- 이러닝 과정의 평가계획 수립은 해당 과정의 학습자, 학습 목표, 교육내용을 분석하여 학습 목표의 달성 여부를 판단할 수 있는 평가 주체, 평가 시기, 평가 절차를 선정하게 된다.
- 이러닝 과정 평가가 해당 교육과정에 참여한 학습자 대상의 만족도 평가와 학업성취도 평가를 실시하는 경우가 일반적이다. 이런 경우 평가 주체는 교육기관이 정한 평가 기준에 따라 개선을 목적으로 실시하는 내부 평가를 선택한 것이고, 평가 시기는 이러닝 운영의 사전 일정에 따라 실시하는 정기 평가 일정을 적용한 것이며, 평가 절차는 과정만족도 평가를 통해 학습자 의견을 수렴하여 개선 활동에 반영하는 사후관리 평가를 적용한 것이다.
- 만약 추가적인 평가 방법을 활용한다면 통상적으로 학습자를 대상으로 하는 것이 아닐 수 있으므로, 사전에 이를 위한 철저한 준비를 진행해야 한다.

나. 평가 활동 항목 확인

- 이러닝 과정 운영계획서에 포함된 과정 평가 활동은 LMS의 교육과정 등록에 세부 항목으로 포함되는 경우가 대부분이다.
- 운영계획서에서 선정한 평가 항목들이 세부 메뉴에 따라 등록되고 필요에 따라 가중치가 고려되며 수료 기준 등이 포함된다.
- 평가 기준은 학습 결과를 확인하고 수료 여부를 판단하는 등에 큰 영향을 미친다.

그림 2-6-3 평가 기준 등록 화면

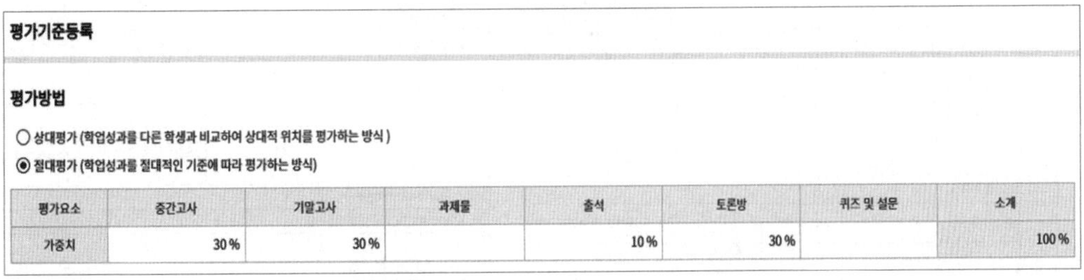

평가기준등록

평가방법

- ○ 상대평가 (학업성과를 다른 학생과 비교하여 상대적 위치를 평가하는 방식)
- ● 절대평가 (학업성과를 절대적인 기준에 따라 평가하는 방식)

평가요소	중간고사	기말고사	과제물	출석	토론방	퀴즈 및 설문	소계
가중치	30 %	30 %		10 %	30 %		100 %

② 평가 세부 내용 구성

가. 평가 세부 내용 항목 확인

- 이러닝 과정 평가에 포함되는 세부 내용은 주로 만족도 평가와 학업성취도 평가에 포함된다.

- 통상적으로 만족도 평가는 사전에 선정한 평가 문항을 바탕으로 실시하며, 마지막 학습이 끝난 이후, 혹은 특정한 기간을 정해 공지하여 만족도 평가를 하도록 한다.
- 학업성취도 평가는 지필고사 시험이 가장 큰 비중을 차지하는데, 과목에 따라 과제나 실습이 포함될 수 있으며 학습 진도율이 주요 요인으로 반영될 수 있다.
- 이러닝 과정 운영에 대한 모니터링을 실시하여 수시로 의견을 수렴하기도 하는데, 이것은 이러닝 과정 운영계획 수립에 포함된 내부 평가이자 정기 평가이고 과정 진행 평가에 해당한다.

나. 평가 활동 세부 구성 점검

- 이러닝 과정 평가의 세부 내용 구성은 어떤 종류의 것인가에 따라 달라질 수 있다.
- 예를 들어 직업능력개발훈련의 경우 다음과 같은 훈련실시계획서의 수료 기준의 평가 요소로 포함되므로 해당 문서를 확인하면 된다.
- 직업능력개발훈련도 이러닝 과정 운영 목적에 따라 세부 평가 내용에 차이가 있을 수 있다.
- 고용보험환급과정 여부, 위탁 혹은 자체 교육 여부 등에 따라 다른 평가 활동 세부 구성이 이루어질 수 있다.

그림 2-6-4 사업주 직업능력개발훈련 지원 규정 세부 내용

■ 사업주 직업능력개발훈련 지원규정[별지 제1호서식] <개정>

(앞면)

훈련실시계획서

1. 직업능력개발훈련 실시기관 현황

명 칭		훈련기관코드		대표자	
소재지				전화번호	
형 태	□ 직업능력개발훈련시설 □ 고등교육법에 의한 학교 □ 평생교육시설 □ 학원 □ 사업주·사업주단체등의 시설 □ 기타				

2. 훈련과정 인정 신청내용

가. 훈련개요

훈련과정명			훈련직종코드	
관 리 자		전 화	한국고용직업분류	

훈련방법	훈련주체	학금정원 (학금수)	훈련일수 (시간)		국가기간전략 산업직종여부
□ 집체 □ 현장 □ 우편 □ 인터넷 □ 스마트 □ 혼합 ○집체+현장 ○현장+인터넷 ○현장+우편 ○집체+우편 ○집체+인터넷 ○집체+현장+인터넷 ○집체+현장+우편	□ 자체 □ 위탁 ○기업 맞춤형 ○채용예정자 ○기타 □ 자체+위탁		집체		□ 예 □ 아니오
			현장		
			우편		
			인터넷		
			스마트		
			※ 혼합훈련은 해당 훈련 종류에 각각 기재		

나. 훈련내용

훈 련 목 적	주요 훈련내용	관련 자격증	훈 련 대 상 요 건 (훈련생선발요건)	훈련생 출결관리 방법
	※ 훈련일정 포함		※ 훈련대상 한정 여부 (대상범위)	

다. 훈련실시장소(집체·현장·혼합훈련만 기재, 원격훈련은 제외)

명 칭	소재지	전화번호	강의실 및 실습실 장소	훈련일시	강의실 면적(㎡)	비고

※ 강의실 및 실습실 장소 : 호실 기재(동일건물 내에서 강의실 자율변경은 별도 신고 없이 가능)

210㎜×297㎜(일반용지 60g/㎡(재활용품))

(뒷면)

라. 훈련시설·장비·소프트웨어 등(해당 훈련과정에 해당하는 것 중 주요 시설·장비만 기재)

시설 및 장비명	보유수량	단위	해당과목 명

마. 훈련교사

성명	생년월일	담당과목	학력	전공	자격요건 해당항목	근무형태

※ 근무형태는 채용(정규직/시간제), 위촉으로 구분

※ 자격요건 해당여부는 집체훈련은 「근로자직업능력 개발법 시행령」 제27조, 원격훈련은 [별표 1]의 해당 항목을 기재

3. 원격훈련과정 주요 내용(원격훈련 및 원격훈련을 포함한 혼합훈련만 기재)

가. 심사 승인받은 우편훈련과정 및 인터넷훈련과정(스마트훈련과정) 요약정보

1) 우편

과정코드	과정등급	과정명	훈련분량 (개월)	훈련 대상	교재정보				교·강사 요건	승인일자
					교재명	자체/구입	발행 년도	가격		

2) 인터넷(또는 스마트)

과정코드	과정등급	과정명	훈련 분량 (시간)	승인받은 기관	훈련대상	교·강사 요건	승인일자

나. 훈련과정 상세 일정

차시	주요 진행 내용	학습방법 (혼합훈련만 집체/원격 구분 기재)	훈련장소 (혼합훈련만 기재)

다. 진도관리 방법(우편훈련)

라. 훈련수료기준

항목	진도율	시험	과제	기타
수료기준				

마. 평가내용 및 채점기준

평가방법	평가일정	평가내용	채점기준	비고

바. 위탁 사업장(기업맞춤형에 한함) ※ 위탁사업장은 모두 기재

사업장관리번호	사업장명	훈련위탁 요청일	비 고

※ 출처: 법제처 국가법령정보센터 홈페이지

(2) 과정 평가 수행 확인

① 만족도 평가 수행

그림 2-6-5 과정만족도 설문평가 등록 관리 화면

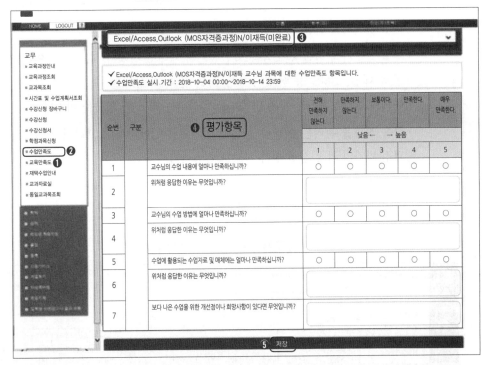

※ 출처: 한성대 e-class 공지사항 https://learn.hansung.ac.kr/mod/ubboard/article.php?id=1&bwid=111409

- 이러닝 과정의 만족도 평가는 해당 과정을 개설할 때 LMS의 메뉴를 통해 평가 문항을 등록하거나 기존 문항을 복사하여 구성하게 된다.
- 만족도 평가를 실시하여 얻고자 하는 정보에 따라 문항 구성은 달라질 수 있다.
- 일반적으로 학습 내용 측면, 과정 운영 지원 측면, LMS 지원 측면, 교·강사 활동 측면, 전반적인 만족도 등이 포함되고, 5점 척도의 양적 평가와 의견 작성의 질적 평가로 표현된다.
- 더 구체적으로 보면 학습 내용 구성 만족도, 화면 구성 만족도, 학습 진행 방법 만족도, 교수학습 방법 만족도, 상호작용 유도 만족도, 학습 자료의 제공 및 지원체계 만족도, 서비스 용이성 및 안정성 만족도 등이 활용될 수 있다(장은정, 전은화, 2008).

② 학업성취도 평가 수행

가. 학습 진도율 확인

- 이러닝 과정 운영에서 개별 학습자의 학습 진도율을 관리하는 것은 가장 기본적인 학업성취도 판단 요소가 된다. 이를 통해 이러닝 과정이 적절하게 운영되고 관리되고 있는지를 판단할 수 있다.

- 개별 학습자의 학습 진도율을 확인했는데 제대로 진행이 되고 있지 않은 경우에는 독려 메일, SMS 등을 발송하여 학업 참여를 유도할 수 있다. 이러한 활동은 실제로 학업성취도는 물론 만족도를 향상하는 데도 큰 영향을 미친다.

- 학습 진도율 관리는 이러닝 과정 운영계획 수립에서부터 고려된 것이므로 이러닝 과정 평가의 과정 진행 평가 자료로 활용한다.

- 학습 진도율 확인 및 독려 활동은 LMS에서 기본적으로 제공하는 경우가 많으며, 이러닝 운영인력이 가장 많이 활용하는 기능 중 하나이다.

그림 2-6-6 학습자 진도율 관리 예시

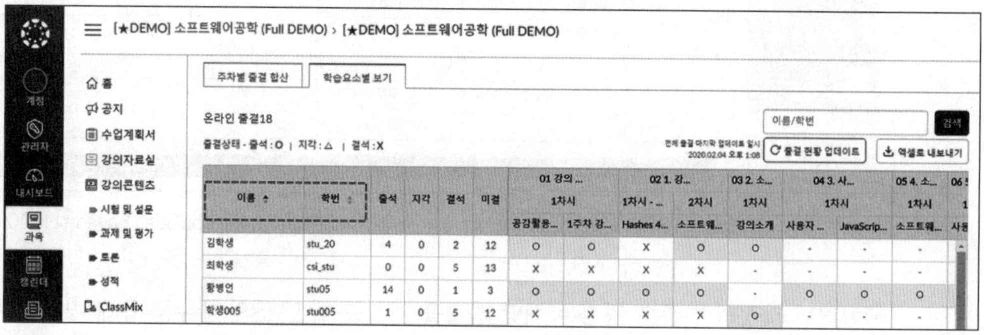

※ 출처: Xinics 위키 https://xinics.atlassian.net/wiki/spaces/Leaningx2020

나. 시험 실시

그림 2-6-7 시험 등록 화면

① 제목과 설명을 적습니다.

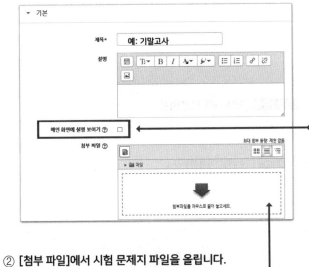

- '메인 화면에 설명 보이기'를 체크하면 :
  강의실 메인 화면에서도 위에 적은 설명을
  학생들이 미리 볼 수 있습니다.

- 체크하지 않으면 :
  해당 과제(시험)를 클릭하여 들어왔을 때
  설명을 볼 수 있습니다.

② [첨부 파일]에서 시험 문제지 파일을 올립니다.
   - 방법1 : PC에서 올리려는 파일 모두 선택 후, 점선안의 영역으로 선택한 파일을 마우스로 끌어와 올려놓기
   - 방법2 : 📁 클릭 > [파일선택] 클릭 > 원하는 파일 선택 후 '열기' 클릭 > [파일 업로드] 클릭

③ 제출 기간을 시험 일정에 맞게 설정해줍니다.

   - 시작 일시 이후 답안지를 제출할 수 있습니다.
   - 종료 일시 이후에 제출하면 지각하여 제출한 것으로 표시됩니다. (제출 차단되지 않은 경우)

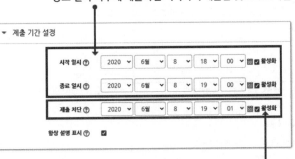

- 제출 차단 : 시험 종료 이후에 아예 제출을 못하도록 막고 싶으면
  제출 차단에 있는 체크박스를 눌러 기능을 활성화한 뒤 원하는 일시를 지정해줍니다.

※ 출처: 강원대학교 온라인시험 출제 및 관리와 평가 매뉴얼

- 이러닝 과정에서 시험은 이러닝 과정 평가의 사후관리 방법에 해당한다.
- 시험을 실시하는 이유는 이러닝 과정이 계획대로 적절하게 운영되었는지 학습자 관점에서 확인하는 방법 중 가장 유용하다고 여겨지기 때문이다.
- 시험을 통해 얻은 성적은 이러닝 과정이 학습 목표의 달성을 위해 교육내용이 제공되었으며, 학습자가 무리 없이 학습할 수 있도록 지원이 잘 이루어졌는지 판단하는 지표가 될 수 있다.

다. 과제 수행

그림 2-6-8 과제 등록 화면 예시

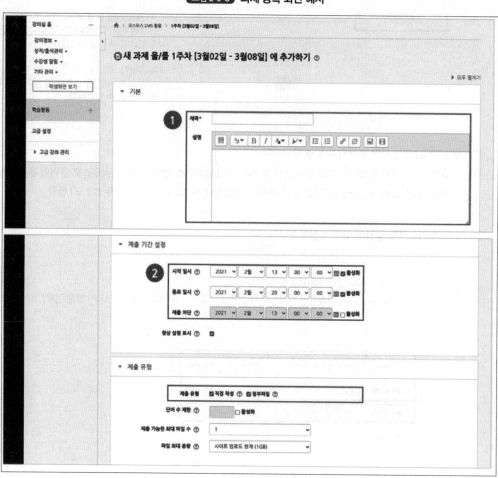

※ 출처: 강원대학교 온라인시험 출제 및 관리와 평가 매뉴얼

- 과제 수행은 시험 시행과 함께 이러닝 학습자가 주어진 학습 과정을 제대로 이행했는지 확인할 수 있어 이러닝 과정을 평가하는 기초 자료로 활용이 가능하다.

- LMS를 통해 학습자의 과제 수행 현황을 확인할 수 있으며, 과제 수행과 관련한 교·강사 및 운영인력의 지원 여부를 확인할 수 있어 궁극적으로는 이러닝 과정의 수료 여부를 예측할 수 있도록 만들어 준다.
- 과제 수행 방법 및 관리는 이러닝 과정 운영계획 수립에서부터 고려된 것이므로 이러닝 과정 평가의 과정진행 평가 자료로 활용한다.
- 과제는 세부 내용을 평가하기 이전에 개별 학습자별로 모사 여부를 파악하는 것이 필요하다. 잘 작성된 과제를 평가하였어도 모사 파일로 판정되면 점수를 부여할 수 없기 때문이다.

■ 이러닝에서 평가 수행 파악 시 참고사항은 다음과 같다.

> - 이러닝 과정 평가를 확인하기 전에 반드시 이러닝 과정 운영계획서에 포함된 평가 영역과 평가 방법, 세부 기준을 확인하여야 시행착오를 줄일 수 있다.
> - 이러닝 과정 운영계획에 따라 실제 평가가 이루어졌는지를 확인할 때 평가 주체, 평가 시기, 평가 절차 관점에서 확인하여야 효과적이다.

3) 과정 평가 적절성 검토

(1) 과정 평가 계획의 수립

평가를 시행하는 것만큼 중요한 것은 평가가 제대로 구성되었는지의 여부이다. 아무리 평가를 잘 시행했어도 부적절한 평가 항목들을 바탕으로 했다면 평가를 통해 얻을 수 있는 정보나 시사점이 무의미할 수 있다. 따라서 이러닝 과정이 운영되기 전부터 운영되는 중간, 운영이 완료된 이후까지 전반적인 과정 운영 활동에 대해 자료를 분석하고 평가하는 과정 평가 적절성 검토가 이루어질 필요가 있다. 이러한 활동은 이러닝 과정 평가 계획을 수립하는 단계에서부터 어떻게 적절성을 평가할 것인지 평가 요소에 대해 고려하여야 한다.

① 평가 대상

과정 평가 적절성을 검토하기 위해 활용되는 요소는 과정 준비, 과정 진행, 사후관리 등 3단계에 따라 다르게 접근할 수 있다.

가. 과정 준비 단계
- 과정 준비 단계는 이러닝 과정 운영계획, 학습자 선발 과정, 교육자료 준비, 과정 운영 환경 상태 등을 검토한다.

- 이러닝 과정의 목표와 결과가 명확하게 정의되어 있는지, 학습 목표와의 일치성 등을 확인하고 이것이 실제 교육내용 및 구성에 잘 접목되었는지 확인한다.
- 학습이 이루어지기 전 단계인 만큼 학습자가 원활하게 학습을 할 수 있도록 환경이 잘 갖추어졌는지 검토하는 것이 핵심이다.

나. 과정 진행 단계

- 과정 진행 단계는 콘텐츠, 교·강사 활동, 상호작용 활동, 학습자 지원 요소, LMS 운영 상황, 이러닝 과정의 학습자 평가활동 등을 검토한다.
- 이러한 요소들은 결국 이러닝 과정의 학습이 제대로 이루어지고 있는지 모니터링할 수 있는 것들로 학습자가 학습에 적극적으로 참여하고 있는지와 밀접한 관련성을 가진다.
- 이러한 요소에 대한 검토를 통해 학습자가 자기주도적으로 자신의 학습 속도나 일정에 맞게 학습할 수 있는지 확인한다.

다. 사후관리 단계

- 사후관리 단계는 학습자 평가 결과, 수료증 발급 지원, 연관 교육과정 안내, 보충심화자료 제공, 만족도, 학업성취도, 참여자 의견수렴 등을 검토한다.
- 학습자 평가 결과를 통해 기대했던 학습 목표가 달성되었는지 확인한다. 특히 만족도나 학업성취도 등을 바탕으로 학생들의 피드백을 검토하여 과정에 대한 향후 개선해 가야 할 영역을 확인한다.

② 평가 설계

- 이러닝 과정 평가의 설계는 일반적으로 이러닝 과정이 운영된 후 바로 실시하는 직후 평가나 사후 평가로 설계한다.
- 이러닝 과정 평가의 평가란 이러닝 과정의 전후 결과를 비교하기보다는 이러닝 과정 운영에 대한 기초 자료를 확보하는 데 의의가 있다. 이를 바탕으로 더 발전적인 방향으로 나아갈 수 있는 중장기 발전계획을 수립하는 자료로 주로 활용되기 때문이다.

③ 평가 내용

- 이러닝 과정 평가를 위한 평가 내용은 주로 이러닝 과정 운영에 대한 만족도 조사와 학습 성취도 조사로 구성된다.
- 만족도를 활용하는 이유는 이러닝 과정에 대한 학습자의 즉각적인 반응을 살필 수 있어 이러닝 과정 개선 및 향후 계획수립의 자료로 활용할 수 있기 때문이다.

- 학업성취도는 개별 및 전체를 대상으로 실시되는데 이러닝 과정의 학습 목표 달성 여부를 판단하는 자료로 활용된다.
- 평가 내용을 통해 과정 운영상에서 수행된 평가 기준의 적절성을 검토할 수 있다. 또한, 학습 목표 과정 운영상에서 수행된 평가 방법 및 수행된 평가 시기의 적절성을 검토할 수 있다.

④ 평가 도구

- 이러닝 과정 평가의 평가 도구는 과정만족도의 경우 설문조사가 가장 일반적이다.
- 설문지는 5점 척도의 객관식 문항과 응답자의 주관적 의견을 작성하는 주관식 문항으로 구분되며 필요에 따라 7점 또는 10점 척도를 사용하기도 한다.
- 5점 척도를 사용할 경우 응답이 중심점인 3점으로 수렴하게 될 수도 있어서 7점이나 10점과 같이 좋음과 나쁨을 분명하게 표현해야 하는 척도를 활용하게 된다.
- 학업성취도 평가는 학습 내용의 형태, 즉 지식, 기술, 태도에 따라 다르게 적용된다.
- 지식 영역인 경우 주로 지필시험, 과제 수행, 학습 진도율 등이 사용된다.
- 기능 영역인 경우 시뮬레이션, 실습, 수행평가 등의 활동 중심 방법이 도구로 활용된다.
- 태도 영역의 경우 문제 상황에 대한 해결, 역할 놀이, 지필시험 등이 도구로 활용된다.

⑤ 평가 시기

- 평가의 시기는 평가 도구의 선택 이상으로 중요할 수 있는 요소다.
- 이러닝 과정 평가 시기는 평가 설계에 따라 달라질 수 있는데, 일반적으로 직후 평가 나 사후 평가로 설계하는 경우에는 평가 내용을 수행한 바로 다음에 해당 내용이 적절한지 평가하는 것이 가장 적절하다. 예를 들어, 과정 진행 단계에서 학습자가 교·강사 활동에 대해 만족도 조사 방법으로 평가를 실시한다고 설계되면, 이러닝 과정이 완료된 직후 실시하여 의견을 분석하는 것이 적절하다.
- 만약 일정 시간이 지나거나 이러닝 과정이 모두 완료되기 전에 실시하면 교·강사 활동에 대해 학습자의 인식이 변하거나 일부분의 활동만 평가할 가능성이 있기 때문이다. 이에 평가 도구의 성격에 맞게, 평가 설계 내용에 부합하는 적절한 시기에 평가를 진행해야 한다.

(2) 과정 평가 적절성 검토

이러닝 과정 평가가 실시된 후 해당 과정에 적합하게 과정 평가가 이루어졌는지를 검토하기 위해 평가 기준, 평가 방법, 평가 시기를 검토하는 것이 필요하다. 이러닝 과정을 평가하기 위한 평가계획 수립부터 이러한 적절성 검토가 반영되면 더 효과적이다.

① 평가 기준

- 이러닝 과정 평가를 위한 평가 기준은 이러닝 과정 평가에 포함된 요소에 따라 다르게 선정될 수 있다.
- 이러닝 과정 평가의 하나로 만족도 조사를 실시한다면 이를 위한 평가 기준을 미리 결정해 두어야 한다. 예를 들어, 만족도 설문을 5점 척도로 구성했다면 결과를 해석할 때 '만족'의 기준을 4점 혹은 4.5점 등 몇 점으로 판단할 것인지 세부적으로 결정해야 한다. 이러한 기준이 없을 경우 단지 점수만으로는 의미 있는 해석을 하기 힘들다.
- 이러닝 과정 평가의 적절성을 검토하기 위해 평가 기준을 점검하는 것은 다음과 같은 세부 활동 요소를 예시로 참고하여 실시할 수 있다.

표 2-6-3 평기 기준의 적절성 검토를 위한 세부 활동 예시(박종선 외, 2016)

세부 활동	선정 여부	활동 방법(안)
이러닝 과정 준비 단계의 평가 기준 선정		
이러닝 과정 진행 단계의 평가 기준 선정		
이러닝 사후관리 단계의 평가 기준 선정		
만족도 평가 기준 선정		
학업성취도 지필시험 평가 기준 선정		
학업성취도 과제 수행 평가 기준 선정		
학습 진도율 평가 기준 선정		

② 평가 방법

- 이러닝 과정 평가를 위한 평가 방법은 평가 대상과 평가 내용에 따라 달라질 수 있다.
- 운영계획서와 같은 문서 자료는 전문가 자문과 같은 전문인력을 활용한 검토가 필요하다. 왜냐하면, 운영계획성은 다양한 정보를 포함하고 있으며, 단일한 평가 기준으로 볼 수 없기 때문에 이러닝 과정의 콘텐츠와 운영 맥락을 반영하여 판단할 수 있는 전문인력이 담당하는 것이 적절하다.
- 만족도 조사와 같은 학습자의 의견을 수렴하는 방법은 설문조사가 적절하다.
- 이러닝 과정에 참여한 학습자 중 충분한 숫자를 만족도 조사에 참여시켜 평가하는 것이 더 의미 있는 시사점을 도출할 수 있다.
- LMS와 같은 환경적 요소는 체크리스트를 활용할 수 있다.

- 체크리스트는 여러 가지 기준에 대한 질문을 나열하여 전체적으로 갖추어야 할 구성요소에 대해 빠짐없이 체크하는 데 도움을 줄 수 있다.
- 이러닝 과정 평가의 적절성을 검토하기 위해 평가 방법을 점검하는 것은 다음과 같은 세부 활동 요소를 예시로 참고하여 실시할 수 있다.

표 2-6-4 평가 방법의 적절성 검토를 위한 세부 활동 예시(박종선 외, 2016)

세부 활동	선정 여부	활동 방법(안)
이러닝 과정 준비 단계의 평가 방법 선정		
이러닝 과정 집행 단계의 평가 방법 선정		
이러닝 사후관리 단계의 평가 방법 선정		
만족도 평가 방법 선정		
학업성취도의 지필시험 평가 방법 선정		
학업성취도의 과제 수행 평가 방법 선정		
학습 진도율의 평가 방법 선정		

③ 평가 시기

- 이러닝 과정 평가를 위한 평가 시기는 평가 대상이나 평가 방법에 따라 달라질 수 있다.
- 학습자 선발의 경우 과정 운영 전에 적절성이 평가되어야 한다.
- 운영 활동 지원은 과정 운영 중에 수시로 의견을 수렴하는 것이 바람직하다.
- 학습자 지원 요소는 과정이 완료된 시점에 확인하는 것이 적절하다.
- 이러닝 과정 평가의 적절성을 검토하기 위해 평가 시기를 점검하는 것은 다음과 같은 세부 활동 요소를 예시로 참고하여 실시할 수 있다.

표 2-6-5 평가 시기의 적절성 검토를 위한 세부 활동 예시(박종선 외, 2016)

세부 활동	선정 여부	활동 방법(안)
이러닝 과정 준비 단계의 평가 시기 선정		
이러닝 과정 집행 단계의 평가 시기 선정		
이러닝 사후관리 단계의 평가 시기 선정		
만족도 평가 시기 선정		
학업성취도의 지필시험 평가 시기 선정		
학업성취도의 과제 수행 평가 시기 선정		
학습 진도율의 평가 시기 선정		

(3) 과정 평가 적절성 검토 방법

① 만족도 평가 적절성 검토

가. 체크리스트 활용

- 만족도 평가가 적절하게 실시되었는지를 검토하기 위해서는 우선 만족도 평가의 평가 기준, 방법, 시기를 검토하여야 한다.

- 평가의 기준, 방법, 시기는 만족도 평가의 적절성을 확인하기 위한 필수적인 요소로 이것이 제대로 이루어졌는지 반드시 확인해야 한다.

- 이러한 세 가지 요소와 더불어 만족도 평가가 운영계획에 맞게 운영되었는지, 이러닝 과정의 내용에 적절한 평가가 진행되었는지 등이 권고된다. 다만, 의미 있는 시사점을 얻기 위해서는 권고사항까지 체크하는 것이 바람직하다.

표 2-6-6 만족도 평가의 적절성 검토를 위한 체크리스트 예시(박종선 외, 2016)

구분	확인 사항	확인 여부	
		Y	N
필수사항	만족도의 평가 기준은 적절하였는가?		
	만족도의 평가 방법은 적절하였는가?		
	만족도의 평가 시기는 적절하였는가?		
권고사항	운영계획서에 따라 만족도는 평가가 실시되었는가?		
	과정 내용에 적절한 만족도 평가인가?		

나. 과정만족도 평가 자료 검토

ⓐ 운영계획서 확인

- 이러닝 과정 운영계획서에 포함된 만족도 평가에 대한 내용을 LMS 상에서 살펴보면 다음과 같다.

- 진도율, 만족도, 시험, 과제 등 일반적인 평가 요소를 확인할 수 있으며, 이러닝 과정의 특성에 따라 추가적인 평가 요소가 있을 수도 있다.

- 이러닝 콘텐츠 자체의 학습이 중요한 과정의 경우 진도율만으로도 수료 여부를 결정하기도 한다.

표 2-6-7 운영계획서에 포함된 평가 요소 예시(박종선 외, 2016)

평가 항목	수료 기준	세부 내용	평가 방법	평가 시점
진도율	90% 이상	매주 표시	진도율 달성	매주 종료 시점
만족도	2.7점 이상	1회 실시	설문조사	학습 종료 시점
시험	70점 이상	주관식(7문항) 서술형(3문항)	튜터 채점	매주 종료 시점 및 학습 종료 후
과제	85점 이상	서술형(3문항)	튜터 채점	매주 종료 시점 및 학습 종료 후

ⓑ 만족도 평가 문항 검토

- 이러닝 과정 운영에 사용할 만족도 평가 문항 내용은 LMS에서 등록하고 사용한다.
- 문항마다 추후 분류작업을 위한 ID가 부여되고 문항 분류로 관리되며 테스트를 거쳐 사용할 수 있다.
- 문항에 따라 서술형, 단답형 등 다양한 구성이 가능하다.

그림 2-6-9 LMS의 만족도 평가 문항 화면

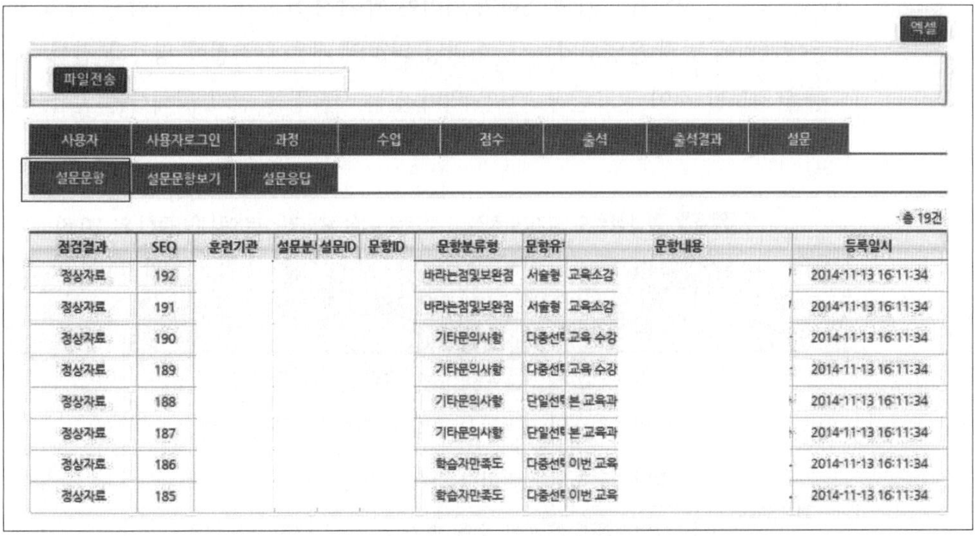

※ 출처: 한국산업인력공단 훈련품질 향상센터(2014), 원격훈련기관 활용 Agent 및 LMS 매뉴얼, p.18

ⓒ 만족도 평가 방법 및 시기 점검

- 이러닝 과정 운영에 사용한 만족도 평가의 방법과 시기는 설문조사를 등록할 때 LMS에서 설정한다.

- 만족도를 파악하는 방법은 일반적으로 설문조사를 가장 많이 활용하며, 이때 설문조사의 시점은 과정 완료 직후로 한다.
- 만족도 조사에 대한 안내는 운영을 시작하면서 공지사항으로 등록하고 실제 설문이 시작되기 2주 전부터 한 번 더 공지하기도 한다.
- 일부 이러닝 과정에서는 만족도 조사에 참여한 후 성적 확인이 가능하도록 처리하기도 한다.
- 만족도 설문은 과정 개선 및 학습자 의견을 파악하는 중요한 역할을 하므로 더 많은 학습자가 만족도 평가에 참여할 수 있도록 다양한 방법을 활용하는 것이 필요하다.

② 학업성취도 평가 적절성 검토

가. 체크리스트 활용

- 학업성취도 평가가 적절하게 실시되었는지를 검토하기 위해서는 우선 학업성취도 평가의 평가 기준, 방법, 시기를 검토하여야 한다.
- 학업성취도 평가를 위해 주로 사용하는 방법이 지필고사와 과제 수행이기 때문에 두 가지 방법에 대한 평가 기준, 방법, 시기를 필수적으로 검토하게 된다.
- 지필고사 및 과제 수행과 관련하여 이러한 세 가지 요소와 더불어 학업성취도 평가가 운영계획에 맞게 운영되었는지, 이러닝 과정의 내용에 적절한 평가가 진행되었는지 등을 검토할 것이 권고된다. 다만, 의미 있는 시사점을 얻기 위해서는 권고사항까지 체크하는 것이 바람직하다.

표 2-6-8 **학업성취도 평가의 적절성 검토를 위한 체크리스트 예시(박종선 외, 2016)**

구분	확인 사항	확인 여부	
		Y	N
필수사항	학업성취도의 지필고사 평가 기준은 적절하였는가?		
	학업성취도의 지필고사 평가 방법은 적절하였는가?		
	학업성취도의 지필고사 평가 시기는 적절하였는가?		
	학업성취도의 과제 수행 평가 기준은 적절하였는가?		
	학업성취도의 과제 수행 평가 방법은 적절하였는가?		
	학업성취도의 과제 수행 평가 시기는 적절하였는가?		
권고사항	운영계획서에 따라 학업성취도 평가는 실시되었는가?		
	과정 내용에 적절한 학업성취도 평가인가?		

나. 학업성취도 평가 자료 검토

  ⓐ 과정 운영계획서에 따른 평가 정보 제공

    • 이러닝 과정 운영계획서에 포함된 학업성취도 평가 내용을 LMS를 통해 안내된 예시 자료를 살펴본다.

그림 2-6-10 과정 운영계획에 따른 학업성취도 수료 기준 내용 화면

과정명	기간	진도율	과제	시험	비고
소통의 핵심 기술, 경청 효과	2014-10-01 2014-12-31	61%	과제응시	시험응시	

■ 수료기준 안내

· 수료기준 : 총점 60점 이상시 수료(단, 진도 점수 80점 미만은 수료불가)

항목	진도율	과제	시험
수료기준	80% 필수	이상 점 만점)	이상 (100점 만점)

• 유의사항 : 모든 평가항목을 참여해야 하며,   점수가 80점 이상이어야 합니다.
• 필수적으로 진도율이 80% 이상이 충족되지 않을시, 과제/시험을 참여할 수 없으므로 미수료 처리가 되니 유의하세요.
• 하루에 6강을 초과해서 수강할 수 없습니다.(수강시 진도체크가 진행되지 않습니다.)

※ 출처: 한국산업인력공단 훈련품질 향상센터(2014). 원격훈련기관 활용 Agent 및 LMS 매뉴얼, p.43

> 학습 기간을 비롯하여 진도율은 80% 이상, 과제가 포함되어 있으며 시험은 100점 만점이다. 진도율과 과제, 시험을 포함한 총점이 60점 이상이어야 수료할 수 있는데, 다른 점수와 별개로 진로 점수는 무조건 80점 이상으로 되어 있고 이에 따라 하루에 6강을 초과하지 않도록 안내가 반영되어 있다.

    • 이러닝 과정 운영계획을 수립할 때 선정된 과정별 평가 방법마다 수료 기준이 어떻게 부여되었는지 확인한다.

    • 과정마다 포함된 진도율, 시험평가, 과제, 활동 등에 따라 해당 비율을 수립하고 이러한 자료는 운영 담당자가 확인하여 운영 결과 보고 및 학업성취도 평가 자료 관리의 기준으로 활용한다.

  ⓑ 지필시험 평가 문항 검토

    • 이러닝 과정 운영에 사용할 지필시험의 평가 문항 내용을 LMS 상에서 살펴볼 수 있다.

    • 선다형, 단답형 서술형으로 다양할 수 있고 문항마다 배점을 포함하여 안내하고 전체 문제 풀이 시간을 두어 관리할 수도 있다. (그림 2-6-11 참고)

그림 2-6-11 지필시험 평가 문항 등록 및 관리 화면

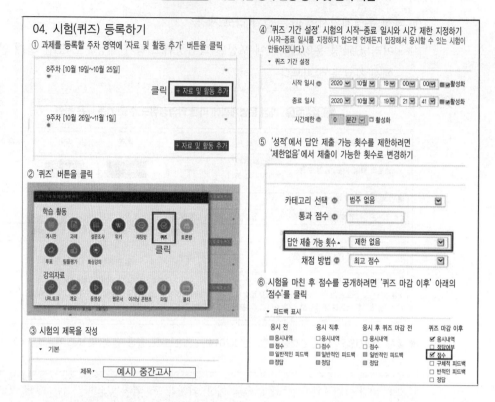

※ 출처: 한림대학교 'SmartLEAD' 온라인 평가 매뉴얼

ⓒ 지필시험 평가 방법 및 시기 점검

- 이러닝 과정 운영에 사용한 지필시험의 방법과 시기를 LMS 상에서 살펴볼 수 있다.

- 시험 관리의 경우 시험 자료를 등록할 때 시험 일자를 함께 설정하며, 운영 계획서에 포함된 평가 시기를 준수하여 설정한다.

- 시험이 여러 번 수행되는 경우 시험번호별로 실시 일정을 변경한다.

- 지필시험 일정에 따라 학습자의 응시 여부, 참여 일정, 진행 상황을 확인하고 관리하면서 점검한다.

- 최근에는 웹 접근성에 대한 이슈가 부각되고 있기 때문에 장애가 있는 사람을 포함하여 모든 학습자가 지필시험에 접근할 수 있는지 확인해야 한다.

ⓓ 과제 수행 평가 방법 및 시기 점검

- 이러닝 과정 운영에서 과제는 사전에 공지되도록 한다.

- 전체 일정상에 언제까지 어떤 과제를 제출해야 하는지 미리 알려주고, 학습자가 주어진 기간을 준수하여 과제를 수행하도록 한다.
- 과제의 경우 학습자가 수행하도록 하는 것도 중요하지만 수행한 과제에 대한 적절한 피드백을 주는 것도 중요하다. 이를 위해 과제 수행 결과에 대해 어떻게 피드백할 것인지도 고민해야 한다. 이에 과제의 내용을 모든 학생이 함께 보고 서로 의견을 남기는 등의 상호작용을 유도하는 것도 방법이 될 수 있다.

■ 이러닝에서 평가 적절성 검토 시 참고사항은 다음과 같다.

> - 이러닝 과정 평가의 평가 기준, 방법, 시기의 적절성은 과정 운영계획서와의 일치 여부를 확인하면 도움이 된다.
> - 과정 운영 중에 부득이 평가 방법, 평가 시기 등을 변경하고자 할 때는 내부 협의를 거쳐 의사 결정하고 운영계획서에 반영한 후 다각적인 방법으로 공지하여야 혼란을 줄일 수 있다.
> - 이러닝 과정 운영 특성에 따라 과정 평가의 적절성은 달라질 수 있다.

이것만은 기억합시다

- 학습평가란 학습 성과와 지식 습득을 평가하고 측정하는 활동으로, 이러닝에서는 퀴즈, 시험, 과제 및 프로젝트를 포함하여 다양한 형태를 취할 수 있다.

- 이러닝 학습평가 및 수료 기준은 과정의 특성이나 관련 법 제도에 따라 평가 항목과 기준이 제시되기도 하며, 운영 기관의 특성에 따라 결정되기도 한다.

- Kirkpatrick 4단계 평가 모형은 교육훈련을 반응(Reaction)-학습(Learning)-행동(Behavior)-결과(Results)의 4단계로 평가하는 모형으로, 교육 프로그램의 질을 향상하고 교육 필요성을 정당화하는 데 유용한 도구이다. 성과를 중점으로 한 평가 모형으로 결과 중심의 평가 모형이라 할 수 있다. 원칙적으로 총 4단계 평가를 진행하지만, 이러닝에서는 이것을 모두 진행하기란 어려워 1단계 수준인 만족도 평가 정도만 진행하며, 때에 따라 2단계 학습평가까지 진행하기도 한다.

- 학업성취도 평가는 학습자가 교육내용을 제대로 이해하고 필요한 지식과 기술을 잘 습득하였는지 판단하는 활동이다. 학업성취도 평가를 통해 교육활동이 종료된 이후 학습자가 기대했던 학습 목표를 달성하였는지 확인할 수 있다. 학업성취도 평가는 학습 목표 진술과 평가도구 개발이 요구된다. 평가 문항은 학습 결과와 일치하고 선택한 평가 유형에 적합한 평가 항목을 개발한다. 평가 항목은 명확하고 간결하며 모호하지 않게 개발해야 한다. 이러닝 과정 운영에서 학업성취도 평가에 영향을 미치는 원인은 주로 학습 진도율, 과제 모사, 평가 미참여 등이다.

- 평가도구는 평가 내용에 따라 지필고사, 문답, 실기시험, 체크리스트, 구두 발표, 역할 놀이, 토론, 과제 수행, 사례연구, 프로젝트 등의 다양한 도구를 선택할 수 있고, 하나 또는 둘 이상을 혼용하여 선택할 수도 있다.

- 평가계획 수립에서 선정한 모사 기준에 따라 채점 대상을 분류하고, 모사 자료로 판단되면 원본과 모사 자료 모두 부정행위로 간주하여 0점 처리할 수 있다. 모사관리 시스템만을 전적으로 믿고 평가를 진행할 수는 없으므로 참고 자료로 활용하는 것이 바람직하며, 처음부터 모사 답안이 발생하지 않도록 개별화된 과제를 제시하거나, 단순 개념을 작성하는 과제는 피하는 것이 좋다.

실력 점검 문제

01 다음 중 이러닝 운영 기획 및 준비의 필요성과 관련된 내용으로 적합하지 않은 것은?

① 이러닝 운영 기획은 과정 운영에 필요한 전반적인 사항을 분석하고 그 결과를 기반으로 운영계획을 세우는 활동이다.

② 이러닝 운영준비는 과정 운영을 위한 구체적인 준비 활동을 수행하는 것이다.

③ 학습자 및 고객의 불편사항을 즉각적으로 해결하기 위해 필요한 과정이다.

④ 학습환경 점검과 수강 신청 시스템 점검을 통해 시스템 오류에 대비할 수 있다.

> **해설**
>
> 학습자 및 고객 불편사항의 즉각적인 해결은 이러닝 운영 중에 해결해야 할 업무이다.

02 다음 중 아래에서 설명하는 개념으로 옳은 것은?

> 이러닝 과정의 구체적인 운영 방법과 방향성을 결정하는 활동으로, 연간교육계획 수립 및 운영 매뉴얼 제작의 활동이 수행된다. 기존 운영 결과보고서를 참고하여 수립하면 효과적이다.

① 운영전략 수립   ② 학사일정계획 수립

③ 홍보계획 수립   ④ 평가전략 수립

> **해설**
>
> 이러닝 과정의 구체적인 운영 방법과 방향성을 결정하는 것은 운영전략 수립 단계에 해당한다.

03 다음 중 아래에서 설명하는 개념으로 옳은 것은?

> 이러닝 훈련 과정의 품질관리를 위해 매우 중요한 요소이며, 교육프로그램의 운영 후에 어떤 성과를 도출하였는지를 측정하고 개인 또는 조직 차원에서 교육에 대한 효과성과 개선사항을 확인할 수 있다.

① 운영전략 수립   ② 학사일정계획 수립

③ 홍보계획 수립   ④ 평가전략 수립

> **해설**
>
> 품질관리를 위한 성과 측정 방법은 평가전략 수립 관련 내용에 해당한다.

04 다음 중 아래에서 설명하는 개념으로 옳은 것은?

> 이러닝 과정에 대해 연간 운영 일정 또는 월별, 과정별 운영 일정과 구체적인 업무계획을 수립하는 활동으로, 연간 혹은 학기를 구분하여 학사일정표를 작성한다. 이를테면 모집과 수강 신청부터 진도관리와 학습 촉진 활동, 평가 일정을 수립하는 것이 포함된다.

① 운영전략 수립   ② 학사일정계획 수립

③ 홍보계획 수립   ④ 평가전략 수립

> **해설**
>
> 학사일정별로 운영 일정을 계획하고 수립하는 것은 학사일정계획 수립 단계에 해당한다.

정답 : 01. ③   02. ①   03. ④   04. ②

05 이러닝 운영계획서에 포함되지 않는 내용은?

① 교육기관 정보(운영기관명, 운영담당자 등)

② 교육과정 정보(교육과정명, 운영 일정 및 기간, 총학습시간, 교육 인원, 차시별 정보 등)

③ 학습관리시스템 정보(학습환경, 접속 경로 등)

④ 운영활동 정보(수료 기준, 평가 방법, 담당 튜터, 튜터 교육 계획)

> **해설**
>
> 튜터 교육 계획은 이러닝 운영계획서에 포함되지 않아도 된다.

06 다음은 이러닝 운영계획서에 포함되어야 할 항목이다. 어떤 영역에 대한 설명인가?

> • 교육과정명, 훈련 직종, 교육 영역
> • 운영 일정 및 기간, 총 학습시간, 교육 인원
> • 교육 목표, 교육 난이도
> • 교육과정 차시 정보(차시명, 주요 내용, 학습활동, 학습 시간 등)

① 교육기관 정보

② 교육과정 정보

③ 학습관리시스템 정보

④ 운영활동 정보

> **해설**
>
> 운영 일정과 학습시간, 교육 목표와 교육 난이도, 학습 내용 등은 교육과정 정보에 해당한다.

07 학습 사이트의 레이아웃이나 인터페이스가 정상적으로 동작하지 않는다면 점검해야 할 항목은?

① 사용자의 인터넷 회선

② 사용자의 웹브라우저

③ 운영기관의 미디어 서버

④ 운영기관의 네트워크망

> **해설**
>
> 학습 사이트를 구성하는 웹페이지가 정상적으로 동작하지 않는다면 웹브라우저의 호환성 오류를 점검해야 한다.

08 학습 사이트 접속 오류 시 조치사항으로 옳지 않은 것은?

① 웹브라우저를 '새로고침'하거나 다시 시작해 본다.

② 웹브라우저의 스크립트 실행을 허용한다.

③ 웹브라우저를 업데이트하거나 초기화한다.

④ 웹브라우저의 캐시(cache)와 쿠키(cookies)를 삭제한다.

> **해설**
>
> 학습 사이트 접속 오류 시 조치 방안
> • 웹브라우저를 '새로고침' 하거나 다시 시작
> • 인터넷 연결 상태를 확인
> • 웹브라우저의 캐시(cache)와 쿠키(cookies)를 삭제
> • 웹브라우저를 업데이트하거나 초기화
> • 방화벽과 보안 프로그램을 비활성화

09 마이크로소프트 엣지 브라우저(MicroSoft Edge Browser)의 초기화 순서로 올바른 것은?

> ㉠ [메뉴] 아이콘을 클릭한다.
> ㉡ [초기화, 복원 및 최적화]를 클릭한다.
> ㉢ [설정]을 클릭한다.
> ㉣ [다시 시작] 버튼을 클릭한다.

① ㉠-㉡-㉢-㉣   ② ㉡-㉠-㉢-㉣

③ ㉠-㉢-㉡-㉣   ④ ㉢-㉡-㉠-㉣

> **해설**
>
> 브라우저 우측 상단의 [메뉴] 아이콘을 클릭하여 [설정]으로 들어간다. 왼쪽 패널에서 [초기화, 복원 및 최적화]를 클릭하고 [다시 시작]하여 초기화 여부를 확인한다.

정답 05. ④   06. ②   07. ②   08. ②   09. ③

10 다음 중 아래에서 설명하는 개념으로 옳은 것은?

> 온라인 학습에서 필요한 과정 개설 및 기수 편성 기능, 회원 및 평가관리 기능, 출결 관리 기능, 게시판 기능이 있는 시스템

① Content Management System

② Learning Content Management System

③ Learning Management System

④ e-Learning Contents

해설

학습관리시스템(LMS)은 교육, 교육훈련, 학습관리 등을 위한 소프트웨어 플랫폼이다.

11 학습콘텐츠관리시스템(LCMS)의 주요 점검 항목에 대한 설명으로 옳지 않은 것은?

① 콘텐츠 재생 여부와 더불어 이어보기와 배속 기능을 점검한다.

② 콘텐츠 작성 및 관리 기능이 잘 작동하는지 확인한다.

③ 협업 기능이 잘 작동하는지 확인한다.

④ 콘텐츠 배포 및 이용 기능이 잘 작동하는지 확인한다.

해설

①은 학습관리시스템(LMS)의 점검 항목이다. 추가적인 LCMS의 점검 항목에는 보안 및 데이터 분석, 기술 지원 및 업데이트 기능이 잘 작동하는지 확인한다.

12 다음 중 아래 내용이 설명하는 개념으로 옳은 것은?

> 학습자들에게 제공되는 학습 콘텐츠를 관리하고 배포하는 시스템

① Content Management System

② Learning Content Management System

③ Learning Management System.

④ e-Learning Contents

해설

학습콘텐츠관리시스템(LCMS)은 학습자들이 수강하는 강좌나 교육 프로그램의 자료, 시험, 퀴즈, 과제 등을 관리하며, 학습자들에게 제공된 콘텐츠의 이용, 통계, 평가 등의 정보를 관리하는 시스템이다.

13 학습관리시스템(LMS)의 보안성 측면에서 중요한 요소는 무엇인가?

① 기능 안정성

② 인증 및 권한 관리

③ 출결 관리 기능

④ 학습자 개인정보와 학습 데이터를 다루는 기능

해설

학습관리시스템(LMS)의 보안성 측면에서는 인증 및 권한 관리, 데이터 암호화, 방화벽, 취약점 분석 백업 등이 중요한 요소이다. 이는 학습자의 개인정보와 학습 데이터를 안전하게 보호하기 위한 것이다.

14 학습을 지원하는 프로그램의 외부 링크로 제공되는 무료 서비스에 대한 주의사항은 무엇인가?

① 외부 링크를 통해 제공되는 프로그램은 모두 과금 체계로 변경될 수 있으므로 주기적인 확인이 필요하다.

② 무료 서비스를 제공하는 프로그램은 모두 안전하게 사용할 수 있다.

③ 내부 링크로 제공되는 프로그램이 외부 링크로 제공되는 프로그램보다 안전하다.

④ 무료 서비스를 제공하는 프로그램은 사용자의 동의나 사전 안내 없이 중단될 수 있다.

정답 : 10. ③ 11. ① 12. ② 13. ② 14. ①

학습을 지원하는 프로그램은 내부 링크와 외부 링크를 통해 제공되며, 외부 링크로 제공되는 무료 서비스 대부분은 사용자의 동의나 사전 안내 없이 과금 체계로 변경되거나 서비스를 중단할 수 있다.

15 다음 중 아래에서 설명하는 학습 콘텐츠관리시스템(LCMS)의 기능은 무엇인가?

> 학습 콘텐츠 사용자의 데이터를 수집하고 분석하여 더 효과적인 학습 경험을 제공할 수 있도록 하며, 사용자의 학습 데이터를 분석하여 학습 패턴, 진행 상황 등을 파악할 수 있다.

① 콘텐츠 제작   ② 협업
③ 배포   ④ 분석

학습 콘텐츠 관리시스템(LCMS)의 분석 기능에 대한 설명이다.

16 다음 중 아래에서 설명하는 개념으로 옳은 것은?

> 이러닝 운영 주체로서 과정 운영자가 이러닝의 전(全) 과정에서 학습관리시스템(LMS)을 통해 학습자가 원만히 학습을 진행하도록 돕고, 학사관리 전반에 대한 관리업무 수행을 돕는 도구나 수단

① 학습관리시스템(LMS)
② 학습보조공학 도구
③ 이러닝 운영 지원 도구
④ 이러닝콘텐츠 저작도구

학습 진행을 위한 안내 역할, 학습 진행 독려 효과, 질문 및 문제 발생에 대한 대응 역할을 보조하기 때문에 상황에 적절한 운영 지원 도구가 요구된다.

17 Canvas LMS의 이러닝 운영 지원 도구에 대한 설명으로 옳지 않은 것은?

① 대시보드: 현재 계정의 모든 과목 리스트와 할 일, 최근 변경 사항 등을 표시한다.
② 캘린더: 모든 과목에서 수행해야 하는 모든 학습 및 일정을 한 곳에서 확인/관리할 수 있는 도구이다.
③ 메시지 함: 이메일 대신 과목, 그룹(팀), 개발 학습자 또는 학습자 그룹과 소통하는 데 사용된다.
④ 게시판: 이러닝 과정 운영 전반의 만족도를 파악하여 품질을 높이기 위한 활동을 위해 운영한다.

설문 기능은 이러닝 과정 운영 전반의 만족도를 파악하여 품질을 높이기 위한 활동이다.

18 다음 중 아래에서 설명하는 개념으로 옳은 것은?

> 오픈소스 학습관리시스템으로 보안 및 정합성에 대한 안정성과 다양한 테마 적용을 통해 손쉬운 커스터마이징이 가능하다. 국내에서는 UI/UX를 대폭 개선하고 추가적인 결합 솔루션을 개발하여 제공하고 있다.

① Canvas LMS
② Moodle LMS
③ Openedx LMS
④ Google Classroom

Moodle은 오픈소스 학습관리시스템인 Moodle을 기반으로 설치와 운영을 체계화하고 사용자 위주로 UI(User Interface)를 최적화하여 안정적인 서비스를 가능하게 하는 인증 받은 학습관리시스템이다.

정답 : 15. ④   16. ③   17. ④   18. ②

19 Openedx LMS의 이러닝 운영 지원 도구에 대한 설명으로 옳지 않은 것은?

① 게시판: 학습자와 과정 운영자는 문제 해결 방법과 의견을 공유하고, 다른 관점을 살펴보고, 질문하기 위해 사용할 수 있다.

② 메시징: 과정 운영자 및 학습자들이 과정에서 다루는 정보에 대해 접근, 공유 및 수정할 수 있도록 해준다.

③ 표절 검사: 학습자들이 제출한 답안의 표절 여부를 백분율 단위로 표현한 데이터를 제공한다.

④ 위키: 강좌를 위해 필요한 소프트웨어 다운로드 및 설치 방법 등과 같은 정보를 공유한다.

해설

모든 강좌에는 위키가 있는데 강좌에 맞게 설정할 수 있다. 위키 '초안 작성해두기'를 시작으로, 어떻게 사용할 것인지에 대해 강좌 초반에 설명할 때 학습자 및 강좌 운영팀이 어떻게 위키를 사용할 것인지 정하면 된다.

20 다음 중 아래에서 설명하는 개념으로 옳은 것은?

학교를 위해 개발한 무료 웹 서비스로, 종이 없이 과제를 만들고, 배포하고, 점수를 매기는 것을 단순화하는 것으로, 교사와 학생 사이의 파일 공유를 간소화하는 것이 주요 목적이다.

① Canvas LMS

② Moodle LMS

③ Openedx LMS

④ Google Classroom

해설

구글 클래스룸은 할당 생성 및 배포를 위해 구글 드라이브, 문서 작성을 위해 구글 독스, 시트, 슬라이드, 통신을 위해 지메일, 일정 관리를 위해 구글 캘린더를 결합한다.

21 다음 중 아래에서 설명하는 개념으로 옳은 것은?

교육자나 개발자가 교육 콘텐츠를 개발하고 관리하는 데 사용하는 소프트웨어 도구를 의미한다.

① 학습환경 구성을 위한 도구

② 학습 콘텐츠 개발을 위한 도구

③ 커뮤니케이션 지원을 위한 도구

④ 학습자 지원을 위한 도구

해설

학습 콘텐츠 개발을 위한 도구는 교육 콘텐츠의 효율적인 제작 및 관리를 지원하며, 학습자가 학습 경험을 더욱 효과적으로 끌어내도록 돕는다.

22 학습 콘텐츠 개발을 위한 운영 지원 도구에 대한 설명이다. 무엇에 대한 설명인가?

콘텐츠에 집중할 수 있도록 전문가 설명이나 음성 녹음이 포함된 간단한 블랭크 슬라이드를 만들 수 있다. 시뮬레이션, 시나리오 기반 콘텐츠, 게임 등 다양한 형태의 콘텐츠를 개발할 수 있으며, 다양한 기기에서 사용할 수 있는 반응형 콘텐츠도 제작할 수 있다.

① Articulate 360

② Adobe Captivate

③ Articulate Storyline

④ Lectora

해설

Adobe Captivate는 다양한 종류의 이러닝 콘텐츠를 개발할 수 있는 강력한 도구이다. 다양한 템플릿이 포함되어 있어 제작자는 프로젝트를 쉽게 시작할 수 있으며, 시뮬레이션, 시나리오 및 게임 등 다양한 유형의 대화형 콘텐츠를 생성할 수 있다.

정답 : **19.** ② **20.** ④ **21.** ② **22.** ②

23 학습 콘텐츠 개발을 위한 운영 지원 도구에 대한 설명이다. 무엇에 대한 설명인가?

> 파워포인트를 기반으로 한 이러닝 콘텐츠 개발 도구로 사용하기 쉬운 인터페이스와 다양한 기능을 제공하여 스크린 레코딩, 시나리오 기반 콘텐츠, 게임 등 다양한 형태의 콘텐츠를 개발할 수 있다.

① Articulate 360　　② Adobe Captivate

③ iSpring Suite　　④ Lectora

해설

iSpring Suite는 드래그 앤드 드롭, 선택, 매칭, 퍼즐 등 다양한 상호작용을 추가할 수 있으며, 사용자의 참여도를 높일 수 있다. 다양한 유형의 문제를 만들 수 있으며, 사용자의 응답과 정확도를 추적할 수 있다.

24 Adobe Captivate의 특징을 설명한 것으로 옳은 것은?

> 콘텐츠에서 음성을 텍스트로 변환할 수 있어, 이를 통해 학습자는 장애인이나 스마트폰 사용자 등 다양한 사용자가 콘텐츠를 더 쉽게 이해할 수 있다.

① 블랭크 슬라이드 기능

② 다양한 출판 옵션

③ 캡티 드래프트(captivate draft)

④ 스마트 캡션 기능

해설

위 기능은 스마트 캡션 기능에 대한 설명이다.

25 게시판 응대 요령의 설명으로 옳지 않은 것은?

① 고객(학습자)이 게시판을 통해 문의하는 경우, 48시간 내 답변한다.

② 답변할 때 반드시 답변 첫머리에 담당자의 소속과 성명을 밝힌다.

③ 문의 내용에 대한 답변 담당자가 자신이 아닌 경우 담당자에게 문의가 왔음을 알려 즉시 확인 후 답변할 수 있도록 한다.

④ 부서 간 협의와 확인이 필요한 사항은 3일 이내에 진행 여부 또는 처리결과를 답변한다.

해설

고객(학습자)이 게시판을 통해 문의하는 경우, 24시간 내 답변한다.

26 챗봇(Chatbot) 상담의 설명으로 옳지 않은 것은?

① 인공지능 기술을 이용하므로, 언제든지 24시간 이용할 수 있다.

② 실시간으로 대화를 처리하기 때문에, 학습자가 질문하면 즉각적으로 답변을 제공할 수 있다.

③ 학습자가 물어보는 질문에 따라 맞춤형 답변을 제공할 수 있다.

④ 문제 해결을 도와주는 서비스만 가능하다.

해설

문제 해결을 도와주는 서비스뿐만 아니라, 시험 준비나 공부 계획 수립 등의 서비스도 제공할 수 있다.

27 다음 중 아래에서 설명하는 개념으로 옳은 것은?

> 인터넷이나 네트워크를 통해 다른 컴퓨터나 기기를 원격으로 제어하거나 지원하는 소프트웨어 도구를 말한다.

① 원격 지원 도구　　② 원격강의 도구

③ 콘텐츠 저작도구　　④ 모니터링 도구

정답 : 23. ③　24. ④　25. ①　26. ④　27. ①

원격 지원 도구는 학습자의 기기에 원격으로 접속하여 마치 운영자가 직접 기기를 사용하는 것과 같이 조작하면서 문제를 해결할 수 있으므로 이러닝 운영에 있어서 원격 지원은 없어서는 안 되는 꼭 필요한 지원 방법이라고 할 수 있다.

28 원격 지원 안내 및 상담 요령에 대한 설명으로 옳지 않은 것은?

① 웹사이트에 원격 지원을 할 수 있는 안내를 눈에 잘 띄는 곳에 배치한다.

② 원격 지원을 제공하기 전에 연결 환경을 먼저 확인해야 한다.

③ 고객은 자신의 컴퓨터나 데이터를 조작하는 과정에서 발생하는 보안과 프라이버시 문제에 이의를 제기할 수 없다.

④ 고객의 문제를 정확하게 파악해야 한다.

해설

고객의 컴퓨터나 데이터를 원격으로 조작하는 과정에서는 보안과 프라이버시에 대한 문제가 발생할 수 있다. 이를 해결하기 위해서는 보안 프로그램을 설치하고 고객의 동의를 구해야 한다.

29 이러닝 운영 지원 도구 선정 시 고려사항에 대한 설명으로 옳지 않은 것은?

① 이러닝 운영 지원 도구를 도입하는 목적을 분석하고, 필요한 기능과 요구사항을 파악한다.

② 데이터 보호, 개인정보보호, 접근 권한 등의 보안 측면인 측면을 고려한다.

③ 기술지원 업체의 지원 방식, 기술 지원 수준 등을 파악한다.

④ 운영 지원 도구는 비용보다는 성능 위주로 선정한다.

해설
라이선스 비용, 유지보수 비용, 업그레이드 비용 등이 고려되어야 한다.

30 크롬 원격데스크톱 앱(chrome remote desktop)에 대한 설명으로 옳지 않은 것은?

① 구글에서 제공하는 무료 원격 제어 솔루션으로 크롬 웹브라우저를 이용해서 원격 PC를 제어할 수 있다.

② Windows 운영체제에서만 사용할 수 있다.

③ 사용하기 간편하고, 다른 원격 제어 솔루션과 달리 별도의 설치가 필요하지 않다.

④ 크롬 웹브라우저에서 동작하기 때문에 다른 웹브라우저나 운영체제를 사용할 때도 크롬 원격데스크톱 앱을 이용할 수 있다.

해설
Windows, macOS, Linux 운영체제에서 모두 사용이 가능하다.

31 원격 지원 시 유의사항을 설명한 것이다. 다음 아래에서 설명하는 개념으로 옳은 것은?

원격 지원을 받기 전에는 보안 프로그램을 설치하고 원격 제어 소프트웨어를 내려받기 전에 반드시 제공자의 신뢰성을 확인해야 한다.

① 보안성　　② 연결성
③ 작업 모니터링　　④ 기록 보관

해설
이러닝 과정 운영자는 원격 지원 시 피싱 사기나 악성코드 감염 등의 위험이 있으므로 반드시 제공자의 신뢰성을 확인해야 한다.

32 성적 이의신청하는 학습자와의 커뮤니케이션 방법으로 옳지 않은 것은?

① 학습자의 이의신청 내용을 경청하는 태도를 보인다.

② 이의신청 이유가 시스템상 오류인지, 평가 절차상 착오인지 분석한다.

③ 문제의 정확한 해결 시점을 알 수 없을 때, 해결 시점은 안내하지 않는 것이 좋다.

④ 동일한 문제가 발생하지 않도록 추후에 개선사항을 반영한다.

33 출석 미달로 인한 미수료 학습자에 대한 운영자의 역할 중 옳지 않은 것은?

① 운영자가 사전에 꼼꼼하게 출석 현황을 모니터링하여 미수료를 방지한다.

② 미수료 방지를 위해 문자로 자주 출석 독려 활동을 실시한다.

③ 문자와 함께 이메일로도 미수료 방지를 위한 출석 독려를 실시한다.

④ 출석 횟수가 모자라더라도 시험 점수가 높으면 미수료 대상에 포함되지 않는다.

34 이러닝 교 · 강사의 불편사항을 처리하는 방법으로 옳지 않은 것은?

① 학습 콘텐츠의 오타와 잘못된 설명은 관련 부서와 함께 처리한다.

② PC 사용 환경 및 PC 조작 미숙 오류가 발생하면 원격 지원 조치를 취한다.

③ 불편사항을 처리하는 것이 중요하며, 교 · 강사에게 처리결과를 알리지 않아도 된다.

④ 학습관리시스템(LMS)의 사용에 불편사항이 발생하면 추후 시스템을 개편할 때 반영할 수 있도록 관련 부서에 의견을 전달한다.

35 고객과 만나는 접점(MOT; Moment of Truth)에 대한 설명으로 옳지 않은 것은?

① 고객이 조직의 어떤 부분과 접촉하는 접점이다.

② 고객의 유형이나 상황에 따라 모두 동일한 서비스를 제공하는 것이 좋다.

③ 서비스를 제공하는 조직과 품질에 대해 어떤 인상을 받는 결정적 순간이다.

④ 이러닝 운영자, 관리자, 관련 지원들이 고객과 마주치는 모든 환경을 의미한다.

36 고객 서비스 채널 중 SNS를 활용한 응대 방법으로 옳지 않은 것은?

① SNS는 소수의 사람과 연령대만 이용하기 때문에 서비스 채널로 적당하지 않다.

② 페이스북, 인스타그램, 네이버 블로그, 카카오톡, 트위터를 활용할 수 있다.

③ SNS 서비스 채널을 활용한 고객관리와 제품의 홍보는 판매의 핵심 전략으로 작용한다.

④ 연령에 따라 선호하는 SNS 채널에는 차이가 있으므로 연령대와 성별에 따른 홍보 및 응대 전략을 수립하는 것이 좋다.

정답 : 32. ③   33. ④   34. ③   35. ②   36. ①

③ 평생교육기관, 교원연수기관, 고용보험환급 및 내일배움카드 활용 과정

④ 교원연수기관, 평생교육기관, 고용보험환급 및 내일배움카드 활용 과정

> 해설

⑤은 평생교육기관에 대한 내용이며, ⓒ은 고용보험환급 및 내일배움카드 활용 과정, ⓒ은 교원연수기관에 관한 설명이다.

39 다음 중 보기에서 설명하는 개념으로 옳은 것은?

> 학습을 수행하는 도중에 컴퓨터에 문제가 생겼을 때 담당자가 학습자의 컴퓨터에 접속하여 문제를 해결하는 서비스이며, 상담원이 학습자의 화면을 함께 보면서 문제 해결을 지원한다.

① 원격 지원서비스
② 전화상담
③ 이메일 상담
④ 1:1 문의게시판 상담

> 해설

수강생의 문제를 원격 지원서비스를 통해 해결해 주는 것에 관련된 내용이다.

40 이러닝 과정 운영자의 학습 지원 활동으로 옳지 않은 것은?

① 운영관리 업무　② 콘텐츠 제작 업무
③ 커뮤니케이션 업무　④ 학습자 지원 업무

> 해설

콘텐츠 관리 업무는 학습 콘텐츠를 관리하는 업무로, 학습자가 학습 콘텐츠를 더 효율적으로 이용할 수 있도록 돕는다.

> 해설

SNS는 전 세계적으로 많은 사람과 다양한 연령층이 이용하고 있다.

37 게시판의 문의 내용 분류에 대해서 ⑤, ⓒ에 들어갈 항목은 무엇인가?

⑤	ⓒ
진도율 과제 제출 퀴즈 점수 시험 점수 이수 조건 특강 참여	동영상 오류 음성 오류 네트워크 오류 시스템 오류

① 학습과 평가, 학습장애
② 회원정보, 운영서비스
③ 학습과 평가, 운영서비스
④ 운영서비스, 학습장애

> 해설

⑤은 학습과 평가에 대한 내용이며, ⓒ은 학습장애에 관한 설명이다.

38 고객의 문의사항 예시와 관련 교육기관이 바르게 연결된 것은?

> ⑤ 학점은행제 관련 제도와 학점취득 관련 문의
> ⓒ 재직자 및 실직자가 참여할 수 있는 교육 프로그램, 교육비 지원 내용, 한도금액, 이수 조건 등
> ⓒ 교육 프로그램과 학점 및 이수 조건, 연주 지명 번호, 나이스 번호 등

① 평생교육기관, 고용보험환급 및 내일배움카드 활용 과정, 교원연수기관
② 교원연수기관, 고용보험환급 및 내일배움카드 활용 과정, 평생교육기관

41 평가 안내에 대한 설명으로 옳지 않은 것은?

① 성적에 반영되는 요소에는 진도율, 시험, 과제가 있다.

② 진도율은 학습관리시스템(LMS)에서 자동으로 산정한다.

③ 과제의 경우, 제출 후 바로 평가 결과(점수)를 확인할 수 있다.

④ 총괄평가는 성적에 반영되나 형성평가의 경우 성적에 반영되지 않는 경우가 많다.

> **해설**
>
> 과제는 첨삭이 필요하므로 제출 후 수일이 소요되는 경우가 많다.

42 성공적인 이러닝 학습을 위한 촉진 전략에 속하지 않은 것은?

① 학습자 중심의 다양한 학습 지원과 적극적인 참여 촉진

② 자기주도적으로 학습할 수 있도록 운영자의 관리 빈도 축소

③ 다양한 상호작용 활동 배치

④ 학습자의 정의적 영역을 고려한 긍정적인 학습환경 조성

> **해설**
>
> 운영자의 적절한 독려를 통해 수강생들의 자기주도학습이 더욱 촉진될 수 있다.

43 상호작용의 종류를 설명하는 개념으로 옳은 것은?

> 학습자들이 학습에 대해 지속해 피드백을 받을 수 있고, 교·강사들은 학습자들의 학습 상황을 적극적으로 파악하여 개별 맞춤형 지도를 제공하는 데에 중요한 역할을 한다.

① 학습자-교·강사 ② 학습자-시스템

③ 학습자-학습자   ④ 학습자-운영자

> **해설**
>
> 학습자-교·강사 상호작용은 첨삭과 평가 등을 통해 이루어지는 경우가 많고, 학습 진행상의 질문과 답변을 통해서 이루어지기도 한다.

44 다음 중 ㉠과 관련된 촉진 전략에 대한 설명으로 옳은 것은?

> 교수자는 이러닝 운영과정에서 학습자의 학습활동을 파악하고 지속적으로 (㉠)해야 한다. 이에 따라, 학습자는 자신의 학습과정의 장·단점, 참여 결과 등에 대해 반성적인 성찰을 하는 기회를 얻게 되어, 학습을 지속하고 과정을 이수하는 데 긍정적인 역할을 한다.

① 긍정적인 학습환경 조성

② 다양한 상호작용 활동 배치

③ 학습과정에 대한 지속적인 모니터링

④ 학습자 간의 사회적 관계 형성의 기회 제공

> **해설**
>
> 교·강사의 모니터링과 학생들의 학습효과에 관련된 설명이다.

45 보기의 내용은 이러닝 교육환경에서 어떤 종류의 상호작용에 대한 것인가?

> • 강의수강 등의 학습 중에 학습장애가 발생했을 때 고객센터의 1:1 질문하기 기능을 통해 문의하면서 발생하는 상호작용
> • 신속한 학습장애 해결이 요구됨

① 학습자-학습자 상호작용

② 학습자-교·강사 상호작용

③ 학습자-콘텐츠 상호작용

④ 학습자-운영자 상호작용

정답 41. ③ 42. ② 43. ① 44. ③ 45. ④

학습과정에서 문제가 발생할 때, 학습자와 운영자 간에 발생하는 상호작용에 대한 설명이다.

46 보기의 내용은 이러닝 교육환경에서 어떤 종류의 상호작용에 대한 내용인가?

- 과제 첨삭, 평가, 학습 관련 질의응답을 통한 상호작용
- 학습자의 학습 동기와 흥미를 유발시키고, 자기주도학습을 촉진함
- 과제 제출 게시판, 질의응답 게시판, 쪽지 활용

① 학습자–학습자 상호작용
② 학습자–교·강사 상호작용
③ 학습자–콘텐츠 상호작용
④ 학습자–운영자 상호작용

학습활동 과정에서 교·강사와의 소통을 통해 발생하는 상호작용에 대한 설명이다.

47 상호작용 확대를 위한 이러닝 튜터의 역할로 옳지 않은 것은?

① 강의 콘텐츠 외에도 심화보충 학습자료를 제공한다.
② 과제 제출 여부만 확인하고 피드백은 천천히 진행한다.
③ 다양한 상호작용 방안을 마련하고 학습관리시스템(LMS)상의 기능도 함께 구현한다.
④ 상호작용이 활발히 일어날 수 있는 교수학습 활동을 설계하고 운영해야 한다.

과제 제출 후에 피드백은 즉각적으로 제공되어야 한다.

48 이러닝 과정 운영을 위한 운영전략 수립을 위한 활동으로 올바른 것은?

① 적절한 제안(홍보) 방법을 모색하고 전략을 수립
② 교육과정 개설
③ 연간학기 일정에 맞추어서 과정별 학사일정을 계획
④ 교육훈련 예산 대비 교육과정 규모를 파악

운영전략 수립을 위한 주요 활동 내역은 아래와 같다.
- 교육 훈련 예산 대비 교육과정 규모를 파악한다.
- 과정 운영에 대한 요구를 분석한다.
- 과정 운영과 관련된 제도 및 최신 동향을 파악한다.
- 사업 계획을 달성하기 위한 과정 운영전략을 수립한다.
- 과정 운영 매뉴얼을 작성한다.
- 직무 대상별로 과정 운영전략에 대한 워크숍, 연수 등을 실시한다.

49 빈칸에 들어갈 적절한 단어는?

과정 운영담당자는 학습 내용적인 측면 이외에 학습이 원활히 시행될 수 있도록 안내하고 관련된 행정적이고 (   )적인 측면의 일을 진행하는데, 주로 운영 및 (   )적인 역할을 하게 된다.

① 기술   ② 혁신
③ 관리   ④ 사무

과정 운영담당자는 관리적 역할을 수행한다.

50 운영자로서 이러닝 학습 지원으로 적절하지 않은 것은?

① 운영 평가 설문지 작성

② 성적평가 시행 및 분석

③ LMS 환경 설정

④ 수업 운영 계획안 작성

해설

③번은 이러닝 학사관리 및 운영에 관한 내용이다.

51 LMS의 지원 기능 중 학습자 지원그룹의 연결이 적절하지 않은 것은?

① 학습 계획의 전달: 자료의 선택 및 지원

② 학습활동의 지원: 커뮤니케이션 활동 지원

③ 학습자 분석: 학습자의 비용 관련 제반 기록

④ 학습자 역량 관리: 역량 평가 및 통지

해설

학습자 분석은 과정 이수, 자격 사항, 프로필 기록 등

52 LMS의 운영 전 지원 기능의 연결이 맞는 것은?

① 진단평가 – 역량 진단 및 결과 확인

② 과정 준비 – 과정명 운영 일정 입력 기능

③ 학습 내용 구성 – 학습객체 검색

④ 학습 관련 자료 준비 – 관련 사이트 등 등록

해설

운영 일정 입력은 운영 준비 내용이다.

53 LCMS에 해당하지 않는 것은?

① 학습 콘텐츠 패키징

② 설치 환경

③ 메타데이터 관리

④ 실행 환경

해설

설치 환경은 관련 없다.

54 Edgar Dale이 주창한 '경험의 원추'에 대한 설명으로 틀린 것을 고르시오.

① 학습경험과 시청각 자료를 구체성과 추상성의 정도로 제시하고 있다.

② 학습경험을 행동, 관찰, 상징에 의한 학습으로 구분하고 있다.

③ 경험의 원추는 총 7단계로 분류된다.

④ 학습 방법에 따라 기억의 정도가 다르다는 것을 설명하는 개념이다.

해설

Edgar Dale은 세 가지 유형의 학습경험을 구체성과 추상성의 정도에 의해 10단계로 세분화하여 '경험의 원추'라는 개념으로 제시하였다.

55 Gagne의 수업사태에서 학습 내용의 일반화와 적용을 촉진하는 교수자의 수업 진행 단계는?

① 주의집중　　② 자극 제시

③ 수행 평가　　④ 파지와 전이

해설

학습 결과를 새로운 상황에 적용하여 일반화하는 단계는 9단계인 파지와 전이 단계이다.

56 ARCS 모형 중 보상이나 긍정적인 피드백을 제공하여 학습을 통해 얻은 성취감을 강화하는 전략은?

① Attention(주의)

② Relevance(관련성)

③ Confidence(자신감)

④ Satisfaction(만족도)

해설

Satisfaction(만족도)은 보상이나 긍정적인 피드백, 학습 내용의 현장 적용 가능성을 통해 학습의 성취도나 만족감을 강화하는 전략이다.

57 우편원격훈련에 대한 설명으로 틀린 것을 고르시오.

① 인쇄매체로 된 훈련 교재를 이용하여 훈련을 실시하고 훈련생 관리 등이 정보통신망으로 이루어지는 원격훈련을 말한다.

② 분량은 20시간(1개월 이상)을 충족해야 한다.

③ 평가 성적이 60점(100점 만점 기준) 이상일 때 수료로 인정한다.

④ 훈련생학습관리시스템을 이용하여 학습활동을 해야 한다.

해설

분량은 32시간(2개월 이상) 훈련 기간을 충족해야 한다.

58 스케폴딩(Scaffolding)에 대한 설명으로 틀린 것을 고르시오.

① 러시아의 심리학자인 레프 비고츠키(Lev Vygotsky)의 이론에 기초하고 있다.

② 근접 발달 영역 내에서 이뤄진다.

③ 질문하기, 힌트 제공, 피드백 모델링 등을 통해 이뤄진다.

④ 교수자 중심 지식 전달 활동이다.

해설

스케폴딩은 적절한 인지적 도움과 안내를 제공해 학습자의 학습을 촉진하는 활동으로, 교수자나 동료 학습자와의 상호작용을 통해 이뤄진다.

학습목표

이러닝 운영관리를 위해서는 이러닝 운영관리에 포함되는 활동과 이를 성공적으로 수행하기 위한
역량에 대한 이해가 필요하다. 이에 Part 3에서는 이러닝 운영관리에 대해 알아본다.

- 첫 번째, 이러닝 운영 교육과정 관리에 대한 제반 요소와 주요 활동을 살펴보기 위해 교육과정
  관리 계획, 교육과정 관리 진행, 그리고 이러닝 교육과정 결과 보고에 대해 알아본다.

- 두 번째, 이러닝 평가 설계와 실행에 대해서 살펴본다. 관련하여 만족도 평가와 학습성취도 평가
  등 평가를 설계하는 방법과 평가가 적절하게 이루어졌는지 확인하는 방법을 학습한다.

- 세 번째, 이러닝 운영 결과를 분석하고 보고하는 활동에 대해 살펴본다. 구체적으로 이러닝 운영
  결과관리, 콘텐츠 운영 결과관리, 교·강사 운영 결과관리에 대해 알아본다.

PART

03

이러닝 운영관리

Chapter 01 이러닝 운영 교육과정 관리

학습안내

1장에서는 이러닝 운영 교육과정을 관리하기 위한 제반 요소에 대해 확인한다. 이러닝 교육과정을 관리하기 위해 관련 내용을 기획하고, 기획한 내용을 진행하고, 결과를 보고하는 전반의 활동에 대해 알아본다.

학습목차	내용
1. 이러닝 교육과정 관리 기획	1) 이러닝 운영계획 수립
	2) 이러닝 학습환경 준비
2. 이러닝 교육과정 관리 진행	1) 이러닝 운영자의 역할
	2) 이러닝 과정 지원 절차
3. 이러닝 교육과정 관리 결과 보고	1) 운영평가의 현황 및 중요성
	2) 최종 평가보고서 내용 분석

학습목표 / 1장 학습 후 할 수 있는 일

1. 이러닝 운영의 개념, 중요성에 대해 설명할 수 있다.
2. 성인 학습자와 성인학습의 특성을 참고하여 이러닝 학습을 더욱 효율적으로 지원할 수 있다.
3. 이러닝 운영을 위한 참여자별 역할을 파악하고, 필요한 활동 내역에 대해 나열할 수 있다.
4. 이러닝을 지원하는 LMS와 LCMS의 차이점을 설명하고, 각 이러닝 운영자에게 어떤 서비스를 지원하는 지 파악할 수 있다.
5. 이러닝 교육과정 관리 결과 보고를 위한 내용 분석 기준을 적용해 최종 평가보고서를 작성할 수 있다.

주요 용어 / 핵심 키워드

이러닝 교육과정 관리 기획, 이러닝 교육과정 관리, 이러닝 교육과정 관리 결과 보고, 이러닝 운영계획, 성인 학습자, 성인학습, 교육 콘텐츠, 튜터, LMS, LCMS, 메타데이터, 이러닝 학습환경, 이러닝 운영자, 이러 닝 과정 지원 절차, 이러닝 운영평가, 이러닝 교육과정 관리 결과 보고, 이러닝 최종 평가보고서

1 /// 이러닝 교육과정 관리 계획

1) 이러닝 운영계획 수립

(1) 이러닝 운영의 개념

① 이러닝을 성공적으로 운영하기 위해서는 학습 콘텐츠의 품질과 지원 기술 및 운영 시스템의 기능, 과정 운영자 및 튜터의 지원 활동 등이 중요한 요소로 고려된다(박종선 외, 2003).

② 이러닝 운영은 이러닝의 학습성과를 극대화하기 위해서 학습 콘텐츠의 품질과 함께 그 중요성이 강조되는 요소이다. 특히 대부분 기업에서 하나의 교육과정이 운영되기 시작하면 또 다른 업무가 시작되므로 그 업무를 진행하기 위해서는 설계나 개발만큼 많은 시간과 비용을 투자해야만 한다(조은순, 2002).

③ 운영은 이러닝을 서비스하는 기관 및 조직의 차원에서 이러닝 서비스를 효과적이고 효율적으로 제공하기 위한 일련의 과정을 포괄하고 있으며, 교육의 계획부터 과정 운영, 사후관리까지 하나의 교육과정이 이루어지기 위한 모든 프로세스를 의미한다 (한국교육학술정보원, 2022).

이러한 맥락에서 여러 학자가 정의한 이러닝 운영에 대한 개념은 다음과 같이 정리할 수 있다.

표 3-1-1 이러닝 운영 개념

연구자	세부 내용
강명희 외 (1999)	이러닝 운영은 운영에 대한 기획과 운영자 교육을 선행한 후, 교육을 진행하고 진행 중 학습 과정을 모니터링하며 학습자의 교육에 대한 반응도와 성취도를 평가하고 이에 따른 결과로 프로그램을 수정, 보완하는 과정을 의미
윤여순(2000)	운영이란 이러닝의 산물을 효과적으로 활용할 수 있도록 지원하는 제반 활동을 의미
유인출(2001), Martyn(2002)	이러닝 운영은 이러닝 학습활동이 전개되는 과정뿐만 아니라, 이를 체계적으로 기획하고 학습이 종료된 이후에 수행되는 사후 활동까지도 포함하는 개념으로서 일반적으로 운영 기획, 준비, 실시, 관리 및 유지를 위한 단계를 의미
김덕중, 김연주 (2003)	이러닝 운영은 업무에 대한 평가, 학습자 평가, 차이 분석, 학습 리소스 제작 및 구조화, 계획수립, 전달 방식에 대한 기획 및 준비, 진행 과정 모니터, 평가 결과 분석 등의 주요 단계를 포함
박종선 외 (2003)	이러닝 운영은 교수_학습활동의 목적을 달성하기 위해서 이러닝을 활용하여 제반 활동을 수행하고 이를 지원하고 관리하는 활동을 의미

권성연 외 (2004)	이러닝 운영은 이러닝을 체계적이고 효율적으로 관리하고 더 효과적인 학습을 할 수 있도록 본 학습이 시작되기 이전부터 과정 실시 중, 과정 종료 이후 시점까지 계획, 준비, 진행, 모니터링, 결과 분석, 관리와 관련된 제반 활동을 포함
임정훈(2004)	이러닝 운영은 이러닝의 질적 수준 향상을 위하여 학습자들의 교수학습 활동과 관련된 교육적, 행정적, 기술적, 관리인 제반 지원 활동을 수행하는 것
장명희 외 (2004)	이러닝 운영은 정규 및 비정규 교육기관에서 이루어지는 이러닝 과정을 총괄적으로 운영·관리하는 일로서, 주로 강사가 학습 목표에 맞도록 교육을 진행하는 것을 도우며, 학습자가 운영시스템에 적응하여 자율적 학습을 수행할 수 있도록 돕고 교육 전후의 학습 지원 활동을 수행하는 일

(2) 이러닝 운영의 중요성

① 이러닝의 학습효과를 보장하기 위해서 학습 콘텐츠의 품질과 함께 이러닝 운영의 중요성은 아무리 강조해도 지나치지 않는다고 표현할 수 있다(박종선, 2009). 똑같은 학습 콘텐츠로 학습하더라도 어떻게 학습을 지원하고 운영하느냐에 따라 그 성과는 달라질 수 있기 때문이다.

② 원격교육의 환경적 요인과 영향을 받는 다양한 요소들을 고려하지 않을 경우, 운영 중에 다양한 문제점이 발생할 수 있으므로 운영 전 과정에 단계별로 전문인력의 참여가 필요하다. 전문인력은 개발 완료된 콘텐츠를 활용하고, 적절한 교수활동을 실행함으로써, 학습자에게 양질의 학습 경험을 지원하며 운영을 관리해야 한다(한국교육학술정보원, 2022).

③ 원격교육에 대한 수요가 증가하고 온라인 학습에 관한 연구가 활발히 이루어지면서 원활한 원격수업을 저해하는 문제점으로 운영 주체가 충분하지 못한 행정적, 교육적, 기술적 지원으로 인해 원격교육시스템의 수용이 더딜 수 있다는 점이 대두되었다(Lawrence et al., 2014; Shevansky, 2018).

④ 특히 대면 교육에 비해 지연된 피드백으로 인해 학습 동기가 저하되고, 동료 학습자와 교수자로부터 고립되어 있다는 인식을 하게 되어 괴리감을 초래하게 된다(karker-Esperat, 2018; Yim, 2011).

⑤ 원격 온라인 학습의 필요성은 분명하며, 앞으로도 지속적인 확산이 이루어질 것이므로 앞서 말한 사항들을 보완하기 위해 원격교육에 있어 운영에 관한 논의가 지속적으로 필요하다(이동주 · 김미숙, 2020).

2) 이러닝 학습환경 준비

(1) 성인의 학습

① 성인학습의 개념

성인 교육의 개념은 1851년 Hudson의 "성인 교육의 역사"에서 처음으로 그 용어가 등장한 이래, 1965년 12월 유네스코의 '성인 교육 발전위원회'에 '평생교육'이라는 Legrand의 보고서 제출 이후 강조되기 시작하였고, 1970년 Knowles가 기존의 교육 개념인 페다고지(Pedagogy)에서 안드라고지(Andragogy)를 분리하여 설명함으로써 본격적으로 등장하였다. 이는 성인(자신이 속한 사회에서 자신의 능력을 개발하고 지식을 확장하며 자신의 기술적·전문적 자질을 향상하고 자신의 행동과 태도를 새로운 방향으로 바꿀 수 있는 존재)을 대상으로 하는 교육과 아동을 대상으로 하는 교육은 그 대상과 목적 방법을 달리해야 한다는 것에서 출발한 개념이다.

그림 3-1-1 **성인 교육 개념의 시기적 발달**

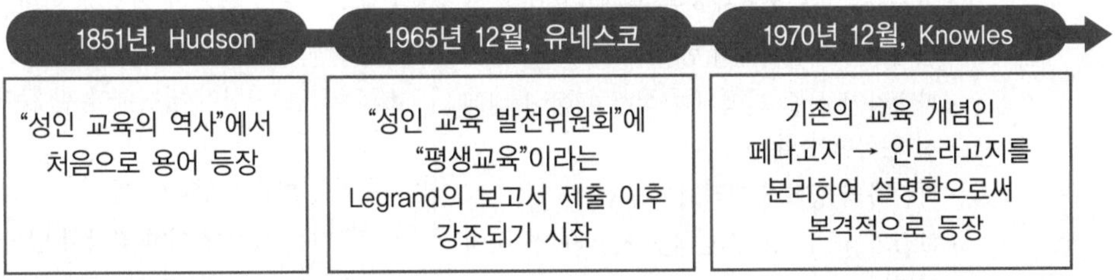

1851년, Hudson	1965년 12월, 유네스코	1970년 12월, Knowles
"성인 교육의 역사"에서 처음으로 용어 등장	"성인 교육 발전위원회"에 "평생교육"이라는 Legrand의 보고서 제출 이후 강조되기 시작	기존의 교육 개념인 페다고지 → 안드라고지를 분리하여 설명함으로써 본격적으로 등장

UNESCO(1985)는 '평생학습은 기존 교육체제의 재구조화와 교육체제 외부의 교육 잠재력 개발을 목적으로 하는 전면적인 계획을 추구하며, 이러한 계획 속에서 개인은 사고와 행동의 계속된 상호작용을 통해 자기 교육의 대행자가 된다. 교육과 학습은 평생을 통해 확대되어야 하며, 모든 기술과 지식을 포함해야 하며, 가능한 모든 수단을 사용하여 모든 사람의 완전한 인성 개발이 가능하도록 기회를 제공해야 한다.'라고 평생학습의 필요성 및 중요성을 강조한 바 있다. 이런 측면에서, 이러닝은 그러한 평생학습을 가능하게 하는 효율적인 대안으로 자리매김하고 있다.

② 성인학습의 특성

대표적인 성인학습 연구자인 Knowles(1989)는 실생활 지향성과 학습 경험의 활용을 중시하는 안드라고지의 전제에 기초하여 성인학습의 특성을 다음과 같이 정리하였다.

- 성인의 학습 동기는 경험에서 비롯된 필요와 흥미에 의하여 유발된다.
- 성인학습은 생활 지향성(life-centered)에 기초하고 있으므로 성인 학습조직에서 중요시해야 할 부분은 삶의 현장 자체이지 교과목이 아니다.

- 성인학습을 위한 가장 중요한 학습자원은 성인 학습자의 경험이다. 따라서 성인 학습자들의 경험을 분석함으로써 성인 교육의 방법론을 계획할 수 있다.

- 성인은 자신의 삶을 스스로 주도한다(self-directing). 따라서 성인학습에 있어서 교사의 역할은 지식의 전달과 평가를 위한 것이 아니라 성인 학습자들과 함께 문제를 탐구해 나가는 동반자의 역할을 수행하는 것이라 할 수 있다.

- 성인 학습자들 간에는 적지 않은 개인차가 존재한다. 그러므로 성인 학습자들의 연령·학습 스타일·시간·장소·학습속도와 관련된 개인차를 충분히 고려하여야 한다. 또한, 성인학습의 효과를 높이기 위한 성인학습의 원리를 학습자와 교수자 입장에서 다음과 같이 정리하였다.

표 3-1-2 성인학습의 효과를 높이기 위한 학습자와 교수자의 입장

학습자	교육자
• 학습자는 코스의 목적을 이해하고 동의해야 함 • 학습자는 학습하고자 하는 욕구가 있어야 함 • 신체적으로 안락해야 함 • 학습자가 학습 과정에 참여하고 이에 대해서 인식해야 함 • 학습자의 경험과 관련되어야 함 • 학습자는 자신의 속도대로 학습할 수 있어야 함 • 학습자는 자신의 학습 진척 척도에 대하여 알고 성취감을 가질 수 있어야 함	• 학습 상황은 부드럽고 자연스러우며 화기애애한 분위기를 유지해야 함 • 교수자는 학습자의 경험과 관련된 내용을 활용해야 함 • 교육자는 자신이 담당해야 할 주제에 대해 열정적이어야 함 • 수업 방법은 다양해야 함 • 교육자는 성장에 대한 감각이 있어야 함 • 교육자는 코스에 대한 융통성 있는 계획을 세워야 함

한편, 성인학습의 지도 원리로 근접성의 원리, 적합성의 원리, 동기부여의 원리, 우선성의 원리, 쌍방향 커뮤니케이션의 원리, 다중감각 활용의 원리 및 반복 학습의 원리 등(권두 승, 2000) 다양한 학자들의 견해를 바탕으로 한상길(2001)은 다음과 같은 일곱 가지 성인학습의 원리를 정리한 바 있다.

- 성인의 학습 준비도는 그들의 선험학습의 양에 달려 있다. 지식을 많이 축적한 학습자는 새로운 정보의 습득 능력이 높으며, 복잡한 사고가 가능해진다.

- 성인 학습자들이 지니고 있는 풍부한 교육적 경험으로 인해 다양한 교육 활동이 개발된다.

- 성인 학습자의 내재적 및 외재적 욕구 충족을 위한 교육 활동이 제공될 때 계속된 학습 참여가 보장된다.

- 성인학습에서는 정적 강화가 부적 강화보다 훨씬 효율적이다. 청소년기 학교 교육의 부정적인 경험으로 인하여 두려움과 불안감을 가진 성인 학습자들이 적지 않으므로 학습에 있어서 자신감과 성취감을 느끼도록 하는 것이 특히 중요하다.
- 인력개발이나 기술교육과 같은 성인학습 프로그램은 일정한 시간적 간격을 두고 체계적으로 반복하여 실시되는 것이 좋다.
- 성인 학습자들은 스스로의 발전을 위하여 학습에 참여하는 성향이 강하기 때문에 수동적으로 학습활동에 참여하는 것보다는 자발적으로 참여할 때 학습이 촉진된다.
- 독립적이고 자기주도적인 성인 학습자들은 자신의 성장과 발달을 추구하며 자아실현을 위해 학습에 참여한다.

이상과 같은 성인학습의 특성 및 원리들을 살펴보면, 성인들은 실생활 지향적인 문제 해결이나 지속적인 성장과 변화를 위해서, 생애의 각기 다른 발달 국면을 통해 요구되는 다양한 역할 수행을 위해서, 그리고 자기주도성의 발휘와 자아실현을 위하여 학습활동에 꾸준히 참여하는 것을 알 수 있다. 성인 학습자가 효과적 학습을 촉진하기 위해서는 내재적·외재적 욕구 충족을 위한 동기유발을 이끄는 동시에 정적 강화를 효율적으로 사용하는 것이 바람직할 것으로 보인다. 성인을 대상으로 한 이러닝에 이러한 성인 교육의 원리를 접목해 교수-학습 과정을 조직함으로써 성인을 중심으로 한 이러닝 학습을 더욱 효율적으로 지원하도록 해야 할 것이다.

(2) 이러닝의 구성요소

이러닝의 성공적인 실현을 위해서는 여러 가지 구성요소들이 제대로 준비되고 체계적으로 연결되어 운영되어야 한다. 이러한 이러닝 구성요소를 보면 교육 콘텐츠, 교육 솔루션, 학습전달시스템, 행정 및 운영, 지원체제를 갖춘 교육서비스 시스템 및 실제 이러닝 활동에 참여하는 이러닝 참여자의 기본적인 요소들로 파악할 수 있다.

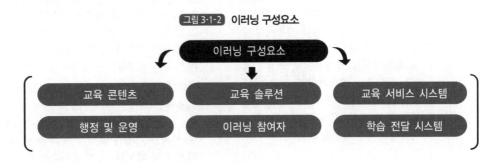

그림 3-1-2 이러닝 구성요소

① 교육 콘텐츠

가. 교육 콘텐츠의 개념

- 이러닝 콘텐츠를 구성하기 위해서는 학습할 내용이 필요하며 이는 학습 내용 관련 각종 정보자료와 연구결과물, 각종 데이터베이스 등을 포함한다. 이러닝 콘텐츠는 텍스트, 이미지, 오디오, 비디오, 애니메이션 등의 다양한 멀티미디어 형태로 표현된다.

- 교육 콘텐츠는 작게는 디지털화된 문자나 그림, 음성, 동영상에서 크게는 교육 및 교육지원에 활용할 목적으로 자료를 디지털 형태로 가공하여 오프라인, 온라인 및 모바일 환경에서 유통할 수 있도록 한 콘텐츠를 의미하기도 한다.

나. 교육 콘텐츠의 개발 방향

- 이러닝에서 가장 중요한 요소로서 학습자들의 주의집중과 참여의 폭을 넓힐 수 있도록 개발해야 하며, 오프라인 교육에 비해 상대적으로 빠르게 콘텐츠의 수요가 증가함에 따라 다양한 교육과정에 대한 요구를 충족해야 한다. 또한, 콘텐츠에 대한 지속적인 평가로 질적 향상에 노력해야 한다.

- 이러닝 콘텐츠를 사이버공간을 통해 효과적, 효율적으로 전달하기 위해서는 교수설계 및 개발 분야의 전문성과 교육공학적 이론과 실무가 요구된다. 더 나아가 이를 지원하기 위해 각종 교수–학습이론, 학습 대상자별 학습원리, 사이버공간의 심리 및 윤리 등 교육학·심리학 분야의 이론과 실무, 멀티미디어 콘텐츠를 효과적으로 전달하기 위한 멀티미디어 매체에 대한 이해 등이 포함된다.

다. 교육 콘텐츠의 설계

표 3-1-3 광의와 협의로서의 콘텐츠 설계의 정의

협의로서의 콘텐츠 설계의 정의	광의로서의 콘텐츠 설계의 정의
일반적으로 성과와 학습을 위해 학습자의 요구를 파악하여 이를 충족시킬 수 있는 교육적 해결 방법 중 이러닝을 통해 효과적이고 효율적으로 해결할 수 있는 대안을 실행하기 위해 교육 대상, 학습 목표, 학습 내용, 학습 방법, 전달 매체 등을 분석, 설계, 운영, 평가하는 체계적인 접근 방법을 의미	• 학습 목표 및 학습 내용을 분석하여 효과적이고 효율적인 이러닝 교수–학습활동 및 각종 운영전략, 평가전략, 상호작용전략 및 인터페이스 등을 설계하는 미시적인 설계활동을 의미 • 이외에 이러닝을 실행하는 사이버공간의 상호작용적인 특성을 효과적으로 활용하기 위해서 사이버공간에서 이루어지는 커뮤니케이션 및 실리적 특성과 윤리적 이슈 등에 대한 이해와 이에 대처할 수 있는 기술이 부가적으로 요구됨

• 이러닝 콘텐츠의 설계 및 개발은 콘텐츠의 질을 좌우하는 결정적인 과정으로 교수설계 및 개발의 원리에 따라 이루어진다. 이러닝 콘텐츠 설계의 정의는 광의와 협의로 나누어진다.

② **교육 솔루션**

교육 솔루션이란 이러닝의 전 과정에 대하여 관리에 필요한 물리적 컴퓨터 환경을 의미한다. 즉, 이러닝을 지원하기 위해 학습 콘텐츠의 전달, 평가와 관리에 이르기까지 교수–학습의 전반적인 과정을 통합적으로 운영관리할 수 있는 학습관리 시스템(LMS)과 비전문가를 포함한 일반인들이 이러닝 콘텐츠를 쉽게 제작하도록 도와주는 저작도구를 포함한 일련의 콘텐츠 관리시스템(LCMS)을 말한다. 결국, 이러닝이 가능한 시스템 환경하에서 이러닝 학습을 진행할 수 있도록 도와주는 컴퓨터 프로그램의 집합체 중에서 학습을 지원하는 프로그램의 부분 또는 모듈을 말한다. 따라서 이러닝 솔루션이라고 하면 사이버 교육을 가능하게 하는 일련의 공학적 시스템을 지칭하는 것이라고 이해할 수 있다.

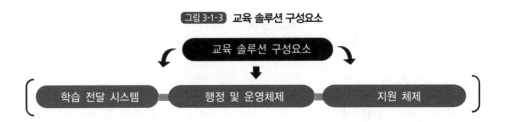

그림 3-1-3 **교육 솔루션 구성요소**

가. 학습 전달 시스템

이러닝이 가능한 시스템 환경에서 이러닝 학습을 진행할 수 있도록 도와주는 컴퓨터 프로그램의 집합체 중에서 학습과정을 관리하는 프로그램의 부분 또는 모듈이다. 이러닝은 기본적으로 정보통신 인프라에서 가능하며 텍스트, 오디오, 비디오 제작 및 편집 툴, 운영 및 관리시스템, 지식·경영시스템, 평가 툴, 시뮬레이션 툴 등 교육기관의 특성에 맞는 다양한 테크놀로지의 응용이 필요하다.

나. 행정 및 운영체제

행정 및 운영체제는 이러닝이 가능한 시스템 환경에서 이러닝 학습을 진행할 수 있도록 도와주는 컴퓨터 프로그램 집합체 중에서, 이러닝을 효과적이고 효율적으로 지원하기 위한 인적, 물적 지원 및 운영 시스템을 포함한다. 수강 관리, 성적관리, 학적 관리시스템을 대표적인 예로 들 수 있다.

다. 지원체제

학습 지원체제란 기능 면에서 서비스 기관이나 프로그램마다 매우 복잡하고 다양하다. 일반적으로 학습자료 및 코스의 개발과 운영 측면, 개별학습자를 관리하고 지원해 주는 지원 서비스 측면, 코스를 관리하는 행정적 측면, 자료를 개발하고 전달하며 학습자를 관리하는 인적자원의 측면, 교육의 질을 제고하기 위한 제반 연구에 대한 측면이 고려되어야 한다. 지원체제에는 디지털 도서관, 교수-학습 지원센터, 인력 양성기관, 시스템 운영기관이 있으며 이들이 유기적으로 연계될 수 있도록 협력하여야 한다.

③ 이러닝 참여자

그림 3-1-4 이러닝 참여자

교수자 / 이러닝 촉진자(튜터 및 과정 운영자) / 학습자 / 교수설계자

가. 교수자

교수 절차의 방법, 교수-학습 과정에서의 요구사항 파악 및 콘텐츠의 개발에서 내용 전문가로서의 역할, 개발된 콘텐츠의 검토자 역할을 수행한다. 또한, 운영 단계에서 강의를 전달하고 학습자의 질문에 답변하는 역할을 하며, 운영 시 학습자에 대한 평가활동을 담당하는 역할로서 점차 내용 전문가로서의 역할에서 벗어나 학습과정 촉진자로서의 역할 변화가 요구되고 있다.

나. 이러닝 촉진자(튜터 및 과정 운영자)

이러닝 촉진자는 공지 사항 관리, 과제물 관리, 평가 관리, 교과게시판 관리, 토론방 관리, 학습 진도 관리, 학습 안내 등 행정적 측면의 운영과 과정 운영적 측면의 운영 등 학습에 필요한 모든 지원과 안내를 담당하는 역할로서 학습 촉진자의 역할, 교수자(강사) 도우미의 역할, 관리자의 역할로 세분할 수 있다.

첫째, 학습 촉진자의 역할은 다음과 같다.

Check

- 학습 가이드
- 학습활동에 대한 지속적 피드백
- 학습자의 학습전략 지원
- 학습자의 고른 참여 유도
- 적극적인 학습활동 유도
- 온라인 공동체 의식 확립
- 학습활동 안내
- 과제의 제시와 과제물 운영
- 학습자의 동기부여 활동
- 물리적, 인적 지원 체계 마련
- 친절한 학습 지원체제

둘째, 교수자(강사) 도우미의 역할로는 다음과 같다.

Check

- 수업 참여도와 학습활동 촉진을 위한 학습 내용과 연계된 자료 및 자원 소개
- 학습 관련 질문에 대한 응답
- 협력 학습환경 창출 및 지원

셋째, 관리자의 역할은 다음과 같다.

Check

- 운영시스템 관리 및 운영
- 강의실 관리
- 학습자 학습 관련 활동
- 모니터링 및 분석
- 과정 운영 결과관리
- 교과목 운영 관련 자료 분석 및 관리

다. 학습자

실제로 이러닝이 원활히 운영되기 위해서는 교수자와 이러닝 촉진자의 역할도 중요하지만, 학습활동의 주체인 학습자의 역할이 80% 이상을 차지한다고 볼 수 있다. 학습자는 학습 내용을 수용하여 이를 정리하는 전통적인 수동적인 역할에서 벗어나 스스로 학습을 주도하고 탐색해 나가는 능동적이고 주체적인 학습 주도자의 역할을 담당해야 한다.

라. 교수설계자

교수설계의 계획을 세우고, 단계별 설계활동을 주도하며, 설계 과정의 모든 활동을 관리하는 역할을 한다.

다음은 성인 학습자가 느끼는 학습장애에 대해 인터뷰 내용이다. 앞서 살펴본 성인 학습자의 특징을 떠올리며, 이러닝 운영자로서 어떠한 점을 고려해야 학습장애 요소를 완화할 수 있을지 생각해 보자.

표 3-1-4 학습장애 인터뷰 내용

장애요소	인터뷰 내용
심리적, 인지적 장애요소	일과 생활 그리고 학업까지 병행하니 부족한 시간은 물론이거니와 나이에 따른 떨어지는 기억력과 여러 가지로 분산되는 생각들로 집중력이 떨어질 것이고, 학생들보다 순발력이나 사고력이 떨어지니 학업속도가 떨어진다고 생각한다(김○○, 2021.12.2.).
	성인 학습자는 최종학력으로부터 현재까지 오랜 공백 기간이 있는 경우가 많아 학습 초반에 좌절감이 생기기 쉽고, 평균보다 늦은 나이에 학습을 시작하기 때문에 심리적으로 압박감과 두려움을 느끼게 되는 것 같아요(정○○, 2021.12.10.).
	성인 학습자가 공부하는 데 있어서 어려움은 심리적인 요인이 가장 큰 것 같아요. 늦은 나이에 공부할 수 있을까?, 이 나이에 시작해서 뭐 하나? 하는 두려움이나 의구심 등 학습의 오랜 공백 기간이 있었기에 다시 시작하기에는 큰 용기와 결단력이 필요한 것 같아요(신○○, 2021.12.3.).
교수-학습 활동에서 발생하는 장애요소	대학에 막상 들어오니 정말 막막했어요. 저는 장사를 할 때 컴퓨터를 사용하지 않고 우리 직원이 주로 컴퓨터 일은 했기 때문에 타자하는 게 너무 힘들었어요. 한글로 리포트 작성도 어렵고, 대학 시스템에 로그인하는 것도 어려웠어요. 컴퓨터 활용 능력 부족으로 무지 힘들었어요(김○○, 2021.12.7.).
	사이버 강의를 들으면서 어려움을 느꼈던 부분이 있었습니다. 교수님과 학습자 간의 면대면으로 수업이 진행되는 것이 아니라서 수업을 듣다가 어렵거나 궁금한 점이 생기면 제때 질문을 할 수 없음이 아쉬웠습니다. 물론 주위 사람들한테 물어보고 이해는 했지만, 직접적인 소통이 될 수 있다면 훨씬 적극적인 자세로 임하게 되지 않을까라고 생각해 보았습니다(최○○, 2021.12.3.).
	정말 처음에 학교 홈페이지 접속도 어려웠어요. 교수님께 전화로 여쭤보고도 어려워서 대학 다니는 아들의 도움을 받았어요. 학우 중에 사무직에 있는 학우들은 그래도 컴퓨터를 조금 하는데, 저는 사무직 일을 하지 않아 컴퓨터 사용이 처음에는 너무 어려웠어요(박○○, 2021.12.7.).
	성인 학습자는 청소년 학습자보다 학습이 목적 지향적이고 현실적 특성을 보이고 있으나, 어릴 때부터 기성 교육을 통한 주입식 교육에 익숙해져 있다 보니 창의성과 논리적 사고력이 부족해 자신을 드러내야 하는 문제 해결식 수업 방식이나 토론식 수업방식은 어려운 경우가 있어요(김○○, 2021.12.2.).

※ 출처: 정복임(2022), 성인 학습자의 고등교육 이수에 있어서 학습장애 요소에 관한 연구, 인문사회 21, 941-942, 943-944

1) 이러닝 운영자의 역할

(1) 교수자

① 교수적 역할＝지적 활동의 역할

- 이러닝 교수자의 역할 중 가장 핵심적인 것으로 교수자의 내용 전문성을 기초로 학습을 안내하는 역할을 의미한다. 즉 학습 내용에 관해 설명하고, 학습자의 반응을 이끌어내기 위해 질문하며, 학생들의 질문에 대한 답변과 학생들의 답변에 대해 피드백을 제공하는 과정을 통해 학습자의 참여를 유도하는 활동들이 포함된다.
- 교수자의 교수적인 세부 역할은 교수학습 및 수업전략을 설계하고, 학습 목표, 절차 및 방법 등을 안내하며, 교수 학습활동을 지도하는 역할을 의미한다.

표 3-1-5 교수자의 교수적 역할 규명 및 활동 예시

세부 역할		역할 규명 및 활동 예시
설계	역할 규명	• 교수학습 및 수업전략을 설계하는 역할 • 학습 내용을 실제로 지도하기 위한 전 단계에서 교수자가 교수설계 및 수업설계자로서의 역할을 수행해야 한다는 의미
	활동 예시	• 교과목기획서 및 수업계획서 작성 • 학습 콘텐츠의 교수학습 모형 검토 • 학습에 필요한 도구 및 자료 준비 • 학습할 내용에 대한 준비 • 교수학습 운영모델의 선정 • 운영모델을 기반으로 세부적인 교수-학습전략의 선정 등
안내	역할 규명	학습성과를 달성할 수 있도록 학습에 관한 목표, 절차 및 방법 등을 안내하는 역할
	활동 예시	• 학습자에게 시간관리 전략에 대한 도움 제공 • 학습 동기유발 활동
지도	역할 규명	• 교수학습을 지도하는 역할 • 교수학습을 수행하는 과정에서 교수자가 학습자들의 학습활동을 지원
	활동 예시	• 운영모델 및 교수전략을 활용한 교수-학습지도 • 질의응답　　　• 과제 평가 및 지도 • 자료 제시 및 관리　　　• 토론 개설 및 실시 • 커뮤니티 활동 지원 등

※ 출처: 김은정, 박종선, 임영택(2011), 최고의 이러닝 운영 실, (사)한국이러닝산업협회, 14-15, 재구성

② 사회적 역할 = 상호작용의 역할

- 교수자는 학습자들이 학습활동을 활발하게 할 수 있도록 친밀하고, 인간적이며, 사회적인 환경을 조성하는 등의 활동을 통해 학습자 그룹의 단결력을 도모하는 활동을 수행한다.

- 이 역할을 수행하기 위해서 교수자는 사이버공간에서 발생하는 이러닝의 과정과 속성에 대해 깊이 이해하고, 사이버공간에서 의사소통하는 능력과 학습자들의 상호작용을 촉진하는 능력이 필요하다.

- 교수자의 사회적 역할의 핵심은 학습활동을 수행하는 과정에서 사회적 상호작용을 기반으로 학습자들이 공동체 의식을 형성하고 이를 기반으로 학습을 촉진할 수 있도록 지원하는 역할을 의미한다.

표3-1-6 교수자의 사회적 역할 규명 및 활동 예시

세부 역할		역할 규명 및 활동 예시
사회적 역할 촉진	역할 규명	• 교수-학습 도입과정에서 학습자들의 공동체 의식 조성 • 학습자들과의 유대를 강화하기 위한 기본적인 관계를 형성하는 역할
	활동 예시	수업 도입 과정에서의 학습자들의 공동체 의식 조성
사회적 상호작용 활성화 촉진	역할 규명	학습자들이 학습도입 과정에서 형성한 친밀감을 기반으로 다양한 상호작용을 활성화할 수 있도록 지원
	활동 예시	• 상호작용을 전제로 하는 과제, 질문, 토론 등의 활동 제시 • 커뮤니티 활동 연계 • 메일, 전화 등을 통한 학습자 동기부여 지원

※ 출처: 김은정, 박종선, 임영택(2011), 최고의 이러닝 운영 실, (사)한국이러닝산업협회, 15-16, 재구성

③ 관리적 역할 = 학습지도자로서의 역할

- 이러닝으로 운영되는 교수-학습과정을 관리하는 역할로, 교과에 대한 지식이 없어도 진행할 수 있는 운영이나 행정과 관련된 역할이 포함된다.

- 관리적 역할을 위한 활동에는 교수-학습의 전체 진행 일정 공지, 학습 목표 및 학습 시간 안내, 구체적인 학습 절차 및 방법에 대한 안내 등의 활동이 포함될 수 있다.

- 교수자의 관리적인 세부 역할은 학습활동에 대한 관리 및 사전교육, 학습활동에 대한 모니터링 및 학습을 독려하는 역할을 의미한다.

표 3-1-7 교수자의 관리적 역할 규명 및 활동 예시

세부 역할		역할 규명 및 활동 예시
학습활동에 대한 관리 및 사전교육	역할 규명	• 수업 준비과정에서 과목, 일정, 학습자 정보에 대한 관리 역할 • 학습자에게 학습활동에 대한 사전교육 제공 역할

	활동 예시	• 과목 및 일정관리
		  – 학습자들이 신청한 수강과목을 변경하거나 취소하는 등의 안내
		  – 과목 운영계획 및 운영 일정 확인
		• 학습자 정보관리
		  – 이러닝 학습활동에 참여하는 학습자들의 신상에 대한 정보, 학습 이력에 대한 정보, 학습성취도에 대한 정보 및 학습 선호도에 대한 정보 확인과 관리

학습활동 모니터링	역할 규명	교수–학습 전개 과정에서 해당 과목을 수강하는 학습자들의 개별적인 학습 진도 등의 학습활동을 모니터
	활동 예시	• 학습 진도, 사이버가정학습 접속 횟수 및 시간 • 과제 제출 횟수, 시기 및 내용 • 토론 참여 횟수, 시기 및 내용 • 질문 횟수, 시기 및 내용 등
학습 독려	역할 규명	교수–학습 전개 과정에서 학습자의 학습 진행 상태에 따라 적절한 학습 독려 활동을 수행
	활동 예시	전화, 게시판 및 메일을 통한 토론 참여, 과제 참여, 질문 및 커뮤니티 참여 유도

※ 출처: 김은정, 박종선, 임영택(2011), 최고의 이러닝 운영 실, (사)한국이러닝산업협회, 16-17, 재구성

④ 기술적 역할＝온라인 환경에서 학습자가 어려움 없이 사용하도록 도와주는 역할

• 학습자가 이러닝을 수행하는 과정에서 네트워크, 컴퓨터, 학습 지원 프로그램, 학습 콘텐츠, 학습 운영관리시스템 등을 사용할 때 불편하지 않도록 기술적인 문제를 해결해 주는 것으로, 소프트웨어, 하드웨어 등에 학습자들이 편안함을 느낄 수 있도록 하여 궁극적으로는 학습과 과제활동에 더욱 집중할 수 있도록 돕는 활동을 의미한다.

• 교수자의 기술적인 세부 역할은 교수 학습활동을 수행하는 과정에서 시스템의 기능이나 학습 콘텐츠의 기능에 관하여 학습자를 지원하는 역할과 운영자를 도와주는 역할을 의미한다.

표 3-1-8 교수자의 기술적 역할 규명 및 활동 예시

세부 역할		역할 규명 및 활동 예시
학습자 지원	역할 규명	수업준비 과정에서 교수-학습 과정에서 사용될 시스템 학습 운영관리시스템 및 학습도구 등을 확인하고 사용 방법을 익히는 등의 기술적 역할을 수행
	활동 예시	• 학습에 필요한 하드웨어 및 소프트웨어 설치 • 학습 운영관리시스템과 학습 콘텐츠 관리시스템의 기능 확인 • 학습과정에서 사용될 학습도구의 기능 확인 • 학습도구 기능을 익숙하게 사용할 수 있도록 숙달시키는 연습 • 학습관리일지 등의 사용 방법 등
운영자 지원	역할 규명	교수-학습 전개과정에서 학습자들로부터 요청되는 컴퓨터, 학습운영관리시스템 및 학습도구 등과 관련된 사항을 처리하는 기술적 역할을, 운영자들을 지원하여 담당하는 경우가 있음
	활동 예시	학습 과정에서 발생할 수 있는 시스템, 소프트웨어 및 학습도구와 관련하여 시스템운영자, 또는 긴급하게 연락을 취할 수 있는 연락처 등을 사전 확인 및 점검

※ 출처: 김은정, 박종선, 임영택(2011), 최고의 이러닝 운영 실무, (사)한국이러닝산업협회, 17, 재구성

■ 기업과 대학 이러닝에서 교수자의 역할을 살펴보고, 운영관리 시 어떠한 점을 고려해야 할지 생각해 보자

기업 이러닝에서 교수자의 역할	
1	• 기업의 교육훈련을 위한 교수자의 역할은 특정 분야의 지식과 경험을 소유한 내용전문가로서 교수적 역할을 수행하는 데 치우치는 경향이 있다. • 자체 교육훈련기관(예 연수원 등)에서는 교수요원이 별도로 존재하는 경우가 있지만 주로 오프라인 교육훈련을 담당하고 있으며, 이러닝에서는 학습 콘텐츠를 개발하는 과정에서 내용 전문성을 활용하여 원고를 집필하고 필요할 때 동영상 강의를 담당하는 것이 일반적이다.
2	• 교수자가 실제로 자신이 강의한 학습 콘텐츠를 활용하여 운영과정에서 교수적 역할 외에 관리적 역할이나 사회적 역할을 수행하게 되는 경우는 아주 예외적인 경우이다. • 그 이유는 과정을 운영하는 과정에는 교수자가 아닌 온라인 튜터를 활용하여 질의에 대한 응답, 리포트 출제 및 채점, 평가문제 채점 등의 교수적 역할을 담당하기 때문이다. • 또한, 별도의 과정 운영자가 존재하여 교육생들에 대한 제반 관리(수강 신청, 학습 안내, 퀴즈, 리포트, 시험 등의 각종 참여활동 안내, 수료 처리 등)를 수행하는 관리적 역할을 수행하고 있기 때문에 대학 등과 같은 맥락에서 이러닝을 운영하는 과정에서 교수자가 수행하는 것처럼 다양한 역할을 수행하도록 요구하지 않는다.

한계점	• 이와 같은 이유로 인해서 기업교육 훈련을 위한 이러닝 운영과정에서는 자칫하면 교육생들의 사회적 역할이 소홀해지는 원인이 되기도 한다. • 실제로 기업 이러닝을 운영하는 과정에 교수자가 제반 관리를 담당하는 것도 아니고 온라인 튜터가 참여하지만, 학습 내용에 관한 상호작용을 처리하는 데 초점을 맞추고 제한적으로 참여하기 때문에 교육생들의 사회적 상호작용은 활성화되기 어려운 한계를 갖고 있다. • 이처럼 기업교육 훈련 맥락에서 이러닝을 운영하는 경우에는 교수자의 4가지 역할(교수적 역할, 사회적 역할, 관리적 역할, 기술적 역할) 중에서 내용전문가로서의 교수적 역할을 제한적으로 수행하고 있다는 것을 알 수 있다. • 특히 이를 보완하거나 대체하는 의미에서 온라인 튜터와 과정 운영자가 참여하고 있지만, 여전히 사회적 상호작용에는 한계가 있다는 것을 알 수 있다.

대학 이러닝에서 교수자의 역할

1	• 대학에서 이러닝을 운영하는 경우에 교수자의 역할은 교수적 역할, 관리적 역할, 사회적 역할 및 기술적 역할을 모두 수행하는 경우가 많다. • 대학에서 교수자는 교과목과 수업을 기획하고, 학습 콘텐츠를 개발하는 과정에서 원고를 집필하며 동영상 강의를 수행하고, 교수–학습 활동을 통해 수업을 운영하고 성적을 처리하는 역할까지 담당하는 것이 일반적이기 때문이다.
2	• 물론 수업을 운영하는 과정에 온라인 튜터(조교)나 운영자(학사행정)가 참여하고 있지만, 수행하는 역할은 기업과는 많은 차이가 있다. • 대학 이러닝에서 온라인 튜터나 운영자는 그야말로 보조적인 역할을 담당하기 때문이다. • 즉, 온라인 튜터는 교수자를 보조하여 질의응답, 리포트 처리, 시험성적 처리 등에서 일부의 보조적인 역할을 수행하고 주요 역할은 교수자가 담당하기 때문이다. 운영자의 경우도 학사행정과 관련된 업무를 수행하는 데 초점을 맞추고 있기 때문에 아주 제한적인 참여만 가능하다.
시사점	• 대학에서 교수자는 내용전문가로서의 교수적 역할, 학습활동을 촉진하고 지원하는 관리적 역할, 학습자들과 교육 외적인 측면에서 인성 형성이나 사회성을 함양하기 위한 사회적 역할, 학습 콘텐츠나 컴퓨터, 네트워크 등에 대한 간단한 질의에 응답하는 기술적 역할까지 수행한다. • 교수자가 이와 같은 다양한 역할을 원활하게 소화하고 수행하기 위해서는 무엇보다 교수자를 지원하는 지원시스템(support system)이 중요하다. • 교수자를 지원하는 시스템으로는 이러닝 수업의 설계, 개발, 운영 및 관리 차원에서 고려해 볼 수 있다. • 설계 차원에서는 교수자가 교과목과 수업을 분석하고 설계하는 활동을 수행할 때 교수학습 모형이나 방법에 대한 전문성을 가진 교수설계자의 지원이 필요하고, 학습 콘텐츠를 개발하는 과정에서는 전문 개발팀의 지원이 필요하다. • 특히 이러닝 교수 학습활동을 운영하는 과정에서 온라인 튜터나 운영자의 적시적인 도움이 요구된다. • 이와 같은 과정에서 효율적으로 교수자의 역할을 지원하기 위해 대학의 학습관리시스템(LMS), 학습 콘텐츠 관리시스템(LCMS), 학습 콘텐츠개발관리시스템(LCDMS)과 학사행정시스템의 기능 지원이 원활하게 이루어질 필요가 있다.

※ 출처: 박종선, 유일한(2011), 이러닝 서비스 운영 프로세스 스킬, (사)한국이러닝산업협회, 18-20

(2) 튜터

① 온라인 학습에서 튜터란 조언자, 촉진자 등의 개념을 포함하여 교수자를 보조하고 학습자가 학습 목표에 도달할 수 있도록 인지적, 사회적, 감성적 측면에서 도움을 주는 사람이라고 정의할 수 있다(강하영·박동호, 2021).

② 많은 연구자는 이러닝의 성공을 좌우하는 가장 중요한 요소가 튜터의 역할을 통해 인적 상호교류를 이끌어내는 운영에 달려있다고 주장한다.

③ 이러닝 환경에서는 학습자와의 감성적, 사회적 교류가 어렵고 학습 촉진 제공도 원활하지 못할 수 있기 때문에 인간적인 소통을 통한 교수–학습 지원이 가능한 튜터의 역할이 부각되고 있다(강하영·박동호, 2021).

④ 튜터들의 개입과 지원이 학습의 효과 향상의 여부와 직결되며, 이것이 곧 온라인 학습의 질적 측면을 평가하게 될 기준으로 보고 있다.

⑤ 앞서 논의된 교수자의 역할 중에 교수자가 더욱 교수–학습, 학습 촉진, 학습관리 등의 폭넓은 역할을 수행한다면, 이러닝 튜터는 교수–학습 과정에서 질의응답에 대한 관리, 학습자의 리포트 출제, 채점 및 피드백과 같은 교수–학습을 지원하고 촉진하는 역할 중 일부를 수행한다.

표 3-1-9 튜터의 역할 규명 및 활동 예시

세부 역할		역할 규명 및 활동 예시
교수–학습 활동 조력	역할 규명	교수–학습활동에서 교육 목표를 정확히 인식하고 교수자와 협력하여, 학습 과정에 필요한 기술과 방법을 제시하여 학습자가 효과적으로 학습 목표를 성취할 수 있도록 돕는 역할
	활동 예시	• 과목과 관련된 공지사항 작성 • 과제물 관리, 평가 관리, 토론방 관리 • 학습자 이수율 관리
사회적 관계 조직	역할 규명	학습자 간의 정서적 친숙함을 구축할 수 있는 활동을 강조하여, 집단의 유대감을 형성하고 그 집단을 유지할 수 있도록 돕고, 집단 내의 다른 구성원들과 함께 협력할 수 있도록 도와주는 역할
	활동 예시	• 학습자들의 커뮤니티 관리 • 동아리 활동 장려

※ 출처: 김은정, 박종선, 임영택(2011), 최고의 이러닝 운영 실무, (사)한국이러닝산업협회, 12, 재구성

⑥ 바람직한 튜터링을 위해서는 운영에 허용되는 비용이나 학습자의 수, 학습 내용에 따라 융통성 있게 운영되어야 한다. 시기별 학습 안내 및 독려를 위한 안내 메시지의 내용은 다음과 같다.

표 3-1-10 학습 안내와 독려를 위한 안내 메일 내용과 계획

○ 시기별 학습 안내 및 독려를 위한 안내 메시지의 내용	
개강 1~2주 전	• 수강 신청자에게 강좌 개강 관련 공지 및 안내 메일 발송
각 주차 시작 2일 전	• 해당 주차 학습 내용 및 활동에 대한 공지 및 안내 메일 발송
상시	• 학습 진도, 학습상황 등 학습 패턴을 상시적으로 모니터링 • 학습 부진자 대상 학습 독려
○ 강좌 운영 과정에서 학습자와의 소통, 학습 참여 독려 등을 목적으로 메일링 계획 수립	
• 개강 전 알림 메일, 개강일 인사 메일 • 주별 학습 주요 사항 안내 메일, 참여 독려 메일, 주요 일정 안내 메일 • 기술적 문제 관련 메일 • 종강 안내 및 이수증 안내 메일, 신규 강좌 개설 안내 메일	

※ 출처: 교육부, 국가평생교육진흥원(2016), K-MOOC 강좌 개발·운영 가이드라인, 102

⑦ 강좌 운영 과정에서 원활한 토론방 관리를 위해 다음과 같은 학습환경을 조성할 수 있다.

표 3-1-11 토론방 관리 방법

- 모든 학습자가 원활하게 참여할 수 있도록 협력 및 토론 가이드라인 제시
- 토론방을 항상 모니터링하여 긍정적이고 상호 존중적인 환경을 유지하도록 함
- 학습자가 제기하는 문제나 이슈, 건의사항 등에 대해 성실하게 답함
- 흥미로운 토론글을 다른 모든 학습자가 공유할 수 있도록 유도하고, 보다 깊은 토론이 이루어질 수 있도록 유도
- 학습자들끼리 해결하지 못하는 문제를 파악하여, 교수자나 운영튜터가 해당 문제에 대해 직접적인 도움, 힌트 혹은 해답 제시

※ 출처: 국가평생교육진흥원(2016), K-MOOC 강좌 개발·운영 가이드라인, 국가평생교육진흥원, 103

(3) 운영자

① 이러닝 운영자는 이러닝 교수 학습활동을 수행하는 과정에서 주요한 역할을 담당하는 교수자나 온라인 튜터를 지원하는 역할을 수행하면서 과정 운영, 학사 운영 및 결과관리 등의 업무를 수행하는 사람을 의미한다.

② 여러 연구에서 규정하고 있는 이러닝 운영자의 역할을 정의하면 다음과 같다.

표 3-1-12 이러닝 운영자의 역할 정의

연구자	세부 내용
장명희 외(2004, p32)	이러닝 운영자란 최대의 학습효과를 위하여 이러닝 전반에 대한 과정 운영, 학사 운영, 결과관리의 업무를 담당하는 사람을 의미
장명희 외 (2004, p.58)	이러닝 운영자는 정규, 비정규 교육기관(기업 공공기관 사이버 교육기관 등)에서 이루어지는 이러닝 과정 운영 계획을 총괄적으로 수립하고, 교수·학습 환경을 점거하며 교수자와 학습자 관리를 통해 교수−학습 활동을 촉진하고 과정 운영 결과를 분석하여 피드백하는 직무를 수행
권성면 외 (2004, p.30)	과정 운영 담당자는 학습 내용적인 측면 이외에 학습이 원활히 시행될 수 있도록 안내하고 관련된 행정적이고 관리적인 측면의 일을 진행하는데, 주로 운영 및 관리적인 역할을 함
한국이러닝연합회 (2006)	이러닝 운영자는 온라인상에서 학습의 장애 요인을 해결하고, 평가 및 운영을 관리하며 수료 처리, 과정 운영 결과 분석과 이에 대한 피드백을 제공하는 업무 등을 수행하는 사람으로, 교수자의 교수활동과 학습자의 학습활동을 지원하는 역할을 수행하기도 함
한국전자거래진흥원 (2007)	프로젝트의 과정과 결과를 평가하여 보고서를 작성하고, 산출물들을 전략적이고 효과적으로 관리하며, 사용자인 고객과 학습자를 관리하는 직무

③ 이러닝 운영자가 수행하는 세부 수행 역할을 구체적으로 제시하면 다음과 같다.

표 3-1-13 이러닝 운영자의 세부 수행 역할

연구자	세부 내용
이러닝백서(2006)	• 과정 운영, 학사 운영, 교육 결과관리 • 교수자와 학습자 지원 • 학습 촉진 및 안내
최성희, 오인경 (2002)	• 과정 운영, 학사 운영, 교육 결과관리 • 교수자와 학습자 지원 • 학습 촉진 및 안내
주영주, 김지연 (2003)	• 오프라인 모임의 구성 • 사이버 관계 형성 유도 • 개별 메시지 이용 • 메시지 기록 • 학습 진도율 및 성적 기록 • 정규적 커뮤니케이션 시간 확정 • 즉각적인 피드백 • 다양한 의사소통 수단 활용

한국직업능력 개발원(2006)	기획 지원		• 교육 요구 분석하기 • 교육계획 수립 참여하기 • 과정 운영전략 수립하기 • 마케팅(홍보)하기 • 사업 성과 분석하기
	과정 운영 계획 수립		• 과정별 운영전략 수립하기 • 시스템 점검하기 • 학사일정 관리하기 • 수강 신청 관리하기 • 학습자 환경 점검하기 • 학사 안내하기
	과정 운영		• 학습자 관리하기 • 교수자 관리하기 • 교수 학습활동 지원하기 • 수료 관리하기
	운영 결과관리		• 과정별 운영 결과 분석/보고하기 • 전체 운영과정 운영 결과 분석/보고하기
한국전자거래 진흥원(2007)	운영계획 수립	이러닝 과정 운영 전략 수립	• 과정별 추진 일정 구체화 • 연간 추진계획과 비교, 변동사항 여부 확인 • 과정별 특성 파악 후 인적/물적 자원의 활용 계획 수립 • 학습 촉진 방법 구체화 • 과정 운영관리를 위한 체크리스트 제작 • 과정 운영 관계자 대상 워크숍 실시
		학습활동지원 능력점검	• 과정 개설을 위한 제반 사항(차수 개설, 과제, 토론, 평가 일정 및 배정, 강의 평가 등록 등) 시스템 등록 • 학습자 유의사항 및 준비사항에 대한 안내문 작성 • 학습용 콘텐츠(강의, 과제, 시험, 보충 자료, 설문 조사 등) 정상 작동 확인 • 구동 프로그램 및 S/W 정상 작동 확인

		학습 일정 관리	• 연간 학기 일정 및 과정별 운영 차수 분석 • 과정별 학사 일정 계획 • 최종 학사 일정표 작성
한국전자거래 진흥원(2007)	운영계획 수립	수강 신청 관리	• 수강 신청 기간 설정 • 수강 신청 방법 제시 및 수강 신청 접수 • 수강 신청, 취소, 변경자 리스트 관리 • 교육 훈련비 환급(또는 지원) 절차 안내 • 수강 신청 여부 확정
		학습환경 지원능력 점검	• 시스템 세팅값 확인 • 학습환경 체크리스트 작성 • 학습환경 내 이상 요소 확인 • 이상 요소에 대한 시스템 요청서 작성
	과정 운영	학습자 관리	• 과정 운영 방법, 학습 방법, 평가 방법 및 일정에 대한 안내 • 수강생 Q&A 분류 후 답변 의뢰 • 학습 독려 • 보충 자료 제공 • 학습 문제 발생 시 문제 상황 및 대처 방법 제공 • 전체 데이터 백업
		교수자 관리	• 교수자 선정, 인력 DB 관리 • 교수자용 매뉴얼 작성, 강사 전달 • 수강생의 학습 관련 질문 전달 및 답변 독려 • 강사료 산출을 위한 자료 제공 • 교수자 불편 사항 조사 및 해결 • 교수자 실적 평가 및 활용
		학습활동 지원	• 교수-학습 관련 S/W 수집 및 제공 • 학습활동 지원을 위한 헬프 데스크, hot-line 운영 • 수강생 및 교수자 Q&A 분석 및 정리 • 교수-학습 보조자료 수집 및 제공 • 오프라인 세미나, 강의 지원 • 온라인 커뮤니티, 토론방 활동 지원 • 교수-학습활동 장애 발생 시 플랫폼 개선, 보완

한국전자거래 진흥원(2007)	과정 운영	학습환경 지원	• 이러닝 과정 개설 • 학습환경 체크리스트 작성 • 체크리스트에 따라 미흡한 점 보완 • 학습자 환경 및 관리 환경에 대한 이상 개선
		수료 관리	• 수교 기준의 적용 여부 확인 • 평가점수 계산 • 수료 여부 결정 및 학습자 공지 • 수료증 배부 및 교육훈련비 정산 지원 • 수강 이력 관리
	운영 결과 분석	과정별 운영 결과 분석	• 과정별 학습자 성적 결과 분석 • 수료자 비율 산출 • 만족도 조사 실시 및 문제점 · 개선 요구 도출 • 부문별 피드백 제공
		전체 과정 운영 결과 분석	• 전체 · 분야별 · 과정별 · 학습자별 운영 결과 집계 • 현업 적용도 조사 도구 개발, 진단 • 과거 대비 운영 결과 및 현업 적용도 비교 · 분석 • 단위 기간별 특이사항 및 추가 제안 사항, 대응책 도출 • 해당 기간별 결과 작성 • 전체 과정의 종합운영 결과 반영
		학습자 만족도/ 성취도 평가	• 각 만족도 평가에 필요한 요소 및 체크리스트 파악, 작성 • 학습 내용에 대한 학습자 만족도 평가 • 학습자 환경에 대한 학습자 만족도 평가 • 교수자에 대한 학습자 만족도 평가 • 과정 운영에 대한 학습자 만족도 평가 • 교육과정 및 학습 내용에 대한 학습자 만족도 평가 • 학습자 만족도 평가에서 드러난 문제점 보완 · 개선 • 성취도 향상을 위하여 이러닝 과정 보완 · 개선

한국전자거래 진흥원(2007)	운영 결과 분석	교수자 만족도 평가	• 각 만족도 평가에 필요한 요소 및 체크리스트 파악, 작성 • 학습환경에 대한 교수자 만족도 평가 • 과정 운영에 대한 교수자 만족도 평가 • 학습자 만족도 평가와 교수자 만족 도 평가에서 드러난 문제점을 비교, 분석 • 교수자의 교육과정에 대한 만족도 가 높아질 수 있도록 이러닝 과정 보 완·개선
한국직업능력 개발원(2007)		이러닝 학사 관리 및 운영	• LMS 환경 설정 • 학습자 기본정보 등록 • 학습자 관리 • 질의사항 처리 • 오류 및 요구사항 처리 • 콘텐츠 및 관련 자료 백업 • 설문조사 실시 및 통계처리
		이러닝 학습 지원	• 운영전략 수립 • 수업운영 계획안 작성 • 학습 관련 지도 및 정보 제공 • 성적평가 실시 및 분석 • 운영평가 설문지 작성 • 운영평가 설문 결과 분석
		사용자 지원	• 학습자 질의사항 처리 • 오류 및 요구사항 처리 • 질의응답 관련 자료 백업

2) 이러닝 과정 지원 절차

(1) LMS와 LCMS의 개념

① LMS(Learning Management System)

• 학사 관리 전반에 걸친 사항을 관리해 주는 시스템으로 학교, 기업 등의 이러닝을
시행하기 위한 곳에서 필요한 온라인 학습을 위한 교육용 플랫폼이다.

• 기본적으로 수강생 등록, 수강 신청, 학습 과정 제공, 학습자 로그 추적, 테스트
기능을 가지고 있으며, 대부분 웹에서 동작한다.

② LMCS(Learning Management System, Learning Contents Management System)

- LMS와 함께 교육관리 시스템의 근간을 이루는 것이 LCMS인데, LMS와 비슷한 면이 있지만, LCMS는 학습 콘텐츠에 대한 관리를 전문적으로 하는 것으로 학습 콘텐츠의 양이 방대해짐에 따라 LMS에서 분리된 형태이다.

- 어떠한 형태의 교육용 콘텐츠든 LCMS에 탑재될 수 있으며, 콘텐츠 관리와 학습자의 학습과정 관리를 한데 묶어 콘텐츠의 생성–전달–재사용 등의 기술적 측면을 강조한 시스템이다.

- IDC에서는 LCMS에 대해 개별화된 이러닝 콘텐츠를 학습객체의 형태로 만들어 이를 저장하고 조합하여 학습자에게 전달하는 일련의 시스템으로 정의하고 있다.

그림 3-1-5 LMS와 LCMS 비교

이러닝 학습의 효율성 & 수월성을 위한 수단

LMS	LCMS
학습이 잘 일어날 수 있도록 학습자와 최종 학습 콘텐츠를 관리	최종 학습 콘텐츠를 포함하는 모든 단계의 산출물 및 개발과정을 관리
학습자, 교수자, 과정 운영자를 위한 시스템	설계자, 개발자, PM 등을 위한 시스템

(2) LMS의 기능

① LMS의 기능은 서비스할 학습 모델과 이에 따른 학습 및 서비스 절차, 그리고 사용 대상자별 필요 기능 및 법적 제도적 환경에 따른 필요 기능, 통합 컴퓨팅 환경을 고려하여 마련되어야 한다.

② 서비스 단위별, 서비스 절차별, 사용 대상자별로 LMS의 지원 기능을 살펴보면 다음과 같다.

그림 3-1-6 LMS의 지원 기능

서비스 단위에 따른 지원	서비스 절차에 따른 지원	서비스 사용자별 지원
•학습과정 개발 및 제공 그룹 •학습자 지원 그룹 •기간 업무와의 연계 그룹 •운영 시스템 관리 그룹	•운영 전: 기획 → 준비 •운영 중: 실시 → 관리 •운영 후: 유지	•학습자 Module •교수자 Module •관리자 Module

가. 서비스 단위에 따른 지원 기능

ⓐ 학습과정 개발 및 제공 그룹

 – 학습 과정의 구성: 이수 영역 등과 같은 큰 교육과정과 세부적인 주 단위의 학습
   과정 등

 – 학습자원 및 콘텐츠의 제공: 강의계획서, 학습자료, 콘텐츠 제공, 협동학습
   과정의 제공, 온라인 평가의 제공 등

 – 학습자 트래킹: 강의 진행 정도, 단원평가 및 퀴즈에 대한 응답 정도, 학습자
   활동성, 설문조사, 강의 평가 등

ⓑ 학습자 지원그룹

 – 학습자 역량관리: 학습자의 역량 평가 및 통지

 – 학습자 분석: 과정 이수, 자격 사항, 프로필 기록 등

 – 학습 계획의 전달: 학습자료, 참고 자료의 선택 및 지원

 – 학습활동의 지원: 교수자–학습자 및 학습자–학습자 간의 커뮤니케이션 활동
   지원

ⓒ 기간 업무와의 연계 그룹

 – 학적관리: 초기 학적 사항 및 변동사항 반영

 – 등록관리: 학습자의 비용 관련 제반 기록 반영

 – 기타 필요 유틸리티 제공

ⓓ 운영 시스템 관리 그룹

 – 학습자 관리: 학습자 로그 관리, 학습자 정보 및 학습 이력 관리

 – 학습 과정 관리: 과정 개설 및 진행 현황의 모니터링, 학습자들에게 과정 수료
   여부의 처리 및 결과 정리

 – 운영 시스템 관리: 이러닝 서비스 시스템의 원활한 운영을 위한 H/W 및 S/W
   환경 관리

 – 통계 관리

나. 서비스 절차에 따른 지원 기능

표 3-1-14 운영 전 지원 기능

구분	세부 항목
과정 및 과목 개설 준비	• 과정 및 과목 등록 · 수정 · 삭제 • 과정 및 과목 검색 및 열람 • 과정 및 과목 검색 • 분반, 차수 및 종강 관리 • 과정 안내 정보 생성 및 열람 • 수강 신청 일정 및 현황 조회 • 수강 신청 및 변경 취소 • 인증 작업 및 승인 확정 통지 • 수강료 납부 확인 통지
사용자 관리	• 교수자, 운영자, 튜터, 학습자 검색 및 정보 조회 • 교수자, 운영자, 튜터, 학습자의 권한 관리 • 교수자, 운영자, 튜터, 학습자 정보 입력
운영 준비	• 과정명 운영 일정 입력 기능 • 운영 일정에 따른 운영자 활동 알림
공지 및 안내	• 각종 공지 사항 및 안내문 • 게시판, 토론방, 자료실, 과제함, 용어사전 등의 개설 및 운영
강의 계획 개시	• 강의 계획 올리기 및 내려받기 • 강의계획서 수정 및 첨삭
학습 도움말 준비	도움말 형식
학습 관련 자료 준비	자료실, 전자도서관, 용어사전, 관련 사이트 등의 등록 및 내용 검색
과정 정보 검색 및 확인	• 과정 정보 등록 • 과정 정보 검색
진단 평가	• 진단평가 문항 출제 • 진단평가 결과 조회 • 진단평가 결과 제시 • 학습 선호도 진단 및 결과 확인 • 역량 진단 및 결과 확인 • 선수 학습 진담 및 결과 확인
설문지 개발	• 설문지 생성 및 수정 • 설문지 탑재 • 설문지 응답 DB와의 연동
학습화면 선택	• 화면 색상, 글자체 등 • 학습자 진단 도구에 따른 화면 제공
학습 내용 구성	• 학습객체 검색 • 학습자 자신만의 코스웨어 구축

<table>
구분	세부 항목
콘텐츠 자료 관리	• 콘텐츠 검색 • 콘텐츠 내려받기 및 저장 • 저장된 학습자료의 조직화 • 학습 내용(텍스트) 선택 및 출력
학습 모임방 개설 및 운영	• 학습 모임방 개설 • 학습 모임방에서의 자료 올리기, 내리기, 검색
학습노트 관리	• 학습노트 입력 • 학습 모드 저장 및 출력
적응적 학습 기능	• 적응적 학습 내용 제시 • 적응적 학습 경로 제시 • 적응적 학습 방법 제시
협력학습 기능	• 팀 형성 기능 • 팀 구성원의 역할 지정 및 변경 • 팀 학습활동 일정 관리 • 의사소통 기구 • 상호 평가 기능
진도 관리	• 학습 진도 저장 • 학습 진도 안내
학습 관련 공지 및 자료 공유	• 학습 관련 공간의 활용 • 학습 관련 자료의 검색
지식 공유	• 창출된 지식 올리기 및 내리기 • 지식 공유
학습 계획 및 실천 점검	• 학습 목표 작성 • 계획, 실천의 점검
학습 진도 관리	• 출석 확인 • 학습 시간, 접속 횟수, 진도율 조회 • 학습 현황 검색 • 학습 독려의 방법 제공 • 학습 부진자 선별 및 제시
접속 확인	접속 여부 확인 및 로그 기록
강의 진행	다양한 형태의 강의 진행 지원
과제 수행 및 관리	• 과제 등록 • 과제 제출 • 과제 평가 지원 • 다양한 과제 평가 방법의 지원 • 평가 결과의 제시 및 기록 관리
지식 창출	학습자의 지식 창출 평가 및 피드백
</table>

표3-1-15 운영 중 지원 기능

표 3-1-16 운영 후 지원 기능

구분	세부 항목
평가	• 응시 • 성적 조회 • 성적 결과 확인 • 이의신청
수료 관리	• 수료 처리 • 수료 관련 정보 검색 • 수료 결과 통보
운영 평가	• 만족도(학습자, 교수자, 운영자) • 현장 적용 정보 입력 • 현장 적용 정보 조회 • 교육 비용 산출 • 교수자, 운영자의 운영 활동 평가
각종 증명 발급	• 증명서 신청 • 증명서 신청 현황 조회 • 증명서 발급
성적 관리	• 성적 산출 방법 • 최종 성적 입력 • 수강 결과 제시 • 성적 조회 • 다양한 형태의 조회 방식 지원 • 성적 출력
사후 학습 안내	• 사후 학습 관련 정보 제공
설문 결과관리	• 설문 결과 처리 • 설문 결과 정보 처리 제공
강의 평가	• 강의 평가 입력 • 강의 평가 통계 관리 • 강의 평가 결과 확인
수료자 관리	• 수료 결과 조회 • 미수료 사유 조회 • 다양한 형태의 수료 · 미수료 결과 통보

다. 서비스 사용자별 지원 기능

- LMS는 시스템을 개발하여 공급하는 공급사별로 미미한 차이는 있으나, 대부분 학습자, 교수자, 관리자(운영자) 모드(Mode 또는 Module)로 구성되어 있다.
- 보통 web을 통해 학습자/교수자/관리자(혹은 학습자/관리자) 모드를 구별하여 개별 사이트를 구성해 맞춤형 서비스를 제공한다.
- 사용자별 지원하는 기본 기능은 다음의 표와 같다.

표 3-1-17 LMS 사용자별 지원하는 기본 기능

구분	기능	
학습자 지원	• My Page • 공지 사항 • 교수자 조회 및 연락 • 과목 설문조사 • 토론	• 과제 • 코스 계획서 • 학습 자료실 • 보드(학습 게시판) • 퀴즈 · 시험
교수자 지원	• My Page • 학생관리 • 성적관리 및 평가 • 콘텐츠 관리	• 토론 • 과제 • 시험 및 퀴즈 • 코스 운영
관리자 지원	• 교수 관리 • 학생관리 • 운영자 관리 • 일반 사용자 관리 • 코스 관리 • 수강 신청 • 인터페이스 • 증명서	• 시스템 사용 지원 • 유지 · 보수 • 보안 • 네트워킹 • 접속로그 • 모니터링 • 알림 기능

(3) LCMS의 부문별 핵심 기술 요소

① LCMS를 구성하는 요소의 핵심은 학습객체, 메타데이터, 시퀀싱, 패키징, 재사용성 등으로 LCMS는 학습객체 저장소(learning object repository) 및 관리를 위한 이러닝 지원 솔루션이다.

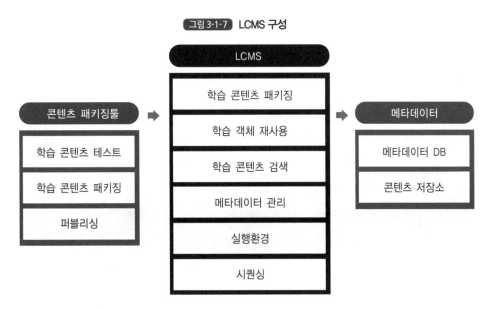

그림 3-1-7 LCMS 구성

※ 출처: 표성배(2012), 스마트폰 환경에서의 e-learning 플랫폼의 구축, 한국컴퓨터정보학회, 4

② 각각의 용어 정의 및 기능은 다음과 같다.

표 3-1-18 LCMS 관련 용어 정의 및 기능

용어	정의 및 기능
학습객체	학습객체란, 학습활동이나 학습 지원을 수행하기 위해 사용되는 재사용이 가능한 모든 디지털 혹은 비 디지털 리소스, 즉 인쇄매체(신문, 잡지 등), 미디어(그래픽, 음악, 동영상 등), 교수 요소, 교육용 소프트웨어 툴 등이 모두 학습객체의 기본 단위로 다루어질 수 있으며, 더 나아가 학습 목표, 관련 인력까지도 포함하는 개념. 학습객체는 단순 정보객체와는 엄격히 구분되며, 어떤 것에 대한 정의 혹은 그래픽 파일을 학습객체라고 규정 하지는 않는데, 그 이유는 교수전략을 내포하고 있지 않으며, 교육적 목표를 갖고 있지 않기 때문임
메타데이터	메타데이터는 공동적 지식, 즉 데이터에 대한 데이터 혹은 정보에 대한 정보의 의미로 구조적 의미로서 강조되며, 데이터에 대한 구조적 데이터(structured data about data)로 정의. 메타데이터는 대상이 되는 자원의 속성과 특성 및 다른 자원과의 관계를 기술하여 이용자의 검색을 돕고 관련 기관의 관점에서는 자원의 제어와 관리를 돕는 역할을 수행하는 데이터에 관한 구조화 데이터를 통해 학습관리의 효율성을 기하기 위한 LCMS의 핵심관리 대상임
시퀀싱	학습객체 시퀀싱이란, 학습객체들이 학습자에게 전달되는 상대적인 순서를 선언하고, 이러한 과정을 통해 제시되는 학습과정에서 학습객체 항목들이 선택되고, 전달되거나 생략될 수 있는 조건들을 선언하는 것
패키징	패키징이란, 일정한 학습자원을 상이한 학습관리 시스템 환경에서 상호 호환적으로 사용할 목적으로 학습구조와 실제 사용되는 학습 내용의 파일들을 정의한 표준규칙 문서를 포함한 학습자원의 포장을 말함. 콘텐츠를 쉽게 교환하기 위해서 하나의 파일로 패키징하는데, 여기에는 메타데이터, 학습자원, 시퀀싱, 학습설계 등의 정보가 모두 포함됨

(4) LCMS의 필수 기능

① 최근 콘텐츠 제작 방법과 활용 방법들이 다양해지면서 기능의 중요성이 날로 증대되고 있는 LCMS의 필수적인 기능은 다음과 같다.

- SCORM 2004 표준안 지원의 웹 기반 콘텐츠 관리 기능 지원
- 과목이나 학습객체 묶음의 업로드 시 학습객체 자동 분석을 통한 재활용 극대화 지원
- 별도의 패키징 툴 없이 시스템상에서 목차 구성(패키징) 및 리소스 관리, SCORM 규격의 콘텐츠 패키징 기능 지원
- 콘텐츠에 대한 일반 검색 및 메타데이터 고급 검색 지원
- 자유로운 카테고리 기반의 콘텐츠 관리 지원
- 워크스페이스 개념을 통한 작업그룹 지정 및 권한 지정, 콘텐츠 관리에 대한 협업 지원
- 등록된 콘텐츠를 SCORM 2004 규격에 맞춰 물리적 파일까지 포함된 패키징 파일로 Export 지원
- 개발된 SCORM 2004 규격 콘텐츠를 개인 PC로 다운로드, 업로드 과정을 거치지 않고 LMS로 배포 지원
- 개발된 콘텐츠 미리보기, 메타데이터 재구성 및 조회 기능 지원 등

② LCMS를 사용함에 있어서 학습 전-학습 중-학습 후 각각의 상황별 세부 프로세스의 흐름을 살펴볼 수 있는 기능별 세부 구성 메뉴는 다음과 같다.

표 3-1-19 LCMS 각 기능별 세부 구성 메뉴

구분	상세	내용
콘텐츠 관리	콘텐츠 목록보기	관리되는 콘텐츠 목록 조회
	콘텐츠 미리보기	등록된 콘텐츠를 미리보기
	콘텐츠 Export	• SCORM, 비SCORM 콘텐츠 패키지 파일 다운로드 가능
	콘텐츠 Import	• SCORM, 비SCORM 콘텐츠 업로드 기능
	SCORM 콘텐츠 조회	• ACTIVITY 조회 • SCO 조회 • ASSET 조회
	메타데이터 조회	• 등록된 메타데이터 정보 조회
	메타데이터 검색	• 일반 검색&메타데이터 항목별 고급 검색 • 사용자 직관적인 인터페이스 지원 • 자유로운 검색 · 메타데이터 요소 추가 기능

	콘텐츠 등록	• 웹 기반의 콘텐츠 등록 기능 • 표준 기반의 콘텐츠패키지 등록 기능 및 자동파싱 기능 • 콘텐츠 패키지 형태가 아닌 일반 압축파일(ZIP) 등록 기능 • Asset 단위의 콘텐츠 Unit 등록 기능 • Unit 콘텐츠 등록 후 메타데이터 생성 기능
콘텐츠 등록	콘텐츠 목차 구성	• GUI 버튼 조작에 의한 간단한 목차 구성 기능 • 콘텐츠 업로드를 통한 자동분석 및 구성 기능 • 파일링크 기능 • SCORM 2004 규격 기반의 실행환경(RTE; RunTime Environment) 정보 구성 기능 • 목차 구성 시 파일 등록 기능 지원 • 등록된 파일링크, LCMS 자료 검색 후 링크 • 신규 파일 등록 등 자유로운 파일 등록·링크 기능 지원 • Depth에 제한 없는 위계 구성 지원
	워크스페이스 지원	• 워크그룹 지정 및 협업 지원 • 워크그룹을 통한 접근 관리 • 자유로운 워크그룹 지정 및 이동 지원
	파일 관리	• 표준 및 비표준 콘텐츠 등록 기능 • 자유로운 파일 추가, 삭제 기능 • 학습객체 기반의 파일관리 및 메타데이터 관리

■ 효율적인 학습관리를 위한 데이터 구조화 작업을 위해 어떠한 메타데이터 항목들이 필요한지 다음 양식을 확인해 보자.

표 3-1-20 강의 콘텐츠 메타데이터 표준 (**은 필수 항목)

No.	항목	세부 항목
1	제공자 정보	메타데이터 관리자
2		저자**
3		기관
4		교수자**
5	일반 정보	강좌 시작 경로(URL)
6		제작 연도
7		운영 학기
8		본·분교 구분
9		국/내외 구분
10		강좌 유형
11		공개 기간

12	저작권 정보	저작권자**
13		저작물의 영리적 이용**
14		저작물의 변경**
15	모바일 이용 가능성	스마트폰
16		태블릿
17	전공 분류	1차 분류**
18		2차 분류**
19		3차 분류
20	강좌 정보(한글, 영어)	제목**
21		부제목
22		설명
23		키워드**
24		학점
25		강좌 언어
26		강의 대상
27	차시 정보(한글, 영어)	차시**
28		강의명**
29		주차 강의별 설명
30		키워드
31		강의별 경로(URL)
32		파일 유형
33		파일 포맷
34		재생 시간
35		차시 유형

※ 출처: 장선영, 김진일, 차민정, 정용주, 박인우(2012), 고등교육 OCW 동영상 강의 콘텐츠 메타데이터 표준(안) 개발 -KOCW를 중심으로-, 한국교육 방법학회, 811

3 ///// 이러닝 교육과정 관리 결과 보고

1) 운영평가의 현황 및 중요성

(1) 운영평가의 현황

① 코로나19 팬데믹이 장기화하면서 원격수업의 장점과 편리성을 적극적으로 반영하는 방향으로 변화하고 있다(전치형, 2022. 2. 4; 한송이·이가영, 2021).

② 온라인 수업을 효과적으로 운영하기 위해 콘텐츠 설계와 제작, 온라인 교육 플랫폼 운영 등의 차원에서 많은 노력이 필요하다는 것을 깨닫게 되며, 그 질을 어떻게 관리할 것인가로 관심이 옮겨가고 있다(김성길, 2022).

③ 이러한 배경에는 학습자와 교수자 모두 코로나19 팬데믹을 겪으며 다양한 원격수업 콘텐츠를 접할 수 있는 환경에 충분히 노출되었고, 그 과정에서 콘텐츠 활용 중심의 원격학습이 갖는 장점과 효용성에 익숙해진 것이다(계보경 외, 2020; 정한호 외, 2020).

④ 원격수업 콘텐츠가 질적으로 우수해지려면 개별 교육 기관의 특성에 적합한 운영 평가 도구의 개발이 선행되어야 하며, 이를 토대로 관계된 전문가들의 평가가 이루어져야 한다(박영주·김정미·김기석, 2021).

⑤ 운영활동의 중요성은 최근 연구결과를 통해서도 입증되고 있으며, 유평준과 심숙영(2002)은 운영활동이 e-Learning 과정에 대한 학습자의 학습 만족도 및 학업성취도에 가장 큰 영향을 미치는 요인임을 제시하고 있다.

(2) 운영평가의 중요성

① e-Learning 과정의 운영활동과 운영활동의 평가를 통해 많은 정보가 취합될 수 있다. 취합되는 정보에는 학습 내용, 시스템, 운영활동 등에 대한 만족도, 학습자들의 학습패턴, 학업성취도 등이 있을 수 있다.

② 이러한 운영평가를 통해 얻어지는 정보들은 운영의 질적 제고를 위해 중요하게 활용될 수 있는데, 특히 경영진의 의사결정을 위한 정보와 e-Learning 과정을 구성하는 다양한 구성원들 간의 상호작용과 커뮤니케이션을 증진하는 자료로써 활용될 수 있다.

③ 원격수업 콘텐츠 평가요소는 원격수업으로서 갖춰야 할 최소한의 기준을 제시하며, 고품질의 원격수업을 유도하기 위한 항목과 요소를 반영해야 한다. 일반적인 품질 심사는 교수설계적인 관점으로 이루어지기 때문에 원격수업 콘텐츠 개발 및 제작과 효과적인 운영을 위한 원격수업 설계와 교수전략이 함께 포함된다(이재경 외, 2021).

■ 기업과 대학 이러닝 운영 평가 상황을 살펴보고, 질 관리 향상을 위해 어떠한 점을 평가에 보완해야 하는지 생각해 보자.

현 상황
• 현재는 대부분 1, 2단계인 반응도 및 학업성취도를 확인하는 수준이다.
• 교육 직후 실시되는 반응평가에 연연함으로써 구성원들의 내면을 진정으로 변화시키고, 느끼게 하는 본질적이고 어려운 교육 프로그램의 개발 및 운영이 이루어지지 못하고 있는 실정이다.
• 요구분석, 기획, 설계 단계에서부터 평가를 고려하지 않아 현업 적용도 평가, 성과기여도 평가를 확인하는 것은 불가능한 상황이다.
• 교육담당자의 전문성 또는 노력이 부족하다.
• 성공적인 평가의 수행 경험 또는 사례가 부족하다.

이러닝 운영 질 제고를 위한 평가 추진 방향
• 운영 활동의 질을 향상하기 위한 분명한 목적의식을 가지고 운영평가가 실시되어야 한다.
• 학습 효과를 제고하기 위해 운영평가의 결과를 효과적으로 활용할 수 있어야 한다.
• 더욱 효과적인 교육 프로그램을 개발하기 위하여 운영평가의 결과가 피드백되어야 한다.
• 교육 성과를 제고하기 위해 만족도 및 성취도 평가뿐만 아니라 현업적용도 및 성과기여도 평가까지도 실시되어야 한다.
• 올바른 의사결정을 위한 다양한 운영 정보의 수집이 요구된다.
• 효과적인 커뮤니케이션을 위해 다양한 구성원과 운영평가 정보를 공유해야 한다.

2) 최종 평가보고서 내용 분석

(1) 최종 평가보고서 작성의 내용

① 과정 운영에 대한 보고서 작성은 이러닝 운영과정의 내용을 전체, 분야별, 과정별, 학습자별로 운영 결과를 산출하여 일정 기간별로 보고하는 활동을 의미한다.

② 일반적으로 주차, 중간 및 최종 과정의 운영 결과를 취합하고 분석하는데 운영 프로세스에 따른 결과, 특이사항, 문제점 및 대응책, 향후 운영을 위한 개선사항 등이 내용으로 포함된다.

(2) 최종 평가보고서 작성을 위해 이러닝 과정 운영자에게 요구되는 능력

① 이러닝 과정 운영에 대한 최종평가보고서는 운영과정과 운영 결과를 기반으로 최종적으로 성과를 산출하고 개선사항을 도출하여 향후 운영과정에 반영하기 위한 목적으로 작성되어 보고된다.

② 이러한 활동을 수행하기 위해서 이러닝 과정 운영자는 이러닝 운영 프로세스에 대한 지식과 통계처리에 대한 지식을 갖추어야 하고, 학습관리시스템(LMS) 사용능력,

통계분석력, 보고서 작성 능력, 의사소통 능력 등을 갖추어야 한(박종선 외, 2003).

③ 과정 운영에 대한 보고서를 작성하기 위해 내용을 분석하는 과정에서 이러닝 과정 운영에 대한 세부 내용과 결과는 학습관리시스템(LMS)에 저장된 자료와 기록을 활용하는 것이 바람직하다.

④ 이러닝 과정 운영에 대한 제반 자료와 결과물은 운영기관의 학습관리시스템(LMS)에 모두 저장되어 관리되기 때문이다.

(3) 최종 평가보고서 작성을 위한 내용 분석 기준

① 콘텐츠 평가에 관한 내용

- 학습과정에 활용된 콘텐츠를 통해 이러닝 학습이 전개되기 때문에 콘텐츠 평가가 반영되어야 한다.
- 이러닝 운영과정에서 활용된 콘텐츠가 과정 운영목표에 맞는 내용으로 구성되어 개발되고, 운영되었는지 여부를 평가한 결과가 반영되어야 한다.

Check

- 콘텐츠의 학습 내용이 과정 운영목표에 맞게 구성되었는가?
- 콘텐츠가 과정 운영의 목표에 맞게 개발되었는가?
- 콘텐츠가 과정 운영의 목표에 맞게 운영되었는가?

② 교·강사 평가에 관한 내용

- 교·강사 활동은 이러닝 운영과정의 성과에 영향을 미치는 중요한 요인 중의 하나이다.
- 최종 평가보고서 작성자는 교·강사 활동 평가 기준을 기반으로 이러닝 운영과정에서 교·강사가 과정의 운영목표에 적합한 교수활동을 수행했는지의 여부를 평가한 결과를 반영해야 한다.

Check

- 교·강사 활동의 평가 기준은 수립되었는가?
- 교·강사가 평가 기준에 적합하게 활동을 수행했는가?
- 교·강사의 질의응답, 첨삭지도, 채점 독려, 보조자료 등록, 학습 상호작용, 학습 참여, 모사답안 여부 확인을 포함한 활동 결과를 분석했는가?
- 교·강사의 활동에 대한 분석 결과를 피드백했는가?
- 교·강사의 활동 평가 결과에 따라 등급을 구분하여 다음 과정 운영에 반영했는가?

③ 시스템 운영 결과에 관한 내용

- 이러닝 시스템 운영 결과는 이러닝 운영을 준비하는 과정, 운영을 실시하는 과정, 운영을 종료하고 분석하는 과정에서 취합된 시스템 운영 결과를 의미한다.
- 최종 평가보고서에는 하드웨어 요구사항, 시스템 기능, 과정 운영에 필요한 개선 요구사항 등의 시스템 운영 결과에 관한 내용이 반영되어야 한다.

Check

- 시스템 운영 결과를 취합하여 운영성과를 분석했는가?
- 과정 운영에 필요한 시스템의 하드웨어 요구사항을 분석했는가?
- 과정 운영에 필요한 시스템 기능을 분석하여 개선 요구사항을 제안했는가?
- 제안된 내용의 시스템 반영 여부가 이루어졌는가?

④ 운영활동 결과에 관한 내용

- 이러닝 운영활동 결과는 이러닝 과정의 운영을 통해서 수행된 제반 운영활동에 대한 취합된 결과를 의미한다.
- 최종 평가보고서에는 운영계획서에 따라 운영활동 전반에서 수행된 활동의 특성과 결과에 관한 내용이 반영되어야 한다.

Check

- 학습 시작 전 운영 준비 활동이 운영계획서에 맞게 수행되었는가?
- 학습 진행 중 학사 관리가 운영계획서에 맞게 수행되었는가?
- 학습 진행 중 교 · 강사 지원이 운영계획서에 맞게 수행되었는가?
- 학습 진행 중 학습활동 지원이 운영계획서에 맞게 수행되었는가?
- 학습 진행 중 과정 평가 관리가 운영계획서에 맞게 수행되었는가?
- 학습 종료 후 운영 성과관리가 운영계획서에 맞게 수행되었는가?

⑤ 개선사항에 관한 내용

- 최종 평가보고서를 작성하는 사람은 운영 관련 자료나 결과물을 기반으로 운영 결과를 분석하는 과정에서 이러닝 과정 운영자가 도출한 개선사항을 반영해야 한다.

학습
정리 **이것만은 기억합시다**

- 이러닝 운영: 이러닝을 서비스하는 기관 및 조직 차원에서 이러닝 서비스를 효과적이고 효율적으로 제공하기 위한 일련의 과정을 포괄하고 있으며, 교육의 계획부터 과정 운영, 사후관리까지 하나의 교육과정이 이루어지기 위한 모든 프로세스를 의미한다.

- 이러닝 운영의 중요성: 똑같은 학습 콘텐츠로 학습하더라도 어떻게 학습을 지원하고 운영하느냐에 따라 그 성과는 달라질 수 있기 때문에 학습 콘텐츠와 함께 이러닝 운영은 중요하다.

- 성인학습의 특성: 생활 지향성(life-centered), 경험, 주도성(self-directing), 개인차

- 성인학습의 지도원리: 근접성의 원리, 적합성의 원리, 동기부여의 원리, 우선성의 원리, 쌍방향 커뮤니케이션의 원리, 다중감각 활용의 원리, 반복 학습의 원리 등이 있다.

- 성인학습 촉진 방법: 내재적·외재적 욕구 충족을 위한 동기유발을 이끄는 동시에 정적 강화를 효율적으로 사용하는 것이 필요하다.

- 이러닝 교수자의 역할: 지적 활동의 역할로서의 교수적 역할, 상호작용의 역할로서의 사회적 역할, 학습지도자로서 역할의 관리적 역할, 학습자 도움을 위한 기술적 역할이 있다.

- 이러닝 튜터의 역할: 교수-학습활동에서 교육 목표를 정확히 인식하고 교수자와 협력하여, 학습 과정에 필요한 기술과 방법을 제시하여 학습자가 효과적으로 학습 목표를 성취할 수 있도록 돕는 역할이 있다.

- 이러닝 운영자의 역할: 이러닝 교수 학습활동 중 교수자나 온라인 튜터 지원 및 과정 운영, 학사 운영 및 결과관리 등의 업무를 수행하는 역할이 있다.

- LMS: 학사 관리 전반에 걸친 사항을 관리해 주는 시스템을 의미하며 학교, 기업 등의 이러닝을 시행하기 위한 곳에서 필요한 온라인 학습을 위한 교육용 플랫폼으로 수강생 등록, 수강 신청, 학습 과정 제공, 학습자 로그 추적, 테스트 기능을 가지고 있으며, 대부분 웹에서 동작한다.

- LMCS: LCMS는 학습 콘텐츠에 대한 관리를 전문적으로 하는 것으로, 어떠한 형태의 교육용 콘텐츠든 LCMS에 탑재될 수 있으며 콘텐츠 관리와 학습자의 학습과정 관리를 한데 묶어 콘텐츠의 생성-전달-재사용 등의 기술적 측면을 강조한 시스템이다.

- 이러닝 운영평가의 중요성: 운영평가를 통해 얻어지는 정보들은 운영의 질적 제고를 위해 중요하게 활용될 수 있는데, 경영진의 의사결정을 위한 정보와 e-Learning 과정을 구성하는 다양한 구성원들 간의 상호작용과 커뮤니케이션을 증진하는 자료로써 활용될 수 있다.

- 이러닝 최종 평가보고서 작성: 이러닝 운영과정의 내용을 전체, 분야별, 과정별, 학습자별로 운영 결과를 산출하여 일정 기간별로 보고하는 활동을 의미한다.

이러닝 운영 평가관리

학습안내

2장에서는 이러닝 운영이 종료된 이후 운영 평가에 대한 내용을 확인한다. 먼저 과정 만족도의 개념과 평가 방법에 대해 학습하고, 학습성취도에 대해서도 학습한 후, 이러닝 운영에 대한 평가 결과 보고서를 어떻게 작성할지에 대해서도 확인한다.

학습목차	내용
1. 과정 만족도 평가	1) 만족도 평가의 개념 및 배경
	2) 만족도 평가 방법
2. 학업성취도 관리	1) 학업성취도 평가 이해
	2) 학업성취도 평가 절차
	3) 학업성취도 평가 방법
	4) 학업성취도 분석 이해
	5) 학업성취도 분석 방법
3. 평가 결과 보고	1) 평가 결과 정리
	2) 평가 보고서 작성

학습목표 / 2장 학습 후 할 수 있는 일

1. 이러닝 과정 운영에서 이루어지는 평가의 유형에 대해 알 수 있다.
2. 이러닝 과정의 학습자 반응을 확인하기 위한 만족도 평가를 할 수 있다.
3. 이러닝 과정의 학습성과를 확인하기 위한 학업성취도 평가를 할 수 있다.
4. 이러닝 과정에서 이루어지는 평가의 타당성을 검토할 수 있다.
5. 이러닝 과정 운영 결과를 평가한 보고서를 작성할 수 있다.

주요 용어 / 핵심 키워드

만족도 평가, 개방형 질문, 만족도 평가 프레임워크, 학습성취도 평가, 학습성취도 평가계획, 모사관리, 평가 결과 보고

1) 만족도 평가의 개념 및 배경

① 만족도 평가의 이해

- 만족이란 사용자의 사용 경험에 의거한 인지적 판단, 정의적 감정, 신념적 의지까지 포함하는 복합적인 인식이며, 평가의 과정이자 결과이다(장은정, 전은화, 2008).
- 만족도 조사는 교육 프로그램에 대한 느낌이나 만족도를 측정하는 것을 의미한다.
- 교육의 과정과 운영상의 문제점을 수정, 보완함으로써 교육의 질을 향상하기 위해 실시한다.
- 만족도 조사는 학습자의 반응 정보를 다각적으로 분석, 평가하는 것이다.

② 만족도 평가의 개념

- 만족도 평가는 이러닝 과정에서 고려되는 다양한 요소들을 평가하게 된다.
- 대표적인 영역으로는 학습자 요인, 학습환경 요인, 교수설계 요인이 있다.
- 학습자 요인으로는 학습 동기와 학습의 적극성, 인터넷 활용 수준 등을 평가한다.
- 학습환경 요인으로는 이용 환경의 용이성, 조직의 학습 지원 정도를 평가한다.
- 교수설계 요인으로는 교육내용 구성의 타당성과 교수자−학습자 간 상호작용을 평가한다.

③ 만족도 평가의 필요성

- 효과성 측정: 만족도 평가는 온라인 학습경험이 학습자에게 얼마나 효과적인지 측정하는 데 도움이 되기 때문에 이러닝에서 중요하다.
- 품질관리: 학습자는 이러닝 콘텐츠의 품질, LMS의 사용성, 교수학습 방법의 효율성, 교·강사의 반응 수준 등 이러닝의 학습 과정에서 드러나는 다양한 측면에 대한 피드백을 제공할 수 있다.
- 학습자 참여 개선: 학습자 참여 및 동기 부여를 개선하는 데 도움이 될 수 있는 과정 자료 및 교육 방법을 개선하는 방법에 대한 통찰력을 제공한다.
- 개선 영역 식별에 도움: 학습자로부터 피드백을 요청함으로써 교·강사는 개선이 필요한 영역을 식별하고 전반적인 학습경험을 향상하기 위해 요구되는 개선 사항을 반영할 수 있다.

- 학습자의 이탈 방지: 만족도 평가는 기술적인 어려움이나 지원 부족과 같이 학습자가 경험할 수 있는 문제나 어려움을 식별하는 데 도움이 되며, 교·강사나 이러닝 운영인력이 이러한 문제를 해결하여 학습자가 학습을 계속하도록 동기를 부여하고 참여하도록 돕는다.
- 향후 평가를 위한 기준점 제공: 만족도 평가는 강사가 시간이 지남에 따라 진행 상황과 개선 사항을 추적할 수 있도록 향후 평가를 위한 기준 역할을 할 수 있다.

④ 만족도 평가의 평가 영역

- 만족도 조사는 이러닝 학습 과정에서 고려되는 다양한 요소들을 평가한다.
- 대표적인 영역으로는 학습자 요인, 학습환경 요인, 교수설계 요인이 있다.
- 학습자 요인으로는 학습 동기와 학습의 적극성, 인터넷 활용 수준 등을 평가한다.
- 학습환경 요인으로는 이용 환경의 용이성, 조직의 학습 지원 정도를 평가한다.
- 교수설계 요인으로는 교육내용 구성의 타당성과 교수자-학습자 간 상호작용을 평가한다.

표 3-2-1 만족도 평가의 평가 영역

평가 영역		주요 내용
학습자 요인	학습 동기	• 관련 지식 획득 • 업무능력 향상 • 변화 적응력
	학습의 적극성	• 새로운 교수법 적응력 • 개인 노력 • 학업 목표량 달성 노력
	인터넷 활용 수준	• 이러닝 교육 수강이 필요한 정도
학습환경 요인	이용 환경 용이성	• 콘텐츠 로딩시간 인식 • 수업화면 구성, 이동의 용이성 • 파일 크기의 적합성 • 인터넷 환경에 관한 인식
	조직의 학습 지원 정도	• 교육기간 동안의 업무 분장 • 습득한 지식과 기술의 활용 • 조직 내 이러닝교육의 권유 • 교육에 따른 보상과 지원

교수설계 요인	교육내용 구성의 타당성	• 수업 내용과 과정명의 일치 • 내용과 교육목표 및 주제의 적절성 • 콘텐츠의 질, 사용 편리성 • 교육과정의 체계적인 구성 • 실제 사례 반영 여부
	교수자–학습자 간 상호작용	• 답변의 신속함과 충실성 • 학습자의 의견 반영 • 내용의 답변에 대한 만족도 • 학습자 간 의사소통 토론 • 교육에 대한 피드백

⑤ 만족도 평가의 평가 유형

• 학습자 만족도 조사는 개방형 질문(Open-Ended Question), 체크리스트, 단일 선택형 질문(2-Way Question), 다중 선택형 질문(Multiple Choice Question), 순위 작성법(Ranking Scale), 척도 제시법(Rating Scale) 등이 있다.

표 3-2-2 반응도 평가의 유형

유형	사례
개방형질문 (Open-Ended Question)	문) 본 과정에서 다루지 않았지만, 귀하의 업무와 관련된 중요한 주제를 다룬다면 어떤 것입니까? 답) 서술형으로 기술
체크리스트	문) 다음 중에서 귀하가 사용하고 있는 소프트웨어는 어떤 것입니까? 답) Word Process – Graphics – Spreadsheet
단일 선택형 질문 (2-Way Question)	문) 현재 업무 중 평가기법을 사용하고 있습니까? 답) 예/아니오
다중 선택형 질문 (Multiple Choice Question)	문) Tachometer는 ( )를 나타낸다. 답) a. Road speed, b. Oil pressure ……
순위작성법 (Ranking Scale)	문) 다음의 감독자가 행하여야 할 중요한 업무 5가지를 중요 순서대로 5(가장 중요함)에서부터 1(가장 중요하지 않음)까지 숫자를 입력하시오. 답) 1~5번까지 순위가 있는 업무기술
척도 제시법 (Rating Scale)	문) 새 데이터 처리시스템은 사용하기에 답) 매우 쉽다 매우 어렵다 1 2 3 4 5

※ 출처: 김은정, 박종선, 임영택(2009), 최고의 이러닝 운영 실무, (사)한국 이러닝 산업협회, p.162.

2) 만족도 평가 방법

① 만족도 평가의 프레임워크

- 이러닝 만족도 평가를 수행하는 절차는 평가 목표 결정, 평가 방법 결정, 평가 도구 개발, 데이터 수집, 데이터 분석, 결과 보고 및 개선 사항 구현 등으로 진행될 수 있다.
- 1단계 평가 목표 결정은 이러닝 만족도 평가를 수행하기 전에 달성하려는 목표와 평가하려는 이러닝 경험의 특정 측면을 결정하는 것이다.
- 2단계 평가 방법 결정은 어떠한 방법으로 만족도를 평가할 것인지 확정하는 것이다.
- 3단계 평가 도구 개발은 평가 방법에 따라 설문지, 인터뷰 또는 사용성 테스트 등과 같은 평가 도구 개발을 통해 이러닝 학습 경험에 대한 데이터를 수집할 수 있도록 하는 것이다.
- 4단계 데이터 수집은 만족도 평가를 시행하여 학습자로부터 학습경험의 만족도와 관련된 데이터를 수집하는 것이다.
- 5단계 데이터 분석은 데이터 수집 단계에서 확보된 데이터의 추세, 패턴 및 개선 영역을 분석하는 것이다.
- 6단계 결과 보고는 데이터가 분석되면 교·강사, 교수자 또는 관리자과 같은 이해 관계자에게 결과를 보고하고 개선 사항에 대한 권장을 포함하는 것이다.
- 전반적으로 성공적인 이러닝 만족도 평가의 핵심은 체계적이고 데이터 중심적인 접근 방식을 사용하여 개선 영역을 확인하고 학습자의 학습 경험을 향상하기 위해 필요한 개선을 수행하는 것이라고 할 수 있다.

② 만족도 평가의 문항 개발

가. 주요 원칙

- 표현의 명료성을 검토하면서 문항을 제작한다.
- 하나의 질문에 두 가지 의미를 포함하지 않도록 한다.
- 개발된 설문지를 파일럿 테스트하여 점검하고 수정·보완하는 기회를 갖는다.
- 학습자의 의견과 제언을 글로 표현할 수 있는 개방형 설문을 포함한다.
- 학습자가 자유롭게 응답할 수 있도록 참가자의 인적 사항을 기록하는 문항들은 설문지에 포함하지 않는다.

나. 교육내용 및 분량의 만족도

- 이러닝 과정의 내용 및 분량이 적절했는지 평가한다.

- 평가할 때는 객관식과 주관식으로 구성된 10개 내외의 문항을 제시한다.

> - 교육과정의 내용 수준 및 난이도는 적절했는가?
> - 교육과정의 학습 내용은 학습 목표에 대비하여 적절했는가?
> - 교육과정의 학습 분량은 적절했는가?
> - 학습 내용을 잘 이해할 수 있도록 적절하고 매력적인 멀티미디어 자료를 활용하였는가?
> - 본 교육과정의 내용은 현업에 많은 도움이 될 것이라 생각되는가?

다. 운영자 지원 활동의 만족도

학습 안내를 포함한 운영자 지원활동에 대한 학습자 만족도를 조사한다.

> - 교육운영자는 학사일정에 맞춰 학습 안내를 적시에 하였는가?
> - 교육운영자는 학습활동 관련 질의에 즉각적이고 성실히 응답하였는가?
> - 교육운영자는 나의 학습 활동에 맞춰 적절한 학습활동 안내를 해주었는가?

라. 교·강사 지원 활동의 만족도

학습 촉진을 포함한 교·강사 지원활동에 대한 학습자 만족도를 조사한다.

> - 교·강사가 제공한 학습자료의 분량은 충분하였는가?
> - 교·강사가 제공한 학습자료의 내용은 학습 내용에 대비해 유용하였는가?
> - 성적 평가 방식 및 기준은 학업성취를 평가하는데 적절하였는가?
> - 과제 및 퀴즈 등을 학업 성취를 평가하는데 적절하였는가?
> - 과제에 대한 첨삭지도는 충실하였는가?
> - 질의, 토론, 과제에 대해 즉각적이고 성실히 응답하였는가?
> - 교·강사는 학생이 강의에 적극적으로 참여하고 학습하도록 기회를 부여하고 촉진하였는가?

마. 전반적 만족도

학습과정에 대한 전반적인 학습자 만족도를 조사한다.

> - 본 과정에 대해 전반적으로 만족하는가?
> - 본 과정을 다른 직원에게 추천해 주고 싶은가?

바. 시스템 사용성의 만족도

LMS 사용의 용이성을 포함한 시스템 사용에 대한 학습자 만족도를 조사한다.

> • LMS는 전반적으로 안정적이었는가?
> • LMS는 사용이 편리하였는가?
> • LMS는 장애가 발생했을 시 신속한 도움을 받았는가?
> • 학습 시 시스템의 학습화면 이용과 이동이 용이하였는가?

■ 만족도 평가를 할 때 고려사항은 다음과 같다.

> • 만족도 조사는 교육과정에 대한 학습자의 전반적인 만족도를 조사하는 것으로, 만족도 결과의 효용과 목적에 따라 교육과정의 특성을 반영한 문항을 넣어 조사할 수 있다.
> • 시스템 만족도 조사는 현재 시스템에 대한 만족도 조사뿐 아니라 기능과 메뉴에 대한 개선사항도 함께 조사하여 추후 학습시스템 관리에 반영하도록 한다.

③ 만족도 평가의 사례

• 일반적인 이러닝 만족도 평가의 사례를 제시하면 다음과 같다.

그림 3-2-1 이러닝 만족도 평가 사례

[이러닝 만족도 및 요구조사 설문지(안)]

I. 기본 정보

(생략)

II. 콘텐츠 만족도

다음은 이러닝 수업에서 활용되고 있는 학습 콘텐츠에 대한 질문입니다.

문항 6. 각 문항에 대하여 해당하는 부분에 표기(✔)해 주십시오.

문항	전혀 아니다	아니다	보통 이다	그렇다	매우 그렇다
교육내용					
1) 콘텐츠는 학습 목표와 관련한 내용으로 구성되어 있다.					
2) 콘텐츠의 학습 분할 및 학습 난이도는 적절하다.					
3) 교육내용은 명확하고 이해하기 쉽게 표현되어 있다.					
콘텐츠 설계					
4) 콘텐츠의 화면 구성과 배치, 텍스트 및 그래픽의 색상, 크기, 배열은 적절하다.					

문항					
5) 콘텐츠의 메뉴, 버튼 등이 일관성을 유지하고 있어 활용이 용이하다.					
학습 촉진					
6) 콘텐츠는 적절한 멀티미디어(동영상, 음성, 그림 등)를 제공하여 학습 흥미를 촉진하고 있다.					
7) 콘텐츠는 학습 현황 및 진도 파악이 용이하도록 구성되어 있다.					
8) 콘텐츠는 학습 보충 및 심화를 위한 다양한 자료를 제공하고 있다.					
전반적인 만족도					
9) 학습 콘텐츠 전반에 대해 만족한다.					

III. 이러닝 수업 만족도

다음은 이러닝 수업에 대한 질문입니다.

문항 7. 각 문항에 대하여 해당하는 부분에 표기(✔)해 주십시오.

문항	전혀 아니다	아니다	보통 이다	그렇다	매우 그렇다
학습 촉진					
1) 이러닝 수업은 학습에 대한 자발적 흥미와 학습 동기를 유발한다.					
2) 이러닝 수업에서 상호 작용(이메일, 메시지, 전화상담, 면담 등)은 다양하게 이루어지고 있다.					
3) 이러닝 수업에서 학습 목표 및 내용과 관련된 토론 및 학습 과제는 적절히 제공되고 있다.					
4) 이러닝 수업에서 제출한 과제에 대해 적절한 평가 및 피드백을 제공하고 있다.					
5) 이러닝 수업에서 튜터의 학습 안내 및 학습 촉진 활동은 학습 진행에 도움이 되었다.					
학습 결과					
6) 향후 이러닝 수업을 계속 수강할 용의가 있다.					
7) 이러닝 수업은 성적 향상에 도움이 된다.					
8) 이러닝 수업은 자율적인 학습 능력 향상에 도움이 된다.					
전반적인 만족도					
9) 교수학습지원센터에서 지원하는 이러닝 수업 운영 전반에 대해 만족한다.					

IV. 기술 지원 및 시스템 만족도

다음은 기술 지원 및 시스템 만족도에 대한 질문입니다.

문항 8. LMS 사용과 관련하여 문제가 생겼을 경우 어떻게 하십니까? (복수 응답 가능)

☐ 교수학습지원센터에 전화문의를 한다.

☐ E-Mail로 문의한다.

☐ Q&A 게시판을 이용한다.

☐ 혼자 알아서 해결한다.

☐ 동료나 조교에게 도움을 청한다.

☐ 문의하지 않고 그냥 사용을 포기한다.

☐ 문제가 발생한 적이 없다.

☐ 기타

문항 9. LMS 관련 문의를 위해 교수학습지원세터에 연락(전화, E-Mail, Q&A 게시판, 직접 방문) 하신 일이 있으십니까? (아니오 : 문항 15로 건너뛰기)

○ 예   ○ 아니오

문항 10. 각 문항에 대하여 해당하는 부분에 표기(✔)해 주십시오.

문항	전혀 아니다	아니다	보통 이다	그렇다	매우 그렇다
기술 지원 만족도					
1) 교수학습지원센터로 문의했을 경우(전화, E-Mail, Q&A 게시판 등) 지원 서비스는 만족스럽다.					

문항 11. 업그레이드 된 LMS의 사용 만족도에 대하여 항목별로 해당하는 부분에 표기(✔)해 주십시오.

문항	전혀 아니다	아니다	보통 이다	그렇다	매우 그렇다
시스템 만족도					
1) 시스템이 안정적이다.					
2) 화면 구성과 디자인이 일관성 있고 직관적이다.					
3) 오프라인 수업 활동과 연계성이 높아졌다.					
4) 강의자료 활용 및 학습활동 참여 기능이 편리하다.					
5) 스마트폰에서 이용할 수 있는 모바일 APP 기능이 편리하다.					
6) LMS 시스템에 대해 전반적으로 만족한다.					
7) 기타 의견					

V. 개선 요구 사항

다음은 이러닝 콘텐츠 및 운영의 개선과 관련된 질문입니다.

문항 12. 이러닝 강좌에서 개선해야 할 가장 중요한 점은 무엇이라고 생각하십니까?

○ 강의콘텐츠   ○ 튜터활동
○ 학습관리시스템(LMS)   ○ 기타

문항 13. 기능적인 측면에서 LMS에 보강되어야 할 항목이 있다면 응답해주시기 바랍니다.

문항	전혀 아니다	아니다	보통 이다	그렇다	매우 그렇다
1. 사이트 디자인 개선					
2. 다양한 학습활동 기능 보강					
3. 모바일 앱 기능 개선(온라인 출석부 등)					
4. 사이트 및 시스템 안정성 확보					
5. 개인정보 보안 및 저작권 보호 강화					
6. 사용 매뉴얼 및 예시강좌 보강					
7. 기타 의견					

문항 14. 귀하께서 생각하시기에 본 콘텐츠, 학습관리시스템 및 이러닝 수업에서의 문제점과 개선 방안이 있으시면 자유롭게 기술해 주십시오.

※ 출처: 한국전문대학교육협의회 홈페이지

1) 학업성취도 평가의 이해

이러닝 과정이 효과가 있었는지 판단하기 위해서는 학습자가 교육내용을 제대로 이해하고, 필요한 지식과 기술을 잘 습득하였는지 판단하는 것이 중요하다. 이를 위해 만족도를 평가하는 수준을 넘어 학습활동의 결과를 측정하는 학업성취도 평가의 중요성이 지속해 대두되고 있다. 학업성취도 평가는 이러닝 과정을 통해 제시된 교육활동이 종료된 이후 학습자가 기대했던 학습 목표를 달성하였는지 확인하게 된다. 따라서 학업성취도 평가를 제대로 진행하기 위해서는 학습 목표를 바르게 진술하는 것이 우선되어야 하며, 학습 목표의 달성 수준을 평가할 수 있는 도구를 활용해야 한다.

① 학업성취도 평가의 개념

- 이러닝에서의 학업성취도 평가는 온라인 과정이나 프로그램에서 학습자의 성과를 측정하는 과정이다.
- 학습자의 지식, 기술, 태도 측면이 어느 정도 향상되었는지를 측정하게 된다. 여기에는 학습자가 과제 완료, 퀴즈 풀기, 토론 참여, 프로젝트 또는 에세이 제출과 같은 온라인 학습활동을 통해 습득한 지식, 기술 및 역량을 평가하는 것이 포함한다.
- 앞서 언급한 바와 같이 이러닝 과정이 시작하기 전에 제시된 학습 목표를 어느 정도 달성하였는지를 확인하는 것으로 형성평가보다는 총괄평가의 성격을 지닌다.
- 이러닝에서 학업성취도 평가의 개념은 대면 환경에서 학생의 성과를 평가하는 전통적인 방법과 유사하다. 그러나 이러닝에서의 평가에는 온라인 환경에 특정한 다른 도구와 기술이 필요할 수 있다. 예를 들어, LMS는 학습 분석 및 데이터 마이닝 기술을 사용하여 학습자의 진행 상황을 추적하고 개인화된 피드백을 제공할 수도 있다.
- 이러닝의 학업성취도 평가는 온라인 과정이나 프로그램의 효과를 평가하고 학습 결과가 충족되고 있는지 판단하는 데 필수적이다.
- 학교 교육, 기업교육, 평생교육 등 교육훈련이 이루어지는 대부분의 교육 현장에서 실시하는 평가로써 교육 프로그램의 효과성을 결정하는 자료로 활용된다.
- 교·강사와 관리자에게 학습자가 어려움을 겪고 있는 영역을 식별하고 이를 지원하기 위한 전략을 개발하는 데 도움이 된다.

② 학업성취도 평가의 필요성

가. 학습 결과 평가

- 학업성취도 평가는 학습자가 온라인 코스 또는 프로그램에 설정된 학습 목표를 달성하고 있는지 확인하는 데 도움이 된다.
- 학습 경험의 효과를 측정하고 원하는 결과가 달성되고 있는지 확인할 수 있다.

나. 피드백 제공

- 평가를 통해 교·강사는 학습자에게 자신의 성과에 대한 피드백을 제공할 수 있으며, 이를 통해 개선해야 할 영역을 확인하는 데 도움이 될 수 있다.
- 이 피드백은 개인화되고 시의적절하며 실행 가능할 수 있으며, 기존 교실 환경에서는 달성하기 어려운 경우가 많다.

다. 학습자 참여 지원

- 평가를 통해 학습자의 참여와 동기를 유지하는 데 도움을 줄 수 있다.
- 학습자에게 진행 상황과 성취감을 제공하여 과정에 대한 관심과 몰입을 유지하는 데 도움이 된다.

라. 학습 성과 입증

- 평가는 인증 기관이나 고용주와 같은 외부 이해관계자에게 이러닝을 통한 교육의 성과를 입증할 수 있다.
- 이러한 결과를 통해 이러닝 과정의 신뢰성과 가치를 확립하는 데 도움이 될 수 있다.

2) 학업성취도 평가의 절차

학업성취도 평가는 이러닝 과정을 계획하고 준비할 때부터 고려되어야 한다. 학습 목표를 기준으로 하여 학습자의 특성을 파악하여 평가 목적을 명확히 규정하고, 평가의 내용, 유형, 방법, 시기, 분석 등에 대한 전반적인 계획을 수립하여야 한다. (그림 3-2-2 참고)

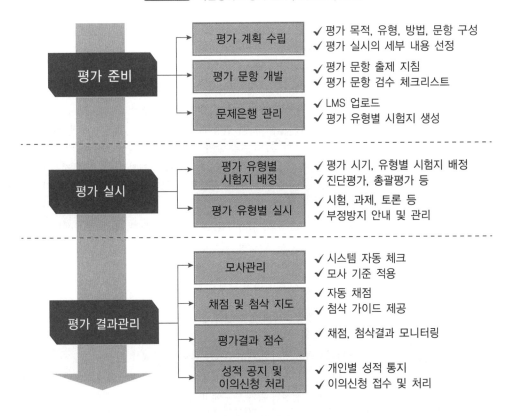

그림 3-2-2 학업성취도 평가 절차 (박종선 외, 2016)

평가 준비

- 평가 계획 수립
  - ✓ 평가 목적, 유형, 방법, 문항 구성
  - ✓ 평가 실시의 세부 내용 선정
- 평가 문항 개발
  - ✓ 평가 문항 출제 지침
  - ✓ 평가 문항 검수 체크리스트
- 문제은행 관리
  - ✓ LMS 업로드
  - ✓ 평가 유형별 시험지 생성

평가 실시

- 평가 유형별 시험지 배정
  - ✓ 평가 시기, 유형별 시험지 배정
  - ✓ 진단평가, 총괄평가 등
- 평가 유형별 실시
  - ✓ 시험, 과제, 토론 등
  - ✓ 부정방지 안내 및 관리

평가 결과관리

- 모사관리
  - ✓ 시스템 자동 체크
  - ✓ 모사 기준 적용
- 채점 및 첨삭 지도
  - ✓ 자동 채점
  - ✓ 첨삭 가이드 제공
- 평가결과 점수
  - ✓ 채점, 첨삭결과 모니터링
- 성적 공지 및 이의신청 처리
  - ✓ 개인별 성적 통지
  - ✓ 이의신청 접수 및 처리

학업성취도 평가 절차의 단계별 주요 활동은 학업성취도 평가를 실시하기 위한 일반적인 절차를 제시한 것이므로 교육훈련 기관의 목표, 교육과정의 특징, 학습자 특성, 학습 환경 등 실제 교육훈련이 이후 이어지는 상황을 고려하여 수정, 변경이 가능하다. 다만 학업성취도 평가 준비단계의 평가계획 수립에서 이러한 의사결정이 이루어져야만 이후 평가 진행이 구체적으로 수행될 수 있다.

① **평가 준비**

가. 평가 계획 수립

- 이러닝 과정을 통해 제공되는 교육내용을 분석하고 학습 목표를 확인한다. 이를 통해 달성하고자 하는 지식, 기술, 태도의 내용과 수준을 선정한다.
- 평가 목적에 따라 평가 대상, 평가 내용, 평가 도구, 평가 시기, 평가 설계, 평가 영역 등을 선정한다.
- 중요한 것은 평가를 위해 이러한 구성요소를 어떻게 배치하고, 구현할 것인가를 결정하는 것이다. 특히 학습자가 학습이 이루어졌다고 어떻게 증명할 수 있을지 보여주는 것에 초점을 맞춰야 한다.

표 3-2-3 학업성취도 평가계획 수립을 위한 평가 요소의 세부 내용(박종선 외, 2016)

평가 요소	세부 내용
평가 대상	• 학업성취도 평가는 학습자 대상 • 해당 교육과정의 학습자인지, 기수별로 구분할 것인지 확인
평가 내용	• 지식 영역은 사실, 개념, 절차, 원리 등에 대한 이해 정도 평가(지식 습득, 사고 스킬 등)로 지필고사, 사례연구 등을 활용 • 기능 영역은 업무 수행, 현장 적용 등에 대한 신체적 능력 평가(쓰기, 타이핑, 기계 조작 등)로 역할 놀이, 시뮬레이션, 실험 · 실습 등을 활용 • 태도 영역은 문제 상황, 대인관계, 업무 해결 등에 대한 정서적 감정평가(감정, 흥미, 반응 등)로 지필고사, 사례연구, 문제 해결 시나리오, 역할 놀이 등을 활용
평가 도구	• 지필고사, 문답법, 실기시험, 체크리스트, 토론, 과제, 프로젝트 등 • 선다형, 진위형, 단답형, 완성형, 서술형, 순서나열형 등 • 과정별로 특화된 평가 도구를 선정 • 과정의 학습 목표 달성 여부를 확인하는 방법 고려 • 지식, 태도는 지필고사, 기술은 수행평가 활용
평가 시기	• 교육 전후, 교육 중, 교육 직후, 교육 후 일정 기간 경과 등 • 학업성취도 평가의 지필고사는 교육 직후 실시 • 토론, 과제, 프로젝트 등 활동중심 평가는 교육 중에 실시 • 과정별로 선정된 평가 도구에 따라 시기 선정
평가 설계	• 사전 평가, 직후 평가, 사후 평가 등 • 사전 · 사후 검사 비교, 통제 · 연수집단 비교 등 • 학업성취도 평가 목적에 따라 선정
평가 영역	• 지식 영역은 업무 수행에 요구되는 필요 지식의 학습 정도 • 기능 영역은 업무 수행에 요구되는 기능의 보유 정도 • 태도 영역은 업무 수행에 요구되는 태도의 변화 정도

나. 평가 문항 개발

• 평가 문항은 학습 결과와 일치하고 선택한 평가 유형에 적합한 평가 항목을 개발한다. 항목이 명확하고 간결하며 모호하지 않은지 확인해야 한다. Bloom의 분류법을 사용하여 복잡하고 지식의 깊이가 다양한 항목을 생성하는 것을 고려하는 것이 바람직하다.

• 학업성취도 평가 문항은 평가 문항 출제 지침에 따라 개발하고 출제된 문항은 검토위원회 등을 통해 내용 타당도 및 난이도 등을 검토한다.

• 문항 출제는 주로 교육과정의 내용전문가로 참여한 교수자가 담당하게 되고 교육기관의 내부 심의를 통해 출제자로 선정하는 과정을 거친다.

- 지필고사의 경우 실제 출제 문항의 최소 3배수를 출제하고, 과제의 경우 5배수를 출제하여 문제은행 방식으로 저장하고 문항별로 오탈자 등을 검토하고 수정한다.

- 개발된 평가 문항은 평가 문항 간에 유사도와 난이도를 조정하는 과정을 거쳐 완성도를 확보하여야 하는데, 일반적으로 외부 전문가에 의한 평가 문항 사전검토제를 실시하고 최종 평가 문항을 확보한다.

- 평가 문항에 대한 검수 체크리스트를 활용하여 검토하고 개발을 완료한다.

- 평가 준비 단계의 세 번째 활동인 '문제은행 관리'에서는 평가 문항이 개발되고 나면 평가 문항들을 LMS의 문제은행 기능에 업로드하고 저장하여 관리한다.

- 문제은행 기능은 지속적으로 기능이 향상되고 있는 상황이다.

- 문제를 등록한 후에 문제가 필요한 시기에 해당 문제를 연결하여 활용하게 되는데, 한 개의 문제를 상황에 따라 다양하게 활용할 수 있다는 점에서 장점이 있다.

■ 이러닝에서 평가 문항 개발의 특징은 다음과 같다.

> - 평가 문항은 교육과정에서 선정한 평가 도구에 따라 개발되는데, 이러닝 교육과정에서 주로 활용하는 평가 도구로는 지필고사 시험, 과제 제출이 있다.
> - 최근에는 학습활동에 초점을 둔 토론 평가가 확대되고 있기는 하지만, 구체적인 토론방법 및 운영에 대한 계획이 마련되지 않으면 학업성취도 평가로서의 효과를 기대하기는 어려운 경우가 있다.

② 평가 실시

가. 평가 유형별 시험지 배정

- 문항 개발을 통해 만들어진 문항을 활용하여 시험지를 만든다.

- 시험지를 만든 후 문제은행에서 관련된 문항을 연결하여 다수의 문항으로 구성된 시험지가 만들어진다.

- 문제은행형 시험에서는 학습자마다 임의의 문항을 배정받아 평가를 받게 된다. 따라서 문항별로 목표로 한 난이도를 일정하게 맞추어야 하며, 특별히 어렵거나 쉬운 문항이 없도록 점검한다.

- 여기까지 마무리되면 미리보기를 통해 만들어진 시험지를 점검하고 모의 테스트를 진행하여 학습자가 시험을 치르는 과정에서 발생할 수 있는 문제가 없는지 오류 점검을 진행하고 마무리한다. (그림 3-2-3 참고)

그림 3-2-3 **시험 문제 등록 화면**

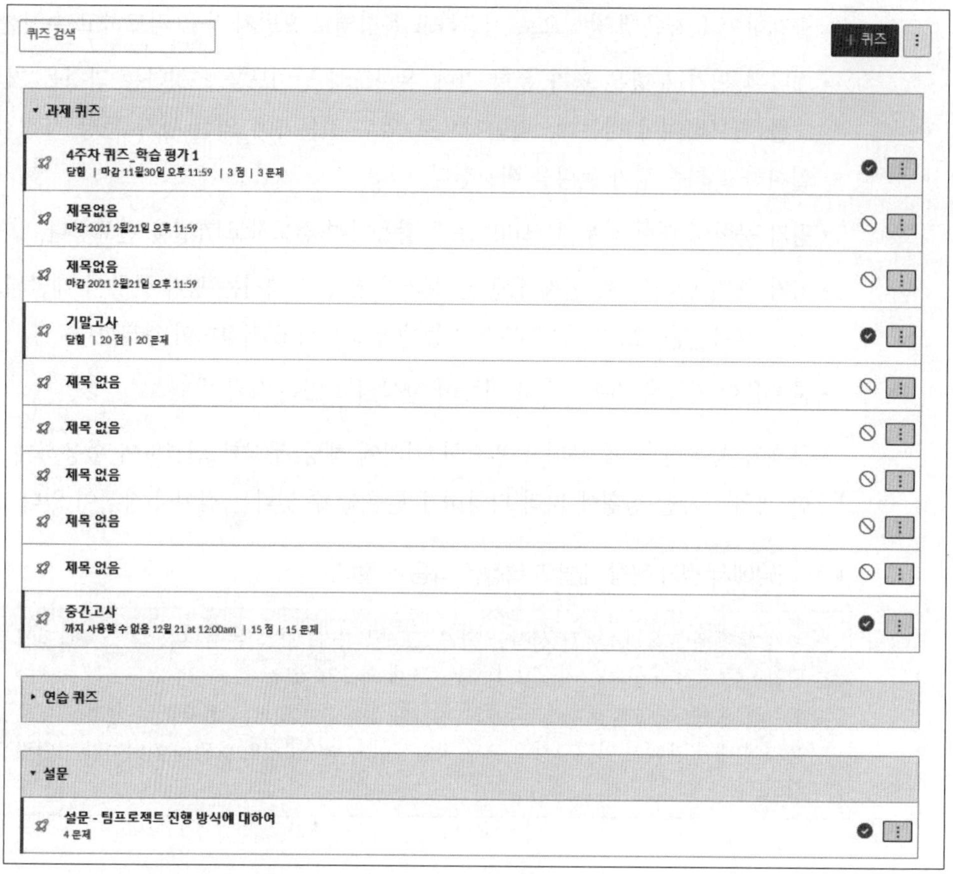

※ 출처: Xinics 위키 https://xinics.atlassian.net/wiki/spaces/Leaningx2020

나. 평가 유형별 실시

- 평가 시험지 배정이 완료된 후에는 준비된 시험을 통해 평가를 실시한다.
- 이러닝에서 평가를 실시할 때 늘 이슈가 되는 것은 부정행위의 문제다.
- 평가는 어떤 학생에게도 문제없이 공정하게 실행되어야 하는데, 이러닝의 특성상 학습자가 한곳에 모여있는 것이 아니며, 감시하는 관리자가 있지 않기 때문이다. 따라서 문제은행 방식을 활용하여 동일한 기간과 시점에 학습자별로 다른 유형의 시험지가 자동으로 배포되도록 관리하고, 이것이 지켜질 수 있도록 관리하는 것이 중요하다고 할 수 있다.
- 만약 부정행위가 발생할 경우를 대비하여 학습자에게 부정행위를 할 경우 어떠한 불이익을 받을 수 있는지 사전에 공지하여야 한다.

- 평가 중에 발생할 수 있는 부정행위를 방지하기 위해서는 다음과 같은 방법을 활용할 수 있다.

표 3-2-4 이러닝 평가에서 부정행위를 방지하는 방법

방법	내용
감독	웹캠과 마이크를 사용하여 실시간으로 응시자를 모니터링
시간 제한	• 시험을 완료하는 데 사용할 수 있는 시간 제한을 설정 • 학습자가 시험 중에 외부 리소스를 찾는 것을 방지하는 데 도움이 될 수 있음
질문 무작위화	• 각 학습자가 동일한 시험을 치르지 않도록 질문과 답변의 순서를 무작위화함 • 학습자들 간에 시험 중에 협력하기 어렵게 만들 수 있음
접근 제한	예정된 시험 종료 시간까지 부정행위를 할 수 있는 다른 프로그램이나 웹 페이지를 차단
활동 모니터링	시험 중 마우스 및 키보드 활동과 같은 응시자의 활동을 모니터링하여 비정상적인 활동이 있는지 확인

- 다양한 방법으로 부정행위를 예방할 수 있지만, 이러닝에서 완벽한 부정행위 방지 방안이란 있을 수 없다.
- 다양한 우회 방법을 통해 문제가 되는 상황을 돌파할 가능성이 있기 때문에 학습자가 올바른 이러닝 시험 응시 윤리를 지킬 수 있도록 하는 것이 더 중요하다고 할 수 있다.
- 부정행위 방지시스템을 활용하기 위해서는 상황에 따라 고가의 구매 비용을 지불할 수 있다는 점도 유의해야 한다. (그림 3-2-4 참고)

그림 3-2-4 온라인 시험 안내 사례

2021-2학기 교양, 교직, 전공과목 중간고사 온라인시험 안내(학생용)

1. 시험기간 및 일시: 강의포털시스템 수강과목 '공지사항' 참고
2. 온라인시험 학생 유의사항

구분	유의사항
시험 응시 전	① 강의포털 ▶시험화면 테스트 를 클릭하여 시험 응시 전 반드시 테스트 실시 - 담당교수가 지정한 공개일이 되어야 시험화면 테스트 가능 ② 경로: 강의포털시스템→시험→시험화면 테스트→시험 주의사항 동의→시험 시작→시험 실시 ③ 온라인시험 준비 및 시험 응시 방법 매뉴얼 참고 ④ 안정적인 시험환경 조성을 위하여 모바일 응시는 불가함 ⑤ 노트북에서 모바일 핫스팟(테더링)으로 인터넷 연결 후 시험에 응시할 경우 정상적인 답안 제출이 되지 않을 수 있으니 절대 사용 금지

시험 진행 중	① 시험화면 우측 화면에서 답안 작성 시 좌측 화면의 문제 번호 옆에 작성한 답안이 동시에 표시됩니다. 사용자 컴퓨터 문제로 인해 작성 답안이 동시에 표시되지 않을 경우 정상적인 답안 제출이 되지 않습니다. 이런 경우에는 인터넷 브라우저를 닫고 강의포털시스템에 재로그인하여 응시하거나 답안 작성 화면을 촬영하는 등 근거 자료를 남기시기 바랍니다.
	② 온라인시험 부정행위 사례
	- 대리시험 의뢰 및 응시
	- 시험문제 메모 또는 촬영(①의 경우 제외)
	- 시험문제 유출 또는 배부
	- 타인과 답을 주고받는 행위
	- 같은 장소에서 모여서 시험을 치는 경우
	- 이외 부정행위로 간주될 수 있는 행위
	③ 응시 컴퓨터의 IP 주소가 시험 평가 시 제공됩니다.
	④ 온라인시험 부정행위 방지를 위해 응시생 얼굴이 포함된 시험 장소 촬영, 실시간 화상회의 프로그램(구글 Meet, 줌 등)으로 응시 환경 확인을 요구할 수 있으며, 추후라도 온라인시험의 부정행위가 밝혀질 시 학업이수에 관한 규정에 의해 처벌받을 수 있음
	
	학업이수에 관한 규정
	제11조의2(시험 부정 행위자 처벌)
	① 시험에 부정행위를 한 자는 아래의 구분에 의하여 처벌한다.
	  1. 대리시험의 경우는 청탁자와 응시자 쌍방의 당해 학기 시험 전 과목을 무효로 하고 무기정학에 처한다. 시험장의 답안지 작성의 경우도 동일하다.
	  2. 기타 부정행위는 당해 과목을 실격하고 그 이후 시험과목도 6학점을 더하여 실격 처분한다. 다만, 해당 과목 이후 6학점 미만일 때에는 해당 과목 이전으로 소급하여 실력 처분한다.
	② 이 규정에 의한 처벌은 교수회의를 거치지 않고 감독교수의 증언, 증거물에 의하여 소속대학 학장이 처벌하고 그 결과를 총장에게 보고한다. 다만, 총장은 처벌량을 조정할 수 있다.

※ 출처: 영남대 온라인시험 안내(학생용) http://www.yeungnam.ac.kr/_attach/f/view.jsp?attach_no=32744

③ 평가 결과관리

- 평가 결과관리는 크게 '채점–결과 점검–평가 결과 확인' 등의 단계로 진행된다.
- 평가는 평가의 유형에 따라 두 개의 트랙으로 진행될 수 있다.

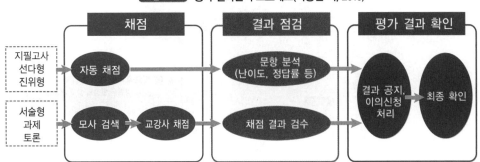

그림 3-2-5 평가 결과관리 프로세스(박종선 외, 2016)

가. 채점 및 첨삭지도

- 평가 실시 이후 채점은 체계적인 채점 프로세스를 통해 진행된다.
- 평가 문항의 유형별로 채점을 진행하고, 채점 결과를 점검하고 분석한 후 최종 결과를 확정하게 된다.
- 지필고사의 경우 시스템에 의한 자동 채점으로 진행되고 평가 문항별로 난이도, 정답률 등이 분석 자료로 제공된다.
- 서술형의 경우 교·강사, 튜터 등이 직접 채점하는 방식으로 진행되는데, 서술 내용에 대한 모사 여부를 모사관리 프로그램을 통해 검색하고 조치하게 된다.
- 과제에 대한 채점은 교·강사가 첨삭지도를 포함하여 진행한다.
- 첨삭지도에 대한 안내는 교육과정의 첨삭지도 가이드를 활용하고 첨삭 내용은 가정 요인, 피드백 등을 구체적으로 포함한다.
- 피드백 작성은 평가 유형마다 필수적으로 작성해야 한다. 예를 들어, 지필고사는 150자, 과제는 500자 이상으로 포함하고 단순한 의견보다는 해당 내용에 대한 보충심화 지식을 전달할 수 있도록 관리한다. (그림 3-2-6 참고)

그림 3-2-6 평가 점수 및 피드백 입력 화면

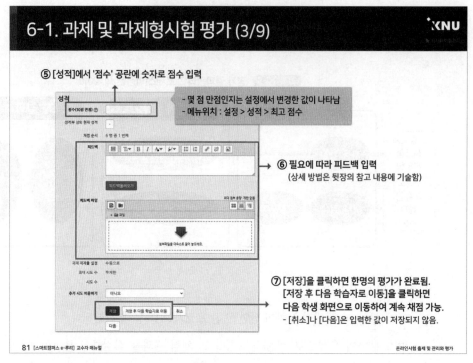

※ 출처: 강원대학교 온라인시험 출제 및 관리와 평가 메뉴

나. 모사관리

- 서술형 평가에서 발생할 수 있는 내용 중복성을 검토하는 데 목적이 있다.

- 프로그램을 통해 여러 학습자가 같은 내용을 복사하여 과제를 작성하고 제출하는 경우를 확인하고 필터링한다.

- 최근 LMS에는 이러한 모사 추적 기능이 포함되어 있는 경우가 많다.

- 과제의 경우 모사관리는 교·강사의 채점 이전에 모사 여부를 먼저 판단한다.

- 평가계획 수립에서 선정한 모사 기준(80% 이상 등)에 따라 채점 대상을 분류하고 모사 자료로 판단되면 원본과 모사 자료 모두 부정행위로 간주하여 0점 처리한다. 다만, 모사관리 시스템만을 전적으로 믿고 평가를 진행할 수는 없다.

- [그림 3-2-7]과 같이 답안의 내용이 짧을 경우 직접 작성했다고 하더라도 비슷한 단어를 사용할 확률이 높아서 유사도 측면에서 높은 점수가 나올 수도 있기 때문이다. 따라서 모사관리 시스템은 참고 자료로 활용하며 부정행위를 방지하는 방법의 하나로 활용해야 한다.

- 처음부터 모사 답안이 발생하지 않도록 개별화된 과제를 제시하거나, 단순 개념을 작성하는 과제가 아닌 창의적인 아이디어를 작성하도록 평가 문제를 출제하는 것이 더욱 중요하다. (그림 3-2-7 참고)

그림 3-2-7 모사 관리 화면

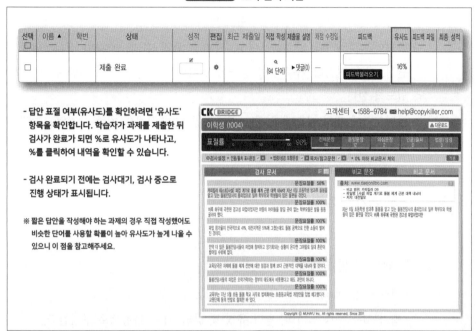

※ 출처: 강원대학교 온라인시험 출제 및 관리와 평가 매뉴얼

■ 대표적인 모사답안 판단 기준은 다음과 같다.

- 주관식(서술형) 문제 및 과제(서술형)에 대한 띄어쓰기, 오타, 특수문자 등이 동일할 경우
- 파일 속성, 크기가 완전히 일치하는 동일 파일
- 과제 내용이 완전히 동일한 경우
- 우연으로 보기에는 상식 이하의 오답이 동일하게 발견된 경우
- 다른 사람이 했다면 완전히 같게 될 수 없는 것이 동일하게 발견되는 경우
  (예 수많은 도형의 위치, 선 굵기 등이 완전 일치)

다. 평가 결과 검수

- 평가에 대한 채점 결과와 첨삭 내용을 중심으로 모니터링을 실시한다.
- 시스템에 의한 자동 채점이 아닌 교·강사, 튜터 등에 의한 수작업으로 진행된다.
- 만일에 발생할 수 있는 오류를 검토하고 평가 기준에 따라 일관성 있게 처리되었는지를 점검하는 것이 평가에 대한 신뢰도를 높이는 측면에서 필요하다.

- 검수 과정은 주로 운영자가 참여하고 있고 이에 대한 분석 자료는 교·강사, 튜터를 포상하거나 퇴출하는 교·강사 평가 자료로도 활용될 수 있다.

라. 성적 공지 및 이의신청 처리

- 평가 결과 산출이 마무리되면 평가 결과를 학습자가 확인할 수 있도록 공지한다.
- 만약 평가 결과에 대한 이의가 있으면 이의신청을 할 수 있도록 조치한다.
- 평가에 대한 정답 및 오답 여부, 평가별 득점 현황, 기관별 석차 산청, 수료 여부 판정, 우수 학습자 여부 등을 공개하여 이러닝 과정 참여에 대한 진단이 이루어질 수 있도록 한다.
- 이의신청에 대한 피드백 처리가 완료되면 평가 결과를 최종 확정하고 과정 평가 결과 보고서에 반영하여 보고한다.

3) 학업성취도 평가의 방법

① 평가 준비

가. 학업성취도 평가 계획

- 과정 운영 개요서 또는 운영계획서에 평가 계획을 제시한다.
- 평가 계획은 평가 목적, 평가 유형 및 방법, 세부 문항으로 구성한다.
- 평가 목표는 이러닝 과정이 학습 목표를 달성하였는지를 확인하는 관점에서 작성한다.
- 평가 방법으로는 통상적으로 시험, 과제, 활동 참여(토론, 커뮤니티 등)를 포함한다.
- 평가 문항은 지필시험의 경우 선다형, 단답형 등이 활용되고, 과제의 경우 서술형으로 작성하며, 토론 활동은 게시판 등록 게시글과 댓글로 평가한다.
- 평가계획 수립에는 평가 항목, 수료 기준, 세부 내용, 평가 방법, 평가 피드백, 평가 시점 등이 포함되도록 구성한다.
- 수료 기준은 평가계획 수립에서 과정별로 제시한다.

표 3-2-5 **평가계획 수립의 세부 평가요소 예시(박종선 외, 2016)**

과정 목표	평가 도구	선정 이유
• 각 부분의 명칭과 기능을 알고 설명할 수 있다. • 도구, 방법, 순서에 대해 알고 구분할 수 있다. • 유의사항에 대해 알고 비교할 수 있다.	시험 및 과제(60%)	각 명칭, 순서, 유의사항 인지에 대한 평가
	학습활동 참여도(40%)	현장 활동에서 사용

평가 항목	수료 기준	세부 내용	평가 방법	평가 피드백	평가 시점
진도	80% 이상	매주 표시	진도율 달성	진도율 제시	매주 종료 시점
시험	60점 이상	주관식(7문항) 서술형(3문항)	튜터 채점	점수 및 피드백	매주 종료 시점 및 학습 종료 후
과제	60점 이상	서술형(3문항)	튜터 채점	점수 및 피드백	매주 종료 시점 및 학습 종료 후
학습활동 참여도	40점 이상	• 참여도: 참여 횟수(댓글, 추천 횟수 등)에 의한 정량평가 • 과제 완성도: 튜터에 의한 정성평가	튜터 채점	점수 및 피드백	학습 중

나. 평가 문항 개발

• 지필평가의 경우 선다형, 괄호형, 단답형 등의 유형으로 출제한다.

그림 3-2-8 **문제 개발 화면**

▶ 문제은행에 문제를 한 번 등록하면 다른 분반 또는 다른 학기에 동일한 문제 사용 시 재차 입력할 필요 없이 재사용이 가능합니다. (※ 참고: 퀴즈 가져오기)

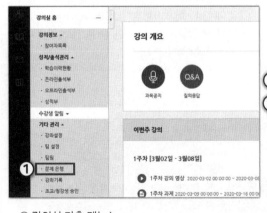

① 강의실 좌측 메뉴 〉
[기타 관리] 〉 [문제은행] 선택

② 카테고리 선택
③ [새 문제 만들기] 클릭

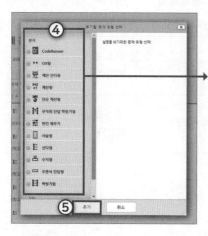

문제 유형	설명
[1] 선다형	문제의 보기를 구성하고 정답을 선택하는 객관식 유형. 정답을 단일/다중으로 설정 가능
[2] 서술형	서술형으로 정답을 작성하는 유형(자동채점 미지원)
[3] 주관식 단답형	단어 또는 구문으로 정답을 작성하는 유형
[4] OX형	'참'과 '거짓' 중 하나를 고르는 유형
[5] 짝찾기형	보기와 일치되는 짝을 목록에서 찾아 선택하는 유형
[6] 빈칸 채우기	선다형, 주관식 단답형, 수치형 등을 이용한 빈칸 채우기
[7] 수직형	단어 대신 수치로 정답을 제시할 수 있는 주관식 단답형
[기타] 설명	문제 유형은 아니지만, 시험 응시 화면에서 다른 문제에 대한 설명을 기재할 수 있는 항목

④ 문제 유형 선택

⑤ [추가] 클릭

⑥ 문제 분류명(구분을 위한 용도, 예: 중간고사 1번 문제)과 문제 내용, 기본 점수(배점), 답안 등을 작성하세요.

※ 각 유형별 상세한 작성 방법은 뒷부분에서 소개

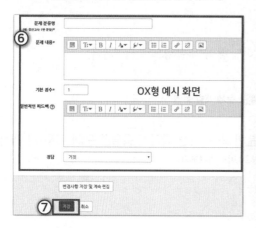

※ 문제 내용 입력 시 주의 사항

1. 아래 한글(HWP) 혹은 웹 브라우저에 작성된 내용을 복사하여 붙여넣기할 경우, 글자만 복사되는 것이 아니라 불필요한 서식까지 같이 입력되어 내용이 꺼져 보이거나 채점 시 오류를 발생시킬 수 있습니다. 따라서 텍스트만 깔끔하게 복사, 붙여넣으려면 원하는 내용을 복사한 뒤 붙여넣을 때 Ctrl+Shift+V를 입력하세요. 또는 윈도 기본 메모장에 내용을 가져온 뒤, 메모장에서 내용을 복사하여 붙여넣으면 서식 없이 텍스트만 입력됩니다.

2. 이미지를 클립보드에 붙여넣으면 학습자에게는 이미지가 깨질 수 있습니다. 이미지 버튼을 눌러 업로드 해줘야 합니다.

⑦ [저장]을 클릭하면 문제은행에 저장됩니다.

※ 참고: '다수 시도'는 2회 이상 시험 응시를 허용하는 경우, 1차 응시에서 정답을 맞추지 못한 문제를 재응시할 때 감점되는 비율을 설정하는 것입니다. 이 설정은 퀴즈를 추가할 때 응시 가능 횟수를 2회 이상으로 설정해야 적용됩니다. (응시 가능 횟수는 '퀴즈 추가 침 편집' 참고)

※ 출처: 강원대학교 온라인시험 출제 및 관리와 평가 매뉴얼

• 선다형 평가의 유형 및 사례를 제시하면 다음과 같다.

표 3-2-6 선다형 평가의 유형 및 사례

유형	설명 및 사례
최선답형	• 선다형의 기본형(모체)으로 여러 개의 답지 중에서 가장 맞는 것 하나만을 선택하는 형식 • 정답의 정도가 가장 큰 것을 선택함
	민주주의 사회에서 가장 중시하는 것은 무엇인가? 가. 의무 완수 나. 권리 주장 다. 인간 존중 라. 권력 존중
정답형	• 여러 개의 답지 중에 한 개만이 정답이고 다른 것은 전혀 관계없는 오답으로 되어 있는 형식 • 최선답형과는 형식상 차이는 없고 다루는 화제의 차이가 있음
	아래 실험 중에서 식물의 호흡작용을 알아낼 수 있는 것은? 가. 먹칠을 했던 나팔 꽃잎을 따서 알코올에 넣고 끓였다. 나. 싹이 트려는 콩을 병에 넣고 마개를 해 두었다. 다. 화분에 심은 화초를 창가에 눕혀 놓았다. 라. 봉숭아 줄기를 잘라서 붉은 잉크에 꽂았다.
불완전 문장형	• 문항의 진술문이 직접 질문이 아니고 일부분이 비어 있는 불완전 문장으로 되어 있고, 이 불완전한 곳에 채워야 할 정답을 답지에서 찾는 형식
	만약 일정량의 기체 부피를 일정하게 유지하면 압력은 감소한다. 가. 온도를 낮출 때 나. 온도를 올릴 때 다. 열을 가할 때 라. 밀도를 감소시킬 때 마. 밀도를 증가시킬 때
다답형	• 답지에 정답이 여러 개인 형태 • 정답이 여러 개 있고 그것을 한 문항 속에 담고 싶을 때 이 형식을 사용함 • 시험자에게는 답지 중에서 정답인 것을 여러 개 고를 수 있다는 것을 주지시킴
	다음 중에서 혈액을 응고시키는 데 중요한 원인이 되는 요인을 두 개 이상 골라라. 가. 헤모글로빈의 산화 나. 변화 안 된 응혈소의 존재 다. 혈관과 상처 난 조직의 접촉 라. 혈관과 다른 표피와의 접촉

합답형	• 여러 개의 답지 중에서 하나 혹은 하나 이상이 합해서 정답이 되는 형식
	• 이것은 답지 중 정답인 것을 하나만 알아서는 안 되며, 여러 개를 종합적으로 알아야 함
	다음 혁명 중 18세기에 일어난 혁명을 옳게 묶은 것은? A. 프랑스 혁명　　　　　　　B. 미국 혁명 C. 러시아 혁명　　　　　　　D. 영국 혁명
부정형	• 답지 중 한 개는 위인 항목을 주고 그것을 선택하게 하는 형식
	• 이 형식을 사용할 때는 부정적 표현의 어구에 밑줄을 긋거나 다른 방법으로 주위를 환기시켜야 함
	다음 중 바이러스에 관한 사실이 아닌 것은? 가. 식물이나 동물 세포에서 산다. 나. 자신이 번식할 수 있다. 다. 대단히 큰 세포로 되어 있다. 라. 병의 원인이 된다.

※ 출처: 교육학 및 교육 관련 연수 자료마당 https://vkdlfl11.tistory.com/402

• 선다형 문항 제작 원리는 다음과 같다.

> • 문항은 중요한 학습 내용을 포함하여야 한다.
> • 문항마다 질문의 내용이 하나의 사실을 묻도록 단순 명쾌하게 구조화되어야 한다.
> • 용어의 정의나 개념을 묻는 질문에서 용어를 질문하고 답지에 용어의 정의나 개념을 나열한다.
> • 문항이나 답지를 간단하고 명확한 단어로 서술하여야 한다.
> • 문항의 질문 형태는 가능하면 긍정문이어야 한다.
> • 문항의 질문 내용 중 답을 암시하는 내용이 포함되어 있지 않아야 한다.
> • 그럴듯하고 매력적인 틀린 답지를 만들어야 한다.
> • 답지 중 정답이 두 개 이상일 경우 최선의 답을 선택하도록 환기시켜야 한다.
> • 피험자에게 옳은 답지를 선택하거나 틀린 답지를 제거할 수 있는 단서를 제공하지 말아야 한다.
> • 답지만을 분석하여 문항의 답을 맞히게 하지 말아야 한다.
> • 가능하면 답지를 짧게 하는 것이 바람직하다.
> • 문항의 답지들의 내용이 상호 독립적이어야 한다.
> • 각 답지에 똑같은 단어들이 반복되지 않게 한다.
> • 답지들의 형태를 유사하게 하여야 한다.
> • 유사한 답지끼리 인근 답지가 되게 배열하여야 한다. 답지 내용의 유사성이 있다면 유사한 내용의 답지들이 인접하게 배열한다. 그림으로 제시된 답지의 경우도 유사한 그림을 인접하게 배열한다.

- 답지 사이에 중복을 피해야 한다.
- 답지의 길이를 가능하면 비슷하게 하고, 다소 상이할 때는 짧은 길이의 답지부터 배열하는 것이 타당하다.
- 답지들이 수나 연도로 서술될 때, 일반적으로 작은 수부터 큰 수로 배열한다. 또한 답지들이 간단한 하나의 단어로 표기될 때 가나다순 혹은 abc 순으로 나열한다.
- 답지에 어떤 논리적 순서가 있다면 논리적 순서에 따라 배열한다.
- 답지 중 '모든 것이 정답' 혹은 '정답 없음'이란 답지를 가능한 한 사용하지 않는 것이 바람직하다.
- 질문에 그림이나 도표 등을 포함할 경우 그림, 도표, 질문 그리고 답지가 모두 동일 페이지에 위치하도록 한다.
- 정답의 번호가 일정 형태를 유지하지 않는 무선 순에 의하도록 한다.
- 정답의 번호가 일정 번호에 치우치는 것을 삼가야 한다.

※ 출처: 전라북도교육청교육연구정보원 홈페이지 https://www.jbe.go.kr

- 단답형 문항 제작 원리는 다음과 같다.

- 가능한 한 간단한 형태의 응답이 되도록 질문한다.
- 직접 화법에 의한 질문을 한다.
- 교과서에 있는 구, 절의 형태와 같은 문장으로 질문하지 않는다.
- 채점하기 전에 정답이 될 수 있는 답들을 준비한다.
- 계산 문제의 경우 정답이 되기 위하여 계산의 정확성 정도나 계산 절차의 수준을 명시하여야 한다.
- 정답이 수로 표기될 때 단위를 표기하여야 한다.

※ 출처: 전라북도교육청교육연구정보원 홈페이지 https://www.jbe.go.kr

- 괄호형 문항 제작 원리는 다음과 같다.

- 중요한 내용을 여백으로 한다.
- 정답은 가능한 단어나 기호로 응답하도록 질문한다.
- 교과서에 있는 문장을 그대로 사용하지 않는다.
- 질문의 여백 뒤의 조사가 정답을 암시하지 않게 하여야 한다.
- 여백은 질문의 후미에 두는 것이 바람직하다.
- 여백에 들어갈 모든 정답을 열거한다.
- 채점 시 여백 하나를 채점 단위로 한다.

※ 출처: 전라북도교육청교육연구정보원 홈페이지 https://www.jbe.go.kr

• 과제, 토론의 경우 서술형 유형으로 출제한다.

표 3-2-7 서술형 평가의 유형과 사례

유형	설명 및 사례
분량 제한형	• 진술 요소의 수, 답안의 길이 등을 제한하는 유형
	• …을 세 가지만 쓰시오. (네 가지 이상을 쓰는 경우, 첫 세 가지만 채점한다.) • …을 50자 이내로 설명하시오. (단, 띄어쓰기는 포함하지 않는다.) • 두 글의 필자가 공통으로 주장하는 내용을 10단어 이내의 한 문장으로 쓰시오. (10단어를 초과하면 1단어에 1점씩 감점한다.)
내용 제한형	• 응답 내용의 범위에 제한을 가하는 유형
	• …이 경제에 미친 영향을 쓰시오. • …의 화자가 원하는 사회의 모습을 다음 낱말을 사용하여 쓰시오. (인종, 계급, 차별)
서술 방식 제한형	• 응답의 서술 방식에 제한을 가하는 유형
	• …의 의미를 예로 들어 설명하시오. • …이 가리키는 내용을 명령문 형태의 문장으로 쓰시오. • …가 주장하는 내용을 다음 형식에 맞추어 쓰시오. (필자는 ＿＿＿＿＿＿＿＿＿＿＿＿＿＿＿＿＿고 주장하였다.)
혼합형	• 분량, 내용, 서술 방식 등을 함께 제한하는 유형
	• 다음은 대학교수단의 시국 선언문이다. 이 선언문을 토대로 4·19혁명이 일어나게 된 원인과 의의를 설명하시오. – 50자 이내로 쓸 것. (분량 제한) – 민주주의 정치의 발전이라는 관점에서 역사적 의의를 설명할 것. (내용 제한) – 번호나 부호를 달지 말고 서술형 문장으로 답할 것. (서술 방식 제한)

※ 출처: 서울시교육청 서술형 평가 길라잡이, p. 16

- 서술형 문항 제작 원리는 다음과 같다.

1) 문항 제작에 사용할 적절한 평가 기준과 문항 제작 기준을 설정한다.

- 서술형 문항을 출제할 때 몇 문항을 출제하며 문항당 배점을 어떻게 할 것인지를 정하면 배점에 맞는 적절한 평가 기준과 문항 제작 기준을 설정해야 한다.
- 이때 배점이 큰 문항의 경우 부분 점수를 줄 수 있는 평가 기준이 되어야 한다.
- 이때 평가 기준의 상, 중, 하를 활용할 수 있다.

2) 가능하면 단독 과제형보다 자료 제시형 문항을 출제하도록 한다.

- 서술형 문항이라 할지라도 최대한 자료를 활용하는 것이 좋다.
- 단독 과제형보다는 자료 제시형 문항이 바람직하다고 할 수 있다.
- 자료 제시형으로 출제할 경우에는 제시된 자료가 분명하게 역할을 할 수 있도록 해야 한다.

3) 다양한 자료를 활용한다.

- 지도, 도표, 그래프, 통계 자료, 사례글, 사료, 삽화, 신문 기사 등 다양한 자료를 활용할 수 있다.
- 자료는 문항의 내용과 결합하여 사고력 신장을 위한 방향으로 제시되어야 하며, 학생들이 답안을 작성할 때 도움이 되는 것이 좋다.

4) 문항의 구조는 최대한 간결하고 출제자의 의도가 명확하게 드러나도록 한다.

- 문항의 구조가 지나치게 복잡하고 자료의 개수가 많으면 문항에서 묻고자 하는 내용이 잘 전달되지 않을 위험이 있다.
- 학생들이 문제의 의도를 파악하지 못하여 답안을 작성하는 데 어려움을 겪을 가능성도 있다.
- 서술형 문항의 성공 여부는 출제자의 의도가 학생들에게 명확하게 전달되는가에 달려 있다고 해도 과언이 아니다.

5) 서술형 문항은 문장으로 서술할 수 있도록 출제되어야 한다.

- 서술형 문항으로 출제되었지만, 학생들이 답안을 작성할 때는 단답형으로 답해도 무방한 경우가 있다.
- 이 경우 엄밀하게 말하면 서술형 문항이라고 보기 어렵다.
- 서술형 문항은 학생들이 적어도 한 문장 이상의 완전한 문장으로 답할 수 있도록 충분히 고려되어야 한다.

※ 출처: 서울시교육청 서술형 평가 길라잡이, p. 25

- 이러닝에서 자주 사용되지는 않지만, 다양한 학업성취도 평가 방법으로서 고려될 수 있는 기타 사례를 정리하면 다음과 같다.

1) 토의, 토론법

- 특정 주제와 관련하여 학생들 간의 토의·토론하는 과정에서 학생들을 평가한다.
- 학습자가 준비한 자료의 다양성, 토의·토론 내용의 논리성, 토의·토론에 참여하는 태도나 참여 방법에 대하여 총체적으로 평가한다.
- 지도력, 의사소통 능력, 표현 능력, 판단 능력 등을 평가한다.

2) 실기시험

- 학습상황이나 평가상황에서 학습자의 실제 수행을 여러 번 관찰하여 수행 능력을 평가한다.
- 교수·학습상황과 평가활동이 분리되지 않고 자연스럽게 통합되도록 한다.

3) 실험, 실습

- 특정 과제에 대하여 실험과 실습과정을 관찰하여 평가한다.
- 실험과 실습과정에 대한 결과 보고서를 제출하도록 하고, 이를 평가한다.
- 실험과 실습과정에서 사용하는 기자재의 조작 능력도 함께 평가한다.
- 지식을 적용하는 능력, 문제 해결 능력 등 종합적인 사고능력을 평가한다.

4) 자기평가

- 특정 주제나 학습 내용에 대하여 학습자 스스로 학습과정 및 결과에 대하여 평가한다.
- 체크리스트나 성찰일지를 활용할 수 있다.
- 자기평가보고서를 통해 학습에 대한 준비도, 학습 동기, 성실성, 만족도, 수업에서의 관계, 성취 수준 등을 종합적으로 스스로 성찰할 기회를 제공한다.
- 교사의 관찰평가와 비교·분석할 수 있다.

5) 동료 평가

- 특정 주제나 학습 내용에 대하여 동료 학습자들과 학습과정 및 결과에 대하여 서로 평가하도록 한다.
- 체크리스트나 성찰일지 등을 작성할 수 있다.
- 동료평가보고서를 통해 학습에 대한 준비도, 학습 동기, 성실성, 만족도, 수업에서의 관계, 성취 수준 등을 종합적으로 스스로 성찰할 기회를 제공한다.
- 교수자가 다수의 학습자를 평가하기 어려울 때 활용할 수 있다.
- 교사의 평가에 대한 주관성을 배제할 수 있으며, 결과 처리에 있어 학생들의 입장에서 공정성과 타당성을 확보한다.

6) 연구보고서(프로젝트)

- 여러 주제를 통합하여 학습자의 능력이나 관심도에 따라 연구 주제를 선정한다.
- 선정한 주제를 세부 과제로 나눠 개별 또는 집단별로 자료를 수집하도록 하여 개별학습 과정을 거치게 한다.
- 개별학습 과정에서 자료에 대한 분석, 종합이 이루어지고 이를 바탕으로 집단별로 해결 방안을 찾는다.

- 학습자의 문제 해결 능력, 이해력, 사고력, 정보처리 능력, 의사소통 능력 등을 종합적으로 평가한다.
- 연구 과정별로 평가하고, 학생들은 성찰일지를 통해 반성적 성찰을 할 수 있게 한다.
- 최종 결과물과 함께 연구보고서를 제출하게 한다.

7) 포트폴리오

- 학습과정과 결과를 개별 작품집이나 서류철을 활용하여 모을 수 있게 한다.
- 학습과정과 결과를 종합적으로 평가한다.
- 교수 · 학습과정과 평가활동을 통합하여 평가한다.
- 포트폴리오에는 학습 목표 진술지, 평가 목표 및 준거, 차시별 학습결과물, 각종 보고서와 학습지를 포함할 수 있다.
- 이외에도 면담기록지, 녹음 · 녹화자료, 자기 평가 및 동료 평가 보고서, 수업일지 등이 포함된다.

다. LMS를 통한 평가 진행

- 학업성취도 평가는 LMS를 통해 진행한다.

표 3-2-8 이러닝 평가시스템의 주요 기능 예시

구분	필요 기능	기능 설명
문항 출제	문항 속성 정의	출제된 개별 문항의 속성을 정의하고 구분
	문항 편집	내장된 워드프로세서로 개발 문항 저작
	문항 출제	문항 저작도구로 온라인 환경에서 문항들을 저작
	문항 검색	출제된 문항들을 검색하고 수정 및 편집
문제은행 관리	분류 코드 관리	개별 문항 분류 코드를 등록 · 수정 · 삭제
	사용자 관리	문제은행에 접근할 사용자의 권한과 역할을 부여
	자동 난이도 조절	시험의 결과에 따라 해당 문항의 난이도 변경이 필요한 경우 자동으로 조절
시험지 출제	시험지 형태	시험지의 규격과 형태, 시험 기간 등을 지정하고 자동으로 레이아웃을 구성
	시험지 출제	지정된 시험지 형태에 실제 문항을 배열하고 재편집
		문항의 번호는 자동으로 부여
		지문을 공유하는 그룹 문항의 출제 지원
	시험지 출제 유형	시스템의 안정화를 위해 모든 시험 출제 유형을 선택적으로 적용
	시험지 미리보기	구성된 시험지를 미리 보고 응시자의 입장에서 재검토하고 재편집
	시험 등록	시험 응시하는 기능 · 승인

시험 관리	문항 배점 관리	문항별 가중치를 부여
	기타	• 부정 방지를 위해 동일 IP 접속 제한 • 음성 시험의 경우 번호 음성 등록

※ 출처: 나현미, 장혜정, 정란 (2007), 기업 E-learning 시스템·운영 가이드라인, p.62

② 평가 실시

가. 시험지 생성 및 실시

- 평가 실시 단계에서 필요한 시험지는 출제된 평가 문항이 문제은행에 업로드되어 생성된다.
- 3~5배수로 출제된 평가 문항 중에서 임의로 학습자마다 다르게 생성되어 제공된다.

그림 3-2-9 **시험지 생성 화면**

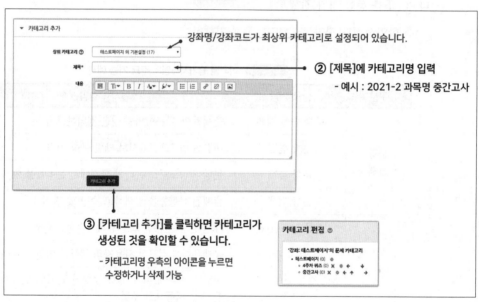

※ 출처: 강원대학교 온라인시험 출제 및 관리와 평가 매뉴얼

나. 과제 제시 및 실시

- 평가 유형 중 과제 평가도 시험과 동일하게 해당 과정의 과제마다 3~5배로 출제된 문제은행에서 학습자별로 다르게 배정되어 실시된다.
- 과제는 단순한 개념을 작성하거나 교재의 내용을 요약하여 작성하는 내용으로 제시될 경우 학습자들의 과제 파일에서 모사율이 자동적으로 높게 분석된다. 따라서 과제는 배수 출제를 제공하는 것과 함께 내용 측면에서도 차별성을 가지도록 제시한다.

- 개별 학습자의 학습경험이나 의견, 다양한 사례 조사, 학습자가 느낀 시사점 등을 작성하도록 구성하면 변별력 있는 과제가 되는데, 이러한 파일은 모사 처리에도 도움이 된다.

③ 평가 결과관리하기

가. 모사가 이루어지지 않도록 관리한다.

- 학습자들이 제출한 과제를 대상으로 모사 검색을 하고 채점한다.
- 평가계획 수립에서 선정한 모사 관리 기준에 따라 모사 대상 과제를 선정하는 데 대부분 모사관리 전용 프로그램을 활용한다.
- 모사관리 프로그램은 과제 파일의 세부 내용까지 비교하여 분석해 주므로 편리하게 모사 여부를 판단할 수 있다.
- 모사관리를 실시하고 처리하는 과정을 다음과 같은 예시 자료를 참고하여 모사 처리를 진행하고 관리하도록 활용한다.

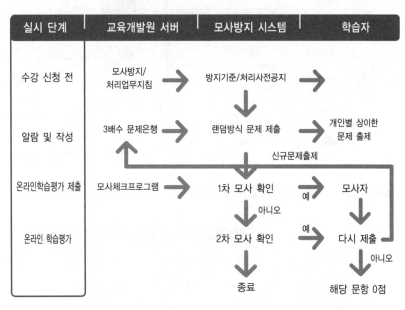

그림 3-2-10 모사방지 시스템 개요도

※ 출처: https://www.ktmi.kr/3000/3300.php

나. 채점 및 첨삭 지도를 실시한다.

- 지필고사 시험, 과제 등에 대한 채점을 실시한 후 평가 문항에 따라 교·강사가 첨삭 지도한다.

- 틀린 평가 문항은 감점 요인이 무엇인지, 이를 통해 학습할 보충심화 내용은 무엇인지 등을 제공해 줌으로써 학습자들은 평가를 통한 또 다른 학습을 진행하게 된다.
- 평가계획을 수립할 때 교육기관이나 교육과정의 특성에 따라 다르게 안내된다.
- 일반적으로 서술형은 150자 이상, 과제는 500자 이상 의견을 작성하도록 권고한다.
- 이러한 첨삭지도 자료는 운영자가 점검하며 부실한 경우 교·강사, 튜터에게 다시 요청하여 수정한다.

그림 3-2-11 채점 및 첨삭 입력 화면

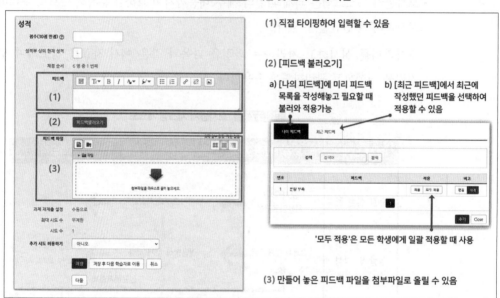

※ 출처: 강원대학교 온라인시험 출제 및 관리와 평가 매뉴얼

표 3-2-9 채첨 및 첨삭지도 예시(박종선 외, 2016)

훈련과정명	국가계약법 이해와 실무		
과정 시작일	2015.11.1	과정 종료일	2015.12.30
실시 인원	50	수료 인원	
교·강사명	김순신	수료 기준	진도율 80% 이상 진행시험 50%/과락 60점 과제 50%/과락 60점
평가 문항	(문항 유형) 과제( ) 서술형 시험( ) 기타( ) 건설업은 타 산업에 비해 주문생산성, 계절성과 옥외성, 하도급 의존성 등 필연적으로 건설공사에 대한 클레임이나 분쟁이 발생할 가능성이 높다. 건설공사 클레임의 유형에 대해 기술하고, 효과적인 클레임 대책 방법에 대해 계약 이전, 계약 이후, 계약관리 요령으로 분류하여 서술하며 구체적인 사례를 포함하시오.		

채점 기준	1. 클레임의 유형 기술: 20점 부여(4가지 각 5점) 2. 효과적인 클레임 대책 방법 기술: 60점 부여 – 계약 이전 단계: 20점 부여 – 계약 이후 단계: 20점 부여 – 계약관리 요령: 20점 부여 3. 구체적인 사례 제시: 20점 부여(사례 수준에 따라 상중하 구분)			
학습자명	제출일	첨삭일	평가 점수	첨삭 내용
홍길동	2015.11.20	2015.11.20	37	클레임의 유형을 잘 기술하였고 효과적인 클레임 대책은 아쉽습니다. 계약관리 요령으로 선 착공 또는 선 작업에 따른 문제에 주의하기 위해 필요한 대책은 무엇인지, 하도급 관리와 관련된 대책은 무엇인지 등 구체적인 기술이 요구됩니다. 과제 수행 과정에서 도움이 되는 시간이었기를 바라며 수고 많으셨습니다.

■ 이러닝에서 평가 진행 시 주의사항은 다음과 같다.

> • 학업성취도 평가는 평가 절차에 따라 평가계획을 수립하고 진행하여야 시행착오를 줄일 수 있으므로 평가 절차의 단계별 주요 활동을 반드시 확인하고 의사결정을 하도록 한다.
> • 학업성취도 평가에서 수립된 평가 활동 요소들은 학습자가 고객사에서 제공하는 결과 보고와 직접 연계되므로 평가를 실시하기 전에 충분히 여러 단계에서 공지하고 안내하여야 한다.

4) 학업성취도 분석의 이해

① 학업성취도 평가의 필요성

• 학업성취도를 평가했다면, 그 결과를 바탕으로 학습자에게 적절한 처방을 제공할 수 있어야 한다. 그저 평가를 통해 점수를 산정하는 수준에서 머무를 경우 평가의 의미는 반감될 수밖에 없다. 즉, 학업성취도 평가를 통해 학습자가 부족한 것은 무엇인지, 부족한 수준이 어느 정도인지 파악하고 이를 보완할 방법을 제시하는 것이 필요하다.

• 학업성취를 판단하는 방법에는 여러 가지가 있을 수 있다. 학업성취도 평가를 위해 사전평가, 직후평가, 사후평가가 각각 실시될 수 있고, 이들을 혼합한 형태도 실시될 수 있다.

- 학업성취도 평가 설계가 어떻게 구성되어 진행되었는지에 따라 학업성취도 결과 분석은 달라질 수 있다.
- 학업성취도 평가 결과를 분석하기 위해서는 학업성취도 평가에 적용한 설계 방법을 먼저 파악하고, 해당 설계 방법이 가지는 특성을 이해하는 것이 필요하다.

표 3-2-10 내용의 완전 습득 평가를 위한 학업성취도 평가 설계 방법

설계 방법	습득되는 정보와 장점	단점
사전평가	교육입과 전 교육생의 선수지식 및 기능 습득 정도 진단 가능	교육 직후 평가 자료가 없는 관계로 교육효과 유무 판단 불가
직후평가	교육 직후 지식, 기술, 태도의 습득 정도, 학습 목표 달성 정도 파악에 유용	사전 평가 자료가 없는 관계로 교육효과 판단 불가
사후평가	교육 종료 후 일정 기간이 지난 다음 학습 목표 달성 정도 파악에 유용	사전, 직후 평가 자료가 없는 관계로 교육효과 또는 교육 종료 후 습득된 지식, 기술, 태도의 망각 여부 판단 불가
사전·사후 평가	교육입과 전, 직후 지식, 기술, 태도의 습득 정도 파악 및 비교 가능	사후 평가 자료가 없는 관계로 시간이 지남에 따라 습득된 KSA의 지속적 파지 여부 판단 불가
사전·사후 평가	교육입과 전, 사후 지식, 기술, 태도의 습득 정도 파악	교육 종료 직후 평가 자료가 없는 관계로 진정한 교육효과 평가 미약
직후·사후 평가	교육입과 전, 사후 지식, 기술, 태도의 습득 정도 파악	사전 평가 자료가 없는 관계로 교육효과 판단 불가
사전·직후·사후 평가	교육입과 전, 사후 지식, 기술, 태도의 습득 정도 파악	고난도 가장 완벽한 설계

※ 출처: 김은정 외(2009), 최고의 이러닝 운영실무, p.166

② 학업성취도에 영향을 미치는 평가 요소

- 학업성취도 평가 계획을 수립할 때 고려한 평가 요소는 평가 대상, 평가 내용, 평가 도구, 평가 시기, 평가 설계, 평가 영역 등 다양하다.
- 평가 요소의 세부 내용 중 무엇을 선정하고 어떻게 적용하느냐에 따라 학업성취도 평가 결과는 달라질 수 있다.

가. 평가 내용

- 평가 내용인 지식, 기술, 태도 영역에 따라 구분한다.
- 한 가지 평가 방법으로 지식, 기술, 태도를 모두 평가하기는 어려우며, 무엇을 평가하려고 하느냐에 따라 적절한 평가 방법을 선택해야 한다.

ⓐ 지식의 평가

- 지식 평가는 일반적으로 개인이 특정 영역이나 학습 영역에서 소유하고 있는 지식의 질과 양을 평가하는 것과 관련된다.
- 지식을 평가하는 과정에는 특정 주제에 대한 개인의 이해, 기술 및 능력 수준을 분석하고 그들이 소유한 정보의 정확성과 완전성을 평가하는 것이 포함될 수 있다.
- 지식 평가는 시험 평가, 인터뷰 또는 관찰과 같은 다양한 방법으로 수행할 수 있다.
- 일반적으로 평가 대상 영역이나 영역에 대해 설정된 특정 기준이나 표준을 사용한다.
- 지식 평가의 목표는 특정 과목이나 학습 영역에서 개인의 숙달 또는 숙련도를 결정하는 것이다.
- 평가의 결과는 추가 학습 또는 개발을 안내하고, 강점과 약점을 식별하고, 지식을 적용하거나 활용하는 방법에 대해 정보에 입각한 결정을 내리는 데 사용할 수 있다.

ⓑ 기술의 평가

- 기술 평가에는 특정 작업 또는 일련의 작업을 수행할 수 있는 개인의 능력을 평가하는 것이 포함된다.
- 일반적으로 특정 영역이나 전문 분야에서 작업의 숙련도, 효율성 및 효율성을 측정하는 것이 포함된다.
- 기술 평가는 관찰, 테스트, 평가 또는 성능 데이터 검토를 포함하여 다양한 방법으로 수행할 수 있다.
- 프로세스에는 평가 중인 작업 또는 일련의 작업에 대해 예상되는 숙련도 수준을 정의하는 확립된 기준 또는 표준을 사용하는 경우가 많다.
- 기술 평가의 목적은 특정 분야에서 개인의 역량 또는 전문성 수준을 결정하는 것이다.
- 평가 결과는 개선이 필요한 영역을 식별하거나, 추가 학습 또는 개발을 안내하거나, 기술을 적용하거나 활용하는 방법에 대한 정보에 입각한 결정을 내리는 데 사용할 수 있다.
- 기술적 숙련도를 평가하는 것 외에도 기술 평가에는 의사소통, 협력, 문제 해결 및 변화하는 환경에 적응하는 개인의 능력 평가가 포함될 수 있다.

ⓒ 태도의 평가

- 태도 평가는 행동과 행동에 영향을 미치는 개인의 신념, 가치, 감정을 평가하는 것이다.
- 일반적으로 특정 주제나 상황에 대한 개인의 긍정 또는 부정 수준을 측정하는 것과 관련된다.
- 태도 평가는 설문 조사, 질문지, 인터뷰 또는 관찰을 포함한 다양한 방법으로 수행할 수 있다.
- 프로세스는 종종 특정 주제나 상황에 대해 예상되는 긍정 또는 부정 수준을 정의하는 확립된 기준 또는 표준의 사용을 포함한다.
- 태도를 평가하는 목적은 특정 문제에 대한 개인의 관점과 사고 방식을 결정하고 태도가 행동과 행동에 미치는 잠재적 영향을 이해하는 것이다.
- 평가 결과는 태도를 조정해야 하는 영역을 식별하고, 추가 학습 또는 개발을 안내하거나, 개인과 함께 작업하거나 관리하는 방법에 대한 정보에 입각한 결정을 내리는 데 사용할 수 있다.
- 태도를 평가하는 것은 다른 사람들과 잘 일하는 개인의 능력, 특정 작업이나 목표에 대한 동기와 헌신의 수준, 배우고 새로운 상황에 적응하려는 의지, 일반적으로 삶에 대한 전반적인 긍정 또는 부정 수준을 평가하는 것을 포함할 수 있다. 이러한 요소는 종종 많은 영역에서 성공에 중요하며 일반적으로 관찰, 자체 평가 및 다른 사람의 피드백을 조합하여 평가된다.

나. 평가 도구

• 평가에서 도구는 평가를 어떤 방법으로 진행할 것인지를 선택하는 것으로 평가 내용과 관련성이 높다.

• 평가 내용에 따른 특성에서 도구를 함께 다루긴 했지만, 평가 도구를 중심으로 정리해볼 수도 있다.

• 평가 내용에 따라 지필고사, 문답, 실기시험, 체크리스트, 구두 발표, 역할 놀이, 토론, 과제 수행, 사례연구, 프로젝트 등의 다양한 도구를 선택할 수 있고, 하나 또는 둘 이상을 혼용하여 선택할 수도 있다.

• 학업성취도 평가에서 지식 영역은 지필고사, 사례연구, 과제 등을 활용할 수 있고, 기능 영역은 실기시험, 역할 놀이, 프로젝트 등을 활용할 수 있으며, 태도 영역은 지필고사, 문제 해결 시나리오, 역할 놀이, 구두발표, 사례연구 등을 활용할 수 있다.

- 교육과정의 학습 목표 달성 여부를 확인하는 방법을 고려하고 학업성취도 평가를 통해 기대하는 평가 결과에 따라 각 평가 도구가 가지는 특징을 잘 파악하여 선택하는 것이 중요하다.
- 평가 도구들은 도구 특성을 반영한 평가 문항이 활용되는데, 가장 많이 활용되고 있는 것은 지필고사다.
- 지필고사의 평가 문항 유형 종류로는 대표적인 선다형이 있고 3개 이상 보기를 활용하고 정답 1개형, 다답형, 부정형 등이 포함되며, 그밖에도 진위형, 조합형(단순조합형, 복합조합형, 분류조합형), 단답형, 순서나열형, 정정형, 완성형(불완전 문장형, 불완전 도표형) 등이 활용된다.

다. 평가 시기
- 평가 시기는 교육과정 운영의 시간적 개념에 따라 선택하는 것으로, 평가 내용에 따라 평가 방법을 선정한 후 언제 실시할 것인지를 결정한다.
- 일반적인 평가 시기는 교육을 중심으로 하여 전·중·후 등의 시점에 이루어진다.
- 전이 수준을 평가할 때에는 교육이 이루어지고 난 후 일정 기간이 지난 후에 평가를 진행하기도 한다.
- 기본적으로 교육의 효과를 측정한다는 측면에서 교육의 전후 비교를 자주 사용하지만, 이러한 접근으로 학습성취도를 평가한다는 것은 다소 무리일 수도 있다. 왜냐하면 학업성취도가 반드시 그 교육의 결과로 만들어진 것이 아니라 다양한 교육 외적 요소가 개입될 수 있기 때문이다. 이에 학업성취도를 평가할 때에는 신중해야 한다.
- 일반적인 학업성취도 평가는 지필고사를 평가 도구로 선정하고, 선다형과 단답형으로 평가 문항을 구성하며 교육 직후 실시하곤 한다.

5) 학업성취도 분석 방법

① 학업성취도 평가 결과 확보 및 점검

가. 운영자에게 평가 결과를 확보한다.
- LMS를 통해 저장된 이러닝 과정의 평가 결과가 우선 학습자에게 제공되어야 한다.
- 학습자는 자신이 응시한 시험, 제출한 과제를 비롯하여 각종 평가 결과를 확보하여 확인하게 된다.

나. 개인별 평가 결과를 점검한다.

- 각종 점수 획득 결과를 바탕으로 학습자는 자신의 학습성취 수준이 어느 정도인지 확인한다.
- 혹시 자신이 알고 있던 점수와 차이가 나는 부분은 없는지 검토하고 문제가 있으면 운영자를 통해 사실을 확인한다.

② **학업성취도 평가 설계 결과 해석**

- 학습 결과로 제시된 자료의 시사점을 도출한다.
- 사전/사후 평가를 진행했다면 그 결과를 확인하여 개인 차원의 변화 수준을 해석해 볼 수 있다.

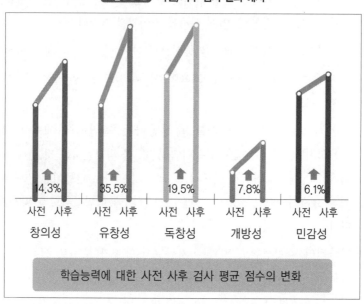

그림 3-2-12 사전/사후 검사 결과 예시

※ 출처: 산림청 홈페이지 http://forest.go.kr

- 상기 예시 결과를 분석해 보면 다음과 같다.

> - 사전/사후에 이루어진 평가 결과를 확인한 결과 전반적인 영역에서 향상이 이루어졌다.
> - 유창성과 독창성의 경우 사전 평가 결과도 비교적 높은 수준이었으며, 사후에도 높은 수준의 향상도를 보였다.
> - 눈에 띄게 향상이 이루어진 영역은 유창성으로 사전 평가 결과 대비 33.5%가 향상되었다.
> - 가장 적은 수준의 변화가 이루어진 영역은 민감성으로 6.1%가 향상되었다.
> - 개방성의 경우 사전 평가 대비 사후 평가가 7.8% 성장했지만, 낮은 점수 수준이 유지되었다.

③ 학업성취도 평가 결과의 원인 분석

- 학업성취도 평가 결과를 확인하고 개인별이든 전체 과정별이든 평가 결과가 높거나 낮게 나타난 경우 원인을 분석하고 해결 방안을 모색해야 한다.
- 학업성취도 평가 결과를 분석하는 것은 다양한 고려사항을 포함하는 복잡한 과정이 될 수 있다.
- 이러한 고려사항에는 평가의 맥락, 사용된 평가 도구의 품질 및 신뢰성, 평가에 참여한 학생의 특성과 같은 요소가 포함될 수 있다.

가. 평가의 맥락

- 평가는 그것이 이루어진 맥락에 대한 고려가 필요하다.
- 맥락에는 목적, 평가 대상 과목, 평가 대상 학습자의 학년 수준, 평가가 발생한 기간과 같은 요소가 포함될 수 있다.
- 맥락을 고려하지 않을 경우, 분석의 결과가 학습자에게 유의미한 내용이 되지 않을 수 있으며, 더 나아가 성과에 대한 잘못된 판단을 유발할 수 있다.

나. 평가 도구의 품질 및 신뢰성

- 평가 도구는 측정하려는 것을 측정하도록 설계되어야 하며, 신뢰할 수 있고 타당해야 한다.
- 신뢰성은 평가 도구에서 얻은 결과의 일관성을 말하며, 유효성은 평가 도구가 측정하려는 것을 측정하는 정도를 나타낸다.
- 평가 도구의 품질 및 신뢰성이 높은지 검토해 보고 문제가 있으면 다소 제한적으로 평가 결과를 이해해야 할 수 있다.

다. 평가에 참여한 학생의 특성

- 이러닝 과정의 설계 및 개발 전에 이루어진 학습자 분석을 통해 학습자의 평가 결과에 영향을 미칠 수 있는 특성을 미리 고려해야 한다.
- 학습자의 인구통계학적 구성, 이전 학업성취도 및 사회경제적 지위와 같은 요소는 모두 평가 결과에 영향을 미칠 수 있다.

라. 평가 항목의 특성

- 평가 항목은 평가 대상 학습 목표 또는 기준과 일치해야 하며, 평가 대상 학년 및 과목에 적합해야 한다.
- 평가 항목은 또한 학습자의 학습에 대한 정확한 평가를 제공할 수 있을 만큼 충분히 도전적이어야 한다.

마. 평가의 형식

- 형식에는 객관식 질문, 단답형 질문, 에세이 또는 성과 기반 평가가 포함될 수 있다.
- 형식은 평가 대상 과목에 적합해야 하며 학습에 대한 정확한 평가를 제공해야 한다.

바. 채점 루브릭

- 채점 루브릭은 채점 시 사용하는 참조 표로, 학업 성취의 수준을 평가하는 가이드 라인 역할을 할 수 있다.
- 채점 루브릭은 채점의 일관성을 보장하도록 설계되어야 하며, 평가 대상 과목 및 학년 수준에 적합해야 한다.

사. 분석 수준

- 평가 결과를 검토할 때 사용되는 분석 수준도 고려해야 할 중요한 요소다.
- 분석 수준에는 개별 학습자의 결과, 특정 수업 또는 학년 수준의 결과 또는 전체 학교 또는 기업의 결과를 조사하는 것이 포함될 수 있다.

아. 표준 혹은 기준 점수와의 비교

- 표준 또는 기준 점수는 학습자의 사전 학습 수준 또는 특정 과목에서 알아야 하고 할 수 있는 것이 무엇인지에 대한 명확한 표시를 제공한다.
- 평가 결과를 이러한 점수와 비교하면 학습자에게 추가 지원이나 교육이 필요한 영역을 식별할 수 있다.

자. 이전 평가와의 비교

- 평가 결과를 이전 평가와 비교하는 것은 학습자가 개선할 수 있는 영역이나 추가 지원이나 교육이 필요한 영역을 판단하는 데 도움이 될 수 있다.
- 이전에 다른 차수의 학습성취도와 많은 차이가 있는지, 혹은 주목할 만한 특별한 변수는 없는지 점검할 수 있다.

차. 이해관계자에게 평가 결과 전달

- 이해관계자에는 학부모, 교사, 관리자, 기업의 대표 혹은 인사담당자, 그리고 정책 입안자가 포함될 수 있다.
- 결과를 전달하면 모든 사람이 이러닝 과정의 강점과 약점을 명확하게 이해하고 개선할 영역을 식별하는 데 도움이 될 수 있다.

④ 학업성취도 평가 결과의 개선 방안

- 학업성취도 평가 결과를 확인하고 문제에 대한 원인이 분석되면 개선 방안을 모색한다.
- 이러닝 과정 운영에서 학업성취도 평가에 영향을 미치는 원인은 주로 학습 진도율, 과제 모사, 평가 미참여 등이다.

가. 학습 진도 관리 지원

- 학습 진도 관리 지원을 통해 학습자의 현재 학습 수준을 안내하고 확인하도록 한다.
- 이러닝 과정은 전통적인 학습에 비해 자유도가 높고, 관리적 개입이 상대적으로 적기 때문에 학습자가 자기주도적으로 학습하는 것이 중요한 요소다.
- 이러닝 학습 환경에서 이러한 관리를 체계적으로 진행하는 것은 쉽지 않기 때문에 학업성취도 평가 항목 중 학습 진도율이 수료 여부에 영향을 주는 경우가 많이 발생하고 있다.
- 학습 진도는 매주 학습해야 하는 학습 분량과 학습 시간을 관리하는 것이므로 학습자가 이해하기 쉽게 진도율을 비율로 표시하거나 막대그래프로 표시하거나 현재 상태를 달성/미흡 등으로 안내하기도 한다.
- 학습 진도 관리에 대한 지원은 운영자가 다음의 예시와 같은 진도관리 자료를 확인하고 개별 학습자의 상태에 따라 지원한다.

그림 3-2-13 진도관리 현황 예시

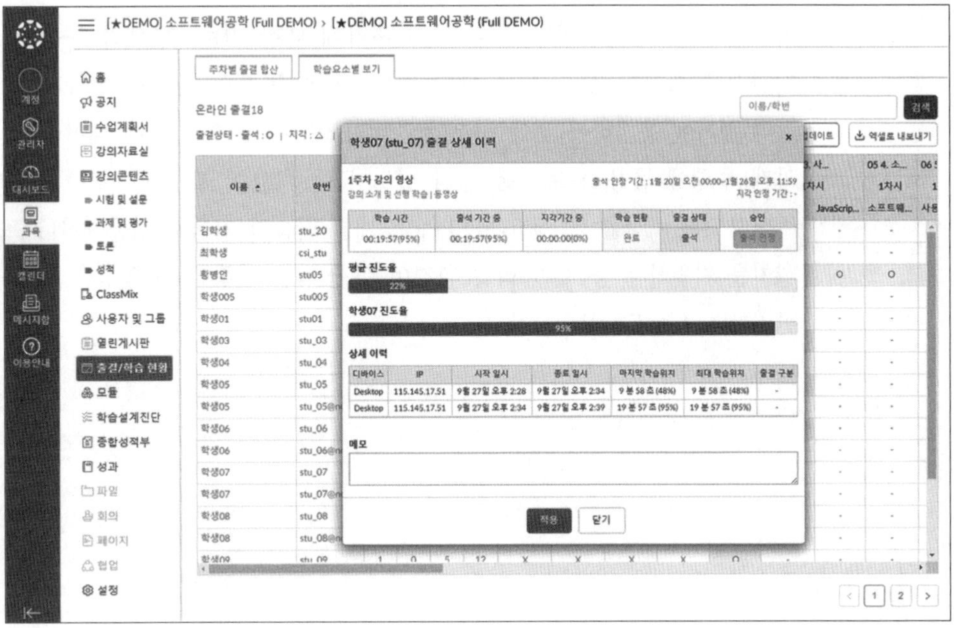

※ 출처: Xinics 위키 https://xinics.atlassian.net/wiki/spaces/Leaningx2020

- LMS의 세부 기능에 따라 자동 문자·이메일 발송도 포함되므로 운영자가 지원 방식을 조절하여 활용한다.
- 학습자 스스로 학습현황을 확인할 수 있도록 본인이 수강하는 과정의 과정명, 학습 기간, 평가 방법에 따른 현재 참여 상황, 진도율, 차시별 학습 여부 등 상세한 정보를 확인한다.
- 이러한 정보는 학습자 스스로도 학업성취도 결과를 예측할 수 있고, 이에 따른 수료 여부도 판단할 수 있도록 도와준다.

나. 과제 수행 지원

- 과제 수행 지원을 통해 학습 정도를 파악하고 조치할 수 있도록 한다. 특히 이러닝 과정에서 평가 방법으로 과제를 활용하는 경우가 많은데, 과제 수행 내용을 해당 과정에서 습득한 단편적인 지식이나 정보·자료 조사로 과제 평가 문항을 구성하면 다른 학습자와 과제 모사율이 높아질 수 있다.
- 이러한 과제를 통해 수료 여부를 판단하는 것은 더욱 문제가 될 수 있는데, 모사율이 높은 것이 학습자가 실제 과제를 모사한 것으로 판단하기 어려울 수도 있기 때문이다.
- 이러한 상황을 예방하기 위해서는 과제 내용을 정형화된 지식을 조사하여 제시하는 것보다는 사례를 분석하거나 시사점을 분석하여 자신의 의견을 제시하는 등 모사하기 어려우면서도 학습성과를 확인하기 용이한 내용으로 구성할 필요가 있다.
- 이러한 평가가 이루어질 경우 과제 평가에 대한 기준, 루브릭 등을 제공하여 객관성을 확보할 수 있도록 해야 한다. 특히 평가의 기준을 학습자에게 미리 알려 평가에 응시하기 전에 충분한 준비가 이루어질 수 있도록 해야 한다. 또한, 과제 수행에 응용 프로그램 등의 별도 도구 활용이 필수적이거나 필요하다면 준비하도록 시간을 줄 필요가 있으며, 개별 학습의 기회를 제공하거나 프로그램 설치를 지원하는 등 제반 학습 환경이 실제 학습 진행에 큰 영향을 받지 않도록 관리한다. (그림 3-2-14 참고)

그림 3-2-14 과제 관리 예시

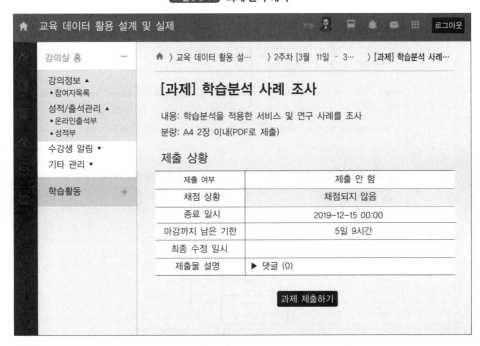

다. 평가 일정 관리 지원

- 평가에서 가장 중요한 것은 일단 학습자가 평가에 참여할 수 있도록 하는 것이다. 이를 위해 평가 일정 관리를 지원할 필요가 있다. 만약, 주어진 일정 평가에 참여하기 어려운 학습자가 있다면, 이를 사전에 파악하여 평가에 참여할 수 있는 차선책을 제시해야 한다.

- 지필고사와 같이 전체 학습자가 반드시 동시에 시험을 실시하는 경우가 아니라면 시험 시기, 시험 시간, 시험 장소 등을 여러 일정 중에서 선택할 수 있도록 지원하는 것도 필요하다. 특히 일과 학습을 병행하는 성인 학습자의 경우 평가 일정으로 인한 문제가 발생하기 쉽다. 이에 평가에 대한 학습자 참여를 높이기 위해서 평가에 대한 다양한 선택과 참여 방법을 지원해야 한다.

- 개별 일정에 따른 평가 참여를 관리하는 방법으로 다음과 같은 예시 형태로 시험 일정을 관리할 수 있고, LMS의 세부 기능에 따라 설정을 변경할 수 있으므로 운영 담당자가 지원 방식을 조절하여 활용한다. (그림 3-2-15 참고)

그림 3-2-15 평가 관리 예시

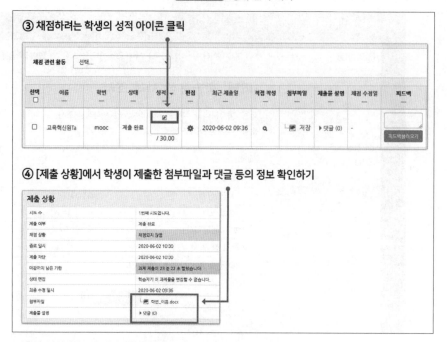

③ 채점하려는 학생의 성적 아이콘 클릭

④ [제출 상황]에서 학생이 제출한 첨부파일과 댓글 등의 정보 확인하기

※ 출처: 강원대학교 온라인시험 출제 및 관리와 평가 매뉴얼

■ 이러닝에서 학습성취도 분석 시 참고사항은 다음과 같다.

> • 학업성취도 평가는 해당과정에 실시한 모든 평가 방법을 포함하여 제공한 결과로써 평가 방법의 우선순위를 고려해서 분석하면 효과적이다.
> • 학업성취도 평가 결과가 낮거나 높은 경우 모두 원인을 분석하되 개별 학습자 원인을 분석할 때 가급적 전체 학습자 평균 결과를 고려하여 해석하는 것이 도움이 된다.

6) 통계의 이해

(1) 표본 추출하기

만족도 조사를 위해 설문조사를 실시할 때 시간 및 비용 문제로 전체가 아닌 일부를 대상으로 설문조사를 해야 하는 경우가 있다. 이때 어떻게 표본을 선정하느냐에 따라 결과가 왜곡될 수 있기 때문에 표본을 잘 선정하는 것은 중요하다.

표본을 추출하는 방법에는 단순 무작위 추출, 계통 추출, 층화 추출, 군집(집락) 추출의 방법이 있다.

① 단순 무작위 추출(Simple Random Sampling)

뽑기나 추첨처럼 무작위로 추출하는 방식으로, 모집단의 모든 구성원이 표본으로 선택될 동일한 확률을 갖는다.

② 계통 추출(Systematic Sampling)

데이터에 일련번호를 부여한 후 K 배수를 표본으로 추출하는 방법이다.

③ 층화 추출(Stratified Sampling)

전체 모집단을 서로 중복되지 않고 서로 다른 특성을 가진 하위 그룹(층)으로 나눈 뒤 각 층에서 무작위로 표본을 추출하는 방법이다.

④ 군집 추출(Cluster Sampling)

전체 모집단을 서로 중복되지 않는 여러 개의 군집(그룹)으로 나눈 뒤 이 중 일부 군집을 무작위로 선택하여 선택된 군집에 속하는 모든 개체를 조사하는 방법이다.

(2) 데이터의 중심 경향과 분산을 나타내는 개념들

평균, 중앙값, 최빈값, 표준편차는 통계학에서 데이터의 중심 경향성과 분산을 나타내는 기본적인 개념이다. 각각의 정의와 특징을 살펴보면 다음과 같다.

① 평균(Mean)

데이터 집합의 모든 값의 합을 데이터의 개수로 나눈 값이다. 모든 데이터 값을 반영하기 때문에 극단적인 값(이상치)에 영향을 받을 수 있으나 데이터가 충분할 경우 경향치를 보는 데 매우 유용하다.

② 중앙값(Median)

순차적으로 나열된 데이터에서 가장 중앙에 위치한 값이다. 중앙값은 데이터의 분포에 따라 변하지 않는 가운데 값이기 때문에 데이터를 순서대로 나열했을 때 가장 쉽게 식별할 수 있다. 특히 데이터가 많거나 데이터의 분포가 균등하지 않을 때 유용하다. 데이터가 홀수 개일 경우, 중앙에 위치한 단일 값이 중앙값이 되며, 데이터가 짝수 개일 경우 중앙에 위치한 두 값의 평균이 중앙값이 된다. 만약 학습자가 받은 점수가 90점, 10점, 20점, 30점, 60점, 5점, 70점이라면 중앙값은 50점이다.

③ 최빈값(Mode)

데이터 집합에서 가장 자주 나타나는 값이다. 데이터 집합에 따라 최빈값이 없거나 여러 개일 수 있다.

④ 표준편차(Standard Deviation)

데이터 값이 평균으로부터 얼마나 퍼져 있는지를 나타내는 척도로, 평균과 각 데이터 값과의 차이를 제곱한 후 평균을 취하고, 그 제곱근을 취한 값이다. 표준편차가 크면 데이터가 평균으로부터 넓게 퍼져 있음을, 작으면 데이터가 평균 근처에 몰려 있음을 나타낸다.

(3) T점수란?

T점수(T-score)는 표준 점수(standard score)의 한 형태로 개별 점수가 평균으로부터 얼마나 떨어져 있는지를 나타내는 척도로, 심리 검사나 교육 평가 등에 사용된다. T점수는 원점수가 평균값으로부터 얼마나 떨어져 있는지를 보여 준다. T점수를 구하는 공식에 따르면, 평균값은 항상 50이 되고, 표준편차는 10이 된다. 만약 어떤 평가에서 개인의 원점수가 평균보다 한 표준편차만큼 높다면, 그 개인의 T점수는 60이 된다. 만약 평균보다 두 개의 표준편차만큼 높다면, 그 개인의 T점수는 70이 된다. T점수를 사용하는 이유는 데이터를 표준화하여 비교하기 위함이다.

예를 들어, A, B 두 학교에서 실시한 수학 시험의 점수를 비교하고자 한다. 각 학교의 시험은 다르며, 점수의 분포도 상이하다. A와 B에서 각각 수학 시험을 실시했을 때 A 학교의 시험 평균 점수는 70점, 표준편차는 10점, B 학교의 시험 평균 점수는 60점, 표준편차는 15점이다. 두 학교에서 각각 85점을 받은 학생을 비교해 본다면 원점수만으로는 두 학생의 성취도를 공정하게 비교하기 어려우나 T점수를 사용하면 두 학생의 성적을 정확하게 비교할 수 있다.

3 /// 평가 결과 보고

1) 평가 결과 정리

(1) 만족도 평가 결과 정리

이러닝 만족도 평가는 교육훈련에 참가한 학습자의 교육과정에 대한 느낌이나 반응 수준을 설문조사로 확인하는 작업이다. 이러닝 만족도 평가는 이러닝 과정의 효과나 학습자의 학업성취도를 판단하기 위한 것이 아니라 이러닝 과정의 구성, 운영 요소, 기타 이러닝 과정 전반에 관한 문제점 파악 및 개선을 위해 진행되는 것이다. 따라서 만족도 조사 결과를 해석하는 측면에서도 교육의 질 관리 측면에서 접근하는 것이 타당하다. 만족도 조사는 형성평가의 성격으로 진행되는 것이기 때문에 학습자의 반응 정보를 다양한 각도에서 수집하고 분석하는 것은 의미가 있다. 이에 문항을 구성할 때도 가능하면 학습자가 경험하게 되는 다양한 상황을 반영하는 것이 중요하다.

① 만족도 평가 구성

가. 만족도 평가 구성

- 만족도 평가는 이러닝 과정에 참여한 학습자들이 학습을 진행하면서 어떤 경험을 하고 있는지, 특히 그 경험의 긍정적 요소와 부정적 요소를 파악하기 위해 이루어진다. 이에 학습하는 과정과 연관된 여러 요인에 대한 만족도를 평가하여 측정할 수 있다.
- 크게 학습자 요인, 강사와 튜터 요인, 교육내용 및 교수설계 요인, 학습 환경 요인 등이 포함된다.
- 최근에는 학습 환경 요인에서 웹 접근성과 같은 보편적 접근 가능성에 대한 부분도 추가되고 있다.
- 일반적으로 만족도 평가의 주요 내용으로 활용할 수 있는 요인들을 살펴보면 다음 표와 같이 구성할 수 있다.

표 3-2-11 만족도 평가의 주요 내용 예시

평가 영역	주요 내용
인구통계학적 정보	성별, 연령, 경력, 소속 등
학습자 요인	• 학습 동기: 교육 입과 전 관심/기대 정도, 교육목표 이해도, 행동 변화 필요성, 자기계발 중요성 인식 • 학습 준비: 교육 참여도, 교육과정에 대한 사전 지식 • 학습 동기: 교육 입과 전 관심/기대 정도, 학습 목표 이해도, 행동 변화 필요성, 자기계발 중요성 인식
강사/튜터 요인	열의, 강의 스킬, 전문지식
교육내용 및 교수설계 요인	• 교육내용 가치: 내용 만족도, 자기계발 및 업무에 유용성/적용성/ 활용성, 시기 적절성 • 교육내용 구성: 교육목표 명확성, 내용 구성 일관성, 교과목 편성 적절성, 교재 구성, 과목별 시간 배분 적절성 • 교수설계: 흥미 유발 방법, 교수법
교육환경 요인	물리적 환경: 시스템 만족도

※ 출처: 김은정 외(2009)에서 수정

② 교 · 강사 만족도 평가 결과 정리

- 이러닝 과정 운영에서 교·강사 만족도 평가는 교·강사가 실제로 역할을 수행하는 영역, 즉 과제 수행, 시험 피드백, 학습활동 지원 등의 활동이 잘 이루어졌는지를 평가하는 것이다. 특히, 교육 분야 전반에서 상호작용이 강조됨에 따라 이러닝에서도 교·강사가 상호작용에 얼마나 참여했는지 여부는 중요한 문제로 대두되고 있다.

- 과거에는 교·강사란 그저 콘텐츠의 원고를 제공하거나, 혹은 콘텐츠에 출연하는 수준에서 머물렀으니 상호작용 차원에서의 중요성이 더 강조되고 있다.

- 이러한 교·강사 만족도 평가에는 기본적으로 학습자의 의견이 중요하기 때문에 만족도 평가에 포함하여 실시하는 경우가 많다. 다만 학습자뿐만 아니라 운영자도 교·강사에 대한 만족도를 평가할 수 있으며, 이때는 별도의 조사를 통해 진행되는 경우가 많다.

- 교·강사 만족도 평가 결과는 평가 영역별로 구분하여 정리하거나 전체 영역을 통합적으로 분석하여 정리한다.

- 교·강사 만족도에 대한 평가 결과는 교·강사의 유지 및 관리를 위한 기초 자료로 활용할 수 있다.

- 상황에 따라 교·강사 만족도 평가 결과를 바탕으로 임용 및 유지 여부를 결정할 수 있으며, 역량 강화를 위한 교육의 제공으로 연결할 수도 있다. 다만 교·강사 만족도가 낮은 것을 교·강사의 교체로 해결하는 것이 전부는 아닐 수 있다.

- 교·강사 만족도는 결국 교·강사에게 역할을 제대로 안내하였는지 여부와도 관련이 있다.

- 통상적으로 이러닝에서의 교·강사는 교수자와 튜터로 구분하여 볼 수도 있는데, 인력별로 주어진 역할을 정리하면 다음과 같다.

표 3-2-12 교 · 강사 역할

구분	내용
교수자	강좌를 설계·개발하는 주체이자, 학습활동을 안내하고 지도하는 강좌 운영의 핵심 주체 - 요구분석 및 콘텐츠 개발 계획에 기초한 참여 - 학습자의 참여를 높이기 위한 학습 안내 및 촉진 활동 - 학업성취도에 대한 평가활동 및 성적처리

튜터	수업 운영의 질을 제고하기 위한 핵심 지원 인력으로서 교수자와 학습자를 지원하며, 강좌를 모니터링하는 역할을 수행함(해당 과목의 성격 및 수강생 수에 따라 튜터의 역할에는 차이가 있을 수 있음) – 교수자의 강좌 개발·운영 지원 – 교수자의 평가 활동 지원 – 학습자의 참여도를 높이기 위한 안내 및 촉진 활동 – 학습자의 과제 관리 – 강좌 모니터링 및 피드백 – 게시판 등 학습자 참여 활동 모니터링 및 피드백 – 기타 교수–학습 지원과 관련된 제반 사항

※ 출처: K-MOOC 강좌개발·운영 가이드라인(2016), p.95

• 교·강사 평가 내용은 이러닝 과정에 수반되는 교·강사 활동을 중심으로 선정하는 데 다음과 같은 평가 영역으로 구성하여 실시할 수 있다.

표 3-2-13 **교 · 강사 평가의 평가 영역 예시(박종선 외, 2016)**

평가 영역	비율(%)	평가 도구	평가 결과
교·강사 만족도	30%	• 설문지 • 5점 척도 • 서술형 의견	• 정량적 평가 • 정성적 평가
주관식 시험 채점의 질	10%	• 서술형 의견 • 체크리스트	• 정량적 평가 • 정성적 평가
서술형 과제 채점의 질	20%	• 서술형 의견 • 체크리스트	• 정량적 평가 • 정성적 평가
학습활동 지원의 질	30%	• 설문지 • 5점 척도 • 체크리스트	• 정량적 평가
과정별 학습자 수료율	10%	• 통계자료	• 정량적 평가

- 교·강사의 주요 활동에 초점을 두고 운영자가 평가를 실시하는 경우에는 교·강사가 학습자에게 제공한 지원활동에 맞게 평가 문항을 구성할 수 있다.

표 3-2-14 교·강사의 주요 활동에 대한 평가 내용 예시

구분	체크포인트	가중치
Q&A답변 및 과정평가 의견	• 체크포인트 가중치 Q&A 피드백은 신속히 이루어졌는가? • Q&A 답변에 성의가 있는가? • Q&A 답변에 전문성이 있는가? • 감정사항에 대한 적절한 피드백이 이루어졌는가? • 감정사항에 대한 적절한 피드백이 이루어졌는가? • 최신의 과제를 유지하는가?	35%
자료실 관리	• 과제 특성에 맞는 자료가 제시되었는가? • 게시된 자료의 양이 적당한가? • 학습자가 요청한 자료에 대한 피드백이 신속한가?	25%
메일발송 관리	• 주 1회 메일을 발송하였는가? • 메일의 내용에 전문성이 있는가? • 운영자와 학습자의 요청에 대한 피드백이 신속한가?	25%
공지 등록 관리	• 입과 환영 공지가 시작일에 맞게 공지되었는가? • 학습 특이사항에 대한 공지가 적절히 이루어졌는가?	15%

※ 출처: 박종선 외(2003b), E-learning 운영표준화 가이드라인, p.55

③ 학습자 만족도 평가 결과 정리

- 이러닝 과정 운영에서 학습자 만족도 평가는 교육훈련과 관련하여 학습자에게 제공되는 모든 요소가 평가 영역이 될 수 있다.

- 학습자 만족도의 평가 요소는 이러닝 과정의 핵심인 콘텐츠부터 학습활동을 지원하는 다양한 모든 요소를 포함한다. 따라서 앞서 언급했던 교·강사 활동을 비롯하여 LMS와 같은 시스템 및 시스템 운영인력 등 다양한 요소가 포함될 수 있다.

- 이러한 학습자 만족도 평가는 수요자 중심의 교육을 구현하는 데 큰 영향을 미친다. 과정 운영에 대한 학습자 의견 수렴 및 결과분석은 과정 운영을 위한 중요한 기초 자료라고 할 수 있다.

- 학습자 만족도 평가는 다음 표와 같은 평가 영역으로 구성하여 실시할 수 있고, 이러닝 과정이 완료된 시점에 바로 실시하는 경우가 대부분이다.

표 3-2-15 학습자 평가의 평가 영역 제시(박종선 외, 2016)

평가 영역	비율(%)	평가 도구	평가 결과
학습 내용 만족도	30%	• 설문지, 5점 척도 • 서술형 의견	• 정량적 평가 • 정성적 평가
교·강사 만족도	30%	• 설문지, 5점 척도 • 서술형 의견	• 정량적 평가 • 정성적 평가
운영자, 시스템 관리자 만족도	20%	• 설문지, 5점 척도 • 서술형 의견	• 정량적 평가 • 정성적 평가
학습환경 만족도	20%	• 설문지, 5점 척도 • 체크리스트, • 서술형 의견	• 정량적 평가

- 학습자 만족도 평가를 진행할 때 5점 척도의 점수도 물론 중요하지만, 서술형 의견을 어떻게 수렴하고 반영할 것인지 중요하다.

- 서술형 의견의 경우 학습자가 구체적인 의견을 제시할 가능성이 있는데, 이에 대한 적절한 피드백을 제공하지 않는다면 향후 이러닝 과정에 대한 불만족 요인으로 작동할 수 있다. 운영의 특성상 하나의 이러닝 과정이 여러 차수로 운영되는 경우에는 각 운영 차수별로 결과를 정리할 필요가 있으며, 관리 기간에 따라 종합적인 결과 정리를 진행하는 것이 바람직하다. 이러한 정리는 다음 차수의 이러닝 과정을 계획할 때 참고할 수 있는 자료가 된다.

- 동일한 이러닝 과정이라도 고객사가 다른 경우 분리하여 분석하고 결과를 정리함으로써 교육 기관별로 특징 및 개선점을 파악할 수도 있다.

(2) 학업성취도 평가 결과 정리

이러닝 과정이 효과가 있었는지 판단하기 위해서는 학습자가 교육내용을 제대로 이해하고, 필요한 지식과 기술을 잘 습득하였는지 판단하는 것이 중요하다. 이러닝 과정에서 학업성취도 평가는 이러닝 과정이 실시된 후 학습자의 지식, 기능, 태도 영역이 학습 목표 대비 어느 정도 향상되었는지 측정하는 것이다. 이에 만족도 평가와 달리 학습의 내용과 밀접한 관련이 있으며, 형성평가의 성격보다는 총괄평가의 성격을 갖고 있다. 다만, 학업성취도 평가는 학습자 차원의 의미가 좀 더 강조되거나, 운영의 시사점을 도출하는 요인으로 잘 활용되지 않는 경향이 있는데 이는 적절하지 못하다. 이러닝 과정이 기대했던 효과를 거두었는지 학습성취도를 중심으로 분석하여 향후 이러닝 과정의 운영 전반에 걸친 의사결정에 참고할 수 있다.

① 학업성취도 평가 구성

- 이러닝 과정 운영에서 학업성취도 평가의 구성요소는 이러닝 운영계획을 수립할 때부터 구체적으로 제시되어야 한다.

- 이러닝 과정의 학업성취도는 지식의 측면만이 아니라 기술, 태도 등도 평가가 가능하다. 이에 지필평가나 과제 외에도 앞서 학업성취도 평가에 대한 절에서 제시했던 다양한 과정적 평가 방법들이 적용될 수 있다.

- 학업성취도 평가는 평가 요소를 무엇으로 선정하느냐에 따라 과정 운영에 대한 지원전략 및 관리 방안에 영향을 줄 수 있다. 예를 들어, 과제 수행이 포함되는 경우 과제 작성을 지원하는 별도의 학습활동 지원이 마련되어야 하고, 실습 작품 제출이 포함되는 경우 실습 시기, 장소, 방법 등 세부적인 운영 방안이 모색되어야 한다.

표 3-2-16 **학업성취도 평가의 평가 영역 예시(박종선 외, 2016)**

평가 영역	세부 내용	평가 도구	평가 결과
지식 영역	사실, 개념, 절차원리 등에 대한 이해 정도	• 지필고사 • 문답법, 과제 • 프로젝트 등	• 정량적 평가
기술 영역	업무 수행, 현장 적용 등에 대한 신체적 능력 정도	• 수행평가 • 실기시험 등	• 정량적 평가 • 정성적 평가
태도 영역	문제 해결, 대인관계 등에 대한 정서적 감정이나 반응 정도	• 지필고사 • 역할 놀이 등	• 정성적 평가

② 학습자별 학업성취도 평가 결과 정리

- 이러닝 과정에 따라 학업성취도 평가 요소는 다양하게 구성될 수 있다.

- 이러닝에서 학업성취도를 판단하는 가장 중요한 요소는 진도율이다. 그러나 진도율만으로는 학습이 이루어졌다고 판단하기 어렵기 때문에 다른 요소들을 포함하는 것이 필요하다. 대표적으로 지필 형식의 시험, 개별 또는 그룹으로 수행하는 과제 등을 활용할 수 있다.

- 지필시험의 경우에는 문제은행 방식을 활용하는 경우가 많다. 3배수 혹은 5배수 등의 문제를 문제은행에 등록해 두고, 학습자에 따라 다른 문제가 배정되는 출제 방식이다.

- 학습자가 문제를 풀어 제출하면 LMS의 온라인 채점 시스템을 통해 자동으로 채점이 이루어진다.

- 서술형과 같은 교수자의 판단이 필요한 문제가 있으면 해당 부분만 별도 교수자의 수기 평가가 진행될 수도 있다.
- 과제 수행의 경우에는 제출된 결과에 대한 모사 여부 판단이 우선 수행된다.
- 일정 수준 이상의 모사율을 보이면 채점 대상에서 제외되는데, 통상적으로 70~80% 정도 모사율이 나왔을 때 이를 적용한다. 다만, 모사율만으로는 문제가 있는 과제라고 판단하기 어렵기 때문에 시스템을 과신하지 않고 교·강사가 꼼꼼하게 검토하는 것이 중요하다. 특히 수료 결과와 같은 학습 이력이 학습자에게 큰 영향을 미칠 수 있는 이러닝 과정의 경우 지필시험 및 과제의 성적처리에 대해 주의해야 한다.
- 과제를 채점한 후에 감점 요인이 있으면 명확한 기준에 따라 왜 감점이 되었는지 제공한다.
- 학습 진도율의 경우 LMS에서 자동으로 기록하게 되는데, 학습자가 알고 있는 진도율과 LMS에서 확인된 진도율에 차이가 있을 수 있다. 이는 학습자가 LMS에 진도율이 제대로 생성될 수 없도록 학습했기 때문인 경우가 많은데, 이것을 무조건 학습자의 문제로 돌려서는 안 된다. 즉 진도율이 정상적으로 생성되기 위해서 학습자가 주의해야 할 것을 사전에 알려주고, 그러한 문제가 일어나지 않도록 사전에 안내해야 한다.
- 학업성취도 평가 결과는 이러닝 과정 수료 여부 판단에 결정적 자료로 역할을 한다.
- 교·강사에게는 문제 출제와 과제 구성에 대한 분석 자료로 제공되어 향후 과정 운영의 개선을 위해 활용할 수 있다.
- 경영진에게는 해당 과정의 지속 여부를 판단하는 기초 자료로 제공될 수 있다.

표 3-2-17 학업성취도 평가의 평가 도구별 예시(박종선 외, 2016)

평가 영역	비율(%)	평가 도구	평가 결과
지필시험	60%	• 문제은행 시험지 선다형 • 단답형 • 서술형	• 정량적 평가
과제 수행	30%	• 과제 양식 • 서술형	• 정량적 평가 • 정성적 평가
학습 진도율	10%	• 통계 자료	• 정량적 평가

(3) 평가 결과 정리 방법

① 만족도 평가 결과 정리하기

가. 만족도 평가 결과 확인

- 만족도 평가를 위한 문항은 교육훈련기관의 특성, 교육과정의 목표, 운영 목적 등에 따라 다르게 구성한다.
- 만족도 평가 문항 구성은 학습 내용, 학습 방법, 학습평가, 인적 지원, 학습 환경 등이 일반적으로 포함된다.
- 학습자의 간단한 의견 수렴은 5점 척도를 사용하고 구체적인 의견은 서술형으로 포함한다.
- 과정만족도 평가를 실시하기 위해 다음과 같이 LMS의 설문 관리 메뉴에서 설문 문항을 등록하고 시스템에 등록된 시기에 실시한 후 평가 결과를 확인한다.

나. 교·강사 및 학습자 만족도 평가 결과 확인

- 교·강사 및 학습자 만족도 평가는 만족도 평가 내에 포함된 항목으로 전체적으로 내용을 확인한다.
- 교·강사 평가의 경우 전문성, 강의 능력, 상호작용 등 다양한 형태의 구성이 가능하다.
- 문항별로 어떠한 부분에 강점과 약점이 있는지 확인한다.
- 학습자 만족도는 교·강사 만족도보다 다양하게 구성되어 있다.
- 문항별로 학습자의 학습경험을 분석하고, 이러닝 과정 내에 어떤 부분과 연결된 내용인지 확인한다.
- 교·강사 및 학습자 만족도 결과에 따른 시사점을 정리해 둔다.

다. 학업성취도 평가 결과 정리

- 학업성취도 평가 결과를 확인하기 위해 지필고사, 과제 수행, 학습 진도율에 대한 평가 결과를 확인한다.
- 통상적으로 LMS에서 학습자의 학습정보를 한 번에 제시해 주는 마이페이지 혹은 대시보드에 관련 정보가 제시된다.
- 관리자의 경우 전체 학습자 리스트에서 해당 학생의 이름을 클릭하면 수료 정보를 확인할 수 있게 된다.
- 학습자가 해당 페이지에 들어오면 자신의 현재 학습 현황을 확인하고, 어떤 활동을

해야 할 것인지 결정할 수 있다.

그림 3-2-16 학업성취도 관리 화면 예시

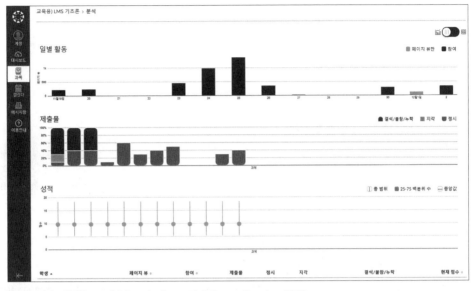

※ 출처: Xinics 위키 https://xinics.atlassian.net/wiki/spaces/Leaningx2020

② 학업성취도 평가 결과 정리하기

가. 지필고사 결과 정리

- 지필고사는 개별 학습자별로 시스템에 의해 자동으로 랜덤하게 선정된 문항이 제공되며, 객관식의 경우 시스템에 의해 자동 채점되고 서술형은 교·강사가 첨삭 지도하여 평가한다.
- 학습자가 시험에 참여한 후 문항마다 교·강사가 첨삭지도를 수행한다.
- 해당 문제에 대한 오류 원인과 관련 학습 정보를 포함하면 도움이 된다.
- 문항마다 동일한 피드백은 의미가 없으며 학습자 입장에서 복습과 점검의 기회를 가지도록 첨삭 지도하는 것이 중요하다.

나. 과제 수행 평가 결과 정리

- 학업성취도 평가의 하나로 실시되는 과제 수행은 과정 운영 시작과 함께 공지되는 것이 바람직하다.
- 과제 수행에 대한 구체적인 수행 방법, 모사처리 방안 등을 충분히 공지하여 공정한 평가가 이루어지도록 관리한다.
- 학습자별로 과제 수행에 참여한 상황을 파악하는 화면을 통해 과제 등을 포함하여 참여가 저조한 개별 학습자별로 이메일, SMS 발송으로 독려하고 피드백한다.

다. 학습 진도율 평가 결과 정리

- 학습 진도율은 일차적으로 학습자의 학습 독려에 활용된다.
- 학습 진도율은 학업성취도 평가 기준에 포함되기 때문에 수료 여부를 결정하는 데 영향을 미친다.
- 학습자가 학습 진도율 확인이 쉽도록 그래프로 관련 내용을 제시한다.

③ 학업성취도 평가 결과 정리

가. 학업성취도 평가 전체 요소 결과 확인

- 학습자별 학업성취도 평가 결과를 정리하기 위해 학업성취도 평가의 전체 요소 결과 확인, 과제 수행 평가 결과 확인을 진행한다.
- 학습자의 학업성취도 평가 결과는 교육기관의 LMS의 기능에 따라 다양하게 분석되어 제공된다.
- 일반적으로 지필고사, 과제 수행, 학습 진도율 등이 하나의 화면에서 종합적으로 확인할 수 있도록 제공된다.
- 학업성취도 평가의 전체 요소 결과를 확인한다.
- 학습자별로 성취 수준을 파악할 수 있고 이러한 자료를 기반으로 자체 보고서를 작성한다.
- 다음은 학습 진도율, 총괄평가, 리포트 성적이 모두 포함된 학업성취도 평가 결과의 예시 화면이다. (그림 3-2-17 참고)

그림 3-2-17 개별 학생 통계 분석 화면 예시

학생 ▲	페이지 뷰	참여	제출물	정시	지각	미완료	현재 점수
ku_stu01	118	10	12	12	0	0	72.87%
ku_stu02	45	4	7	6	1	1	439.06%
ku_stu03	37	4	4	4	0	1	48.15%
ku_stu04	40	4	6	5	1	0	72.39%

※ 출처: Xinics 위키 https://xinics.atlassian.net/wiki/spaces/Leaningx2020

나. 과제 수행 평가 결과 확인

- 학업성취도 평가 중 과제 수행 평가는 주로 서술형 작성에 대한 첨삭지도로 이루어 진다.
- 과제별로 첨삭지도를 실시하기 전에 모사 여부를 판단하기 위한 필터링 작업을 수행한다.
- 모사답안 방지시스템은 학습자의 과제에 대해 단어 수, 확장자, 크기 등을 자동으로 비교하여 걸러주며, 모사답안으로 예측되면 단어 비교를 통해 모사율을 측정해서 제공해 준다. 교·강사는 이러한 장비를 기반으로 과제를 채점하고 점수를 부여 하게 된다.
- 과제 채점은 시스템에 의해 자동 채점되지 않기 때문에 교·강사가 학습자별로 채점하고 피드백 정보를 제공한다.

■ 이러닝에서 평가 결과 정리 시 참고사항은 다음과 같다.

> - 과정 평가 결과 정리는 과정 운영계획서의 평가 요소, 내용, 방법, 시기 등을 먼저 확인하고 해당 내용에 따라 정리하여야 효과적이다.
> - 교육훈련 기관의 LMS 기능에 따라 결과 확인 양식이 다르므로 종합적으로 확인하고 분석할 수 있는 기능을 활용하면 효과적이다.

2) 평가 보고서 작성

(1) 만족도 보고서

만족도는 해당 이러닝 과정의 성과를 평가하는 가장 대표적 방법이다. 만족도를 통해 해당 교육이 잘 이루어졌는지 판단하고, 학습자의 경험을 바탕으로 한 의견 및 반응을 확인한다. 만족도 평가가 잘 이루어지기 위해서는 만족도 문항을 구성하는 것이 중요하다. 통상적으로 좋았는지, 나빴는지 등의 감정적 요소를 파악하는데 머무르는 경우가 많은데, 그 이상의 유의미한 시사점을 도출할 수 있어야 한다. 만족도 평가라는 것을 통해 교육의 개선이 수반되어야 하기 때문이다.

① 만족도 보고서 구성요소

- 만족도 평가 결과는 교육기관 LMS의 기능에 따라 자동으로 보고서를 만드는 경우도 있고, 운영자가 별도로 엑셀이나 워드 프로그램을 통해 작성하는 경우가 있다.
- 일반적으로 만족도 평가를 실시한 과정명, 대상 인원, 교육기간, 평가 시기, 참여율, 문항별 분포, 주관식 의견 등이 포함된다.

표 3-2-18 과정만족도 평가 문항의 분류 화면 예시(박종선 외, 2016)

번호	평가 분류명	평가 문항
1	목표 제시	학습 목표가 명확하게 제시되었음
2	내용 설계	필요한 정보를 습득할 수 있도록 충분한 기회가 제공되었음
3	인터페이스	학습화면 구성은 편리하게 설계되었음
4	인터페이스	학습 진행 중에 원하는 곳으로 편리하게 이동할 수 있었음
5	적합도	학습 내용은 자기계발이나 직무 향상에 도움이 되었음
6	미디어 활용	학습 내용에 적합한 동영상, 음성, 애니메이션, 이미지 등이 적합하게 활용되었음
7	운영만족도	학습에 필요한 정보를 적절하게 제공받았음
8	운영만족도	운영자는 학습 활동을 지속적으로 관리하고 적절한 격려를 제공하였음
9	운영만족도	학습 진행에 대해 신속하고 정확한 답변을 제공받았음
10	교·강사 만족도	학습 내용에 대해 전문적이고 구체적인 답변을 제공받았음
11	교·강사 만족도	학습 평가에 대한 첨삭지도가 도움이 되었음
12	시스템 환경	학습 과정은 시스템의 오류나 장애 없이 진행되었음
13	시스템 환경	학습에 필요한 응용 프로그램을 편리하게 설치하고 사용하였음

② **만족도 보고서 작성**

- 만족도 평가 결과에 대한 보고서 작성은 보고서의 기본적인 구성요소를 포함하여 분석하면서 동시에 시사점 및 개선 방안을 포함하여야 한다. 특히 만족도 평가 참여율은 결과 해석에 중요한 요인이 될 수 있으므로 유의하여야 한다.
- 일반적으로 70% 이상 참여하도록 독려하는 것이 바람직하고 50% 이하의 경우 만족도 결과 해석 및 활용에 유의해야 한다.
- 만족도 평가 문항별로 평가 도구에 따라 평가 결과 정리가 달라질 수 있다.
- 설문조사가 5점 척도인 경우 문항별로 막대그래프를 활용하여 제시하고 체크리스트인 경우 빈도 비율을 숫자로 표현하여 제시하며, 문항별로 나타난 결과를 해석하는 설명이 포함되어야 하고 이를 개선하는 의견이 반영되어야 보고서의 역할을 할 수 있다.

그림 3-2-18 만족도 보고서 사례

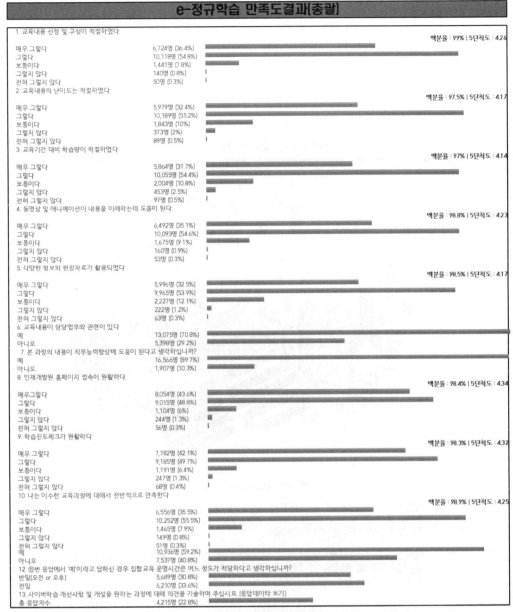

e-정규학습 만족도결과(총괄)

1. 교육내용 선정 및 구성이 적절하였다 **백분율 : 99% | 5단척도 : 4.26**

매우 그렇다	6,724명 (36.4%)
그렇다	10,118명 (54.8%)
보통이다	1,441명 (7.8%)
그렇지 않다	140명 (0.8%)
전혀 그렇지 않다	50명 (0.3%)

2. 교육내용의 난이도는 적절하였다 **백분율 : 97.5% | 5단척도 : 4.17**

매우 그렇다	5,979명 (32.4%)
그렇다	10,189명 (55.2%)
보통이다	1,843명 (10%)
그렇지 않다	373명 (2%)
전혀 그렇지 않다	89명 (0.5%)

3. 교육기간 대비 학습량이 적절하였다 **백분율 : 97% | 5단척도 : 4.14**

매우 그렇다	5,864명 (31.7%)
그렇다	10,055명 (54.4%)
보통이다	2,004명 (10.8%)
그렇지 않다	453명 (2.5%)
전혀 그렇지 않다	97명 (0.5%)

4. 동영상 및 애니메이션이 내용을 이해하는데 도움이 된다 **백분율 : 98.8% | 5단척도 : 4.23**

매우 그렇다	6,492명 (35.1%)
그렇다	10,093명 (54.6%)
보통이다	1,675명 (9.1%)
그렇지 않다	160명 (0.9%)
전혀 그렇지 않다	53명 (0.3%)

5. 다양한 정보와 현장자료가 활용되었다 **백분율 : 98.5% | 5단척도 : 4.17**

매우 그렇다	5,996명 (32.5%)
그렇다	9,965명 (53.9%)
보통이다	2,227명 (12.1%)
그렇지 않다	222명 (1.2%)
전혀 그렇지 않다	63명 (0.3%)

6. 교육내용이 담당업무와 관련이 있다

예	13,075명 (70.8%)
아니오	5,398명 (29.2%)

7. 본 과정의 내용이 직무능력향상에 도움이 된다고 생각하십니까?

예	16,566명 (89.7%)
아니오	1,907명 (10.3%)

8. 인재개발원 홈페이지 접속이 원활하다 **백분율 : 98.4% | 5단척도 : 4.34**

매우 그렇다	8,054명 (43.6%)
그렇다	9,015명 (48.8%)
보통이다	1,104명 (6%)
그렇지 않다	244명 (1.3%)
전혀 그렇지 않다	56명 (0.3%)

9. 학습진도체크가 원활하다 **백분율 : 98.3% | 5단척도 : 4.32**

매우 그렇다	7,782명 (42.1%)
그렇다	9,185명 (49.7%)
보통이다	1,191명 (6.4%)
그렇지 않다	247명 (1.3%)
전혀 그렇지 않다	68명 (0.4%)

10. 나는 이수한 교육과정에 대해서 전반적으로 만족한다 **백분율 : 98.9% | 5단척도 : 4.25**

매우 그렇다	6,556명 (35.5%)
그렇다	10,252명 (55.5%)
보통이다	1,465명 (7.9%)
그렇지 않다	149명 (0.8%)
전혀 그렇지 않다	51명 (0.3%)
예	10,936명 (59.2%)
아니오	7,537명 (40.8%)

12. ⑪번 응답에서 '예'라고 답하신 경우 집합교육 운영시간은 어느 정도가 적당하다고 생각하십니까?

반일(오전 or 오후)	5,689명 (30.8%)
전일	6,210명 (33.6%)

13. 사이버학습 개선사항 및 개설을 원하는 과정에 대해 의견을 기술하여 주십시오. [응답데이타 보기]

총 응답자수	4,215명 (22.8%)

※ 출처: 서울특별시 서울정보소통광장 https://opengov.seoul.go.kr/sanction/3793568

- 주관식 의견 작성의 경우 가공하지 않은 문장을 그대로 취합하거나 일정한 카테고리별로 분류하여 정리하면서 빈도수를 포함할 수도 있다.
- 최근에는 워드 클라우드와 같은 프로그램을 통해 주관식 의견에서의 중요 키워드를 추출하기도 한다.

그림 3-2-19 워드 클라우드 사례

※ 출처: 한국저작권위원회 홈페이지

- 문장을 수정하여 정리하는 경우 문장 해석에 오류가 발생하지 않도록 유의하여야 한다.
- 가급적 학습자가 작성한 문장 그대로를 활용하는 것이 도움이 된다. 다만, 수강생 규모가 50명 이상으로 클 경우 분류하여 정리할 수도 있다.

(2) 운영 결과 보고서

이러닝 과정이 운영되고 나면 해당 과정의 전반적 운영 정보를 정리하여 운영 결과 보고서를 작성한다. 운영 결과 보고서를 작성하는 목적은 여러 가지가 있을 수 있으나 기본적으로 이러닝 과정의 운영 측면에서의 질 관리를 하기 위함이다. 최근 콘텐츠의 개발만큼 운영의 중요성이 강조되고 있어 교육기관의 성과를 판단하는 측면에서도 운영 결과 보고서가 영향을 줄 수 있다.

① 운영 결과 분석

- 운영 결과를 분석하는 것은 과정 운영 중에 생성된 자료를 수집하고 분석하여 그 결과의 의미를 파악하기 위함이다.
- 과정 운영 결과를 분석하는 활동에 포함되는 영역은 학습자의 운영만족도 분석, 운영인력의 운영활동 및 의견분석, 운영실적 자료 및 교육효과 분석, 학습자 활동 분석, 온라인 교·강사의 운영활동 분석 등으로 다양하다.
- 교육훈련 기관의 과정 운영 결과 분석의 목적과 범위에 따라 결과 분석 요소를 선정할 수 있는데, 다음과 같은 체크리스트 예시 자료를 참고하면 도움이 될 수 있다.

표 3-2-19 과정 운영 결과 분석을 위한 체크리스트 예시

구분	확인 사항	확인 여부	
		Y	N
필수 사항	만족도 평가 결과는 관리되는가?		
	내용 이해도(성취도) 평가 결과는 관리되는가?		
	평가 결과는 개별적으로 관리되는가?		
	평가 결과는 과정의 수료 기준으로 활용되는가?		
권고 사항	현업 적용도 평가 결과는 관리되는가?		
	평가 결과는 그룹별로 관리되는가?		
	평가 결과는 교육의 효과성 판단을 위해 활용되는가?		
	동일 과정에 대한 평가 결과는 기업 간 교류 및 상호인정이 되는가?		

※ 출처: 박종선 외(2003), E-learning 운영표준화 가이드라인, p.43

(3) 운영 결과 보고서 작성

① 운영 결과 보고서 작성의 기본

- 과정 운영 결과 보고서는 해당 과정 운영에 대한 과정명, 인원, 교육기간 등이 운영개요로 포함되고 교육 결과로 수료율이 제시되며 설문조사 결과, 학습자 의견, 교육기관 의견 등이 포함된다.
- 교육기관마다 기관의 특징 및 요구사항을 반영한 운영 결과 보고서 양식을 활용한다.

② 운영 결과 보고서의 개요

- 운영 결과 보고서의 경우 해당 보고서가 작성된 근거와 목표 등이 제시될 수 있다. 이는 운영 결과 보고서를 이해하는 데 중요한 역할을 한다.

그림 3-2-20 운영 결과 보고서 첫 페이지 예시

2014년 e-러닝 직무교육과정 운영결과 보고

2014년 e-러닝 직무전문교육 운영 실적 및 만족도 결과를 분석하여 상시학습체계 지원과 맞춤형 서비스를 제공함으로써 학습자의 자기주도 학습을 극대화하여 학습의 효과성을 제고하고자 함

I 추진근거

☐ 서울시 인재개발원 e-러닝 운영지침('09.2.1)

☐ 2014 교육계획(행정1부시장 방침 제463호, '13.10.27)

☐ 지방공무원 교육훈련 운영지침(안전행정부예규 제63호, '13.12.30)

II 추진목표

☐ 시민이 행복하고 풍요로운 도시 서울 구현을 위한 전문직무 능력함양

☐ 창조형 인재양성을 위한 자기주도적 상시학습 기회 확대

☐ 연중 상시학습이 가능한 온라인 학습환경과 시스템 구축 내실화

III 추진방향

☐ 전문지식을 바탕으로 새로운 영역을 개척하는 인재 양성
  ○ 다양한 직무전문과정 운영 및 어학·자격증 등 개인학습기회 제공

☐ 새로운 교육수요에 맞춘 e/u 겸용콘텐츠 개발(PC, 모바일기기)

☐ 미래 교육환경 대응을 위해 e-러닝 과정 확대(공동활용 강화)

※ 출처: 서울특별시 서울정보소통광장 https://opengov.seoul.go.kr/sanction/379356

③ 전체 개요 작성

- 운영 결과 보고서는 하나의 과정에 대해 작성하기도 하지만, 여러 과정을 종합하여 제공하는 것이 일반적이다.
- 연간 또는 분기별로 여러 과정을 종합 분석함으로써 이러닝 과정의 기획 및 운영과 관련된 의사결정을 할 수 있도록 지원할 수 있다.

그림 3-2-21 운영 결과 보고서 개요 예시

Ⅳ 직무전문과정 개요

□ 직무전문교육

【e-정규학습 및 e-사전학습】

○ 교육기간 : 2014. 1. 6 ~ 12. 28
○ 운영과정 : 81개 과정 361회 (e-정규학습 321, e-사전학습 40)
○ 학습기간 : 과정특성과 학습시간에 따라 2주 ~ 1개월
○ 학습시간 : 과정별 7시간 ~ 30시간
○ 세부 과정현황

분 야		과 목 명		
기본역량 (8)	핵심가치	공직가치(청렴 등)	e-공직자행동강령	e-청렴교육	e-사례로배우는부패영향평가
	인문소양	자기계발(미래설계 등)	e-아름다운 생애 설계	e-직장인의 건강관리	
		기본역량(사전학습)	건강체력관리		
		사 회 적 소 양	e-고전에서 배우는 인문학	e-변화에서 길을 찾다	e-창조마인드
리더십역량 (11)	직급	신 규 자 과 정	e-행정실무기본		
		신임/승진(사전학습)	5급승진리더 / 7급신입리더	6급승진리더 / 8·9급신임리더	7급승진리더 / 일반직전환
	직위	4 급 이 하	e-끌리는사람은1%가다르다 / e-마음을얻는소통의심리학 / e-바보들은항상결심만한다	e-리더의꿈만들기 / e-마음을여는힘 / e-위대한리더를깨우는생각열쇠	e-리더의역량강화 / e-명품리더십의비밀 / e-팀워크와팀성과를높여라
		승 진 역 량 개 발	e-역량평가의이해		
직무역량 (62)	공통	시민중심, 기본업무관련	e-민원처리능력향상 / e-공무원노사협력 / e-나만의프로젝트관리노하우 / e-스타일론으로쓰는기획서 / e-워딩파워 / e-양성평등을디자인하라 / e-홍보실무 / e-행정과인권	e-NGO협력 실무 / e-기획 및 평가 / e-논리에 날개를 달자 / e-알기쉬운행정법사례연구 / e-자료조사및활용 I / e-저작권의이해 / e-효과적면접기법 / e-알기 쉬운 행정실무	e-감동을주는프레젠테이션 / e-나도기획의달인이될수있다 / e-SNS로 홍보하기 / e-액션 러닝 이해하기 / e-자료조사및 활용 II / e-NO를YES로바꾸는협상 / e-지방예산회계실무 / e-서울바로알기
		직무공통(사전학습)	서울이해	사회적약자인권존중	홍보기획실무
	전문	직 무 분 야 별	e-인사및문서관리 / e-기록관리입문 / e-기록관리실무 / e-주민등록실무 / e-간호실무 / e-도시계획실무 I / e-서울문화관광 / e-직무능력향상(운영주차담당) / e-지방세기본법 / e-지방세특례제한법 / e-지방세법 / e-환경관리	e-감사실무 / e-알기쉬운보상실무 I / e-알기쉬운소송실무 I / e-보건관리실무 / e-사회복지 I / e-도시계획실무 II / e-산업경제과경제의이해 / e-복식부기 I / e-공동주택실무 I / e-푸른공원녹지 I / e-효과적 인수인계 / e-지방자치발전	e-알기쉬운보상실무 II / e-알기쉬운소송실무 II / e-직무능력향상(센터보조기계) / e-사회복지 II / e-자원봉사의이해와실천 / e-상수도행정 / e-복식부기 II / e-공동주택실무 II / e-푸른공원녹지 II / e-직무능력향상(장기가계) / e-상 생발전 / e-일자리 창출
		직무전문(사전학습)	마을공동체만들기 / 장애인복지 / 지방세실무	사회적경제 / 물관리실무	작은기업만들기 / 원전하나줄이기
	글로벌	글로벌마인드관련	e-국제교류	e-세계문화도시둘러보기	

※ 출처: 서울특별시 서울정보소통광장 https://opengov.seoul.go.kr/sanction/3793568

④ 교육생 현황 제시

해당 이러닝 과정에 참여한 교육생에 대한 현황을 제시한다. 이때 인구통계학적 특성을
제시하여 결과 분석에 도움을 얻을 수 있다.

그림 3-2-22 교육생 현황 예시

□ 교육생 현황

○ 기관별 직원수

구 분	합계
계	39,789
서울시	9,858
자치구	29,931

○ 기관별 교육생수

(단위 : 명)

구 분	계	서울시	자치구
계	95,351	17,310	78,041
e-정규·사전학습	30,295	5,899	24,396
e-자유학습	65,056	11,411	53,645
비율(%)	100%	18.15%	81.85%

- 서울시 본청 및 사업소 직원은 17,310명(18.15%)이 수강하였고
  현원 9,858명 대비 직원 1명이 1.76과정을 수강함
- 자치구 직원 78,041명(81.85%)이 수강하였고 현원 29,931명
  대비 직원 1명이 2.61 과정을 수강함

○ 성별 및 직급별 교육생수

(단위 : 명)

구 분	남여계	남	여	직급계	5급	6급	7급	8급	9급	기타
계	95,351	44,856	50,495	95,351	5,311	23,189	34,439	17,947	12,951	1,514
e-정규·사전학습	30,295	15,079	15,216	30,295	824	6,743	12,570	6,656	2,990	512
e-자유학습	65,056	29,777	35,279	65,056	4,487	16,446	21,869	11,291	9,961	1,002
비율(%)	100%	47.0%	53.0%	100%	5.6%	24.3%	36.1%	18.8%	13.6%	1.6%

- 성별은 남자 47.0%, 여자 53.0% 여성이 다소 앞서고,
- 직급별 교육생수는 일반직 7급이 34,439명(36.1%)으로 가장 많았고
  6급 23,189명(24.3%), 8급 17,947명(18.8%), 9급 12,951명(13.6%)

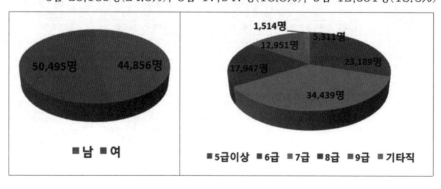

※ 출처: 서울특별시 서울정보소통광장 https://opengov.seoul.go.kr/sanction/3793568

⑤ 운영 결과 보고서의 해석 및 피드백

- 운영 결과 보고서 작성은 교육 결과로 나타난 기본적인 통계자료를 정리하여 작성하는 동시에 운영 결과에 대한 해석 의견과 피드백이 포함되어야 한다.

그림 3-2-23 운영 결과 시사점 및 대응 방안 예시

VI 교육실적 제고방안

☐ 미수료 학습자 대책을 통한 제고방안

   ○ e-정규학습은 계획대비 수강율은 131.5%로 높은편이나,
     수료율은 80.6%로 전년대비(84.7%) 4%p 감소

    – 미수료 사유 현황

구 분	계		진도미달		최종평가 미응시		최종평가 수료점수 미달	
	인원(명)	비율(%)	인원(명)	비율(%)	인원(명)	비율(%)	인원(명)	비율(%)
합 계	5,426	100	3,601	52.35	1,098	22.55	727	25.1
e-정규 학습	5,274	100	3,544	67.2	1,060	20.1	670	12.7
e-사전 학습	152	100	57	37.5	38	25.0	57	37.5

    – e-정규학습 미수료 사유는 진도미달 〉최종평가미응시 〉수료점수미달(낙제) 순

    – e-사전학습 미수료 사유는 진도미달 = 수료점수미달(낙제) 〉최종평가미응시 순

    – e-사전학습의 수료점수미달이 많은 이유는 공채시 선택과목을 파악하여 미선택한 과목(행정학, 행정법 중 택)을 사전학습 이수과정에 포함

   ○ 미수료학습자 대책

    – 진도미달 : 학습시작, 학습진도 및 최종평가 시 학습 독려를 위한 SMS 문자 메시지와 이메일 정기적 발송

    – 최종평가 미응시 : 학습시작일과 종료일 동일하게 최종평가 오픈

변경전	변경후	비 고
교육 : 2,3,4주 평가 : 교육종료 5일전부터 평가시작	교육 : 2,3,4주 평가 : 교육시작일과 동시에 평가오픈	평가 : 교육 시작과 동시에 평가 진행가능

    – 최종평가점수 미달 : 형성평가문제(각 차시 당 퀴즈)에서 80%이상 출제

※ 출처: 서울특별시 서울정보소통광장 https://opengov.seoul.go.kr/sanction/3793568

- 특히, 교육기관 입장에서 작성하는 의견은 교육을 의뢰한 고객사에 추후 교육 참여를 결정하는 중요한 정보가 될 수 있기 때문에 긍정적이든 부정적이든 전문가 입장에서 의견을 제시하여야 한다.
- 일반적으로 고객사가 가지는 특징을 명시하고 고객사가 교육훈련을 통해 향상되기를 기대하는 목표와 연계하여 설명해 주면 더욱 도움이 될 수 있다.

⑥ 운영 결과 보고서 작성 시 고려사항

- 고객사의 학습자마다 서로 다른 과정 운영에 참여한 경우도 많으므로 고객사별로 학습자를 모아서 보고서를 작성하는 것도 필요하다.
- 과정 운영 결과 보고서는 학업성취도 평가를 포함하고 있기 때문에 교육적 효과성을 판단하는 자료가 될 수 있다.
- 교육기관 입장에서는 동일한 과정 운영의 지속 여부를 판단하는 자료가 되고 고객사 입장에서는 조직원인 학습자의 교육훈련 지원을 판단하는 자료가 될 수 있다.
- 정확하고 명확한 통계자료 분석은 물론 결과 보고서를 통해 얻고자 하는 시사점을 수요자 입장에서 구체적으로 명시하는 것이 효과적이며 여기에 운영보고서 작성자인 운영자의 역할이 매우 중요하게 작용한다.
- 운영자는 학습자의 운영 결과를 정리하고 수료 여부를 파악하는 자료를 작성할 수 있다.

이것만은 기억합시다

- 과정 평가는 이러닝 과정의 운영 전반에 대한 측정 및 관찰을 통해 자료를 수집하고, 그 결과를 분석하고 해석하는 총체적 활동이다. 평가 주체에 따라 내부 평가와 외부 평가로 구분하고, 평가 시기에 따라 정기 평가와 수시 평가로 나뉘며, 평가 절차에 따라 과정 준비 평가, 과정 진행 평가, 사후관리 평가로 나뉜다.

- 평가를 시행하는 것만큼 중요한 것은 평가가 제대로 구성되었는지의 여부이다. 아무리 평가를 잘 시행했어도 부적절한 평가 항목들을 바탕으로 했다면 평가를 통해 얻을 수 있는 정보가 무의미할 수 있다. 따라서 이러닝 과정이 운영되기 전부터 운영되는 중간, 운영이 완료된 이후까지 전반적인 과정 운영 활동에 대해 자료를 분석하고 평가하는 과정 평가 적절성 검토가 이루어질 필요가 있다.

- 훈련에 참여한 학습자의 교육과정에 대한 느낌이나 반응 수준을 설문조사로 확인한다. 이러닝 만족도 평가는 이러닝 과정의 효과나 학습자의 학업성취도를 판단하기 위한 것이 아니라 이러닝 과정의 구성, 운영 요소, 기타 이러닝 과정 전반에 관한 문제점 파악 및 개선을 위해 진행된다.

Chapter 03 이러닝 운영 결과관리

학습목표	3장 학습 후 할 수 있는 일

1. 이러닝 운영 결과의 의미와 주요 구성요소를 설명할 수 있다.
2. 콘텐츠 운영의 단계별로 주요 내용 및 방법을 설명할 수 있다.
3. 교·강사 운영 결과를 관리하기 위한 평가 준거를 개발할 수 있다.
4. 교·강사 운영 결과를 평가할 수 있는 평가 도구를 개발할 수 있다.

주요 용어	핵심 키워드

콘텐츠, 시스템, 튜터, 교·강사, 이러닝 운영, 인프라, 평가 기준, 평가 도구

1) 이러닝 운영관리 배경

① 이러닝 운영관리는 운영계획서에 근거하여 운영이 전반적으로 잘 이루어졌는지 그 결과를 확인하는 과정이다.

② 이러닝 운영관리가 이루어지는 시점은 이러닝 운영 과정에서 학습활동이 모두 완료된 이후에 수행된다.

③ 이러닝 운영관리에서는 콘텐츠 운영 결과관리와 교·강사(튜터) 운영 결과관리가 주로 진행된다. 이러한 과정을 통해 이러닝 과정의 품질을 확보하고, 효과적인 교육이 이루어질 수 있도록 지원할 수 있다. 따라서 이러닝 운영관리는 이러닝 운영자가 행정지원 역할을 수행하는 사람으로서 이러닝 운영자가 강조되는 것이라고 볼 수 있다.

2) 운영 결과관리 단계로서의 이러닝 운영관리 이해

① 운영 결과관리는 과정별 운영 결과 분석 및 보고하기와 전체 과정별 운영 결과 분석 및 보고하기가 수행되는 단계로 규정하였다(장명희 외, 2004).

② 운영 결과관리는 과정별로 성과가 무엇인지 분석하고, 평가 결과와 운영 결과를 관리하는 운영관리의 기능과 심화학습을 안내하고 연계활동을 수행하게 되는 운영유지 기능이 수행되는 단계로도 볼 수 있다(권성연 외, 2004).

③ 노동부 및 한국산업인력공단은 이러닝 운영관리의 구체적 내용으로 다음과 같이 정리하였다.

표 3-3-1 이러닝 운영관리의 주요 내용

구분	세부 내용
콘텐츠 평가	• 과정 운영 관련 자료 탑재 • 과정 운영 관련 안내 제공 • 콘텐츠·SW·연동 프로그램 등의 과정 운영 관련 오류 점검
학습자 만족도 및 성취도 평가	• 만족도 평가 프레임워크 기획 • 만족도 평가 도구 개발 • 시스템 및 콘텐츠에 대한 학습자 만족도 평가 • 교수자와 학습자 지원 및 운영 방향에 대한 학습자 만족도 평가 • 학습자 만족도 평가 결과 분석 및 시사점 도출

	• 만족도 평가 프레임워크 기획
	• 만족도 평가 도구 개발
교수자 평가	• 시스템 및 콘텐츠에 대한 교수자 만족도 평가
	• 교수자 지원 및 운영 방향에 대한 교수자 만족도 평가
	• 교수자 만족도 평가 결과 분석 및 시사점 도출

④ 다만, 위의 노동부 및 한국산업인력공단의 정의에서 학습자 만족도 및 성취도 평가의 경우 운영 결과관리 단계에서 수행하는 것이 시점상 적절하지는 않을 수 있다. 왜냐하면 학습자의 만족도와 내용 이해도에 대한 평가는 과정이 종료된 이후가 아니라 학습활동이 완료된 직후에 수행되는 것이 적절하기 때문이다. 따라서 본 장에서는 콘텐츠에 대한 평가와 교수자 평가에 초점을 맞추어 내용을 제시하고자 한다.

⑤ 이러닝의 경우 필연적으로 이러닝을 운영하는 시스템에 대한 평가가 고려되어야 하는데, 이러한 시스템 평가는 별도로 진행하기보다는 콘텐츠 운영과 함께 연결하여 진행하는 것이 바람직하다. 이에 시스템에 대한 내용은 콘텐츠 평가 영역 안에서 다루게 된다.

3) 유지 과정으로써 이러닝 운영 결과관리

① 이러닝 학습이 이루어진 이후에 운영 결과를 관리하는 과정에서 반드시 고려되어야 할 요소 중 하나가 학습의 과정 및 결과가 지속해 유지되는 것이다.

② 이러닝으로 학습이 진행된 이후에 기존 학습에 이어진 후속 학습활동이나 심화된 학습과정이 안내되는 활동이 요구된다. 이러한 후속 조치는 이러닝 학습의 결과를 실제 현업에 적용하고 활용할 수 있도록 하는 데 중요하다. 이를 위해 자발적인 후속 학습이 이루어질 수 있도록 학습 커뮤니티를 구성해주거나 지속적인 후속 학습 관련 안내를 제공하여 학습 효과를 유지하고 학습의 결과가 현업에 효과적으로 적용될 수 있도록 하는 데 기여할 수 있다.

2 /// 콘텐츠 운영 결과관리

1) 콘텐츠 운영관리 개요

① 이러닝 운영 기관에서는 교육과정의 목표를 달성하기 위해 이러닝 과정 운영에 활용된 학습 콘텐츠가 적합하게 운영되었는지 확인해야 한다. 동일한 콘텐츠로 학습하더라도 어떻게 학습을 지원 및 운영했는가에 따라 성과가 달라질 수 있기 때문이다.

② 콘텐츠 운영관리는 운영하는 기관의 특성에 따라 다양하게 구성될 수 있으나 기본적으로 콘텐츠 운영의 전-중-후로 나누어 볼 수 있다.

③ 콘텐츠 운영 전에는 콘텐츠, 시스템, 운영인력 등이 운영 전 준비되어야 한다.

④ 콘텐츠 운영 중에는 학습자의 수강 활동 관리, 시스템 오류 등을 지원하기 위한 수강 지원과 공정한 평가와 성적관리 운영 등이 요구된다.

⑤ 콘텐츠 운영이 종료된 후에는 행정 지원과 사후관리 체계 등이 구축되어야 한다.

⑥ 콘텐츠 운영 평가를 통해 운영 기관은 경쟁력을 확보할 수 있으며, 지속적 투자와 수강생 유치를 통한 건전성을 확보할 수 있다. 또한, 관리 기관은 이러닝 과정에 대한 문제점을 파악하고 수강생 권익을 보호하며 행정적 지원이 가능해진다.

2) 준비 단계

준비 단계에서 고려해야 할 평가 요소는 특성화 전략, 과정 설계 전략, 전문인력 확보 및 운영, 전문인력 근무 조건, LMS, 인프라 구축, 수강생 구축 등 일곱 가지 요소다.

① 특성화 전략

그림 3-3-1 최근 5개년 이러닝 산업 공급기업 사업체수 도표(산업통상자원부, 2021)

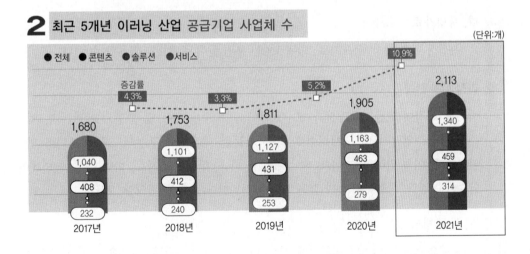

• 산업통상자원부에서 발간한 2021년 이러닝 산업 실태조사에 따르면 2021년 기준으로 이러닝 산업 공급기업 사업체 수는 2,113개이며, 이는 2020년 대비 10.9% 상승한 숫자다.

- 과거 2017년부터 2021년까지의 추세를 보면 2021년 이전에는 3~5% 정도의 완만한 상승 곡선을 그리다가 2021년에 크게 상승하였다. 이는 코로나19로 인해 비대면 교육이 활성화되면서 이러닝 관련 기업의 숫자도 함께 증가한 것으로 보인다.
- 2,113개 기업을 콘텐츠, 솔루션, 서비스로 나누어 보았을 때 운영과 관련이 있는 서비스 기업의 숫자는 1,340개로 전체의 63.4%를 차지할 만큼 많은 숫자다. 이렇게 많은 운영 기관이 존재하기 위해서는 기관별로 차별성이 요구될 수밖에 없다. 이에 특성화 측면에서 각 기관이 어떠한 전략을 가졌는지 제시해 주어야 한다.

가. 작성 방법

- 운영하는 이러닝 과정이 다른 유사 과정과 비교해 볼 때 어떠한 차별점을 가졌는지 중점적으로 기술해야 하며, 적절한 근거 자료를 함께 제시해야 한다.
- 그동안 기관을 운영해 오면서 달성한 추진 성과와 전략을 구체적으로 기술해야 하며, 이와 관련된 증빙 자료도 함께 포함해야 한다.

나. 평가 방법

- 특성화와 관련된 증빙 자료를 검토하고 허위로 제시하지는 않았는지 파악한다.
- 특성화 내용에 대한 논리적 타당성과 실현 가능성을 중심으로 평가가 이루어진다.
- 서면 평가 및 기관 운영 책임자, 실무 담당자들과의 인터뷰가 병행된다.

다. 증빙자료

특성화 관련 문서, 홍보자료, 기관 MOU 문건 등이 증빙으로 활용될 수 있다.

② 과정 설계 전략

이러닝 과정이 표준교육과정과 교수요목에 근거하여 계획 및 운영되고 있는지, 제시된 콘텐츠의 수업 내용이 구체적이고 학습 가능한 내용으로 구성되도록 설계되어 있는지 판단한다. 이를 위해 학습 목표 제시, 수준별 학습, 학습요소 자료, 화면 구성, 인터페이스, 교수학습 전략, 상호작용 등과 같은 요소를 검토한다(장은정, 정영란, 2012).

가. 작성 방법

- 학습 목표는 얼마나 명확하게 제시하고 있는가, 학습자의 수준을 고려한 학습활동이 제시되었는가, 학습 내용의 이해에 도움이 되는 학습요소 자료는 얼마나 다양하게 제시되었는가, 콘텐츠의 내용을 설명하기 위한 화면 디자인은 얼마나 명료하고 깔끔하게 구성되었는가, 사용 방법에 대한 인터페이스는 일관성 있게 제공되었는가, 학습자에게 적합한 교수학습 방법이 활용되었는가, 학습 동기를 부여하였는가,

다양한 상호작용(교수자–학습자, 학습자–학습자, 학습자–학습 내용)이 고려되었는가 등과 같은 교수설계 요소에 대한 학습자들의 반응을 검토해 볼 필요가 있다.

- 이렇게 파악된 콘텐츠의 교수설계 요소의 적합성에 대한 분석 결과는 학습 콘텐츠의 개발 적합성 여부를 확인하고 평가하는 기준의 하나로 활용될 수 있다. 이를 위해 표준교육과정과의 적합성 또는 자체 개발한 교육과정의 적절성 등을 강조할 수 있도록 강의계획서를 작성할 필요가 있다.
- 강의계획서에는 강사명, 튜터명 등 운영과 관련된 기본적인 정보와 수업 목표, 평가 기준 등에 대해 구체적으로 기술해야 한다. 이 부분은 콘텐츠를 개발할 때 내용전문가와 상의하여 구체적으로 결정되어야 한다. 특히 평가 부분은 이러닝 과정이 종료된 이후에 학습자들의 학업성취 결과를 확인하는 데 활용될 수 있기 때문에 명확한 채점 기준을 공지하여 제시할 필요가 있다.

나. 평가 방법

- 개발된 콘텐츠에 대한 확인을 통해 교육내용과의 연계성 및 충실성 등을 확인한다.
- 기관 운영 책임자, 실무 담당자들과의 인터뷰를 병행한다.

다. 증빙 자료

- 이러닝 과정에 대한 교육과정과 강의계획서 등이 활용될 수 있다.
- 이러닝 과정에서 제시한 콘텐츠도 증빙이 될 수 있다.

③ 전문인력 확보 및 운영

- 운영 기관은 이러닝의 효율적 · 효과적 운영을 통해 목표로 한 학습 목표를 달성하기 위한 인력을 구축해야 한다.
- 교 · 강사, 튜터, 행정 직원, 시스템 관리 직원 등을 확보 및 배치하여 체계적으로 관리해야 한다.
- 이러닝 과정을 운영하기 위한 조직을 전문화하고 일정한 절차에 따라 임무를 수행하도록 한다. 따라서 이러한 평가 요소는 이러닝 과정과 관련된 전문적 인력을 충분히 확보하고 있는지 평가하게 되며, 원활한 근무가 가능한 환경을 갖추고 있는지도 확인한다.

가. 전문인력 구분

- 교육기획자는 교육목표를 달성하기 위한 이러닝 전략을 수립하고 이를 수행하기 위한 콘텐츠, 시스템, 과정 운영과 관련된 기획을 담당한다.
- 내용전문가는 SME(Subject Matter Expert)라고도 하는데, 콘텐츠의 설계 및

개발하고자 할 때 학습 내용에 대한 전문성을 보유한 인력으로 교수설계자에게 학습 내용 및 각종 학습자원을 제공하는 역할을 수행한다.

- 교수설계자는 교육과정 전반을 기획하고, 학습 내용과 자원 등을 교수설계의 원리에 기초하여 최적의 교수학습 전략과 방법으로 설계하며, 운영 전략 설계 및 평가 전략 설계, 상호작용 설계 및 인터페이스 설계 등을 담당한다.

- 개발자는 교수설계자가 설계한 교수학습 전략과 방법, 멀티미디어 콘텐츠 유형 등을 구현하고, 이러닝 서비스를 제공하기 위한 LMS와 LCMS 등의 시스템 개발을 담당하게 된다.

- 운영자는 이러닝 과정 운영 계획을 총괄적으로 수립하고, 교수학습 활동을 촉진하며, 온라인에서 학습 관련된 장애 처리 및 평가와 교육과정 운영, 수료 처리 등을 담당한다.

- 튜터는 학습자가 학습 목표를 달성할 수 있도록 교수자의 역할을 분담하여 맡고 개별적으로 학습을 관리하여 상호작용을 촉진한다.

나. 작성 방법

- 이러닝 과정 운영과 관련된 조직 구성과 인력 배치 등의 사항을 알아보기 쉽도록 도표를 이용하여 작성한다.

- 운영 인력에 대한 경력사항 등을 정해진 양식에 따라 구체적으로 기술한다. 특히 운영 인력의 경력사항이 사실인지 자체적으로 확인해야 하며, 관련된 증빙자료를 구축하는 등의 노력을 해야 한다.

- 운영 인력의 전문성 개발을 위해 연수 기회가 제공되는지 기술하는 것도 필요하다.

다. 평가 방법

- 평가 자료를 통하여 운영 관련된 조직 및 인력 구성의 적절성과 타당성, 사실 여부 등을 확인한다.

- 콘텐츠 개발의 교·강사는 운영 교·강사로 수업 진행 여부를 확인한다.

- 개발 교·강사와 운영 교·강사가 분리된 경우, 각 역할을 수행할 수 있는 사람인지 확인해야 한다. 특히 운영 교·강사의 경우 교육 운영의 질적 측면에 밀접한 영향을 미칠 수 있기 때문에 자격 확인 등의 절차를 더 철저하게 구성해야 한다.

라. 증빙 자료

- 운영 관련 조직 및 인력 구성 현황표 및 업무 분장표를 확보한다.

- 운영 인력의 인사기록카드, 이력서, 경력 증명서 등을 확보한다.

- 운영 인력의 고용계약서, 건강보험자격득실확인서 등을 확보한다.
- 전문 인력의 선발 절차와 선발 기준을 구축한다.
- 운영 인력에 대한 급여 명세서 등을 확보한다.

④ **전문인력 근무 조건**

- 전문인력에 대한 기관 차원의 복지 지원 여부와 급여, 업무 부담의 적절성 등을 확인한다.
- 업무가 과중하거나, 맡겨진 역할을 다해낼 수 없을 것으로 예측되는 경우는 없는지 확인한다.

가. 작성 방법

- 전문인력의 근무 형태에 따른 인원 및 평균 급여를 제시한다.
- 교·강사의 경우 수업 부담 시간의 평균을 제시하여 수업 부담에 대한 적절성을 평가할 수 있도록 보고서를 작성한다.
- 기관에 따라 적용되는 기준이 다를 수 있기 때문에 관련된 내용을 확인하여 평가에 필요한 적절한 정보를 제시하도록 한다.

나. 평가 방법

- 평가 자료를 통한 근무 조건의 타당성 및 적절성을 평가한다.
- 평가 자료에서 제시된 증빙 자료를 확인하고, 서류상의 내용과 실제 근무 내용에 차이는 없는지 확인한다. 만약 이와 관련된 부분에 차이가 있으면 사실관계를 확인하여 평가를 시행한다.

다. 증빙 자료

- 교·강사의 담당 과정 목록을 확보한다.
- 급여 명세서, 급여 산출과 관련된 자료를 확보한다.

⑤ **LMS**

- 운영 기관은 이러닝 과정을 효과적·효율적이며 안정적으로 운영할 수 있도록 LMS를 개발해야 한다.
- LMS를 통해 교수자, 학습자, 관리자 등이 교수학습 활동을 효과적으로 할 수 있어야 한다. 이에 LMS에 대한 평가에 대해서는 교수학습 활동을 지원하기 위한 필수 기능이 구현되어 있는지, 그것이 오류 없이 실행되는지를 평가하게 된다.

• 일반적으로 LMS의 운영 인력이 활용하는 기능을 정리하면 다음 표와 같다.

표 3-3-2 대학 LMS 운영자 기능 사례

주요 기능	세부 요소	내용
강의실 관리	강의관리	강의보기, 강의계획서(마감관리), 지난자료이관, 교수·조교 소개관리, 운영강사관리, 교수·조교강의실메뉴관리
	학습 지원 관리	강의공지사항, 강의Q&A, 1:1학습상담, 자유게시판, 학습자 료실, 화상회의시스템
	학습현황 관리	퀴즈관리, 과제관리, 토론관리, 팀프로젝트관리, 온라인시 험관리
	평가관리	평가기준관리, 출석관리, 학습참여도관리, 기타점수관리종 합평가, 성적이의신청관리, 출석인정신청관리
	학생관리	학생정보조회, 학습활동관리
학사행정 관리	일정관리	일정조회, 일정등록
	메일함, 쪽지함	메일·쪽지발송, 발송된메일·쪽지
	강의 평가, 설문조사 관리	평가문항관리, 평가결과관리
	로그인현황관리	교수자 학습기여도 및 로그인 현황관리, 조교 학습기여 및 로그인 현황관리
	게시판 관리	학교공지사항, 교수공지사항, 학과공지사항, 팝업창관리
	기본 학적 관리	학생조회, 학생정보 등록/수정
	학생관리	학사경고자, 복학신청대상자, 미복학자, 제적/자퇴생, 산업 체위탁생, 정원내외학생, 시간제등록생
	학적 변동 관리	학적변동내역, 휴·복학신청, 전과신청, 부·복수(포기)신청, 제적대상자, 조기졸업신청, 학년승급
	졸업관리	졸업예정자, 조기졸업대상자, 학위증서번호부여, 미졸업자 조회
	교과목 관리	교과목관리, 동일유사과목정리, 학과교과과정등록, 자격증 인정과목, 강좌개설신청, 강좌개설확정, 개설강좌관리
	수강관리	강좌별수강신청, 학생별수강신청, 학부별수강신청, 분반강 좌학생이동, 수강포기관리, 미수강신청자, 등록자, 기준학 점이하신청자, 재수강신청자
	성적관리	성적평가조회, 성적처리마감, 성적평가표관리, 성적이관처 리, 학점포기, 학점포기신청자관리, 학사경고자관리, 학점 인정
	수업관리	우수강의, 강의평가, 강의설문
	등록관리	등록금책정, 등록금고지내역, 수납환불, 환불대상자, 학자 금대출, 등록금이월
	장학관리	장학금관리, 장학생관리, 장학금신청

	시스템 관리	이수학점기준관리, 코드관리, 학사년도설정, 학사일정관리, 특정일코드관리, 이수구분관리, 강의주차관리, 교직원관리, 학부관리, 학과/전공관리
학사행정 관리	환경 설정	운영메뉴권한관리, SSO아이디관리, PKI사용관리
	출력물	학적부출력, 출석현황, 시험응시현황
	기타	커뮤니티관리, 학생상담관리, 증명서발급관리

가. 작성 방법

- 운영 중인 LMS 기능을 관리자용, 교수자용, 학습자용으로 구분하여 기재한다.

- LMS 기본 기능 외에 특성화 전략 차원에서 구현한 기능이 잘 나타날 수 있도록 제한한다.

- 평가자가 LMS에 접근할 수 있도록 접속 아이디와 비밀번호 등을 함께 제시한다.

나. 평가 방법

- 평가 기관으로부터 제시된 LMS의 기준 기능과 비교하여 어떻게 구축했는지를 확인할 수 있도록 해당 내용을 정리하여 제시한다.

- 평가자가 직접 접속해 볼 수 있도록 관련된 정보를 제공하고 접속할 수 있는 환경을 제시한다.

다. 증빙 자료

- LMS의 기능 명세서를 확보한다.

⑥ 인프라 구축

- 이러닝 운영 기관은 원활한 교육 운영을 위해 충분한 서버와 통신장비, 미디어 제작 관련 시설, 원격교육 시설 등을 확보해야 한다.

- 만약 플립러닝이나 블렌디드러닝과 같은 온·오프라인 혼합형 교육을 기획하고 있다면 오프라인 교육을 위한 시설도 포함되어야 한다.

- 서버의 경우 자체 서버를 사용한다면 별도의 전산실이 필요할 수 있는데, 보안이나 경제성 등을 고려하여 외부에 서버를 둘 경우 IDC 센터를 이용하면 비용을 절감시킬 수 있다.

- 이러닝 운영 설비와 관련한 기준을 제시하는 원격교육 설비기준 고시(교육부 공고 제2019-392호)에 따른 기준을 제시하면 다음과 같다. (표 3-3-3 참고)

표 3-3-3 서버 설비 기준

구분		기본 설비용량(1,000명 미만)			추가 설비 용량(1,000명당)		
		CPU	메모리 [MB]	디스크 [GB]	CPU	메모리 [MB]	디스크 [GB]
OLTP 서버 [tpmC]	학사행정 DB	52,000	6,144	3,300	52,000	3,072	3,100
	강의 수강 DB						
	백업용 DB						
WEB/ WAS 서버 [OPS]	WEB 서버	8,700	12,288	1,650	8,700	4,096	1,125
	메일 서버						
	동영상 서버						
	학사행정 서버						

1. CPU의 용량은, OLTP 서버는 TPC-C의 tpmC, WEB/WAS 서버는 spec jbb2005의 OPS로 나타낸다.

2. 사이버대학에서 확보해야 하는 서버 및 네트워크 등의 설비용량은 해당 학년도 기준일 당시 실제 수강(예정)하는 학생 수를 기준으로 한다.

   가. 학생 수=정원 내 등록학생+정원 외 등록학생+시간제 등록생+기타 강좌수강생

   　(대학원이 있는 경우 대학원 학생 수는 학생 정원의 1.5배)

   나. 수강 학생 수 1,000명 미만까지는 기본 설비용량을 적용하며 1,000명 이상부터는 1,000 명 단위로 올림 하여 수강 학생 수를 기산한다. 즉, 수강 학생 수가 1,000명 이상 2,000 명 미만의 경우 2,000명으로 기산한다.

   다. 대학원을 설립한 사이버대학의 경우에는 학사과정과 대학원과정의 수강 학생 수를 합산 하여 적용한다(대학원의 학생 수는 「사이버대학설립·운영규정」 제6조 제3항에 따른 학 생 수를 말한다).

   라. 사이버대학 최초 설립 시에는 개교예정일 당시의 입학정원과 기타 수강학생 추정 인원 을 합하여 4년간(전문학사학위를 수여하는 사이버대학의 경우에는 2년간)의 설비 규모 를 산정한다.

3. 각 서버는 논리단위로써 물리적 시스템의 구조와는 관계없으나 총합적 용량은 준수되어야 하 며, 가상화 기술을 이용하는 경우에도 물리적 서버의 성능 용량은 기준 이상이어야 한다.

4. 하나의 서버, 또는 멀티 서버에 설치된 메모리양이 운영체제가 인식할 수 있는 최댓값인 경우 메모리의 용량 기준은 만족한 것으로 본다.

5. 서버 설비는 IDC co-location 서비스, 클라우드 서비스 등 전문업체를 이용하여 외주 관리 할 수 있다.

   가. 단, 시스템이 IDC, 클라우드 등에 설치되어 실시간 Back-up 서비스를 받는 경우 백업 용 DB의 설치는 면제될 수 있다.

   ※ 면제 가능 용량=기본 설비용량: CPU 17,800tpmC, 메모리 2,048MB, 디스크 2,500GB 추가 설비 용량(학생 수 1,000명당): CPU 17,800tpmC, 메모리 1,024MB, 디스크 2,500GB

나. 클라우드를 이용하여 서버를 구성할 경우

　1) 한국인터넷진흥원(KISA)에서 보안 인증을 받은 민간 클라우드 IaaS 서비스를 이용한다.

　2) 클라우드 서버의 가용성과 안정성 확보를 위해 「클라우드컴퓨팅서비스 품질·성능에 관한 기준」(과학기술정보통신부 고시)을 따른다.

6. 디스크의 용량은 SAN 등의 데이터관리 체계, 스토리지 어레이 등의 용량이 규정된 서버의 디스크 용량보다 큰 경우 서버의 디스크 용량을 대체할 수 있다.

7. 원격교육 수강을 위해 학생이 직접 접속하는 WEB 서버는 두 대 이상의 서버로 클러스터링되어 서버 부하 분산(SLB; Server Load Balancing)이 가능하도록 구성되어야 한다.

8. 사이버대학의 설립을 위한 서버와 네트워크의 설비 기준은 3-Tier의 표준적인 참조모델 [그림 3-3-2]에 기반을 두어 제시되었다. 기술의 발전 또는 학과의 특성 등으로 인하여 참조모델과 다른 형태의 시스템을 구축하는 경우, 또는 논리적 서버를 사용하는 경우 기능별로 용량을 산정하여 참조모델 형태로 재분류한 후 용량을 산정한다.

그림 3-3-2 사이버대학교 정보시스템 참조 모델

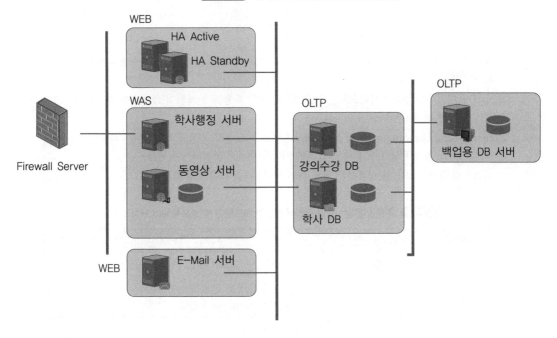

표 3-3-4 소프트웨어 설비 기준

구분		내용 및 기준
SW	웹서버(웹엔진)	1. WEB/WAS용 시스템 S/W
	동영상 서버용	1. 300Kbps 이상의 대역폭을 지원하는 스트리밍 서비스로 다양한 멀티미디어 스트림 전송기능을 보유할 것

구분		
SW	DBMS	1. 데이터 파티션 처리능력 및 확장성 지원 2. 데이터 무결성 규칙 지원 및 신뢰성 보장 3. 멀티미디어 처리 지원(동영상, 이미지 등)
	원격교육운영 S/W	1. 학습관리시스템(LMS) 2. 학습 콘텐츠 관리시스템(LCMS) 3. 콘텐츠개발관리시스템(CDMS)

[권고 및 이행기준]

1. 원격교육운영 S/W는 학생과 교수자가 모바일 환경에서 교수자와 학습자 간의 상호작용, 강의 수강 등이 가능하도록 모바일러닝 환경 지원을 권고한다.
2. 클라우드 SaaS 서비스를 이용할 경우, 「행정·공공기관 민간 클라우드 이용 가이드라인」(행정안전부)을 준용한다.

표 3-3-5 네트워크 설비 기준

구분	기본 설비용량(1,000명 미만)	추가 설비용량(1,000명당)
인터넷 대역폭	74Mbps	74Mbps

1. 네트워크 설비는 IDC co-location 서비스, 클라우드 서비스 등 전문업체를 이용하여 외주 관리할 수 있다.
2. 인터넷 대역폭은 인터넷서비스사업자(ISP)와의 계약 내용과 관계없이 트래픽이 제한받지 않고 통신 가능한 최대 대역폭을 의미한다.
3. 대학이 CDN(Content Delivery Network) 서비스를 트래픽 용량의 제한 없이 이용하는 경우에도 설비 기준상 인터넷 대역폭의 최소 30% 이상을 추가로 확보하여야 한다.
4. 클라우드 IaaS 서비스를 이용하는 경우 기본 설비용량을 적용하지 않는다.

표 3-3-6 콘텐츠 운영·품질 관리에 필요한 하드웨어 및 소프트웨어 구성

구분	시설·설비명	규격	비고
하드웨어	영상촬영장비	1. 방송용 디지털 캠코더(3CCD HD급 이상)	2대 이상
	영상편집장비	1. HD급 이상 동영상 편집용 선형(linear) 또는 비선형(nonlinear) 편집 시스템	
	영상변환장비	1. 인코딩 장비 (웹에서 다운로딩 또는 스트리밍 가능하도록 출력물을 변환할 수 있는 장비)	
	음향제작장비	1. 음향조정기, 스피커, 마이크 등	
	그래픽편집장비	1. 그래픽 편집용 컴퓨터	
		2. 스캐너, 디지털카메라 등	공동 활용
	영상저장·백업장비	1. HD급 이상의 동영상을 저장 및 백업할 수 있는 장비나 시스템	
	보조기억장치	1. 디스크어레이, DVD 등	

소프트 웨어	동영상 제작	1. HD급 이상 동영상 제작용 소프트웨어	
	그래픽 제작	1. 2 · 3차원 그래픽 제작용 소프트웨어	
	음향 편집	1. 음향 편집용 소프트웨어	
	강의 제작	1. 제작에 필요한 소프트웨어	

가. 작성 방법

- 운영 기관의 규모에 따라 원격교육 시설 및 설비 기준에 의거하여 구축된 인프라 현황을 정해진 양식에 맞추어 사양, 수량, 용량 등을 자세히 작성한다.
- 각 시설 및 설비에 대한 증빙 등 참고 자료를 쉽게 찾도록 하기 위해 별도의 비고란을 두어 관련 증빙 서류가 제시되어 있는지 체크하고 번호를 기입한다.
- 서버를 IDC 센터에 두는 경우 계약 관련된 서류를 미리 점검하여 제시해야 한다. 특히 해당 서버를 이러닝 운영 외에 다른 목적으로 사용하거나 다른 기관과 공유하는 것을 금지하는 경우가 많기 때문에 해당 이러닝 운영만으로 사용되고 있다는 것을 명시하는 것이 바람직하다.
- 하드웨어 운영에 필요한 소프트웨어와 콘텐츠 제작과 관련된 소프트웨어 등에 대한 라이선스를 기재한다.

나. 평가 방법

- 이러닝을 운영할 수 있는 충분한 서버, 네트워크, 소프트웨어 등을 갖추었는지 확인한다.
- 관련 시설 및 설비를 체계적으로 관리할 수 있는 제반 사항을 갖추었는지 파악한다.
- 관련 서류를 점검하고 운영 서버의 관리자 환경 점검을 통해 서버가 단독으로 구성되어 있는지 점검한다.

다. 증빙 자료

- 이러닝 운영 시설, 설비 관리 대장
- 이러닝 운영 시설, 설비 관련 구입 내역, 위탁운영 관련 계약서
- 소프트웨어 관리 대장, 라이선스 인증서 등

3) 운영 단계

운영 단계에서 고려해야 할 주요 평가 요소는 수강 활동 관리, 평가 및 성적관리, 수강 지원, 수업 방법의 다양성, 교·강사 관리 등 5개 요소다.

① 수강 활동 관리

- 수강 활동 관리는 학습자의 접속기록을 확인하여 출석 및 진도 등을 관리하는 것을 말한다.
- 시스템으로부터 관리의 요소를 확인하기 때문에 중복 접속이나 대리 접속 등을 방지하기 위한 기능을 LMS가 갖추고 있는지 확인한다. 또한, 운영 기관 차원에서 학습자의 출석을 관리하는 별도의 방법이나 시스템을 가졌는지 파악해야 한다.

가. 작성 방법

- 학습자의 출석을 관리하는 방법에는 로그인 방식을 통해 공정한 접속을 하도록 만들 수 있는데, 예를 들어 공인인증서 로그인, IP 등록, Mac Address 등록 등이 있다.
- 출석을 관리할 때는 차시별 접속 기록을 확인하는 방법이 보편적이다. 그런데 이러한 방법은 콘텐츠를 재생시키기만 하고 실제로는 학습하지 않는 경우를 찾아낼 수 없기 때문에 주차 별로 별도의 형성 평가를 실시하여 출석을 확인할 수도 있다.
- 출석 관리도 다양한 접근이 가능하기 때문에 학습자의 출석 관리를 어떻게 할 것인지 구체적으로 제시해 주어야 한다. 또한, LMS에서 학습자들의 수업 참여를 지속해 모니터링하고 그 결과에 따라 학습 독려를 한 결과와 기타 수업 참여를 독려하기 위한 방법, 모니터링 주기 등을 제시한다.

나. 평가 방법

- LMS를 확인하여 학습자의 수강 관리 여부를 확인하고, 공인인증서 로그인과 같은 수강생의 출석 관리를 위한 기능이 구축되어 있는지 확인한다.
- 학습자의 출석 관리와 관련된 규정과 지침 등을 구비하고 있는지 점검한다.

다. 증빙 자료

- 출석 관리 지침이 포함된 규정 또는 문서 등을 제시한다.
- 학습자의 수강 기록이나 출석부를 제시한다.
- 학습자의 접속기록과 IP 등을 관리한 문서나 LMS의 기능을 제시한다.

② 평가 및 성적관리

- 평가 및 성적관리는 학습자가 이러닝 과정을 수강한 결과 학습 목표에 도달했는지 확인할 수 있는 적절한 평가 방법을 보유하고 있는지 평가한다.
- 제시된 평가 방법을 수행하고, 개인별로 평가 점수를 적절하게 관리하고 있는지 평가한다. 이를 위해서는 운영 기관 자체적으로 평가를 관리하기 위한 규정과 지침 등을 수립하여 운영하는 것이 바람직하다.
- 평가 및 성적관리의 구체적인 방법으로는 출제 문항 관리, 평가 방법 유형 관리(학습 진도율, 과제물 평가, 수업 참여도), 부정행위 관리, 성적분포 관리 등이 있다.

가. 작성 방법

- 평가와 성적관리 부분으로 구분하여 작성한다.
- 평가 부분은 이런 과정 수강 결과의 성취도를 평가하는 부분에 중점을 두어 작성한다.
- 문항 출제 절차와 방법, 참여 인원 등을 구체적으로 기술하여 평가 문항의 난이도와 변별도 등이 관리되고 있다는 점을 강조하여 기술한다. 또한, 운영 기관 자체적으로 작성한 평가 문항 관리 지침을 근거로 제시할 수도 있다.
- 수업 참여도는 LMS에 관리되고 있는 사항을 기술하며, 관련된 화면을 캡처하는 등의 방법을 통해 관련 내용이 관리되고 있다는 것을 보여줄 수도 있다.
- 성적관리 부분은 부정행위를 방지하기 위해 운영 기관에서 진행하고 있는 내용을 중점적으로 기술하며, 성적 분포에 대한 적절성 등을 중심으로 기술한다.

나. 평가 방법

- 이러닝 과정의 내용과 특성을 고려하여 적절하게 성과를 측정하고 있는지 평가한다.
- 평가 문항을 출제하는 방법의 적절성, 문항의 변별성, 난이도 등이 관리되는지 평가한다.
- 부정행위 방지 기능 보유 여부, 부정행위에 대한 자체적인 모니터링 여부, 그리고 부정 행위자에 대한 처벌 방법이 규정되어 있는지 등을 점검한다.
- 학습자의 성적 결과를 근거로 성적 분포의 적절성을 평가한다.
- 평가의 계획, 실시, 사후관리 등 단계적으로 평가의 질을 관리하기 위한 지침의 구성 및 실행 적절성을 파악한다.

다. 증빙 자료

- 시험 문항 출제 및 검토와 관련된 증빙 자료를 확보한다.

- 학습자의 시험지, 채점 답안지를 확보한다.

- 성적 산출 지침 및 성적 분포 자료를 확보한다.

- 문제은행에 과정별로 보유한 문항 정보를 확보한다.

- 대리시험 및 부정행위 방지 시스템 구축 관련 자료를 확보한다.

③ 수강 지원

- 학습자가 이러닝 과정을 수강하기 이전부터 마칠 때까지 운영자, 교·강사 등으로부터 제공받는 지원 현황을 파악하는 평가 요소다.

- 학습자들로부터 받은 문의에 대해 적절하게 응답할 수 있는 시스템을 보유하고 있는지와 얼마나 신속하게 대응하는지 파악한다.

- 고객센터를 운영하는 경우 고객센터에 대한 관리, 인원 전문성 등을 평가한다.

가. 작성 방법

- 학습자 문의에 대한 응답 처리 과정을 접수부터 처리까지 절차별로 도식화하여 제시한다.

- 수강 지원과 관련된 LMS의 기능을 설명하고 실제 운영되고 있는 상황을 기술한다.

- 문의 대응 평균 시간을 제시하고, 문의 내용의 분류와 시간대별 질문 빈도 등을 제시한다.

나. 평가 방법

- 이러닝 과정을 운영하면서 학습자 수강 지원의 절차적 내용과 지원 방식 등이 수립되어 있는지 파악한다.

- 학습자로부터 질문을 받거나 장애가 발생했을 경우 신속한 지원이 가능한지 확인한다.

- 수강 지원에 대한 편의성을 파악하고, 준비된 절차에 따라 지원이 이루어지는지 확인한다.

다. 증빙 자료

- 학습자에게 질문을 받거나 장애 발생 시 대응한 기록물

- 고객센터 운영 계약서 및 인력 현황 보고서

④ 수업 방법의 다양성

- 이러닝 과정에서 체계적인 강의 계획, 다양한 수업 방법, 강의 평가 활용, 학업성취도 평가, 학습자 수업 참여 제고 노력 등이 요구된다. 특히 수업 방법의 다양성은 이러닝의 장점을 살려 실제적인 교육 효과를 얻기 위해 노력하는 정도를 평가하는 항목이다.
- 대표적인 방법으로 온라인과 오프라인이 혼합된 블렌디드러닝을 꼽을 수 있는데, 이를 위한 제반 시설이 요구된다.

가. 작성 방법

- 이러닝 과정에서 이루어지고 있는 수업 형태(이러닝, 오프라인 세미나, 토론, 팀 프로젝트 등)를 기술한다.
- 이러닝에 포함된 콘텐츠에서 이루어지고 있는 교수학습 방법 등도 이러닝의 특성에 비추어 기술하도록 한다.

나. 평가 방법

- 이러닝 과정의 내용에 적합한 수업 방법과 다양한 수업 방법을 제시하여 교육 효과를 높이도록 운영하고 있는지 파악한다.
- 블렌디드러닝의 경우 필요한 시설이 적절하게 확보되어 있는지 파악한다.

다. 증빙 자료

- 수업 형태 및 방법이 기재된 운영계획서 및 강의계획서
- 실험 및 실습과 관련된 기자재 관리 대장

4) 운영 후 단계

운영 후 단계에서 고려해야 할 주요 요소는 품질 관리체계, 강의 평가, 행정 지원, 개인정보 관리 및 보안, 교육 처치 등 5개 요소다.

① 품질 관리체계

- 품질 관리체계는 이러닝 과정 전반에 대한 프로세스와 품질을 보장하기 위한 관리 방안이 수립되고, 그에 따른 적절한 품질 관리가 수행되고 있는지 확인하는 평가 요소다.
- 이러닝 과정 전반에 대한 품질 관리는 콘텐츠, 시스템, 운영 측면에서 자체적인 품질 관리 체계를 수립하고 운영하고 있는지를 의미한다.

가. 작성 방법

- 이러닝 과정에 필요한 콘텐츠, 시스템, 운영에 관한 품질 관리 체계와 방법을 중심으로 보고서를 작성한다.
- 학습자의 중도 탈락률 최소화, 학습자 참여도 향상, 교육내용의 질적 향상, 구체적인 수업 지도 방법, 엄정한 평가 방법의 기술 등을 자체적으로 구비하고 있는 질 관리 방안을 구체적으로 기술한다. 특히 콘텐츠의 경우 주기적인 업데이트 등이 이루어지고 있는 과정과 이에 대한 외부 기관으로부터 받은 품질 인증 증빙 자료를 제시하도록 한다.

나. 평가 방법

- 이러닝 과정의 품질을 관리할 방안이 수립되고, 적절히 운영되고 있는지 확인한다.
- 이러닝 과정에 활용되는 콘텐츠를 주기적으로 업데이트하며, 자체적으로 개발하고 있는지 확인한다.

다. 증빙 자료

- 이러닝 과정 품질 관리 방법이 포함된 품질 관리 문서를 확보한다.
- 외부 전문기관으로부터 품질 관리와 관련하여 받은 인증서 혹은 증명서를 확보한다.
- 콘텐츠 관리 문서를 확보한다.

② 강의 평가

- 이러닝 과정에 대한 학습자, 교·강사, 운영자로부터 적절성을 평가받아 개선을 위한 적절한 조치가 체계적으로 이루어지고 있는지 확인하는 요소다.
- 강의 평가는 LMS와 연계하여 이러닝 과정이 종료된 이후 학습자 등이 강의 평가를 할 수 있도록 구축한다.

가. 작성 방법

- 강의 평가 시점 및 방식을 기술하고, 절차에 대해 구체적으로 밝힌다.
- 강의 평가의 문항은 평가의 목적에 따라 영역을 구분하고, 적절한 평가 요인을 배치한다.
- 타당한 강의 평가 문항이 만들어졌다는 근거를 만들어 둘 필요가 있다.
- 강의 평가 결과의 활용 방식은 강의 평가 결과의 통보 시점과 방법 등을 중심으로 어떻게 과정을 개편하는 데 연결되는지 제시한다.

나. 평가 방법

- 이러닝 과정 종료 후 관련자에게 강의 평가가 이루어지고 있는지 확인한다.
- 일회성이 아니라 정기적으로 평가가 이루어지고 있는지 확인한다.
- 강의 평가를 반영한 실적과 반영 절차 및 내용의 적절성을 확인한다.

다. 증빙 자료

- 강의 평가 문항을 확보한다.
- 강의 평가 결과의 분석 및 개선 방안과 관련된 문서를 확보한다.

③ 행정 지원

- 이러닝 과정의 개발, 수강 및 수료 처리 등 전반에 걸쳐 관련된 계약이나 행정 처리가 체계적이고 효율적으로 이루어지고 있는지 확인하는 평가 요소다.
- 학습자의 민원 처리를 위한 온라인 상담이 주요 내용이다.
- 온라인 상담은 교육 활동뿐만 아니라 학사행정 전반에 걸친 문의에 답할 수 있어야 하며, 24시간 이내에 답변하는 것을 원칙으로 한다.

가. 작성 방법

- 민원 접수 및 대응 체계에 대한 지침을 구비하고 주요 발생 민원 및 수강 관련 문의에 대한 처리 방법을 중심으로 기술한다.
- 민원 처리 및 온라인 상담에 대한 처리 결과를 지속해 기록한다.
- 증명서 발급 등 사후관리와 관련된 행정 처리를 위한 온라인 시스템을 구축한 경우 이에 대해 설명하고 학습자의 만족도 수준을 기술한다.

나. 평가 방법

- 민원 접수 및 처리에 대한 지침이나 규정이 존재하는지 확인하고 효율적인 행정 지원을 위한 조직이 구체적으로 제시되어 있는지 파악한다.
- 과정과 직결된 민감한 민원이 발생하거나 기타 일반적인 민원들이 접수될 경우 어떻게 처리가 되었는지 그 과정에 대해 적절하게 평가한다.

다. 증빙 자료

- 행정 지원과 관련된 내부 규정 및 지침 문서를 확보한다.
- 행정 지원과 관련된 처리 내역 문서를 확보한다.

1) 교·강사(튜터) 평가 개요

① 교·강사(튜터) 평가의 의미

- 교·강사 평가는 이러닝 과정의 운영 결과를 관리하기 위해 수행하는 교·강사 혹은 튜터의 운영활동을 평가 기준에 따라 평가하는 활동을 의미한다.

- 교·강사 평가에서 평가활동을 수행하는 주체는 운영기관의 운영자이며, 튜터링 활동을 수행하고 평가하는 대상이 되는 주체는 교·강사나 튜터가 된다. 따라서 교·강사 평가는 학습자가 학습과정에 집중하여 학습 목표를 성취할 수 있도록 교·강사나 튜터가 학습자를 지원하여 학습성과를 향상하는 데 도움을 주는 독려 및 운영활동을 평가하게 된다.

- 교·강사 평가와 관련된 구체적 활동은 첨삭지도와 채점, 질의응답의 충실성, 보조자료 등록, 상호작용 독려 등이 해당한다.

- 교·강사 평가는 운영자가 교·강사나 튜터의 운영 활동을 모니터링하여 필수적 활동이 누락되지 않도록 해야 한다. 이를 위해 튜터링 활동과 관련하여 무엇을 얼마나 수행했는지 내용, 횟수, 시기 등을 비롯한 각종 사항이 LMS에 기록되고 필요할 경우 조회될 수 있어야 한다.

② 교·강사(튜터)의 사회적 역할 및 활동

- 이러닝에서 교·강사의 사회적 상호작용 측면이 강조됨에 따라 교·강사의 역할에 대한 논의도 활발하게 이루어지고 있다.

- 튜터의 역할을 네 가지로 구분하여 교수적 역할, 사회적 역할, 관리적 역할, 기술적 역할 등으로 분류하기도 한다(임상훈 외, 2017).

표 3-3-7 **이러닝 튜터의 역할과 활동**

역할	활동
교수적 역할	학습자의 질문에 답하거나 피드백을 제공하며 학습을 코칭함
사회적 역할	학습자의 상호작용을 촉진할 수 있는 사회적 환경을 조성함으로써 학습을 향상할 수 있도록 지원함
관리적 역할	학습자의 진도나 과제 제출을 확인하고 공지사항을 올리는 등 학습 전반을 관리함
기술적 역할	시스템과 소프트웨어를 통한 학습의 어려움이 없도록 학습자와 학습자원을 매개함

2) 교·강사 평가 준거

① 기업 및 고등교육 영역에서 평가 준거

- 기업 및 고등교육 영역은 성인을 대상으로 진행한 이러닝 과정의 교·강사 평가를 말한다.
- 교·강사의 역할은 가르치는 내용과 무관할 수 없기 때문에 K-12와 성인은 튜터의 역할 측면에서도 차이가 있을 수밖에 없다. 다만, 기업과 고등교육에서의 교·강사의 역할에서 차이가 있을 수 있는데, 기업교육에서의 교·강사는 주로 튜터를 의미하며 고등교육은 튜터의 역할을 포함하여 더 복잡한 형태가 될 수 있다.
- 고등교육 분야에서 이러닝 과정의 교·강사 평가 준거 사례를 〈한국방송통신대학교 프라임칼리지의 교과목튜터 길라잡이〉[7]의 내용을 중심으로 살펴보면 다음과 같다.

표 3-3-8 튜터의 역할 및 활동 내용

역할 구분	핵심 활동	수행 방법
학습자 관리 및 보고	• 학습 조언 및 진도 관리 • 정서적 지지 및 학습 독려 (중도 탈락 방지)	- 학습자 진도율 관리(진도율 75% 이하 시 F학점) - 학습자 파악 및 집중 지도 - 학습의 어려움을 들어주고 독려·지지
강의관리 및 학습 지도	• 주차별 강의관리 • 사이버랩(Cyber Lab) 지도 • 담당 교수와 교과목 운영 협의	- 강의 학습자료 검수, 진도 관리 - 실험·실습에 대한 학습지도 - 학기별 튜터링 지도계획서 제출
과제 및 평가 안내	• 과제 및 평가 안내 • 과제 작성법 안내	- 우수 과제 선정(본인 동의 후 공지) - 각종 과제, 활동 안내, 첨삭 지도 - 전반적인 학습자 수준 판단 및 피드백 공지 - 학습 참고 자료 제공
평가	• 과제물 평가 • 온라인활동 평가	- 과제 평가는 평가위원 위촉 자격이 되는 자로서 위촉된 경우에 한함 - 온라인활동(토론, 퀴즈, 질의응답 등) 평가 〈지도교수가 평가 위임한 경우에 한함〉

---

7 https://cs1.knou.ac.kr/bbs/smart/2355/73304/download.do

온·오프라인 특강	• 오프 특강, 교과목 세미나 • 실험실습 지도	– 학기별 선택 개설(필수 개설 횟수 없음) – 특강 내용 담당 교수와 협의 – 학습자의 요구 파악 후 특강 내용 정하여 　실시 ※ 복습, 시험문제, 유형 안내, 과목 학습법, 　과제물 작성법, 시험특강 등
교과목 상담	• 질문에 대한 24시간 이내 답변 • 학습 관련 상담(상담시간 지정·운영)	– 게시판 관리 – 주말 월 1회 3시간, 야간 주 1회 3시간 　지정·운영(학습자 특성 고려)
실적 보고	• 월별 튜터 지도 결과 보고 제출	– 튜터링 지도결과 보고서 제출
기타	• 행정업무 지원	– 성적 이의신청 처리 업무 지원

- 〈표 3-3-8〉은 해당 기관에서 교·강사로서 튜터의 활동을 정의한 것으로, 튜터의 평가란 튜터에게 부여된 활동을 근거로 하여 이루어져야 한다.

- 〈표 3-3-8〉의 내용을 보면 튜터는 학습자 관리 및 보고, 강의관리 및 학습지도, 과제 및 평가 안내, 평가, 온·오프라인 특강, 교과목 상담, 실적 보고, 기타 행정 업무 지원 등을 하게 되어 있다. 즉, 위의 사례에서는 튜터가 학습자에 대한 진도율 관리 및 안내, 그리고 행정업무 지원만이 아니라 다양한 측면에서 활동해야 함을 알 수 있다. 따라서 튜터에 대한 평가도 이러한 역할을 고려하여 이루어져야 한다.

- 튜터의 활동 내용을 반영한 튜터 평가 기준을 살펴보면 다음 표와 같다.

표 3-3-9 **튜터 평가 항목 및 배점 사례**

평가 분야	평가 배점	평가 기준	비고
직무 시간 충족 여부	10점	8월~12월 각 2점	LMS 시스템 추출
교과목 튜터 만족도 조사	30점	강의 실내 튜터 만족도 조사 평가 점수(5점 만점)를 환산	LMS 시스템 추출
온라인활동 실적 평가	30점	강의 실내 활동에 대한 평가	LMS 시스템 추출
중간평가 응시율	5점	중간시험 종료 시 추출	LMS 시스템 추출
기말평가 응시율	5점	기말시험 종료 시 추출	LMS 시스템 추출
학부 평가	10점		e-mail 평가 설문
담당 교수 평가	10점		e-mail 평가 설문
온·오프라인 특강	(가산점 20점)		
계	100점 (최대 120점)		

- 튜터의 평가 항목을 살펴보면 기타(행정업무 지원) 영역을 제외한 다른 역할을 모두 반영한 것을 볼 수 있으며, 평가의 근거로서 LMS에서 추출된 정보의 활용이 주를 이루고 있다.

- 평가 배점에서 가장 높은 점수를 차지하는 것은 교과목 튜터 만족도 조사와 온라인활동 실적 평가로, 해당 부분은 별도의 만족도 조사를 통해 평가하고 있음을 알 수 있다.

- 본 사례에서 활용된 교과목 튜터 평가의 설문 문항을 제시하면 다음과 같다.

그림 3-3-3 교과목 튜터 만족도 조사: 30점(수강생 대상 5점 척도 설문조사)

▶ **교과목 튜터 평가(총 5문항)**

1. 교과목 튜터는 학생의 질의 및 애로사항에 성실히 답변 처리해 주었습니까?

　① 매우 그렇다　　　② 그렇다　　　③ 보통　　　④ 아니다　　　⑤ 전혀 아니다

2. 교과목 튜터는 학습에 필요한 참고 자료를 제공하였습니까?

　① 매우 그렇다　　　② 그렇다　　　③ 보통　　　④ 아니다　　　⑤ 전혀 아니다

3. 교과목 튜터는 수업과 관련된 안내 사항(공지, 개강 인사, 퀴즈 및 과제 출제 안내, 각종 강의 내용 관련 안내 등)을 적시에 제공하였습니까?

　① 매우 그렇다　　　② 그렇다　　　③ 보통　　　④ 아니다　　　⑤ 전혀 아니다

4. 교과목 튜터는 교수와 학생들의 상호작용(질의응답, 전화상담, 면담 등)이 다양하게 이루어지도록 지원하였습니까?

　① 매우 그렇다　　　② 그렇다　　　③ 보통　　　④ 아니다　　　⑤ 전혀 아니다

5. 교과목 튜터는 본 과목을 수강하는 데 있어 강의 수강(진도 체크) 및 평가 일정 등을 적절히 안내해 주었습니까?

　① 매우 그렇다　　　② 그렇다　　　③ 보통　　　④ 아니다　　　⑤ 전혀 아니다

▶ **공통 문항(총 2문항)**

1. 강의가 전반적으로 유익하였습니까?

　① 매우 그렇다　　　② 그렇다　　　③ 보통　　　④ 아니다　　　⑤ 전혀 아니다

2. 본 교과목에 대한 기타 의견 또는 건의사항이 있으면 작성해 주시기 바랍니다.

- 그 외에 담당 교수 및 학부(조교) 평가와 온라인활동 실적 평가, 중간·기말시험 응시율 등은 다음의 기준에 따라 평가가 진행되었다.

그림 3-3-4 기타 평가 기준

- 담당 교수 및 학부(조교) 평가: 10점

	문항	배점
1	학생의 학교생활에 대한 적극적 지원 여부	2점
2	학생들의 학습관리 및 학습 독려 수행 (진도율 확인 및 과제 제출 확인, 시험 응시 독려 등)	2점
3	학생의 질문에 대한 즉각적이고 적절한 답변/상담 제공	2점
4	담당 교수가 강의를 진행하는 데 있어 충분한 지원(교과목 학습 관련)	2점
5	온라인 강의 운영을 위한 적절한 능력 보유 (강의 콘텐츠 확인 및 컴퓨터 활용 능력 등)	2점
총평		10점

- 온라인활동 실적 평가: 30점

활동 내용	평가 점수			
강의실 접속 횟수, 게시글, 덧글, 과제, 시험, 토론, 프로젝트, 설문, 쪽지 등 LMS 활동	1~300건	301~400건	401~500건	501건 초과

※ 온라인활동 실적 평가 시 문자 메시지 발송 건수 제외(수강인원 수에 따라 문자 메시지 발송 건수에 차이가 있어 형평에 맞지 않음)

- 중간/기말시험(과제) 응시율: 각 5점

활동 내용	평가 점수		
	1점	3점	5점
시험 응시율	60% 미만	60~85% 미만	85% 이상

② K-12 영역에서 튜터 평가 준거

• 대표적인 K-12에서의 이러닝 사례인 사이버가정학습에서의 튜터인 사이버교사의 만족도 요인을 통해 튜터의 평가 기준을 살펴볼 수 있다.

• 만족도 요인으로서 콘텐츠, 시도교육청 지원, 기능 측면, 수업 운영, 학습 지원 기능 등을 요소로 하고 있음을 확인할 수 있으며 구체적인 내용을 정리하면 다음과 같다(김자미 외, 2009). (표 3-3-10 참고)

표 3-3-10 사이버교사 평가 준거

구분	세부 내용
콘텐츠	• 콘텐츠의 다양성 • 콘텐츠의 질적 부분 • 사이버 수업 활용성 • 교실 수업 활용성 • 콘텐츠 재구성 사용 부분
시도교육청 지원	• 업무 분담 지원 • 자료 지원 • 연수 · 워크숍 기회 지원 • 인센티브
기능 측면	• 메뉴, 구조의 편안함 • 사이트 속도 접속의 편안함 • 콘텐츠 링크 오류 • 학습 지원 기능
수업 운영	• 교사 재량권 • 학습자 통제 • 학습자 자료 • 학습활동 구성도
학습 지원 기능	• 학습관리 기능 • 학습 촉진 기능 • 오류 수정 신속성

• 사이버교사의 역할에 대한 연구를 통해 만족도가 아닌 역량을 중심으로 평가 요소를 살펴보면 가치 역량, 역할 전문 역량, 학습 촉진 역량 등으로 구분하여 살펴볼 수도 있다 (최은하, 2012).

표 3-3-11 사이버교사 평가 역할

역량군	역량	세부 내용
가치 역량군	긍정적 사고	• 자신감으로 실현 가능한 방법 강구 • 사이버교육에 대한 성공 기대
	사이버 윤리 의식	• 사이버학습 활동에 대한 정보 윤리 개념 인식 • 학습자 간 정보 공유 권장, 유도, 예의 지도
	열정과 적극성	• 사이버학급 활동 내용을 적극적으로 준비 • 사이버학습의 성공에 대한 성취감과 열성

가치 역량군	자율과 책임	• 사이버학습의 주체 인식, 자율적 참여 • 사이버교사의 업무 완수 및 책임
	창의적 사고	• 새롭고 창의적인 학습 방법을 적극 활용 • 새로운 의견 및 아이디어 자주 제공
역할 전문 역량군	학습 내용 전문성	• 담당 과목의 지식과 교수학습 방법 등 활용 • 학력 향상을 위해 보충, 심화단계 구분 지도
	온라인 학습 평가 능력	• 학습 실시 전, 중, 후의 평가기법 숙지 • 온라인상의 학습활동을 평가 후 피드백
	정보 활용 능력	• 정보를 가공 분류하여 학습자에게 제공 • 각종 정보를 수집, 분류, 활용하는 방법 숙지
	수업계획 작성 능력	• 사이버교육의 운영전략을 숙지하여 반영 • 사이버교육에 맞추어 수업 계획 작성
학습 촉진 역량군	학습 동기 부여 능력	• 학습 동기이론과 심리를 이용하여 의욕 고취 • 새로운 방법을 개발하여 활용
	상호작용 촉진 능력	• 온라인 대화와 Q&A 시간을 많이 가짐 • 정보화 자료를 적극적으로 권장, 지도
	온라인 의사소통 능력	• 학습자의 질문내용 확인, 신속하게 피드백 • 메신저 등 활용 정보를 공유하도록 권장
	사이버학습 상담 능력	• 상담기법 숙지, 효과적으로 수강하도록 지도 • 수강 시 애로사항 파악, 해결 방안 모색 지도
	과정 관리 능력	• 사이버학습에 대한 안내, 수준별 학급 편성 • 사이버학습 운영 전반 점검, 학습지도 관리

3) 교·강사 평가 도구 개발

① 합리적인 평가 도구 개발

- 교·강사 평가 도구는 이러닝 과정의 운영 환경에 따라 교·강사의 역할 모형, 역량 모형, 세부 업무에 대한 분석 등을 바탕으로 합리적으로 개발되어야 한다.

- 평가 도구는 다양한 참여자들의 검토를 통해 합의된 형태의 도구로 마련되어야 하며, 객관적 자료뿐만 아니라 주관적 자료도 평가될 수 있도록 합리적 평가 도구를 개발하는 것이 필요하다.

- 평가 도구가 제대로 역할을 수행하기 위해서는 평가 도구의 신뢰성과 타당도를 확보해야 할 필요가 있다.

- 평가 도구의 타당도는 평가 도구가 평가하고자 하는 평가 목표를 정확하게 잴 수 있는가의 문제이며, 신뢰도는 평가 도구의 측정 방법이나 검사자가 바뀌어도 일관된 측정값을 얻을 수 있는가의 문제다.
- 타당도로는 내용 타당도, 예언 타당도, 공인 타당도, 구인 타당도, 요인 타당도가 있다.
- 신뢰도로는 검사-재검사 신뢰도, 동형검사 신뢰도, 반분 신뢰도, 내적 일관성 신뢰도, 채점자 신뢰도 등이 있다.

② 다양한 평가 도구의 개발

- 이러닝 과정에서 교·강사를 평가하기 위해서는 적절한 평가 도구가 필요하다.
- 이러닝 교·강사 평가를 위해 사용되는 대표적인 방법들을 제시하면 성찰저널, 자기평가, 동료평가, 평가 세미나, 교·강사 모니터링 시스템 등을 꼽을 수 있다(김용 외, 2012).

가. 성찰 저널

- 성찰저널은 교·강사가 이러닝 과정의 운영을 마무리한 후에 스스로 교수학습 전반을 돌아보면서 자신의 생각이나 교수학습 과정에서 부족했던 부분 및 잘했던 부분을 기술하는 활동으로 활용한다.
- 자기평가와 성찰은 교수학습 활동의 질을 높이는 데 중요하며, 자주 사용되는 방법이다.
- 성찰저널의 작성을 통해 자신의 교수 활동에 대해 더 객관적 관점을 갖고 평가할 수 있다.

나. 자기평가

- 자기평가는 교·강사 스스로 자신의 교수학습 활동에 대한 평가를 수행하는 활동이다.
- 체크리스트와 같은 별도의 자기평가 도구를 활용하여 평가해 볼 수 있다.

> [참여도 관련 체크리스트]
> 1. 환영하고 포용적인 학습 환경을 조성했습니까?
> 2. 학습자의 참여와 상호작용을 장려했습니까?
> 3. 나는 학습자들이 협력하고 함께 일할 기회를 제공했습니까?
> 4. 학습자에게 동기를 부여하기 위해 게임화 또는 기타 전략을 사용했습니까?
> 5. 학습자에게 적시에 피드백과 지원을 제공했습니까?

> **[평가 관련 체크리스트]**
> 1. 학습 목표에 부합하는 평가를 설계했습니까?
> 2. 평가에 대한 명확한 지침을 제공했습니까?
> 3. 학습자가 평가 전에 연습하고 피드백을 받을 기회를 제공했습니까?
> 4. 평가에 대해 시의적절하고 건설적인 피드백을 제공했습니까?
> 5. 교수법의 효율성을 평가하기 위해 평가를 사용했습니까?

다. 동료평가

- 동료평가는 다른 교·강사의 콘텐츠 개발 및 교수학습 활동에 대한 평가를 제공하여 자신의 교·강사 활동에 대한 성찰을 가능하게 한다.
- 동료평가를 통해 평가에 대한 경계심이나 부정적 견해를 완화할 수 있다.

라. 평가 세미나

- 평가 세미나는 공식적인 평가 도구를 활용하지 않고 교·강사를 비롯한 주요 의사결정자들이 함께 모여 자유롭게 의견을 공유하고 앞으로 콘텐츠를 개발 혹은 운영할 때 필요한 개선 방안을 도출하는 세미나를 의미한다.
- 세미나를 통해 도출된 개선 방안에 대한 지속적 모니터링을 통해 실제로 평가 결과에 따라 과정의 질이 개선될 수 있도록 관리하는 것이 중요하다.

마. 교·강사 모니터링 시스템

- 교·강사 모니터링 시스템을 구축하여 교·강사 활동을 관리하여 교·강사 평가를 진행할 수 있다. 특히 대규모로 이러닝 과정을 운영하는 경우 교·강사 모니터링 시스템은 더 중요하다.
- 교·강사 모니터링 시스템은 특히 과제에 대한 첨삭지도에서도 전수 검사 혹은 일부 샘플을 추출하여 검사해 교·강사의 첨삭지도 성실성 등을 판단할 수 있다.

학습 정리   이것만은 기억합시다

- 이러닝 운영 결과관리는 운영계획서에 근거하여 운영이 전반적으로 잘 이루어졌는지 그 결과를 확인하는 활동으로, 이러닝 운영 과정에서 학습활동이 모두 완료된 후에 이행된다. 이러닝 운영관리에서는 콘텐츠 운영 결과관리와 교·강사(튜터) 운영 결과관리가 주로 진행된다. 이러한 과정을 통해 이러닝 과정의 품질을 확보하고, 효과적인 교육이 이루어질 수 있도록 지원할 수 있다.

- 이러닝으로 학습이 진행된 이후에 기존 학습에 이어진 후속 학습활동이나 심화한 학습과정을 제공할 수 있다. 이러한 후속 조치는 이러닝 학습의 결과를 실제 현업에 적용하고 활용할 수 있도록 하는 데 중요하다. 이를 위해 학습 커뮤니티를 구성해 주거나 지속적인 후속 학습 관련 안내를 제공할 수 있다.

- 교육과정의 목표를 달성하기 위해 이러닝 과정 운영에 활용된 학습 콘텐츠가 적합하게 운영되었는지 확인해야 한다.

- 이러닝 과정의 운영 결과를 관리하기 위해 수행하는 교·강사 혹은 튜터의 운영활동을 평가 기준에 따라 평가하는 활동을 의미한다. 첨삭지도와 채점, 질의응답의 충실성, 보조자료 등록, 상호작용 독려 등이 교·강사 평가와 관련된 내용이다. 성찰저널, 자기평가, 동료평가, 평가 세미나, 교·강사 모니터링 시스템 등을 통해 이러닝 교·강사 평가를 실행할 수 있다. 대규모로 이러닝 과정을 운영하는 경우 교·강사 모니터링 시스템이 매우 유용하다.

- 평가 도구가 제대로 역할을 수행하기 위해서는 평가 도구의 신뢰성과 타당도를 확보해야 한다. 타당도는 평가 도구가 평가하고자 하는 평가 목표를 정확하게 잴 수 있는가?, 신뢰도는 평가 도구의 측정 방법이나 검사자가 바뀌어도 일관된 측정값을 얻을 수 있는가? 에 관한 이슈이다.

실력 점검 문제

01 이러닝 참여자의 역할이 잘못 설명된 것은?

① 교수자: 내용전문가로서의 역할

② 이러닝 촉진자: 콘텐츠의 검토자 역할

③ 학습자: 능동적이고 주체적인 학습주도자의 역할

④ 교수설계자: 개발된 콘텐츠의 검토자 역할

> **해설**
>
> 개발된 콘텐츠의 검토자 역할은 교수자

02 운영자로서 학습활동 지원으로 적절한 것은?

① 헬프데스크, 핫라인 운영

② 학습환경 체크리스트 작성

③ 학습환경에 대한 이상 개선

④ 이러닝 과정 개설

> **해설**
>
> ①번 외에는 학습환경 지원

03 최종 평가보고서 작성을 위해 이러닝 과정 운영자에게 요구되는 능력으로 적절하지 않은 것은?

① LMS에 저장된 자료와 기록을 활용할 수 있는 능력

② 성과 산출과 개선사항을 도출하는 능력

③ 보고서 작성 및 의사소통 능력

④ LMS를 운영하는 능력

> **해설**
>
> LMS를 운영하는 능력은 관련 없다.

04 다음 중 이러닝 평가관리의 정의는?

① 이러닝 운영환경을 최적화하고, 수강 오류를 신속하게 처리하고, 학습활동이 촉진되도록 학습자를 지원한다.

② 학습자의 정보를 확인하고 성적처리를 수행한 후 수료 기준에 따라 처리한다.

③ 과정 운영에 필요한 콘텐츠, 교·강사, 시스템, 운영 활동의 성과를 분석하고 개선사항을 관리한다.

④ 과정 운영 종료 후 학습자 만족도와 학업 성취도를 확인하고 보고할 수 있는 능력이다.

> **해설**
>
> 이러닝 과정에서 학습 목표는 과정 내용에 대한 요약, 교수학습 방법에 대한 안내, 객관적 평가 기준 설정 등의 역할을 한다.

05 다음 중 Kirkpatrick 4단계 평가 모형에서 반응(만족도) 평가의 고려사항이 아닌 것은?

① 사전−사후 검사를 실시한다.

② 평가 결과가 수량화되도록 양식을 작성한다.

③ 교육 참여자가 점수 기준을 이해할 수 있도록 안내를 제공한다.

④ 교육이 끝난 직후에 평가한다.

> **해설**
>
> 사전−사후 검사는 학습 단계 혹은 행동 단계에서 주로 이루어지는 평가 방법이다.

정답 01. ④   02. ①   03. ④   04. ④   05. ①

06 다음 중 학습(학업성취도) 평가의 고려사항이 아닌 것은?

① 학습자의 지식, 기술, 태도의 변화를 측정할 수 있어야 한다.

② 학습 이후 변화된 수준을 측정할 수 있어야 한다.

③ 100% 응답 회수를 목표로 한다.

④ 통제 그룹을 사용하는 것이 바람직하다.

> **해설**
> 통제 그룹의 사용은 행동 평가 단계에서 주로 활용하는 방법이다.

07 다음 중 만족도 평가의 필요성으로 옳지 않은 것은?

① 이러닝 콘텐츠의 품질은 물론 LMS의 사용성에도 피드백을 제공할 수 있다.

② 학습자에 동기를 부여할 방법을 찾는 데 영향을 준다.

③ 학습자 이탈을 방지한다.

④ 이러닝 과정의 여러 요소 중 특정한 영역을 평가하는 데 적합하다.

> **해설**
> 만족도 평가는 다양한 영역을 두루 평가하고자 시도한다.

08 만족도 평가 문항 개발의 주요 원칙이 아닌 것은?

① 명료한 표현을 사용한다.

② 하나의 질문에 여러 가지 의미를 포함하여 신중히 답변할 수 있도록 한다.

③ 파일럿테스트를 통해 문항을 점검하여 수정한다.

④ 학습자의 주관적 의견도 수렴한다.

> **해설**
> 만족도 평가 문항은 하나의 질문에는 하나의 의미만을 포함하도록 개발해야 한다.

09 다음 중 학업성취도 평가 절차 및 내용과 관련하여 적절한 것은?

① 평가계획 수립 단계에서는 평가문항에 대한 출제 지침과 평가문항 검수 체크리스트를 개발한다.

② 평가문항 개발 단계에서는 문제를 LMS에 올리고 평가 유형별 시험지를 생성한다.

③ 평가 유형별 시험지 배정 시 모사 관리를 시행하고 모사 기준을 적용한다.

④ 평가 결과 검수 단계에서는 채점을 진행하고 첨삭한 결과를 모니터링한다.

> **해설**
> - 평가계획 수립 단계에서는 평가 목적, 유형, 방법 등을 구성한다.
> - 평가문항 개발 단계에서는 평가문항의 출제 지침을 제시하고 평가문항 검수의 체크리스트를 개발한다.
> - 문제은행 단계에서는 평가 유형별 시험지를 생성한다.

10 다음 중 평가계획 수립 단계에서 가장 먼저 해야 할 내용은?

① 교육내용을 분석한다.

② 달성하고자 하는 지식, 기술, 태도의 내용과 수준을 선정한다.

③ 평가 목적에 따라 평가 내용을 선정한다.

④ 적절한 평가 시기를 결정한다.

> **해설**
> 평가계획에서 가장 먼저 이루어져야 할 내용은 교육내용에 대한 분석이며, 이를 토대로 학습 목표를 확인하고 관련된 지식, 기술, 태도의 내용과 수준을 결정하게 된다.

정답 06. ③   07. ④   08. ②   09. ④   10. ①

11 다음 중 문제은행 방식으로 평가를 진행할 때 주의해야 할 요소로 적절하지 않은 것은?

① 학습자마다 특정한 시험지가 배정될 수 있도록 한다.
② 변별력을 향상시키기 위해 문항별로 목표로 한 난이도에서 변동 폭을 충분히 확보한다.
③ 모의 테스트를 통해 오류를 점검한다.
④ 모두 적절하다.

> **해설**
> 문항별 난이도는 일정하게 유지하여 특별히 어렵거나 쉬운 문항이 없도록 점검해야 한다.

12 다음은 과제 수행에 대한 설명으로, 보기의 내용 중 옳지 않은 것은?

① 과제 수행은 학습자가 주어진 학습과정을 제대로 이행했는지 확인할 수 있다.
② 과제 수행 현황을 통해 학습자의 수료 여부를 예측할 수 있다.
③ 모사 여부 판단이 필요하다.
④ 과제 수행 방법은 이러닝 과정 진행 평가에 대한 평가보다는 학습효과 확인 측면으로만 활용한다.

> **해설**
> 과제 수행 방법은 이러닝 과정 진행 평가의 자료로도 활용될 수 있다.

13 다음 중 콘텐츠 평가의 내용에 해당하는 것은?

① 만족도 평가 도구 개발
② 시스템 및 콘텐츠에 대한 교수자 만족도 평가
③ 과정 운영 관련 자료 탑재
④ 학습자 만족도 평가 결과 분석 및 시사점 도출

> **해설**
> 학습 목표를 달성하는 데 요구되는 적절한 시간 개념이 포함되어야 한다.

14 다음 중 콘텐츠 운영 결과 보고서 작성 및 평가 방법으로 적절한 것은?

① 운영하고 있는 이러닝 과정이 다른 유사 과정과 비교해볼 때 어떠한 차별점을 갖고 있는지 중점적으로 기술한다.
② 운영 기관의 추진 성과와 전략은 배제하고 콘텐츠 자체에 집중한다.
③ 특성화 내용에 대한 논리적 타당성보다는 실현 가능성에 초점을 둔다.
④ 운영 기관 관리책임자의 의견을 다루는 것이 가장 중요하다.

> **해설**
> 유사 과정과 비교했을 때 어떤 차별성이 있는지 제시하는 것이 중요하다.

15 다음 중 과정 설계 전략의 요소가 아닌 것은?

① 학습 목표
② 학습요소 자료
③ 화면 구성
④ 강사 전문성

> **해설**
> 과정 설계 전략 요소는 학습 목표, 수준별 학습, 학습요소 자료, 화면 구성, 인터페이스, 교수학습 전략, 상호작용 등이다.

정답 : 11. ② 12. ④ 13. ③ 14. ① 15. ④

16 다음은 무엇을 작성하는 방법인가?

> • 이러닝 과정 운영과 관련된 조직 구성과 인력 배치 등의 사항을 알아보기 쉽도록 도표를 이용하여 작성한다.
> • 운영 인력에 대한 경력사항 등을 정해진 양식에 따라 구체적으로 기술한다.
> • 특히 운영 인력의 경력사항이 사실인지 자체적으로 확인해야 하며, 관련된 증빙자료를 구축하는 등의 노력을 해야 한다.
> • 운영 인력의 전문성 개발을 위해 연수 기회가 제공되는지 기술하는 것도 필요하다.

① 특성화 전략
② 과정 설계 전략
③ 전문인력 확보
④ 인프라 구축

> **해설**
> 보기는 전문인력 관련 내용 작성 시 고려해야 할 요소이다.

17 전문인력 확보 및 운영의 내용이 아닌 것은?

① 학습 목표 달성을 위한 요소이다.
② 필요 인원을 체계적으로 배치 및 관리해야 한다.
③ 반드시 필요한 인원을 중심으로 효율성을 도모한다.
④ 원활한 근무가 가능한 환경을 구축한다.

> **해설**
> 전문인력은 운영에 문제가 없도록 충분한 인원을 확보해야 한다.

18 출석 관리에 대한 내용으로 적절한 것은?

① 여러 차시로 구성된 과정의 경우 과정 단위로 출석을 관리한다.
② 공정성보다 중요한 것은 편리성이다.
③ 형성평가를 통해 출석을 관리할 수도 있다.
④ 출석 방법은 단일하게 관리한다.

> **해설**
> 출석은 차시별로 관리해야 하며, 공정성이 중요하다. 출석 방법은 다양할 수 있으며, 이를 관리하는 방안이 잘 제시되면 된다.

19 평가 및 성적관리의 증빙 자료가 아닌 것은?

① 학습자의 시험지 및 채점 답안지
② 성적 산출 지침 및 성적분포 자료
③ 문제 출제자 자격 정보 자료
④ 대리시험 및 부정행위 방지시스템 구축 관련 자료

> **해설**
> 문제 출제자 정보는 증빙 자료에 포함되지 않는다. 평가활동은 운영기관의 운영자가 하게 된다.

20 다음 내용에 해당하는 교 · 강사(튜터)의 역할은?

> 학습자의 상호작용을 촉진할 수 있는 사회적 환경을 조성함으로써 학습을 향상시킬 수 있도록 지원한다.

① 교수적 역할
② 사회적 역할
③ 관리적 역할
④ 기술적 역할

> **해설**
> 사회적 역할에 해당한다.

정답 **16.** ③ **17.** ③ **18.** ③ **19.** ③ **20.** ②

21 다음 중 사이버교사의 평가 역할에서 역할 전문 역량 군에 해당하지 않는 것은?

① 학습 내용 전문성
② 온라인 학습평가 능력
③ 상호작용 촉진 능력
④ 수업계획 작성 능력

해설

역할 전문 역량군은 학습 내용 전문성, 온라인 학습평가능력, 정보 활용 능력, 수업계획 작성 능력 등이다.

22 다음 중 타당도의 종류가 아닌 것은?

① 내용 타당도
② 예언 타당도
③ 공인 타당도
④ 확인 타당도

해설

타당도는 내용 타당도, 예언 타당도, 공인 타당도, 구인 타당도, 요인 타당도가 있다.

23 다음 내용에 해당하는 것은?

> 교 · 강사가 이러닝 과정의 운영을 마무리한 후에 스스로 교수학습 전반을 돌아보면서 자신의 생각이나 교수학습 과정에서 부족했던 부분 및 잘했던 부분을 기술하는 활동

① 자기평가
② 성찰저널
③ 평가 세미나
④ 교 · 강사 모니터링

해설

• 자기평가는 체크리스트를 활용하여 스스로 하는 것을 말한다.
• 평가 세미나는 공식적인 평가도구를 활용하지 않고 교 · 강사를 비롯한 주요 의사결정자들이 함께 모여 자유롭게 의견을 공유하고 앞으로 콘텐츠를 개발 혹은 운영할 때 필요한 개선 방안을 도출하는 세미나이다.
• 교 · 강사 모니터링 시스템을 구축하여 교 · 강사활동을 관리하여 교 · 강사 평가를 진행하는 것이다.

24 이러닝 교 · 강사의 질 관리를 위한 강의 평가 실시 절차가 알맞게 배열된 것은?

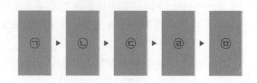

① 강의 평가 시행 공지, 강의 평가 계획 수립, 강의 평가 설문조사 문항 확정, 강의 평가 결과 분석, 교 · 강사 전달
② 강의 평가 계획 수립, 강의 평가 설문조사 문항 확정, 강의 평가 시행 공지, 강의 평가 결과 분석, 교 · 강사 전달
③ 강의 평가 시행 공지, 교 · 강사 전달, 강의 평가 계획 수립, 강의 평가 설문조사 문항 확정, 강의 평가 결과 분석
④ 강의 평가 설문조사 문항 확정, 강의 평가 계획 수립, 강의 평가 시행 공지, 강의 평가 결과 분석, 교 · 강사 전달

해설

강의 평가 시행을 위한 구체적인 계획을 수립한 다음, 이에 맞는 설문조사 문항을 개발하고, 학생 대상으로 강의 평가를 실시하며, 최종 결과는 학습관리시스템이나 학습 플랫폼을 통해서 교 · 강사에게 전달한다.

25 설문조사를 통한 이러닝 교 · 강사의 불편사항 조사 방법의 특징이 아닌 것은?

① 조사 응답에 대한 다양성 확보가 어렵다.
② 면담에 비해 시간과 비용이 절약된다.
③ 리커트 척도(5점 척도) 기반의 설문지를 제작하여 조사를 실시한다.
④ 설문조사를 실시하고 그 결과를 분석하여 통계자료로 정리한다.

정답 21. ③ 22. ④ 23. ② 24. ② 25. ①

> **해설**
>
> 조사응답에 대한 다양성은 많은 수의 인원이 참여한다는 것을 의미하며, 설문조사를 통해 많은 수의 인원이 참여할 수 있으므로 다양성 확보가 비교적 쉽다고 할 수 있다.

26 콘텐츠 관리 업무에 대한 설명으로 옳지 않은 것은?

① 학습자들이 학습에 활용할 수 있는 다양한 콘텐츠를 관리하고 유지보수하는 역할이다.

② 학습자들이 필요로 하는 콘텐츠를 효율적으로 활용할 수 있도록 하기 위한 중요한 역할을 한다.

③ 이러닝 과정 운영자는 학습에 필요한 다양한 콘텐츠를 수집하고, 키워드나 주제 등의 기준에 따라 분류한다.

④ 콘텐츠를 정기적으로 검토하고, 오류나 부적절한 내용을 수정하며, 최신 정보나 트렌드에 맞게 업데이트하는 역할을 수행하지 않는다.

> **해설**
>
> 이러닝 과정 운영자는 콘텐츠 유지보수 임무를 수행한다.

27 이러닝 튜터 교육에 대한 설명으로 옳지 않은 것은?

① 튜터 워크숍과 튜터 간담회를 통해 교육한다.

② 튜터 가이드북과 튜터 가이드 영상 자료를 제공한다.

③ 이러닝 튜터의 직무를 전달하여 원활한 학생지도와 교육 서비스를 제공한다.

④ 이러닝 튜터는 교육의 질과 학습의 성과에 영향을 주지 않기 때문에 튜터 교육은 형식적으로 이루어진다.

> **해설**
>
> 이러닝 튜터의 학습 독려와 촉진 활동이 과정 운영에 매우 중요한 역할을 하므로 튜터 교육이 형식적으로 이루어져서는 안 된다.

28 다음은 이러닝 운영자가 이러닝 튜터의 교수학습활동 촉진을 위해 제시한 활동 지침이다. 무엇에 대한 설명인가?

> • 매일 오후 8시에 Q&A 게시판을 확인한다.
> • 학습 관련 질문은 48시간 이내에 처리한다.
> • 자료조사 및 내용 확인 등으로 질문에 즉각적인 답변이 불가능할 경우는 답변 제시 기한과 이유를 학습자에게 설명한다.

① 질의응답 지침

② 과제물 채점 및 피드백 지침

③ 보조 학습자료 등록 및 관리 지침

④ 상호작용 독려 지침

> **해설**
>
> 수강생들이 질문을 등록했을 때 이러닝 튜터가 효과적으로 답변할 수 있도록 안내하는 지침이다.

정답 26. ④ 27. ④ 28. ①

E-learning Operations Manager

학습목표

시험을 대비하여 최종적으로 실력을 점검할 수 있도록 출제 가능성이 높은 2회분의 예상문제를
수록하였습니다.

PART

04

최종 점검 모의고사

01 다음 중 이러닝산업법 제2조에 의한 이러닝의 정의로 볼 수 있는 것은?

① 컴퓨터, 특히 인터넷을 활용하여 교육 정보를 제공하는 학습

② 전자매체를 이용하여 전달되거나 활성화되는 교수 내용 혹은 학습 경험

③ 전자적 수단, 정보통신 및 전파·방송기술을 활용하여 이루어지는 학습

④ 정보통신기술을 활용하여 언제, 어디서, 누구나 맞춤학습을 할 수 있는 체제

해설

이러닝산업법 제2조에 의하면 '이러닝'이라 함은 전자적 수단, 정보통신 및 전파·방송기술을 활용하여 이루어지는 학습을 뜻한다.

02 다음의 내용에서 ㉠과 ㉡에 들어갈 내용으로 알맞은 것은?

> 에듀테크(edutech)는 교육(education)과 기술(technology)의 합성어로 VR/AR, 인공지능, 빅데이터 및 메타버스 등 4차 산업혁명 기술을 교육에 접목한 형태로서 (㉠) 기반의 개인화된 맞춤형 교육을 지원하며, 기존 세대의 교육 유형과 다른 새로운 (㉡)을(를) 제공하는 방향으로 성장하는 중이다.

① 클라우드, 플랫폼

② 전문가, 학습활동

③ 딥러닝, 상호작용

④ 학습자, 학습 경험

해설

에듀테크는 4차 산업혁명 기술을 교육에 접목한 형태로서 학습자 기반의 개인화된 맞춤형 교육을 한다. 또한, 기존 세대의 교육 유형과 다른 새로운 학습 경험을 제공하는 방향으로 성장하고 있다.

03 다음의 내용에서 ㉠과 ㉡에 들어갈 내용으로 알맞은 것은?

전통적인 교육	e-Learning
집합/off-line	on-line
교수자 중심	학습자 자율
지정된 장소 (교실, 강의실)	구애받지 않음
약속된 시간	구애받지 않음
학습자 공통	학습자 개개인에 따라 다름
획일성, 일방성	다양성, 쌍방향성
무시	고려
㉠	㉡

① 지식전달자, 조언자

② 방관자, 주도자

③ 멘토, 멘티

④ 평가자, 기획자

해설

전통적 교육에서의 교수자는 지식전달자로, e-Learning에서의 교수자는 조언자나 코치의 역할을 하게 된다.

04 다음 중 e-learning에서의 'e'에 해당하는 개념으로 볼 수 없는 것은?

① Experience　　② Extraction
③ Extension　　④ Electronic

> **해설**
>
> e-learning에서의 'e'는 '전자(electronic)'를 의미하는 것 외에도 Experience(경험), Extension(학습 선택권의 확장), Expansion(학습 기회의 확대)을 포함하여 그 개념을 확장하고 있다.

05 다음 중 오픈된 라이선스(CCL)가 적용되는 대학의 이러닝 콘텐츠를 누구나 활용할 수 있도록 무료로 공개한 '온라인 강의 공개 서비스'를 뜻하는 용어는 무엇인가?

① OSS　　② MOOC
③ OSMU　　④ OCW

> **해설**
>
> OCW는 오픈된 라이선스(CCL; Creative Common License)가 적용되는 대학의 이러닝 콘텐츠를 누구나 활용할 수 있도록 무료로 공개한 온라인 강의 공개 서비스이다.

06 다음 중 MOOC에 대한 설명으로 옳지 않은 것은?

① 일부 기관에서는 소정의 비용을 지불하고 수료증을 받을 수도 있다.
② 쌍방향적 온라인 강의 공개 서비스이다.
③ 지식 재생산의 실천이라는 목표를 가지고 있다.
④ 온라인을 기반으로 이루어지는 상호참여적, 거대 규모의 교육을 의미한다.

> **해설**
>
> OCW와 마찬가지로 '지식나눔'의 실천이라는 목표를 가지고 있다.

07 보기의 내용은 어떤 이러닝 콘텐츠 유형에 대한 설명인가?

> 텍스트, 음성, 사운드, 음악, 비디오, 애니메이션 등 다양한 정보 형태를 활용하여 이야기를 공유할 수 있도록 구성된 유형

① 스토리텔링형　　② 애니메이션형
③ 토론학습형　　④ 대화형

> **해설**
>
> 보기의 내용은 스토리텔링형에 관한 설명이다.

08 다음 중 학습자 개개인의 수준과 학습 스타일에 맞게 학습 정보와 학습량, 학습 방법 등을 맞춤형으로 제공하는 학습법을 의미하는 것은 무엇인가?

① Personal learning
② Adaptive learning
③ Micro learning
④ Customize learning

> **해설**
>
> 적응 학습(adaptive learning)이란 학습자 개개인의 수준과 학습 스타일에 맞게 학습 정보와 학습량, 학습 방법 등을 맞춤형으로 제공하는 학습법을 의미한다.

09 이러닝(전자학습) 산업 발전 및 이러닝 활용 촉진에 관한 법률(약칭: 이러닝산업법)에 따른 이러닝 사업에 해당하지 않는 것은?

① 이러닝 콘텐츠 사업
② 이러닝 솔루션 사업
③ 이러닝 디바이스 사업
④ 이러닝 서비스 사업

> **해설**
>
> 이러닝 디바이스 사업이 아니라 이러닝 하드웨어 산업이다.

정답 04. ②　05. ④　06. ③　07. ①　08. ②　09. ③

10 이러닝 서비스 산업을 분류할 때, 직무훈련 서비스업 중분류에 속하지 않는 소분류 내용은 무엇인가?

① 고등교육 서비스업

② 기업 직무훈련 서비스업

③ 직업훈련 서비스업

④ 교수자 연수 서비스업

해설

고등교육 서비스업은 교과교육 서비스업 중 분류에 속하는 소분류 내용이다.

11 다음의 설명은 이러닝 운영을 위한 소프트웨어에 대한 설명이다. 어떤 영역에 해당하는가?

1. 과목관리 기능(강의계획서, 공지사항, 강의목록)
2. 학습관리 및 평가 기능(학생 관리, 출석 관리, 진도관리, 학습참여 관리, 과제관리, 시험관리, 1:1 상담)
3. 성적관리 기능(학업성취도 종합 평가 및 성적 산출 기능)
4. 커뮤니티 및 네트워크 관리 기능(학습 자료실, 토론방, 프로젝트방, 설문, 이메일, 쪽지, 채팅, 커뮤니티, 블로그 등)
5. 콘텐츠 검색 및 관리 기능
6. 콘텐츠개발관리시스템(CDMS) 기능
7. 기타 기능(강의 평가 결과조회, 조교관리, 개인정보 관리 등)

① 학습자 지원 ② 운영자 지원

③ 시스템 지원 ④ 교수자 지원

해설

교수자 지원은 학습자를 대상으로 이러닝 콘텐츠를 운영하기 위한 전반적인 영역에 해당된다.

12 보기의 내용은 어떤 이러닝 산업의 주요 이해 관계자에 해당하는 설명인가?

> 동일한 여러 개의 강좌가 운영될 때 한 강좌를 담당하는 교·강사, 한 강좌의 수강 인원이 많을 때 담당 교수를 지원하여 강의 운영을 담당하는 강사, 교수의 보조자로서 자율권을 가지고 학습을 지원 촉진하는 자이다.

① 개인 교수(tutor)

② 교수자(instructor)

③ 내용 전문가(content provider)

④ 운영자(coordinator)

해설

개인 교수(tutor)는 동일한 여러 개의 강좌가 운영될 때 한 강좌를 담당하는 교·강사, 한 강좌의 수강 인원이 많을 때 담당 교수를 지원하여 강의 운영을 담당하는 강사, 교수의 보조자로서 자율권을 가지고 학습을 지원 촉진하는 자이다.

13 아바타(avatar)를 통해 실제 현실과 같은 사회 경제 교육 문화 과학기술 활동을 할 수 있는 차원 공간 플랫폼을 무엇이라 하는가?

① 디지털휴먼(digital human)

② 가상현실(virtual reality)

③ 증강현실(augmented reality)

④ 메타버스(metaverse)

해설

메타버스는 교육업계에서 메타버스 활용의 장점은 AR/VR/MR을 통한 재설계된 학습 공간, VR/AR 교사와 학생이 헤드셋을 착용하여 먼 곳에 현장 체험을 가거나 실습 활동이 가능하다.

14 다음은 에듀테크의 특성에 대한 설명이다. 어떤 특성에 대한 개념인가?

> 1. 초연결로 언제 어디서나 누구나 접속 가능한 네트워크를 기반 교육과 온라인 공유 교육 플랫폼을 제공
> 2. 탈 중심화로 개인과 개인 간 마이크로 서비스 교육 제공

① 융합화 ② 지능화
③ 실감화 ④ 연결화

해설

연결화는 초연결성과 탈 중심화의 특성을 갖는 에듀테크 개념이다.

15 이러닝 기술 트렌드에 대한 설명으로 잘못된 것은?

① 마이크로 러닝(micro learning)은 짧은 동영상, 이미지, 퀴즈 등을 활용하여 빠르고 쉽게 배울 수 있는 학습 방식이다. 모바일 기기를 통해 언제 어디서든 접근 가능하며, 짧은 시간에도 효과적인 학습이 가능할 것이다.

② 가상현실(virtual reality)과 증강현실(augmented reality) 기술을 활용하여 실제적인 체험을 제공하는 학습 방식이다. 예를 들어, 가상현실을 통해 위험한 상황을 안전하게 체험하거나, 증강현실을 통해 제품이나 장비의 사용법을 실제로 체험하는 등의 학습이 가능할 것이다.

③ 모바일 학습(mobile learning)은 모바일 기기를 통해 언제 어디서든 학습이 가능한 학습 방식으로, 학습자의 위치나 시간에 구애받지 않고 학습할 수 있으며, 간편하고 효과적인 학습이 가능할 것이다.

④ ChatGPT 기반 학습은 머신러닝, 딥러닝 등의 기술을 활용하여 학습자의 수준에 맞는 맞춤형 학습 콘텐츠를 제공하는 학습 방식이다. 학습자의 학습 패턴을 분석하여 최적화된 학습 경로를 제공하거나, 학습자의 이해도를 자동으로 분석하여 적절한 피드백을 제공하는 등의 기술이 적용된다.

해설

인공지능(AI) 기반 학습으로 머신러닝, 딥러닝 등의 기술을 활용하여 학습자의 수준에 맞는 맞춤형 학습 콘텐츠를 제공하는 학습 방식이다. 학습자의 학습 패턴을 분석하여 최적화된 학습 경로를 제공하거나, 학습자의 이해도를 자동으로 분석하여 적절한 피드백을 제공하는 등의 기술이 적용된다.

16 이러닝(전자학습) 산업 발전 및 이러닝 활용 촉진에 관한 법률에서 사용하는 용어의 정의로 잘못된 것은?

① "교육기관"이란 「유아교육법」 제2조 제2호에 따른 유치원, 「초·중등교육법」 제2조에 따른 학교, 「고등교육법」 제2조에 따른 학교 및 「평생교육법」 제2조 제2호에 따른 평생교육기관, 사설학원을 말한다.

② "이러닝콘텐츠"란 전자적 방식으로 처리된 부호, 문자, 도형, 색채, 음성, 음향, 이미지, 영상 등 이러닝과 관련된 정보나 자료를 말한다.

③ "자유이용정보"란 「저작권법」 제7조에 따른 보호받지 못하는 저작물 또는 같은 법 제39조부터 제42조까지의 규정에 따른 보호 기간이 만료된 저작물을 말한다.

④ "이러닝사업자"는 이러닝 산업과 관련된 경제활동을 하는 자로서 대통령령으로 정하는 자를 말한다.

해설

"교육기관"이란 「유아교육법」 제2조 제2호에 따른 유치원, 「초·중등교육법」 제2조에 따른 학교, 「고등교육법」 제2조에 따른 학교 및 「평생교육법」 제2조 제2호에 따른 평생교육기관을 말한다.

정답 **14.** ④ **15.** ④ **16.** ①

17 이러닝(전자학습) 산업 발전 및 이러닝 활용 촉진에 관한 법률은 이러닝 산업의 전반에 필요한 사항을 정함으로써 이러닝을 활성화하여 국민의 삶의 질을 향상시키고 국민경제의 건전한 발전에 이바지함을 목적으로 하는 법이며, 2004년 7월 29일 시행되었으며 2021년 12월 16일 일부 개정되었다. 개정 이유에 해당하지 않는 것은?

① 이러닝 분야의 국제협력을 활성화하기 위하여 정부가 이러닝 관련 정보 · 기술 · 인력의 국제 교류 및 국외 진출, 이러닝의 국제표준화 활동, 국가 간 이러닝 공동 연구 · 개발, 이러닝 관련 국외 마케팅 및 홍보 등에 관한 사업을 지원할 수 있도록 규정

② 이러닝 산업의 전반에 필요한 사항을 정함으로써 이러닝을 활성화하여 국민의 삶의 질을 향상시키고 국민경제의 건전한 발전에 이바지함을 목적

③ 이러닝사업자의 국외 진출에 따라 이러닝사업자가 수집, 이용 또는 처리하는 국민의 개인정보가 국외로 이전될 우려가 있고, 해외에서 사업을 수행하는 이러닝사업자가 해당 국가의 개인정보 관련 법령을 숙지하지 못하고 위반함으로써 불이익을 받을 수 있다는 의견

④ 이러닝사업자에게 국내외 개인정보보호 법령 등에 관한 정보를 제공할 수 있도록 하여 국제 교류 및 국외 진출을 지원

해설
②번은 이러닝 산업의 전반에 필요한 사항을 정함으로써 이러닝을 활성화하여 국민의 삶의 질을 향상시키고 국민경제의 건전한 발전에 이바지함을 목적하는 이러닝(전자학습) 산업 발전 및 이러닝 활용 촉진에 관한 법률을 마련하고자 하는 근거에 해당된다.

18 교육을 구성하는 3가지 요소로 볼 수 없는 것은?

① 교육과정　　　② 교육공간
③ 교사　　　　　④ 학생

해설
교육을 구성하는 3가지 요소는 교육과정, 교사, 학생입니다.

19 다음은 이러닝에 대한 정의이다. 빈칸에 들어갈 알맞은 말은 무엇인가?

> 이러닝에서 활용되는 콘텐츠의 의미는 텍스트, 음성, 음향, 이미지, 영상 등을 디지털 방식으로 제작되어 (　　)을 통해 제공되는 각종 정보를 말한다.

① 인터넷　　　　② 컴퓨터
③ 교 · 강사　　　④ 고용보험

해설
이러닝의 콘텐츠들은 인터넷을 통해 제공된다.

20 다음 중 교수체제설계(ISD; Instructional Systems Development)를 기반으로 설정된 이러닝 콘텐츠 개발 프로세스는 다음 중 무엇인가?

① 역방향 설계 모형　② CBC
③ ADDIE　　　　　④ SBCD

해설
ADDIE 모형은 ISD를 기반으로 한다.

21 교수–학습 과정에서 일어나는 다양한 활동을 교수자와 학습자가 편리하게 관리할 수 있도록 지원하는 시스템은 무엇인가?

① LCMS　　　　② CDMS
③ CMS　　　　　④ LMS

정답 : 17. ② 18. ② 19. ① 20. ③ 21. ④

해설

문제에서 제시된 내용은 학습관리시스템, 즉 LMS에 관한 설명이다.

22 이러닝 콘텐츠 개발 자원의 재사용 시 장점으로 볼 수 없는 것은?

① 콘텐츠 신뢰도 증가

② 개발 과정의 위험 증가

③ 개발 기간의 감소

④ 개발 비용 감소

해설

자원을 재사용함으로써 신뢰도 증가, 개발 과정의 위험 감소, 고급 인력의 효과적인 이용, 개발 기간과 비용 감소, 재사용에 따른 정보 공유 및 타 프로젝트 산출물을 공유할 수 있다.

23 콘텐츠를 학습 객체(learning object) 단위로 개발, 저장, 관리하여 기개발된 콘텐츠의 재사용성 및 학습자 특성에 맞는 적응적인 콘텐츠를 제공하는 시스템은 무엇인가?

① LCMS   ② CDMS

③ CMS   ④ LMS

해설

문제에서 제시된 내용은 학습 콘텐츠 관리시스템, 즉 LCMS에 대한 설명이다.

24 원격교육에서 학습 지원의 필요성이라고 볼 수 없는 것은?

① 원격학습자들에게 맞춤화된 지원이 이루어질 경우 학습자들의 학습 목표 달성에 기여한다.

② 원격학습자가 중도에 학업을 포기하지 않고 코스를 마치도록 하는 데 기여한다.

③ 학습 지원을 통해 학습분석을 위한 학습자들의 데이터를 확보할 수 있다.

④ 학습자가 교수자, 튜터, 다른 동료 학습자와의 접촉을 통해 학습 동기 부여 효과가 발생한다.

해설

• 학습자 데이터 수집과 학습 지원과는 관련 없다.
• 학습 지원의 필요성은 다음과 같다.
  − 원격학습자가 중도에 학업을 포기하지 않고 코스를 마치도록 하는 데 기여한다.
  − 학습자들에게 맞춤화된 지원이 이루어질 경우 학습자들의 학습 목표 달성에 기여한다.
  − 학습자가 교수자, 튜터, 다른 동료 학습자와의 접촉을 통해 학습 동기 부여 효과가 발생한다.
  − 학습 지원을 통해 학습 만족도를 높인다.

25 이러닝 자원의 재사용성을 확보하기 위해 제시되었던 이러닝 콘텐츠 표준 SCORM에 대한 설명으로 잘못된 것은?

① 다양한 학습환경에서 이러한 객체들이 상호 호환이 가능하다.

② 학습자 경험 데이터를 정의하고 서로 다른 학습시스템 간에 데이터를 상호 교환하기 위한 표준 응용프로그램 인터페이스이다.

③ 교육용 콘텐츠의 교환, 공유, 결합, 재사용을 쉽게 하려는 목적으로 만들어진 표준안이다.

④ 미국 국방성 산하 ADL(Advanced Distributed Learning: 고급분산학습사업단)이 개발하였다.

해설

학습자 경험 데이터를 정의하고 서로 다른 학습시스템 간에 데이터를 상호 교환하기 위한 표준 응용프로그램 인터페이스는 SCORM 이후 제시된 xAPI에 대한 설명이다.

정답 22. ② 23. ① 24. ③ 25. ②

26 아래 내용에서 제시하고 있는 학습 지원 도구에 해당하는 것은 다음 중 무엇인가?

> 원격으로 학습을 진행하는 학습자가 기술적인 문제로 학습을 진행하기 어려울 경우, 해당 학습자의 학습 디바이스에 원격으로 접속하여 문제를 해결하기 위한 도구

① 메일　　　　② 채팅
③ 튜터링 시스템　　④ 원격 지원시스템

해설
해당 설명은 원격 지원시스템에 대한 설명으로 원격 지원 시스템은 일반적으로 상용 소프트웨어를 사용하며, 운영자가 학습자를 지원하기 위한 학습 지원 도구이다.

27 이러닝 콘텐츠 개발을 위한 하드웨어 환경에 대한 구분과 설명이 바르지 않는 것은?

① 영상 촬영 장비: 방송용 디지털 캠코더 (3CCD/3CMOS HD/HDV급 이상)
② 영상 편집 장비: HD급 이상 동영상 편집용 선형(linear) 또는 비선형 (nonlinear) 편집 시스템
③ 영상 변환 장비: 음향 조정기, 앰프, 마이크
④ 그래픽 편집 장비: PC, 스캐너, 디지털카메라

해설
음향 조정기, 앰프, 마이크는 음향 제작 장비이다. 영상 변환 장비는 인코딩 장비(웹에서 다운로딩 또는 스트리밍할 수 있도록 출력물을 변환할 수 있는 장비)이다.

28 다음 중 교 · 강사의 역할로 볼 수 없는 것은?

① 내용 전문가　　② 교수설계자
③ 콘텐츠 개발자　　④ 촉진자

해설
교 · 강사의 역할은 내용 전문가, 교수설계자, 촉진자, 안내자/관리자, 기술전문가이다.

29 이러닝 콘텐츠 개발 시 웹 접근성 개발 원칙에 대한 설명으로 바르지 않는 것은?

① 운용의 용이성: 사용자 인터페이스 구성요소는 조작할 수 있고, 내비게이션 할 수 있어야 한다.
② 견고성: 이러닝 콘텐츠 파일은 보안성이 유지되어야 한다.
③ 이해의 용이성: 사용자가 자신의 장애 여부 및 여건과 관계없이 웹 콘텐츠가 전달하는 내용을 이해할 수 있어야 한다.
④ 인식의 용이성: 모든 콘텐츠는 사용자가 인식할 수 있어야 한다.

해설
견고성: 표준을 준수한 콘텐츠는 앞으로 사용자가 이용하게 될 기술로도 오류가 발생하지 않아야 하고, 학습자가 지속적으로 접근 가능해야 하는 것을 의미한다.

30 다음 중 이러닝 교 · 강사의 활동 평가 절차가 아닌 것은?

① 분석 및 계획 단계 평가
② 설계 및 개발 단계 평가
③ 수업 운영 단계 평가
④ 수업 준비 단계 평가

해설
이러닝 교 · 강사의 활동 평가는 분석 및 계획 단계 평가, 설계 및 개발 단계 평가(학습 내용), 설계 및 개발 단계 평가(교수 설계), 수업 운영 단계 평가, 평가 단계의 평가로 구성되어 있다. 준비 단계에서는 활동평가를 할 수 없다.

31 다음 중 성인 학습자의 특징이 아닌 것은?

① 지능조직이 안정되어 있다.
② 동기 수준이 매우 높다.
③ 선택적으로 학습활동에 참여한다.
④ 대부분 삶의 경험이 유사하다.

정답 : **26.** ④　**27.** ③　**28.** ③　**29.** ②　**30.** ④　**31.** ④

해설

삶의 경험 측면에서 성인 학습자는 다양한 삶의 경험을 갖고 학습활동에 참여하고 있으나, K-12의 경우 삶의 경험이 유사하다.

32 학점은행제에 대한 설명으로 올바르지 않은 것은?

① 「학점인정 등에 관한 법률」, (법률 제11690호)에 고시됨

② 학교에서뿐만 아니라 학교 밖에서 이루어지는 다양한 형태의 학습과 자격을 학점으로 인정하는 제도 ③ 학점이 누적되어 일정 기준을 충족하면 학위 취득을 가능하게 함

④ 중학교 졸업자나 동등 이상의 학력을 가진 사람 모두 포함

해설

(해설)학점은행제의 대상은 고등학교 졸업자나 동등 이상의 학력을 가진 자이다.

33 관리자들이 사용하는 학습관리시스템의 주요 기능 중 수료 기준 설정 기능에 대한 설명으로 올바른 것은?

① 학습 목표 달성 여부를 판단할 수 있도록 적정하게 설정

② 학습 참여가 저조한 학습자들에 대한 학습을 독려하는 기능

③ 원격 학습 자동 모니터링 시스템을 통해 학습자 관리 정보를 자동 수집하는 모니터링 기능

④ 학습자 개인별로 학습 과정에 대한 만족도 평가를 위한 설문조사 기능

해설

수료 기준은 학습 목표를 기준으로 학습 진도, 평가, 주요 학습활동에 대한 진행 여부 등으로 구성된다.

34 다음 중 원격 훈련시설 요건 중 위탁훈련의 네트워크 기준에 대한 설명으로 올바르지 않은 것은?

① 자체 DNS 등록 및 환경을 구축

② 여러 종류의 교육 훈련용 콘텐츠 제공을 위한 프로토콜 지원

③ 인터넷 전용선 500M 이상 보유

④ ISP 업체를 통한 서비스 제공 등 안정성 있는 서비스 방법을 확보

해설

원격 훈련시설의 위탁훈련 네트워크 기준에서 인터넷 전용선은 100M 이상 보유하면 된다.

35 교수학습 방법 관련 주요 트랜드 중 자기주도학습에 대한 내용으로 올바르지 않은 것은?

① 학습자 스스로 학습 시작, 목표 설정, 교육 내용 선정, 학습평가까지 학습의 전 과정을 선택하고 결정하는 과정으로 이루어지는 학습 형태이다.

② 자기주도학습을 위해서 학습자는 자신의 학습 요구가 무엇인지를 정확하게 파악하고 구체적으로 파악하고 있어야 한다.

③ 학습평가를 위해 학습자 스스로 객관적인 평가를 할 수 있어야 한다.

④ 사회교육이나 성인학습의 특징적 방법으로 활용하는 방법이다.

해설

자기주도적 학습을 위해서는 학습평가를 위해 학습자 스스로 주관적인 평가를 할 수 있어야 한다.

정답 : 32. ④ 33. ① 34. ③ 35. ③

36 교수자가 자신의 특정 강좌를 운영하면서 교육의 질을 향상시키기 위해 학습자료를 제공하고 학습활동을 관리 및 모니터링 하는 활동을 지원하는 도구는 무엇인가?

① 학습 지원 도구

② 콘텐츠 개발 관리 도구

③ 이러닝 학습시스템

④ 콘텐츠 개발 도구

학습 지원 도구는 교수자 및 관리자들이 진행하는 학습 지원을 돕는 도구이다.

37 과정별 이러닝 콘텐츠 오류 여부 점검 시 교육 내용 점검 항목의 상세 내용이 아닌 것은?

① 이러닝 콘텐츠의 제작 목적과 학습 목표 부합 여부

② 학습 목표에 맞는 내용으로 콘텐츠가 구성되어 있는지 여부

③ 내레이션이 학습자의 수준과 과정의 성격에 맞는지 여부

④ 화면이 보기에 편안한 구도로 제작되었는지 여부

화면이 보기에 편안한 구도로 제작되었는지는 화면 구성 점검 항목 내용이다.

38 다음 LMS에 등록되는 자료 중 학습이 시작되기 전에 활용되는 자료는 무엇인가?

① 평가

② 과제

③ 강의계획서

④ 학습자 만족도 설문

학습이 시작되기 전 활용되는 자료는 공지사항, 강의계획서 등이다.

39 다음 LMS에 등록되는 지표 중 평가 분류 중 총괄 평가에 대한 설명으로 올바르지 않은 것은?

① 학습자의 수준을 종합적으로 확인할 수 있는 평가

② 학습자 집단의 특성을 분석할 수 있다.

③ 강의가 종료된 후 진행된다.

④ 기초능력(선수학습 능력, 사전 학습 능력) 전반을 진단하는 평가

총괄 평가에서는 학습자의 수준을 종합적으로 확인할 수 있는 평가이며, 성적을 결정하고 학습자 집단의 특성을 분석할 수 있으며 강의가 종료된 후 진행된다.

40 이러닝 평가를 위한 평가 모형인 KirkPatrick 4단계 교육평가 모형에 단계별 설명으로 올바르지 않은 것은?

① 1단계 평가: 학습자들이 프로그램에 어떻게 반응했는가를 측정

② 2단계 평가: 프로그램 참여 결과로 얻어진 태도 변화에 대한 평가

③ 3단계 평가: 설문지나 인터뷰, 관찰을 통해 평가

④ 4단계 평가: 프로그램 참여 결과로 얻어진 직무 행동 변화

4단계 평가는 결과 평가로, 훈련 결과가 조직의 개선에 기여한 정도를 투자회수율에 근거하여 평가한다.

정답 36. ① 37. ④ 38. ③ 39. ④ 40. ④

41 다음 중 이러닝 운영 기획이 중요하게 된 배경으로 옳지 않은 것은?

① 온·오프라인 교육의 경계가 점점 사라지며 온라인 교육이 확대되고 있다.

② 플립드러닝(flipped learning)과 같이 집체교육에 이러닝이 결합된 형태의 교육이 증가하고 있다.

③ 기업 재직자들을 위한 리스킬링과 업스킬링 형태의 교육 수요가 증가하였다.

④ 대학에서 온라인 교과목 개설과 인정 학점이 축소되고 있다.

> **해설**
>
> 대학에서 온라인 교과목의 개설과 인정 학점은 확대되는 추세이다.

42 다음 중 학습자 분석에 대한 설명으로 옳지 않은 것은?

① 학습자들에 대한 특성을 파악하는 활동이다.

② 설문조사나 인터뷰, 포커스그룹 인터뷰 방법을 활용한다.

③ 도출된 결과는 신규 과정 혹은 기존과정의 개선에 반영한다.

④ 인구통계학적 정보, 학습 경험, 학습 만족도, 학습 선호도, 학습 동기, 학습 스타일, 학습 태도 등의 모든 내용이 포함되어야 한다.

> **해설**
>
> 이러닝 과정 개설을 위해 필수적으로 요구되는 항목을 중심으로 검사에 포함한다.

43 다음 중 요구분석의 세부 요소에 해당하는 것을 〈보기〉에서 모두 고른 것은?

㉠ 학습자　　　　　㉡ 고객의 요구
㉢ 운영계획　　　　㉣ 학습환경

① ㉠, ㉡　　　　　　　② ㉠, ㉢

③ ㉠, ㉡, ㉣　　　　　④ ㉠, ㉡, ㉢, ㉣

> **해설**
>
> 요구분석 결과를 바탕으로 이러닝 과정의 운영계획 수립을 진행한다.

44 다음 중 학습관리시스템(LMS) 점검을 통한 요구분석에 해당하는 요소가 아닌 것은?

① 주차 개설 및 학습 콘텐츠 등록 기능

② 과제 및 토론 활동 등록 기능

③ 평가 일정 및 응시 방법 등록 기능

④ 유형, 분량, 난이도, 멀티미디어 요소, 상호작용 방법

> **해설**
>
> ④번의 내용은 이러닝 교육과정에 대한 요구분석 요소에 해당한다.

45 플립드러닝에 대한 설명으로 옳지 않은 것은?

① 학습자들의 자기주도학습 역량 향상에 효과적이다.

② 플립드러닝 수업에서 학습자는 능동적이며 수업의 주체가 된다.

③ 온·오프라인 활동이 모두 포함되어 있어 개인의 학습속도 조정이 어렵다.

④ 교수자와 학습자, 학습자와 학습자 간에 사회적 상호작용과 커뮤니케이션이 증가한다.

정답 41. ④　42. ④　43. ③　44. ④　45. ③

플립드러닝에서는 온·오프라인 학습활동 모두 자신의 속도에 따라 학습하고 스스로 보완할 수 있다는 장점이 있다.

46 이러닝 운영계획 수립 시, 필수요소에 해당하는 것을 다음에서 모두 고른 것은?

> ㉠ 운영전략 수립
> ㉡ 학사일정 계획 수립
> ㉢ 홍보계획 수립
> ㉣ 평가계획 수립

① ㉠, ㉡   ② ㉠, ㉢
③ ㉠, ㉡, ㉢   ④ ㉠, ㉡, ㉢, ㉣

이러닝 과정의 운영계획 수립 시에는 ㉠, ㉡, ㉢, ㉣의 모든 요소가 검토 대상에 포함된다.

47 진도 체크 오류가 발생하는 원인으로 보기 어려운 것은?

① 캐시(cache) 문제
② 쿠키(cookies) 문제
③ 웹브라우저 호환성 문제
④ 동영상 파일 손상

동영상 파일이 손상됐을 경우도 진도 체크가 되지 않을 수 있으나, 동영상 파일 손상은 동영상 재생 오류의 원인에 더 가깝다.

48 이러닝 콘텐츠(e–Learning Contents)의 점검 요소에 대한 설명으로 옳지 않은 것은?

① 기술적 요소는 콘텐츠가 원활하게 실행되는지 확인하는 것이다.
② 교육적 요소는 콘텐츠의 학습 효과를 보장하기 위한 것이다.
③ 디자인 요소는 콘텐츠의 시각적인 품질을 보장하기 위한 것이다.
④ 언어 요소는 콘텐츠의 표현방식으로 법적인 문제를 점검하는 것이다.

언어 요소는 콘텐츠의 언어 사용에 대한 점검이다. 언어 요소의 점검 사항으로는 번역, 언어 사용의 명확성, 일관성 등이 있다.

49 이러닝 학습에 필요한 권장 사양 안내의 목적은 무엇인가?

① 학습자의 수강환경을 개선하기 위해
② 이러닝 콘텐츠 개발 환경을 조성하기 위해
③ 학습자가 원활한 이러닝 학습을 할 수 있도록 하기 위해
④ 입과 예정자를 대상으로 마케팅 활동을 하기 위해

이러닝 학습은 여러 가지 프로그래밍 언어와 멀티미디어 저작 도구로 제작된 콘텐츠를 통해 이루어지기 때문에 학습자의 수강환경이 이러닝 사이트가 권장하는 사양을 충족하지 못하면 학습에 어려움이 생길 수 있다. 이러한 이유로 과정 운영자는 입과 예정자를 대상으로 학습에 필요한 권장 사양을 안내하여 학습자가 원활한 이러닝 학습을 할 수 있도록 조치한다.

50 다음 중 아래에서 설명하는 학습관리시스템(LMS)의 기능은 무엇인가?

> 회원의 수강료 결제금액, 결제수단, 신청일, 결제일 등을 확인하고, 취소 내역과 그에 따른 처리 여부 및 환불 방법, 환불 조건 등을 조회할 수 있다.

① 교육과정 관리   ② 수강 관리
③ 성적/수료 관리   ④ 결제/정산 관리

결제/정산 관리 기능에 대한 설명이다.

51 다음 중 이러닝 콘텐츠에 대한 설명으로 옳지 않은 것은?

① 이러닝 콘텐츠는 전자적 방식으로 처리된 부호, 문자, 도형, 색채, 음성, 음향, 이미지, 영상 등의 정보나 자료를 말한다.

② 이러닝 콘텐츠는 이러닝 학습자가 효과적인 학습을 할 수 있도록 제작된 교수·학습 프로그램으로 다양한 형태를 띤다.

③ 이러닝 콘텐츠는 대부분의 멀티미디어 기기에서 구동되며, 유무선 네트워크에 연결되어 인터넷 접속을 위한 웹브라우저가 내장되어 있다.

④ 이러닝 콘텐츠는 개발 환경에 따라 구동 조건이 다르며, Adobe Flash와 같은 플러그인이 반드시 필요하다.

해설

개발 환경에 따라 구동 조건이 다르며, Adobe Flash와 같은 플러그인을 필요로 하는 경우가 있지만, 최근에는 HTML5 비디오 플레이어나 자체 개발한 플레이어 등 다양한 영상 플레이어를 사용하여 이러닝 콘텐츠를 재생한다.

52 이러닝 운영 지원 도구에 대한 설명으로 옳지 않은 것은?

① 학습자들의 학습 결과를 분석할 수 있으나 학습 과정을 관리할 수 없다.

② 학습자들끼리 소통하고, 협력하는 것이 가능하다.

③ 시간과 장소의 제약 없이 학습할 수 있다.

④ 강의 제작, 운영, 평가 등에 필요한 비용을 줄일 수 있다.

해설

이러닝 운영 지원 도구를 사용하면 강의 계획 수립, 강의자료 관리, 수강생 평가 등 학습관리에 필요한 기능들을 제공하여 학습자들의 학습 효율성을 높일 수 있다.

53 학습자 지원을 위한 도구에 대한 설명으로 옳은 것은?

① 웹 기반 게시판: 학습자들이 강사나 다른 학습자들과 토론하거나 질문을 하고 답변을 받을 수 있는 공간이다.

② 소셜 미디어: 실제 공간에서 이루어지는 대면상담에서 과정 운영자와 상담을 받는 고객이 나누는 일대일의 대화방식을 온라인 매체에 그대로 옮기려는 시도에서 나온 방법이다.

③ 화상채팅: 인공지능 기술을 이용하여 자동으로 대화를 처리하는 프로그램으로, 최근 학습 지원 분야에서도 활용되고 있다.

④ 챗봇: 실시간 채팅 상담의 기능에 컴퓨터 화면을 통해 상대방의 모습을 보면서 음성 메시지를 나눌 수 있는 기능이 첨가된 상담 방법이다.

해설

게시판은 공개 게시판과 비공개 게시판으로 나누어 운영되며, 비공개 게시판의 경우 제목은 사용자 모두 볼 수 있지만, 내용은 글쓴이와 과정 운영자만 볼 수 있다.

54 FAQ 작성 및 관리요령의 설명으로 옳지 않은 것은?

① 가장 빈번하게 묻는 질문들을 선별하여 FAQ 문서에 포함한다.

② 각 질문에 대한 답변을 분류하여 카테고리를 만드는 것이 좋다.

③ 사용자들이 쉽게 접근할 수 있도록 서비스의 메뉴나 고객센터 등에 링크를 제공해야 한다.

④ 비교적 구체적이고 자세히 작성한다.

해설

선별한 질문에 대한 답변을 작성할 때는 간결하고 명확하게 작성해야 한다.

정답 : 51. ④ 52. ① 53. ① 54. ④

55 학습자들이 이러닝 과정에 입과하기 위해 회원가입 정보에 대한 설명으로 옳지 않은 것은?

① 이러닝 과정 신규 신청을 할 때 회원가입 절차를 거친다.

② 필수 입력 정보는 ID 및 비밀번호, 성명, 생년월일, 이메일, 휴대전화 등이다.

③ 개인정보 수집 · 이용에 관한 동의 과정은 생략 가능하다.

④ 교육과정 및 정보 안내를 위한 이메일/SMS 수신 여부 동의 체크를 하게 되어 있다.

해설

회원 정보를 수집할 때 개인정보 이용에 대해 동의를 받는 것은 필수과정이다.

56 취업 여부나 직종과 관계없이 직업훈련이 필요한 이들에게 지원되는 카드로, 개인 주도의 훈련 기회를 제공하는 정부 지원 제도는 무엇인가?

① 국민내일배움카드

② 사업주 직업능력개발 지원

③ 재직자 디지털융합훈련

④ 국가인적자원개발 컨소시엄

해설

국민내일배움카드 제도를 통해 실업자, 재직자, 자영업 여부에 관계없이 개인당 300~500만 원의 훈련비용을 지원하고 있다.

57 이러닝에서 평가 기준에 대한 설명으로 옳지 않은 것은?

① 교수자는 공정하고 객관적인 평가 기준과 평가 항목을 마련해야 한다.

② 평가 결과는 'A등급', '통과', '수료', '우수' 등으로 처리된다.

③ 이러닝에서 평가는 학습 성과에 대한 상대적인 변별에 더욱 중점을 둔다.

④ 교수자가 제출한 운영계획서의 평가 기준과 학습관리시스템의 입력된 내용이 일치해야 한다.

해설

이러닝에서도 상대평가가 진행되지만, 일정한 학습 수준의 도달 여부에 따라 수료와 미수료의 기준으로 평가하는 경우가 더 많다.

58 이러닝 과정에서 성적 이의신청 처리 방법에 대한 설명으로 옳지 않은 것은?

① 간혹 과제 제출 내역이 평가에서 누락되거나 성적이 잘못 산출되어 이의신청이 발생하기도 한다.

② 문의 게시판이나 전화를 통한 이의신청 대응 방법을 미리 마련한다.

③ 이러닝 과정 운영자는 단순 누락이나 시스템 오류 문제는 즉시 처리해야 한다.

④ 성적처리에 문제가 발생하면 운영자가 먼저 처리한 다음 교수자에게 문제 상황을 알린다.

해설

성적에 대한 이의신청 처리는 교수자와 논의 후 처리되어야 한다.

59 수료증 제작과 발급에 대한 설명으로 옳지 않은 것은?

① 수료 여부에 대해 '수료증(certificate)' 혹은 '연수 이수증' 문서를 발급하는 과정이다.

② 온 · 오프라인 혼합교육에서는 교육이 종료된 후 현장에서 수료증을 배부하거나 추후 우편으로 발송하기도 한다.

③ 수료증의 발급 시점과 발급 기간에 대한 안내는 하지 않아도 된다.

정답 : 55. ③ 56. ① 57. ③ 58. ④ 59. ③

④ 온라인 시스템에서 자동으로 수료증이 생성되도록 설정하여, 온라인 출력이 가능하도록 한다.

해설

수료증이 꼭 필요한 수강생들이 있으므로 사전에 발급 시점을 안내하는 것이 좋다.

---

60 다음은 이러닝 교·강사에게 무엇을 안내하는 내용인가?

> ㉠ 강의 개강 전에 개강 인사 작성
> ㉡ 중간고사 시험 및 채점 기간
> ㉢ 과제, 토론, 퀴즈 등의 실시 및 채점 기간
> ㉣ 기말고사 시험 및 채점 기간
> ㉤ 최종 성적 입력 및 확인 기간

① 학사일정과 세부 내용
② 교안 작성 및 콘텐츠 개발
③ 학습관리시스템(LMS) 운영환경
④ 모바일러닝(app/web) 운영환경

해설

보기의 내용이 과정 운영을 위한 학사일정에 관련된 것이므로 ①번에 해당한다.

---

61 전화고객의 응대 방법으로 옳지 않은 것은?

① 전화기 근처에 메모용지와 필기도구를 배치한다.
② 운영자가 직접 처리할 수 없는 내용은 관련 부서에 바로 전화를 돌린다.
③ 전화를 받으면서 컴퓨터를 활용하여 해결 방법을 즉시 확인한다.
④ 전화 상담일지를 기록하여 개선사항을 도출한다.

해설

운영자가 직접 처리할 수 없는 내용은 관련 부서에 전화를 하여 처리 방법을 알아본 뒤 고객에게 해결책을 제시한다.

---

62 고객 서비스 채널 중 이메일을 활용한 응대 방법으로 옳지 않은 것은?

① 학사일정과 과정의 운영 전, 운영 중, 운영 후에 따라 안내해야 할 내용을 작성해 둔다.
② 이메일의 발송 시기도 정해둔다.
③ 이메일 작성 양식 혹은 매뉴얼을 만들어서 적절히 수정해서 사용한다.
④ 대량 메일을 발송하게 되므로, 이메일 발송 후에 수신 확인은 하지 않아도 된다.

해설

단체 이메일은 수강생이 잘 확인하지 않을 가능성이 크므로 수신 여부를 모니터링하고 필요하다면 재발송해야 한다.

---

63 형성평가에 대한 설명으로 올바른 것은?

① 학습자의 최종 성취도를 결정하는 평가
② 학습 과정 도중에 학습자의 이해도와 진행 상황을 평가하는 방법
③ 과목을 마친 후 학습자의 성과를 평가하는 방법
④ 학습 전 학습자의 기초 지식을 평가하는 방법

해설

형성평가는 학습 과정 도중 학습자의 이해도와 진행 상황을 지속적으로 평가하여, 즉각적인 피드백을 제공하고 학습 목표 달성을 지원하는 평가 방법이다.

정답 60. ① 61. ② 62. ④ 63. ②

64 과제 수행 방법에 대한 설명으로 옳지 않은 것은?

① 과제는 과정별 정책이 다르므로 사전에 확인해야 한다.

② 모든 과제는 과제를 제출하면 튜터(혹은 교·강사)에 의해 채점 및 첨삭이 이루어진다.

③ 과제가 제출되면 해당 과제를 첨삭할 튜터에게 알림이 제공되어야 한다.

④ 과제 평가 후 이의신청 기능이 있어야 한다.

해설

성적과 관련되지 않은 과제가 있을 수 있으므로 모든 과제를 평가하고 첨삭하지 않는다.

65 시험 안내에 대한 설명으로 옳지 않은 것은?

① 총괄평가의 경우 문제은행 방식으로 구현될 수 있다.

② 시험 응시 간 부정을 방지하기 위해서 별도의 시스템적인 제약을 걸어 놓는 경우도 있다. ③ 총괄평가 진행 간 시스템 오류로 평가 응시가 불가능하더라도 평가의 형평성으로 재시험의 기회는 제공되지 않는다.

④ 총괄평가 후 성적표시 시간을 따로 두고 이의신청을 받을 수도 있으니 과정별 운영 정책을 확인할 필요가 있다.

해설

총괄평가를 진행하다가 갑자기 컴퓨터 전원이 꺼지거나, 웹사이트에 문제가 생기는 등으로 인해 평가 오류가 있을 때, 소명 자료를 제출하면 재응시할 수 있다.

66 상호작용의 종류를 설명하는 개념으로 옳은 것은?

> 학습자들이 서로를 이해하고 공감하는 데에 큰 도움을 주며, 협력적인 태도와 팀워크를 강화하여 효과적인 학습을 끌어내는 데에 이바지한다.

① 학습자−교·강사

② 학습자−시스템

③ 학습자−학습자

④ 학습자−운영자

해설

학습자가 동료 학습자와 상호작용하는 것을 의미한다. 대표적으로 온라인 토론, 공동 작업, 토의 및 피드백 등이 있다.

67 독려 시 고려사항에 대한 설명으로 옳지 않은 것은?

① 수료를 목적으로 운영해야 하므로 자주, 그리고 지속적으로 독려하여 수료율을 높이도록 한다.

② 관리 자체가 목적이 아니라 학습을 다시 할 수 있도록 함이 목적임을 기억한다.

③ 독려 후 반응을 측정해야 한다.

④ 독려 비용효과성을 측정해야 한다.

해설

너무 자주 독려하지 않도록 한다. 독려 문자, 독려 이메일이 효과를 발휘하기 위해서는 귀찮은 알림으로 인식되지 않는 것이 중요하다. 독려 정책은 꼭 필요한 경우로 설정해서 독려 자체 때문에 피곤함을 느끼지 않도록 해야 한다.

정답 : 64. ② 65. ③ 66. ③ 67. ①

68 이러닝 튜터에 대한 설명으로 옳지 않은 것은?

① 튜터는 개별적인 교수(teaching) 활동과 안내를 제공하는 개인교사, 가정교수이다.

② 학습자와 긴밀한 접촉을 통해 개별 지도를 실시하고 학습활동 참여를 촉진한다.

③ 튜터의 지원활동이 교·강사의 과중한 강의 운영 부담을 줄여주지는 않는다.

④ 대규모 이러닝 과정일수록 이러닝 튜터의 학습 촉진 활동은 필수 불가결한 요소이다.

해설

이러닝 튜터의 운영 지원을 통해 교·강사의 운영 부담을 줄이고 과정을 더욱 효율적으로 운영할 수 있다.

69 다음은 이러닝 운영자가 이러닝 튜터의 교수 학습활동 촉진을 위해 제시한 활동 지침이다. 무엇에 대한 설명인가?

> • 과제 제출 마감 후에는 일정 기간 내에 채점을 완료한다.
> • 과제물은 미리 준비한 평가 기준에 맞게 공정하고 객관적으로 평가하여 점수를 부여한다.
> • 과제물에 대한 의견을 간략히 작성하고 작성이 잘된 부분과 보완해야 할 점을 담아 맞춤형 피드백을 제시한다.

① 질의응답 지침

② 과제물 채점 및 피드백 지침

③ 보조 학습자료 등록 및 관리 지침

④ 상호작용 독려 지침

해설

과제물의 채점과 피드백 방법을 안내하는 지침이다.

70 다음은 이러닝 운영자가 이러닝 튜터의 교수 학습 활동 촉진을 위해 제시한 활동 지침이다. 무엇에 대한 설명인가?

> • 해당 주차에 학습하는 내용 중에서 핵심 키워드를 선정하거나 혹은 핵심 내용을 요약 정리하여 이메일 혹은 페이스북, 네이버 밴드, 단톡방 등의 SNS로 발송한다.
> • 학습한 뒤 1일 혹은 3일 혹은 일주일이 지나면 시스템에서 자동으로 핵심 키워드와 내용이 전달되도록 예약 발송을 설정해 둔다.

① 질의응답 지침

② 과제물 채점 및 피드백 지침

③ 보조 학습자료 등록 및 관리 지침

④ 상호작용 독려 지침

해설

수강생들과 상호작용을 활성화하는 방법을 안내하는 지침이다.

71 이러닝 운영의 중요성으로 맞지 않는 것은?

① 원격교육의 다양한 요소들을 고려하여 단계별 전문 인력의 참여가 필요하다.

② 이러닝 운영은 100% 기계적으로 이뤄진다.

③ 대면 교육에 비해 지연된 피드백으로 학습 동기가 저하될 수 있다.

④ 똑같은 콘텐츠도 어떻게 운영하느냐에 따라 성과가 달라진다.

해설

이러닝 운영도 전문인력의 참여가 요구된다.

정답 **68.** ③ **69.** ② **70.** ④ **71.** ②

72 이러닝의 구성요소가 아닌 것은?

① 행정 및 운영
② 행정 서비스 시스템
③ 교육솔루션
④ 교육 서비스 시스템

행정 서비스 시스템은 포함되지 않는다.

73 이러닝 참여자의 역할이 잘못 설명된 것은?

① 교수자: 내용 전문가로서의 역할
② 이러닝 촉진자: 콘텐츠의 검토자 역할
③ 학습자: 능동적이고 주체적인 학습주도자의 역할
④ 교수설계자: 개발된 콘텐츠의 검토자 역할

개발된 콘텐츠의 검토자 역할은 교수자

74 튜터의 역할이 아닌 것은?

① 수업을 기획
② 학습자 이수율 관리
③ 집단의 유대감 형성
④ 평가관리, 토론방 관리

①번은 교수자의 역할

75 운영자로서 학습활동 지원으로 적절한 것은?

① 헬프데스크, 핫라인 운영
② 학습환경 체크리스트 작성
③ 학습환경에 대한 이상 개선
④ 이러닝 과정 개설

①번 외에는 학습환경 지원

76 LMS의 운영 후 지원 기능으로 적절하지 않은 것은?

① 운영 평가
② 성적관리
③ 강의 평가
④ 진도관리

진도관리는 운영 중 지원 기능이다.

77 운영 평가의 중요성으로 맞지 않는 것은?

① 구성원들 간의 상호작용과 커뮤니케이션 증진
② 평가를 통해 많은 자료의 취합이 가능
③ 학습 내용, 시스템, 운영활동 등이 있다.
④ 최소한의 기준으로 경영진의 의사결정에는 활용되지 않는다.

운영진의 의사결정에 활용된다.

78 최종 평가보고서를 위한 운영활동 결과에 관한 내용으로 맞는 것은?

① 운영계획서에 따라 활동 전반에서 수행된 활동의 특성
② 운영 목표에 맞는 내용으로 개발되고 운영되었는지의 사항
③ 운영을 종료하고 과정에서 취합된 시스템 운영 결과
④ 운영 목표에 적합한 교수활동을 했는지의 수행 내용

최종 평가보고서에는 운영계획서에 따라 운영활동 전반에서 수행된 활동의 특성과 결과에 관한 내용이 반영되어야 한다.

정답 : 72. ② 73. ④ 74. ① 75. ① 76. ④ 77. ④ 78. ①

79 다음 중 우수한 이러닝 콘텐츠의 조건이 아닌 것은?

① 명확하게 정의된 학습 목표를 제시한다.

② 학습자의 주의를 끌 수 있도록 대화형 구조를 가진다.

③ 충분한 양의 학습자료를 제공해야 하며, 학습의 흐름을 방해하지 않도록 긴 분량으로 구성한다.

④ 장애가 있는 학습자도 접근할 수 있도록 웹 접근성을 준수한다.

> **해설**
>
> 정보를 쉽게 소화하고 인지 과부하를 줄일 수 있도록 작은 단위로 콘텐츠를 구성하도록 한다.

80 다음 중 명확한 학습 목표의 특징이 아닌 것은?

① 추상적이기보다는 구체적이다.

② 학습자가 학습 목표를 달성했는지 측정할 수 있다.

③ 학습 목표를 달성하는 데 시간의 제한 없이 충분한 시간을 둔다.

④ 학습자가 달성 가능한 수준이다.

> **해설**
>
> 학습 목표를 달성하는 데 요구되는 적절한 시간 개념이 포함되어야 한다.

81 다음 중 이러닝 과정에서 학습 목표를 설정하는 이유는?

① 이러닝 과정 내용에 대한 요약 정보를 제공하기 위해

② 교수자가 어떤 교수법을 활용하는지 알려주기 위해

③ 객관적 평가활동의 기준을 설정하기 위해

④ 모두 해당한다.

> **해설**
>
> 이러닝 과정에서 학습 목표는 과정 내용에 대한 요약, 교수학습 방법에 대한 안내, 객관적 평가 기준 설정 등의 역할을 한다.

82 Kirkpatrick 4단계 평가 모형에서 교육 참가자의 기술 향상이 이루어졌음을 측정하는 단계는 무엇인가?

① 반응 단계   ② 학습 단계

③ 행동 단계   ④ 결과 단계

> **해설**
>
> 학습 단계는 교육 참여를 통해 얻은 기술, 지식, 태도가 증진된 정도를 측정한다.

83 다음 중 학습(학업성취도) 평가의 설명으로 옳지 않은 것은?

① 일반적으로 5점 척도로 작성하지만, 7점 혹은 10점 척도 등을 활용할 수 있다.

② 교육과정의 목적 달성도나 효과성을 판단하기 위해 활용한다.

③ 학습자가 교육과정에 대한 신뢰를 형성할 수 있도록 한다.

④ 학습 목표의 달성도를 측정한다.

> **해설**
>
> 척도를 활용하는 평가는 주로 만족도를 평가할 때 활용한다.

84 다음 중 학습(학업성취도) 평가를 위해 활용하는 평가 방법끼리 적절하게 연결된 것은?

① 지식 영역: 지필 평가, 역할 연기

② 기술 영역: 실습, 상호 평가

③ 태도 영역: 지필 평가, 사례 연구

④ 모두 적절하다.

> **해설**
>
> 역할 연기는 태도 혹은 기술을 평가할 때 활용한다. 상호평가는 태도를 평가할 때 활용한다.

정답 79. ③   80. ③   81. ④   82. ②   83. ①   84. ③

85 다음 중 학업성취도 평가의 필요성으로 적절하지 않은 것은?

① 학습한 결과를 평가한다.

② 적절한 학습환경을 제공한다.

③ 학습자의 참여를 지원한다.

④ 이해관계자들에게 학습의 성과를 입증한다.

해설

적절한 학습환경은 만족도 평가의 평가 문항이다.

86 다음 중 평가 문항 개발에 대한 설명으로 옳지 않은 것은?

① 평가 문항은 학습 결과와 일치해야 한다.

② 출제된 문항은 검토위원회를 통해 내용 타당도 및 난이도 등을 검토한다.

③ 과제의 경우 실제 출제 문항의 3배 이하로 출제한다.

④ LMS의 문제은행에 저장하여 관리한다.

해설

지필고사의 경우 통상 3배수 출제하는 것으로 제시하고 있으며, 과제는 지필고사보다 많은 5배수를 출제한다.

87 다음 평가 중 부정행위를 예방하기 위한 방법으로 '시간제한'을 하는 이유로 적절한 것은?

① 실시간으로 응시자를 모니터링하기 위해

② 학습자 간의 협력을 어렵게 만들기 위해

③ 학습자의 비정상적인 행위를 빠르게 파악하기 위해

④ 학습자가 외부 리소스를 찾는 것을 방지하기 위해

해설

이러닝 평가에서 부정행위를 방지하기 위해 시간제한을 둠으로써 학습자가 시험 중에 외부 리소스를 찾는 것을 방지하는 데 도움이 될 수 있다.

88 다음 중 선다형 평가 문항 개발 시 유의사항이 아닌 것을 고르시오.

① 중요한 학습 내용을 포함하도록 구성한다.

② 문항마다 하나의 사실을 묻도록 명쾌하게 구조화한다.

③ 질문에 답을 암시하는 내용이 포함되어서는 안 된다.

④ 질문에 대한 보기는 5개로 구성한다.

해설

보기 개수는 따로 정해져 있지 않다.

89 다음 중 서술형 문항 제작 원리에 포함되지 않는 것은?

① 적절한 평가 기준과 문항 제작 기준을 설정한다.

② 가능하면 자료 제시형보다는 단독 과제형으로 출제한다.

③ 다양한 자료를 활용한다.

④ 출제자의 의도가 명확하게 드러나게 한다.

해설

단독 과제형보다는 자료 제시형으로 출제한다.

90 다음 평가 일정 관리에 대한 내용 중 적절하지 않은 것은 무엇인가?

① 평가에서 가장 중요한 것은 학습자를 참여시키는 것이다.

② 평가는 공정해야 하므로 학습자별로 예외를 두지 않고 일정을 수립하며, 해당 일정에 참여하도록 독려한다.

③ 평가에 대한 다양한 선택과 참여 방법을 지원한다.

④ LMS의 기능을 적극적으로 활용한다.

정답 : 85. ② 86. ③ 87. ④ 88. ④ 89. ② 90. ②

해설

학습자의 일정을 고려하며, 참여가 어려운 경우 차선책을 제시할 수 있어야 한다.

91 다음 설명하는 평가의 분류로 옳은 것은?

> 과정의 품질과 학습자 및 더 넓은 커뮤니티의 요구에 대한 관련 성과 객관적 척도를 제공한다.

① 내부 평가　　② 외부 평가
③ 정기 평가　　④ 수시 평가

해설

내부 평가는 과정의 지속적 개선을 위한 메커니즘을 제공한다. 정기 및 수시 평가는 평가 시점에 관한 내용으로 성과 확인과 관련이 있다.

92 다음 중 콘텐츠 운영관리의 요소를 모두 고른 것은?

> ㉠ 특성화 전략
> ㉡ 과정 설계 전략
> ㉢ 학습 전이 전략
> ㉣ 전문인력 확보 및 운영
> ㉤ LMS 및 인프라 구축
> ㉥ 마케팅 방법 선정

① ㉠, ㉡, ㉢, ㉣　　② ㉠, ㉢, ㉣, ㉤
③ ㉠, ㉡, ㉢, ㉤　　④ ㉠, ㉡, ㉣, ㉤

해설

학습 전이나 마케팅 방법은 콘텐츠 운영 준비 단계에 해당되지 않는다.

93 콘텐츠 운영 관리에서 교수설계 요소를 검토하는 이유는?

① 학습 목표의 중요성을 강조한다.
② 개발 적합성 여부를 평가한다.
③ 교수자의 전문성을 판단한다.
④ 학습자의 수준을 파악한다.

해설

교수설계 요소의 적합성에 대한 분석 결과는 학습 콘텐츠 개발의 적합성을 판단하는 기준이 된다.

94 LMS 평가에 대한 내용으로 적절하지 않은 것은?

① LMS의 기준 기능과 비교하여 어떻게 구축했는지 제시한다.
② 접속 가능한 아이디와 패스워드를 제시한다.
③ 개발자용, 교수자용, 학습자용으로 구분하여 제시한다.
④ 기본 기능 외에 특성화 전략 차원에서 구현한 기능을 강조한다.

해설

개발자용이 아니라 관리자용이다.

95 수강 활동 관리의 설명으로 적절한 것은?

① 수강 활동 관리는 학습자의 접속기록을 확인하여 출석 및 진도 등을 관리하는 것이다.
② 중복 접속이나 대리 접속을 방지하기 위한 기능은 권장사항이다.
③ LMS 외에 운영 기관 차원에서 학습자의 출석을 관리하는 별도의 방법은 인정하지 않는다.
④ 오프라인에서 학습자들의 수업 참여를 지속적으로 모니터링한다.

정답 : 91. ② 92. ④ 93. ② 94. ③ 95. ①

- 중복이나 대리 접속을 확인할 수 있는 시스템이 구축되어야 한다.
- 별도의 출석 관리 시스템이 있을 경우 이를 제시할 수 있다.
- 온라인에서 수강생의 모니터링이 가능해야 한다.

96 수강 관리에서 학습자의 출석을 관리하는 방법으로 해당하지 않는 것은?

① SNS 로그인   ② IP 등록

③ Mac Address   ④ 비회원 로그인

해설

접속한 사람의 정보를 명확하게 확인할 수 있는 로그인 방법을 활용해야 한다.

97 다음 중 작성 방법에 해당하는 내용으로 적절한 것은?

① 평가와 성적관리 부분을 구분하여 작성한다.

② 평가 부분은 수강에 따른 출석 여부에 중점을 두어 작성한다.

③ 문항 출제 방법은 최대한 간략하게 기술한다.

④ 운영 기관 자체적 관리는 허용하지 않는다.

해설

평가 부분은 학업성취도를 중심으로 작성하며, 문항 출제 방법은 구체적으로 기술해야 한다. 운영 기관 자체적 관리 기준을 세워 관리할 수도 있다.

98 다음 중 운영 후 단계에서 고려해야 할 내용이 아닌 것은?

① 품질관리체계

② 수강 인원

③ 행정 지원

④ 개인정보관리 및 보안

해설

운영 후 단계에서 고려해야 할 내용은 품질관리체계, 강의 평가, 행정 지원, 개인정보관리 및 보안, 교육 처치 등이다.

99 다음 중 교 · 강사(튜터) 평가의 내용이 아닌 것은?

① 이러닝 과정의 운영 결과를 관리하기 위해 수행하는 교 · 강사 혹은 튜터의 운영활동을 평가 기준에 따라 평가하는 활동이다.

② 교 · 강사 평가에서 평가활동을 수행하는 주체는 운영기관의 대표이다.

③ 교 · 강사 평가는 학습자가 학습과정에 집중하여 학습 목표를 성취할 수 있도록 교 · 강사나 튜터가 지원한 활동에 대해 평가한다.

④ 교 · 강사나 튜터의 활동을 모니터링하여 필수적 활동이 누락되지 않도록 해야 한다.

해설

교 · 강사 평가에서 평가활동을 수행하는 주체는 운영기관의 운영자이며, 튜터링 활동을 수행하고 평가하는 대상이 되는 주체는 교 · 강사나 튜터가 된다.

100 다음 중 내용에 해당하는 것은?

> 평가도구가 평가하고자 하는 평가 목표를 정확하게 젤 수 있는가?

① 평가도구 타당도

② 평가도구 신뢰성

③ 평가도구 다양성

④ 평가도구 편리성

해설

평가도구 타당도에 해당하는 내용이다.

01 다음 중 이러닝에 대한 설명으로 옳지 않은 것은?

① 이러닝과 유사한 개념들에 대한 분류는 사회 및 경제적 특징을 반영하고 있다.

② 정보통신 기술을 활용하는 교육 형태를 지칭하는 용어들로 이러닝 외에도 가상교육, 웹 기반 교육, 인터넷 기반 교육, 사이버교육 등을 들 수 있다.

③ 이러닝을 바라보는 시각과 해석에 따라 다양하며 학자와 기관마다 나름의 정의를 내리고 있다.

④ 정보통신기술의 발달은 전통적인 교육 방법을 넘어서 언제, 어디서, 누구에게나 교육할 수 있도록 한 이러닝을 탄생시켰다.

해설

사회 및 경제적 특징이 아닌 정보통신기술의 특징을 반영한 것이다.

02 다음 중 이러닝 특징에 해당하지 않는 것은?

① 학습비용의 절감
② 상호운용성
③ 개인별 맞춤형 학습이 가능
④ 교육내용의 신속성 및 유연성

해설

'상호운용성'이 아닌 '상호작용성'이다.

03 다음 중 웹 3.0과 관련이 없는 것은?

① 탈중앙화　　② 인공지능 웹
③ 집단화 및 지능화　　④ 블록체인

해설

'집단화'가 아닌 '개인화'가 옳다.

04 다음 중 온라인 강의 공개 서비스에 대한 설명으로 옳지 않은 것은?

① 국내에서는 한국교육학술정보원(KERIS)에서 운영하는 KOCW가 대표적이다.

② 누구나 고등교육의 기회를 가질 수 있도록 대학 및 대학원 강의를 온라인에 공개하고 있다.

③ 지식 나눔 문화를 확산하기 위한 공적 목적을 가진다.

④ MIT, 스탠퍼드, UC버클리, 예일, UCLA, 하버드 등의 명문대학이 참여하고 있다.

해설

누구나 고등교육의 기회를 가질 수 있도록 '대학원'이 아닌 '대학' 강의를 온라인에 공개한 것이다.

05 다음 중 프로그래밍 교육이나 포토샵 같은 컴퓨터 프로그램을 활용한 시뮬레이션 교육 등에 적합한 이러닝 콘텐츠 유형은 무엇인가?

① 반복연습형　　② 모션그래픽형
③ 시범형　　④ 화면캐스트형

정답 : 01. ① 02. ② 03. ③ 04. ② 05. ④

화면캐스트형(screen-cast)은 PC 화면에서 실행되는 자료 또는 작업을 화면 그대로 보여주는 방식으로 프로그래밍 교육, 포토샵 등의 컴퓨터 프로그램을 활용한 시뮬레이션 교육에 적합하다.

06 이러닝 콘텐츠 유형의 분류에 대한 설명으로 옳은 것은?

① 정보 유형 및 전달 매체에 따른 분류에서 이러닝 콘텐츠의 유형은 명확하게 표준화되어 있지 않고 유사하거나 다른 명칭으로 통용되기도 한다.

② 개인교수형과 대화형은 교수학습 모형 및 교수전략에 따른 분류에 속한다.

③ 일반적으로 현재의 이러닝은 대부분 동영상에서 벗어난 음성형, 텍스트형 형태를 갖추고 있다.

④ 콘텐츠의 분류는 전달 내용과 매체가 아닌 교수학습이론에 의해 좌우된다.

해설

대화형은 정보 유형 및 전달 매체에 따른 분류에 속한다. 현재의 이러닝은 대부분 동영상의 형태를 갖추고 있으며, 교수학습 이론은 물론 전달 내용과 매체에 의해서도 분류가 달라질 수 있다.

07 적응 학습에서 개별 학습자 중심의 학습을 현실로 만드는 데 필요한 정보통신기술에 해당하지 않는 것은?

① 클라우드 서비스   ② 핀테크
③ 빅데이터   ④ 인공지능

해설

핀테크는 금융(finance)과 기술(technology)의 합성어로 적응 학습과 관련성이 없다.

08 다음의 내용에서 ㉠과 ㉡에 들어갈 내용으로 알맞은 것은?

(㉠)에서는 모든 학습자가 모든 콘텐츠를 동일하게 선형적인 경로로 접하게 되지만, (㉡)에서 학습자는 개인의 수준과 학습 성과 등을 감안하여 학습자에게 적합한 학습 내용만을 경험하도록 제시할 수 있다.

① 절차적 학습, 개인별 학습
② 교실 학습, 경험학습
③ 전통적 학습, 적응 학습
④ 선형 학습, 수준 학습

해설

기존의 전통적인 학습에서는 모든 학습자가 모든 콘텐츠를 동일하게 선형적인 경로로 접하게 된다. 반면 적응 학습에서 학습자는 개인의 수준과 학습 성과 등을 감안하여 학습자에게 적합한 학습 내용만을 경험하도록 제시할 수 있다.

09 보기의 내용은 어떤 이러닝 산업의 구성요소에 해당하는가?

가상현실 기술을 활용하여 학습을 제공하는 방식으로 학습자들은 가상 환경에서 실제 상황을 체험하면서 학습할 수 있다.

① 가상 교육실(virtual classroom)
② 학습관리시스템(learning management system)
③ 모바일 학습(mobile learning)
④ 가상현실학습(virtual reality learning)

해설

가상현실학습(virtual reality learning)은 가상현실 기술을 활용하여 학습을 제공하는 방식으로 학습자들은 가상 환경에서 실제 상황을 체험하면서 학습할 수 있다.

10 이러닝 솔루션 산업을 분류할 때, 이러닝 소프트웨어 개발업 중분류에 속하지 않는 소분류 내용은 무엇인가?

① LMS 및 LCMS 개발업

② 이러닝시스템 유지보수 서비스업

③ 학습 콘텐츠 저작도구 개발업

④ 가상교실 소프트웨어 개발업

해설

이러닝 시스템 유지보수 서비스업은 이러닝 시스템 구축 및 유지보수업 중분류에 속하는 소분류 내용이다.

11 다음의 설명은 이러닝 운영을 위한 소프트웨어에 대한 설명이다. 어떤 영역에 해당하는가?

1. 교수자 지원, 학습자 지원 영역 전체 관리 기능
2. 강의실 관리 기능
3. 교육과정 관리 기능(과정 정보관리, 콘텐츠 및 교재 등록)
4. 학습 운영 및 수강관리 기능(학습 정보관리, 수강 진행관리, 권한관리 등)
5. 운영자 지원 기능(사용자 관리, 콘텐츠 관리, 커뮤니티 관리, 상담 관리, 학사관리, 각종 통계 관리, 모니터링 기능)

① 운영자 지원　　② 학습자 지원

③ 시스템 지원　　④ 교수자 지원

해설

운영자 지원은 학습자와 교수자의 학습자 지원에 대한 전반적인 관리를 위한 소프트웨어 영역에 해당된다.

12 보기의 내용은 어떤 이러닝 공급(사업)자에 대한 설명인가?

이러닝에 필요한 교육 관련 정보시스템의 전부나 일부를 개발 제작 가공, 유통하는 사업체

① 콘텐츠 사업체　　② 서비스 사업체

③ 정규 교육 사업체　④ 솔루션 사업체

해설

솔루션 사업체는 이러닝에 필요한 교육 관련 정보시스템의 전부나 일부를 개발 제작 가공, 유통하는 사업체이다.

13 다음의 설명은 이러닝 기술 동향에 대한 설명이다. 어떤 기술 영역에 해당하는가?

교육(education)과 기술(technology)이 결합한 신조어로 기술을 통해 교육을 혁신하는 것을 의미한다. 인공지능(AI) 외에도 가상현실(VR), 증강현실(AR), 빅데이터, 사물인터넷(IoT), 온라인 공개수업 등 IT 기술과 교육 서비스가 융합해 새로운 교육 환경을 제공하며, 이는 4차 산업혁명 시대에 세계적인 교육 전반에 큰 영향력을 미치고 있다.

① 에듀테크(edu-tech)

② 가상현실(virtual reality)

③ 메타버스(metaverse)

④ 증강현실(augmented reality)

해설

에듀테크는 교육에 ICT 기술을 융합적으로 활용하는 하이브리드 교육으로 인공지능, 빅데이터 등의 기술을 기반으로 학습자에 대한 분석을 수행하고 정보를 종합해 교육 효과를 높이기 위한 학습 과정을 제공하는 것이라고 볼 수 있다.

정답 : 10. ②　11. ①　12. ④　13. ①

14 다음은 에듀테크의 특성에 대한 설명이다. 어떤 특성에 대한 개념인가?

> 1. 공유 교육 플랫폼을 통해 교육과 산업의 확장
> 2. 다학제적 융합연구를 통해 융합연구와 산업 창출

① 융합화 　　　② 지능화
③ 실감화 　　　④ 연결화

융합화는 공유 교육 플랫폼과 다학제적 융합 연구의 특성을 갖는 에듀테크 개념이다.

15 이러닝 학습현장에는 맞춤형 · 실감형 기술 개발을 지원하고, 산업현장에는 DICE 분야 등 산업현장의 특성에 맞는 실감형 가상훈련 기술 개발을 중점 지원해야 하는데, DICE에 대한 설명으로 틀린 것은?

① Dangerous: 위험
② Imagination: 가상, 착각
③ Counter-effective: 부작용
④ Expensive: 고비용

I는 Impossible이며, 어려움을 의미한다.

16 다음에 들어갈 알맞은 말은 무엇인가?

> 교 · 강사는 '이러닝에서 과정에 대한 일반지식과 전반적인 내용에 대한 이해를 바탕으로 학습자가 (　　)을(를) 달성할 수 있도록 역할을 수행하는 자'로 정의한다.

① 학습 목표 　　② 성적
③ 학습 결과 　　④ 학습 진도

교 · 강사는 학습자가 학습 목표를 달성할 수 있도록 역할을 수행하는 자이다.

17 인터넷 원격훈련에서 교 · 강사의 조건으로 올바르지 않은 것은?

① 고등교육기관을 졸업하고, 관련 분야 교육훈련 경력이 1년 이상인 자
② 해당 분야에서 1년 이상의 실무 경력이 있는 사람
③ 해당 교 · 강사가 담당하는 과정의 수강생은 300명이 최대 제한
④ 국가가 신설하여 관리 · 운영하는 해당 분야의 자격증을 취득한 사람

교 · 강사는 해당 교 · 강사가 담당하는 과정의 수강생은 500명으로 제한된다.

18 학습관리시스템의 역할이 아닌 것은?

① 콘텐츠 개발 현황 관리
② 교육과정 등록
③ 수강 신청 처리
④ 수료 처리

콘텐츠 개발 현황 관리는 콘텐츠개발관리시스템(CDMS)에서 진행한다.

19 학습관리시스템에서 교육 종료 시 진행하는 관리 기능이 아닌 것은?

① 이러닝 과정의 회차별 수료율과 수료자 등에 대한 정보를 확인
② 학습자별 이러닝 학습 결과 확인
③ 설문 및 평가 결과 확인
④ 수강 승인 처리

정답 14. ① 15. ② 16. ① 17. ③ 18. ① 19. ④

해설

수강 승인 처리는 교육 시작 전 교육 준비 단계에서 사용하는 기능이다.

20 학습자들의 만족도를 높이고, 중도 탈락률을 낮추며, 교육의 질적 수준을 높이기 위해 제공하는 각종 교육적, 행정적 지원 서비스를 진행하는 활동은 무엇인가?

① 학습 평가　② 학습 준비
③ 학습 지원　④ 학습 기획

해설

문제는 학습 지원의 광의의 개념이며, 협의의 개념으로 교수자가 자신의 특정 강좌를 운영하면서 교육의 질을 향상시키기 위해 학습자료를 제공하고 학습활동을 관리 및 모니터링하는 활동이라고도 한다.

21 다음 중 원격교육 학습 지원의 활동 영역별 설명이 잘못된 것은?

① 교수–학습 영역: 학습 매체 사용 시 발생하는 기술적 문제에 대한 대처
② 기술적 영역: 영상, 음성 매체 준비와 접속, 기술적 장애 해결 지원
③ 학사 행정적 영역: 학습자, 튜터의 질문에 대한 응답
④ 심리상담 영역: 개인의 학습 관련 심리적 갈등, 학습 과정상 애로점, 원격교육으로 인한 고립감 등에 관해 상담

해설

①번은 기술적 영역에 대한 활동 내역으로 교수–학습 영역의 활동 내용은 다음과 같다.
• 학습 내용 전달과 상호작용을 고려한 교수 활동 수행
• 교수자, 튜터의 학습자에 대한 피드백과 튜터링 활동
• 학습 커뮤니티의 활성화 및 지도 운영
• 수업의 효과적 운영 및 질 관리

22 이러닝 콘텐츠 개발 시 설계 단계에서 이루어지는 활동이 아닌 것은?

① 내용 설계
② 교수학습전략 설계
③ 스토리보드 설계
④ 프로토타입 개발

해설

콘텐츠 설계 단계에는 설계 개요서 작성, 내용 설계, 교수학습전략 설계, 학습흐름도 작성, 원고 작성 가이드 설계, 스토리보드 설계 활동들로 이루어진다.

23 다음 중 Kolb의 학습 스타일에 대한 설명으로 잘못 작성된 것은 어느 것인가?

① 발산자: 뛰어난 상상력을 가지고 있고 아이디어를 창출하고 브레인스토밍을 즐긴다.
② 수렴자: 아이디어나 이론 자체의 타당성에 관심을 가진다.
③ 조절자: 이론적 모형을 창출하는 능력을 갖추고 있다.
④ 동화자: 일을 하는 것과 새로운 경험을 강조하고 실제 문제를 해결하기 위한 개념이나 원리를 활용하는 방법에 관심을 가진다.

해설

아이디어나 이론 자체의 타당성에 관심을 가지고 있는 것은 조절자의 특징이다.

24 이러닝 시스템 중 교·강사 모듈의 주요 기능으로 올바르지 않게 설명한 것은?

① 시험 평가에 대한 첨삭지도
② 학습자의 수강 신청 승인 기능
③ 평가에 대한 첨삭지도
④ 본인의 첨삭지도 일정 확인

학습자의 수강 신청 기능은 관리자 또는 각 교육과정 운영담당자의 기능이다.

25 정부 제도를 활용하여 이러닝을 운영하고자 할 때 고려해야 할 이러닝 운영계획에 포함되는 내용에 대한 설명으로 올바르지 않은 것은?

① 수강 신청 일정, 학습 진행 일정 등 교육과정 운영 일정

② 필수 이수 시간, 평가 점수, 배점 기준 등 수료 기준

③ 교실, 교육보조 기자재 등 교실 환경

④ 차수, 분반 배정 등 교육 대상의 규모 및 분반

교실 환경은 이러닝 운영계획에 포함되지 않는다.

26 제도 변경 사항에 따른 대응 방안 마련 방안에서 교·강사 사전교육 및 공지 방법으로 올바른 것은?

① 교·강사에게 학습결과보고서 공유

② 교·강사 첨삭 화면에서 공지

③ 교·강사 평가 결과를 통해 공유

④ 교·강사 오리엔테이션의 필수 내용으로 제공

교·강사에게 사전에 해당 내용을 공지해야 하므로 오리엔테이션을 통해 내용 공유

27 이러닝 평가전략 수립 시 고려사항에 대한 설명으로 올바르지 않은 것은?

① 과정 단위의 운영 평가 심화

② 운영 결과 보고 시점의 다양화

③ 운영 평가의 영역 확대

④ 운영 평가의 전문성 인식

과정 평가 시 과정 중심의 운영 평가 정리를 넘어 이러닝 과정 전체에 대한 평가, 인적자원개발 차원에서의 평가가 포함되어 종합적인 의사결정과 향후 전략 수립에 기여해야 한다.

28 운영환경 준비 시 학습사이트 점검 항목이 아닌 것은?

① 동영상 재생 오류   ② 학습자 관리 오류

③ 진도 체크 오류   ④ 메뉴 접속 오류

학습자 관리 오류는 학습관리시스템 체크 사항이다.

29 멀티미디어 기기에서 콘텐츠 구동 여부 확인 시 스마트폰에서 콘텐츠 구동 여부 확인 요소로 올바르지 않은 것은?

① 운영체제별 스마트폰에서 소리 및 버튼 조작 등이 정상적으로 되는지 확인

② 운영체제별 OS 버전별로 콘텐츠 구동 여부 확인

③ 스마트폰 운영체제(안드로이드나 iOS)별 앱 다운로드 가능 여부를 확인

④ 콘텐츠 확인 가능한 스마트폰의 가격대 확인

스마트폰의 가격대는 구동 여부와 관련 없는 항목이다.

정답 : 25. ③   26. ④   27. ①   28. ②   29. ④

30 다음 문장에 공통으로 들어갈 말은?

> • 튜터링을 위해서 별도의 관리자 화면에 접속할 수 있도록 (　　) 등록이 필요하다.
> • (　　) 정보를 입수 받고 학습관리시스템에 입력한 후 튜터링이 가능한 권한을 부여한다.
> • (　　) 정보를 등록하고, 접속 계정을 부여한 후 수강 신청별로 (　　)를 배치할 수 있다.

① 교·강사 　　② 운영자
③ 학습자 　　④ 관리자

해설

설명 내용은 교육과정에 교·강사 지정에 대한 내용이다.

31 다음 중 요구분석에 대한 설명으로 옳지 않은 것은?

① 요구분석은 학습자의 요구만을 규명하는 것이다.
② 요구는 현재의 상태와 바람직한 상태 간의 격차이다.
③ 이러닝 운영 기획을 위해 가장 첫 번째로 수행해야 하는 필수 활동이다.
④ 요구분석은 현재의 상태와 바람직한 상태 간의 격차를 확인하고 최적의 해결 방안을 모색하는 활동이다.

해설

요구분석은 학습자, 고객, 교육과정, 학습관리시스템 등 이러닝 운영과 관련된 전체 영역에 대해 검토하는 과정이다.

32 다음 요구분석의 절차 중에 ㉠, ㉡, ㉢에 들어갈 단계를 바르게 연결한 것은?

1단계	요구분석의 상황 분석
2단계	요구분석의 목적 결정
3단계	정보의 출처 확인
4단계	㉠
5단계	㉡
6단계	㉢
7단계	결과 분석 및 보고

① 요구분석 계획, 요구분석 도구 선정, 요구분석 실행
② 요구분석 도구 선정, 요구분석 계획, 요구분석 실행
③ 요구분석 실행, 요구분석 도구 선정, 요구분석 계획, 요구분석 실행
④ 요구분석 도구 선정, 요구분석 실행, 요구분석 계획

해설

요구분석에서 활용할 조사 도구를 선정하고, 요구조사에 대한 구체적인 실행계획을 수립한 뒤, 요구조사를 실행하는 단계로 진행된다.

33 요구분석의 도구 중 설문조사에 대한 설명으로 옳지 않은 것은?

① 설문지를 통해 다수의 의견을 수집할 수 있다.

② 무기명으로 시행하므로 솔직한 정보를 수집할 수 있다.

③ 설문 참여자들의 전반적인 경향 파악이 수월하다.

④ 직접적인 요구를 파악하기 수월하다.

> **해설**
>
> 설문조사는 검사 문항을 통해 참여자들의 간접적인 요구를 파악하기에 적당하다.

34 블렌디드 러닝에 대한 설명으로 옳지 않은 것은?

① 온·오프라인이 결합된 형태로 온라인 학습 콘텐츠로 반복학습이 가능하다.

② 온라인 학습 콘텐츠를 통해 다양한 학습자원 및 학습 경험과의 연계가 강화된다.

③ 교·강사-학습자, 학습자 간의 사회적 상호작용 및 학습 지원이 더욱 촉진된다.

④ 이러닝에 비해 교육의 효율성 및 효과성이 현저히 떨어진다.

> **해설**
>
> 온라인 콘텐츠로 학습하고 오프라인 학습 현장에서 직접 실습하며 기술을 습득할 수 있어 교육의 효과가 더 높다.

35 수요자 중심의 이러닝 서비스를 기획할 때 고려할 사항으로 옳지 않은 것은?

① 기존에 수강생들의 선호도가 높은 과정을 지속적으로 운영한다.

② 학습 대상과 교육 목적에 따른 맞춤형 교육을 기획한다.

③ 최근의 교육 트렌드와 교육 수요를 반영한 신규 과정을 개발한다.

④ 교육 전달력 강화를 위해 마이크로 러닝 콘텐츠의 도입을 검토한다.

> **해설**
>
> 지속적으로 새로운 과정을 발굴하여 다양한 수요를 충족시킬 수 있도록 해야 한다.

36 다음 중 아래에서 설명하는 개념으로 옳은 것은?

> 이러닝 과정의 특징과 장점을 잘 분석하고 마케팅 포인트로 채택하여 구체적인 홍보전략을 수립하는 활동이며, 포스터, 브로슈어 등을 만들어 온·오프라인 홍보를 수행하기 위한 세부 활동을 계획한다.

① 운영전략 수립　　② 학사일정계획 수립

③ 홍보계획 수립　　④ 평가전략 수립

> **해설**
>
> 마케팅 포인트 채택을 바탕으로 포스터, 브로슈어를 제작하는 과정은 홍보계획 수립에 해당한다.

37 이러닝 과정기획을 할 때 가장 적합한 교수학습방법을 선정하기 위한 고려 요소가 아닌 것은?

① 우리 기관에 어느 정도의 수익이 발생할 것인가?

② 이 교수학습방법을 도입하여 성공한 사례(타 기관, 연구 결과)가 있는가?

③ 우리 기관에서는 어떤 지원 요소가 필요한가?

④ 이 교수학습 방법을 적용하였을 때 가장 효과적인 부분은 무엇인가?

정답 : 33. ④　34. ④　35. ①　36. ③　37. ①

해설

수익의 발생 여부는 이러닝 과정 전체의 운영계획 수립과 운영 성과 평가와 관련이 있다.

38 이러닝 운영 평가를 위한 고려사항으로 옳지 않은 것은?

① 현업 적용도 및 성과 기여도는 평가하기 힘드므로 평가 항목에서 제외한다.

② 이러닝 전체 과정에 대한 종합적인 평가를 통해 향후 운영 방향 수립을 결정한다.

③ 월 단위 평가에서 분기, 반기, 연간 등 운영 결과 보고 형태를 다양화하는 것이 좋다.

④ 운영자들이 운영 평가에 대한 전문성 신장을 위해 노력할 필요가 있다.

해설

이러닝 운영 평가의 평가 항목에는 운영 만족도, 성취도, 수료율과 현업 적용도 및 성과 기여도까지 포함하는 것이 바람직하다.

39 이러닝 운영 플랫폼에 대한 설명으로 가장 적합한 것은?

① 이러닝 콘텐츠를 제작하는 도구

② 학습자들이 이러닝 콘텐츠에 접근하여 학습을 수행하는 플랫폼

③ 이러닝 콘텐츠를 판매하는 온라인 스토어

④ 사무실에서 업무를 수행하는 직원들에게 제공하는 교육

해설

이러닝 운영 플랫폼은 인터넷을 통해 학습자에게 교육 콘텐츠를 제공하는 플랫폼이다.

40 학습 사이트의 구성 메뉴에 대한 설명으로 옳지 않은 것은?

① 교육과정 메뉴를 통해 학습 사이트에서 제공하는 교육과정(목록)을 확인할 수 있다.

② 고객센터를 통해 기술 지원을 받을 수 있다.

③ 학습에 관한 질문이나 답변을 요청할 수 있는 메뉴는 검색 메뉴이다.

④ 학습자들 간의 소통과 정보 공유를 위한 게시판이나 포럼은 커뮤니티 메뉴에서 제공한다.

해설

검색 메뉴는 키워드를 입력하여 학습 콘텐츠를 검색할 수 있는 기능이다.

41 다음이 설명하는 동영상 플레이어는 무엇인가?

> Apple에서 개발한 미디어 플레이어로, Mac OS와 Windows 운영체제에서 사용할 수 있다.

① VLC Media Player

② Windows Media Player

③ QuickTime Player

④ Adobe Flash Player

해설

QuickTime Player는 Apple에서 개발한 미디어 플레이어로 다양한 형식의 미디어 파일을 지원한다.

42 구글 크롬 브라우저(Google Chrome Browser)의 팝업 차단 해제 방법을 설명한 것이다. 빈칸에 들어갈 올바른 내용은?

> 브라우저 주소 표시줄에서 팝업 차단 아이콘을 클릭하면 팝업 차단을 해제할 수 있다. 아이콘이 없다면 브라우저 설정을 열고 (   ) 메뉴에서 팝업 차단 기능을 찾아 해제한다.

① 사이트 설정　　　② 옵션
③ 보안　　　　　　④ 개인정보 및 보안

[사이트 설정] 메뉴에서 팝업 차단 기능을 해제할 수 있다.

43 다음 중 아래에서 설명하는 개념으로 옳은 것은?

> 기업이나 조직 내부의 네트워크와 인터넷 간에 전송되는 정보를 선별하여 수용·거부·수정하는 능력을 갖춘 보안 시스템이다.

① 방화벽
② 바이러스 백신 프로그램
③ 원격 지원프로그램
④ 인트라넷

방화벽은 컴퓨터 네트워크에서 보안을 유지하기 위해 사용되는 장치이다.

44 학습관리시스템(LMS)의 구성 메뉴와 기능에 대한 설명으로 옳지 않은 것은?

① 사용자 관리: 학습자, 교·강사, 운영자를 등록할 수 있다.
② 교육과정 관리: 운영과정의 현황 및 상태, 정보를 수정할 수 있다.
③ 수강 관리: 운영과정의 평가 응시 현황 및 평가 점수를 조회할 수 있다.
④ 통계 관리: 회원과 매출 관련 데이터를 검색 조건별로 확인할 수 있다.

수강 관리는 회원의 수강 신청현황과 수료 여부 등을 조회할 수 있으며, 평가 관련 정보 성적/수료 관리 메뉴에서 확인할 수 있다.

45 이러닝 콘텐츠(e-Learning Contents)의 기술적 요소에 대한 점검 사항으로 옳지 않은 것은?

① 이러닝 콘텐츠는 웹 접근성을 고려하지 않는다.
② 이러닝 콘텐츠가 다양한 기기와 운영체제에서 잘 작동하는지 확인해야 한다.
③ 사용자 경험을 개선하기 위해 빠르게 로딩되어야 한다.
④ 학습 내용이 최신 정보를 유지하고 있는지 확인해야 한다.

콘텐츠의 텍스트, 이미지, 오디오 및 비디오 등의 모든 요소가 접근성 지침을 따르고 있는지 점검해야 한다.

46 학습 사이트에 접속이 안 되는 이유로 방화벽이 차단하는 경우, 해결 방법은 무엇인가?

① 학습 사이트를 완전히 삭제하고 다시 다운로드한다.
② 학습자 소속기관의 IT 부서나 시스템 담당자에게 학습 사이트의 도메인을 등록하여 접속 차단 문제를 해결한다.
③ 브라우저의 쿠키(Cookies)와 캐시(Cache)를 삭제한다.
④ 인터넷 연결상태를 확인한다.

정답 : 42. ①　43. ①　44. ③　45. ①　46. ②

해설

학습자 소속기관의 IT 부서나 시스템 담당자에게 학습 사이트의 도메인을 등록하여 접속 차단 문제를 해결한다.

47 웹페이지에서 발생하는 호환성 오류란 무엇인가?

① 웹페이지에서 이미지가 누락되는 문제이다.
② 웹페이지가 다양한 브라우저, 운영체제 및 기기에서 제대로 작동하지 않는 문제이다.
③ 웹페이지의 폰트 크기가 다른 브라우저에서 다르게 나타나는 문제이다.
④ 웹페이지에서 스크롤이 작동하지 않는 문제이다.

해설

호환성 오류란 웹페이지가 다양한 브라우저, 운영체제 및 기기에서 제대로 작동하지 않거나 보이지 않는 문제이다. 웹페이지를 만드는 데 사용된 웹 기술의 구현이 다른 브라우저에서 다르게 동작하기 때문에 발생한다.

48 진도 체크 오류 발생 원인과 조치 방안에 대한 설명으로 잘못된 것은?

① 콘텐츠 제공기관의 물리적인 장비나 장치의 오류로 발생한다.
② 인터넷 연결이 불안정한 경우다.
③ 학습자의 학습 능력이 부족하여 발생한다.
④ 학습자가 학습 방법을 제대로 숙지하지 않아 발생한다.

해설

학습자의 학습 능력을 진도 체크 오류의 발생 원인으로 보기는 어렵다.

49 이러닝 콘텐츠 제작 시 질 관리 활동의 일환으로 촬영환경을 점검하고자 한다. 잘못된 설명은?

① 강사의 의상, 메이크업 유무
② 배경음악의 볼륨 조절
③ 조명의 세기와 배치, 배경의 유무
④ 기획과 설계 의도에 맞는 피사체와 카메라의 위치

해설

배경음악과 색 보정의 경우, 촬영 이후 진행되는 후반 작업으로 촬영환경과 직접적인 관련이 적다.

50 다음 중 아래에서 설명하는 개념으로 옳은 것은?

> 유타주 솔트레이크시티에 본사를 둔 에듀테크 기업의 학습관리시스템으로 비대면 수업에서 많이 사용하는 줌(Zoom), 구글 미트(Meet), 마이크로소프트 팀즈(Teams)와 높은 호환성을 보인다.

① Canvas LMS
② Moodle LMS
③ Openedx LMS
④ Google Classroom

해설

Canvas LMS는 사용자 정의의 유연성이 높은 알림 시스템, 좋아하는 기기 및 소셜 플랫폼과의 통합, 상호작용성, 그리고 사용 편의성이 우수한 LMS이다.

51 Moodle LMS의 이러닝 운영 지원 도구에 대한 설명으로 옳지 않은 것은?

① 채팅방: 모둠 과제를 수행할 때 구성원 간 토론의 기회를 제공하기 위한 학습 지원 성격이 크다.

② 게시판: 자료실, 또는 과제 대신 과제를 취합하는 용도 등 다양하게 활용할 수 있다.

③ 대시보드: 학습 중 전체 학습자에게 공지를 보내거나, 특정 학습자와의 면담 등 상호작용이 가능하다.

④ 화상 강의: 과정 운영자는 교수자와 조교에게 과정 운영에 필요한 사전교육, 오리엔테이션을 진행할 수 있다.

> **해설**
>
> 강의실 내 수강생 알림 메뉴를 이용하여 학습 중 전체 학습자에게 공지를 보내거나, 특정 학습자와의 면담 등 상호작용이 가능한 도구는 알림(메시징) 기능이다.

52 다음 중 아래에서 설명하는 개념으로 옳은 것은?

> Harvard, MIT 및 관련 국제기구와 컨소시엄을 통해 창립된 비영리 온라인 주도권 운동 단체로, 국제 유수 대학 및 관련 기관에서 운영되는 온라인 강좌와 온라인 공개수업(MOOC; Massive Open Online Course) 환경을 제공한다.

① Canvas LMS

② Moodle LMS

③ Open edx LMS

④ Google Classroom

> **해설**
>
> 교육기관 및 교육자는 Open edx를 통해 개별 목적에 맞는 교육환경 구성이 가능하고, 개발자들은 관련 플랫폼 개발과 개선에 자유롭게 기여할 수 있다.

53 Google Classroom의 이러닝 운영 지원 도구에 대한 설명으로 옳지 않은 것은?

① 캘린더: Google 캘린더의 Rich Text를 이용하면 공지사항, 양식, 문서 등을 전달할 수 있고, 행사 참석 여부도 바로 확인할 수 있다.

② 게시판: 수업을 듣는 학생이나 학부모 등 다양한 사람에게 의견을 수렴할 때 간편하게 사용할 수 있다.

③ Screencastify: 별도의 화면녹화 프로그램을 사용하는 대신 Google Chrome 확장 프로그램을 사용하여 간편하게 녹화할 수 있다.

④ 공유하기: 사이트(문서) 강제 팝업으로 수업 내용이나 특정 사이트를 함께 접속해야 할 때 유용하다.

> **해설**
>
> Google Form으로 설문지를 만들 수 있다. 수업을 듣는 학생이나 학부모 등 다양한 사람에게 의견을 수렴할 때 간편하게 사용할 수 있다.

54 학습 콘텐츠 개발을 위한 운영 지원 도구로 볼 수 없는 것은?

① Articulate 360

② Adobe Captivate

③ Red Giant Plural Eyes

④ iSpring Suite

> **해설**
>
> 'Red Giant Plural Eyes'는 여러 개의 동영상 파일과 음성의 싱크를 자동으로 맞춰주는 프로그램이다. 유사 프로그램으로 'Syncaila'가 있다.

정답 : 51. ③ 52. ③ 53. ② 54. ③

55 학습 콘텐츠 개발을 위한 운영 지원 도구에 대한 설명이다. 무엇에 대한 설명인가?

> 파워포인트(PowerPoint)를 기반으로 한 이러닝 콘텐츠 개발 도구로, 제작자는 자신의 컴퓨터 스크린을 녹화하고, 그동안 어떤 작업을 수행했는지를 쉽게 캡처할 수 있다.

① Articulate 360
② Adobe Captivate
③ Articulate Storyline
④ Lectora

해설

Articulate 360은 Microsoft PowerPoint와 유사한 UI를 제공하여 익숙한 사용자들은 더욱 쉽게 이용할 수 있다. 다양한 종류의 템플릿과 콘텐츠 라이브러리를 이용하여 빠르고 쉽게 이러닝 콘텐츠를 개발할 수 있다.

56 학습 콘텐츠 개발을 위한 운영 지원 도구에 대한 설명이다. 무엇에 대한 설명인가?

> 사용자 친화적인 인터페이스와 다양한 기능을 가진 인기 있는 이러닝 저작도구 중 하나로, What-You-See-Is-What-You-Get 편집기로 제공되어 학습자에게 표시될 최종 결과물과 동일한 레이아웃을 편집 중인 화면에서 바로 확인할 수 있게 해준다.

① Articulate 360
② Adobe Captivate
③ Articulate Storyline
④ Lectora

해설

Lectora는 HTML5 및 SCORM 규격에 기반한 이러닝 콘텐츠를 만들 수 있는 도구로 다양한 상호작용 및 시나리오 기반 콘텐츠를 제작할 수 있으며, 다양한 기기에서 호환된다. 파워포인트 및 다른 이러닝 저작도구에서 생성된 콘텐츠를 가져와 Lectora 프로젝트로 변환할 수 있다.

57 소셜 미디어를 활용한 상담 요령 및 주의사항으로 옳지 않은 것은?

① 상담 시 내담자 본인을 확인하기 위해 개인정보 요청 후 진행한다.
② 상담을 요청한 학습자에게는 빠르게 응답하고, 필요한 경우 다른 전문가에게 연결해 줘야 한다.
③ 상담에서는 학습자가 이해하기 쉽도록 명확하고 간결한 답변을 제공해야 한다.
④ 상담을 요청한 학습자가 어떤 문제를 겪고 있는지에 따라 적극적으로 대응해야 한다.

해설

소셜 미디어를 활용한 상담에서는 내담자의 개인정보를 보호해야 한다. 상담 시 내담자의 개인정보는 요구하지 않는다.

58 원격 지원 도구인 TeamViewer의 특징을 설명한 것으로 옳지 않은 것은?

① 독일의 회사에서 개발한 원격 제어 소프트웨어로, 전 세계적으로 많이 사용되고 있는 솔루션 중 하나이다.
② 소규모 이러닝 서비스 업체에서는 유용하게 사용하는 메신저 프로그램이다.
③ 다른 컴퓨터를 원격으로 제어하기 위해서는 상대 컴퓨터의 ID가 필요하다.
④ 무료 버전에서도 많은 기능을 제공하기 때문에 개인 사용자나 소규모 팀에서는 이를 이용해도 충분하다.

해설

②번은 네이트온 원격 지원 도구에 대한 설명이다.

정답 55. ① 56. ④ 57. ① 58. ②

59 이러닝 운영 지원 도구의 관리 방안에 대한 설명으로 옳지 않은 것은?

① 이러닝 운영 지원 도구를 도입하기 전에 목표와 필요성을 분석한다.
② 도입 후의 운영 방법과 업무 분담을 계획한다.
③ 이러닝 운영 지원 도구의 운영절차는 불필요하다.
④ 데이트나 보안 이슈 등에 대한 대응을 신속하게 진행한다.

해설

이러닝 운영 지원 도구를 구매하고 시스템 구축을 진행하였다면, 이때 시스템 구축에 대한 정책과 가이드라인을 작성하고, 보안 측면에서 안정적인 운영을 위한 절차를 수립한다.

60 리모트뷰(RemoteView)에 대한 설명으로 옳지 않은 것은?

① 원격 지원 솔루션을 제공하는 한국의 기업인 네이버 클라우드 플랫폼에서 제공하는 원격 제어 도구이다.
② 사용자들이 쉽게 접근할 수 있는 인터페이스와 다양한 기능들을 제공하여 사용자들에게 편리함을 제공한다.
③ 무료 서비스로 제공되며, 기업용 원격 제어 솔루션으로 많이 사용된다.
④ 사용자들의 작업 효율을 높일 수 있으며 보안 기능이 강화되어 있어 기업용 솔루션으로 적합하다.

해설

리모트뷰(RemoteView)는 유료 서비스로 제공된다.

61 이러닝 교육훈련의 감독기관으로 알맞게 짝지어진 것은?

> ㉠ 대학
> ㉡ 재직자 및 실업자 환급과정
> ㉢ 학점은행제

	㉠	㉡	㉢
①	교육부	고용노동부	국가평생교육진흥원
②	교육부	국가평생교육진흥원	고용노동부
③	교육부	고용노동부	해당 대학
④	국가평생교육진흥원	고용노동부	교육부

해설

대학은 교육부, 재직자 및 실업자 환급과정은 고용노동부, 학점은행제는 국가평생교육진흥원에서 관리한다.

62 이러닝 운영담당자가 수료 처리를 하는 과정에 대해 바르게 진술한 내용은?

① 출석, 과제, 시험 중에 하나의 평가 기준만 충족해도 수료증을 발급할 수 있다.
② 성적 이의신청 전에 미리 수료 처리를 한다.
③ 강의 콘텐츠를 수강하기만 해도 수료 처리가 가능하다.
④ 수료 및 미수료 기준에 따라 수료 여부를 정확하게 판단하여 처리한다.

해설

정해진 기준에 따라 수료와 미수료 처리를 한다.

63 이러닝 교·강사가 시범 강의를 할 때 평가 기준에서 중요도가 가장 낮은 것은?

① 수업 내용의 전개가 논리적이고 설명이 명료한가?

② 강의 교안(PPT)의 교수설계 역량이 뛰어난가?

③ 발음이 명확하고 억양의 변화가 자연스러운가?

④ 판서 글씨가 명확하고 알아볼 수 있는가?

해설

강의 교안에 대한 교수설계는 콘텐츠 개발 단계에서 교수설계자의 도움을 받으면 되기 때문에 중요한 요소라고 보기 어렵다.

64 다음은 이러닝 교·강사에게 학습관리시스템(LMS)의 사용법과 관련하여 안내하는 내용이다. 무엇에 대한 설명인가?

- 해당 교·강사가 담당하는 교과목의 확인 방법
- 공지사항 등록 및 확인 방법
- 강의 수강 진도율 확인 방법
- 문의게시판의 질문 확인 및 답변 작성 방법
- 온라인 토론 등록 및 피드백 작성 방법

① 과정 운영을 위한 교수학습활동 관련 기능

② 학습관리시스템(LMS)의 기본환경

③ 모바일 시스템의 기본환경

④ 학습관리시스템(LMS)의 메인페이지 화면

해설

주로 교·강사가 맡은 이러닝 과정의 교수학습활동 관련 내용임을 알 수 있다.

65 이러닝 교·강사의 공모 업무 진행 순서가 알맞게 배열된 것은?

> ㉠ 교·강사 공모 계획
> ㉡ 공고문 게시 및 홍보
> ㉢ 지원서 접수 및 면접
> ㉣ 최종 합격자 위촉

① ㉠-㉡-㉢-㉣　　② ㉠-㉢-㉡-㉣

③ ㉡-㉠-㉢-㉣　　④ ㉢-㉡-㉠-㉣

해설

가장 먼저 교·강사 선발이 요구되는 과정과 인원 등의 공모 계획을 수립하고, 공고문을 홈페이지나 유관 기관에 게시한다. 지원자들의 서류를 접수하고 면접을 실시한 다음, 과정 운영에 적합한 적임자를 선정하고 교·강사로 위촉한다.

66 다음 상황에서 발생하는 고객의 컴플레인 관련 내용은 무엇인가?

- 이러닝 과정의 운영이 끝난 후 운영 결과보고서를 고객사에 보고하는데, 간혹 고객사에서 다른 조사항목을 추가하거나 수정을 요청하는 경우가 발생한다.
- 과정이 시작되기 전에 고객사와 운영 결과보고서에 포함될 항목을 논의해야 한다.

① 수강 신청 인원

② 학습 진행 과정

③ 운영 결과보고서

④ 비용 정산 관련

해설

고객사에서 원하는 운영 결과보고서의 형식이 다를 때 발생하는 문제에 해당한다.

정답 63. ② 64. ① 65. ① 66. ③

67 이메일 혹은 게시판 문의 고객에 대한 응대 방법으로 옳지 않은 것은?

① 이메일 문의 내용에 대해서 최소한 일주일 안에 답변한다.

② 매일 일정한 시간을 정해두고 하루 2회 이상 체크하여 답변한다.

③ 답변의 제목은 내용을 명확하게 나타낼 수 있는 구절로 표현한다.

④ 상대방이 읽기 쉽도록 짧고 간결하게 작성한다.

해설

이메일 문의사항은 최소 하루 혹은 이틀 안에 답변을 완료해야 한다.

68 이러닝 교육기관에서 활용하는 다양한 종류의 웹 게시판에 대한 설명으로 옳지 않은 것은?

① 주로 활용하는 게시판에는 공지사항, 1:1 게시판, 학습 Q&A, 자유게시판, 자주 묻는 질문(FAQ) 등이 있다.

② 이러닝 과정 운영을 위해 꼭 필요한 게시판을 선택하여 사용하는 것이 효율적이다.

③ 자주 묻는 질문(FAQ)은 수강생들이 자주 묻는 기본적인 질문에 대해 Q&A 형식으로 정리한 것이다

④ 고객 만족을 위해서 자주 묻는 질문(FAQ)을 활용하기보다는 1:1게시판을 통해 개인적으로 소통하는 것이 더 효과적이다.

해설

FAQ를 통해서 문의사항을 해결할 수 있도록 하고, FAQ에 문의사항에 대한 답변을 찾아볼 수 없다면, 1:1 게시판을 통해서 질문을 남기도록 하는 것이 수강생과 운영자 모두에게 효과적이다.

69 성적과 관련되지 않은 과제의 운영 요령에 대한 설명으로 옳지 않은 것은?

① 성적과 관련되지 않은 과제는 참여도가 저조하므로 강요하지 않는다.

② 성적과 관련 없다고 할지라도 과제 제출을 요구한다는 것 자체가 학습자의 시간과 노력을 요구하는 것이므로 체계적이고 객관적인 운영이 필요하다.

③ 과제 첨삭 여부에 따라서 튜터링 인력을 사전에 구성할 필요가 있다.

④ 동료 학습자들이 함께 채점하는 예도 있으므로 다양한 첨삭 방식을 적용해 보는 시도가 필요하다.

해설

성적과 관련되지 않은 과제라고 할지라도 학습자에게 관심을 유발하거나, 학습에 큰 도움이 될 때는 참여도가 높을 수 있다.

70 커뮤니케이션 업무에 대한 설명으로 옳지 않은 것은?

① 학습자들 간의 소통을 원활하게 하고, 강사와 학습자 간의 소통을 돕는 활동이다.

② 화상회의나 온라인 채팅을 통해 학습자와 실시간으로 대화하면서 문제를 해결하거나 질문에 답변하는 업무이다.

③ 학습자들이 토론이나 질문을 올려 토론을 진행하는 업무이다.

④ 학습자 만족도 조사 및 피드백 관리를 통해 학습자들의 의견을 수렴하고, 이러한 의견을 반영하여 학습환경을 개선하는 업무이다.

해설

학습자들이 토론이나 질문을 올릴 수 있는 게시판을 운영하면서 학습자들의 질문에 답변을 제공하거나, 다른 학습자들과 함께 토론을 이끌어가는 업무이다.

71 상호작용의 종류를 설명하는 개념으로 옳은 것은?

> 학습자가 로그인하여 학습 플랫폼에 접속하면 학습 플랫폼은 학습자의 프로필, 학습이력 등을 확인하여 맞춤형 학습 경로를 제시한다. 학습자가 학습 과정에서 질문을 하거나 피드백을 제공하면, 학습 플랫폼은 이를 자동으로 분류하고, 그에 따라 적절한 답변을 제공하거나 필요한 조치를 한다.

① 학습자-교·강사 ② 학습자-콘텐츠
③ 학습자-학습자 ④ 학습자-운영자

해설

학습자가 강의 동영상을 시청하면, 비디오 플레이어에서 제공하는 기능을 통해 재생 속도, 음량 조절, 자막 등을 조정할 수 있다. 학습자가 퀴즈를 풀면, 적절한 피드백과 함께 정답을 제공하여 학습자가 실력을 향상시키도록 도움을 준다.

72 학습 진도 독려 방법을 설명하는 개념으로 옳은 것은?

> 개인별로 발송할 수 있으므로 학습자들이 더욱 집중하여 읽고 이해할 수 있으며, 이는 학습 동기 부여에 큰 도움이 된다. 이를 통해 진도율 관리나 과제 수행 상황 등을 빠르게 파악하고, 적시에 피드백을 제공할 수 있다.

① 이메일(e-mail)
② 문자(SMS)/카카오톡 메시지
③ 푸시(push) 알림 메시지
④ 전화

해설

이러닝에서 전통적으로 많이 사용하고 있는 독려 수단이다. 문자메시지는 개인별로 발송할 수 있으므로 학습자들이 더욱 집중하여 읽고 이해할 수 있으며, 이는 학습 동기 부여에 큰 도움이 된다. 학습자들의 휴대폰에 저장되기 때문에 나중에 다시 읽거나 참고할 수 있다.

73 보기의 내용은 이러닝 교육환경에서 어떤 종류의 상호작용에 관한 내용인가?

> • 학습자가 학습 게시판에 자료를 등록하거나 동료 학습자와 학습과정을 공유하면서 발생하는 상호작용
> • 소셜러닝의 개념 적용
> • 온라인 토론 게시판, 질의응답 게시판, 쪽지 활용

① 학습자-학습자 상호작용
② 학습자-교·강사 상호작용
③ 학습자-콘텐츠 상호작용
④ 학습자-운영자 상호작용

해설

학습자와 학습자 간에 발생하는 상호작용에 대한 설명이다.

74 보기의 내용은 이러닝 교육환경에서 어떤 종류의 상호작용에 대한 내용인가?

> • 학습자가 이러닝 학습관리시스템(LMS)에 접속하고 강의 콘텐츠를 활용하여 학습하는 과정에서 발생하는 상호작용
> • 강의 콘텐츠, 오디오 파일(MP3), 강의 교안(word, pdf, ppt 형태), 심화보충자료를 통해서 이루어진다.

① 학습자-학습자 상호작용
② 학습자-교·강사 상호작용
③ 학습자-콘텐츠 상호작용
④ 학습자-운영자 상호작용

해설

학습자가 학습관리시스템에서 콘텐츠를 학습하며 발생하는 상호작용에 대한 설명이다.

정답 : 71. ② 72. ② 73. ① 74. ③

75 학습 촉진을 위한 이러닝 튜터의 일반적인 역할로 옳지 않은 것은?

① 교수–학습활동 조력자
② 내용전문가
③ 과정 운영에 대한 평가자
④ 사회적 관계 조직자

해설

③번의 내용은 과정 운영자나 관리자가 해야 할 역할이다.

76 ㉠, ㉡에 들어갈 이러닝 튜터의 세부 역량이 바르게 연결된 것은?

㉠	㉡
• 준 내용 전문성	• 학사 운영에 대한 지식
• 인지적/정의적 전략에 대한 전문성	• 이러닝에 대한 이해
• 교과목 정보(목표, 수업 구성, 학습활동 진행 일정)에 대한 지식	• 과정관리능력
	• 시간관리능력
• 학사 운영에 대한 지식	• 의사소통능력
• 이러닝에 대한 이해	• 문제해결력
• 온라인 학습평가 능력	

① 관리적 역량, 사회적 역량
② 교수적 역량, 관리적 역량
③ 교수적 역량, 기술적 역량
④ 관리적 역량, 기술적 역량

해설

튜터의 역량 중에 ㉠은 내용 전문성이 요구되는 교수적 역량이며, ㉡은 학생들을 관리하기 위해 갖추어야 할 관리적 역량에 대한 설명이다.

77 이러닝 튜터의 평가에 대한 설명으로 옳지 않은 것은?

① 학습자 대상 튜터 만족도 조사를 실시한다.
② 담당 교수자의 평가를 포함한다.
③ 학생들의 시험 응시, 과제 제출 등 온라인 활동 참여실적 평가는 포함되지 않는다.
④ 튜터의 직무시간 충족 여부를 점검한다.

해설

이러닝 튜터의 활동에 따라 학생들의 학습활동 참여 여부가 결정되므로 ③번에 제시된 항목은 평가 대상에 포함할 수 있다.

78 다음은 이러닝 운영자가 이러닝 튜터의 교수 학습활동 촉진을 위해 제시한 활동 지침이다. 무엇에 대한 설명인가?

> • 학습 주제 관련 보충심화 자료를 게시한다.
> • 학습에 도움이 되는 웹사이트와 추천 도서를 정리하여 제공한다.
> • 과정 진행 시 필요한 데이터(소스)나 자료를 파일로 첨부하고, 사용 방법을 안내한다.

① 질의응답 지침
② 과제물 채점 및 피드백 지침
③ 보조 학습자료 등록 및 관리 지침
④ 상호작용 독려 지침

해설

수강생들의 보충심화 학습을 위한 학습자료를 등록하고 안내하는 지침이다.

79 교육 솔루션 구성요소 중 빈칸에 들어갈 내용으로 적합한 것은?

교육솔루션 구성요소		
학습 전달 체제	행정 및 운영 체제	( )

① 평가 체제   ② 지원 체제

③ 공급 체제   ④ 분석 체제

해설

교육 솔루션은 학습 전달 체제, 행정 및 운영 체제, 지원 체제로 구성된다.

80 이러닝 참여자의 관리적 역할로 맞지 않는 것은?

① 교과에 대한 지식 없이도 진행할 수 있는 운영과 관련된 역할

② 구체적인 학습절차에 대한 안내의 역할

③ 이러닝으로 운영되는 교수–학습과정을 관리하는 역할

④ 학습 콘텐츠의 기능에 관하여 학습자를 지원하는 역할

해설

④번은 기술적 역할이다.

81 기업 이러닝에서 교수자의 역할로 적절하지 않은 것은?

① 내용 전문가로서의 역할

② 관리적 역할이나 사회적 역할을 드물게 수행

③ 운영과정에서 제반 관리를 담당하지는 않는다.

④ 질의응답, 리포트, 시험을 처리한다.

해설

기업 이러닝에서 튜터는 질의응답, 리포트, 시험을 처리한다.

82 운영자의 역할 중 이러닝 과정 운영전략 수립으로 적절치 않은 것은?

① 학습 촉진 방법 구체화

② 과정별 추진 일정 구체화

③ 운영관리를 위한 체크리스트 제작

④ 과정별 학사 일정 계획

해설

④번은 학습일정 관리이다.

83 LMS 교수자 지원으로 적절하지 않은 것은?

① 과제 및 토론

② 교수 관리

③ 시험 및 토론

④ 콘텐츠 관리

해설

교수 관리는 관리자 지원이다.

84 LCMS의 필수 기능으로 적절치 않은 것은?

① 정형화된 카테고리 기반의 콘텐츠관리 지원

② 개발된 콘텐츠 미리보기

③ 콘텐츠 관리에 대한 협업 지원

④ 메타데이터 재구성

해설

정형화되지 않는다.

정답 : 79. ②   80. ④   81. ④   82. ④   83. ②   84. ①

85 이러닝을 통한 학습에서 개인화가 강조되고 있는데, 다음 중 개인화와 관련되지 않은 것은?

① 기술 발전 속도가 빨라져 지식의 수명이 짧아지고 있다.
② 학습자가 학습과정을 통제할 수 있어야 한다는 점이 강조되고 있다.
③ 이러닝 콘텐츠가 학습자의 학습 스타일에 부합해야 한다는 논의가 확대되고 있다.
④ 적응형 학습에 대한 시도가 확대되고 있다.

> 해설
> 지식 수명의 단축은 이러닝 콘텐츠의 최신성과 관련이 있다.

86 다음 중 이러닝 학습자의 특성에 해당하는 것을 다음에서 모두 고른 것은?

> ㉠ 독립적인 학습을 선호함
> ㉡ 학습동기가 높음
> ㉢ 온라인 커뮤니케이션을 선호함
> ㉣ 인내심이 강함
> ㉤ 다양한 학습 스타일을 보유함
> ㉥ 풍부한 경험을 보유함

① ㉠, ㉡, ㉢, ㉣, ㉤
② ㉠, ㉢, ㉣, ㉤, ㉥
③ ㉠, ㉡, ㉢, ㉣, ㉥
④ ㉠, ㉡, ㉢, ㉤, ㉥

> 해설
> 인내심은 이러닝 학습자의 보편적 특성이라고 볼 수 없다.

87 다음 중 만족도 평가의 특징이 아닌 것은?

① 교육 참여자의 의견이나 건의사항을 파악한다.
② 교육과정 및 운영의 개선을 위한 목적으로 활용된다.

③ 총괄평가의 성격을 가진다.
④ 교육과정의 종류에 상관없이 평가 유형이 비슷하다.

> 해설
> 만족도 평가는 총괄평가라기보다는 형성평가의 성격을 가진다.

88 다음은 만족도 평가의 단계이다. 순서를 적절히 연결한 것은?

> ㉠ 평가 도구 개발
> ㉡ 평가 방법 결정
> ㉢ 평가 목표 결정
> ㉣ 데이터 수집
> ㉤ 결과 보고
> ㉥ 데이터 분석

① ㉢-㉡-㉣-㉠-㉥-㉤
② ㉢-㉠-㉡-㉣-㉥-㉤
③ ㉢-㉡-㉠-㉣-㉥-㉤
④ ㉢-㉠-㉡-㉣-㉥-㉤

> 해설
> 만족도 평가는 '목표 설정-방법 결정-도구 개발-데이터 수집-데이터 분석-결과 보고'로 이어진다.

89 다음 중 교육내용 및 분량의 만족도를 측정하는 문항이 아닌 것은?

① 학사일정에 맞추어 학습 안내를 제시했는가?
② 학습 내용은 학습 목표 대비 적절했는가?
③ 적절한 멀티미디어 자료를 활용했는가?
④ 학습 내용이 현업에 도움이 될 것이라고 생각하는가?

> 해설
> 학습 안내는 운영자 지원 활동에 대한 만족도 문항이다.

정답 : 85. ① 86. ④ 87. ③ 88. ③ 89. ①

90 다음 중 평가 문항을 개발할 때 복잡하면서도 지식의 깊이가 있는 문항을 개발하기 위해 참고 하게 되는 이론은?

① 데일의 경험의 원추
② 호반의 시각자료 분류
③ 블룸의 교육목표 분류
④ 켈러의 ARCS 모형

해설

데일과 호반은 시각자료의 구성에 영향을 준 이론이며, 켈러의 ARCS는 학습 동기 유발과 관련된 이론이다.

91 다음 중 대표적인 모사답안 판단 기준이 아닌 것은?

① 띄어쓰기, 오타, 특수문자 등이 동일한 경우
② 폰트 사이즈, 폰트 유형 등이 동일한 경우
③ 파일 속성, 크기가 완전히 일치하는 경우
④ 상식 이하의 오답이 동일한 경우

해설

폰트 크기 및 유형은 대표적인 모사 판단 기준이라고 할 수 없다.

92 다음 중 평가 결과의 원인을 분석할 때 맥락이 고려되어야 하는 이유로 적절한 것은?

① 학습 목표 수립에 긍정적 영향을 준다.
② 평가의 엄밀성을 향상시킬 수 있다.
③ 평가도구의 품질과 신뢰성을 높일 수 있다.
④ 성과에 대한 올바른 판단을 도울 수 있다.

해설

맥락에는 목적, 평가 대상 과목, 평가 대상 학습자의 학년 수준, 평가가 발생한 기간과 같은 요소가 포함될 수 있다. 맥락을 고려하지 않을 경우 분석의 결과가 학습자에게 유의미한 내용이 되지 않을 수 있으며, 더 나아가 성과에 대한 잘못된 판단을 유발할 수 있다.

93 다음 중 이러닝 운영관리의 배경으로 적절하지 않은 것은?

① 운영계획서에 근거하여 운영이 이루어졌는지 확인한다.
② 학습활동이 모두 완료된 이후 수행된다.
③ 콘텐츠 운영 결과와 시스템 운영 결과 관리가 주로 진행된다.
④ 이러닝 운영자의 행정지원 역할이 강조된 것이다.

해설

콘텐츠 운영 결과와 교·강사 운영 결과를 주로 관리한다.

94 이러닝을 통한 학습 결과의 유지와 관련된 내용으로 적절하지 않은 것은?

① 기존 학습에서 부족한 기본적 학습과정을 강조하는 것이다.
② 이러닝을 통한 학습 결과를 실제 현업에 활용하도록 하는 것이 중요하다.
③ 자발적으로 이루어지도록 한다.
④ 학습 커뮤니티의 구성이 예가 될 수 있다.

해설

기본적인 것이 아니라 심화된 학습을 위한 것이다.

95 다음 중 전문인력의 증빙 자료가 아닌 것은?

① 주민등록등본
② 고용계약서
③ 이력서
④ 경력증명서

해설

주민등록등본은 전문인력을 증빙하는 자료가 아니다.

96 다음 중 전문인력 근무 조건의 작성방법으로 잘못된 것은?

① 전문인력의 근무 형태에 따른 인원 및 평균 급여를 제시한다.

② 교·강사의 경우 수업 부담 시간의 평균을 제시한다.

③ 판단 근거가 적절하다면 기관이 시행 중인 안을 제시할 수 있다.

④ 전문인력의 연수 경험을 제시한다.

해설

전문인력의 근무 조건에 연수 경험은 해당되지 않는다.

97 평가 및 성적관리 방법이 아닌 것은?

① 출제 문항 관리

② 평가 방법 유형a 관리

③ 부정행위 관리

④ 평가시스템 관리

해설

평가 및 성적관리는 출제 문항 관리, 평가 방법 유형 관리, 부정행위 관리, 성적분포 관리가 있다.

98 다음 중 평가 및 성적관리의 평가 방법으로 적절하지 않은 것은?

① 이러닝 과정의 내용과 특성을 고려한다.

② 문항의 변별성과 난이도를 관리한다.

③ 학습자의 성적 결과를 근거로 과정 적절성을 평가한다.

④ 평가의 계획, 실시, 사후 관리 등 단계적으로 평가를 할 수 있는 지침을 마련한다.

해설

학습자의 성적 결과를 근거로는 성적분포의 적절성을 평가한다.

99 다음 중 사이버교사의 평가 역할에서 가치 역량 군에 해당하는 것은?

① 학습 내용 전문성

② 온라인 학습 평가능력

③ 학습동기 부여능력

④ 사이버 윤리의식

해설

가치 역량 군은 긍정적 사고, 사이버 윤리의식, 열정과 적극성, 자율과 책임, 창의적 사고 등이다.

100 다음 중 교·강사 평가도구 개발 시 고려사항이 아닌 것은?

① 교·강사 역할 정의

② 교·강사 역량 모형 분석

③ 교·강사 세부 업무 분석

④ 교·강사 운영 경험 분석

해설

교·강사 운영 경험은 평가도구 개발 시 고려사항이 아니다.

01 다음 중 이러닝 및 이러닝 유사 개념의 의미로 잘못 설명된 것은?

① 원격교육: 교육용 CD-ROM 또는 소프트웨어를 이용하는 교육으로, 네트워크로 연결되지 않고 독립적인 컴퓨터 단위로 개인별 교육이 이뤄지는 형태

② 온라인 교육: 오프라인(off-line) 교육과 상반되는 개념으로, 웹을 기반으로 하는 인터넷(internet), 인트라넷(intranet), 익스트라넷(extra-net) 등을 이용한 교육

③ 컴퓨터 기반 교육: 교육과정이나 학습 활동에서 컴퓨터와 관련 기술을 활용하는 방식의 교육을 의미하며, 학습자들이 컴퓨터나 인터넷을 사용하여 정보를 얻고, 문제를 해결하며, 다양한 학습자료에 접근하는 방식

④ 이러닝: 전자적 수단, 정보통신 및 전파·방송 기술을 활용하여 이루어지는 학습

> **해설**
>
> 해설: 해당 설명은 컴퓨터 기반 교육에 대한 일반적인 설명으로, 원격교육의 경우 네트워크에 연결되어 학습을 진행한다.

02 다음 중 OCW의 설명으로 올바르지 않은 것은?

① 오픈된 라이선스가 적용되는 대학의 이러닝 콘텐츠를 누구나 활용할 수 있도록 무료로 공개한 온라인 강의 공개 서비스

② MIT, 스탠퍼드, UC버클리, 예일, UCLA, 하버드 등의 명문대학이 참여하고 있음

③ OCW를 국내에서 현지화한 'KOCW'는 현재 한국교육학술정보원(KERIS)에서 주관하고 있음

④ 거대 규모의 교육을 뜻하는 것으로 웹 서비스를 기반으로 언제, 어디서든 양질의 대학 강의를 들을 수 있도록 하는 고등교육 시스템

> **해설**
>
> 거대 규모의 교육 웹서비스는 MOOC이다.

03 다음 중 MOOC의 설명으로 올바르지 않은 것은?

① 강의를 온라인상에 제공하고 학습자들이 수강하는 일방향적 온라인 강의 공개 서비스

② 거대 규모의 교육을 뜻하는 고등교육 웹 서비스

③ Coursera, edX, Udacity, Khan Academy 등이 MOOC의 예시 플랫폼이라고 할 수 있다.

④ 한국형 MOOC는 국가평생교육진흥원에서 2015년부터 K-MOOC를 운영하고 있다.

> **해설**
>
> MOOC의 경우 쌍방향적 서비스이다. 해당 설명은 OCW에 대한 설명이다.

정답: 01. ① 02. ④ 03. ①

04 다음 중 적응형 학습(adaptive learning)에 대해 바르게 설명한 것은?

① 교사나 강사가 주도적으로 강의하고, 학생들이 이를 수동적으로 듣는 방식

② 학습자의 학습 이력 데이터를 기반으로 학습자의 수준과 특성에 맞춘 학습

③ 학생들이 실제 문제나 사례를 해결하기 위해 협력하고 탐구하는 학습 방법

④ 학생들이 소그룹으로 협력하여 학습하는 학습 방식

해설

①번은 전통적 학습, ③번은 문제 중심학습, ④번은 협동 학습에 대한 설명이다.

05 다음 중 통계청 통계분류 포털에서 제시된 이러닝 콘텐츠 산업의 하위 산업 정의로 바르게 설명하지 않은 것은?

① 체감형 학습 콘텐츠 자체 개발, 제작업: 수수료 또는 계약에 의해 체감형 및 상호작용형 콘텐츠를 개발, 제작하는 산업활동

② 코스웨어 외주 개발, 제작업: 수수료 또는 계약에 의해 코스웨어를 개발, 제작하는 산업활동

③ 전자책(e-book) 외주 개발, 제작업: 수수료 또는 계약에 의해 학습용 전자교과서, 전자참고서, 전자책(e-book) 등을 개발, 제작하는 산업활동

④ 이러닝 콘텐츠 유통업: 구입한 이러닝 콘텐츠를 판매(도매 및 소매)하거나 임대하는 산업활동

해설

수수료 또는 계약에 의해 체감형 및 상호작용형 콘텐츠를 개발, 제작하는 산업활동은 체감형 학습 콘텐츠 외주 개발, 제작업이다.

06 다음 중 통계청 통계분류 포털에서 제시된 이러닝 서비스 산업의 하위 산업 정의로 바르게 설명하지 않은 것은?

① 고등교육 서비스업: 중학교, 고등학교 학생을 위한 교과교육용 이러닝 서비스를 제공하는 산업활동

② 기업 직무훈련 서비스업: 정부기관, 공공단체, 사업체 등에서 직원의 직업훈련을 위한 이러닝 서비스를 제공하는 산업활동

③ 직업훈련 서비스업: 취업 또는 전업 등을 위한 기술 및 직업 분야의 전문적인 훈련을 위한 이러닝 서비스를 제공하는 산업활동

④ 교수자 연수 서비스업: 교수자의 전문성 향상을 위한 훈련용 이러닝 서비스를 제공하는 산업활동

해설

고등교육 서비스업은 전문대학 및 대학교(사이버대학 포함) 학생을 위한 교과교육용 이러닝 서비스를 제공하는 산업활동으로 ①번에 있는 내용은 중등교육 서비스업에 대한 설명이다.

07 이러닝 산업의 주요 이해 관계자에 대한 설명 중 바르게 설명되지 않은 것은?

① 내용전문가(content provider): 교수자 혹은 외부 인적 자원

② 교수자(instructor): 동일한 여러 개의 강좌가 운영될 때 한 강좌를 담당하는 교·강사로서 한 강좌의 수강 인원이 많을 경우 담당 강사를 지원하면서 강의 운영

③ 운영자(coordinator): 강좌 전체를 운영하는 담당자(교수, 학생 지원 담당자)

④ 개발자: 이러닝 콘텐츠를 개발하는 사람들로 프로그래머, 디자이너, 그래픽 디자이너 등 다양한 분야에서 일하며, 이러닝 콘텐츠의 제작에 필요한 기술과 도구를 사용함

정답 : **04.** ② **05.** ① **06.** ① **07.** ②

②번의 설명은 튜터에 대한 설명이다.

08 다음 중 이러닝 사업체에 대한 설명으로 바르게 설명된 것은?

① 콘텐츠 사업체: 사설학원을 운영하면서 전부 또는 일부를 이러닝으로 서비스를 제공하는 사업체

② 솔루션 사업체: 초·중·고교 및 대학교와 연계하여 학위를 주는 사업체

③ 서비스 사업체: 온라인으로 교육 훈련 학습 등을 쌍방향으로 정보통신 네트워크를 통해 개인 사업체 및 기관에 직접 서비스를 제공하는 사업과 이러닝 교육 및 구축 등 이러닝 사업 제반에 관한 컨설팅을 수행하는 사업체

④ 정규교육 사업체: 이러닝에 필요한 교육 관련 정보시스템의 전부나 일부를 개발 제작 가공, 유통하는 사업체

해설
①번은 사설학원 사업체, ②번은 정규교육 사업체, ④번은 콘텐츠 사업체이다.

09 온라인 교육과정을 개발하는 주체로써 특정 분야나 주제에 대해 깊은 지식과 전문성을 가진 사람을 의미하는 것으로, 콘텐츠를 위한 교안 작성, 내용 검수 등의 활동을 진행하는 사람은 다음 중 어느 것인가?

① 코디네이터   ② 내용전문가
③ 교육운영자   ④ 교수설계자

해설
내용전문가는 그 분야에서 높은 수준의 경험과 기술을 갖추고 있으며, 종종 그 주제에 대한 문제 해결, 조언, 교육 및 전략적 의사결정에 중요한 역할을 한다.

10 다음 중 이러닝 콘텐츠 개발자의 역할로 볼 수 없는 것은?

① 교수설계 이론 및 실행에 대한 폭넓은 전문지식을 바탕으로 고객의 교육 요구에 부응하고 프로그램의 목표를 수립

② 기획에 따라 다양한 멀티미디어 요소를 함유한 콘텐츠를 제작하는 업무 담당

③ UI 기획 및 제작, 그래픽 디자인, 플래시 애니메이션 제작, 동영상 제작, 사운드 제작, 액션 스크립트 및 웹 프로그래밍의 역할을 담당

④ 이러닝 콘텐츠 개발 표준을 이해하고 표준을 기준으로 콘텐츠 제작

해설
프로그램의 목표를 수립하는 역할은 교수설계자의 역할이다.

11 다음 중 이러닝 컨설턴트의 역할로 볼 수 없는 것은?

① 이러닝교육을 기획하고, 이에 대한 자문을 수행하며, 이러닝 프로젝트 운영을 관리 및 총괄하는 역할

② 다양한 경험을 토대로 한 총체적인 시각에서 이러닝사업을 기획하고, 교육 프로그램의 개발 방향을 제안하며, 프로젝트 매니저로서의 역할을 수행하며, 개발된 산출물에 대한 1차적인 책임을 짐

③ 프로젝트 기획과 추진, 완료 보고 및 최종 산출물 납품에 이르기까지 프로젝트 전체 과정을 총괄

④ 이러닝과정이 체계적·효율적으로 운영되도록 과정운영 계획을 총괄적으로 수립하고, 교수학습 환경을 점검하며, 교수자와 학습자에 대한 체계적인 관리를 통해 교수학습 활동을 촉진하는 역할

12 다음 중 마이크로러닝의 효과성에 대해 바르게 제시한 것은 어느 것인가?

① 학습자는 긴 시간 동안 집중할 수 있으므로, 긴 콘텐츠를 선호한다.

② 짧은 시간 동안 필요한 정보를 빠르게 습득할 수 있어 업무나 학습에 바로 적용할 수 있다.

③ 학습자는 다양한 주제를 동시에 습득할 수 있다.

④ 학습자가 실제 교육 활동에 참여를 배제한 형태이다.

13 다음 중 소셜러닝이 가장 잘 활용될 수 있는 환경은 무엇인가?

① 학습자가 주로 독립적으로 학습하며, 외부와의 상호작용을 피하는 경우

② 전문가들이 혼자서 이론적인 내용을 전달하는 전통적인 교육 환경

③ 학습자가 다양한 사람들과 상호작용하며 정보나 경험을 교환하는 경우

④ 교실 수업에서만 이루어지는 오프라인 교육 환경

14 다음 중 이러닝산업법의 주요 내용으로 포함되지 않은 것은 무엇인가?

① 학생 및 교육자의 권리와 보호, 라이선스, 지식재산권, 프라이버시 보호 등을 다룬다.

② 온라인뿐만 아니라 오프라인 교육을 위한 디지털 기술과 정보통신 기술을 활용한 교육을 제공하는 산업을 규제하는 법률이다.

③ 기존 산업과 달리 온라인에서 이루어지기 때문에, 이러닝 산업의 기술적 측면에 대한 규제 및 법적 문제를 다룬다.

④ 이러닝 서비스 제공자의 안전성 유지와 사용자 개인정보 보호를 위한 대책을 요구한다.

15 이러닝산업법에서 괄호에 들어갈 내용으로 적절한 것은 무엇인가?

> "자유이용정보"란「저작권법」제7조에 따른 보호를 받지 못하는 저작물 또는 같은 법 제39조부터 제42조까지의 규정에 따른 보호기간이 만료된 저작물을 말한다. 이때, (   )에 해당하는 저작물이 자유이용정보로 간주된다.

① 저작권이 보호되지 않는 저작물

② 저작권 등록이 완료된 저작물

③ 특정 국가에서만 보호되는 저작물

④ 상업적 이용이 허가된 저작물

16 다음 중 이러닝 산업 발전 및 이러닝 활용 촉진에 관한 기본계획에 포함되어 있는 것은 무엇인가?

① 이러닝 산업에 대한 세금 감면 정책

② 이러닝 관련 기술 개발 및 연구·조사와 표준화에 관한 사항

③ 오프라인 교육을 위한 개선 사항

④ 이러닝 산업과 관련된 주택 정책

해설

①, ③, ④번은 기본계획에 포함되어 있지 않다.

17 아래 지문은 이러닝 진흥위원회의 구성에 대한 내용이다. 괄호 안에 들어갈 내용으로 바르게 구성된 것은 무엇인가?

> 위원회는 위원장 1명과 부위원장 1명을 포함하여 (㉠) 이내의 위원으로 구성하되, 위원장은 (㉡) 차관 중에서 (㉡) 장관이 지정하는 사람이 되고, 부위원장은 교육부의 고위공무원단에 속하는 일반직공무원 또는 3급 공무원 중에서 (㉢)이 지명하는 사람이 되며, 그 밖의 위원은 다음 각호의 사람이 된다."

① ㉠ 10명, ㉡ 교육부, ㉢ 산업통산자원부 장관

② ㉠ 20명, ㉡ 교육부, ㉢ 산업통산자원부 장관

③ ㉠ 10명, ㉡ 산업통산자원부, ㉢ 교육부 장관

④ ㉠ 20명, ㉡ 산업통산자원부, ㉢ 교육부 장관

해설

위원회는 위원장 1명과 부위원장 1명을 포함하여 20명 이내의 위원으로 구성하되, 위원장은 산업통상자원부 차관 중에서 산업통상자원부 장관이 지정하는 사람이 되고, 부위원장은 교육부의 고위공무원단에 속하는 일반직공무원 또는 3급 공무원 중에서 교육부 장관이 지명한다.

18 다음 중 이러닝산업법의 15조에서 17조까지에 해당하는 이러닝 센터에 대한 내용이다. 이러닝 센터에 대해 틀린 것은 어느 것인가?

① 중소기업 및 교육기관의 이러닝을 지원하기 위한 교육 및 경영 컨설팅

② 이러닝을 통한 지역 공공서비스의 제공 대행

③ 이러닝 전문인력의 양성과 그 밖에 대통령령으로 정하는 사항

④ 정부는 이러닝센터의 기능 수행에 필요한 경비의 일체를 지원

해설

정부는 이러닝센터 기능 수행에 필요한 경비의 일부를 지원할 수 있다.

19 이러닝 콘텐츠 유형의 각 요소와 요소에 대한 설명으로 바르게 짝지어지지 않은 것은?

① 반복 연습용 이러닝 콘텐츠: 학습 내용의 숙달을 위해 학습자들에게 특정 주제에 관한 연습 및 문제 풀이의 기회를 반복적으로 제공해 주는 유형이다.

② 영상 강의용 이러닝 콘텐츠: 특정 주제에 관해 교수자의 설명 중심으로 이루어진 세분화된 동영상을 통해 학습을 수행하는 유형이다.

③ 정보 제공형 이러닝 콘텐츠: 다양한 디지털 정보로 제공되는 서사적인 시나리오를 기반으로 하여 이야기를 듣고 이해하며 관련 활동을 수행하는 형태로 학습이 진행되는 유형이다.

④ 교수 게임형 이러닝 콘텐츠: 학습자들이 교수적 목적을 갖고 개발된 게임 프로그램을 통해 엔터테인먼트를 즐기는 것과 동시에 몰입을 통한 학습이 이루어지도록 하는 유형이다.

정답 : **16.** ② **17.** ④ **18.** ④ **19.** ③

20 다음 중 개인교수형 이러닝 콘텐츠에 대한 설명으로 옳지 않은 것은 무엇인가?

① 모듈 형태의 구조화된 체계 내에서 학습자가 개별적으로 학습할 수 있도록 구성된다.

② 교수자가 학습자에게 직접 개별적으로 가르치는 것처럼 학습 내용을 설명하고 피드백을 제공한다.

③ 학습 내용은 컴퓨터가 학습자에게 설명하고, 안내하며 피드백을 제공한다.

④ 반복적인 연습을 통해 학습 내용을 숙달하는 데 초점을 둔다.

21 이러닝 콘텐츠 개발 방법에서 많이 사용하는 방법으로 1970년대 초반, 미국 국방부의 교수학습체제(ISD)에 기반을 둔 콘텐츠 개발 모형은 다음 중 어느 것인가?

① Dick and Carey

② ADDIE

③ SAM

④ ASSURE

22 다음 중 교수설계에서 콘텐츠 설계 단계에서 진행하는 활동이 아닌 것은?

① 학습흐름도 작성: 학습의 시작부터 마무리까지의 학습 흐름 구성도를 작성

② 설계 개요서 작성: 콘텐츠의 설계 전략 및 개발 전략을 문서화

③ 스토리보드 설계: 화면 구성, 화면 단위의 내용 제시 분량과 위치, 메뉴의 내용과 제시 위치, 진행 방법 등과 같은 구체적인 내용이 표시된 스토리보드를 화면 단위로 설계

④ 프로토타입 개발: 설계 과정에서 산출된 설계서를 바탕으로 실제 개발될 학습 콘텐츠의 1차시 분량의 프로토타입 개발

23 다음은 웹 접근성에 대한 내용이다. 괄호 안에 알맞은 내용을 다음 중에 고르시오.

> 웹 접근성이란 (㉠)의 사용을 일반인뿐만 아니라 장애가 있는 사람, 고령자들도 편리하게 사용할 수 있도록 설정한 웹 페이지 및 콘텐츠 (㉡)이다.

① ㉠ 웹 에디터, ㉡ 제작 기준

② ㉠ 웹 브라우저, ㉡ 제작 기준

③ ㉠ 웹 표준, ㉡ 활용 기준

④ ㉠ 스트리밍, ㉡ 활용 기준

정답 20. ④ 21. ② 22. ④ 23. ②

24 양질의 콘텐츠를 신속하고 경제적으로 개발하기 위해서는 체계적인 자원 관리 및 자원 재사용에 기반을 둔 설계 프로세스 활용이 필요하다. 이렇게 콘텐츠 재사용 시 효과로 옳지 않은 것은?

① 개발 과정의 위험 감소

② 고급 인력의 효과적인 이용

③ 컴포넌트 라이브러리의 생성과 유지

④ 교육과정 개발 비용의 감소

해설

재사용을 위해 컴포넌트 라이브러리의 생성과 유지는 재사용에 따른 단점이다.

25 다음 중 SCORM의 정의에 대해 옳지 않은 것은?

① SCORM은 이러닝 콘텐츠의 상호 운용성을 보장하는 표준 모델이다.

② SCORM은 학습관리시스템(LMS)과 이러닝 콘텐츠 간의 상호 운용을 가능하게 한다.

③ SCORM은 특정 기업의 이러닝 시스템에 적용되는 모델이다.

④ SCORM은 이러닝 콘텐츠의 재사용성과 접근성을 높이기 위해 설계되었다.

해설

SCORM은 특정 기업에만 적용되는 표준이 아니고, 범용적으로 적용된다.

26 다음은 SCORM에 대한 내용이다. 괄호 안에 알맞은 내용을 다음 중에 고르시오.

> SCORM은 이러닝 콘텐츠의 재사용성을 높이기 위해 (   ) 형식으로 콘텐츠를 작성하고 관리한다.

① PDF

② HTML

③ XML

④ MP3

해설

SCORM은 이러닝 콘텐츠의 재사용성을 높이기 위해 XML 형식으로 콘텐츠를 작성하고 관리한다.

27 다음 중 이러닝 콘텐츠 표준에 대한 설명으로 옳지 않은 것은 무엇인가?

① 이러닝 콘텐츠 표준은 콘텐츠가 다양한 학습관리시스템(LMS)에서 상호 운용되도록 보장한다.

② 이러닝 콘텐츠 표준은 콘텐츠 개발자가 특정 LMS에 종속되도록 강제한다.

③ SCORM과 xAPI는 대표적인 이러닝 콘텐츠 표준이다.

④ 이러닝 콘텐츠 표준은 학습자의 진도 추적 및 성과 기록을 관리하는 데 중요한 역할을 한다.

해설

이러닝 콘텐츠 표준은 콘텐츠 개발자가 특정 LMS가 아닌, 표준을 적용한 다양한 LMS를 사용할 수 있도록 해준다.

28 xAPI(Experience API)와 SCORM의 주요 차이점은 무엇인가?

① SCORM은 실시간 데이터를 추적할 수 있지만, xAPI는 과거 학습 데이터를 추적할 수 없다.

② SCORM은 사용자의 진도만 추적하고, xAPI는 학습자의 활동 전반을 추적한다.

③ SCORM은 콘텐츠와 LMS 간의 연결을 필요로 하지만, xAPI는 그러한 연결을 필요로 하지 않는다.

④ xAPI는 오프라인 학습 데이터를 추적할 수 있는 기능을 제공한다.

정답: 24. ③ 25. ③ 26. ③ 27. ② 28. ④

xAPI는 SCORM과 다르게 오프라인 학습 데이터를 추적할 수 있는 기능을 제공한다.

29 다음 중 IMS LTI의 주요 목적은 무엇인가?

① 학습관리시스템(LMS) 간에 통합과 상호 운용성을 제공하기 위해 사용된다.

② 학습자의 성과를 추적하는 데 중점을 둔다.

③ 주로 오프라인 학습 활동을 추적하고 관리하는 데 사용된다.

④ 특정 교육 콘텐츠를 저장하고 배포하는 데 중점을 둔다.

LTI는 학습관리시스템(LMS) 간에 통합과 상호 운용성을 제공하기 위해 사용된다.

30 이러닝 콘텐츠 동영상 유형에 대한 설명으로 바르지 않는 것은 다음 중 어느 것인가?

① 교수자 얼굴 위주 촬영형: 가장 보편적인 스타일로 교수자와 학습자 간 친숙한 관계를 형성하기 위해 사용

② PPT 슬라이드와 오디오형: 교수자와 게스트가 특정 주제에 대해 비격식적으로 대화하는 모습을 촬영하는 방식

③ 시범형: 설계 과정에서 산출된 설계서를 바탕으로 실제 개발될 학습 콘텐츠의 1차시 분량의 프로토타입 개발

④ 애니메이션형 : 모션을 적용한 캐릭터 애니메이션과 성우의 음성 또는 말풍선과 같은 텍스트 형식의 대화를 조합하는 방식

②번의 설명은 대화형 동영상 유형에 대한 설명이다.

31 다음은 이러닝 콘텐츠 유형 중 'PPT 슬라이드와 오디오' 유형에 대한 내용이다. 괄호 안에 알맞은 내용을 보기 중에 고르시오.

> PPT 슬라이드와 오디오형 이러닝 콘텐츠 유형에서는 교수자의 모습이 화면에 노출되지 않고 (   ) 만으로 진행된다.

① 오디오

② 영상

③ 애니메이션

④ 텍스트

PPT 슬라이드와 오디오형 이러닝 콘텐츠 유형에서는 교수자의 모습이 화면에 노출되지 않고 오디오만으로 진행된다.

32 다음 중 "화면 속 화면형(Picture in Picture)" 이러닝 콘텐츠 유형에 대한 설명으로 올바른 것은 무엇인가?

① 교수자의 모습을 화면에 나타내지 않고, 오디오만으로 내용을 전달하는 방식이다.

② 교수자의 모습을 화면 우측 하단에 작은 크기로 나타내고, 배경은 크로마키 기법을 이용하여 처리한다.

③ 교수자는 스튜디오에서 촬영되며, 주로 다수의 카메라 앵글을 사용하여 시각적 변화를 제공한다.

④ 이 방식은 주로 교수자의 판서를 실시간으로 녹화하여 학습자를 가르치는 데 사용된다.

화면 속 화면형(picture in picture)은 교수자의 모습을 화면 우측 하단에 작은 크기로 나타내고, 배경은 크로마키 기법을 이용하여 처리한다.

정답 : 29. ①   30. ②   31. ①   32. ②

---

33 LMS(학습관리시스템)의 주요 기능은 무엇인가?

① 학습자료의 제공, 학습자의 성과 추적, 커뮤니케이션 관리
② 물리적인 교실 환경 관리
③ 교육자와 학생 간의 수업료 결제
④ 교사 간의 학습자료 공유

해설

LMS 주요 기능은 학습자료의 제공, 학습자의 성과 추적, 커뮤니케이션을 관리하는 기능이다.

34 다음 중 LMS의 예시로 올바르지 않은 것은 무엇인가?

① Moodle ② Black Board
③ Google Docs ④ Canvas

해설

Google Docs는 문서 관리 툴이다.

35 다음 중 LMS의 SCORM 호환성에 대해 설명한 것 중 올바른 것은 무엇인가?

① SCORM은 LMS와 콘텐츠를 완전히 독립적으로 운영할 수 있도록 해준다.
② SCORM은 LMS와 콘텐츠 간의 데이터 통신을 가능하게 하고, 학습자 진행 상황을 추적할 수 있도록 한다.
③ SCORM은 LMS에서 콘텐츠를 제공하는 데 필요하지 않다.
④ SCORM은 모든 LMS 시스템에서 동일한 방식으로 동작하지 않는다.

해설

SCORM은 LMS와 콘텐츠 간의 상호작용을 정의하는 표준이다. SCORM 콘텐츠는 LMS와 연결되어 작동하며, LMS와의 상호작용 없이는 SCORM 콘텐츠가 제대로 작동하지 않는다. 따라서 SCORM은 콘텐츠와 LMS 간의 연결을 가능하게 하며 독립적인 운영을 보장하지 않는다.

36 다음은 LCMS 내용이다. 괄호 안에 알맞은 내용을 다음 중에 고르시오.

학습 콘텐츠 관리시스템은 콘텐츠를 ( ) 단위로 개발, 저장, 관리하여 기개발된 콘텐츠의 재사용성 및 학습자 특성에 맞는 적응적인 콘텐츠를 제공하는 시스템이다.

① 학습 커리큘럼
② 학습 단원
③ 학습 모듈
④ 학습 객체

해설

학습 콘텐츠 관리시스템(LCMS)은 콘텐츠를 학습 모듈 단위로 개발, 저장, 관리하여 기개발된 콘텐츠의 재사용성 및 학습자 특성에 맞는 적응적인 콘텐츠를 제공하는 시스템이다.

37 LCMS와 LMS의 주요 차이점은 무엇인가?

① LMS는 콘텐츠 관리를 중심으로, LCMS는 학습자의 진행 상황을 추적한다.
② LCMS는 콘텐츠 사용자 및 콘텐츠의 관리 기능을 모두 제공한다.
③ LCMS는 콘텐츠 생성만, LMS는 평가 기능만 제공한다.
④ LMS는 콘텐츠 제공만, LCMS는 과제 제출만 관리한다.

해설

LCMS는 콘텐츠 관리, 콘텐츠 등록, 사용자 관리 등의 기능을 보유하고 있다.

정답 : 33. ① 34. ③ 35. ② 36. ③ 37. ②

38 다음은 LCMS 내용이다. 괄호 안에 알맞은 내용을 다음 중에 고르시오.

> LCMS는 (　　　)와 (　　　)의 주요 기능을 제공하여, 학습 콘텐츠의 개발 및 관리, 그리고 배포를 지원한다.

① 콘텐츠 관리, 학습자 관리
② 콘텐츠 관리, 평가 관리
③ 학습이력관리, 평가 관리
④ 학습이력관리, 학습자 관리

LCMS는 콘텐츠 관리와 학습자 관리의 주요 기능을 제공하여, 학습 콘텐츠의 개발 및 관리, 그리고 배포를 지원한다.

39 LRS(Learning Record Store)의 주요 역할로 올바른 것은 무엇인가?

① 학습 기록을 저장하고 관리하는 역할
② 학습 콘텐츠를 제작하는 역할
③ 학습자를 위한 퀴즈를 생성하는 역할
④ 교사와 학생 간의 커뮤니케이션을 위한 역할

LRS는 학습자의 활동 기록을 저장하고 관리하는 역할을 한다. 주로 xAPI를 사용하여 학습 데이터를 수집하고 저장한다.

40 다음 중 LRS의 데이터 관리 방식으로 올바른 것은 무엇인가?

① 데이터는 전통적인 데이터베이스 시스템에 저장된다.
② 데이터는 주로 XML 파일 형태로 로컬에 저장된다.
③ LRS는 주로 클라우드 기반 시스템으로, 데이터를 중앙 집중식으로 관리한다.
④ LRS는 데이터를 물리적 서버에만 저장하고 클라우드에서 사용되지 않는다.

대부분의 LRS는 클라우드 기반으로 운영되며, 데이터를 중앙에서 관리한다.

41 다음은 교강사의 기준에 대한 내용이다. 괄호 안에 알맞은 내용을 다음 중에 고르시오.

> 교강사는 해당 분야에서 (　　　) 이상의 실무 경력이 있는 사람이어야 하며, 해당 교·강사가 1개의 훈련과정에 대해 전담하는 것은 아니나, 1명의 교·강사가 동일 기간에 담당하는 수강생은 (　　　) 최대 제한

① 6개월, 100명
② 1년, 100명
③ 6개월, 500명
④ 1년, 500명

교강사는 해당 분야에서 1년 이상의 실무경력이 있는 사람이어야 하며, 해당 교·강사가 1개의 훈련과정에 대해 전담하는 것은 아니나, 1명의 교·강사가 동일 기간에 담당하는 수강생은 500명 최대 제한

42 다음 중 이러닝 교·강사의 역할로 가장 적합한 것은 무엇인가?

① 학습자와의 상호작용 없이 자료만 제공한다.
② 학습자가 스스로 학습할 수 있도록 독립적인 자료를 제공한다.
③ 학습자의 학습 진도를 모니터링하고 피드백을 제공한다.
④ 교수학습 계획을 수립하지 않는다.

이러닝 교·강사는 학습자의 학습 진도를 모니터링하고, 필요시 피드백을 제공하여 학습을 지원하는 역할을 한다. 이는 효과적인 학습을 위해 중요한 역할이다.

정답 : 38. ① 39. ① 40. ③ 41. ④ 42. ③

43 이러닝 교·강사의 역할 중 학습관리시스템 (LMS) 사용과 관련하여 중요한 점은 무엇인 가?

① LMS에서 제공하는 콘텐츠를 그대로 사용 하지 않고 개인적인 자료를 전송한다.

② LMS를 통해 학습자의 진도를 추적하고, 학습 성과를 평가한다.

③ LMS에 콘텐츠를 등록하고 콘텐츠 품질을 지속적으로 관리한다.

④ LMS를 사용하여 학습자들을 입과시키고, 학습 진행 후 수료 업무를 진행한다.

해설

LMS는 이러닝에서 학습자의 진도를 추적하고 성과를 평가 하는 데 중요한 도구로 사용되고, 교·강사는 이를 통해 학습 자의 성과를 분석하고, 적절한 피드백을 제공한다.

44 초중고교(K-12) 학습자와 성인 학습자의 주 요 차이점에 대한 설명으로 올바른 것은 무엇 인가?

① K-12 학습자는 자발적으로 학습에 참여 하며, 학습 목표를 스스로 설정한다.

② 성인 학습자는 비교적 정해진 커리큘럼을 따르며 교사의 지시를 받는다.

③ K-12 학습자는 주로 이론 중심의 학습을 선호하며, 실용적인 내용보다는 추상적인 개념을 중시한다.

④ 성인 학습자는 실용적이고 목표 지향적인 학습을 선호하며, 개인의 경험을 기반으로 학습을 진행한다.

해설

성인 학습자는 실용적이고 목표 지향적인 학습을 선호하며, 자신이 가진 경험을 바탕으로 학습을 진행하는 경향이 있다. 반면 K-12 학습자는 교사의 지도와 정해진 커리큘럼에 의존 하며, 상대적으로 이론적인 내용을 더 많이 학습한다.

45 다음 이러닝 교·강사 역할 중에서 촉진자의 역할로 볼 수 없는 것은?

① 학습 분위기 조성

② 학습 동기 부여

③ 학습 지원 도구의 적극적 활용

④ 학습자 정보 관리

해설

학습자 정보 관리는 교·강사 역할 중 안내자 및 관리자 역할 이다.

46 다음 중 초중고에 다니는 학생(K-12) 학습자 와 성인 학습자의 학습 스타일 차이에 대해 올바르게 설명한 것은 무엇인가?

① K-12 학습자는 이론보다는 실습 중심의 학습을 선호한다.

② 성인 학습자는 목표 지향적인 학습을 선호 하고 실용성을 중시한다.

③ K-12 학습자는 경험적 학습보다는 추상 적 이론 학습을 선호한다.

④ 성인 학습자는 외부의 지시 없이 자발적으 로 학습하는 경우가 많지 않다.

해설

성인 학습자는 실제적인 문제 해결과 실용적인 기술 습득에 집중하는 경향이 강하고, 목표 지향적으로 학습을 진행한다. 반면 K-12 학습자는 이론 중심의 학습을 경험할 때가 많다.

47 원격교육에서 학습 지원의 필요성에 대한 설 명으로 옳지 않은 것은 무엇인가?

① 학습 지원은 학습자가 중도에 학업을 포기 하지 않고 코스를 마치는 데 기여한다.

② 맞춤형 학습 지원은 학습 목표 달성을 용 이하게 한다.

③ 학습 지원은 교수자, 튜터와의 접촉을 줄 이는 효과를 가진다.

④ 학습 지원은 학습자의 만족도를 높이는 데 기여한다.

정답 : **43.** ② **44.** ④ **45.** ④ **46.** ② **47.** ③

해설

학습 지원은 학습자와 교수자, 튜터, 동료 학습자 간의 접촉을 촉진하여 학습 동기를 강화한다. 접촉을 줄이는 것이 아니라 오히려 더 활발히 이루어지도록 도와준다.

48 다음 중 원격교육에서 학습 지원의 학사 행정적 영역에 포함되는 활동은 무엇인가?

① 비근무일 학습 지원체계 구축

② 교수자와 튜터의 상호작용 활성화

③ 학습 과정 중의 기술적 문제 해결

④ 개인의 진로지도 상담

해설

비근무일에도 학습 지원 체계를 마련하는 것은 학사 행정적 영역의 중요한 활동이다. 이는 학습자가 학업을 원활히 진행할 수 있도록 돕는다.

49 다음 중 이러닝 운영 기획의 활동에 해당하는 것은 무엇인가?

① 학습 환경 점검을 통해 시스템 오류를 대비하는 활동

② 과정 운영에 필요한 사항을 분석하고 운영 계획을 세우는 활동

③ 학습자 등록을 위한 수강 신청 시스템을 점검하는 활동

④ 수업 시작 후 학습자 피드백을 수집하는 활동

해설

이러닝 운영 기획은 과정 운영에 필요한 전반적인 사항을 분석하고 이를 기반으로 구체적인 운영계획을 세우는 활동을 포함한다. 나머지 선택지는 운영 준비 또는 운영 후 활동에 해당한다.

50 다음 중 이러닝 운영 기획에서 요구분석이 필요한 이유로 가장 적절한 것은?

① 이러닝 과정의 효과를 사후 평가하기 위해

② 현재 상태와 바람직한 상태 간의 격차를 확인하기 위해

③ 이러닝 콘텐츠의 제작 비용을 절감하기 위해

④ 학습자에게 다양한 학습 도구를 제공하기 위해

해설

요구분석은 현재 상태(what it is)와 바람직한 상태(what should be) 간의 격차를 확인하고 이를 기반으로 최적의 해결 방안을 모색하는 활동이다.

51 다음 중 요구분석이 학습자 맞춤형 서비스에 기여하는 방식으로 가장 적절한 것은?

① 학습자 개개인의 교육 비용을 줄인다.

② 교육훈련 성과를 측정하기 위한 기준을 자동으로 생성한다.

③ 학습자가 직접 운영 계획에 참여하도록 한다.

④ 학습자들에게 제공할 서비스의 여건과 내용을 파악하게 한다.

해설

요구분석은 이러닝 운영 기관이 학습자 맞춤형 서비스를 제공하기 위해 필요한 사항과 세부 내용을 파악하는 데 도움을 준다.

정답 : 48. ① 49. ② 50. ② 51. ④

52 다음 중 아래에 있는 이러닝 요구분석의 절차를 순서대로 나열한 것은 무엇인가?

> ① 요구분석의 상황 분석: 요구분석이 필요한 상황을 이해하고, 요구분석에서 필요한 정보를 분석하는 것
> ② 결과 분석 및 보고: 수집한 요구분석 자료를 체계적으로 분석
> ③ 요구분석의 목적 결정: 요구분석을 통해 찾아내고자 하는 정보가 무엇인지 결정
> ④ 요구분석 실행: 계획된 일정과 요구분석 단계에 따라 자료를 수집하는 단계
> ⑤ 정보의 출처 확인: 요구분석의 수행을 위해 필요한 정보 출처, 즉 가장 정확한 정보를 얻을 수 있는 조사 대상 선정
> ⑥ 요구분석 도구 선정: 요구분석의 목적 달성을 위해 어떤 조사 방법을 활용할 것인지 분석도구 선정
> ⑦ 요구분석 계획: 요구분석에 대한 구체적인 실행계획 수립

① ①-⑥-②-④-⑦-⑤-③
② ①-③-⑤-⑥-⑦-④-②
③ ①-④-⑤-⑥-⑤-③-②
⑤ ①-②-⑥-⑤-⑦-④-③

요구분석의 절차와 방법

요구분석의 상황 분석 → 요구분석의 목적 결정 → 정보의 출처 확인 → 요구분석 도구 선정 → 요구분석 계획 → 요구분석 실행 → 결과 분석 및 보고

53 다음 중 학습자 분석에서 조사할 수 있는 내용으로 옳은 것은?

① 조직의 핵심 가치
② 학습 콘텐츠의 난이도
③ 학습자의 학습 만족도
④ 학습관리시스템(LMS) 기능 점검

해설

학습자의 학습 만족도는 학습자 분석에서 설문조사나 인터뷰를 통해 조사되는 내용이다. 나머지는 고객 요구분석, 교육과정 분석, 또는 학습관리시스템 점검에 해당한다.

54 아래에서 설명한 요구분석의 도구에 대한 내용은 다음 중 어느 도구에 대한 설명인가?

> • 다수의 의견을 한번에 수집 가능
> • 참여자 정보를 무기명으로 수집하면 솔직한 응답 결과를 확보할 수 있다.

① 포커스그룹 인터뷰
② 설문조사
③ 관찰
④ 자료조사

해설

설문조사는 다수의 의견을 수집할 수 있으며, 참여자 정보를 무기명으로 수집하면 솔직한 응답 결과를 확보할 수 있는 반면, 설문 참여자들의 전반적인 경향 파악은 수월하지만, 질문 문항의 내용이 한정적이므로 직접적인 요구를 파악하기는 다소 어려울 수 있다.

55 다음 중 조직 및 기관 단위 고객의 요구분석을 위해 사용할 수 있는 방법이 아닌 것은?

① 설문조사
② 학습자의 시험 결과 분석
③ 인터뷰
④ 기존 작성된 조직 단위 자료 활용

해설

시험 결과 분석은 학습 성과 평가와 관련된 활동이다. 고객의 요구분석은 설문조사, 면담, 현존 자료 활용 등의 방법으로 이루어진다.

정답: 52. ② 53. ③ 54. ② 55. ②

56 다음 중 교육과정에 대한 요구분석의 주요 활동에 해당하지 않는 것은?

① 학습 콘텐츠의 난이도 분석

② 학습 콘텐츠의 상호작용 방법 검토

③ 학습관리시스템(LMS) 사용 메뉴 점검

④ 학습 내용의 유형 및 분량 분석

해설

학습관리시스템(LMS) 메뉴 점검은 학습관리시스템 점검을 통한 요구분석에 해당한다. 나머지는 교육과정에 대한 요구분석에서 다뤄진다.

57 학습관리시스템(LMS) 점검을 통한 요구분석에서 주로 점검해야 할 항목으로 적절하지 않은 것은?

① 평가 문항 등록

② 과제 등록

③ 학습자의 동기 수준

④ 공지사항 등록

해설

학습자의 동기 수준은 학습자 분석에 해당한다. LMS 점검에서는 학습 콘텐츠와 시스템 기능의 원활한 작동 여부를 확인한다.

58 다음 중 이러닝 운영계획 수립의 주요 목표로 가장 적절한 것은?

① 학습자 요구사항 파악

② 성과 중심의 교육훈련 목표 달성

③ 과정 모집 홍보 강화

④ 학습 콘텐츠 품질 개선

해설

운영계획 수립의 핵심 목표는 성과 중심의 교육훈련 목표를 달성하는 데 있다. 학습자 요구사항 파악은 요구분석 단계에서, 홍보 강화는 홍보계획 수립에서, 콘텐츠 품질 개선은 교육과정 설계에서 중점적으로 다뤄진다.

59 다음 중 이러닝 운영전략 수립의 주요 활동으로 적절하지 않은 것은?

① 연간 교육계획 수립

② 교육과정 운영 매뉴얼 제작

③ 학습자의 직무 만족도 조사

④ 기존 과정의 운영 결과 보고서 참고

해설

직무 만족도 조사는 운영전략 수립의 활동이 아니라, 고객 요구분석이나 교육 성과 분석에서 다뤄질 수 있는 내용이다.

60 다음 중 이러닝 학사일정계획 수립 시 연간 일정 계획의 주요 목적은?

① 이러닝 콘텐츠 품질 평가

② 1년 동안 운영될 과정의 차수 및 학기 구분 결정

③ 학습자 만족도 조사

④ 운영 결과 보고서 작성

해설

연간 일정 계획은 1년 동안 운영될 과정의 차수와 학기 구분을 결정하는 데 중점을 둔다.

61 다음 중 이러닝 홍보계획 수립에서 특정 기업을 대상으로 하는 맞춤형 홍보전략을 설계할 때 가장 우선적으로 고려해야 할 요소는 무엇인가?

① 기업의 연간 교육 예산 규모

② 해당 기업의 업무 일정과 이러닝 도입 목적

③ 기업의 대외 이미지와 홍보물의 시각적 디자인

④ 경쟁 기관의 유사 과정 홍보 사례 분석

해설

특정 기업을 대상으로 한 홍보전략에서는 해당 기업의 업무 일정과 이러닝 도입 목적을 철저히 분석하여 기업의 니즈에 부합하는 홍보 메시지를 구성해야 효과적이다. 예산이나 경쟁

정답 : 56. ③ 57. ③ 58. ② 59. ③ 60. ② 61. ②

사례도 중요하지만, 맞춤형 접근의 핵심은 기업의 내적 요구와 일정에 맞는 전략이다.

62 다음 중 평가전략 수립에서 "운영 과정 평가"가 "학습 결과 평가"와 다른 점으로 적절한 것은?

① 운영 과정 평가는 학습자가 과정에서 획득한 성취도에 초점을 맞춘다.

② 운영 과정 평가는 학습 콘텐츠와 운영 지원 활동의 품질을 분석한다.

③ 운영 과정 평가는 수료 기준 충족 여부를 판단한다.

④ 운영 과정 평가는 학습 활동에 대한 점수 배분 방식만 고려한다.

> **해설**
>
> 운영 과정 평가는 학습 콘텐츠, 운영 지원 활동, LMS 활용도 등 운영 품질에 초점을 맞추는 반면, 학습 결과 평가는 학습자의 성취도와 수료 여부를 중심으로 평가한다.

63 다음 중 이러닝 운영계획서에서 요소별 세부 내용으로 적절하지 않는 것은?

① 교육과정 정보: 수료 기준 및 진도관리 기준

② 학습관리시스템 정보: 시스템 사용 최소 사양 정보

③ 운영활동 정보: 상호작용에 대한 방법(토론, 커뮤니티 등), 시기, 횟수

④ 평가전략 정보: 평가전략 수준(반응도 평가, 학업성취도 평가, 현업 적용도 평가, 성과기여도 평가 등)

> **해설**
>
> 수료 기준 및 진도관리 기준은 운영활동 정보이다.

64 학습자 지원을 위한 운영 지원 도구 중 챗봇과 화상채팅의 차이를 올바르게 설명한 것은 무엇인가?

① 챗봇은 실시간 상호작용을 지원하지만, 화상채팅은 비실시간으로 동작한다.

② 챗봇은 텍스트 기반의 자동화된 답변을 제공하며, 화상채팅은 실시간 음성 및 영상 피드백을 통해 문제 해결을 돕는다.

③ 챗봇은 학습자가 직접 문제를 표현하지 않아도 학습 내용을 이해할 수 있다.

④ 화상채팅은 반복적인 질문에 효과적이며, 챗봇은 개별화된 맞춤 상담에 적합하다.

> **해설**
>
> 화상채팅은 상대방의 음성과 표정을 확인할 수 있어 심층적인 상호작용이 가능하며, 챗봇은 단순하고 반복적인 질문을 처리하는 데 최적화되어 있다.

65 다음 중 이러닝 콘텐츠가 원활하게 작동하지 않을 때 원인으로 볼 수 없는 것은 무엇인가?

① 학습자가 권장 사양을 충족하지 못한 경우

② 학습 사이트에서 사용 중인 콘텐츠 제작환경과 학습자의 환경이 다른 경우

③ 테스트 계정을 사용하지 않고 로그인 전 기능만 점검한 경우

④ 콘텐츠 구동에 필요한 플러그인을 설치하지 않은 경우

> **해설**
>
> ①, ②, ④번은 이러닝 콘텐츠 문제의 원인으로 지목된다. 반면 ③번은 로그인 전 기능 점검 여부와 콘텐츠 작동 문제는 직접적인 연관이 없다.

정답 : 62. ②　63. ①　64. ②　65. ③

66 학습 콘텐츠 관리시스템(LCMS) 점검 항목으로 포함되지 않는 것은 무엇인가?

① 콘텐츠 생성, 수정, 삭제 기능 테스트

② 다수 저작자의 협업 기능 점검

③ 학습 패턴 분석 기능 점검

④ 학습 성적 평가 기능 점검

해설

학습 콘텐츠 관리시스템(LCMS)은 학습 콘텐츠 생성 및 관리에 초점을 맞추며 학습 성적 평가 기능은 LMS와 더 관련이 있다.

67 이러닝 콘텐츠 점검 시, 학습자의 개인정보를 안전하게 처리하기 위해 필요한 점검 사항은 무엇인가?

① 학습자의 개인정보를 암호화하지 않고, 데이터베이스에 평문으로 저장한다.

② 개인정보 수집 및 처리 과정에서 법적 요구사항을 준수하는지 여부를 확인한다.

③ 학습자의 개인정보를 타인과 공유하기 위해 명확한 동의를 받지 않는다.

④ 모든 학습자에게 동일한 수준의 개인정보 보호 조치를 적용하지 않는다.

해설

학습자의 개인정보를 안전하게 처리하기 위해서는 법적 요구사항을 준수하는지 확인하는 것이 매우 중요하다. 개인정보 보호법 등 관련 법규를 준수하여 개인정보 수집, 처리, 저장 및 공유 과정에서 법적 요구사항을 따르는지 점검해야 한다. 또한, 개인정보는 반드시 암호화하고, 동의를 받아 처리해야 하며, 개인정보 보호 수준은 학습자마다 다르게 적용해서는 안 된다.

68 다음 중 과거와 현재의 이러닝 콘텐츠 개발 환경 차이를 가장 잘 설명한 것은 무엇인가?

① 과거에는 HTML5를 사용했고, 현재는 Adobe Flash를 사용한다.

② 과거에는 자체 개발한 플레이어가 필요했고, 현재는 HTML5 비디오 플레이어가 필요하다.

③ 과거에는 Adobe Flash Player가 필요했고, 현재는 HTML5, 비디오 플레이어를 주로 사용한다.

④ 과거와 현재 모두 동일한 프로그램이 필요하다.

해설

과거에는 Adobe Flash 기반 콘텐츠가 주로 사용되었으나, 현재는 HTML5 비디오 플레이어나 자체 개발한 플레이어를 사용하는 방향으로 변화하고 있다. ①번은 순서가 뒤바뀌었으며, ②번은 자체 플레이어보다는 다양한 플레이어가 필요했다. ④번은 사실이 아니다.

69 다음 중 이러닝 콘텐츠 점검 시, 디자인 요소 점검에서 중요하게 다뤄야 할 사항으로 적절하지 않은 것은 무엇인가?

① 콘텐츠의 레이아웃이 학습자의 이해를 돕도록 구성되었는지 확인한다.

② 다양한 화면 크기와 해상도에서 콘텐츠가 잘 작동하는지 확인한다.

③ 콘텐츠의 내용이 학습자의 수준에 맞는지 점검한다.

④ 학습에 필요한 시각적 디자인이 매력적이고 직관적인지 확인한다.

해설

콘텐츠 내용의 적합성은 교육적 요소에 해당하며, 디자인 요소는 콘텐츠의 시각적 구성, 레이아웃, 호환성 등을 포함한다.

70 아래 내용은 이러닝 콘텐츠 점검 시, 기술적 요소에 대한 내용이다. 괄호 안에 들어갈 적절한 말을 다음 보기에서 선택하시오.

> (기술적 요소)에서 (   )은/는 이러닝 콘텐츠가 다양한 기기와 운영체제에서 잘 작동하는지를 점검하는 요소이다.

① 상호작용　　② 보안성
③ 호환성　　　⑤ 접근성

해설

호환성은 콘텐츠가 다양한 기기와 웹 브라우저에서 정상적으로 작동하는지를 점검하는 기술적 요소 중 하나이다.

71 학습자가 회원가입 시 필수적으로 동의해야 하는 사항은 무엇인가?

① 학습자 추가 정보 제공 동의
② 개인정보 수집 및 이용 동의
③ 이메일 수신 여부 선택
④ 과정 개설 알림 동의

해설

회원가입 시 학습자는 개인정보 수집 및 이용 동의를 필수적으로 제공해야 하며, 이는 개인정보 보호법에 따른 필수 절차이다. 다른 항목은 선택 사항이다.

72 회원가입 시 학습자 기본정보에 해당하지 않는 것은 무엇인가?

① 학습자의 이름과 성별
② 학습자의 직업
③ 학습자의 이메일 주소
④ 학습자의 생년월일

해설

학습자의 직업과 관심 분야는 추가 정보에 해당하며, 기본정보에는 포함되지 않는다. 기본정보는 과정 운영에 필요한 기초적인 개인정보를 의미한다.

73 수강 신청 시 과거에 이수한 이력이 있는 경우, 시스템이 제공해야 하는 안내는 무엇인가?

① 수강 신청이 자동으로 취소된다.
② "과거에 수강한 이력이 있습니다"라는 메시지를 안내한다.
③ 별도의 확인 절차 없이 수강 신청을 완료한다.
④ 수강 신청 기간이 종료되었음을 알린다.

해설

수강 신청 과정에서 학습자가 이미 과거에 이수한 이력이 있는 경우, 팝업 메시지로 이 사실을 안내하여 불필요한 신청을 방지한다.

74 이러닝에서 절대평가의 특징은 무엇인가?

① 학습자의 성적을 순위로 매기는 방식
② 개별 학습자가 정해진 성취도 기준만 충족하면 되는 방식
③ 학습자 간 경쟁을 강조하는 방식
④ 학습 목표에 도달한 학습자의 수가 중요한 방식

해설

절대평가는 학습자의 개별 성취도에 초점을 맞추고, 정해진 성취 기준을 충족하면 학습자가 수료하는 방식이다. 순위나 경쟁을 중시하지 않으며, 비교적 내재적인 학습 동기를 유발하는 특징이 있다.

75 이러닝 과정에서 평가 항목별 비율이 제대로 반영되지 않은 경우, 무엇을 확인해야 하는가?

① 학습자의 개인적인 성취도
② LMS와 운영계획서의 평가 항목 및 비율 일치 여부
③ 각 학습자의 출석률
④ 시험의 난이도

정답 70. ③　71. ②　72. ②　73. ②　74. ②　75. ②

이러닝에서 평가 항목과 비율이 정확히 반영되었는지 확인하기 위해서는 LMS와 운영계획서에 입력된 평가 항목과 비율을 비교해야 한다. 비율이 정확히 반영되지 않으면 성적 처리에 오류가 발생할 수 있다.

76 이러닝 과정에서 성적 이의신청을 할 수 있는 경우는 무엇인가?

① 학습자가 성적을 확인하기 전에 성적에 대해 불만이 있을 경우

② 시험이나 과제 제출 과정이 종료된 후, 점수 산출에서 오류나 누락이 발생했을 경우

③ 학습자가 예상보다 낮은 성적을 받았을 경우

④ 과제 제출이 늦었을 때 성적을 변경할 수 있을 경우

성적 이의신청은 시험, 과제 제출 과정 종료 후 점수 산출에서 오류나 누락이 발생했을 때 학습자가 이를 신청하는 경우에 해당한다. 학습자가 성적을 확인한 후, 점수 산출에 문제가 있을 때 이의신청을 할 수 있다.

77 이러닝 과정에서 교·강사 질 관리를 위한 평가 방법으로 적절하지 않은 것은 무엇인가?

① 학습자들의 강의 평가 결과를 참고한다.

② 교육기관 내부 평가 위원회의 평가 결과를 참고한다.

③ 교·강사의 강의 성적만을 평가 기준으로 삼는다.

④ 강의 평가 문항은 보통 5점 척도를 활용하여 객관식과 주관식 문항을 포함한다.

교·강사의 질 관리는 강의 평가 결과와 내부 평가 위원회의 평가 결과를 참고하여 이루어진다. 교·강사의 성적만을 평가 기준으로 삼는 것은 적절하지 않다. 교·강사의 품질 관리는 다양한 요소를 종합적으로 평가해야 한다.

78 자주 묻는 질문(FAQ) 게시판의 주요 장점은 무엇인가?

① 수강생이 1:1 게시판을 통해 문의하기 전에 FAQ에서 자주 묻는 질문을 확인할 수 있다.

② 답변을 비공식적으로 작성하고, 고객의 입장에서 필요한 정보도 덧붙여 간결하고 핵심적인 답변을 제공한다.

③ FAQ 게시판은 항상 수시로 업데이트되므로, 수강생들이 최신 정보를 얻기 어렵다.

④ FAQ 게시판은 수강생들이 게시판을 사용하지 않도록 유도하는 역할을 한다.

FAQ 게시판은 수험생들이 자주 묻는 질문들을 Q&A 형식으로 정리하여 제공함으로써, 1:1 게시판을 통해 문의하기 전에 필요한 정보를 쉽게 찾을 수 있도록 돕는다. 이는 운영자의 업무 부담을 줄이고, 수험생의 편의를 증진시키는 역할을 한다.

79 FAQ 작성 및 관리요령의 설명으로 옳지 않은 것은?

① 가장 빈번하게 묻는 질문들을 선별하여 FAQ 문서에 포함한다.

② 각 질문에 대한 답변을 분류하여 카테고리를 만드는 것이 좋다.

③ 사용자들이 쉽게 접근할 수 있도록 서비스의 메뉴나 고객센터 등에 링크를 제공해야 한다.

④ 비교적 구체적이고 자세히 작성한다.

선별한 질문에 대한 답변을 작성할 때는 간결하고 명확하게 작성해야 한다.

정답 76. ② 77. ③ 78. ① 79. ④

80 이러닝 운영 시 고객센터의 다양한 지원 서비스 중 원격지원 서비스의 주요 목적은 무엇인가?

① 고객의 전화 상담 요청에 신속히 대응하기 위해

② 학습자가 컴퓨터 문제를 해결할 수 있도록 직접 지원하기 위해

③ 학습 환경에 대한 정보를 사전에 공지하기 위해

④ 고객센터 운영 방침을 고객에게 설명하기 위해

해설

원격지원 서비스는 학습 중 컴퓨터 문제가 발생했을 때 담당자가 학습자의 화면에 접속하여 문제를 해결하는 서비스이다. 이는 컴퓨터 문제 해결을 목적으로 한다.

81 학습자가 제출한 과제의 공정한 평가를 위해 운영 관리에서 활용할 수 있는 시스템은 무엇인가?

① 수강 신청 시스템

② 모사답안 검증 시스템

③ 학습 촉진 도구

④ LMS(학습관리시스템)

해설

모사답안 검증 시스템은 학습자가 제출한 과제가 공정하게 평가될 수 있도록 활용된다. 이는 표절이나 유사 답안 문제를 방지하는 데 도움을 준다.

82 다음 중 운영 관리자의 학습 촉진 활동에 해당하지 않는 것은?

① 학습 동기를 유지하기 위한 활동

② 학습자의 진도율을 관리하는 활동

③ 학습 과정 중 발생한 기술적 문제를 해결하는 활동

④ 학습자의 학습성과를 극대화하기 위한 지원 활동

해설

기술적 문제를 해결하는 것은 학습 촉진 활동이 아니라 기술 지원의 일부이다. 학습 촉진 활동은 학습 동기 유지와 학습성과 향상을 목표로 한다.

83 다음 중 콘텐츠 유지보수 업무에 해당하는 활동으로 적절하지 않은 것은?

① 기존 콘텐츠의 오류를 수정

② 콘텐츠의 출처와 사용 규약 검토

③ 학습 콘텐츠의 통계 데이터를 분석

④ 최신 정보에 맞게 콘텐츠 업데이트

해설

콘텐츠 유지보수는 기존 콘텐츠의 오류를 수정하고, 출처와 사용 규약을 검토하며, 최신 정보로 업데이트하는 작업을 포함한다. 통계 데이터 분석은 학습 콘텐츠 통계 및 분석 업무에 해당한다.

84 학습 콘텐츠의 사용자 인터페이스(UI)를 개선할 때 고려해야 할 주요 목표는 무엇인가?

① 콘텐츠의 출처를 명확히 표시하는 것

② 학습자의 콘텐츠 활용도를 통계로 분석하는 것

③ 학습자가 콘텐츠를 쉽게 이해하고 활용하도록 돕는 것

④ 콘텐츠를 주제별로 분류하여 저장하는 것

해설

UI 개선의 목표는 학습자가 콘텐츠를 더 쉽게 이해하고 활용할 수 있도록 사용자 편의성을 높이는 것이다. 메뉴 구조를 단순화하거나 기능을 추가하는 등의 작업이 이에 포함된다.

정답 : **80.** ② **81.** ② **82.** ③ **83.** ③ **84.** ③

85 Kirkpatrick의 4단계 평가 모형 중 학습 (Learning) 단계에서 평가하려는 주된 목표는 무엇인가?

① 학습자가 훈련 후 실제 업무에 변화를 보이는 정도

② 학습자가 훈련에 대해 느낀 만족도와 반응

③ 학습자가 훈련을 통해 새로운 지식, 기술, 태도를 얼마나 습득했는지

④ 훈련이 조직의 성과나 목표에 얼마나 기여했는지

해설

학습 단계는 학습자가 교육을 통해 새로운 지식, 기술, 태도를 얼마나 습득했는지 평가하는 단계이다. 이는 교육의 직접적인 학습 효과를 측정한다.

86 교육 평가에서 반응, 학습, 행동, 결과의 네 단계를 통해 체계적으로 효과를 측정하는 평가 모형은 무엇인가?

① ADDIE 모형

② Bloom의 분류학

③ Kirkpatrick 모형

④ Gagne의 학습 이론

해설

Kirkpatrick 모형은 교육 평가의 4단계를 제시하며, 반응(reaction), 학습(learning), 행동(behavior), 결과(results)를 중심으로 평가한다.

87 다음 중 이러닝 교육과정에서 형성 평가의 주요 목적은 무엇인가?

① 학습자의 초기 능력을 진단하는 것

② 학습자의 최종 학습 성과를 측정하는 것

③ 학습 중 피드백을 통해 학습 과정을 개선하는 것

④ 학습 내용을 복습하여 학습 효과를 높이는 것

해설

형성 평가는 학습 과정 중 학습자의 이해도를 파악하고, 필요한 피드백을 제공하여 학습 과정을 개선하는 데 초점을 맞춘다. 이는 학습 성과를 측정하는 총괄 평가와는 다르다.

88 이러닝 과정 평가가 학습자에게 제공하는 주요 효과로 적절한 것은?

① 학습 과정에서 피드백을 제공하여 과정을 개선한다.

② 교육기관의 인증 상태를 유지하는 데 도움을 준다.

③ 과정에서 설정한 학습 목표를 달성했는지 검증할 수 있다.

④ 시장 경쟁력을 증명할 수 있는 자료를 제공한다.

해설

이러닝 과정 평가는 학습자에게 과정에서 설정한 학습 목표를 달성했는지 검증하는 데 도움을 준다. 나머지 항목들은 공급자 측면의 효과이다.

89 다음 중 이러닝 교육에서 총괄 평가 결과를 활용한 전략으로 가장 적절하지 않은 것은?

① 학습 성과 데이터를 기반으로 향후 교육과정을 개선한다.

② 학습자가 학습 중 겪은 어려움에 대해 즉각적인 피드백을 제공한다.

③ 학습 목표의 달성 여부를 판단하여 인증서를 발급한다.

④ 학습자의 강점과 약점을 파악해 개인별 맞춤 교육을 설계한다.

해설

총괄 평가는 학습이 종료된 후에 학습 성과를 평가하는 과정이므로 즉각적인 피드백을 제공하는 데 중점을 두지는 않는다. 즉각적 피드백은 형성 평가의 주요 목적이다. 반면, 총괄 평가 결과는 교육과정 개선, 성과 인증, 맞춤 교육 설계에 유용하게 활용된다.

정답 : 85. ③ 86. ③ 87. ③ 88. ③ 89. ②

90 ARCS 모형에서 "자기 효능감"을 향상시키기 위한 방법으로 가장 적절하지 않은 것은 무엇인가?

① 학습자가 작은 성과를 경험할 수 있도록 점진적인 도전 과제를 제공한다.

② 학습자가 스스로 학습을 조절할 수 있도록 다양한 선택지를 제공한다.

③ 학습자에게 실수나 실패에 대한 처벌을 강화하여 실수를 두려워하지 않게 한다.

④ 학습자가 목표를 달성할 수 있다는 자신감을 가질 수 있도록 구체적인 피드백을 제공한다.

해설

자기 효능감을 증진시키려면 학습자가 실패를 두려워하지 않도록 격려하고, 실수에서 배울 수 있도록 돕는 피드백이 필요하다. 처벌은 오히려 자기 효능감을 떨어뜨릴 수 있다.

91 이러닝 운영계획서에서 평가 계획을 수립할 때 고려해야 할 요소로 적합한 것은 무엇인가?

① 학습자의 요구를 반영하여 평가 항목을 선정하고, 평가 주체와 시기, 절차를 명확히 한다.

② 평가 도구로는 주로 시험을 사용하며, 만족도 조사는 포함하지 않는다.

③ 평가 시기는 교육 종료 후 한 번만 설정하면 된다.

④ 평가 항목은 학습자의 성취도만을 기준으로 선정한다.

해설

이러닝 운영계획서에서 평가 계획을 수립할 때는 학습자의 요구를 반영하여 평가 항목을 선정해야 한다. 평가 주체, 시기, 절차를 명확히 하고, 이를 통해 교육과정의 효과를 평가할 수 있다. 또한, 평가 항목은 성취도뿐만 아니라 만족도와 같은 다양한 요소를 포함할 수 있어야 한다.

92 이러닝 운영 결과 보고서에 포함되어야 할 주요 항목으로 올바른 것은 무엇인가?

① 학습자의 성별, 나이, 개인적인 취향

② 과정의 목표 달성 여부, 학습자의 만족도, 학업 성취도, 개선 사항

③ 강사의 교육 경력, 급여 내역, 수업 평가 점수

④ 학습자의 교실 출석 기록, 수업 중의 활동 내역

해설

이러닝 운영 결과 보고서에는 과정의 목표 달성 여부, 학습자의 만족도, 학업 성취도, 그리고 향후 개선 사항 등이 포함되어야 한다. 이 항목들은 과정이 어떻게 진행되었고, 어떤 부분에서 성과가 있었는지, 어떤 개선이 필요한지를 평가하는 데 중요한 역할을 한다. 학습자의 개인적인 취향이나 교사의 급여 내역은 이 보고서에 포함되지 않는 내용이다.

93 에드가 데일(Edgar Dale)의 "경험의 원추" 이론에서 가장 기본적인 개념으로, 학습자가 직접 경험한 활동이 가장 효과적인 학습 방법이라고 설명한 단계는 무엇인가?

① 구체적 경험

② 추상적 개념화

③ 적극적 실험

④ 관찰적 학습

해설

"경험의 원추" 이론에서 가장 중요한 것은 학습자가 실제로 직접 경험하는 것이다. 이 이론은 학습이 실질적인 경험을 통해 가장 효과적으로 이루어진다고 주장하며, "구체적 경험"은 그 핵심이다. 이 단계에서 학습자는 경험을 통해 학습을 시작하고, 그 경험을 토대로 다른 학습 단계로 넘어간다. 추상적 개념화나 적극적 실험, 관찰적 학습은 경험 후에 이루어지는 단계들이다.

정답 **90.** ③ **91.** ① **92.** ② **93.** ①

94 상호작용은 학습 효과를 높이기 위해 중요한 요소로 간주된다. Berge(2009)에 따르면, 학습 환경에서 상호작용의 주요 유형이 아닌 것은 무엇인가?

① 학습자–교수자

② 학습자–콘텐츠

③ 학습자–평가

④ 학습자–학습자

해설

상호작용의 주요 유형에는 학습자–교수자, 학습자–콘텐츠, 학습자–학습자가 포함된다. 학습자–평가는 주요 상호작용 유형에 포함되지 않는다.

95 Berge(2009)에 따르면, 교수자의 기술적 역할을 효과적으로 수행하기 위해 가장 중요한 것은 무엇인가?

① 최신 기술을 익히는 것

② 기술 사용법을 간결히 전달하는 것

③ 기술적 문제를 사전에 방지하는 것

④ 학습자가 도구를 효과적으로 사용할 수 있도록 지원하는 것

해설

기술적 역할에서 교수자는 학습자가 도구를 학습 과정에 활용할 수 있도록 지원하고 도구의 사용을 원활히 진행하도록 돕는 것이 가장 중요하다.

96 학습자가 주체적으로 학습하고 문제를 해결하도록 지원하는 개방형 학습환경(open learning environment)을 제시한 사람은 누구인가요?

① Berge

② Hannafin

③ Edgar Dale

④ John Keller

해설

개방형 학습환경(open learning environment)은 학습자가 스스로 학습 과정을 주도하고 문제를 해결할 수 있도록 설계된 환경으로, 이를 체계적으로 제시한 사람은 Hannafin이다.

97 다음 중 가상현실(VR), 증강현실(AR), 혼합현실(MR)의 차이에 대한 설명으로 가장 적절한 것은 무엇인가?

① 가상현실(VR)은 현실과 디지털 요소를 결합하며, 증강현실(AR)은 디지털 환경만을 제공한다.

② 증강현실(AR)은 물리적 현실에 디지털 정보를 추가하며, 혼합현실(MR)은 물리적 현실과 디지털 요소가 실시간으로 상호작용한다.

③ 혼합현실(MR)은 물리적 현실을 배제하고, 가상현실(VR)은 물리적 현실과 디지털 세계를 결합한다.

④ 가상현실(VR)은 물리적 현실과 디지털 세계를 실시간으로 통합하며, 증강현실(AR)은 물리적 현실만을 기반으로 한다.

해설

증강현실(AR)은 물리적 현실에 디지털 정보를 추가하는 방식으로 작동하며, 혼합현실(MR)은 물리적 현실과 디지털 세계가 실시간으로 상호작용하여 통합된 환경을 제공한다. 가상현실(VR)은 사용자가 완전히 디지털 환경에 몰입하게 하는 기술이다.

98 BATE Actions 모형의 주요 목적은 무엇인가?

① 학습자가 외적인 행동을 최대화하여 학습 효과를 증대시키기 위해 설계된다.

② 학습자의 감정적 반응만을 분석하여 교육 환경을 개선하려고 한다.

③ 학습자의 행동, 사고, 감정 등 다양한 학습 활동을 종합적으로 분석하고 설계하여 학습 환경을 개선하는 것이다.

정답 : 94. ③ 95. ④ 96. ② 97. ② 98. ③

④ 학습자가 문제를 해결하는 방식만을 평가하고 그에 맞는 피드백을 제공하는 것이다.

해설

BATE Actions 모형은 학습자의 행동, 사고, 감정 등 다양한 학습 활동을 종합적으로 분석하여 학습 환경을 개선하려는 목적을 가지고 있다. 이를 통해 학습자가 더욱 효과적으로 학습할 수 있도록 돕는 환경을 설계하는 데 활용된다.

99 가네(Gagn)의 수업 사태의 주요 목적은 무엇인가?

① 학습자의 기억력을 향상시키기 위해서

② 학습자가 주어진 정보를 주입식으로 학습하도록 돕기 위해서

③ 학습자의 인지적 과정에 맞춰 학습을 효과적으로 설계하고 지원하기 위해서

④ 학습자가 빠르게 정보를 암기할 수 있도록 도와주기 위해서

해설

가네의 수업 사태의 주요 목적은 학습자가 학습 목표를 효과적으로 달성할 수 있도록 인지적 과정에 맞춰 학습을 설계하고 지원하는 것이다.

100 Bloom의 교육 목표 단계에 포함되지 않는 것은?

① 지식(knowledge)

② 이해(comprehension)

③ 창조(creation)

④ 평가(evaluation)

해설

Bloom의 교육 목표 단계에서 '창조(creation)'는 포함되지 않는다. 대신 '창의적 창출'을 의미하는 '창조'(creating) 단계가 있으며, Bloom의 원래 목표 단계에는 '지식', '이해', '적용', '분석', '종합', '평가'가 포함된다.

01 이러닝산업법 제2조에서 제시하고 있는 이러닝의 정의이다. 다음 중 ( ) 안에 들어갈 단어를 순차적으로 제시한 것은 어느 것인가?

> 이러닝은 (㉠) 수단, (㉡) 및 (㉢) 기술을 활용하여 이루어지는 학습이다.

① ㉠ 통신적, ㉡ 의사소통, ㉢ 정보통신
② ㉠ 전기적, ㉡ 위성방송, ㉢ 비디오
③ ㉠ 전자적, ㉡ 정보통신, ㉢ 전파 · 방송
④ ㉠ 학습적, ㉡ 인터넷, ㉢ 디지털

해설

이러닝은 '전자적 수단, 정보통신 및 전파 · 방송 기술을 활용하여 이루어지는 학습(이러닝산업법 제2조)'

02 다음 중 OCW와 MOOC의 주요 차이점으로 올바른 것은?

① OCW는 학습자료만 제공하고, MOOC는 강의와 상호작용 요소를 포함한다.
② OCW는 모든 콘텐츠가 유료로 제공되며, MOOC는 무료로 제공된다.
③ OCW는 실시간 강의를 제공하지만, MOOC는 제공하지 않는다.
④ OCW는 개인 학습용이고, MOOC는 학위 취득을 위한 과정이다.

해설

OCW는 강의자료나 동영상 등 자율 학습에 필요한 자료를 제공하는 데 초점을 맞추는 반면, MOOC는 강의 외에도 동료 학습자와의 토론, 퀴즈, 피드백 등 상호작용 요소가 포함되어 보다 체계적인 학습 환경을 제공한다.

03 MOOC(Massive Open Online Course)의 주요 특징으로 올바르지 않은 것은?

① 전 세계 누구나 접근 가능한 대규모 온라인 강의
② 대개 무료로 제공되며, 일부 유료 인증 옵션 제공
③ 소규모 학습 그룹에서 개인 지도 방식으로 진행
④ 다양한 주제와 강의를 포함하며, 자율적 학습 방식 제공

해설

MOOC는 대규모 학습자를 대상으로 하며, 개인 지도 방식보다는 자율적이고 대규모 참여를 기반으로 한 학습 플랫폼이다. 학습자는 스스로 콘텐츠를 탐색하며 학습 일정을 조정할 수 있다.

04 다음 중 적응형 학습(adaptive learning)이 학습자에게 제공하는 주요 이점으로 올바르지 않은 것은?

① 학습자 개개인의 학습 수준에 맞춘 맞춤형 학습 경험 제공
② 학습 진행 속도를 학습자가 스스로 조절할 수 있음
③ 모든 학습자에게 동일한 콘텐츠를 제공하여 형평성을 강화
④ 실시간 피드백을 통해 학습자의 약점을 보완할 기회 제공

해설

적응형 학습은 모든 학습자에게 동일한 콘텐츠를 제공하지 않고, 학습자별로 최적화된 콘텐츠를 제공한다는 점에서 형평성

정답 01. ③ 02. ① 03. ③ 04. ③

보다는 개인화를 중점으로 둔다. 이는 학습자가 개별적으로 효율적인 학습을 할 수 있도록 돕는 접근 방식이다.

05 다음 중 통계청 통계분류 포털에서 제시된 이러닝 솔루션 산업의 하위 산업 정의로 바르게 설명하지 않은 것은?

① 학습 콘텐츠 저작도구 개발업: 이러닝 콘텐츠 제작을 위한 저작용 소프트웨어 (authoring tools)를 개발하는 산업활동

② 가상교실 소프트웨어 개발업: 교수학습을 구현하는 가상교실(virtual classroom) 소프트웨어를 개발하는 산업활동

③ 이러닝 시스템 구축 및 관련 컨설팅 서비스업: 이러닝 시스템(가상훈련 시스템 포함)을 구축하거나 관련 컨설팅 서비스를 제공하는 산업활동

④ 이러닝 시스템 유지보수 서비스업: 이러닝 솔루션 사업자를 대상으로 이러닝을 위한 기타 자원(장치 및 설비 등)을 임대 서비스 하는 산업활동

해설

이러닝 시스템 유지보수 서비스업은 구축된 이러닝 시스템(가상훈련 시스템 포함)의 운영, 유지, 복구 서비스 등을 제공하는 산업활동이다. 보기의 설명은 이러닝 관련 기타 자원 임대 서비스업에 대한 설명이다.

06 다음 중 통계청 통계분류 포털에서 교육 제작 및 훈련 시스템용 설비 및 장비 제조업에 포함되지 않는 것은?

① 가상훈련 시스템 장비 및 부속 기기 제조업

② 기타 교육 제작 및 훈련시스템용 설비, 장비 및 부속 기기 제조업

③ 휴대형 학습 기기 제조업

④ 디지털 강의장 설비 및 부속 기기 제조업

해설

휴대형 학습 기기 제조업은 학습용 기기 제조업이다.

07 이러닝 직종별 정의에 대해 바르게 설명된 것은?

① 이러닝 교수설계자: 이러닝 콘텐츠에 대한 기획력을 갖고 교수설계, 내용을 이해하여, 멀티미디어 요소를 활용해서, 콘텐츠를 구현하는 역할을 수행하는 업무에 종사하는 자

② 이러닝 콘텐츠 개발자: 이러닝 콘텐츠 구현에 필요한 교육용 영상을 기획하고, 촬영 및 편집 등을 포함한 전반적인 영상 제작 관련 업무에 종사하는 자

③ 이러닝 과정 운영자: 학습자의 학습성과를 극대화하기 위하여 교육과정에 대한 운영 계획을 수립하고, 학습자와 교·강사 활동을 지원하며, 학습과 관련한 불편 사항을 개선함으로써 학습 목표 달성을 지원하는 업무에 종사하는 자

④ 이러닝 컨설턴트: 온라인 학습과 관련된 다양한 시스템에 대한 기획, 프로젝트 관리를 포함하여 학습의 운영과 관리에 필요한 소프트웨어를 설계하고 개발하는 업무에 종사하는 자

해설

①번은 이러닝 콘텐츠 개발자, ②번은 이러닝 영상제작자, ④번은 이러닝 시스템 개발자에 대한 설명이다.

08 다음 중 SME(Subject Matter Expert)의 역할로 볼 수 없는 것은?

① 전문 지식 제공

② 조언과 해결책 제시

③ 업데이트와 최신 정보 제공

④ 교육 운영 문제 해결

정답 05. ④ 06. ③ 07. ③ 08. ④

해설

교육 운영 문제 해결은 운영 담당자가 진행하는 역할이다.

09 교수설계 이론 및 실행에 대한 폭넓은 전문지식을 바탕으로 고객의 교육 요구에 부응하고 프로그램의 목표를 수립하는 역할을 담당하는 사람은 누구인가?

① 콘텐츠 개발자 ② 서비스 운영자

③ 교수설계자 ④ 이러닝 컨설턴트

해설

교수설계자는 학습자와 내용을 분석하고, 자신만의 교수설계 전략을 구성하여, 프로그램의 목표를 수립한다.

10 다음 중 마이크로러닝이 가장 적합하지 않은 상황은 무엇인가?

① 빠르게 변하는 업무 환경에서 새로운 기술을 배우는 경우

② 반복적으로 짧은 훈련이 필요한 직무에서 학습하는 경우

③ 업무에 즉시 적용 가능한 정보를 제공하는 경우

④ 실습 위주 강의나 심화학습이 필요한 주제를 다룰 경우

해설

실습이나 심화학습은 마이크로러닝보다는 집체교육 또는 장시간 진행하는 수업에 용이하다.

11 다음 중 소셜러닝에서 주로 사용되지 않는 방법은 무엇인가?

① 온라인 포럼과 그룹 토론

② 소셜 미디어 플랫폼을 통한 지식 공유

③ 짧은 퀴즈와 테스트로 학습을 평가하는 방식

④ 학습자가 실시간으로 다른 사람들과 협업하는 프로젝트

해설

짧은 퀴즈와 테스트 등은 기존 웹 기반 학습에서 진행할 수 있는 방법이다.

12 이러닝산업법에 의해 이러닝 서비스 이용자 의무에 해당하지 않는 것은?

① 이러닝 서비스 제공자가 제공하는 교육 정보를 분석해야 한다.

② 자신의 개인정보 보호를 위해 안전한 비밀번호를 설정한다.

③ 이러닝 서비스 이용 중 발생하는 문제에 대해 책임을 진다.

④ 이러닝 서비스 제공자와의 계약에 따라 학습에 참여한다.

해설

교육 정보 분석은 이러닝 서비스 제공업체가 하는 업무이다.

13 다음 중 이러닝산업법에서 이러닝 콘텐츠에 대한 정의로 바르지 않은 것은?

① 이러닝 콘텐츠는 부호, 문자, 도형, 색채, 음성, 이미지, 영상 등 다양한 형태의 정보를 포함한다.

② 이러닝 콘텐츠는 공공기관의 심사를 통과해야 사용할 수 있다.

③ 이러닝 콘텐츠는 전자적 방식으로 처리된 자료여야 한다.

④ 이러닝 콘텐츠는 학습을 위한 자료로, 전자적 방식으로 제공된다.

해설

이러닝 콘텐츠는 공공기관의 심사를 통과하지 않아도 사용할 수 있다.

정답 09. ③ 10. ④ 11. ③ 12. ① 13. ②

14 "이러닝 산업 발전 및 이러닝 활용 촉진에 관한 기본계획"에 포함된 내용으로 괄호 안에 들어갈 내용은 다음 중 무엇인가?

> • 이러닝 산업 발전 및 이러닝 활용 (㉠)을 위한 시책의 기본방향
> • 이러닝 산업 발전 및 이러닝 활용 (㉠)을 위한 기반 조성에 관한 사항
> • 이러닝 관련 기술 개발 및 연구·조사와 표준화에 관한 사항
> • 이러닝 분야 기술·인력 등의 국외 진출 및 (㉡)에 관한 사항

① 적용, 기술 개발
② 적용, 국가 안보
③ 촉진, 국제화
④ 촉진, 소비자 보호

해설

㉡에 해당하는 부분은 이러닝 국제화에 대한 내용이다.

15 다음 중 정보통신산업 진흥법 제26조에 따라 이러닝 산업 발전 및 이러닝 활용 촉진을 효율적으로 지원하기 위한 전담 기관은 어느 것인가?

① 한국교육학술정보원과 그 밖에 대통령령이 정하는 기관
② 한국교육개발원과 그 밖에 대통령령이 정하는 기관
③ 한국교육과정평가원과 그 밖에 대통령령이 정하는 기관
④ 한국산업인력공단과 그 밖에 대통령령이 정하는 기관

해설

이러닝 진흥 전담 기관은 한국교육학술정보원이다.

16 다음 중 이러닝산업법에 대한 내용 중 바르지 않은 것은 어느 것인가?

① 정부는 기업의 생산성 향상과 경쟁력 강화를 위하여 기업의 이러닝 도입을 지원하기 위한 시책을 마련하여야 한다.
② 정부는 지역 간 학습 격차를 해소하고 균형발전을 위하여 공공기관의 이러닝 활성화에 필요한 지원을 하여야 한다.
③ 공공기관의 장은 그 공공기관이 실시하는 교육·훈련 중 대통령령으로 정하는 일정 비율의 교육·훈련을 이러닝으로 시행할 수 있다.
④ 정부는 이러닝 산업을 촉진함에 있어서 저작권 등 지식재산권(이하 이 조에서 "지식재산권"이라 한다)을 보호하기 위하여 필요한 시책을 마련하여야 한다.

해설

균형발전을 위하여 공공기관의 이러닝 활성화가 아니라 '지역'의 이러닝 활성화에 지원해야 한다.

17 "사례 기반형 이러닝 콘텐츠"에 대한 설명으로 옳지 않은 것은 무엇인가?

① 학습자는 특정 사례를 기반으로 문제 해결 활동을 수행한다.
② 사례에 관련된 다양한 요소들을 파악하고, 필요한 정보를 검색하여 해결책을 도출한다.
③ 학습자는 주어진 문제를 해결하는 과정에서 실시간 교수자의 도움을 받는다.
④ 학습은 주로 사례 분석과 문제 해결 활동을 중심으로 진행된다.

해설

사례 기반형 이러닝 콘텐츠는 실시간으로 학습자를 지원하지 않는다.

정답 14. ③ 15. ① 16. ② 17. ③

18 이러닝 콘텐츠 유형의 각 요소와 요소에 대한 설명으로 바르게 짝지어지지 않은 것은?

① 스토리텔링형 이러닝 콘텐츠: 다양한 디지털 정보로 제공되는 서사적인 시나리오를 기반으로 하여 이야기를 듣고 이해하며 관련 활동을 수행하는 형태로 학습이 진행되는 유형이다.

② 문제해결형 이러닝 콘텐츠: 문제를 중심으로, 주어진 문제를 인식하고 가설을 설정한 뒤 관련 자료를 탐색, 수집하여 가설을 검증하고 해결안이나 결론을 내리는 형태로 학습이 진행되는 유형이다.

③ 개인교수형 이러닝 콘텐츠: 특정 목적 달성을 의도하지 않고 다양한 학습활동에 활용할 수 있도록 최신화된 학습정보를 수시로 제공하는 유형이다.

④ 사례 기반형 이러닝 콘텐츠: 문제를 중심으로, 주어진 문제를 인식하고 가설을 설정한 뒤 관련 자료를 탐색, 수집하여 가설을 검증하고 해결안이나 결론을 내리는 형태로 학습이 진행되는 유형이다.

해설

③번의 내용은 정보제공형 이러닝 콘텐츠에 대한 설명이다.

19 다음 중 ADDIE 교수설계 모형의 프로세스에 대한 설명으로 바르지 않은 것은?

① 분석: 교육의 필요성과 목표를 파악하고 분석하는 단계

② 최적화: 교육과정 후의 학습 환경을 최적화하고 시스템 성능을 조정하는 단계

③ 평가: 교육 프로그램의 효과를 평가하고, 필요한 수정 사항을 파악하는 단계

④ 설계: 교육과정을 설계하고 학습자료를 구체적으로 개발하는 단계

해설

최적화는 교수설계 모형의 프로세스에 포함되지 않는다.

20 다음 중 교수설계에서 콘텐츠 개발 단계에서 진행하는 활동이 아닌 것은?

① 학습흐름도 작성: 학습의 시작부터 마무리까지의 학습 흐름 구성도를 작성

② 설계안 검토: 설계 개요서, 학습흐름도, 스토리보드 등에 대해 재검토

③ 프로토타입 개발: 설계 과정에서 산출된 설계서를 바탕으로 실제 개발될 학습 콘텐츠의 1차시 분량의 프로토타입 개발

④ 파일럿 테스트: 테스트를 통하여 진행 과정과 결과물에 대한 평가를 수행

해설

학습흐름도 작성은 콘텐츠 설계 단계에서 진행된다.

21 다음은 웹 표준에 대한 내용이다. 괄호 안에 알맞은 내용을 다음 중에 고르시오.

> 웹 표준은 웹에서 표준적으로 사용되는 기술이나 (㉠)이며, 어떤 운영체제나 브라우저를 사용하더라도 웹페이지가 (㉡)보이고 정상 작동해야 하는 것을 의미한다.

① ㉠ 디자인, ㉡ 규칙적으로

② ㉠ 자원, ㉡ 규칙적으로

③ ㉠ 규칙, ㉡ 동일하게

④ ㉠ 표준, ㉡ 동일하게

해설

웹 표준은 웹에서 표준적으로 사용되는 기술이나 규칙이며, 어떤 운영체제나 브라우저를 사용하더라도 웹페이지가 동일하게 보이고 정상 작동해야 하는 것을 의미한다.

정답: 18. ③ 19. ② 20. ① 21. ③

22 이러닝 콘텐츠 개발 자원 유형과 그에 대한 특성으로 바르게 설명되지 않은 것은?

① VOD: 교수자+교안 합성을 통하여 동영상을 기반으로 제작하는 방식의 콘텐츠 유형

② WBI: 웹 기반 학습에서 보편적으로 사용되는 방식으로 하이퍼텍스트를 기반으로 링크와 노드를 통해 다차원적인 형태를 구현

③ 텍스트: 한글, MS Office, PDF, 전자책 등과 같은 글자 위주의 콘텐츠 형태로 다른 유형에 비해 인쇄물로 변환이 쉽다.

④ 애니메이션: 동영상, 텍스트 등을 혼합한 형식으로 동영상 강의를 기반으로 진행되며 강의 내용에 따라 텍스트가 바뀌는 형태 등 기획 의도에 따라 유형이 상이하다.

> **해설**
> ④번의 설명은 애니메이션이 아니라, 혼합형 콘텐츠에 대한 설명이다.

23 다음 중 SCORM의 주요 특징으로 옳은 것은 무엇인가?

① SCORM은 이러닝 콘텐츠가 인터넷과 오프라인에서 모두 실행될 수 있게 만든다.

② SCORM은 여러 교육 제공자가 만든 콘텐츠를 단일 LMS에서 호환되게 만든다.

③ SCORM은 단일 콘텐츠에서만 사용할 수 있으며, 다른 콘텐츠와의 호환성을 제공하지 않는다.

④ SCORM은 콘텐츠와 LMS 간의 실시간 상호작용을 제한한다.

> **해설**
> SCORM은 콘텐츠 재사용성에 목표를 두고 있기 때문에 여러 콘텐츠를 단일 LMS에서 호환되게 한다.

24 다음은 SCORM에 대한 내용이다. 괄호 안에 알맞은 내용을 다음 중에 고르시오.

> SCORM에서 콘텐츠가 LMS와 상호작용할 때, 학습자의 진도와 성과를 저장하기 위해 (   ) API가 사용된다.

① HTTP　　　　② JavaScript
③ Tin Can　　　④ Run-Time

> **해설**
> SCORM에서 콘텐츠가 LMS와 상호작용할 때, 학습자의 진도와 성과를 저장하기 위해 Run-Time API가 사용된다.

25 다음 중 이러닝 콘텐츠 표준을 통해 제공되는 주요 이점으로 옳은 것은 무엇인가?

① 콘텐츠의 개발자는 반드시 하나의 LMS만을 사용해야 한다.

② 다양한 학습관리시스템에서 동일한 콘텐츠를 호환하여 사용할 수 있다.

③ 이러닝 콘텐츠 표준은 오프라인 학습 환경에서만 유효하다.

④ 콘텐츠의 시각적 디자인을 표준화하여 모든 콘텐츠가 동일한 형식을 갖게 한다.

> **해설**
> 콘텐츠 표준 적용 시 다양한 학습관리시스템에서 다양한 콘텐츠를 호환하여 사용할 수 있다.

26 다음은 xAPI에 대한 내용이다. 괄호 안에 알맞은 내용을 다음 중에 고르시오.

> xAPI는 (   )을 통해 학습자가 참여한 다양한 학습 경험을 추적하고 기록한다.

① Statement　　② Metadata
③ SCORM　　　④ LMS

해설

xAPI는 Statement를 통해 학습자가 참여한 다양한 학습 경험을 추적하고 기록한다.

27 다음 중 IMS LTI를 사용하는 가장 적합한 환경은 무엇인가?

① 학생의 학습 진행 상황을 수동으로 기록하는 환경

② 단일 학습 플랫폼에서만 콘텐츠를 제공할 때

③ 온라인 학습 도구와 LMS 간의 통합을 필요로 하는 환경

④ 오프라인 학습 활동을 추적하는 환경

해설

LTI는 온라인 학습 도구와 LMS 간의 통합을 필요로 하는 환경에 가장 효율적으로 활용된다.

28 다음 중 이러닝 콘텐츠 동영상 유형에 대한 설명으로 바르지 않은 것은?

① 화면 속 화면형(picture in picture): PPT 슬라이드에 교수자의 모습을 함께 보여주는 형태로 일반적으로 교수자를 우측 하단에 상반신 또는 그 이상의 크기로 노출하는 방식

② 판서형: 판서를 교수자의 음성과 실시간으로 맞춰 녹음하는 방식으로 교수자의 의도를 충분히 나타낼 수 있고 설명의 흐름에 맞춰 표현

③ 모션그래픽형: 모션을 적용한 캐릭터 애니메이션과 성우의 음성 또는 말풍선과 같은 텍스트 형식의 대화를 조합하는 방식

④ 화면캐스트형(screen-cast) : PC 화면에서 실행되는 자료 또는 작업을 화면 그대로 보여주는 방식으로 보통 교수의 음성과 함께 녹화가 진행

해설

③번은 애니메이션형에 대한 설명이다.

29 다음 중 "화면캐스트형(screen-cast)" 이러닝 콘텐츠 유형에 대한 설명으로 올바른 것은 고르시오.

① 교수자의 얼굴을 위주로 촬영하여 학습자와의 친숙한 관계를 형성하는 방식이다.

② 학습자의 화면을 녹화하여 실시간으로 작업을 보여주는 방식으로, 주로 실습이나 시뮬레이션 교육에 적합하다.

③ 화면에서 실행되는 자료나 작업을 교수자의 음성과 함께 녹화하여 보여주는 방식으로, 프로그램이나 도구 사용법을 설명하는 데 적합하다.

④ 학습자가 화면에 나타나는 단계들을 따라가면서 학습을 진행하는 형태로, 대화형 콘텐츠와 유사하다.

해설

화면캐스트형은 화면에서 실행되는 자료나 작업을 교수자의 음성과 함께 녹화하여 보여주는 방식으로, 프로그램이나 도구 사용법을 설명하는 데 적합하다.

30 LMS에서 학습자의 성과를 추적하는 주요 도구는 무엇인가?

① 수업 계획서 관리

② 온라인 성적 관리시스템

③ 교사의 개인정보 관리

④ 교실 소프트웨어 관리

해설

LMS에서 성과를 추적하는 도구는 성적 관리시스템이다.

정답 27. ③ 28. ③ 29. ③ 30. ②

31 다음은 이러닝 콘텐츠 동영상 유형 시범형에 대한 내용이다. 괄호 안에 알맞은 내용을 다음 중에 고르시오.

> "시범형" 이러닝 콘텐츠 유형은 (   )에 대한 설명을 듣기보다는 직접적인 교수자의 시범을 볼 수 있도록 하는 형태이다.

① 실시간 학습
② 개념이나 활동 과정
③ 시뮬레이션 학습
④ 판서 관련

해설

"시범형" 이러닝 콘텐츠 유형은 개념이나 활동 과정에 대한 설명을 듣기보다는 직접적인 교수자의 시범을 볼 수 있도록 하는 형태이다.

32 다음 중 Moodle LMS의 주요 특징으로 올바르지 않은 것은 무엇인가?

① Moodle은 오픈 소스 소프트웨어로, 교육 기관에서 무료로 사용할 수 있다.
② Moodle은 고급 보고서 및 분석 기능을 제공하며, 학습자의 진행 상황을 상세하게 추적할 수 있다.
③ Moodle은 HTML5와 CSS3를 기반으로 하는 동적 콘텐츠에 최적화되어 있다.
④ Moodle은 다수의 언어를 지원하고, 커스터마이징이 용이하다.

해설

Moodle은 HTML5와 CSS3를 기반으로 하는 동적 콘텐츠에만 최적화되어 있지 않고 다양한 콘텐츠를 지원하며, 특정 기술에만 최적화된 것은 아니다.

33 다음 중 학습 관리시스템에서 교육운영과 관련된 기능이 아닌 것은?

① 이러닝 콘텐츠 관리
② 학습 진도율 현황
③ 과정별 게시판
④ 수료 처리

해설

이러닝 콘텐츠 관리는 교육운영이 아니라, 교육기획 부분의 기능이다.

34 LCMS에서 학습 콘텐츠를 작성하고 편집할 수 있는 도구는 무엇인가?

① Microsoft Word
② 콘텐츠 저작 도구
③ 소셜 미디어 플랫폼
④ 이메일 클라이언트

해설

학습 콘텐츠를 작성하고 편집할 수 있는 도구는 콘텐츠 저작 도구이다.

35 LCMS에서 "콘텐츠 리포지토리"의 역할은 무엇인가?

① 학습자의 평가 결과를 저장하는 기능
② 학습자 간의 토론을 관리하는 기능
③ 학습자의 진행 상황을 추적하는 기능
④ 학습 콘텐츠를 저장하고 관리하는 기능

해설

콘텐츠 리포지토리는 학습 콘텐츠를 저장하고 관리하는 기능이다.

36 LCMS에서 메타데이터의 역할은 무엇인가?

① 학습자의 성적을 기록하는 역할

② 콘텐츠의 내용을 변경하는 역할

③ 학습 콘텐츠의 관리, 검색 및 분류를 용이하게 하는 역할

④ 학습자의 학습 진행 상황을 추적하는 역할

해설

LCMS에서 메타데이터의 역할은 학습 콘텐츠의 관리, 검색 및 분류를 용이하게 하는 역할이다.

37 다음 중 LCMS에서 콘텐츠 검색을 최적화하기 위해 사용되는 메타데이터의 종류는 무엇인가?

① 기술적 메타데이터

② 설명적 메타데이터

③ 관리적 메타데이터

④ 교육적 메타데이터

해설

설명적 메타데이터는 주로 콘텐츠의 내용과 목적에 대한 정보를 제공하는 메타데이터이다. 이 메타데이터는 콘텐츠의 검색 가능성을 높이기 위한 중요한 역할을 한다. 예를 들어, 콘텐츠의 제목, 저자, 주제, 학습 목표, 키워드 등의 정보는 학습자가 필요한 자료를 빠르게 찾을 수 있도록 도와준다.

38 LCMS에서 메타데이터가 콘텐츠의 재사용을 용이하게 만드는 이유는 무엇인가?

① 콘텐츠의 품질을 평가하기 위해

② 콘텐츠의 관리 및 검색을 효율적으로 하기 위해

③ 콘텐츠의 다운로드를 빠르게 하기 위해

④ 콘텐츠의 보안을 강화하기 위해

해설

메타데이터는 콘텐츠 관리 및 검색을 효율적으로 하기 때문에 콘텐츠 재구성 시, 메타데이터 기준으로 재구성을 용이하게 한다.

39 다양한 학습 환경으로부터 실시간 학습데이터에 대한 수집 및 조회를 할 수 있는 저장 체계를 무엇이라고 하나?

① xAPI   ② LCMS

③ LRS   ④ LTI

해설

문제는 LRS에 대한 설명이다.

40 LRS에서 'xAPI'의 역할에 대해 옳은 설명은 무엇인가?

① xAPI는 콘텐츠의 형식을 정의하는 표준이다.

② xAPI는 학습자의 경험을 기록하고 LRS에 저장할 수 있도록 하는 API이다.

③ xAPI는 LRS의 데이터를 시각화하는 데 사용된다.

④ xAPI는 LRS에서 데이터를 삭제하는 역할을 한다.

해설

xAPI는 학습 기록을 저장할 수 있는 기술적 표준으로, LRS는 이를 사용하여 데이터를 관리한다.

41 다음은 LRS 내용이다. 괄호 안에 알맞은 내용을 다음 중에 고르시오.

> LRS의 데이터를 분석하여 학습 경험을 추적하는 데 중요한 지표로 사용할 수 있는 것은 ( ) 이다.

① 학습자의 피드백

② 학습자의 경험 기록

③ 학습 콘텐츠의 가격

④ 교사의 평가 점수

정답 : 36. ③ 37. ② 38. ② 39. ③ 40. ② 41. ②

해설

LRS의 데이터를 분석할 때는 학습자의 경험 기록을 추적하여 학습 성과를 평가하고 개선점을 찾는 데 사용한다.

42 다음 중 교육과정의 난이도와 단가가 높은 과정 운영 시 교·강사 선발 방법으로 가장 적합한 설명은 무엇인가?

① 학위나 자격증을 보유한 사람을 선발한다.

② 전문적인 활동이 필요하기 때문에 교수학습 전문가를 선발한다.

③ 내용 전문성보다 교육 경험이 풍부한 사람을 선발한다.

④ 교육과정이 쉬운 과정이므로 실무 경력이 중요한 사람을 선발한다.

해설

교육과정의 난이도와 단가가 높은 과정 운영 시에는 학습 내용에 대한 이해가 높은 학습자들을 대응하기 위해 전문적인 활동이 필요하기 때문에 해당 교육 내용의 교수학습 전문가를 선발한다.

43 이러닝 교·강사의 중요한 역할 중 하나는 무엇인가?

① 객관식 과제를 채점하고 즉시 결과를 제공한다.

② 학생들이 언제나 온라인으로 참여하도록 강제한다.

③ 수업의 내용을 지속적으로 수정하고 개선한다.

④ 과제를 전혀 제공하지 않는다.

해설

이러닝 교·강사는 학습자가 어떻게 학습하는지에 대한 피드백을 통해 수업을 지속적으로 개선하고, 필요시 내용을 수정하여 더 효과적인 학습을 지원한다.

44 다음 중 이러닝 교·강사 역할 구분에 대해 분류와 설명이 잘못 짝지어진 것은?

① 교수설계자: 교수설계자가 부재 시 교육내용을 이러닝 학습 환경에 맞게 설계하는 역할(교수설계자가 있는 경우 교수설계자와 협업 진행)

② 촉진자: 학습활동을 수행하는 과정에서 사회적 상호작용을 기반으로 학습자들이 공동체 의식을 형성하고 이를 기반으로 학습을 촉진하는 역할

③ 안내자/관리자: 내용 전문성을 기초로 학습을 안내하는 역할

④ 기술전문가: 학습자가 이러닝을 수행하는 과정에서 발생하는 다양한 기술적인 문제를 해결할 수 있도록 도와주는 역할

해설

③번의 내용은 내용전문가의 역할이다. 안내자의 역할은 교육과정에 필요한 정보를 안내하고 학습을 관리하는 역할을 담당한다.

45 이러닝 교·강사 역할을 평가하려고 할 경우 다음 중 '수업 운영 단계의 평가 활동' 단계에 대한 기준이 아닌 것은?

① 학습자 요구에 대한 즉각적인 피드백 여부

② 토론 등 교수자 및 동료와의 교류 여부

③ 보충 및 심화 자료 제공 여부

④ 학습자 학습활동 모니터링 여부

해설

보충 및 심화 자료 제공 여부는 '설계 및 개발 단계 평가' 단계에 대한 기준이다.

정답 : 42. ② 43. ③ 44. ③ 45. ③

46 다음 중 초중고교(K–12) 학습자와 성인 학습자의 학습 동기 차이에 대해 올바르게 설명한 것은 무엇인가?

① K–12 학습자는 학습 동기가 성인 학습자보다 낮고, 외부의 강한 유도가 필요하다.

② 성인 학습자는 학습 동기가 자동으로 높아져 자발적으로 학습에 참여한다.

③ K–12 학습자는 주로 학습에 대한 자율성과 자기주도성을 중요하게 여긴다.

④ 성인 학습자는 교육과정의 구조와 교사의 지시에 따라 학습 동기가 결정된다.

해설

K–12 학습자는 학습에 대한 내재적 동기가 부족할 수 있어, 교사나 부모의 격려와 피드백 등 외부의 유도가 중요한 경우가 많다. 반면 성인 학습자는 자신의 필요와 목표를 인식하고 자발적으로 학습에 참여하는 경향이 있다.

47 다음 중 성인 학습자에 대한 설명으로 올바른 것은?

① 주로 수동적인 학습자로, 교강사에게 의존한다.

② 실제 경험을 바탕으로 학습 내용을 연결하는 경향이 있다.

③ 학습에 대한 동기 부여가 어린 학습자보다 낮다.

④ 학습 목표를 외부에서 정해주는 경우가 많다.

해설

성인 학습자는 주로 실제 경험을 바탕으로 학습을 진행하며, 이를 통해 새로운 지식이나 기술을 기존의 경험과 연결하려는 경향이 있다.

48 다음 중 원격교육에서 학습 지원의 교수–학습 영역에 포함되지 않는 활동은 무엇인가?

① 교수자와 튜터의 피드백 및 튜터링 활동

② 학습 커뮤니티 활성화 및 지도 운영

③ 인터넷 사용 방법 지도와 안내

④ 수업의 효과적 운영 및 질 관리

해설

인터넷 사용 방법 지도와 안내는 기술적 영역에 해당한다. 교수–학습 영역은 학습 내용 전달, 상호작용, 피드백, 커뮤니티 활성화 등이 포함된다.

49 다음 중 원격교육에서 학습 지원이 중요한 이유로 가장 적절한 것은?

① 학습자들이 기술적 문제를 해결하기 어렵기 때문이다.

② 학습자가 스스로 학습 목표를 설정할 수 없기 때문이다.

③ 학습 동기를 부여하고 학습 목표 달성을 돕기 때문이다.

④ 학습 커뮤니티 형성을 위해 학습자 간의 경쟁을 촉진하기 때문이다.

해설

학습 지원은 학습자의 동기를 높이고 목표를 달성하는 데 필요한 다양한 활동을 포함하며, 경쟁보다는 협력과 상호작용을 통해 학습 만족도를 높이는 것을 목표로 한다.

50 다음 중 이러닝 운영 준비 활동에 포함되는 것은 무엇인가?

① 학습자의 최종 성과 평가 및 인증서 발급 준비

② 교육과정에 필요한 학습관리시스템(LMS) 설정 및 사용자 계정 생성

③ 교육 콘텐츠에 대한 최종 검토 및 수정

④ 학습자가 제출한 과제의 채점 및 피드백 제공

정답 : 46. ① 47. ② 48. ③ 49. ③ 50. ②

해설

이러닝 운영 준비 활동에는 학습관리시스템(LMS) 설정 및 사용자 계정 생성이 포함된다. 이는 교육이 원활하게 진행되기 위해 학습자가 시스템에 접근할 수 있도록 계정을 만들고 시스템을 설정하는 과정이다. 나머지 항목은 운영 중 또는 운영 후의 활동에 해당한다.

51 다음 중 이러닝 운영 요구분석 결과로 결정할 수 있는 사항이 아닌 것은?

① 이러닝 과정의 운영 시기
② 과정에 참여할 인원수
③ 이러닝 콘텐츠 제작 방법
④ 대상 집단의 특성

해설

요구분석은 교육과정 개설과 운영과 관련된 사항을 다룬다. 콘텐츠 제작 방법은 기획 이후의 세부 단계에서 다뤄진다.

52 요구분석의 결과가 제공하는 자료는 다음 중 주로 무엇에 활용되는가?

① 효율적인 이러닝 운영계획서 작성
② 학습자의 자발적 학습 의지 평가
③ 학습자가 필요한 학습 도구의 목록 작성
④ 이러닝 콘텐츠의 시장성 검증

해설

요구분석의 결과는 효율적인 이러닝 운영계획서를 작성하는 기초 자료로 활용된다.

53 다음 중 학습자 분석을 통해 얻을 수 있는 정보로 적절하지 않은 것은?

① 학습자의 학습 스타일
② 학습자의 학습 경험
③ 학습자의 직무역량
④ 학습자의 학습 동기

해설

학습자의 직무역량은 고객의 요구분석에서 주로 다뤄지는 내용이다. 학습자 분석은 학습 스타일, 학습 경험, 학습 동기 등 학습자 개개인에 대한 특성을 조사한다.

54 아래에서 설명한 요구분석의 도구에 대한 내용은 다음 중 어느 도구에 대한 설명인가?

> • 5~10명의 소규모 인원과 회의를 통해서 관련된 정보를 얻는 활동이다.
> • 얻고자 하는 정보와 도움을 쉽게 얻을 수 있어 비용 효과적이다.

① 포커스그룹인터뷰
② 면담
③ 관찰
④ 자료조사

해설

포커스그룹인터뷰(FGI)는 소규모 인원과의 회의를 통해 인터뷰 참여자들 간의 공감대가 형성되어 최적의 상태를 결정하고 우선순위를 선정하는 데 유용하다.

55 다음 중 조직 및 기관 단위 고객의 요구분석에서 주로 다루는 항목으로 적절하지 않은 것은?

① 교육 대상자의 직무역량 분석
② 조직이 기대하는 성과 수준
③ 학습자의 선호하는 학습 스타일
④ 조직의 비전과 핵심 가치 반영

해설

학습자의 학습 스타일은 학습자 분석의 범주이다. 고객의 요구분석은 조직이나 기관의 기대 사항과 관련된 내용을 다룬다.

정답 : 51. ③ 52. ① 53. ③ 54. ① 55. ③

56 교육과정에 대한 요구분석에서 수집된 의견이 기여할 수 있는 부분으로 적절한 것은?

① 학습 콘텐츠 제작 비용 산정

② 유사한 이러닝 과정의 기획 및 운영

③ 학습관리시스템의 보완작업 수행

④ 학습자의 인구통계학적 정보 수집

> **해설**

교육과정에 대한 요구분석 결과는 유사한 이러닝 과정을 기획하고 운영하는 데 시사점을 제공한다.

57 학습관리시스템(LMS) 점검을 통한 요구분석의 주된 목적은 무엇인가?

① 학습 콘텐츠의 난이도를 조정하기 위해

② 메뉴 사용의 문제점을 파악하고 개선하기 위해

③ 학습자의 학업 성취도를 측정하기 위해

④ 고객의 직무역량 강화를 위해

> **해설**

LMS 점검을 통한 요구분석은 메뉴 사용의 문제점을 파악하고 과정 시작 전에 보완작업을 수행하기 위해 이루어진다.

58 다음 중 이러닝 운영계획 수립 시 가장 먼저 해야 할 활동은?

① 평가전략 수립

② 요구분석 실시

③ 학습자 모집

④ 운영 결과 분석

> **해설**

운영계획 수립 전에 학습자, 고객, 교육 내용, 학습환경 등에 대한 요구분석을 통해 기반 정보를 수집하고 이를 반영하는 것이 효과적이다.

59 다음 중 기존 훈련과정의 운영전략 개선에 활용할 수 있는 자료로 적절한 것은?

① 학습관리시스템(LMS) 운영 데이터

② 교육생의 SNS 활동

③ 과정 홍보 포스터

④ 교육기관의 재정 현황

> **해설**

LMS의 교육과정별 데이터와 운영 결과 보고서는 기존 과정의 운영전략을 개선하고 신규 과정 운영전략을 수립하는 데 유용한다.

60 다음 중 이러닝 운영 중인 단계에서 학사일정 계획에 포함될 활동으로 적절한 것은?

① 학습자의 성적 처리

② 수강 신청 일정 관리

③ 학습 진도관리 및 학습 촉진 활동

④ 운영 결과 분석

> **해설**

학습 진도관리와 학습 촉진 활동은 운영 중인 단계에서 수행해야 할 활동이다. 나머지는 운영 전 또는 운영 후 단계에 해당한다.

61 다음 중 이러닝 홍보계획의 성공 여부를 측정하기 위한 주요 지표로 가장 적절하지 않은 것은?

① 홍보물 배포 이후 수강 신청률 증가

② 홍보 자료의 소셜 미디어 공유 횟수

③ 홍보 캠페인 종료 후 고객사의 만족도 조사 결과

④ 홍보를 통해 입과한 이러닝 과정을 수강한 학습자들의 학업성취도

> **해설**

학습자들의 학업성취도는 이러닝 과정의 품질 평가와 관련이 있으며, 홍보전략의 효과를 직접적으로 나타내는 지표는 아니

정답 56. ② 57. ② 58. ② 59. ① 60. ③ 61. ④

다. 홍보성과는 수강 신청률, 공유 횟수, 고객사 만족도 등을 통해 측정해야 한다.

62 다음 중 평가전략 수립 시 종합 평가의 일환으로 분석해야 할 항목으로 적절하지 않은 것은?

① 이러닝 튜터의 학습 지원 활동 효과성
② LMS의 사용 편의성과 문제점
③ 학습 콘텐츠의 멀티미디어 요소 구성 비율
④ 학습자의 평가 점수 평균과 표준편차

해설

멀티미디어 요소의 구성 비율은 콘텐츠 설계나 개발 단계에서 다루는 항목이다. 평가전략의 종합 평가는 학습 지원 활동, LMS 활용도, 학업 성취도 등의 품질과 효과를 분석한다.

63 다음 중 학습자 지원을 위한 원격지원 도구에 관한 다음 설명으로 부적절한 것은 무엇인가?

① 유료 원격지원 도구는 무료 도구에 비해 높은 보안성과 다양한 기능을 제공한다.
② 무료 원격지원 도구는 대부분 기본적인 기능만 제공하며, 학습 운영 시 고급 기능 활용이 제한될 수 있다.
③ 원격지원 도구는 학습자의 기기 문제를 해결하기 위해 인터넷을 통해 운영자가 직접 접속하는 방식을 사용한다.
④ 유료 도구를 사용하는 경우, 학습자의 기기 보안 문제는 완전히 해결된다.

해설

유료 도구가 더 높은 보안성을 제공하지만, 보안 문제를 '완전히' 해결할 수는 없다. 학습자의 기기 및 네트워크 환경에 따라 여전히 보안 위험이 존재할 수 있다.

64 다음 중 이러닝 운영계획서에서 요소별 세부 내용으로 적절하지 않은 것은?

① 교육기관 정보: 운영 담당자, 기관 연락처
② 교육과정 정보: 교육 목표, 교육 난이도
③ 학습관리시스템 정보: 학습 환경 설정 가이드
④ 운영활동 정보: 총 학습시간, 교육 인원

해설

총 학습시간, 교육 인원은 교육과정 정보이다.

65 다음 중 학습 사이트 점검 시 콘텐츠 수료와 관계된 항목 점검에 포함되지 않는 것은 무엇인가?

① 콘텐츠 재생
② 진도 체크 유무
③ 테스트 계정의 비밀번호 변경 여부
④ 기능 점검 중 발견된 버그 확인

해설

콘텐츠 수료와 관계된 항목으로 콘텐츠 재생과 진도 체크 유무가 중요하다. 테스트 계정의 비밀번호 변경은 수료 항목과는 관련이 없다.

66 다음 중 학습 콘텐츠 관리시스템(LCMS)의 협업 기능 점검 항목으로 적합하지 않은 것은 무엇인가?

① 다수 저작자가 동일 프로젝트에 접근 가능한지 확인
② 프로젝트 버전 관리 기능 점검
③ 학습 콘텐츠의 기술 지원 및 업데이트 확인
④ 프로젝트 공유 및 협업 기능 점검

해설

기술 지원 및 업데이트 기능 점검은 LCMS의 일반적인 점검 항목에 포함되지만, 협업 기능 점검과는 직접적인 연관이 없다. 협업 기능은 다수 저작자의 접근, 프로젝트 공유, 버전 관리 등이 포함된다.

67 다음 중 이러닝 콘텐츠 점검과 관련된 설명으로 옳지 않은 것은 무엇인가?

① 이러닝 콘텐츠는 LMS와 LCMS 모두에 탑재될 수 있다.

② 멀티미디어 기기에서 콘텐츠 구동 시 유무선 네트워크 연결이 필수적이다.

③ HTML5 비디오 플레이어는 과거 Flash 기반 콘텐츠보다 더 높은 호환성을 제공한다.

④ 콘텐츠 구동 조건은 개발 환경과 관계없이 동일하다.

해설

콘텐츠 구동 조건은 개발 환경에 따라 다를 수 있다. 예를 들어, Flash로 개발된 콘텐츠는 Flash Player가 필요하고, HTML5 기반 콘텐츠는 별도 프로그램 설치 없이 구동이 가능하다.

68 다음 중 이러닝 콘텐츠 점검 시, 이러닝 콘텐츠의 기술적 요소와 관련된 설명으로 옳지 않은 것은 무엇인가?

① 호환성은 다양한 기기와 운영체제에서 콘텐츠가 잘 작동하는 것을 의미한다.

② 접근성은 장애가 있는 학습자가 콘텐츠를 이용할 수 있도록 설계되었는지를 점검한다.

③ 보안성은 콘텐츠의 학습 데이터를 암호화하여 외부 접근을 차단하는 것을 포함한다.

④ 상호작용은 학습자의 배경과 관심사를 반영하여 콘텐츠를 설계하는 것을 포함한다.

해설

상호작용은 학습자와 콘텐츠 간의 인터페이스가 잘 작동하는지를 점검하는 기술적 요소이다. 학습자의 배경과 관심사 반영은 교육적 요소에 해당한다.

69 다음 중 이러닝 콘텐츠 점검 시, 이러닝 콘텐츠의 언어 요소와 관련하여 옳지 않은 설명은 무엇인가?

① 콘텐츠는 명확하고 이해하기 쉬운 언어로 작성되어야 한다.

② 같은 용어는 동일한 의미로 일관되게 사용되어야 한다.

③ 번역된 콘텐츠는 원본 의도와 다소 차이가 있어도 무방하다.

④ 복잡한 용어나 구문보다는 쉬운 표현을 사용하는 것이 바람직하다.

해설

번역된 콘텐츠는 원본의 의도를 충실히 반영해야 하며, 문맥과 언어적 뉘앙스를 정확히 전달해야 한다.

70 아래 내용은 이러닝 콘텐츠 점검 시, 법적 요소에 대한 내용이다. 괄호 안에 들어갈 적절한 말을 다음 보기에서 선택하시오.

> (법적 요소) 점검에서는 콘텐츠의 (   )
> 과/와 (   ) 보호가 중요한 요소로 다뤄진다.

① 범용성, 저작권

② 성능, 개인정보

③ 성능, 저작권

④ 저작권, 개인정보

해설

법적 요소 점검에서는 이러닝 콘텐츠에서 사용된 자료가 저작권을 준수하고, 학습자와 관련된 개인정보가 보호법에 따라 적절히 처리되는지가 중요한 요소이다.

71 이러닝 과정의 운영 목적에 따라 수집해야 하는 개인정보의 범위는 어떻게 규정되는가?

① 학습자 정보를 최대한 다양하게 수집해야 한다.

② 학습자의 동의 없이 필요한 정보를 수집할 수 있다.

③ 최소한의 개인정보만 수집해야 한다.

④ 개인정보 보호법의 모든 부분이 이러닝 과정에 적용되지 않는다.

> **해설**
>
> 개인정보 보호법에 따라 이러닝 운영자는 과정 운영에 필요한 최소한의 개인정보만 수집해야 하며, 정보 주체인 학습자의 동의를 반드시 받아야 한다.

72 이러닝 과정 운영자가 개인정보를 관리할 때 준수해야 할 가장 중요한 원칙은 무엇인가?

① 학습자의 정보를 불법적인 목적으로 활용하지 않는다.

② 모든 학습자의 정보를 공개적으로 저장한다.

③ 학습자의 정보를 비밀번호 없이 저장한다.

④ 학습자의 정보는 동의 없이 제3자에게 제공한다.

> **해설**
>
> 이러닝 과정 운영자는 개인정보 보호법을 준수하며, 학습자의 정보를 불법적으로 사용하지 않는 것이 가장 중요하다. 학습자의 동의 없이는 정보를 제공하거나 공개할 수 없다.

73 다음 중 이러닝 과정의 수강 신청이 거부되는 상황에 해당하지 않는 것은?

① 수강자가 과정의 요구 사항을 충족하지 못한 경우

② 수강자가 이전 과정에서 부정행위를 저지른 기록이 있는 경우

③ 수강자가 과정에 대한 결제 정보를 정확히 입력하지 않은 경우

④ 수강자가 신청 시 작성해야 하는 선택등록 항목을 작성하지 않았을 경우

> **해설**
>
> 이러닝 과정의 수강 신청 거부 사유는 주로 대상자 불일치, 중복 신청, 신청 기간 종료와 같은 사항이다. 선택등록 항목은 수강 신청의 필수 조건이 아니다.

74 이러닝 평가에서 상대평가 방식의 주된 단점은 무엇인가?

① 학습자의 성취도가 정확히 측정되지 않는다.

② 학습자 간의 개인차를 구별할 수 없다.

③ 학습 목표에 도달했는지 여부보다 학습자 간 순위 매기기가 용이하다.

④ 교육적 목표와 동기 부여가 약화된다.

> **해설**
>
> 상대평가는 학습자 간의 순위를 매기며, 각 학습자가 학습 목표에 도달했는지보다 누가 더 잘했는지를 중시한다. 이로 인해 교육적 목적에 부정적인 영향을 미칠 수 있다.

75 다음 중 이러닝에서 절대평가 방식이 상대평가 방식에 비해 가지는 주요 장점으로 가장 적절한 것은?

① 학습자의 성과를 다른 학습자와 비교하여 상대적으로 평가한다.

② 학습 목표를 기준으로 모든 학습자가 동일한 기준을 충족하면 높은 평가를 받을 수 있다.

③ 학습자의 성과를 주기적으로 변경되는 기준에 따라 평가한다.

④ 학습자 간의 경쟁을 통해 상위 성취자를 가려내는 데 초점을 맞춘다.

정답 71. ③ 72. ① 73. ④ 74. ③ 75. ②

절대평가는 다른 학습자와의 성과를 비교하지 않고, 사전에 설정된 기준을 충족한 모든 학습자에게 동일한 평가를 제공하는 방식이다. 이는 학습자가 자신이 설정한 목표를 달성했는지에 초점을 맞추기 때문에, 공정하고 개별적인 학습 성과 평가가 가능하다.

76 이러닝 과정에서 성적 이의신청이 제기된 경우, 운영 담당자가 해야 할 첫 번째 조치는 무엇인가?

① 교·강사에게 이의신청 내용을 전달하고, 성적을 변경하도록 요청한다.

② 학습자의 성적을 자동으로 변경한다.

③ 이의신청 내용에 대해 신속하게 확인하고 해결책을 마련한다.

④ 학습자에게 이의신청 절차를 안내하고, 지침을 제공한다.

해설

이러닝 운영 담당자는 성적 이의신청 내용을 신속하게 확인하고, 문제 해결을 위한 적절한 조치를 해야 한다. 단순한 누락이나 시스템 오류 문제는 즉시 해결하고, 교·강사의 성적 처리 문제는 교·강사와 상의하여 처리해야 한다.

77 이러닝 과정의 종료 후, 교·강사 평가 결과에 따른 후속 조치로 적합한 방법은 무엇인가?

① 평가 하위 그룹 교·강사에게는 수료증을 발급한다.

② 우수 교·강사에게만 후속 교육을 제공한다.

③ 우수 교·강사와 하위 교·강사를 구분하여 별도의 후속 조치를 실시한다.

④ 평가 결과와 관계없이 모든 교·강사에게 동일한 후속 조치를 제공한다.

해설

평가 결과에 따라 우수 교·강사와 평가 하위 그룹 교·강사를 구분하여 별도의 후속 조치를 실시하는 것이 적절하다. 이

는 교·강사의 질을 향상시키고, 교육의 품질을 지속적으로 개선하는 데 중요한 부분이다.

78 이러닝 운영자가 게시판 문의 사항을 처리할 때 중요한 점은 무엇인가?

① 가능한 한 구체적인 정보를 제공하고, 문의 내용을 반복하지 않는다.

② 고객이 이해하기 어려운 답변을 제공해 질문을 더 명확하게 유도한다.

③ 고객 만족도 체크 문항을 사용하여 서비스 수준을 모니터링하고 개선한다.

④ 답변을 제공할 때는 어느 정도의 오탈자나 문법 오류는 용인된다.

해설

게시판 답변은 정확하고 간결하게 제공해야 하며, 고객 만족도 체크 문항을 통해 고객의 반응을 모니터링하고, 이를 바탕으로 서비스 수준을 개선하는 것이 중요하다. 또한, 오탈자나 문법 오류는 반드시 확인하여 수정해야 하며, 고객이 이해할 수 있도록 명확한 답변을 제공해야 한다.

79 이러닝 교육기관에서 활용하는 다양한 종류의 웹 게시판에 대한 설명으로 옳지 않은 것은?

① 주로 활용하는 게시판에는 공지사항, 1:1 게시판, 학습 Q&A, 자유게시판, 자주 묻는 질문(FAQ) 등이 있다.

② 이러닝 과정 운영을 위해 꼭 필요한 게시판을 선택하여 사용하는 것이 효율적이다.

③ 자주 묻는 질문(FAQ)은 수강생들이 자주 묻는 기본적인 질문에 대해 Q&A 형식으로 정리한 것이다.

④ 고객 만족을 위해서 자주 묻는 질문(FAQ)을 활용하기보다는 1:1게시판을 통해 개인적으로 소통하는 것이 더 효과적이다.

해설

FAQ를 통해서 문의사항을 해결할 수 있도록 하고, FAQ에 문의사항에 대한 답변을 찾아볼 수 없다면, 1:1 게시판을 통해

정답 : 76. ③ 77. ③ 78. ③ 79. ④

서 질문을 남기도록 하는 것이 수강생과 운영자 모두에게 효과적이다.

80 고객센터가 고객 만족도를 향상시키기 위해 고려해야 할 문의 사항 처리 전략에 해당하지 않는 것은?

① 대응 매뉴얼을 제작하여 각 담당 영역별로 응대
② 고객 상담 내용을 기록하고 관리
③ 모든 문제를 실무 부서에 이관하여 해결
④ 고객 친화성과 소통 능력을 갖춘 담당자 배치

해설

모든 문제를 실무 부서에 이관하는 것은 비효율적이며, 고객센터 자체적으로 해결 가능한 문제는 직접 해결하고 필요한 경우에만 실무 부서 협조를 얻는 것이 적절하다.

81 운영 관리 업무에서 학습자가 진도율을 확인할 수 있는 대표적인 도구는 무엇인가?

① 학습관리시스템(LMS)
② 모사답안 검증 시스템
③ 이의신청 접수 시스템
④ 학습콘텐츠관리시스템(LCMS)

해설

학습 진도율은 LMS(학습관리시스템)의 학습현황 정보를 통해 과정별로 확인할 수 있다.

82 운영 관리 업무에서 수강 신청 절차가 원활히 이루어지지 않을 경우 가장 우려되는 문제는?

① 과제 평가가 공정하지 않을 가능성
② 학습자 수료 기준이 모호해지는 문제
③ 학습자가 과정 수강에 어려움을 겪는 문제
④ 학습자의 성적 이의신청 증가

해설

수강 신청 절차가 원활하지 않으면 학습자가 과정 수강을 시작하지 못할 수 있다. 운영 관리자는 수강 신청 절차를 명확히 안내하여 학습자들이 문제없이 과정을 수강할 수 있도록 해야 한다.

83 다음 중 이러닝 플랫폼에서 새로운 학습 콘텐츠를 업로드하는 주된 목적에 대한 설명으로 가장 적절하지 않은 것은?

① 학습자들이 최신 지식과 정보를 습득할 수 있도록 지원한다.
② 학습자의 다양한 학습 요구를 충족시키기 위해 콘텐츠의 다양성을 확대한다.
③ 기존 콘텐츠의 한계를 보완하고, 교육의 질을 지속적으로 향상한다.
④ 플랫폼의 사용자 데이터를 분석하여 콘텐츠 접근을 제한한다.

해설

새로운 학습 콘텐츠를 업로드하는 주요 목적은 학습자들에게 최신 지식 제공, 학습 요구 충족, 교육 품질 향상 등을 포함한다. 그러나 콘텐츠 접근을 제한하는 것은 이러닝 플랫폼의 목표와 상반되며, 학습자에게 열린 학습 기회를 제공하는 이러닝의 본질과 맞지 않는다.

84 다음 중 콘텐츠 관리 업무에 포함되지 않는 활동은?

① 학습 내용의 트렌드 반영을 위한 업데이트
② 학습 내용의 키워드별 분류
③ 학습 내용의 사용자 피드백 반영
④ 학습 내용을 학습하는 학습자의 학습 진도율 독려

해설

학습자의 학습 진도율 독려는 학습 촉진 활동에 해당하며, 콘텐츠 관리 업무의 일부가 아니다. 콘텐츠 관리 업무는 콘텐츠의 품질 유지, 분류, 업데이트, 사용자 피드백 반영 등을 포함한다.

정답 : 80. ③ 81. ① 82. ③ 83. ④ 84. ④

85 다음 중 Kirkpatrick 평가 모형의 결과(re-sults) 단계에서 가장 적합하게 측정할 수 있는 지표는 무엇인가?

① 교육과정 만족도 설문 결과

② 훈련 참가자의 업무 수행 행동 변화

③ 조직의 수익 증대와 같은 비즈니스 성과

④ 학습자가 획득한 지식 수준

해설

결과 단계는 교육이 조직의 성과와 목표 달성에 얼마나 기여했는지를 측정한다. 예를 들어, 매출 증가, 비용 절감, 고객 만족도 향상 등이 이에 해당한다.

86 다음 중 Kirkpatrick의 평가 모형에 대한 설명으로 가장 적절한 것은?

① 교육과정 설계 단계에서 주로 사용되는 모형이다.

② 교육이 학습자와 조직에 미치는 영향을 4단계로 나누어 평가한다.

③ 학습자의 학습 스타일을 분류하고 교육 방법을 제안하는 모형이다.

④ 학습 동기와 심리적 요인을 분석하는 모형이다.

해설

Kirkpatrick 평가 모형은 교육의 효과를 반응, 학습, 행동, 결과의 4단계로 나누어 측정하여 학습자와 조직에 미친 영향을 평가하는 데 사용된다.

87 이러닝 과정 평가가 교육기관과 강사에게 제공하는 주요 효과가 아닌 것은?

① 과정 품질을 평가하고 학습자의 요구를 충족하는지 확인할 수 있다.

② 경쟁적인 이러닝 시장에서 과정의 차별성을 입증할 수 있다.

③ 학습자들이 과정 중 겪는 학습 장애를 실시간으로 해결한다.

④ 과정 설계 및 교육 방법 개선에 필요한 피드백을 제공한다.

해설

학습자가 겪는 학습 장애를 실시간으로 해결하는 것은 학습 지원 활동의 일환으로, 이러닝 과정 평가의 주요 목적과는 거리가 있다. 나머지 항목들은 과정 평가의 주요 효과에 해당한다.

88 이러닝 과정 평가의 필요성으로 옳지 않은 것은?

① 학습자가 자신의 학습 진행 상황을 객관적으로 측정할 수 있다.

② 강사가 학습자들에게 학습 결과를 일대일로 제공해야 한다.

③ 교육과정의 품질과 효과를 보장하고 개선할 수 있다.

④ 과정의 비용 대비 가치를 학습자가 평가할 수 있도록 한다.

해설

강사가 학습자들에게 학습 결과를 일대일로 제공하는 것은 이러닝 과정 평가의 본질적 역할이 아니다. 과정 평가의 목적은 품질 보증, 학습자 진행 상황 확인, 비용 대비 가치 평가 등을 포함한다.

89 이러닝 과정 평가에서 "학업성취도 평가"와 관련된 내용으로 잘못된 것은 무엇인가?

① 학업성취도 평가는 일반적으로 지필시험을 포함한다.

② 학습 진도율은 학업성취도 평가에서 중요한 지표가 될 수 있다.

③ 학업성취도 평가는 학습자가 제출한 과제를 고려하지 않는다.

④ 학업성취도 평가는 학습자의 학습 목표 달성 여부를 판단하는 데 사용된다.

정답: 85. ③ 86. ② 87. ③ 88. ② 89. ③

학업성취도 평가는 지필시험 외에도 과제 수행 등을 포함하여 학습자가 과정을 잘 이행했는지 평가한다. 따라서 과제 수행은 학업성취도 평가의 중요한 부분이다.

90 학습자의 동기를 유발하고 유지하기 위한 이론적 모형으로, 교육심리학자 John Keller가 개발한 이론은 무엇인가?

① 정보 처리 이론　② ARCS 이론

③ 사회 인지 이론　④ 자기 결정 이론

ARCS 이론은 교육심리학자 John Keller가 개발한 이론으로, 학습자의 동기를 유발하고 유지하기 위한 전략을 제공한다. ARCS는 Attention(주의집중), Relevance(관련성), Confidence(자신감), Satisfaction(만족감)의 네 가지 요소로 구성되어 있다. 이 이론은 학습자의 동기 부여를 위해 이 네 가지 요소를 체계적으로 활용한다.

91 이러닝 과정 운영 계획서에서 "평가 세부 내용 항목"을 확인하는 단계에서 중요한 점은 무엇인가?

① 평가 항목을 선정하고 이를 LMS에 등록하며, 수료 기준도 함께 설정한다.

② 평가 항목을 학습자에게 먼저 공지하고 나서 평가를 진행한다.

③ 평가 항목을 교사나 강사에게만 전달하고, 학습자는 평가 항목을 알지 못한다.

④ 학습 목표를 변경한 후에 평가 항목을 수립한다.

이러닝 과정 운영 계획서에서 "평가 세부 내용 항목"을 확인하는 단계에서는 평가 항목을 선정하고 이를 LMS에 등록하여 학습자들이 어떻게 평가될지 명확하게 안내해야 한다. 또한, 수료 기준을 설정하여 학습자가 목표를 명확히 인식하고 평가 기준에 맞추어 학습할 수 있도록 한다.

92 이러닝 운영 결과 보고서 작성 시 가장 중요한 목적은 무엇인가?

① 학습자들의 출석률을 기록하고 학습 운영 비용을 지급하는 것

② 교육과정의 효과를 평가하고 향후 개선 방안을 제시하는 것

③ 강사의 수업 내용과 평가를 점검하는 것

④ 학습자들에게 수료증을 발급하기 위한 보고서 작성

이러닝 운영 결과 보고서의 주요 목적은 교육과정의 효과를 평가하고, 향후 개선이 필요한 부분을 파악하는 것이다. 이를 통해 향후 교육과정이 더 효과적으로 운영될 수 있도록 필요한 데이터를 제공한다. 학습자의 출석률을 기록하거나 수료증 발급을 위한 보고서는 보고서의 보조적인 내용일 수 있지만, 핵심 목적은 과정의 평가와 개선 사항 도출이다.

93 에드가 데일(Edgar Dale)의 "경험의 원추" 이론에서 학습자는 경험을 통해 얻은 정보를 추상화하여 개념화하는 과정은 무엇인가?

① 구체적 경험

② 추상적 개념화

③ 적극적 실험

④ 반성적 관찰

"경험의 원추" 이론에서는 학습자가 직접 경험한 정보를 추상화하여 이론이나 개념으로 발전시키는 과정을 "추상적 개념화"라고 한다. 이 단계에서 학습자는 경험을 통해 얻은 정보를 일반화하고, 이를 바탕으로 더 넓은 원칙이나 이론을 형성한다. 반성적 관찰은 경험 후 학습자가 자신의 경험을 돌아보는 단계로, 개념화를 위한 과정이 아니다.

94 Berge(2009)의 상호작용 개념에 따르면, 학습자 간 상호작용이 성공적으로 이루어지기 위해 가장 필요한 교수자의 지원은 무엇인가?

① 기술적 문제 해결
② 학습 목표 명확화
③ 동료 간 협업 기술 교육
④ 학습 결과 평가

해설

학습자 간 상호작용을 성공적으로 이루기 위해 교수자는 동료 간 협업 기술을 가르치거나 조언을 제공하여 팀워크와 효과적인 의사소통을 촉진해야 한다.

95 다음 중 Berge(2009)가 제시한 교수자의 역할이 아닌 것은 무엇인가?

① 촉진적 역할   ② 기술적 역할
③ 평가적 역할   ④ 관리적 역할

해설

Berge(2009)는 교수자의 역할을 촉진적, 기술적, 관리적, 사회적 역할로 구분했다. 평가적 역할은 별도로 제시되지 않았다.

96 Hannafin의 개방형 학습환경에서 학습 지원(Scaffolding)의 주된 역할은 무엇인가?

① 학습 과정을 모니터링하고 결과를 평가한다.
② 학습자가 목표를 달성할 수 있도록 도움을 제공한다.
③ 학습자에게 적합한 자료를 추천한다.
④ 학습 환경의 기술적 오류를 해결한다.

해설

학습 지원(Scaffolding)은 학습자가 어려움을 느낄 때 힌트, 코칭, 피드백 등을 제공하여 목표 달성을 돕는 구성 요소이다.

97 다음 중 가상현실(VR), 증강현실(AR), 혼합현실(MR)의 기술적 활용 방식에 대한 설명으로 가장 적절한 것은 무엇인가?

① 가상현실(VR)은 사용자가 완전히 디지털 환경에 몰입하며, 증강현실(AR)은 디지털 정보를 물리적 현실 위에 단순히 덧붙이는 기술이다. 혼합현실(MR)은 물리적 현실과 디지털 요소가 실시간 상호작용을 하지 않는다.
② 증강현실(AR)은 디지털 환경만을 제공하며, 가상현실(VR)은 현실과 디지털을 통합하여 상호작용을 가능하게 한다. 혼합현실(MR)은 현실 요소 없이 디지털만 활용한다.
③ 가상현실(VR)은 사용자를 디지털 세계로 완전히 이동시키고, 증강현실(AR)은 물리적 세계를 보완하며, 혼합현실(MR)은 물리적 세계와 디지털 세계를 실시간으로 통합한다.
④ 가상현실(VR)은 물리적 현실과 상호작용하지 않으며, 증강현실(AR)과 혼합현실(MR)은 물리적 현실에서만 작동한다.

해설

가상현실(VR)은 사용자가 현실 세계를 떠나 디지털 환경에 몰입하도록 하는 기술이며, 증강현실(AR)은 물리적 현실에 디지털 정보를 추가하여 보완한다. 혼합현실(MR)은 물리적 현실과 디지털 세계가 실시간으로 통합 및 상호작용하는 것이 특징이다.

정답 ፥ **94.** ③ **95.** ③ **96.** ② **97.** ③

98 BATE Actions 모형의 목적에 대한 설명으로 가장 적절한 것은 무엇인가?

① 학습자가 보이는 외적 행동만을 분석하여 학습 성과를 개선한다.

② 학습자의 사고 과정과 감정적 반응을 고려하여 학습 환경을 더욱 몰입도 높은 환경으로 만든다.

③ 학습자의 감정적 반응을 최소화하여 학습의 효율성을 높인다.

④ 학습자가 주도하는 활동을 측정하여 학습 결과를 평가한다.

해설

BATE Actions 모형은 학습자가 보이는 행동, 사고, 감정을 종합적으로 고려하여, 학습 환경을 더욱 몰입적이고 효과적으로 만들기 위한 목표를 가지고 있다. 이를 통해 학습자의 전반적인 학습 경험을 개선하려고 한다.

99 가네의 수업 사태에서 "학습자 연습(eliciting performance)"의 주요 목적은 무엇인가?

① 학습자가 새로운 정보를 기억하도록 돕는다.

② 학습자가 내용을 실제로 적용하여 학습을 강화할 수 있도록 유도한다.

③ 학습자가 학습 목표를 명확히 이해할 수 있도록 한다.

④ 학습자가 이전의 학습을 회상하도록 돕는다.

해설

학습자 연습은 학습자가 배운 내용을 실제로 적용해 보도록 유도하여, 실습을 통해 학습 효과를 강화하는 단계이다.

100 Bloom의 교육 목표에서 '창조(creating)' 단계가 수업 설계에서 중요한 이유는 무엇인가?

① 학습자가 기존 정보를 기억하고 반복적으로 회상하는 능력을 키울 수 있도록 돕기 때문이다.

② 학습자가 새로운 문제를 해결하기 위해 기존의 정보를 결합하여 창의적이고 독창적인 해결책을 제시하도록 돕기 때문이다.

③ 학습자가 주어진 정보를 그대로 이해하고 설명할 수 있도록 돕기 때문이다.

④ 학습자가 외부 정보를 비판적으로 평가할 수 있도록 돕기 때문이다.

해설

'창조(creating)' 단계는 기존의 정보를 결합하여 창의적이고 독창적인 해결책을 제시하는 능력을 키우는 데 중점을 둔다. 이 단계는 고차원적인 사고와 문제 해결 능력을 개발하는 데 중요하다.

정답 **98.** ② **99.** ② **100.** ②

최신 기출문제를 풀어봄으로써 출제경향을 파악하고 이에 대비할 수 있도록 하였습니다.

PART

05

기출복원문제

1회 기출복원문제 2023년

1과목 이러닝 운영계획 수립

01 이러닝 활용 촉진법 기본 계획에 포함되어 있지 않은 것은?

① 이러닝 활용 촉진을 위한 기반 조성에 관한 방안

② 이러닝 활용 촉진 제도 개선에 관한 사항

③ 이러닝 활용 촉진을 위한 인력 조건에 관한 사항

④ 이러닝 관련 소비자 보호 관련 사항

해설

이러닝 촉진을 위한 인력 조건에 관한 사항은 기본 계획에 포함되어 있지 않다.

02 이러닝 활용 촉진을 위한 이러닝 진흥위원회 구성에 대한 설명으로 옳지 않은 것은?

① 위원회는 위원장 1명과 부위원장 1명을 포함하여 20명 이내의 위원으로 구성

② 위원장은 교육부 차관 중에서 교육부 장관이 지정하는 사람이 됨

③ 부위원장은 교육부의 고위공무원단에 속하는 일반직 공무원 또는 3급 공무원 중에서 교육부 장관이 지명하는 사람이 됨

④ 위원에는 한국소비자원이 추천하는 소비자단체 소속 전문가 2명이 포함됨

해설

위원장은 산업통상자원부 차관 중에서 산업통상자원부 장관이 지정하는 사람이 된다.

03 온라인을 기반으로 이루어진 상호참여적, 거대 규모의 교육을 뜻하는 것으로 웹 서비스를 기반으로 언제, 어디서든 양질의 대학 강의를 들을 수 있도록 하는 형태의 고등교육 시스템은 무엇인가?

① OCW ② MOODLE

③ BlackBoard ④ MOOC

해설

문제의 내용은 OCW에 대한 설명이다.

04 다음 중 Keller의 ARCS에 포함되지 않는 것은?

① 주의집중 ② 관심

③ 자신감 ④ 만족감

해설

관심은 ARCS에 포함되지 않는다.

05 학습 주제와 관련된 특정 사례에 기초하여 해당 사례를 둘러싸고 있는 다양한 관련 요소들을 파악하고, 필요한 정보를 검색 수집하며, 문제 해결 활동을 수행하는 유형의 콘텐츠는 다음 중 어떤 유형인가?

① 사례 기반형 이러닝 콘텐츠

② 문제 해결형 이러닝 콘텐츠

③ 스토리텔링형 이러닝 콘텐츠

④ 반복 연습형 이러닝 콘텐츠

해설

해당 내용은 사례 기반형 이러닝 콘텐츠 내용이다.

정답 01. ③ 02. ② 03. ① 04. ② 05. ①

06 다음 중 Kelly의 학습동기설계이론(ARCS)에서 C에 해당하는 것은 무엇인가?

① Concentration

② Confidence

③ Contest

④ Consideration

해설

C는 자신감인 Confidence에 해당한다.

07 다음 중 이러닝 시스템 개발 시 고려할 사항이 아닌 것은?

① 이러닝 시스템 개발 요구분석 시 이해관계자들에 대한 분석은 필수이다.

② 학습 지원 도구가 많을 시 학습활동에 도움을 주기 때문에 많을수록 학습효과가 크다.

③ 고용보험 지원 원격교육 과정을 서비스하기 위해서는 관련 시스템 기능을 갖추어야 한다.

④ 교강사를 위한 기능 개발 시 교강사의 활동에 대해 분석하여 요건에 맞게 시스템을 개발해야 한다.

해설

학습 지원 도구가 너무 많으면, 가독성과 접근성을 떨어뜨릴 수 있다.

08 콘텐츠에 대한 기획력을 갖고 학습 목적을 고려하여 교수 방법을 설정하고, 학습 내용이 학습 목표를 달성하는 데 도움을 될 수 있도록 콘텐츠 개발의 전 과정을 진행하고 관리하는 업무에 종사하는 자는 다음 중 누구인가?

① 이러닝 교수설계자

② 이러닝 시스템 개발자

③ 교강사

④ 이러닝 컨설턴트

해설

문제의 내용은 이러닝 교수설계자에 대한 내용이다.

09 다음 중 원격훈련기관이 될 수 없는 곳은 어디인가?

① 평생직업교육학원

② 평생교육시설

③ 고등교육법에 따른 학교

④ 사설학원

해설

원격훈련기관이 될 수 있는 시설 유형은 직업능력개발 훈련시설, 평생직업교육학원, 평생교육시설, 고등교육법에 따른 학교, 정부 부처 및 법령에 의한 시설, 사업주 및 사업주 단체 등의 시설이다.

10 다음 중 평가에서 학습목표 달성 충실성과 관련 있는 평가 영역은 무엇인가?

① 반응 평가　　② 학습 평가

③ 행동 평가　　④ 결과 평가

해설

학습 평가는 목적의 달성도와 효과성 판단에 목적을 두고, 행동 평가는 현업 적용도와 학습 전이도, 결과 평가는 조직 기여도와 교육투자 가치 확보에 목적을 둔다.

11 다음 중 스토리텔링형 콘텐츠의 특성으로 보기 어려운 것은?

① 서사적 시나리오 기반

② 한 가지의 단일한 디지털 정보 기반

③ 이야기를 듣고 이해하는 학습활동 진행

④ 스토리 전개에 따른 관련 학습활동 진행

해설

스토리텔링형은 다양한 디지털 정보를 기반으로 진행한다.

정답 : 06. ②　07. ②　08. ①　09. ④　10. ②　11. ②

12 다음 빈칸에 들어갈 공통적인 단어를 아래 보기에서 고르시오.

> 효과적이고 흥미 있는 수업을 설계하기 위해서는 교수 설계 과정에서 대상 학습자들의 ( )을/를 고려할 필요가 있다. 대상 학습자들의 ( )을/를 분석하지 않아서 생기는 오류 중 가장 많은 것으로, 모든 학습자가 비슷할 것이라고 가정하는 것이며, 특히 학습자들이 설계자 자신과 비슷할 것이라고 가정하는 것이다.

① 특성 ② 나이
③ 성적 ④ 평가

해설

효과적인 수업을 설계하기 위해서는 학습자의 '특성'을 분석하여야 한다.

13 LMS 개발 시 분석하는 요구사항이 아닌 것은?

① 주 사용자 ② 학습 방법
③ 학습 목표 ④ 학습 프로세스

해설

학습 목표는 콘텐츠 개발 시 분석되는 요구사항으로 LCMS는 학습 목표들이 반영된 콘텐츠를 관리하며, LMS는 해당 콘텐츠들을 교육과정에 반영하여 운영하게 된다.

14 다음 중 이러닝 운영을 위해 진행하는 요구사항에 포함되지 않는 것은?

① 학습자 특성 분석
② 학습자 학습 환경 분석
③ 학습 콘텐츠 개발 방법
④ 교육과정 특성 분석

해설

학습 콘텐츠 개발 방법은 이러닝 운영이 아니라 이러닝 콘텐츠 개발 시 진행하는 요구사항이다.

15 다음 중 이러닝 콘텐츠 개발 시 텍스트 구성 방법으로 옳은 것은?

① 짧은 문장보다는 구체적이고 긴 문장을 사용한다.
② 그림, 차트, 다이어그램과 텍스트를 한 화면에 같이 표시하지 않는다.
③ 화면에, 특징에 맞는 다양한 스타일과 폰트를 사용한다.
④ 텍스트에 상호작용적인 요소를 추가하여 학습자들이 적극적으로 참여하도록 유도한다.

해설

텍스트 구성 시 긴 문장보다는 간결하고 명료한 문장을 사용하고, 텍스트에 그림, 차트, 다이어그램 등을 추가하여 시각적으로 정보를 지원한다. 또한 텍스트는 일관된 스타일과 양식을 유지하도록 한다.

16 이러닝 운영 요구사항 분석 시 학습자 환경 분석 내용으로 볼 수 없는 것은?

① 접촉 학습 기기 종류 분석
② 학습 기기 접속 환경 분석
③ 멀티미디어 내용 요소 분석
④ 학습자 학습 가능 시간대 분석

해설

멀티미디어 내용 요소 분석은 교육과정 특성 분석 내용이다.

17 LMS의 Full Spelling으로 맞는 것은?

① Learning Mandatory System
② Learning Multimedia System
③ Learning Maintenance Solution
④ Learning Management System

해설

Learning Management System

정답 12. ① 13. ③ 14. ③ 15. ④ 16. ③ 17. ④

18 평가문항 구성 시 객관식 문항을 구성하는 방법으로 볼 수 없는 것은?

① 명확한 정답이 하나만 있도록 해야 한다.

② 모든 오답은 그럴듯해야 한다.

③ 가급적 부정문을 사용하지 말고 긍정문을 사용하는 것이 좋다.

④ 문장 안에 인용된 문장은 ' ', 인용어구는 " "로 표시한다.

해설

문장 안에 인용된 문장은 " ", 인용어구는 ' '로 표시한다.

19 다음 중 온라인 콘텐츠 개발 시 분석하는 요구사항이 아닌 것은?

① 콘텐츠를 사용할 학습자 특성 분석

② 콘텐츠를 사용할 학습자의 학습 환경 분석

③ 콘텐츠 학습 내용 분석

④ 콘텐츠 내 학습 관리 기능 분석

해설

콘텐츠 내 학습 관리 기능은 일반적인 경우 존재하지 않으며, 학습 지원 기능으로 존재하며, 관리 시 별도의 정보를 LMS에 전달하는 방식으로 진행한다.

20 다음 중 이러닝 산업 발전 및 이러닝 활용 촉진에 관한 법률의 주요 내용이 아닌 것은?

① 이러닝 산업의 전문인력 양성

② 이러닝 지원센터 설치

③ 이러닝 관련 소비자 보호

④ 이러닝 공공부문 이러닝 의무 금지

해설

이러닝 활성화 부분에서 공공부문 이러닝 의무 시행을 제시하였다.

21 다음 중 LCMS에 존재하는 기능인 것은?

① 교육과정 등록

② 콘텐츠 등록

③ 과정별 수료 현황 확인

④ 공지사항 관리

해설

②번 외 기능은 LMS에 포함된 기능이다.

22 이러닝 서비스 산업분류 시, 솔루션 산업 분류의 중분류에 속하지 않는 것은?

① 이러닝 소프트웨어 개발업

② 이러닝 콘텐츠 유통업

③ 이러닝 시스템 구축 및 유지보수업

④ 이러닝 소프트웨어 유통 및 자원 제공 서비스업

해설

이러닝 콘텐츠 유통업은 이러닝 콘텐츠 산업 분류에 포함된다.

23 이러닝 콘텐츠의 점검 요소에 대한 설명으로 옳지 않은 것은?

① 콘텐츠의 학습 효과를 보장하기 위한 것은 교육적 요소이다.

② 콘텐츠의 표현 방식으로 법적인 문제를 점검하는 것은 언어 요소이다.

③ 콘텐츠가 원활하게 실행되는지 확인하는 것은 기술적 요소이다.

④ 콘텐츠의 시각적인 품질을 보장하기 위한 것은 디자인 요소이다.

해설

콘텐츠의 표현 방식으로 법적인 문제를 점검하는 것은 법적 요소이고, 언어적 요소는 콘텐츠의 언어 사용에 대한 점검이다.

정답 18. ④ 19. ④ 20. ④ 21. ② 22. ② 23. ②

24 이러닝 교강사의 평가 준거로 올바르지 않은 것은?

① 과제 채점의 질

② 학습자들 간의 상호작용 촉진 여부

③ 콘텐츠 개발 능력

④ 학습자들과 정기적, 구체적 피드백 제공 여부

해설

콘텐츠 개발은 교수설계자 및 콘텐츠 개발자의 필요 역량이다.

25 교육 운영 및 활동을 분석하는 일로, 과정을 수정하거나 변경하기 위해 중요한 단어를 찾을 수 있는 활동은 다음 중 무엇인가?

① 과정 요구 분석

② 과정 평가

③ 과정 FGI

④ 과정 결과보고서 작성

해설

해당 내용은 과정 평가에서 이루어지는 활동이다.

26 학습자들이 학습시스템을 더욱 효율적으로 이용할 수 있도록 지원하고, 학습자들의 피드백을 수용하여 학습시스템을 개선하는 데 큰 도움을 주는 활동은 다음 중 어느 대상들의 상호작용인가?

① 학습자–학습자

② 학습자–교강사

③ 학습자–시스템/콘텐츠

④ 학습자–운영자

해설

내용 설명은 학습자–운영자의 상호작용 내용이다.

27 이러닝 산업 발전 및 이러닝 활용 촉진에 관한 법률에 따른 이러닝 사업 분류에 포함되지 않는 것은?

① 플랫폼 사업　② 콘텐츠 사업

③ 솔루션 사업　④ 서비스 사업

해설

이러닝 사업의 분류는 콘텐츠, 솔루션, 서비스 사업으로 구분된다.

28 다음 중 이러닝 튜터의 역할과 활동이 제대로 연결된 것은?

① 교수적 역할 – 학습자의 상호작용을 촉진할 수 있는 사회적 환경을 조성함으로써 학습을 향상할 수 있도록 지원

② 사회적 역할 – 소프트웨어를 통한 학습의 어려움이 없도록 학습자와 학습 자원을 매개함

③ 기술적 역할 – 공지사항을 올리는 활동

④ 관리적 역할 – 학습자의 진도나 과제 제출을 확인

해설

①은 사회적 역할, ②는 기술적 역할, ③은 관리적 역할이다.

29 우편원격훈련에 대한 설명으로 맞는 설명을 고르시오.

① 이러닝 콘텐츠를 이용하여 훈련을 실시하고 훈련생관리 등이 정보통신망으로 이루어지는 원격훈련을 말한다.

② 훈련 분량은 최소 20시간(1개월 이상)을 넘겨야 한다.

③ 평가 점수가 80점(100점 만점 기준) 이상일 때 수료 가능하다.

④ 학습 활동을 위해 훈련생학습관리시스템을 이용해야 한다.

정답 : 24. ③　25. ②　26. ④　27. ①　28. ④　29. ④

훈련생학습관리시스템을 이용하여 학습활동을 해야 한다.

30 다음 중 만족도 평가 설문 문항 개발 원칙으로 적합한 것은?

① 개발된 설문지는 유출을 방지하기 위해 파일럿 테스트 없이 개발 완료한다.

② 하나의 질문에는 두 가지 의미를 포함하도록 한다.

③ 학습자의 의견과 제언을 글로 표현할 수 있는 개방형 설문을 포함한다.

④ 학습자가 자유롭게 응답할 수 있도록 참가자의 인적사항을 기록하는 문장들을 설문지에 포함한다.

① 파일럿 테스트를 진행해야 하며, ② 하나의 질문에 두 가지 의미를 포함하지 않도록 하여야 하며, ④ 자유로운 응답을 위해 인적사항은 기록하지 않아야 한다.

31 다음 중 Python 같은 프로그래밍 언어 교육이나 Adobe 포토샵, 일러스트 교육에 적합한 이러닝 콘텐츠 유형은 무엇인가?

① 화면 캐스트형   ② 모션그래픽형

③ 시범형   ④ 반복연습형

프로그래밍 언어나, 솔루션 교육용은 화면 캐스트형이 적합하다.

32 다음 중 이러닝 콘텐츠 개발 단계 중 설계 단계 산출물이 아닌 것은?

① 스토리보드   ② 사용성 검사서

③ 학습 구조 설계서   ④ 인터페이스 설계서

사용성 검사서는 개발 단계 산출물이다.

33 이러닝 교강사 역할 중 내용 전문가의 역할로 적합한 것은?

① 학습 분위기 조성

② 학습 동기 부여

③ 학습 내용 분석

④ 학습 지원도구 활용

학습 내용 분석 이외 모두 학습 촉진자 역할에 해당하는 것이다.

34 이러닝 교강사 평가 중 수업 운영 단계에서 진행하는 평가 항목은 무엇인가?

① 학습 내용 정확성 및 적절성 파악 여부

② 평가의 적절성 및 타당성

③ 내용 설계의 조직성

④ 학습자 참여 독려 여부

①은 설계 및 개발 단계 중 학습 내용 부분, ②는 평가 단계이며, ③은 설계 및 개발 단계 중 교수 설계에서 진행되는 평가 항목이다.

35 학습 지원 도구를 교수−학습 영역, 기술적 영역, 학사 행정적 영역, 심리적 영역으로 나눌 때, 학사 행정 영역에 포함되지 않는 것은?

① 게시판

② 학습관리시스템(LMS)

③ 튜터링 시스템

④ SMS(문자)

튜터링 시스템은 교수−학습 영역에 포함된다.

36 다음 중 학점은행제에 대한 설명으로 바르지 않는 것은?

① 학교에서뿐 아니라 학교 밖에서 이루어지는 다양한 형태의 학습과 자격을 학점으로 인정

② 중학교 졸업자나 동등 이상의 학력을 가진 사람 모두 포함

③ 학점이 누적되어 일정 기준을 충족하면 학위 취득을 가능하게 함

④ 학점은행제 원격교육 인증기관의 학점은행제 평가인정 학습 과목에 대해서만 학점 인정

해설

학점은행제 훈련 대상은 고등학교 졸업자나 동등 이상의 학력을 가진 사람이어야 한다.

37 데이터를 저장하고 전달하기 위한 마크업 언어이며, 데이터의 구조와 의미를 명확하게 표현하는 역할을 하는 것은 다음 중 어느 것인가?

① HTML   ② XML

③ Python   ④ javascript

해설

문제에서 설명하는 것은 XML에 대한 내용이다.

38 이러닝 학습 환경에서 학습자 경험 데이터를 정의함으로써 서로 다른 학습시스템 간에 데이터를 상호교환할 수 있게 해주는 표준 응용 인터페이스 역할을 하는 것은 다음 중 어느 것인가?

① AICC   ② SCORM

③ xAPI   ④ LTI

해설

문제에서 제시한 내용은 xAPI에 대한 설명이다.

39 다음 중 LRS의 기능이 아닌 것은?

① 다양한 기기 또는 매체에서 학습 데이터 수집

② 실시간, 동시다발적으로 발생하는 학습 데이터 처리 기능

③ 시뮬레이션 훈련 데이터 수집

④ 학습 활동에 따른 학습 경험 데이터 발생

해설

학습 데이터 발생은 LRS가 아니라 학습 포털, 학습 사이트 등에서 발생한다.

40 다음 중 LTI에 대한 설명으로 잘못된 것은?

① IMS Global에서 개발한 교육 기술 사양

② 교육용 콘텐츠의 교환, 공유, 결합, 재사용을 쉽게 하려는 목적으로 만들어진 표준안

③ 1.3 버전에서는 OAuth2, OpenID Connect 및 JSON 웹 토큰을 사용

④ 서로 다른 시스템 간의 상호 운용성을 지원하기 위해 개발됨

해설

②에서 제시한 내용은 SCORM에 대한 내용이다.

2과목 이러닝 활동 지원

41 다음이 설명하는 것은?

> 교육과정을 효과적으로 운영하고, 학습의 전반적인 활동을 지원하기 위한 시스템

① LMS   ② LCMS

③ PMS   ④ CDMS

해설

학습관리시스템(LMS)에 대한 설명이다.

정답 : 36. ②   37. ②   38. ③   39. ④   40. ②   41. ①

42 보기의 내용은 이러닝 교육환경에서 어떤 종류의 상호작용에 대한 것인가?

> • 강의 수강 등의 학습 중에 학습장애가 발생했을 때 고객센터의 1:1 질문하기 기능을 통해 문의하면서 발생하는 상호작용
> • 신속한 학습장애 해결이 요구됨

① 학습자 – 학습자 상호작용
② 학습자 – 교강사 상호작용
③ 학습자 – 콘텐츠 상호작용
④ 학습자 – 운영자 상호작용

해설

학습 과정에서 문제가 발생했을 때, 학습자와 운영자 간에 발생하는 상호작용에 대한 설명이다.

43 학습 독려의 방법이 아닌 것은?

① 실시간 피드백 제공
② 온라인 그룹 토론
③ 팩스를 통한 자료 배포
④ 인터랙티브 비디오 활용

해설

이러닝은 디지털 자료와 실시간 상호작용을 중심으로 하는데, 팩스는 이러한 요구사항을 충족시키지 못한다.

44 학습 격차의 원인이 아닌 것은?

① 기술 접근성 부족
② 개별 학습자의 학습 스타일 차이
③ 고품질의 교육 콘텐츠
④ 사회경제적 배경

해설

고품질의 교육 콘텐츠는 학습 격차를 줄이는 데 기여한다. 기술 접근성 부족, 개별 학습자의 학습 스타일 차이, 사회경제적 배경 등은 학습 격차를 일으킬 수 있는 요인이다.

45 교수학습 과정에서 일어나는 다양한 활동을 교수자와 학습자가 편리하게 관리할 수 있도록 지원하는 시스템은?

① 학습관리시스템(LMS)
② 콘텐츠관리시스템(CMS)
③ 학습콘텐츠관리시스템(LCMS)
④ 프로젝트관리시스템(PMS)

해설

학습관리시스템(LMS)은 이러닝 환경에서 학습자의 학습 진도, 성과를 추적하고, 콘텐츠를 관리하며, 학습자와 교강사 간의 상호작용을 지원하는 등 학습자의 원활한 학습을 지원하는 데 필수적인 도구이다.

46 이러닝 운영 지원 도구를 분석할 때 주로 어떤 기술을 활용하는 것이 효과적인가?

① 데이터 분석
② 물리적 게시판
③ 전통적인 인쇄
④ 자동 모니터링

해설

데이터 분석을 통해 사용자 행동, 학습 효과, 시스템 성능 등 다양한 측면을 평가할 수 있다.

47 운영자로서 이러닝 학습지원 활동으로 적절하지 않은 것은?

① 운영평가 설문지 작성
② 성적평가 시행 및 분석
③ 학습관리시스템(LMS) 환경 설정
④ 수업 운영 계획안 작성

해설

학습관리시스템(LMS) 환경 설정은 학사관리 및 운영에 관한 활동이다.

정답 : 42. ④ 43. ③ 44. ③ 45. ① 46. ① 47. ③

48 다음이 설명하는 학습 지원 도구는 무엇인가?

> 이 도구는 실시간으로 학습자들 간의 의사소통을 가능하게 하며, 질문, 피드백 및 아이디어 교환을 즉각적으로 할 수 있게 해준다.

① 비디오 컨퍼런스 ② 채팅 도구
③ 포럼 ④ 전자메일

해설

채팅 도구는 이러닝 환경에서 학습자들이 실시간으로 의사소통을 할 수 있게 해주는 중요한 도구로, 학습자들은 즉각적인 피드백과 아이디어를 교환할 수 있으며, 학습 과정에서의 협업과 상호작용을 강화할 수 있다.

49 교강사의 성과를 평가하는 데 사용되는 주요 지표는 무엇인가?

① 강의 시청 횟수
② 학습자의 만족도
③ 강의 준비 시간
④ 교강사의 학력

해설

학습자의 만족도는 교강사가 제공하는 교육의 품질과 효과를 반영하며, 학습자의 학습경험에 대한 직접적인 피드백을 제공한다.

50 튜터의 역할을 가장 잘 설명하는 것은?

① 강의 내용의 전달
② 학습자의 독립적 학습 지원
③ 시험 감독
④ 콘텐츠 제작

해설

이러닝 환경에서 튜터는 학습자의 질문에 답하고, 개별적인 피드백을 제공하며, 학습 과정을 안내하는 등 학습자의 학습경험을 향상하는 데 중요한 역할을 한다.

51 이러닝 시스템에서 학습자 진도 관리를 위한 주요 기능은 무엇인가?

① 빅데이터 분석을 통한 학습 경로 최적화
② 실시간 성과 피드백 메커니즘
③ 학습자 참여도 기반 콘텐츠 조정
④ 다중 매개변수 기반 학습 추천 시스템

해설

이 기능은 학습자가 강의나 활동에 대한 즉각적인 피드백을 받을 수 있게 하여, 학습 진도와 이해도를 적절히 조절하는 데 도움이 된다.

52 수료 기준 설정 시 고려해야 할 사항은?

① 과목별 난이도
② 학습자의 전반적인 참여도 및 성과
③ 강의 시간
④ 교강사의 의견

해설

학습자가 과정의 핵심 요소를 충분히 이해하고 숙달했는지 평가하는 데 도움이 된다.

53 이러닝 과정 관리에서 학습자의 피드백을 수집하고 활용하는 방법은?

① 정기적인 설문조사
② 공개 포럼에서의 의견 수집
③ 비공식적인 소셜 미디어 모니터링
④ 학습자의 자발적인 이메일 피드백

해설

정기적인 설문조사를 통해 학습자의 요구와 기대를 파악하고 코스 내용과 방식을 조정할 수 있다.

정답 : 48. ② 49. ② 50. ② 51. ② 52. ② 53. ①

54 게시판 관리에서 주의해야 할 핵심 사항은?

① 게시판의 정기적인 업데이트 및 유지 관리

② 게시판에서의 사용자 간의 상호작용 강화

③ 게시판의 콘텐츠에 대한 엄격한 검열

④ 게시판 사용에 대한 세부 규칙 및 지침 설정

해설

적절한 커뮤니케이션을 촉진하고, 사용자 간의 갈등을 방지하며, 게시판의 전반적인 품질과 효율성을 유지하는 데 도움이 된다.

55 이러닝 운영활동 계획을 세울 때 고려해야 할 핵심 요소는?

① 학습자의 요구사항

② 콘텐츠와 기술 인프라의 조화

③ 예산의 최소화

④ 강사의 편의성

해설

효과적인 학습 환경을 조성하기 위해서는 교육 콘텐츠와 기술적 수단이 서로 잘 통합되어야 한다.

56 운영활동 결과를 보고하는 데 필요한 주요 요소는?

① 구체적인 데이터와 통계

② 보고 양식 및 의견

③ 강사의 자격증 유무

④ 외부 평가자의 리뷰

해설

구체적인 데이터와 통계로 운영활동의 성과를 객관적으로 평가하고, 필요한 개선 사항을 식별할 수 있다.

57 운영계획서의 중요한 구성요소는 무엇인가?

① 예산 할당 및 비용 분석

② 운영 목표 및 목적

③ 교육 콘텐츠의 길이

④ 강사진의 경력 정보

해설

운영의 목표 및 목적을 명확하게 정의함으로써 계획의 방향성을 설정하고, 관련 활동들을 효과적으로 조직할 수 있다.

58 이러닝 운영활동 진행 절차별 목표와 평가 준거는 어떻게 설정하는가?

① 강사의 경험과 선호에 기반

② 학습자의 피드백과 의견

③ 명확한 성과 지표와 학습 목표

④ 운영 시간과 일정

해설

이러닝 운영활동의 진행 절차별 목표와 평가 준거 설정 시, 명확한 성과 지표와 학습 목표를 기반으로 하는 것이 중요하다.

59 진단평가의 주요 목적은 무엇인가?

① 학습자의 최종 성취도 평가

② 과정 전반에 걸친 학습자의 진도 추적

③ 학습 시작 전 학습자의 기초 지식 및 능력 평가

④ 학습 과정 중 피드백 제공

해설

진단평가는 학습 시작 전에 학습자의 기초 지식과 능력을 평가하여 학습 계획을 적절히 조정하는 데 사용된다.

정답 : 54. ④ 55. ② 56. ① 57. ② 58. ③ 59. ③

60 학습관리시스템에서 교수자에게 필요한 기능으로 볼 수 없는 것은?

① 권한 설정 조정 기능
② 커뮤니케이션 기능
③ 시험 관리 기능
④ 강의 관리 기능

해설

권한 설정 조정 기능은 관리자의 권한이다.

61 다음은 무엇에 대한 설명인가?

> 학습 과정이나 모듈의 종료 시점에 실시되어 학습자의 전반적인 성취도와 학습 결과를 평가하는 방법으로, 학습 목표 달성 정도를 결정하는 데 사용된다.

① 진단평가   ② 형성평가
③ 총괄평가   ④ 자기평가

해설

총괄평가는 학습 과정이나 모듈이 끝날 때 실시되어, 학습자가 학습 목표를 얼마나 잘 달성했는지 전반적으로 평가하는 방법이다.

62 다음은 무엇에 대한 설명인가?

> 실제 상황이나 실습 환경에서 학습자가 특정 지식이나 기술을 어떻게 적용하는지를 관찰하고 평가하는 방법으로, 실제적인 능력을 측정하는 데 중점을 둔다.

① 형성평가   ② 진단평가
③ 자기평가   ④ 수행평가

해설

수행평가는 학습자가 배운 지식이나 기술을 실제 상황이나 실습 환경에서 어떻게 적용하는지를 관찰하고 평가하는 방법으로, 학습자의 실질적인 능력을 평가하는 데 중요하다.

63 이러닝 과정에서 등록 과정을 관리하는 주요 단계는 무엇인가?

① 학습자 데이터 수집 및 분석
② 온라인 학습 플랫폼의 기술적 유지 관리
③ 등록 확인, 성적 처리, 수료 관리
④ 교육 콘텐츠 개발 및 업데이트

해설

이러닝 과정의 학사관리에서 가장 중요한 단계는 학습자들의 등록을 확인하고, 성적을 처리하며, 과정 수료 여부를 관리하는 것이다.

64 학습자가 동영상 강의를 수강할 수 없는 경우 고려해야 할 사항으로 옳지 않은 설명은?

① 수강하고 있는 매체 또는 기기의 OS가 최신 버전인지 확인한다.
② 동영상 서버의 트래픽을 확인한다.
③ 동영상 재생을 위한 코덱이 설치되어 있는지 확인한다.
④ 동영상 수강 관련 소프트웨어가 설치되어 있는지 확인한다.

해설

동영상 서버의 트래픽은 학습자가 확인할 수 있는 항목이 아니다. 트래픽은 시스템 관리자 또는 IDC 모니터링 툴을 통해 확인할 수 있다.

65 다음 중 일반적으로 운영자가 직접 해결할 수 없는 경우는?

① 평가 점수   ② 진도율
③ 수료 처리   ④ 원격지원

해설

진도율은 민감한 수료기준으로 운영자가 임의로 값을 수정하면 부정 수강 등 문제가 발생할 수 있어, 필요한 경우 시스템 관리자에 의해 수정/보완된다.

정답 : 60. ① 61. ③ 62. ④ 63. ③ 64. ② 65. ②

66 평가문항의 난이도와 변별도를 구분하는 기준 무엇인가?

① 난이도는 문항의 복잡성, 변별도는 문항의 길이

② 난이도는 학습자의 오답 확률, 변별도는 문항에 대한 전반적인 이해도

③ 난이도는 문항이 평가하는 학습 목표의 깊이, 변별도는 학습자 간 성취도 차이

④ 난이도는 문항의 주제 범위, 변별도는 문항의 형식

평가 문항의 난이도는 문항이 평가하는 학습 목표의 깊이와 복잡성을 나타내며, 변별도는 문항이 학습자 간의 성취도 차이를 얼마나 잘 구분하는지를 나타낸다. 난이도가 높은 문항은 더 깊이 있는 이해를 요구하고, 높은 변별도를 가진 문항은 성취도가 높은 학습자와 낮은 학습자를 잘 구분한다.

67 Keller의 학습 동기유발 요소 중 무엇에 대한 설명인가?

- 수업 목표, 내용, 연습과 시험 내용의 일치
- 연습문제를 통한 적용 기회 제공
- 내외적 보상을 제공

① 주의집중　　　② 관련성
③ 자신감　　　　④ 만족감

만족감에 대한 설명이다.

68 이러닝 운영 최종 결과보고서에 반영되어야 할 항목으로 옳지 않은 것은?

① 운영과정의 목표 및 목적

② 수강생의 수강 관련 데이터

③ 평가 및 피드백

④ 소요 예산

소요 예산은 운영 최종 결과보고서에 포함하지 않는다. 성과보고 등 교육투자에 대한 비용편익 등을 계산하고자 할 때 포함할 수 있다.

69 다음이 설명하고 있는 문서의 명칭은?

강의명, 강사, 연락처, 강의 목적, 강의 구성 내용 등과 같은 단위 운영 과목에 관한 세부 내용을 담고 있는 문서

① 과정 운영계획서

② 교육과정별 과정 개요서

③ 학습과목별 강의계획서

④ 교강사 프로파일

강의명, 강사, 연락처, 강의 목적 등과 같은 단위 운영 과목에 관한 세부 내용을 담고 있는 문서는 학습과목별 강의계획서이다.

70 이러닝 운영 활동과 그에 대한 설명이 바르게 연결된 것은?

① 이러닝 운영 학사관리 – 학습자의 정보를 확인하고, 성적을 산출하고, 수료기준에 따라 처리하는 활동

② 이러닝 운영 학습활동 지원 – 과정 운영 종료 후 학습자 만족도와 학업성취도를 확인하고 과정평가 결과를 보고하는 활동

③ 이러닝 운영 교강사 활동 지원 – 학습 환경을 최적화하고 수강 오류를 신속히 처리하여 학습활동이 촉진되도록 교강사를 지원하는 활동

④ 이러닝 운영 평가관리 – 학습자의 정보를 확인하고 학습활동이 촉진되도록 학습자를 지원하는 활동

이러닝 운영 학사관리는 학습자의 정보를 확인하고 성적 처리를 수행한 후 수료 기준에 따라 처리하는 활동이다.

정답 : 66. ③　67. ④　68. ④　69. ③　70. ①

3과목 이러닝 운영관리

71 이러닝 운영에 대한 설명으로 틀린 것을 고르시오.

① 지연된 피드백으로 학습 동기가 저하될 수 있으므로 신속하게 피드백한다.

② 똑같은 콘텐츠라도 어떻게 운영하느냐에 따라 성과가 달라진다.

③ LMS를 이용하면 전문인력의 참여 없이 100% 기계적으로 이러닝 운영을 할 수 있다.

④ 이러닝 운영에 대해 평가를 실시하여 지속적으로 개선해 나가는 활동이 요구된다.

해설

이러닝 운영도 전문인력의 참여가 요구된다.

72 학습 목표를 기술할 때 포함시켜야 하는 요소가 아닌 것은?

① 조건　　　　　② 기준

③ 행위 동사　　　④ 교수학습 방법

해설

학습 목표는 행위 동사로 기술하되 조건과 기준을 포함하는 것이 바람직하다.

73 다음 중 운영 후 단계의 사업기획 요소에 해당하는 것은?

① 과정 개설 및 등록

② 진도 관리

③ 설문 분석

④ 공지사항 등록

해설

과정 개설 및 등록, 공지사항 등록은 운영 전 단계에 해당하며, 설문 분석은 운영 후 단계에 해당한다.

74 다음은 어떠한 유형의 상호작용인가?

> 학습자가 강의 동영상을 시청할 때 비디오 플레이어에서 제공하는 기능을 통해 재생 속도, 음량 조절, 자막 등을 조정할 수 있다. 학습자가 퀴즈를 풀면, 적절한 피드백과 함께 정답을 제공한다.

① 학습자-교·강사　　② 학습자-콘텐츠

③ 학습자-학습자　　　④ 학습자-운영자

해설

해당 내용은 학습자와 콘텐츠와의 상호작용에 해당한다.

75 최저 점수부터 최대 점수별로 순차적으로 나열했을 때 가장 쉽게 확인할 수 있는 것은?

① 정규분포　　　　② 중앙값

③ 표준편차　　　　④ 최빈값

해설

최저 점수부터 최대 점수별로 순차적으로 나열했을 때 가장 쉽게 확인할 수 있는 것은 중앙값이다.

76 T점수(T-score)에 대한 설명으로 틀린 것을 고르시오.

① 개별 점수가 평균으로부터 얼마나 떨어져 있는지를 보여 준다.

② 교육 분야에서는 학생들의 성적을 비교하기 위해 활용 가능하다.

③ 평균값은 항상 50이 되고, 표준편차는 1이 된다.

④ T점수를 사용하면 모든 점수가 동일한 척도에 맞춰져 비교하기 용이하다.

해설

평균값은 항상 50이 되고, 표준편차는 10이 된다.

정답: 71. ③　72. ④　73. ③　74. ②　75. ②　76. ③

77 전체 데이터에 일련번호를 부여한 후 K배수를 표본으로 추출하는 방법은?

① 단순 무작위 추출(Simple Random Sampling)

② 계통 추출 (Systematic Sampling)

③ 층화 추출(Stratified Sampling)

④ 군집 추출(Cluster Sampling)

해설

데이터에 일련번호를 부여한 후 K배수를 표본으로 추출하는 방법은 계통 추출(Systematic Sampling)이다.

78 다음 중 교강사(튜터) 평가에 대한 설명으로 틀린 것을 고르시오.

① 교강사(튜터)의 운영 활동을 평가 기준에 따라 평가하는 행위이다.

② 운영기관의 운영자가 교강사에 대한 평가 활동을 할 수 있다.

③ 학습자가 학습 목표를 성취할 수 있도록 교강사(튜터)가 지원한 활동에 대해 평가한다.

④ 운영자가 교강사(튜터)의 활동을 모니터링하는 것은 프라이버시 침해에 해당하므로 금지한다.

해설

교강사(튜터)의 활동을 모니터링하는 것은 운영자의 중요한 역할이다.

79 다음 내용에 해당하는 교강사(튜터)의 역할은?

> 학습자의 진도나 과제 제출을 확인하고 공지 사항을 올리는 등 학습 전반을 관리한다.

① 교수적 역할　　② 사회적 역할

③ 관리적 역할　　④ 기술적 역할

해설

학습 전반을 관리하는 것은 교강사(튜터)의 관리적 역할에 해당한다.

80 만족도 평가 문항 개발 시 고려해야 할 사항이 아닌 것은?

① 명료하게 문항을 기술한다.

② 하나의 질문에 여러 가지 의미를 포함하여 많은 정보를 확보한다.

③ 파일럿 테스트를 통해 문항을 점검 및 수정한다.

④ 학습자 의견을 반영하여 학습 환경을 개선할 수 있도록 문항을 구성한다.

해설

만족도 평가 문항은 하나의 질문에 하나의 의미만을 포함하도록 개발해야 한다.

81 교강사 평가에 관한 내용으로 틀린 설명을 고르시오.

① 교강사 활동은 이러닝 운영과정의 성과에 영향을 미치는 중요한 요인 중 하나이므로 평가의 대상이 된다.

② 최종 평가보고서 작성자는 교・강사가 과정의 운영 목표에 적합한 교수활동을 수행했는지의 여부를 평가하여 그 결과를 반영해야 한다.

③ 교강사 활동 평가 기준을 기반으로 평가를 실시한다.

④ 교강사의 활동에 대한 분석 결과가 부정적일 경우 당사자에게 피드백하지 않는다.

해설

평가 결과에 관계 없이 교강사 활동에 대한 분석 결과를 피드백하는 것이 바람직하다.

정답 : 77. ②　78. ④　79. ③　80. ②　81. ④

82 다음의 내용에 해당하는 것은?

> 평가도구가 평가하고자 하는 평가 목표를 정확하게 측정할 수 있는가?

① 평가도구 타당도
② 평가도구 신뢰성
③ 평가도구 다양성
④ 평가도구 편리성

해설

타당도란 평가도구나 측정 방법이 측정하려고 하는 특성이나 개념을 정확하게 측정하고 있는지에 대한 정도를 의미한다.

83 다음 내용에 해당하는 것을 고르시오,

> 평가자가 바뀌어도 일관된 측정값을 얻을 수 있는가?

① 평가도구의 타당도
② 평가도구의 신뢰도
③ 평가도구의 다양성
④ 평가도구의 편리성

해설

신뢰도는 측정 방법이나 검사자가 바뀌어도 일관된 측정값을 얻을 수 있는 정도를 말한다.

84 다음 중 콘텐츠 운영 결과보고서 작성 및 평가 방법으로 적절한 것은?

① 운영하고 있는 이러닝 과정이 다른 유사 과정과 비교할 때 어떠한 차별점을 갖고 있는지 중점적으로 기술한다.
② 운영기관의 추진 성과와 전략은 배제하고 콘텐츠 자체에 집중한다.

③ 고객사와 운영결과 보고서에 포함될 항목을 논의할 필요는 없다.
④ 운영기관 관리책임자의 의견을 다루는 것이 가장 중요하다.

해설

유사 과정과 비교했을 때 어떤 차별성이 있는지 제시하는 것이 중요하다.

85 Kirkpatrick 4단계 평가 모형에서 교육 참가자의 지식 및 기술적 향상이 이루어졌음을 측정하는 단계는 무엇인가?

① 반응평가 단계
② 학습평가 단계
③ 행동평가 단계
④ 결과평가 단계

해설

학습자들의 학습 정도에 대한 평가는 학습평가 단계에서 이뤄진다.

86 Kirkpatrick 4단계 평가 모형에서 반응(만족도) 평가의 고려사항으로 거리가 먼 것은?

① 사전–사후 검사를 실시한다.
② 평가 결과를 수치화할 수 있도록 평가 양식을 작성한다.
③ 교육 참여자가 점수 기준을 이해할 수 있도록 안내를 제공한다.
④ 교육이 끝난 직후에 평가한다.

해설

사전–사후 검사는 주로 학습 평가나 행동 평가 단계에서 이루어진다.

정답 82. ① 83. ② 84. ① 85. ② 86. ①

87 다음 중 성인학습의 특성으로 맞지 않는 것은?

① 연령, 학습스타일, 시간, 장소, 학습속도 등 개인차를 고려하여야 한다.

② 교사는 성인 학습자의 동반자적 역할을 한다.

③ 삶의 현장보다는 교과목이 중요하다.

④ 성인 학습자의 경험은 중요한 학습 자원이다.

해설

성인학습에서 더 중요한 것은 현장이다.

88 평가문항 개발의 주요 원칙이 아닌 것은?

① 명료한 표현을 사용한다.

② 하나의 질문에 여러 가지 의미를 포함하여 신중히 답변할 수 있도록 한다.

③ 파일럿 테스트를 통해 문항을 점검하여 수정한다.

④ 학습자의 주관적 의견도 수렴한다.

해설

하나의 질문에 하나의 의미만을 포함하도록 평가문항을 개발한다.

89 다음 중 콘텐츠 운영 결과 보고서 작성 및 평가 방법으로 적절한 것은?

① 운영하고 있는 이러닝 과정이 다른 유사 과정과 비교해 볼 때 어떠한 차별점을 갖고 있는지 중점적으로 기술한다.

② 운영기관의 추진 성과와 전략은 배제하고 콘텐츠 자체에 집중한다.

③ 특성화 내용에 대한 논리적 타당성보다는 실현 가능성에 초점을 둔다.

④ 운영기관 관리책임자의 의견을 다루는 것이 가장 중요하다.

해설

유사 과정과 비교했을 때 어떤 차별성이 있는지 제시하는 것이 중요하다.

90 다음 중 타당도의 종류가 아닌 것은?

① 내용 타당도

② 예언 타당도

③ 공인 타당도

④ 확인 타당도

해설

타당도에는 내용 타당도, 예언 타당도, 공인 타당도, 구인 타당도, 요인 타당도가 있다.

91 이러닝의 구성요소가 아닌 것은?

① 행정 및 운영

② 행정 서비스 시스템

③ 교육 솔루션

④ 교육 서비스 시스템

해설

행정 서비스 시스템은 포함되지 않는다.

92 다음의 내용이 설명하고 있는 것은?

> 학사관리 전반을 관리해 주는 시스템으로 학습을 위한 온라인 교육용 플랫폼이다.

① CDMS

② LMS

③ KMS

④ LCMS

해설

학사관리 전반에 걸친 사항을 관리해 주는 시스템을 LMS (Learning Management Ststem)라고 한다.

정답 : 87. ③ 88. ③ 89. ① 90. ④ 91. ② 92. ②

93 LMS의 운영 후 지원 기능으로 적절하지 않은 것은?

① 운영 평가
② 성적관리
③ 강의 평가
④ 진도관리

해설

진도관리는 운영 중 지원 기능이다.

94 최종 평가보고서 작성을 위해 이러닝 과정 운영자에게 요구되는 능력으로 적절하지 않은 것은?

① LMS에 저장된 자료와 기록을 활용할 수 있는 능력
② 성과 산출과 개선 사항을 도출하는 능력
③ 보고서 작성 및 의사소통 능력
④ LMS를 운영하는 능력

해설

LMS를 운영하는 능력은 최종 평가보고서를 작성하는 능력과 직접적인 관련성이 낮다.

95 다음 중 우수한 이러닝 콘텐츠의 조건이 아닌 것은?

① 명확하게 정의된 학습 목표를 제시해야 한다.
② 학습자의 흥미를 유발하고 주의를 끌 수 있어야 한다.
③ 충분한 양의 학습자료를 제공하며, 최대한 긴 분량으로 구성한다.
④ 장애가 있는 학습자도 접근할 수 있도록 웹 접근성을 준수한다.

해설

인지 과부하를 줄일 수 있도록 작은 단위로 콘텐츠를 구성한다.

96 다음은 만족도 평가의 단계이다. 순서를 적절히 연결한 것은?

> ㉠ 평가 도구 개발
> ㉡ 평가 방법 결정
> ㉢ 평가 목표 결정
> ㉣ 데이터 수집
> ㉤ 결과 보고
> ㉥ 데이터 분석

① ㉢－㉡－㉣－㉠－㉥－㉤
② ㉢－㉠－㉡－㉣－㉥－㉤
③ ㉢－㉡－㉠－㉣－㉥－㉤
④ ㉢－㉠－㉡－㉣－㉥－㉤

해설

만족도 평가는 목표 설정 － 방법 결정 － 도구 개발 － 데이터 수집 － 데이터 분석 － 결과 보고로 이어진다.

97 다음 중 평가계획 수립 단계에서 가장 먼저 해야 할 내용은?

① 교육 내용을 분석한다.
② 달성하고자 하는 지식, 기술, 태도의 내용과 수준을 선정한다.
③ 평가 목적에 따라 평가 내용을 선정한다.
④ 적절한 평가 시기를 결정한다.

해설

평가계획에서 가장 먼저 이루어져야 할 내용은 교육 내용에 대한 분석이며, 이를 토대로 학습 목표를 확인하고 관련된 지식, 기술, 태도의 내용과 수준을 결정하게 된다.

정답: 93. ④ 94. ④ 95. ③ 96. ③ 97. ①

98 다음 중 모사답안 판단 기준과 거리가 먼 것은?

① 띄어쓰기, 오타, 특수문자 등이 동일한가?

② 폰트 사이즈와 폰트 유형이 동일한가?

③ 파일 속성, 크기가 완전히 일치하는가?

④ 상식 이하의 오답이 동일한가?

해설

폰트 크기 및 유형은 대표적인 모사 판단 기준이라고 할 수 없다.

99 다음은 콘텐츠 전문인력 중 누구에 관한 설명인가?

> 교육과정 전반을 기획하고, 학습 내용 및 자원 등을 기초하여 최적의 콘텐츠를 설계한다.

① 교육기획자

② 내용전문가

③ 교수설계자

④ 개발자

해설

교수설계자는 교육과정 전반을 기획하고 최적의 콘텐츠를 설계하는 역할을 한다.

100 다음 중 운영 단계의 평가 요소가 아닌 것은?

① 수강 활동 관리

② 평가 및 성적관리

③ 교강사 관리

④ 학습 지원 방법의 다양성

해설

운영 단계의 평가 요소는 수강 활동 관리, 평가 및 성적관리, 교강사 관리, 수업 방법의 다양성, 교강사 관리 등이다.

정답 : 98. ② 99. ③ 100. ④

■ 1파트 ■

- Urdan T A, Weggen C (2000), Corporate e-Learning: Exploring a New Frontier, W R Hambrecht and Co.

- 하성용, 장형성, 박정원, 「대학 자동차과 이러닝 교육과정의 학습효과에 대한 연구」, 한국자동차공학회 춘·추계학술대회논문집, 3권, 2008, pp1436-1443.

- 한국사이버교육학회, 이러닝 백서(2003).

- 소프트웨어정책연구소, 2021년 이러닝 산업실태 보고서(2022).

- 산업통상자원부(2021.12.28.), "이러닝, 비대면 교육·산업 수요가속화에 적극 대응한다", 보도자료.

- 아이스크림미디어, 2022년 교육 및 하급에 있어 교육 기술 및 발전 트렌드(2021).

- 미래에셋증권(2021), Blockchain | 코인과 NFT, 이것이 미래다 2021. 미래에셋증권 테마리포트.

- 이대현, [이대현의 미래교육] IT 기반 교육 환경의 변화는, 여성소비자신문, 2023.01.25. http://www.wsobi.com/news/articleView.html?idxno=189504

- 양단희(2016), MOOC(Massive Open Online Course)의 교육적 문제점과 개선책, 그리고 대학과 융합 방안. 한국융합학회논문지, 7(3), 121-129.

- Lemke, C. (2013). Intelligent Adaptive Learning: An essential element of 21st century teaching and learning. DreamBox Learning Inc.

- 범원택 (2019). 인공지능 기반 에듀테크 기업 및 서비스 동향. 정보통신산업진흥원 이슈리포트, 2019(34).

- 관계부처합동(2021). 디지털전환 시대의 이러닝 선도국가 실현을 위한 제4차 이러닝 산업 발전 및 이러닝 활용 촉진 기본계획(2022~2024). 최신정책동향.

- 한태명, 장상현, 조은순, 채보영, 김정원, 양영선, 김인숙, 김영신. (2005). 자율학습용 콘텐츠 개발 방법 연구. 한국교육학술정보원 연구보고서.

- 교육부, 국가평생교육진흥원(2021). K-MOOC 마이크로강좌 개발 가이드라인 2021. 교육부·국가평생교육원 자료집.

- 고용노동부, 한국기술교육대학교 직업능력심사평가원(2022). 2023년 혼합훈련 과정개발운영 가이드북 2022. 고용노동부·한국기술교육대학교 직업능력심사평가원 자료집.

- 한국교육학술정보원 KOCW(Korea OpenCourseWare) 고등교육 교수학습자료 공동활용 체제 http://www.kocw.net/

- 교육부, "17천여편의 온라인콘텐츠와 인공지능(AI) 학습 지원으로 수준별 자기주도적 학습서비스 강화", 보도자료 2021a. 5. 27.

- 권숙진. (2016). 평생학습을 위한 학습 이력 관리시스템 활용 현황에 관한 연구. 디지털디자인학연구.

- 김용, 손진곤, 정영란, 한태인(2012). 『이러닝 서비스 운영평가 및 결과관리』, (사)한국이러닝산업협회.

- 김재웅, 정인성(2002). 원격교육활용론, 서울: 한국방송통신대학교 출판부.
- 정영란, 장은정(2004) 「이러닝 코스의 수월성 확보를 위한 질 관리 평가준거 연구」, 『교육정보미디어 연구』, 10(2), pp.159-192.
- 이수경 외(2009). 원격훈련과정 교·강사의 활용 실태 분석 및 역할 제고 방안 연구. 한국직업능력 개발원.
- 이재준(2018), 평생교육 방법론, 한국방송통신대학교 출판부.
- 이해주 외(2018). 평생교육 방법론, 한국방송통신대학교.
- 임정훈 (2010). 초등학교에서의 디지털교과서 활용수업: 쟁점과 과제. 한국교육포럼.
- 임철일(2011), 온라인 교육의 주체(임철일, 2011).
- 전영미, 조진숙, & 김경록. (2016). 대학 교육에서 의 활용이 자기주도적 학습역량 및 수업만족도에 미치는 영향 연구. 교육정보미디어연구.
- Moore, M., & Kearsley, G. (1996). Distance education: A systems view. Belmont, CA: Wadsworth.
- Robbinson(1995), Collaborative Teaching.
- Wei, H.-C., Peng, H., & Chou, C. (2015). Can more interactivity improve learning achievement in an online course.
- 고용노동부(2022), 사업주 직업능력개발훈련 지원 규정.
- 교육부(2014). 이러닝 운영환경 준비하기.
- 김은정, 박종선, 임영택(2009). 최고의 이러닝 운영실무. 서울: 한국이러닝산업협회.
- 장명희 외(2004). 운영전략 수립 (기업 e-Learning 인력 연수 프로그램 개발 및 운영, pp.320-321).
- D.A.Kolb(1984). Experientail learning. New Jersey: Prentice Hall.256.

▪ 2파트 ▪

국내 저널

- 고용노동부, 직업능력심사평가원(2022). 훈련단계별 품질 관리 가이드북 2022. 고용노동부·직업능력심사평가원 자료집.
- 구양미, 김영인, 김용, 정영숙, 정미강(2016). 프라임칼리지 일-학습 병행 학습자의 학습 지원을 위한 튜터 가이드라인 개발. 한국방송통신대학교 원격교육연구소.
- 관계부처합동(2021). 제4차 이러닝 산업 발전 및 이러닝 활용 촉진 기본계획(2022~2024). 관계부처 합동.
- 권성연, 나현미, 임영택(2004). e-Learning 운영표준화 연구. 한국직업능력개발원.

- 김성수, 류진선, 양승빈, 이기영(2011). 이러닝 학습 촉진기법. (사)한국이러닝산업협회.

- 김은정, 박종선, 임영택(2009). 최고의 이러닝 운영 실무. (사)한국이러닝산업협회.

- 김정화, 강명희(2011). 이러닝 환경에서 학습 촉진을 위한 개인화된 e-튜터 설계 및 개발에 관한 연구. 컴퓨터교육학회 논문지, 14(1), 91-109.

- 노동부, 한국산업인력공단(2009). 교육훈련혁신센터지원사업 완료보고서. (사)한국이러닝산업협회.

- 문정원, 강효진(2020). 가상·증강현실(XR)을 활용한 교육·훈련 분야 용도 분석(이슈리포트 2020-제19호). 정보통신산업진흥원.

- 박종선(2009). 사이버학습의 이해: 지식 기반 사회의 자기개발을 위한 학습전략. 교육과학사.

- 박종선, 김도헌, 박홍균, 임영택, 정봉영(2003a). e-Learning 표준화 방안 연구. 한국직업능력개발원, (사)한국이러닝기업연합회.

- 박종선, 김도헌, 박홍균, 임영택, 정봉영(2003b). e-Learning 운영표준화 가이드라인. 한국직업능력개발원, (사)한국이러닝기업연합회.

- 박종선, 정봉영(2009). 실무책임자를 위한 사례중심의 요구분석. (사)한국이러닝산업협회.

- 박종선, 유일한(2012). 이러닝 서비스 운영 프로세스 스킬. (사)한국이러닝산업협회.

- 박종선, 박형주, 서준호, 이용관, 최미나(2016). [NCS학습모듈] 이러닝 과정 운영 기획. 한국직업능력개발원, 한국이러닝산업협회, 교육부.

- 박종선, 박형주, 서준호, 이용관, 최미나(2016). [NCS학습모듈] 이러닝 과정 운영 준비. 한국직업능력개발원, 한국이러닝산업협회, 교육부.

- 박종선, 박형주, 서준호, 이용관, 최미나(2016). [NCS학습모듈] 이러닝 과정 학사 관리. 한국직업능력개발원, 한국이러닝산업협회, 교육부.

- 박종선, 박형주, 서준호, 이용관, 최미나(2016). [NCS학습모듈] 이러닝 과정 교·강사 활동지원. 한국직업능력개발원, 한국이러닝산업협회, 교육부.

- 박종선, 박형주, 서준호, 이용관, 최미나(2016). [NCS학습모듈] 이러닝 과정 학습활동 지원. 한국직업능력개발원, 한국이러닝산업협회, 교육부.

- 박종선, 박형주, 서준호, 이용관, 최미나(2016). [NCS학습모듈] 이러닝 과정 고객지원. 한국직업능력개발원, 한국이러닝산업협회, 교육부.

- 박종대, 허 원(2019). 101가지 Moodle 사용법.

- (사)한국이러닝산업협회(n.d.). 공문서 양식. (사)한국이러닝산업협회.

- 산업통상자원부, 정보통신산업진흥원, 소프트웨어정책연구소(2022). 2021년 이러닝 산업실태조사. 산업통상자원부, 정보통신산업진흥원, 소프트웨어정책연구소.

- 송동길, 권혜성, 임철일(2018). "플랫폼으로서의 학습관리시스템(LMS) 시대"에서 교육공학의 역할. 한국 교육공학 매거진 2호.

- 오인경, 최정임(2012). 교육 프로그램 개발 방법론. 학지사.

- 이수경, 정란, 오영훈, 변숙영, 이현우(2009). 원격훈련과정 교·강사의 활용 실태 분석 및 역할 제고 방안 연구. 한국직업능력개발원 수탁연구(09-54).
- 이종연, 박상훈, 강혜진, 박성열(2014). Flipped learning의 의의 및 교육환경에 관한 탐색적 연구. Journal of Digital Convergence, 12(9), 313-323.
- 이지은, 정의석, 조희석, 홍정민(2020). 에듀테크 학습데이터 분석. (사)한국에듀테크산업협회.
- 임정훈(2016). 대학교육에서 플립러닝(Flipped Learning)의 효과적 활용을 위한 교수학습 전략 탐색: 사례 연구. 교육공학연구, 32(1), 165-199.
- 장명희, 이병욱, 유선주(2004). 기업 e-Learning 인력 연수 프로그램 개발 및 운영. 한국직업능력개발원.
- 정영란, 장은정(2004). 이러닝 코스의 수월성 확보를 위한 질 관리 평가준거 연구. 교육정보미디어연구, 10(2), pp.159-192.
- 주영주, 김지연(2003). e-Learning 환경에서 교수-학습 지원체제로서 튜터의 역할 및 역량에 관한 탐색. 교육과학연구, 34(1), 19-39.
- 한국교육정보학술연구원(2021). 교육정보화백서. 한국교육정보학술연구원.

해외 저널

- Agence Universitaire de la Fancophonie(2008-2010). Référentiel des connaissances théorique requises pour la certification au tutorat á distance. Retrieved from http://certificationtutorat.refer.org/node/21.
- Berge, Z. L.(1995). Facilitating computer conferencing: Recommendations from the field. Educational Technology, 35(1), 22-30.
- Bergmann, J., & Sams, A.(2012). Flip your classroom: Reach every student in every class every day. International society for technology in education.
- Collins, M. P., & Berge, Z.L.(1997). Moderating online electronic discussion groups. In Paper presented on the American Educational Research Association, Chicago. IL.
- Wang, Y., & Baker, R.(2015). Content or Platform: Why do students complete MOOCs?. Journal of Online Learning and Teaching, 11(1), 17-30.

관련 사이트

- 고용노동부 한국고용정보원 직업훈련포털(https://www.hrd.go.kr)
- 고용노동부 한국고용정보원 직업훈련포털 자주묻는질문(https://www.hrd.go.kr/hrdp/ct/pctdo/PCTDO0100L.do)
- 국가평생교육진흥원 학점은행제 자주하는 질문(https://www.cb.or.kr/creditbank/stuHelp/nStuHelp3_1.do?m_szTopChk=CHK)

- 국제지식재산연수원 이러닝 운영지침 (https://law.go.kr/LSW/admRulLsInfoP.do?admRulSeq=2100000006017)

- 김주완(2021.11.07.). 20대가 가장 선호하는 SNS는 인스타그램⋯40·50대는 달랐다 [김주완의 어쩌다IT]. 한국경제신문. Retrieved from https://www.hankyung.com/it/article/202111050200i

- 멀티캠퍼스 기업교육(https://www.multicampus.com/main)

- 스마트플랫폼 STEP(https://www.step.or.kr/)

- 이러닝사이트 제작을 위해 꼭 필요한 정보 모음집 (https://yozm.wishket.com/magazine/detail/215/)

- 인사혁신처 국가공무원인재개발원 자주하는 질문(https://www.nhi.go.kr/sharing/faq/List.htm)

- 클라썸(https://www.classum.com/ko/)

- 한국기술교육대학교 온라인평생교육원 고객센터 공지사항: 2023년도 이러닝 콘텐츠 개발 내용전문가 모집(https://www.step.or.kr/usrs/bbs/usrsBbsPstDtlForm.do?p_bbs_id=1&p_pst_id=135&p_bbs_type=02&p_fxd_noti_useyn=Y&p_fxd_noti_cnt=6&p_use_grp_cd=ALL&p_pageno=1&p_listscale=10&p_notice_type=Y&p_sortorder=PST_GRP+DESC%2C+SORTORD+ASC%2C+REG_DT+DESC&p_dvc_nm=PC&p_srch_type=p_srch_all&p_srch_text=&mkey=11285)

- Google Classroom 사용설명서 (https://docs.google.com/document/d/1VXea8T36Xtse1xeSCKgFrc1zZPSPeIs-qWqFeMeLRw4/edit#)

- K-MOOC 강좌 개발 및 운영 매뉴얼(https://kmooc.readthedocs.io/ko/latest/index.html)

▪ 3파트 ▪

- 강이철(2014). 교육 프로그램 평가. 양서원.

- 권성연, 나현미, 임영택(2004). e-Learning 운영표준화 연구. 한국직업능력개발원.

- 김선희, 박성민, 권정언(2004). 기업교육 프로그램 개발의 실제. 서현사.

- 김용, 손진곤, 정영란, 한태인(2012). 이러닝 서비스 운영평가 및 결과관리. 한국이러닝산업협회.

- 김은정, 박종선, 임영택 (2009). 최고의 이러닝 운영 실무. (사)한국이러닝산업협회.

- 김종표(2006). 기업교육론. 양서원.

- 나현미, 장혜정, 정란 (2008), 기업 E-learning 시스템·운영 가이드라인. 한국직업능력개발원.

- 박종선, 김도헌, 박홍균, 임영택, 정봉영(2003a). e-Learning 표준화 방안 연구. 한국직업능력개발원.

- 박종선, 김도헌, 박홍균, 임영택, 정봉영(2003b). e-Learning 운영표준화 가이드라인. 한국직업능력개발원.

- 박종선, 박형주, 서준호, 이용관, 최미나(2016). [NCS학습모듈] 이러닝 과정 평가관리. 한국직업능력개발원, 한국이러닝산업협회, 교육부.

- 이수경, 정란, 오영훈, 변숙영, 이현우(2009). 원격훈련과정 교·강사의 활용 실태 분석 및 역할 제고 방안 연구. 한국직업능력개발원 수탁연구(09-54).

- 장은정, 전은화 (2008). 원격대학 콘텐츠에서 교수-학습 전략의 제공과 프로그램 유형이 학습자 만족도에 미치는 영향. 아시아교육연구, 9(2), 113-136.

- 전주성, 김소영(2011). 대학부설 평생교육원 프로그램의 효과성 측정을 위한 평가모델의 타당성 검증: Kirkpatrick의 교육훈련 프로그램 평가모델의 응용. 교육과학연구, 42(1), 125-150.

- 정재삼(2004). 교육 프로그램 평가. 교육과학사.

- 한국산업인력공단 훈련품질 향상센터(2014). 원격훈련기관 활용 Agent 및 LMS 매뉴얼. 한국산업인력공단.

- 한인섭, 김은희, 김선경, 김은정(2011). 성인 정보윤리 교육사업의 성과분석. 한국사회와 행정연구, 22(3), 261-285.

- Kirkpatrick, D. L. (1994). Evaluating Training Program: The Four Levels. Berret-Koehler Publishers, Inc.

- 강원대학교 온라인시험 출제 및 관리와 평가 매뉴얼 https://eruri.kangwon.ac.kr

- 건양사이버대 학습 지원서비스 https://www.kycu.ac.kr/kor/sub01_05_06.do

- 교육학 및 교육 관련 연수 자료마당 https://vkdlfl11.tistory.com/402

- 목포대학교 LMS 학습자 매뉴얼 https://lms.mokpo.ac.kr/local/ubion/manual/

- 법제처 국가법령정보센터 홈페이지 https:/

- /www.law.go.kr/%ED%96%89%EC%A0%95%EA%B7%9C%EC%B9%99/%EC%82%AC%EC%97%85%EC%A3%BC%20%EC%A7%81%EC%97%85%EB%8A%A5%EB%A0%A5%EA%B0%9C%EB%B0%9C%ED%9B%88%EB%A0%A8%20%EC%A7%80%EC%9B%90%EA%B7%9C%EC%A0%95

- 산림청 홈페이지 http://forest.go.kr

- 서울시교육청 서술형 평가 길라잡이 https://www.nl.go.kr/NL/onlineFileIdDownload.do?fileId=FILE-00007955144

- 서울특별시 서울정보소통광장 https://opengov.seoul.go.kr/sanction/3793568

- 영남대 온라인시험 안내(학생용) http://www.yeungnam.ac.kr/_attach/f/view.jsp?attach_no=32744

- 전라북도교육청교육연구정보원 홈페이지 https://www.jbe.go.kr

- 한국기술경영연구원 원격평생교육원 https://www.ktmi.kr/3000/3300.php)

- 한국전문대학교육협의회 http://wiki.kcce.or.kr/images/5/5a/E%EB%9F%AC%EB%8B%9D%EB%A7%8C%EC%A1%B1%EB%8F%84%EB%B0%8F%EC%9A%94%EA%B5%AC%EC%A1%B0%EC%82%AC.hwp

- 한성대 e-class 공지사항 https://learn.hansung.ac.kr/mod/ubboard/article.php?id=1&bwid=111409

- 한림대학교 'SmartLEAD' 온라인 평가 매뉴얼 https://smartlead.hallym.ac.kr/pluginfile.php/39/mod_ubboard/attachment/22778/SmartLEAD%20%EC%98%A8%EB%9D%BC%EC%9D%B8%20%ED%8F%89%EA%B0%80%28%EA%B3%BC%EC%A0%9C%2C%ED%80%B4%EC%A6%88%29%20%EB%A7%A4%EB%89%B4%EC%96%BC%28%EA%B5%90%EC%88%98%EC%9E%90%EC%9A%A9%29.PDF?forcedownload=1

- Xinics 위키 https://xinics.atlassian.net/wiki/spaces/Leaningx2020

- 강수민·이혜정·배윤희(2022). 원격수업 콘텐츠 평가 도구 개발 연구. 한국방송통신대학교 원격교육연구소.

- 계보경·김혜숙·이용상·손정은·김상운·백송이(2020). COVID-19에 따른 초중등학교 원격교육 경험 및 인식 분석. 한국교육학술정보원. Edutech Trend#10(2020-11). https://www.keris.or.kr/main/ad/blcte/electPblcteETCInfo.do?mi=1142&pblcteSeq=13356

- 전치형(2022). [전치형의 과학 언저리] 대면의 기술. 한겨레. (2월 4일). https://www.hani.co.kr/rti/opinion/column/1029647.html

- 김성길(2022). 배움의 일상성 탐구: 개조의 일상, 일상의 개조. 미래교육연구, 12(1), 27-41.

- 박영주·김정미·김기석(2021). 온라인 수업 내실화를 위한 질 관리 프로그램 개발 연구: A대학 사례중심. 한국교원교육연구, 38(1), 245-272.

- 이재경·조은순·윤희정·홍효정(2021). 대학 원격교육 콘텐츠 개발 및 운영 가이드연구. 한국교육학술정보원.

- 유평준·심숙영. 유아교육 관련 웹 기반 평생교육 프로그램의 학습 참여도, 학업성취도, 학습 만족도 및 프로그램 평가에 미치는 학습자 관련 변인=Leaner-Related Factors Which Have an Effect on Learner Participation, Learning Achievement, Learner Satisfaction and Program Evaluation of Web-based Lifelong Education Programs for Early Childhood Education. 한국유아교육학회.

- Lawrence, G., Haque, E., King, J., & Rajabi, S. (2014). Cultural differences in online learning:

- International student perceptions. Educational Technology & Society, 13(3), 177-188.

- Shebansky, W. J. (2018). Blended learning adoption in an ESL context: Obstacles and guidelines. TESL Canada Journal, 35(1), 52-77.

- Karkar-Esperat, T. M. (2018). International graduate students' challenges and learning experiences in online classes. Journal of International Studies, 4, 1722-1735.

- Yim, Y. K. K. (2011). Second language students' discourse socialization in academic online communities. Canadian Modern Language Review, 67(1), 1-27.

- 이동주, 김미숙(2020). 코로나19 상황에서의 대학 온라인 원격교육 실태와 개선방안. 한국멀티미디어언어교육학회.

- 김은정, 박종선, 임영택(2011), 최고의 이러닝 운영 실, (사)한국이러닝산업협회, 14-17.

- 박종선, 유일한(2011), 이러닝 서비스 운영 프로세스 스킬, (사)한국이러닝산업협회, 18-20.

- 김은정, 박종선, 임영택(2011), 최고의 이러닝 운영 실무, (사)한국이러닝산업협회, 12.

- 국가평생교육진흥원(2016), K-MOOC 강좌 개발 · 운영 가이드라인, 국가평생교육진흥원, 102-103.

- 표성배(2012), 스마트폰 환경에서의 e-learning 플랫폼의 구축, 한국컴퓨터정보학회, 4.

- 강하영, 박동호(2021), K-MOOC 튜터의 역할과 역량, 연세대학교 언어연구교육원 한국어학당, 7.

- 장선영, 김진일, 차민정, 정용주, 박인우(2012), 고등교육 OCW 동영상 강의 콘텐츠 메타데이터 표준(안) 개발 -KOCW를 중심으로-, 한국교육 방법학회, 811.

- 정복임(2022), 성인 학습자의 고등교육 이수에 있어서 학습장애 요소에 관한 연구, 인문사회 21, 941-942, 943-944.

- 권성연, 나현미, 임영택 (2004). e-Learning 운영 표준화 연구. 한국직업능력연구원.

- 김용, 손진곤, 정영란, 한태인 (2012). 이러닝 서비스 운영평가 및 결과관리. (사)한국이러닝산업협회.

- 김자미, 김용, 김정훈 (2009). 사이버교사의 만족도 요인 평가 준거 개발 및 타당도 분석. 정보교육학회논문지, 13(1), 31-40.

- 산업통상자원부 (2021). 2021년 이러닝산업실태조사. 산업통상자원부.

- 임상훈, 강수민, 천보미, 유영만 (2017). MOOC에서 소셜 러닝 촉진을 위한 튜터링 가이드라인 개발: FutureLearn 사례를 중심으로. 학습자중심교과교육연구, 17(16), 299-327.

- 장명희 이병욱, 유선주 (2004). 기업 이러닝 인력 연수 프로그램 개발 및 운영. 한국직업능력연구원.

- 장은정, 정영란 (2012). 사이버대학 질 관리 준거 개발 연구. 교육공학연구, 28(1), 103-136.

- 최은하 (2012). IPA를 활용한 초·중등 사이버교육의 교수역량 인식 분석 - 경기도 사이버가정학습 참여교사를 중심으로. 교육연구논총, 33(1), 187-210.

- 한국방송통신대학교 프라임칼리지의 교과목튜터 길라잡이.

- https://cs1.knou.ac.kr/bbs/smart/2355/73304/download.do

- 원격교육 설비기준 고시(교육부 공고 제2019-392호).

- https://www.law.go.kr/LSW//flDownload.do?flSeq=112031311&flNm=%5B%EB%B3%84%ED%91%9C+3%EC%9D%982%5D+%EC%9B%90%EA%B2%A9%EA%B5%90%EC%9C%A1+%EC%8B%9C%EC%84%A4+%EB%B0%8F+%EC%84%A4%EB%B9%84+%EA%B8%B0%EC%A4%80